SOCIEDADE ANÔNIMA

SÉRGIO CAMPINHO

Advogado. Professor de Direito Comercial
da Universidade do Estado do Rio de Janeiro – UERJ.

CURSO DE DIREITO COMERCIAL

SOCIEDADE ANÔNIMA

3ª edição
revista e atualizada

2018

saraiva jur

ISBN 978-85-472-2751-7

DADOS INTERNACIONAIS DE CATALOGAÇÃO NA PUBLICAÇÃO (CIP)
ANGÉLICA ILACQUA CRB-8/7057

Campinho, Sérgio

Curso de direito comercial : sociedade anônima / Sérgio Campinho. – 3. ed. – São Paulo : Saraiva Educação, 2018.

Título anterior : Curso de sociedade anônima (1. ed.).

1. Direito comercial 2. Sociedades anônimas - Leis e legislação - Brasil I. Título.

17-1520 CDU 347.725

Índice para catálogo sistemático:

1. Direito comercial : sociedade anônima 347.725

somos educação | saraiva jur

Av. das Nações Unidas, 7.221, 1º andar, Setor B
Pinheiros – São Paulo – SP – CEP 05425-902

SAC | 0800-0117875
De 2ª a 6ª, das 8h às 18h
www.editorasaraiva.com.br/contato

Data de fechamento da edição: 24-10-2017

Dúvidas? Acesse www.editorasaraiva.com.br/direito

CL 604635 CAE 624019

Sumário

CAPÍTULO 1 – INTRODUÇÃO 15

1.1. Espécies de sociedades por ações 15

1.2. Evolução histórica 16

1.3. O desenvolvimento da sociedade anônima no Brasil 18

1.4. A Lei n. 6.404/76 e seus princípios informadores 21

1.5. A reforma de 1997 24

1.6. A reforma de 2001 24

1.7. A coordenação dos interesses fundamentais 25

CAPÍTULO 2 – CARACTERÍSTICAS E NATUREZA 29

2.1. A designação do tipo 29

2.2. Conceito 30

2.3. Limite da responsabilidade 30

2.4. Natureza empresária 32

2.5. A essência institucional 33

2.6. Número de sócios 34

2.7. Denominação social 36

2.8. Objeto social 38

2.9. Companhias abertas e fechadas 44

2.10. Fechamento do capital 48

2.11. Fechamento "branco" de capital 55

2.12. A companhia fechada *intuitu personae* 56

CAPÍTULO 3 – O MERCADO DE CAPITAIS (OU DE VALORES MOBILIÁRIOS) E A COMISSÃO DE VALORES MOBILIÁRIOS (CVM) 59

3.1. O mercado de capitais 59

3.2. A Comissão de Valores Mobiliários (CVM) 63

3.3. A política de *disclosure* 64

3.4. A bolsa de valores e o mercado de balcão 66

3.5. Os mercados primário e secundário 68

CAPÍTULO 4 – CAPITAL SOCIAL 69

4.1. Capital social e patrimônio 69

4.2. Princípios do capital social 70

4.3. Capital mínimo 71

4.4. Formação e integralização do capital 74

4.5. Avaliação dos bens 76

4.6. Aumento do capital social 80

4.7. Subscrição de novas ações 81

4.8. Capitalização de lucros ou reservas 84

4.9. Transformação de valores mobiliários em ações 85

4.10. Capital autorizado 86

4.11. Direito de preferência 87

4.12. Exclusão do direito de preferência 91

4.13. Violação do direito de preferência 94

4.14. Redução do capital social 95

CAPÍTULO 5 – CONSTITUIÇÃO DA COMPANHIA 97

5.1. Generalidades 97

5.2. Requisitos preliminares 97
5.3. Modalidades de constituição 99
5.4. Fundadores 100
5.5. Subscrição pública 103
5.6. Subscrição particular 110
5.7. Formalidades complementares 110
CAPÍTULO 6 – AÇÕES 115
6.1. Conceito e natureza jurídica 115
6.2. Valor das ações 117
6.3. Valor de emissão 118
6.4. Valor nominal e ação sem valor nominal 118
6.5. Valor patrimonial 121
6.6. Valor de mercado 122
6.7. Valor econômico 122
6.8. Classificação das ações 122
6.9. Ações ordinárias 123
6.10. Ações preferenciais 124
6.11. Proporcionalidade entre ações com e sem direito de voto 132
6.12. *Golden share* 134
6.13. Ações de fruição 135
6.14. Forma e representação física da ação 135
6.15. Ação nominativa 136
6.16. Certificados de ações 137
6.17. Ação escritural 140
6.18. Indivisibilidade da ação 142
6.19. Circulação e negociação das ações 143
6.20. Negociação com as próprias ações 147

6.21. Constituição de ônus 149

6.22. Custódia de ações fungíveis 152

6.23. Resgate, amortização e reembolso 154

6.24. Penhora de ações 159

CAPÍTULO 7 – DEBÊNTURES 163

7.1. Origem e evolução 163

7.2. Conceito, natureza e finalidade 164

7.3. Classificação 166

7.4. Emissão e séries 167

7.5. Espécies 167

7.6. Valor nominal e correção monetária 169

7.7. Remuneração da debênture 169

7.8. Vencimento, amortização e resgate 170

7.9. Limite de emissão 172

7.10. Colocação das debêntures 173

7.11. Colocações públicas e privadas 175

7.12. Forma e circulação 177

7.13. Assembleia de debenturistas 178

7.14. Agente fiduciário 181

7.15. Cédulas de debêntures 193

7.16. Emissão no exterior 194

7.17. Executividade da debênture 195

7.18. Extinção da debênture 195

CAPÍTULO 8 – OUTROS TÍTULOS DE EMISSÃO DAS SOCIEDADES ANÔNIMAS 197

8.1. Partes beneficiárias 197

8.2. Bônus de subscrição 200

8.3. Opção de compra de ações ... 201
8.4. *Commercial paper* ... 202
CAPÍTULO 9 – ACIONISTAS ... 205
9.1. *Status* e perfil ... 205
9.2. Obrigações dos acionistas ... 206
9.3. A obrigação de realizar o capital ... 207
9.4. A mora do acionista ... 209
9.5. O acionista remisso ... 210
9.6. A obrigação de votar no interesse da companhia ... 213
9.7. Direitos dos acionistas ... 213
9.8. Direito de participar dos lucros sociais ... 215
9.9. Direito de participar do acervo da companhia ... 218
9.10. Direito de preferência ... 219
9.11. Direito de retirada ... 219
9.12. Direito de fiscalização ... 225
9.13. Direito à informação ... 228
9.14. Direito ao tratamento isonômico ... 231
9.15. Direito de voto ... 232
9.16. Suspensão do exercício de direitos ... 236
9.17. Cláusula compromissória estatutária ... 237
CAPÍTULO 10 – ACIONISTA CONTROLADOR ... 239
10.1. O controle e suas modalidades e formas ... 239
10.2. Natureza jurídica do controle ... 242
10.3. Acionista controlador ... 242
10.4. Deveres e responsabilidades ... 244
10.5. Alienação do controle ... 245
10.6. Companhia aberta sujeita a autorização ... 251

10.7. A aquisição de controle por companhia aberta 251

10.8. Oferta pública para aquisição de controle 252

10.9. Acionista controlador da sociedade de economia mista 259

CAPÍTULO 11 – ACORDO DE ACIONISTAS 263

11.1. Conceito e natureza jurídica 263

11.2. Partes 264

11.3. Espécies e modalidades 264

11.4. Prazo 268

11.5. Forma 269

11.6. Efetividade do acordo 270

CAPÍTULO 12 – ASSEMBLEIA GERAL 273

12.1. Órgãos sociais 273

12.2. Conceito de assembleia geral 274

12.3. Composição 275

12.4. Competência privativa 276

12.5. Espécies de assembleia geral 278

12.6. Competência para convocação 280

12.7. Modo de convocação, local e publicidade 283

12.8. Legitimação, procedimento e instrumentalização 287

12.9. *Quorum* de instalação e *quorum* de deliberação 290

CAPÍTULO 13 – CONSELHO DE ADMINISTRAÇÃO E DIRETORIA 295

13.1. Sistema de administração da companhia 295

13.2. Conselho de administração 296

13.3. Diretoria 304

13.4. A diretoria como órgão da companhia 305

13.5. O regime jurídico dos diretores 307

13.6. Requisitos e impedimentos 309

13.7. Investidura dos administradores 312

13.8. Remuneração 315

13.9. Deveres e responsabilidades 316

13.10. Dever de diligência 317

13.10.1. *Business judgment rule* 317

13.11. Dever de realizar os fins da empresa exercida pela companhia 319

13.12. Dever de lealdade 320

13.13. Dever de sigilo 321

13.13.1. *Insider trading* 322

13.14. Dever de informar 324

13.15. Conflito de interesse 328

13.16. Responsabilidade civil dos administradores 330

13.17. Ação de responsabilidade 335

13.18. Aprovação das contas e responsabilidade dos administradores 339

13.19. Administradores da sociedade de economia mista 343

CAPÍTULO 14 – CONSELHO FISCAL 347

14.1. Papel do conselho fiscal 347

14.2. Funcionamento 347

14.3. Composição e prazo de exercício do cargo 348

14.4. Requisitos e impedimentos 349

14.5. Competência e atuação 350

14.6. Poderes e instrumentos do conselho fiscal 351

14.7. Remuneração 352

14.8. Deveres e responsabilidades 353

14.9. Conselho fiscal da sociedade de economia mista 354

CAPÍTULO 15 – EXERCÍCIO SOCIAL E DEMONSTRAÇÕES FINANCEIRAS 357

15.1. Exercício social 357

15.2. Demonstrações financeiras 357
15.3. Balanço patrimonial 358
15.4. Demonstração dos lucros ou prejuízos acumulados 360
15.5. Demonstração do resultado do exercício 360
15.6. Demonstrações dos fluxos de caixa e do valor adicionado 361
CAPÍTULO 16 – LUCROS, RESERVAS E DIVIDENDOS 363
16.1. Resultado social 363
16.2. Lucros sociais e sua destinação 364
16.3. Reservas 365
16.4. Reservas de lucro 365
16.5. Reservas de capital 370
16.6. Participação dos acionistas nos lucros sociais 370
16.7. Dividendo obrigatório 372
16.8. Juros sobre o capital próprio 379
16.9. Dividendo intermediário 381
16.10. Dividendo preferencial 382
16.11. Pagamento dos dividendos 383
16.12. Ordem legal da destinação do lucro líquido do exercício 385
CAPÍTULO 17 – DISSOLUÇÃO, LIQUIDAÇÃO E EXTINÇÃO DA COMPANHIA 387
17.1. A dissolução e seu conceito 387
17.2. A dissolução de pleno direito 388
17.3. A dissolução judicial 390
17.4. A dissolução por decisão administrativa 396
17.5. A liquidação pelos órgãos da companhia 396
17.6. A liquidação judicial 402
17.7. A extinção da companhia 404

CAPÍTULO 18 – REORGANIZAÇÃO SOCIETÁRIA: TRANSFORMAÇÃO, INCORPORAÇÃO, FUSÃO E CISÃO 407
18.1. A reorganização societária e sua disciplina 407
18.2. Transformação 408
18.3. Incorporação 412
18.4. Fusão 413
18.5. Cisão 413
18.6. Procedimento das operações 416
18.7. Reflexo em relação aos debenturistas 418
18.8. Reflexo em relação aos demais credores 419
18.9. Incorporação de companhia controlada 420
CAPÍTULO 19 – CONCENTRAÇÃO EMPRESARIAL 423
19.1. Os grupos de sociedades 423
19.2. Sociedades coligadas, controladoras e controladas 424
19.3. Participação recíproca 426
19.4. Responsabilidade dos administradores e das sociedades controladoras .. 428
19.5. Investimentos relevantes e demonstrações financeiras 430
19.6. Subsidiária integral 432
19.7. Grupo de direito 437
19.8. Constituição do grupo 440
19.9. Administração do grupo 442
19.10. Conselho fiscal das filiadas 444
19.11. Prejuízos resultantes de atos contrários à convenção 445
19.12. Consórcio 447
Referências 451

Capítulo 1

INTRODUÇÃO

1.1. ESPÉCIES DE SOCIEDADES POR AÇÕES

A sociedade por ações constitui forma societária gênero a que integram duas espécies: a sociedade anônima ou companhia e a sociedade em comandita por ações. Têm em comum o traço de que os direitos dos sócios encontram-se consubstanciados e organizados em conjuntos padronizados denominados ações, cujos números e eventuais classes são fixados no estatuto social, sem identificação dos respectivos titulares[1]. Como elemento essencial de distinção dos tipos societários, emerge a forma de responsabilidade dos sócios. A primeira revela-se como sociedade de responsabilidade limitada, na qual todos os sócios ou acionistas respondem limitadamente ao preço de emissão das ações subscritas ou adquiridas. A segunda classifica-se como sociedade de responsabilidade mista, apresentando dupla categoria de sócios: os simples acionistas, cuja responsabilidade se limita a integralizar o preço das ações que adquirirem ou subscreverem, e os acionistas diretores, que respondem pessoal, subsidiária, solidária e ilimitadamente pelas obrigações da sociedade.

A Lei n. 6.404/76, que dispõe sobre as sociedades por ações, concentra suas regras na disciplina da sociedade anônima, dedicando apenas cinco artigos para a sociedade em comandita por ações (Capítulo XXIII), limitando-se, assim, a traçar-lhe o perfil distintivo da outra forma societária que integra o seu gênero.

O Código Civil de 2002 não regulou a sociedade anônima, cingindo-se a confirmar o seu conceito já traduzido no art. 1º da Lei n. 6.404/76 (art. 1.088) e a reservar-se como norma supletiva à lei especial (art. 1.089). Quanto à comandita por ações, apesar de reafirmar o princípio de continuar a ser regida pelas normas da sociedade anônima, acaba o Código por redesenhar os seus elementos característicos que a diferen-

---

1 Alfredo Lamy Filho e José Luiz Bulhões Pedreira. *A lei das S.A.*, v. I, 3ª ed. Rio de Janeiro: Renovar, 1997, p. 19.

ciam daquele outro tipo[2] (arts. 1.090 a 1.092). A disposição residual da comandita por ações reflete o desequilíbrio entre as espécies de sociedades por ações, resultante da importância econômica e social da sociedade anônima, notadamente como forma societária que mais se identifica com os grandes empreendimentos. Com efeito, a sociedade em comandita, seja ela por ações ou simples, é forma societária em desuso.

1.2. EVOLUÇÃO HISTÓRICA

A origem das sociedades anônimas aflora controvérsias. Segundo Carvalho de Mendonça[3], não falta "quem vá descobrir no Direito Romano como suas precursoras as grandes associações de capitais, que tinham por objeto o comércio de terra e mar, a compra de terrenos para edificação e o fornecimento ao exército, associações que se aperfeiçoaram no direito da idade média".

Todavia, a opinião mais corrente[4], com base nas pesquisas dos historiadores Goldschmidt e Paul Rehme, é que a *Casa di San Giorgio*, constituída em Gênova, em 1407, foi o protótipo da sociedade anônima, porquanto teria sido a primeira organização a traduzir, em linhas mais próximas, os elementos característicos desse tipo societário. Como garantia dos vultosos empréstimos contraídos pela emissão de títulos, para arcar com despesas bélicas decorrentes da guerra que empreendera contra Veneza, a

---

2 Cf. Sérgio Campinho. *Curso de direito comercial: Direito de empresa*, 14ª ed. São Paulo: Saraiva, 2016, p. 265-266.

3 *Tratado de direito comercial brasileiro*, v. III, 5ª ed. Rio de Janeiro, Freitas Bastos, 1954, p. 270.

4 Cf. Trajano de Miranda Valverde: "[...] é opinião geral que o Banco de São Jorge, constituído em Gênova no ano de 1407, foi a organização que, pela primeira vez, corporificou os elementos principais do instituto" (*Sociedades por ações*, v. I, 2ª ed. Rio de Janeiro: Forense, 1953, p. 10); António Menezes Cordeiro: "Os estudiosos apontam, como a experiência mais antiga no domínio das sociedades anônimas, o Banco de S. Jorge, em Génova, que operou entre 1407 e 1805" (*Manual de direito das sociedades*, v. I. Coimbra, Almedina, 2004, p. 38); Rubens Requião: "[...] vulgarizou-se a crença de que as sociedades por ações tiveram o seu protótipo na 'Casa di San Giorgio', em Gênova, fundada em 1409 (*sic*), e que operou até 1799". Atesta, porém, o citado comercialista que esta versão é contestada por Jean Escarra, segundo o qual "essa organização estava longe de constituir um tipo rudimentar de sociedade por ações, mesmo quando passou a operar como Banco, pois mais se assemelhava às associações modernas de portadores de obrigações, ou debenturistas", concluindo que a *Casa di San Giorgio* "não era nem uma sociedade comercial, nem uma sociedade por ações" (*Curso de direito comercial*, v. 2, 29ª ed. São Paulo: Saraiva, 2012, p. 25); Eunápio Borges, a despeito de anotar que "o Banco de São Giorgio foi sem dúvida, em sua época, a instituição mercantil que dela [sociedade anônima] mais se aproxima", aduz que os credores do aludido Banco "mais se assemelhariam aos atuais debenturistas ou obrigacionistas" (*Curso de direito comercial terrestre*, 5ª ed. Rio de Janeiro: Forense, 1991, p. 360-361).

República de Gênova cedeu aos seus credores o direito ao recebimento de determinados tributos. Esses credores, que formavam a corporação denominada *Casa di San Giorgio*, transformaram seus títulos de renda em ações – nominativas e inscritas em registro próprio – de um Banco de Estado, o *Banco di San Giorgio*. As referidas participações societárias denominavam-se *luoghi di monte* ou *loci comperarum*, e os acionistas – cujas ações eram anotadas em colunas dos registros do Banco – eram designados *collonanti*[5].

Há, ainda, quem vislumbre no antigo direito de mineração alemão certas semelhanças entre a corporação dos mineradores – denominada *Gewerkschaft* – e a sociedade por ações[6].

É, porém, uníssona a doutrina no sentido de que as sociedades anônimas vinculam-se diretamente às grandes companhias coloniais que, ao longo dos séculos XVII e XVIII, viabilizaram a exploração dos domínios ultramarinos por parte da Inglaterra, da Holanda, de Portugal e da França[7].

A primeira das companhias foi a inglesa *East India Company*, fundada em 1600. Seguiu-se-lhe a Companhia Holandesa das Índias Orientais, instituída em 1602. Posteriormente, em 1621, constituiu-se, nesse mesmo país, a Companhia Holandesa das Índias Ocidentais. Em 1629, Portugal, baseando-se no modelo holandês, organizou a Companhia para a Navegação e Comércio com a Índia[8].

As aludidas sociedades, cujo escopo era o de cumprir objetivos de interesse público, constituíam-se por força de um privilégio concedido pelo Estado e tinham seu capital subscrito pelo Poder Público e por particulares, razão pela qual eram, a princípio, instituições de Direito público. Traduziam, como assevera Miranda Valverde[9], "verdadeiros corpos administrativos dos interesses do Estado".

---

5 Eunápio Borges, *ob. cit.*, p. 360-361.

6 Eunápio Borges, baseando-se em escólio de Brunetti, anota que "a propriedade das minas ou jazidas era dividida em partes ideais que se denominavam *Kux*, eram negociáveis e divisíveis. É assim que sendo a antiga *Gewerkschaft* dividida em 128 *Kux*, cada *Kux* podia fracionar-se indefinidamente, a ponto de mencionar-se o caso de uma destas sociedades, no Rhur, na qual um dos participantes possuía uma cota, fração insignificante de *Kux*, que se exprimia com 35 cifras no numerador e 48 no denominador. Isso, evidentemente, tornava a negociabilidade das cotas praticamente impossível". Aduz, por fim, o aludido autor que "era limitada a responsabilidade de cada participante e a sociedade tinha uma estrutura corporativa muito próxima da sociedade por ações" (*ob. cit.*, p. 361).

7 Cf. Carvalho de Mendonça, *ob. cit.*, v. III, p. 270-271; Trajano de Miranda Valverde, *Sociedades por ações*, v. I, p. 10-11; Eunápio Borges, *ob. cit.*, p. 361-362; Rubens Requião, *ob. cit.*, v. 2, p. 26; Alfredo Lamy Filho e José Luiz Bulhões Pedreira, *A lei das S.A.*, v. I, p. 30-33.

8 António Menezes Cordeiro, *Manual de direito das sociedades*, v. I, p. 86.

9 *Sociedades por ações*, v. I, p. 13.

O Código Comercial francês de 1807[10] trouxe as companhias para o campo do Direito privado. Além de consagrar expressamente a divisão do capital social em ações, bem como a limitação da responsabilidade de cada acionista ao valor daquelas frações do capital que titularizassem, o indigitado diploma legal adotou o sistema da autorização ou concessão – em detrimento do antigo sistema do privilégio –, o que se evidencia à luz do seu art. 37: "A sociedade anônima não pode existir senão com a autorização do rei, e com a sua aprovação para o ato que a constitui; esta aprovação deve ser dada na forma prescrita para os regulamentos da Administração Pública". Reconhecia-se, pois, a possibilidade de constituição das sociedades anônimas pela iniciativa particular. Porém, era assegurada ao Poder Público a faculdade de autorizar a sua criação e o seu funcionamento.

Com a promulgação da Lei Francesa de 24-7-1867[11], estabeleceu-se plena liberdade de constituição e funcionamento para as sociedades anônimas. A iniciativa francesa foi acompanhada pela Espanha, em 1869; Alemanha, em 1870; Bélgica, em 1873; Hungria, em 1876; Suíça, em 1881; e Itália, em 1882.

1.3. O DESENVOLVIMENTO DA SOCIEDADE ANÔNIMA NO BRASIL

Em 1649, foi fundada a Companhia Geral do Comércio do Brasil, cujo Capítulo XXXIV estabelecia

> que todo o dinheiro que nesta Companhia se meter se não poderá tirar durante o tempo dela, mas porque as pessoas que nela entrarem com seus cabedais se possam valer dêles, poderão vender os ditos cabedais, todo ou parte, assim como se forem juros, pelo preço em que convier, e haverá um escrivão que tenha livro em que se lancem, e nele se mudarão de uns em outros, assim como lhe forem pertencendo, por escrituras ou documentos, que apresen-

---

10 Aduz Rubens Requião, referindo-se àquele período, que em meados do século XIX "acentuou-se, na França, o movimento pela liberdade das sociedades anônimas. O *Code* havia-se orientado não só pelo sistema autorizativo, como também para o regime *dualista*, isto é, pela admissão de dois tipos de sociedades por ações: a *sociedade anônima* e a *sociedade em comandita por ações*. Como nesta última os sócios administradores vinculam sua responsabilidade ilimitada e subsidiariamente pelas obrigações sociais, permitiu-se sua integral liberdade de constituição e funcionamento. Surgiu, assim, o período a que os autores franceses denominaram *febre das comanditas*" (*ob. cit.*, v. 2, p. 27).

11 Miranda Valverde (*Sociedades por ações*, v. I, p. 25), Eunápio Borges (*ob. cit.*, p. 365) e Rubens Requião (*ob. cit.*, v. 2, p. 28) consideram que a mencionada lei foi a "carta de liberdade das sociedades anônimas". Por outro lado, Carvalho de Mendonça acredita que o primeiro país a dispensar a autorização governamental foi a Inglaterra, em 1862 (*ob. cit.*, v. III, p. 272). Certamente, esse consagrado comercialista forma seu convencimento à luz da convenção franco-inglesa, de 30-4-1862, que conferia às sociedades inglesas o direito de funcionar livremente na França.

tarão na dita Junta, para mandar fazer uns assentos e riscar outros, de que lhe passarão suas cartas, na forma do Regimento.

Tem-se, pois, claramente a figura das ações traduzida pelos cabedais constantes das cartas, que se transformavam em valores mobiliários circulantes no mercado.

Constituiu-se, em 1755, a Companhia Geral do Grão-Pará e Maranhão, em cujo estatuto os participantes já eram denominados acionistas, tendo sido extinta em 1778. Em 1759, foi criada a Companhia Geral das Capitanias de Pernambuco e Paraíba, extinta em 1780.

Por meio do alvará de 12-10-1808, o príncipe regente D. João VI criou o Banco do Brasil – o primeiro banco público brasileiro – outorgando-lhe os estatutos.

A implementação do sistema da autorização – existente na França desde 1807 – ocorreu tão somente com a promulgação do Decreto n. 575, de 10-1-1849[12], o qual, todavia, foi omisso em relação aos princípios caracterizadores desse tipo societário até então já consagrados. O referido Decreto não consignou, por exemplo, que o capital social dividia-se em ações, nem tampouco que a responsabilidade dos sócios estaria limitada ao valor de suas ações.

O Código Comercial de 1850[13], corrigindo as imperfeições do Decreto acima citado, foi igualmente editado com inspiração no sistema da autorização[14]. A esse diploma seguiu-se a Lei n. 1.083/1860 – que dispôs sobre os bancos de emissão, meio circulante e diversas companhias –, cujo regulamento foi publicado com o Decreto n. 2.711, do mesmo ano.

Inspirada na Lei francesa de 1867, a Lei n. 3.150/1882, regulamentada pelo Decreto n. 8.821/1882, substituiu, no Brasil, o sistema da autorização, estabelecendo a plena

12 O art. 1º do Decreto n. 575/1849 contava com a seguinte redação: "nenhuma Sociedade anonyma poderá ser incorporada sem autorização do Governo, e sem que seja por elle approvado o Contracto, que a constituir".

13 Art. 297: "O capital das companhias divide-se em ações, e estas podem ser subdivididas em frações. As ações podem ser exaradas em forma de título ao portador, ou por inscrições nos registros da companhia; no primeiro caso opera-se a transferência por via de endosso; no segundo só pode operar-se por ato lançado nos mesmos registros com assinatura do proprietário ou de procurador com poderes especiais; salvo o caso de execução judicial". Art. 298: "Os sócios das companhias ou sociedades anônimas não são responsáveis a mais do valor das ações, ou do interesse por que se houverem comprometido".

14 A exigência de autorização encontrava-se no seu art. 295, segundo o qual: "As companhias ou sociedades anônimas, designadas pelo objeto ou empresa a que se destinam, sem firma social e administradas por mandatários revogáveis, sócios ou não sócios, só podem estabelecer-se por tempo determinado e com autorização do Governo, dependente da aprovação do Corpo Legislativo quando hajam de gozar de algum privilégio; e devem provar-se por escritura pública, ou pelos seus estatutos, e pelo ato do Poder que as houver autorizado".

liberdade de constituição e funcionamento para as sociedades anônimas[15]. Destacou-se por conferir ampla publicidade à vida das companhias e por fixar, a exemplo da lei francesa, um número mínimo de sete acionistas para a constituição da companhia.

Com o advento da República, foram, ainda, promulgados Decretos de menor relevância, como o Decreto n. 164/1890, o qual se limitou a copiar o disposto na referida Lei n. 3.150/1882.

O Decreto n. 434/1891 consolidou todas as disposições em vigor sobre as sociedades anônimas, tendo sido, até o advento do Decreto-Lei n. 2.627/1940, a base da nossa legislação sobre as sociedades anônimas.

Em 26-9-1940, após inúmeras tentativas de reforma da legislação, veio editado o Decreto-Lei n. 2.627, cujo anteprojeto foi elaborado por Trajano de Miranda Valverde.

Ao referir-se ao anteprojeto de sua autoria, o aludido comercialista[16] assim asseverava que "nos princípios da publicidade e da responsabilidade assenta-se a nova lei, cuja estrutura jurídica atende às peculiaridades e necessidades da economia nacional, distribuída, como é sabido, por zonas econômicas e culturais diferentes, na vastidão do nosso território".

Do exposto, em apertada síntese, pode-se constatar que a evolução histórica das sociedades anônimas apresenta três períodos que a caracterizam: privilégio, autorização e liberdade de constituição. Contudo, essas três etapas não importaram, com o surgimento de um sistema, na extinção do sistema anterior. O fenômeno é oportunamente ressaltado por Rubens Requião[17]. Eis suas palavras:

> No regime atual da constituição livre das sociedades anônimas – e isso é palpável em nossa própria legislação –, a par da regra dominante, persistem ainda os regimes do privilégio e da autorização. Mantém o Direito moderno, ao lado das sociedades livres, as privilegiadas e as autorizadas. Em nosso país, as sociedades anônimas bancárias, de capitalização, de investimentos, as estrangeiras, por exemplo, antes de se constituírem umas ou de funcionarem outras, necessitam de carta de autorização concedida pelo poder público. A par dessas, algumas são constituídas especificamente por lei, que lhes traça a estrutura jurídica, com determinados privilégios como as sociedades anônimas estatais, citando-se, entre elas, a *Petrobras S.A.*, a *Eletrobrás S.A.*, a *Rede Ferroviária Federal S.A.*

---

15 Nos termos do art. 1º da Lei n. 3.150/1882, "as companhias ou sociedades anonymas, quer o seu objecto seja commercial quer civil, se podem estabelecer sem autorização do Governo. Tanto umas como outras sociedades são reguladas por esta lei".

16 *Sociedades por ações*, v. I, p. 35.

17 *Ob. cit.*, v. 2, p. 28.

1.4. A LEI N. 6.404/76 E SEUS PRINCÍPIOS INFORMADORES

Com o fim da Segunda Guerra Mundial, ante a necessidade de restaurar economias destruídas, o desenvolvimento econômico tornou-se uma das maiores preocupações dos Governos e elites de todos os Estados. Segundo registro de Alfredo Lamy Filho e José Luiz Bulhões Pedreira[18], "o aumento da taxa de investimento pressupõe o da poupança, e o país que pretende crescer economicamente e não pode – ou não quer – usar poupanças estrangeiras para financiar os investimentos adicionais precisa formá-las internamente". Nesse diapasão, concluíam que, "nos países em desenvolvimento em que há possibilidade de organizar e expandir os mercados de capitais, a reforma das instituições desses mercados é instrumento importante de uma política de desenvolvimento econômico".

Com a difusão dessas ideias, o desenvolvimento econômico passou a ser, mormente a partir do início da década de 1950, objetivo básico da política nacional, justificando uma série de medidas que buscaram estimular a expansão do Mercado de Capitais.

Em 1952, foi criado o Banco Nacional de Desenvolvimento Econômico (BNDES), destinado a atuar como agente do governo nas operações financeiras vinculadas ao fomento da economia nacional.

Por meio da Resolução n. 39, do Banco Central do Brasil – criado pela Lei da Reforma Bancária, Lei n. 4.595/64 –, buscou-se conferir uma estrutura mais moderna às bolsas de valores.

Objetivando aperfeiçoar o mercado de valores mobiliários, foi promulgada a Lei n. 4.728/65, que disciplinou o mercado de capitais e estabeleceu medidas para o seu desenvolvimento[19].

Passou o Governo Federal, a partir de 1964, a utilizar-se do instrumento tributário para direcionar a poupança privada para o mercado de capitais. Foi instituído, pelo

---

18 *A lei das S.A.*, v. I, p. 118.

19 Alfredo Lamy Filho e José Luiz Bulhões Pedreira, ao referirem-se à Lei n. 4.728/65, anotam que: "As principais providências da lei podem ser agrupadas em cinco categorias: (a) definição de um quadro institucional que induzisse à criação de sistema de distribuição de títulos nos mercados de capitais; (b) criação de condições para a formação de mercados de obrigações privadas a prazos médio e longo; (c) regulamentação e policiamento das operações nos mercados de capitais segundo o modelo que havia sido adotado nos Estados Unidos na década de 1930, com a criação da 'Securities and Exchange Commission'; (d) algumas inovações, consideradas mais urgentes, na legislação sobre debêntures e sociedades por ações; e (e) modificações na legislação do imposto sobre a renda, especialmente para coordenar as diversas incidências sobre os rendimentos de títulos negociados no mercado de capitais" (*A lei das S.A.*, v. I, p. 123).

Conselho Monetário Nacional, um sistema de incentivos fiscais para fins de democratização do capital.

O estímulo ao crescimento do mercado acionário intensificou-se em 1970, atingindo seu apogeu no primeiro semestre do ano de 1971, com o conhecido *boom* das bolsas de valores, a partir do qual inúmeros investidores perderam suas economias, em decorrência da generalizada febre especulativa, marcada pela intensa elevação dos preços e das transações com ações, seguida por um longo período de queda das cotações e do volume dos negócios.

Constatou-se que o Banco Central não atuou de forma satisfatória na regularização e na fiscalização do mercado de capitais. A partir de então, passou-se a difundir a ideia de substituí-lo por um órgão que se especializasse na disciplina desse mercado, aliada à preocupação de aumentar a proteção legal dos acionistas minoritários e do público investidor como um todo, mediante reforma da Lei das S.A.

Concebido para companhias de pequeno e médio portes, o Decreto-Lei n. 2.627/40 era impotente na proteção dos direitos da minoria acionária, além de não apresentar soluções satisfatórias em termos de distribuição e equilíbrio do poder na companhia, da relação entre acionistas e administradores e da responsabilidade social da própria pessoa jurídica, de seus controladores e dirigentes.

A nova dimensão da economia nacional[20], aliada aos avanços tecnológicos e à necessidade de implementação de projetos de escala cada vez maior, impunha a reforma da legislação referente às sociedades anônimas. Afigurava-se necessário desenvolver o mercado primário de ações e incentivar a poupança privada.

Nesse cenário, foram editadas a Lei n. 6.385, de 7-12-1976 – dispondo sobre o mercado de valores mobiliários e criando a Comissão de Valores Mobiliários –, e a Lei n. 6.404, de 15-12-1976 – dispondo sobre as sociedades por ações[21].

A nova lei das sociedades anônimas visou, basicamente, a criar uma estrutura jurídica indispensável ao fortalecimento do mercado de capitais de risco no país. Mercado

---

20 Como atestam Alfredo Lamy Filho e José Luiz Bulhões Pedreira: "Nos 30 anos de vigência da lei das sociedades por ações de 1940, a população brasileira aumentara de 41,2 milhões para 93,2 milhões (126%); o Produto Interno Bruto crescera 8 vezes, e o país se urbanizara (a população urbana e suburbana crescera de 31% para 57% do total) e industrializara (entre 1947 e 1970 o produto real aumentara de 6,3 vezes na indústria e nos transportes e comunicações, enquanto que apenas 2,7 vezes na agricultura)" (*A lei das S.A.*, v. I, p. 128).

21 Tanto no Anteprojeto de Código de Obrigações (1965), como no Anteprojeto de Código Civil (1972), cogitou-se regulamentar as sociedades anônimas, consolidando a legislação vigente. Tal iniciativa foi, porém, refutada, optando-se pela elaboração de uma lei especial.

esse, na visão de seus arautos, imprescindível à sobrevivência e ao desenvolvimento da atividade privada. Portanto, com o escopo de estimular a mobilização da poupança popular, com o seu encaminhamento voluntário para o segmento empresarial, no arcabouço jurídico foi estabelecida sistemática tendente a assegurar aos acionistas minoritários o respeito a regras definidas e equitativas, suficientes à segurança de seus investimentos, sem, todavia, imobilizar a iniciativa empresarial.

Na Exposição de Motivos, subscrita pelo então Ministro da Fazenda Mário Henrique Simonsen, vêm condensados os princípios que ampararam as inovações implementadas, ora reproduzidos pela relevância histórica, *litteris*:

a) ampla liberdade para o empresário escolher os valores mobiliários que melhor se adaptem ao tipo de empreendimento e às condições do mercado, num grande espectro de alternativas que vai da disciplina das novas ações, com ou sem valor nominal, à criação das várias espécies de debêntures, bônus de subscrição e partes beneficiárias (estas conservadas, porém com limitações);

b) a essa liberdade devem corresponder regras estritas de responsabilidade dos administradores, de direito e de fato (o acionista controlador);

c) a modernização da estrutura jurídica da grande empresa não pode ser imposta inopinadamente, mas exige um período mais ou menos longo para ser absorvida por empresários, pelo mercado e pelos investidores; daí o projeto ter adotado, sempre que possível, a forma de opções abertas à empresa, que as adotará se e quando julgar conveniente (títulos novos, formas de administração, grupamentos de empresas e outros), não obstante as normas de proteção ao minoritário se revestirem de caráter cogente (comportamento e responsabilidade dos administradores, informações ao público, direitos intangíveis dos acionistas e outras);

d) para facilitar a compreensão da nova lei, foi mantida, em sua estrutura básica, a ordem das matérias observada pelo vigente Decreto-Lei n. 2.627, de 1940, e, sempre que possível, a redação por este adotada;

e) a pequena e média empresas, que revestem a forma de sociedades anônimas fechadas, podem, em sua estrutura fundamental, continuar a funcionar como existem, sob o império da lei vigente; mais ainda, buscou-se dar-lhes maior flexibilidade (adoção de espécies de ações ordinárias, facilidades nas publicações a serem feitas em resumo, etc.) e, correlatamente, instrumentá-las para servirem de suporte adequado para a formação de empreendimentos comuns (*joint ventures*);

f) atento ao fato básico de que as instituições mercantis – sobretudo na escala que a economia moderna lhes impõe – revestem-se de crescente importância social, com maiores deveres para com a comunidade em que vivem e da qual vivem, o projeto introduziu o fato novo do dever de lealdade dessas instituições, imposto como norma de comportamento a controladores e administradores, para com o país; nesse dever estão igualadas empresas nacionais ou estrangeiras que aqui funcionem, de forma a constituir o embasamento legal para um código de ética da grande empresa, nacional ou multinacional, o qual tende a constituir-se em imperativo da consciência universal; e

g) os institutos novos para a prática brasileira – grupamento de sociedades, oferta pública de aquisição de controle, cisão de companhias e outros – estão disciplinados de forma mais simplificada para facilitar sua adoção, e no pressuposto de que venham a ser corrigidos se a prática adotar essa conveniência; as leis mercantis, sobretudo numa realidade em transformação, como é a do mundo moderno e especialmente a do Brasil, não podem pretender a perenidade, têm necessariamente vida curta, e o legislador deverá estar atento a essa circunstância para não impedir o seu aperfeiçoamento nem deixar em vigor as partes legislativas ressecadas pelo desuso.

1.5. A REFORMA DE 1997

A Lei n. 9.457/97 reformou sensivelmente a Lei n. 6.404/76. O escopo reformista veio inspirado em dois essenciais aspectos: a redução dos custos com os projetos de privatização implementados pelo Governo e a desoneração dos processos de concentração empresarial. A fim de cumprir o desiderato, foram flexibilizadas as normas sobre o direito de recesso e eliminada a obrigatoriedade de oferta pública para aquisição das ações dos acionistas minoritários por ocasião da alienação do controle acionário da companhia de capital aberto, assegurando-se, desse modo, ao alienante do controle, a apropriação exclusiva do preço pago pelo adquirente[22].

Como tentativa de equilibrar as relações de poder na companhia, introduziu-se medidas que buscavam fortalecer certos direitos dos minoritários. No âmbito do direito de fiscalização, tem-se o reforço à atuação do conselho fiscal. Sob o ponto de vista patrimonial, assegurou-se aos preferencialistas dividendos superiores àqueles atribuídos aos titulares de ações ordinárias. Já no âmbito das vantagens políticas, em favor desses acionistas, foram adotadas novas hipóteses de convocação da assembleia geral e dispositivos normatizadores da assembleia especial de preferencialistas.

1.6. A REFORMA DE 2001

Com o confesso objetivo de fortalecer o mercado de capitais no Brasil, veio editada a Lei n. 10.303/2001, que serviu de efetivo veículo à introdução de alterações signifi-

---

[22] Nelson Eizirik. *Reforma das S.A. e do mercado de capitais*. Rio de Janeiro: Renovar, 1997, p. 24-25.

cativas na Lei n. 6.404/76 (Lei das S.A.), bem como na Lei n. 6.385/76, que dispõe sobre o mercado de valores mobiliários e cria a Comissão de Valores Mobiliários.

As modificações, quase em sua totalidade, ficaram voltadas para a disciplina das companhias abertas. Em síntese, garantiram-se o estabelecimento de um sistema mais eficiente de proteção aos acionistas minoritários – visivelmente enfraquecidos em suas posições com a reforma de 1997 – e a incorporação ao texto legislativo dos princípios de boas práticas de governança corporativa, na esteira das recomendações das mais destacadas agências internacionais de fomento do mercado de capitais.

Na Lei n. 6.404/76, foram realizadas relevantes alterações, entre as quais se podem destacar: o regime de dividendos das ações preferenciais; a elevação da proporção no capital social das ações com direito de voto em relação às preferenciais sem esse direito, ou sujeitas à restrição no exercício do voto; o processo para o fechamento de capital; o ressurgimento do *tag along*; a *golden share*; o juízo arbitral nas companhias; a maior transparência das informações societárias; a garantia de maior efetividade do acordo de acionistas; o redimensionamento do direito de recesso; os deveres e atribuições dos membros do conselho fiscal e do conselho de administração etc.

No que se refere à disciplina do mercado de capitais, merecem ser anotadas a delegação de novos poderes à Comissão de Valores Mobiliários e a garantia de maior autonomia à atuação da autarquia, essa última com o nítido propósito de alçá-la à condição de agência reguladora independente.

1.7. A COORDENAÇÃO DOS INTERESSES FUNDAMENTAIS

A Lei n. 6.404/76 com as reformas absorvidas, em abono ao caráter institucional que grava o perfil essencial da sociedade anônima, próprio da grande empresa, revela a vocação da companhia para realizar o seu fim no interesse de três definidos destinatários: os acionistas, os empregados e a comunidade na qual se faz presente.

Na atuação do seu órgão de administração, bem como na materialização e externalização do poder de controle, deve ser coordenado esse tríplice interesse pela sociedade representado. Ao cuidar das atribuições dos administradores, o art. 154 prescreve-lhes a finalidade da atuação e qualifica o desvio de poder. Devem eles exercer suas atribuições e poderes, conferidos por lei ou pelo estatuto, para lograr os fins sociais e no interesse da companhia, satisfeitas as exigências do bem público e da função social da empresa. Compete-lhes, portanto, preservar esses interesses fundamentais, cuja violação caracterizará abuso de poder. Ao acionista controlador, o parágrafo único do art. 116 impõe o dever de usar o seu poder de controle com o escopo de fazer com que a companhia realize o seu objeto e cumpra a sua função social, tendo deveres e responsabilidades com os demais acionistas, com os que nela trabalham e com a comunidade em que atua, cujos direitos e interesses deve lealmente respeitar. Respondem, controlador e administradores, perante esses destinatários, pelos danos causados por abuso ou excesso de poder.

Facilmente se explica a preservação dos interesses dos acionistas. Estes são os sócios, os partícipes da sociedade, que lhe fornecem capital e a capacitam a desenvolver o seu objeto. São, portanto, credores de uma orientação e administração que conservem seus investimentos e adequadamente os remunerem, pois o fim lucrativo e o anseio pela partilha dos resultados são ínsitos ao conceito de sociedade. No cenário das companhias abertas, cujos valores mobiliários são admitidos à circulação no mercado, emerge uma noção mais ampla de proteção dos interesses dos acionistas. Essa proteção, em realidade, assume uma dimensão mais extensa, dado o caráter transindividual do interesse tutelado. Toda companhia que promove apelo – por menor que seja – à poupança popular deve orientar-se na salvaguarda dos interesses daqueles que investem suas economias no mercado de valores mobiliários, garantindo, em sua prática, o regular funcionamento e o desenvolvimento desse mercado.

O empregado da companhia, ao ceder-lhe a sua força de trabalho, faz jus, em contrapartida, a uma orientação que lhe preserve o emprego e lhe garanta um digno padrão de vida.

A comunidade tem em relação à companhia a expectativa de sua permanência no meio social em que se encontra inserida, gerando riquezas e desenvolvimento regional, sem descurar da adoção de procedimentos adequados no desempenho da empresa, capazes de garantir a incolumidade da população e do seu meio ambiente, prevenindo e evitando danos.

No elastério conceitual de comunidade, direcionado pelos novos padrões de distribuição e consumo, encontram-se arrebanhados os consumidores dos produtos e os destinatários dos serviços resultantes da empresa, maximizando, portanto, o universo geográfico e humano. Nesse quadrante, por exemplo, situa-se o dever de informação[23]

[23] A respeito, interessante decisão do Tribunal de Justiça do Estado do Rio Grande do Sul: "Apelação cível. Consumidor. Passagens aéreas. Direito à informação – arts. 6º, III, e 54, §§ 3º e 4º, do CDC. O consumidor adquirente de passagens aéreas deve ser previamente informado acerca de todas as restrições, limitações ou eventuais penalidades impostas à sua utilização, especialmente no que diz respeito à aquisição de passagens de tarifa promocional. Apelação parcialmente provida" (Recurso de Apelação Cível n. 70003815248, Relatora Desembargadora Ângela Maria Silveira, julgado à unanimidade pelos Desembargadores integrantes da 1ª Câmara Especial Cível do Tribunal de Justiça do Estado do Rio Grande do Sul em 15-8-2002).

da sociedade empresária, contraposto ao direito à informação do consumidor. Dever e direito, dessarte, difusos[24].

O interesse da comunidade, por sua natureza difusa, terá como legitimados à sua defesa em juízo o Ministério Público, a União, os Estados, os Municípios, as entidades de administração indireta e as associações constituídas há pelo menos um ano que, entre suas finalidades, incluam a proteção desses interesses, os quais poderão propor ação civil pública para a responsabilização dos agentes faltosos (arts. 1º e 5º da Lei n. 7.347/85).

O cumprimento pela companhia de sua finalidade institucional, comprometida com o dever de coordenar os interesses corporativos, traduzidos nos de seus acionistas, empregados e comunidade em que atua – aí também revelados os dos consumidores de seus produtos e serviços –, traduz o conceito da *corporate governance* desenvolvido no Direito norte-americano, com espectro bem mais abrangente em horizontes do que as regras de governança corporativa que no Brasil se vêm propagando, com a coloração concentrada nos interesses dos grupos de acionistas minoritários.

---

24 Márcio de Souza Guimarães. *O controle difuso das sociedades anônimas pelo Ministério Público*. Rio de Janeiro: Lumen Juris, 2005, p. 41.

Capítulo 2

CARACTERÍSTICAS E NATUREZA

2.1. A DESIGNAÇÃO DO TIPO

A lei brasileira utiliza-se das expressões "sociedade anônima" ou "companhia" de modo equivalente para designar o tipo ou forma societária, objeto desta obra. A sinonímia entre as duas designações é da tradição de nosso Direito.

A expressão "sociedade anônima" foi utilizada pela primeira vez no Código Comercial francês de 1807 para designar as organizações até então conhecidas sob o *nomen juris* de "companhias", vocábulo de uso consagrado para assinalar grandes corporações[1].

O Código Comercial brasileiro de 1850, no Capítulo II do Título XV de sua Parte Primeira, adotou o mesmo critério de nominação.

O anonimato, no qual se inspirou a denominação legal, resultou do fato de a sociedade não existir sob firma social, sendo-lhe obstado adotar essa modalidade de nome empresarial, que necessariamente indicará o nome de pelo menos um dos sócios. Sobre o assunto, registrava Eunápio Borges[2]:

> Anônimos são os sócios ou acionistas, e não a sociedade. Ela tomou, no entanto, tal designação em virtude de, tradicionalmente, não ter firma, como as demais sociedades. Nestas, exercendo o comércio sob uma firma, os sócios, ou pelo menos um deles, tinha o seu nome na firma social. Na anônima, escondidos anonimamente todos os sócios atrás da denominação da sociedade, em virtude do anonimato com que aqueles exerciam o comércio, ficou sendo anônima a sociedade por eles constituída.

A expressão foi por muitos considerada imprópria[3], porquanto cabia às sociedades em conta de participação, também chamadas pelo Código Comercial de acidentais,

---

1 Trajano de Miranda Valverde, *Sociedades por ações*, v. I, p. 63-64.

2 *Ob. cit.*, p. 384.

3 Cf. Trajano de Miranda Valverde, *Sociedades por ações*, v. I, p. 62.

momentâneas ou anônimas, conforme se podia inferir de seu art. 325, designações estas não repetidas pelo Código Civil de 2002.

A opção do legislador de 1850 se justificava em razão de as sociedades em conta de participação se estabelecerem sem firma ou razão social, não aparecendo perante terceiros[4]. Não contrariava, pois, a sua natureza a designação "anônima". Já as companhias devem ter uma denominação especial, vivendo sob o regime de efetiva publicidade, fatores que amparavam e amparam a crítica à sua designação legal.

2.2. CONCEITO

Dos arts. 1.088 e 982 do Código Civil, combinados com o art. 1º e com o § 1º do art. 2º da Lei n. 6.404/76, têm-se as notas essenciais, ditadas por lei, para a formulação de um aceitável conceito para as companhias ou sociedades anônimas. Destarte, pode-se defini-las como um tipo societário reservado às sociedades empresárias, cujo capital social é dividido em ações, que limita a responsabilidade dos sócios ou acionistas ao preço de emissão dessas frações do capital por eles subscritas ou adquiridas.

2.3. LIMITE DA RESPONSABILIDADE

Na sociedade anônima a responsabilidade para todos os acionistas é sempre limitada. A responsabilidade de cada um fica restrita ao preço de emissão das ações que venha diretamente subscrever na fase de constituição da companhia ou por ocasião do aumento do seu capital social, ou que, posteriormente, venha adquirir de outro acionista[5].

---

4 Sobre a natureza jurídica das sociedades em conta de participação, escrevemos: "Forma-se a sociedade em conta de participação por contrato, sendo despida, entretanto, de personalidade jurídica. Não está submetida às formalidades de constituição a que estão subordinadas as sociedades. Não é tecnicamente falando, como temos sustentado, uma sociedade, mas sim um contrato associativo ou de participação. Negamos, pois, a sua natureza de sociedade no sentido técnico do termo, mas isso não autoriza o seu banimento do nosso ordenamento como proclamado por muitos doutrinadores" (*Curso de direito comercial*: direito de empresa, p. 85-86).

5 A subscrição é uma operação do mercado primário, realizada diretamente com a companhia emissora sobre as ações por ela recém-emitidas em razão de sua constituição ou do aumento de seu capital social. A aquisição é operação do mercado secundário, fruto da compra de ações de um acionista. A responsabilidade do acionista estará sempre ligada à operação primária, quando a companhia emissora fixa o correspondente preço de emissão. Não importa para a fixação da responsabilidade do acionista para com a companhia e para com os credores da pessoa jurídica o valor da negociação no mercado secundário. Este só vincula as partes, ou seja, vendedor e comprador. O preço de emissão é o que deve ser pago à sociedade. Se a ação for alienada sem que o respectivo preço de emissão esteja quitado, prevê a lei, no art. 108, a solidariedade pela efetiva integralização entre o alienante e o adquirente.

Integralizado o correspondente preço, via de regra, nada mais pode ser dele exigido, quer pela sociedade, quer por terceiros. Não tem o acionista responsabilidade subsidiária pelas obrigações sociais. O preço de emissão de cada ação de sua titularidade é o limite máximo de suas perdas, em caso de insucesso do empreendimento[6].

---

6 Sobre a responsabilidade do acionista de integralizar o preço de emissão de suas ações, ocorrendo a falência da companhia, já escrevemos: "Sendo decretada a falência, previa o art. 50 do Decreto-Lei n. 7.661/45 que os acionistas, os sócios cotistas e os sócios comanditários seriam obrigados a integralizar, respectivamente, o preço de emissão de suas ações e as cotas que subscreveram para o capital, não obstante quaisquer restrições, limitações ou condições estabelecidas nos estatutos ou contrato social. A Lei n. 11.101/2005 não reedita regra semelhante. Apesar da omissão, pensamos que o curso a ser seguido para a solução da questão deva ser o mesmo. A contribuição do sócio para a formação do capital social visa a capacitar a sociedade à realização de sua atividade econômica. Segundo doutrina majoritária, constitui a principal obrigação decorrente do *status* de sócio a contribuição para a formação do capital social. Além desse escopo de tornar apta a sociedade a desenvolver seu objeto, serve também o capital social de garantia para os credores sociais. Como já observamos em nosso trabalho 'O Direito de Empresa à Luz do Novo Código Civil', o capital social representa o núcleo inicial do patrimônio da sociedade. Este tem, portanto, formação preliminar resultante da contribuição do sócio. Afigura-se, em sua visão primitiva, como o somatório das contribuições que cada sócio realiza ou promete realizar. Não se confunde, em latitude, com o patrimônio da sociedade, mas é um elemento que integra o ativo. Repita-se, é o patrimônio originário, através do qual se torna viável o início da vida econômica da pessoa jurídica. Sendo, portanto, um elemento do ativo social, que será arrecadado e liquidado para o pagamento dos credores, não vemos como não se chegar à conclusão outra, senão a de que com a falência ficam os sócios obrigados a integralizar as suas participações subscritas, para que os valores ingressem na massa falida e sirvam ao pagamento dos credores. Sendo a falência uma forma de dissolução judicial da sociedade, todos os créditos sociais devem ser apurados. Dessa forma, vislumbramos no art. 82 a base da qual se irradiam as considerações tecidas, ao estabelecer, como regra geral e irrestrita: 'a responsabilidade pessoal dos sócios de responsabilidade limitada [...] será apurada no próprio juízo da falência, independentemente da realização do ativo e da prova da sua insuficiência para cobrir o passivo, observado o procedimento ordinário previsto no Código de Processo Civil'. A responsabilidade traduzida no texto legal não se limita àquelas decorrentes de ato ilícito propriamente dito. É, como se disse, ampla e geral, abrangendo todas as resultantes do *status* de sócio, na qual se destaca, como a principal, a de integralizar o capital social. Se a sociedade se mostrou insolvável foi porque os sócios não a capacitaram devidamente para explorar a atividade econômica objetivada. A forma de integralização parcelada se apresentou como um cálculo de risco empresarial equivocado. A partir da constatação do fato, não há como se amparar, dentro de uma lógica societária, possibilidade outra senão a de sustentar a obrigação dos sócios em integralizar suas cotas de capital, ante a decretação da falência social, não obstante quaisquer restrições ou condições estabelecidas no ato constitutivo. Assim, por exemplo, caso se tenha no contrato social a pactuação de que o preço de subscrição das quotas será pago em doze prestações e, antes do vencimento da quarta ocorrer a decretação da falência, o sócio ficará obrigado aos pagamentos, já se tornando devedor de toda a soma, cabendo ao administrador judicial exigir-lhe o montante respectivo. A falência, destarte, impõe o vencimento das contribuições do sócio para a integralização do capital social, pois o capital que os sócios prometem realizar é a garantia originária oferecida a terceiros credores da socie-

A Lei n. 6.404/76 foi efetivamente precisa ao tomar o "preço de emissão" como parâmetro para a responsabilização do acionista e não o "valor das ações", como o fazia o diploma anterior, o Decreto-Lei n. 2.627/40. Justifica-se o paradigma adotado pela possibilidade de emissão de ações sem valor nominal, o que não era admitido à luz do Decreto-Lei de 1940[7], fora a possibilidade, já conhecida por esse diploma anterior, de emissão com ágio de ação com valor nominal. O preço de emissão, portanto, vigora não apenas para as ações sem valor nominal, como para as que, possuindo valor nominal fixado, são emitidas por importâncias superiores, com ágio[8]. Dessa forma, por exemplo, se o valor nominal das ações emitidas é de R$ 10,00 (dez reais), emissão essa que se faz com um ágio de R$ 5,00 (cinco reais), a responsabilidade do subscritor ou acionista será de R$ 15,00 (quinze reais) por ação que titularizar. O que importa para a estimação de sua responsabilidade, repita-se, é o preço de emissão de cada ação por ele titularizada, tenha ela valor nominal ou não. O preço de emissão é, assim, o valor atribuído pela companhia à ação oferecida à subscrição, emitida por ocasião de sua constituição ou de aumento do capital social, a ser pago por aquele que vier a titularizá-la, estando a ele limitada a sua responsabilidade.

2.4. NATUREZA EMPRESÁRIA

A adoção da forma anônima imprime cunho empresarial à sociedade, qualquer que seja o seu objeto de exploração econômica ou fim lucrativo. A sociedade anônima é

---

dade. [...] Ao administrador judicial competirá promover a ação contra os acionistas e sócios de responsabilidade limitada, podendo ela compreender todos os devedores, que se tornarão litisconsortes, ou ser especial para cada devedor solvente. É ajuizável a qualquer tempo, no curso do processo falimentar, mesmo antes de vendidos os bens da sociedade e de apurado o ativo, sem necessidade de provar-se a insuficiência deste para o pagamento do passivo da sociedade falida" (*Falência e recuperação de empresa*: o novo regime da insolvência empresarial, 7ª ed. Rio de Janeiro: Renovar, 2015, p. 226-228).

7 O Decreto-Lei n. 2.627/40 não admitia ação sem valor nominal. A Lei n. 6.404/76 adotou um sistema misto: ações com e sem valor nominal. Usualmente, na prática societária, costuma-se utilizar para todas as ações a mesma metodologia: atribui-se ou não o valor nominal a essa fração do capital. Contudo, o § 1º do art. 11 da Lei n. 6.404/76 permite que, nas companhias com ações sem valor nominal, possa o estatuto criar uma ou mais classes de ações preferenciais com valor nominal. Há que se ressaltar, desde então, que a atribuição ou não de um valor nominal às ações é questão, em princípio, formal, cabendo ser definida no estatuto. Com efeito, sendo a ação fração do capital social, o seu valor será igual à parcela por ela representada nesse capital, tenha ou não declarado o estatuto o seu valor nominal. Ao se adotar o sistema da ação sem valor nominal não significa que ela não represente um valor à correspondente fração do capital. Tão somente esse valor não vem expresso nominalmente em seu texto. No capítulo 6, item 6.4, estudaremos as funções do valor nominal, oportunidade em que o tema será aprofundado.

8 A Lei n. 6.404/76, em seu art. 13, veda a emissão de ações por preço inferior ao seu valor nominal.

sociedade da espécie empresária pela forma, independentemente do tipo de atividade econômica em que se constitui o seu objeto social. O Código Civil de 2002, ao incorporar a teoria da empresa, prestigiou, no parágrafo único do art. 982, o princípio já consagrado pelo § 1º do art. 2º da Lei n. 6.404/76. Este, em sua redação, enquanto as espécies societárias ainda se dividiam em sociedades civil e mercantil ou comercial, já dispunha, seguindo a tradição do Direito nacional, ser mercantil, leia-se hoje empresária, a sociedade anônima, regendo-se, assim, pelas leis e usos do comércio, hodiernamente intitulados leis e usos empresariais (cf. art. 2.037 do Código Civil).

Sendo assim, ressalvadas as expressas exceções legais (cf. art. 2º da Lei n. 11.101/2005), pode-se genericamente afirmar que a sociedade anônima encontra-se sujeita à falência e pode requerer recuperação judicial ou negociar com credores plano de recuperação extrajudicial, na medida em que os institutos são reservados aos empresários e às sociedades empresárias (art. 1º da Lei n. 11.101/2005).

2.5. A ESSÊNCIA INSTITUCIONAL

Em função da natureza do seu ato constitutivo, as sociedades podem classificar-se em contratuais ou institucionais.

Em ambos os casos a pessoa jurídica será formada pela manifestação volitiva de seus sócios. Nas sociedades contratuais, essa manifestação se assenta em um contrato celebrado entre seus integrantes. O vínculo que os une é de natureza puramente contratual. Constituem-se por contrato entre os sócios firmado. Nas institucionais, por sua vez, o vínculo já não vem traduzido na noção de contrato. O ato de sua criação é complexo. Para sua formação, são necessários vários atos, que se consubstanciam no seu ato constitutivo. Decorrem, assim, de um conjunto de atos dos fundadores para criar uma instituição.

A sociedade anônima, com efeito, é uma instituição. Encontram-se na lei todas as regras de sua formação, bem como as que vão orientar a relação entre os acionistas e entres estes e os órgãos sociais. Aos seus fundadores, somente é dado o direito de expressarem suas vontades de constituir a pessoa jurídica, porquanto a lei estabelece todo o regramento de relacionamento entre as partes, inclusive no que pertine a suas obrigações e responsabilidades, não se admitindo convenção em sentido diverso. A sistemática se afasta da noção de simples contrato.

Nas palavras de Fran Martins[9], "a sua constituição não é inteiramente livre". O caráter institucional ou normativo dessas sociedades, assevera o citado comercialista,

---

9 *Comentários à lei das sociedades anônimas*, v. I, 2ª ed. Rio de Janeiro: Forense, 1982, p. 490.

> tem sido ressaltado pelos mais categorizados escritores em face de se desenrolarem vários atos independentes da vontade individual dos fundadores, antes em virtude de dispositivos expressos da lei. Somente com o cumprimento de tais atos pode a sociedade constituir-se, capacitando-se a exercer atividades dentro do objeto escolhido.

Essa teoria institucional vem expressamente invocada na Exposição de Motivos da Lei n. 6.404/76, ao ser declarado: "Há muito a sociedade anônima deixou de ser um contrato de efeitos limitados para seus poucos participantes; é uma instituição [...]"[10].

Ademais, é oportuno lembrar que somente a teoria da instituição justifica a figura da subsidiária integral (art. 251), sociedade constituída por uma só pessoa, resultado, portanto, de ato unilateral instituidor.

2.6. NÚMERO DE SÓCIOS

Seguindo a tradição que à época se verificava em quase todas as legislações, a Lei n. 3.150/1882 incorporou a exigência de sete sócios, no mínimo, para a constituição de uma sociedade anônima. Explicava-se a orientação pela natureza da sociedade, afeita, via de regra, a empreendimentos de maior vulto, o que demandava, pela complexidade de sua organização e funcionamento, um número mais elevado de sócios.

Como anotava Eunápio Borges[11], ao comentar o ainda vigente sistema do Decreto--Lei n. 2.627/40, "não existia nenhuma razão técnico-científica" para que fosse "sete e

---

10 Cunha Peixoto também comunga com a teoria da instituição, assim concluindo: "Realmente o ato constitutivo da sociedade, sua regulamentação pela lei, não pode ser um contrato, mas um conjunto de atos dos fundadores com o objetivo de criar uma instituição" (*Sociedades por ações*, v. II. São Paulo: Saraiva, 1972, p. 3). No mesmo sentido é o magistério de Miranda Valverde (*Sociedades por ações*, v. I, p. 232-240). Mas a natureza jurídica da constituição da companhia não é pacífica. Inúmeros doutrinadores nacionais repelem a teoria institucionalista, para optar pela natureza contratual. Dentre eles, Waldemar Ferreira (*Tratado de sociedades mercantis*, v. IV, 5ª ed. Rio de Janeiro: Editora Nacional de Direito Ltda., 1958, p. 1.186-1.187), Eunápio Borges (*ob. cit.*, p. 409-410), Rubens Requião (*ob. cit.*, v. 2, p. 37-38) e Modesto Carvalhosa (*Comentários à lei de sociedades anônimas*, v. 2, edição de 1997. São Paulo: Saraiva, 1997, p. 65-66). No Direito comparado a matéria também suscita controvérsia. A favor da teoria da instituição, formulada por Hauriou, tem-se Jean Escarra (*Manuel de droit commercial apud* Rubens Requião, *ob. cit.*, v. 2, p. 37); Georges Ripert e René Roblot (*Traité élémentaire de droit commercial*, 8ª ed. Paris: LGDJ, 1974, n. 822, 888 e 999). Interessante reproduzir, *ipsis verbis*, os ensinamentos de Georges Ripert e René Roblot: "*Il faut abandonner résolument comme inadéquate cette idée du contrat et voir dans la fondation de la société une institution juridique que est d'un type original puisque la fondation directe n'est pas connue dans les règles générales de notre droit. La volonté du fondateur s'affirme dans l'emploi des formes légales et ces sont obligatoires pour qu'elle produise effet. Mais cette volonté est suffisant pour donner la vie à la société sous la condition que les formalités légales seront toutes accomplies*" (*ob. cit.*, p. 358).

11 *Ob. cit.*, p. 384.

não cinco ou nove, ou qualquer outro, este número mínimo de sócios". Sua inspiração, como se disse, justificava-se no perfil da grande empresa, mais adequada ao tipo societário. Miranda Valverde[12] expressava essa leitura: "O número mínimo de sete subscritores é, sem dúvida, arbitrário, mas condensa o pensamento de que uma companhia ou sociedade anônima não se deve formar senão para as grandes empresas, que exigem fortes capitais, trazidos por muitas pessoas".

Sem, contudo, desprezar a ligação do tipo aos grandes empreendimentos, a Lei n. 6.404/76 abandonou a exigência de sete acionistas como número mínimo de sócios para constituir uma companhia, admitindo, como regra geral, a simples pluralidade, traduzida na suficiência da presença de duas pessoas a subscrever todas as ações em que se divide o seu capital (art. 80, I). Opção acertada da lei que legitimou a realidade da existência de um grande número de companhias que possuíam, efetivamente, menos de sete sócios, mas satisfaziam ao formalismo legal com a manutenção de umas poucas ações distribuídas em nome de pessoas confiáveis que nenhuma influência exerciam ou se comprometiam a exercer para a realização de seu objeto.

A exceção à constituição da companhia com pluralidade de sócios reside na figura da subsidiária integral (art. 251). Em reforço à essência institucional da sociedade anônima, permite a lei se forme a companhia, mediante escritura pública, tendo como única acionista sociedade brasileira. Tem-se, desde então, consagrada a existência da sociedade unipessoal não permanente ou temporária no Direito positivo brasileiro[13].

A unipessoalidade, afora essa figuração legal, será, na esteira da Lei n. 6.404/76, sempre temporária e de possível verificação após a constituição da sociedade, com a observância inicial do número mínimo de dois acionistas. Prestigiando os postulados da preservação da empresa, em abono ao princípio da sua função social, admite-se, temporariamente, fique a companhia com um só acionista, sem que o fato implique, em inicial momento, a dissolução de pleno direito da pessoa jurídica. A existência de único acionista, verificada em assembleia geral ordinária, é causa de dissolução se a pluralidade não for reconstituída até a assembleia do exercício seguinte (art. 206, I, *d*).

---

12 *Sociedades por ações*, v. I, p. 244-245.

13 A sociedade unipessoal, que já se vinha espraiando no direito estrangeiro, vem ganhando reforço em nossa legislação. A Lei n. 12.441/2011 introduziu no Código Civil a figura jurídica que denominou Empresa Individual de Responsabilidade Limitada (EIRELI) (art. 980-A). Malgrado o *nomen juris* de seu batismo, temos enxergado nessa pessoa jurídica de direito privado uma verdadeira sociedade unipessoal. A respeito, cf. nossos comentários em *Curso de direito comercial*: direito de empresa, p. 249-250.

2.7. DENOMINAÇÃO SOCIAL

Verificou-se, no item 2.1 deste capítulo, que efetivamente anônima seria a intitulada sociedade em conta de participação, na qual, por não ter firma ou razão social própria que indicie a existência de sociedade formal, a atividade constitutiva do objeto do contrato de participação será exercida sob a individual responsabilidade e em nome exclusivo do sócio ostensivo. Este é quem ficará obrigado perante terceiros, em benefício da realização daquele objeto.

A sociedade anônima ou companhia, ao contrário, nada tem de anônima. Revela existência ostensiva, pública e formal, exercendo a pessoa jurídica da sociedade sua empresa sob uma denominação, nome empresarial que, comumente, adquire grande notoriedade no mercado. É representativo, dessarte, de considerável valor patrimonial entre os elementos que compõem o estabelecimento.

Nos termos do *caput* do art. 3º da Lei n. 6.404/76, a sociedade seria designada por denominação, sem necessidade de indicar, ainda que sucintamente, como o exigia o Decreto-Lei n. 2.627/40, os fins da sociedade. A denominação deveria ser acompanhada das expressões "companhia" ou "sociedade anônima", expressas por extenso ou abreviadamente, mas vedada a utilização da primeira ao final.

Consoante se pode inferir da exposição de motivos da Lei de 1976, operou-se a dispensa da indicação "dos fins da companhia" na denominação, porque referências genéricas, como à época correntes na prática societária, a exemplo dos indicativos "indústria e comércio", pouco de fato informavam sobre o fim social. Ademais, partilhava-se o profícuo entendimento de que naquelas companhias com produção diversificada de bens e serviços a menção do fim social seria impraticável, sem olvidar que nas grandes sociedades, com marcas amplamente conhecidas no mercado, seria a providência descartável.

O Código Civil de 2002, entretanto, reserva completo capítulo para dispor sobre o nome empresarial, com o fito de regular inteiramente a matéria e derrogar as disposições em contrário, até então previstas em diversos textos esparsos, atribuindo à matéria uma disciplina sistêmica.

Assim, em seu art. 1.160, dispõe especificamente sobre o nome empresarial da sociedade anônima, o qual sempre revestirá a forma de denominação. Esta deverá ser composta, a partir de então[14], por elementos designativos de seu objeto. Será a denominação integrada pelas expressões "sociedade anônima" ou "companhia", empregadas

[14] Em atenção aos princípios constitucionais do ato jurídico perfeito e do direito adquirido, a exigência de indicação do objeto na denominação somente atingirá as companhias que se constituam ou que almejem alterar o seu nome após a vigência do Código Civil de 2002.

por extenso ou abreviadamente, o que funciona como facilitador da identificação por terceiros do tipo societário pelo seu nome.

Não há mais, como ressalta claramente do texto normativo, a vedação da utilização do vocábulo "companhia" ao final. No Direito anterior ao Código Civil, a restrição se justificava para evitar confusões com o aditivo "e companhia", próprio das firmas sociais nas sociedades em nome coletivo, em comandita simples ou de capital e indústria – esta ainda existente no regime anterior ao mencionado Código –, quando a denominação refletisse um nome próprio. Após sua vigência, não há mais como sustentar a limitação. Sobre o tema escrevemos em nosso livro *Curso de Direito Comercial*: direito de empresa:

> No regime do Código Civil, o perigo da confusão desaparece por completo, quando se vem exigir que a denominação seja designativa do objeto social (art. 1.160). Haverá obrigatoriamente a indicação do objeto no nome empresarial, o que era facultativo no sistema anterior ao Código. Note-se, ainda, em reforço, que na composição da firma social das sociedades em nome coletivo e em comandita simples sequer se admite a indicação do gênero de atividade, tal qual foi permitido na firma individual, sem esquecer o fato de que ao final da razão social não se pode empregar a palavra "companhia", mas a expressão "e companhia" (arts. 1.156 e 1.157)[15].

Contudo, já constatávamos ao concluirmos:

> Dentro desse ambiente foi que o Código de 2002 veio autorizar a utilização da palavra "companhia" ao final da denominação, apesar de não soar adequadamente, fato que nos leva a acreditar que, embora superada a proibição, não se verá o seu emprego na vida prática. Pela atual disciplina, a denominação que faça uso de nome civil pode, assim, ser exemplificada: Cia. Pinto de Carvalho Engenharia; Comércio de Alimentos Pinto de Carvalho Cia.; e Pinto de Carvalho Companhia de Móveis e Estofados. Em todos os casos, sabe-se referir o nome a uma denominação de sociedade anônima, eis que a palavra "companhia" com a adição do objeto torna-o inconfundível com uma firma social, como a da sociedade Pinto de Carvalho e Cia., por exemplo[16].

Entretanto, a já revogada Instrução Normativa n. 99, de 21-12-2005, do Departamento Nacional de Registro do Comércio (DNRC)[17], não se apercebeu da sutil modificação pelo hodierno Código introduzida, mantendo na regra da alínea *b* do inciso III do seu art. 5º a mesma orientação que resultava do art. 3º da Lei n. 6.404/76, vedando a expressão "companhia" ao final do nome. O mesmo cochilo se percebe, sucessivamen-

15 *Curso de direito comercial*: direito de empresa, p. 324.

16 *Curso de direito comercial*: direito de empresa, p. 324.

17 O DNRC restou extinto pelo Decreto n. 8.001, de 10-5-2013, e, em seu lugar, foi criado o Departamento de Registro Empresarial e Integração (DREI). Assim, diante da extinção do DNRC, suas funções foram absorvidas pelo DREI.

te, nas supervenientes Instruções Normativas do DNRC n. 104, de 30-4-2007, e 116, de 22-11-2011; e na Instrução Normativa n. 15 do Departamento de Registro Empresarial e Integração (DREI) (alínea *b* do inciso III do seu art. 5º), que revogou a instrução de n. 116, mantendo a vedação de sua utilização ao final.

A denominação pode espelhar um nome de fantasia (Cia. Guanabara de Tecidos e Petróleo Ipiranga S.A., por exemplo) ou o nome do fundador, acionista ou pessoa que haja concorrido para o sucesso de sua formação, sem que se confunda, nesse caso, com razão social ou firma[18], conforme autoriza o parágrafo único do art. 1.160 do Código Civil, na mesma linha do que já vinha disposto no § 1º do art. 3º da Lei n. 6.404/76 (João Pinto Engenharia S.A., por exemplo, em adição àqueles já articulados em parágrafo acima, com a utilização da palavra "companhia").

Impõe seja a denominação adotada original. Essa exigência se faz em apreço ao princípio da novidade, que traduz não poderem coexistir, na mesma unidade federativa, dois nomes empresariais idênticos ou semelhantes, prevalecendo aquele já protegido em função do prévio arquivamento (art. 1.163 do Código Civil e § 2º do art. 62 do Decreto n. 1.800/96).

Caberá à Junta Comercial recusar o arquivamento dos atos constitutivos de sociedade cuja denominação seja idêntica ou semelhante à de outra já existente no respectivo Estado (Código Civil, art. 1.166). Faculta-se à sociedade prejudicada com eventual registro requerer administrativamente a respectiva modificação perante o Registro de Empresas, bem como judicialmente, além de pleitear reparação por perdas e danos havidos (art. 1.167 do Código Civil e § 2º do art. 3º da Lei n. 6.404/76).

2.8. OBJETO SOCIAL

A sociedade anônima visará sempre à obtenção de lucros. O fim lucrativo encontra-se a ela visceralmente ligado. Ainda que concretamente não se realize, toda a atividade societária estará articulada em razão dessa perspectiva. Seu objeto corresponderá, incondicionalmente, a uma atividade com fim lucrativo, destinando-se os resultados produzidos à distribuição entre os acionistas. A obtenção de lucro consiste, portanto, no objeto mediato ou final de toda sociedade anônima, consoante se pode inferir do *caput* do art. 2º de sua lei de regência. No estágio atual de nosso direito societário, essa

18 A adoção de nome civil em denominação deverá ser tratada como expressão de fantasia, pelo que a retirada ou o falecimento do acionista cujo nome figurar na sua composição não implica a sua alteração, podendo nela ser conservado. A disciplina do art. 1.165 do Código Civil só se aplica às firmas ou razões sociais, como expressamente previsto no preceito.

realidade passou a derivar do próprio conceito de sociedade. O Código Civil de 2002 não mais abona a existência de sociedade sem fim lucrativo[19]. Qualquer sociedade terá finalidade econômica, pela qual se visa à obtenção e à distribuição dos lucros obtidos entre os sócios.

Afora esse objeto mediato ou final, cada companhia terá um fim ou objeto imediato, o qual irá traduzir a atividade econômica que concretamente irá realizar. Esse objeto social poderá expressar uma ou mais atividades principais ou diretas, bem como atividades secundárias, subordinadas ou conexas, revelando, assim, a sua empresa[20]. O que se exige é que essa empresa de fim lucrativo não seja contrária à lei, à ordem pública e aos bons costumes.

A atividade principal irá exprimir o objeto essencial da sociedade considerada[21]. Nada impede sejam eleitas pelos sócios, no estatuto social, diversas atividades principais que constituirão o seu fim imediato. Subordinadamente à principal, pode haver as atividades secundárias. Estas também deverão estar reveladas no estatuto. Havendo, por exemplo, a fixação do escopo social em "comércio e indústria de derivados de soja", bem como a sua "embalagem", essa última atividade descrita seria secundária, subordinada ou conexa, só se justificando em função da principal.

Consoante escólio de António Menezes Cordeiro[22], produzido à luz do Direito português, "quando as actividades principais se tornem impossíveis, as secundárias, não fariam sentido; a menos que se verificasse uma alteração do objecto social, a possibilidade de actividades secundárias seria insuficiente para justificar a manutenção da sociedade". Pensamos também assim o seja no Direito nacional. Com efeito, vem erigida como causa ensejadora da dissolução judicial da companhia a comprovação, realizada no bojo de processo judicial, resultante de ação proposta por acionistas que representem, ao menos, cinco por cento do capital social, de que a sociedade não pode preencher o seu fim (art. 206, II, *b*).

O objeto social é, desse modo, o conjunto de atividades econômicas que a sociedade explora ou pretende desenvolver, nos termos definidos no estatuto.

---

19 No Direito anterior, coexistiam sociedades civis com e sem fins lucrativos ou econômicos.

20 A Lei n. 6.404/76, no *caput* do seu art. 2º, dispõe: "Pode ser objeto da companhia qualquer empresa de fim lucrativo, não contrário à lei, à ordem pública e aos bons costumes". O vocábulo "empresa", é de se registrar, vem empregado em seu sentido técnico-jurídico, legislativamente consagrado no Código Civil de 2002. Assim, empresa é a atividade econômica organizada que será profissionalmente exercida pela companhia, destinando-se à produção ou à circulação de bens ou de serviços.

21 António Menezes Cordeiro, *Manual de direito das sociedades*, v. I, p. 200.

22 *Manual de direito das sociedades*, v. I, p. 201.

Mas o objeto social funciona, adicionalmente, como elemento delimitador dos órgãos sociais. Condiciona a deliberação dos sócios e baliza a atuação dos administradores. Daí a lei exigir que venha definido de modo preciso e completo no estatuto social (§ 2º do art. 2º). Traduz, assim, providência essencial para a defesa dos interesses da minoria social, porquanto impõe o limite à ação discricionária de administradores e acionistas controladores.

A definição estatutária do objeto deve, como regra[23], ser exaustiva, taxativa. Rejeita-se, pois, uma abordagem enunciativa ou explicativa. Sua interpretação é sempre restritivamente imposta aos que são responsáveis pela política da companhia e pelos atos de sua execução.

O Decreto n. 1.800/96 – que regulamenta a Lei n. 8.934/94, a qual dispõe sobre o Registro Público de Empresas Mercantis e atividades afins – exige, sob pena do indeferimento do pedido de arquivamento, que os atos constitutivos ou de transformação de sociedades empresárias contenham "a declaração precisa e detalhada do objeto social" (alínea *b* do inciso III do art. 53), desiderato a que se chega, segundo o próprio Decreto, com a indicação de seu gênero e espécie (§ 2º do art. 53). O gênero traduz-se nas ramificações da atividade econômica, como comércio, indústria, agropecuária, importação, exportação, prestação de serviços, atividades financeiras, securitárias etc. Definido o gênero ou os gêneros da atividade, adentra-se na espécie. Assim, por exemplo, sendo definidos como gêneros "o comércio e a fabricação", deve-se elucidar a espécie, como "móveis e utensílios". Portanto, o objeto será o de comércio e fabricação (gênero) de móveis e utensílios (espécie).

Nessa definição, como de regra, não se pode fazer uso de termos inespecíficos. Contudo, sendo o gênero abrangente, fica dispensada a especificação, flexibilizando, diante da realidade de mercado, a exigência. Como bem pondera Tavares Borba[24], não havendo óbice a que uma sociedade se dedique a diversos ramos de comércio, como se verifica nas chamadas lojas de departamento, caberá, na hipótese, "declarar-se que o seu objeto é o comércio em geral", ou, almejando melhor equilibrar a realidade com o mandamento legal, o objeto poderia ser o de comércio varejista em geral.

---

23 Em alguns setores da atividade econômica a enumeração não necessita ser exaustiva. São os casos das atividades regulamentadas, em que a própria regulamentação cuidará de indicar o que é permitido fazer. São exemplos os bancos de investimentos e as atividades de seguro, cujas operações já se encontram definidas em atos normativos dos órgãos reguladores e fiscalizadores. Essa também é a opinião de Tavares Borba (cf. *Direito societário*, 12ª ed. Rio de Janeiro: Renovar, 2010, p. 188).

24 *Ob. cit.*, p. 188.

Agindo administradores ou controladores ao arrepio do objeto social, ficam pessoalmente responsáveis pelo ato realizado em desvio do fim social (arts. 158, II, para os administradores; e 117, § 1º, *a*, para os controladores).

A sociedade somente se obriga dentro dos limites de seu objeto social. Os atos de administração que venham a ultrapassá-lo são considerados *ultra vires*[25], revelando a figura de abuso do nome empresarial, não obrigando, por isso, a sociedade. São os atos *ultra vires* inimputáveis à sociedade. O parágrafo único do art. 1.015 do Código Civil, aplicável à sociedade anônima a teor do art. 1.089 do mesmo diploma codificado, não deixa qualquer dúvida quanto ao tratamento de ineficácia do ato *ultra vires* em relação à sociedade. A esta sempre será possível opor aos terceiros o excesso por parte dos administradores.

No dia a dia da vida societária comumente se encontram companhias com ampla definição de seu objeto social sem, contudo, exercer todas as atividades nele descritas. O fato, é de ressaltar, não constitui irregularidade. O objeto formal pode ser diverso do real, desde que este esteja efetivamente naquele compreendido, ou seja, a não operação do objeto formalmente declarado no estatuto de forma completa, limitando-se a desenvolver a sociedade apenas parte das ramificações nele dispostas, não revela ilícito. O que não se tolera é que a atuação se dê além do objeto social declarado.

Pertinente, a final, a conclusão de Miranda Valverde[26], segundo a qual o objeto social é o fim para o que a sociedade é constituída, devendo-se entendê-lo como um limite de sua atividade.

Nessa real perspectiva é que a lei trata com rigor a mudança do objeto social. Além de impor um *quorum* de deliberação qualificado para sua aprovação (art. 136, VI)[27], garante ao acionista dissidente o direito de recesso (art. 137)[28].

---

25 Não há que se confundir o abuso do nome empresarial ou ato *ultra vires* com o seu uso indevido, revelado pela sua utilização para fins pessoais ou de terceiros, sem, entretanto, extrapolar o objeto social, ou ainda quando o administrador realiza o ato em desobediência de certas restrições estatutárias, como as que lhe vedam prestar avais ou fianças em nome da companhia. Mas, em qualquer dos casos, caberá ação de perdas e danos contra o infrator, não estando ao ato vinculada a sociedade (parágrafo único do art. 1.015 do Código Civil c/c art. 158 da Lei n. 6.404/76).

26 *Sociedades por ações*, v. I, p. 73.

27 "Art. 136. É necessária a aprovação de acionistas que representem metade, no mínimo, das ações com direito a voto, se maior *quorum* não for exigido pelo estatuto da companhia cujas ações não estejam admitidas à negociação em bolsa ou no mercado de balcão, para deliberação sobre: [...] VI – mudança do objeto da companhia."

28 "Art. 137. A aprovação das matérias previstas nos incisos I a VI e IX do art. 136 dá ao acionista dissidente o direito de retirar-se da companhia, mediante reembolso do valor das suas ações (art. 45), observadas as seguintes normas: [...]."

Mas cabe ao intérprete fixar o exato alcance do que seja a "mudança do objeto da companhia".

Egberto Lacerda Teixeira e José Alexandre Tavares Guerreiro[29] explanam o seguinte convencimento:

> No diploma revogado, o legislador de 1940 mencionava mudança do objeto *essencial* da sociedade. A lei, entretanto, ignorou, nesse particular, a eventualidade de uma mudança no objeto secundário da companhia, uma vez que, em seu art. 2º, § 2º, houve por bem determinar que o estatuto defina o objeto de modo preciso e completo. A mais rigorosa interpretação do inciso em exame conduziria à conclusão de que qualquer modificação no objeto social necessitaria de *quorum* qualificado e ensejaria a retirada do acionista dissidente. Não entendemos assim. Sociedades há que, por motivos comerciais ou, às vezes, até mesmo por imposição legal, devem eliminar de seu objeto social certas atividades de menor expressão ou a ele acrescentar a previsão de outras tantas atividades complementares de sua empresa. Trata-se de circunstâncias que não mudam os rumos da companhia. Não devem propiciar, como é claro, a indesejável consequência do recesso, por parte de acionistas em busca de pretexto para uma cômoda e lucrativa retirada. Melhor teria sido, sem dúvida, a manutenção da fórmula adotada pelo Decreto-lei 2.627.

Tavares Borba[30] comunga do mesmo entendimento:

> Deve-se, porém, atentar para a circunstância de que mudar significa substituir, deslocar, colocar outro no lugar. Entre *mudar* e *alterar* há um evidente distanciamento. Não se muda o objeto da sociedade sem que se lhe retire a essência. Dessarte, a nova redação não alterou o sentido da norma. [...] Anote-se, ademais, que o legislador não grafou "mudança *no* objeto", mas sim "mudança *do* objeto", o que denota a ideia de substituição, que se encontra inserta na norma.

Fran Martins[31], entretanto, assim não pensava:

> A lei anterior falava em "mudança do objeto *essencial* da sociedade" (Decreto-lei n. 2.627, art. 105, *d*). Valverde, procurando dar uma ideia do objeto *essencial* da sociedade, declarava que a lei "prevê a hipótese mais comum: a da sociedade anônima que tem um objeto de exploração ou, ainda, um objeto essencial e outros secundários ou conexos com o essencial". A nova lei, entretanto, ao se referir ao objeto social, dispõe, no § 2º do art. 2º, que "o estatuto definirá o objeto de modo preciso e completo", desaparecendo, assim, o chamado objeto *essencial*, já que, exposto de modo completo e preciso, esse objeto pode ser o mais amplo possível, abrangendo todas as atividades que a sociedade irá praticar.

Modesto Carvalhosa[32] parece nesse mesmo sentido sustentar:

---

29 *Das sociedades anônimas no direito brasileiro*, v. 1. São Paulo: Livraria e Editora Jurídica José Bushatsky Ltda., 1979, p. 424.

30 *Ob. cit.*, p. 189.

31 *Ob. cit.*, v. II, tomo 1, p. 247/248.

32 *Comentários à lei de sociedades anônimas*, v. 2, p. 719.

> Qualquer alteração estatutária, tendo em vista o *objeto social*, necessita, com efeito, de disciplina mais rígida, já que se trata da base fundamental do próprio contrato social. Ao admitir-se a adoção do regime majoritário para a modificação da principal estipulação do estatuto, o que não era admitido pela nossa lei de 1891 (art. 128), impõe-se a maioria qualificada de deliberação. Convém, a respeito, notar que a lei vigente não mais distingue entre objeto essencial e acidental, como ocorre no sistema da *common law*.

Pensamos que o fato de a lei exigir seja o objeto definido de modo preciso e completo não vulnera o conceito de sua essencialidade, este indispensável para confirmar a modificação capaz de reclamar *quorum* qualificado e conferir o recesso ao acionista dissidente. Conforme discorremos em fase inicial deste tópico, o objeto social traduz a atividade econômica que a sociedade irá realizar, podendo expressar atividades principais e secundárias, reveladoras, pois, da sua empresa. Tanto a atividade principal, que lhe constitui o objeto ou fim essencial, quanto a secundária devem estar declaradas no estatuto, como o exige a lei. Contudo, somente a substituição do objeto essencial, sem o que fica efetivamente descaracterizado o fim para o qual foi a companhia constituída, é que se mostra com força para suplantar o *quorum* ordinário de deliberação e viabilizar o exercício do direito de retirada. Apenas nesse contexto de exegese é que se estará realizando a racionalidade e a teleologia das normas que resultam dos textos normativos dos arts. 136, VI, e 137. A mudança exige, pois, o desvio da sua atividade ou atividades fundamentais originais, comprometendo a essência do objeto anteriormente declarado, implicando, assim, a mudança de rumo da companhia.

Desse modo, a realização de pequenos ajustes no objeto social não significa mudança desse objeto. São os casos, por exemplo, da supressão de uma atividade secundária que não comprometa a principal ou o acréscimo de atividade que venha a fortalecer e valorizar o objeto essencial, configurando mero desdobramento, como na hipótese de um fabricante de determinado produto que adicionalmente passa a oferecer direta e pessoalmente os serviços de assistência técnica. Da mesma sorte, não caracteriza mudança de objeto a supressão de atividades que de fato a companhia não exerça, o que representa simples ajuste à realidade da empresa pela sociedade realizada. É mero ajuste do objeto formal ao objeto real, sem implicar qualquer prejuízo à minoria social.

Por derradeiro, permite a lei possa ser objeto da companhia a participação em outras sociedades ainda que não contemplada no estatuto. Essa participação, sem expressa previsão estatutária, é facultada como forma de propiciar que a companhia realize o seu objeto social ou para que ela usufrua de incentivos fiscais (§ 3º do art. 2º). Faculta-se e estimula-se o agrupamento societário.

A participação em outras sociedades, como forma de realizar o objeto, sem autorização expressa no estatuto, demanda prudência. Deverá existir efetivo nexo de correspondência dentre os objetos da companhia e daquela de que irá participar. Não havendo rigorosa conexidade e dependência entre as atividades, a autorização torna-se obrigatória, sem o que estará configurado o desvio de objeto[33]. Ademais, deve a companhia ostentar a posição de controle, realizando, dessa forma, o seu objeto de modo indireto, por meio de subsidiária, integral ou não. Estas funcionam como instrumento para a realização do seu objeto[34].

Diante das dificuldades de se configurar a exata correspondência entre os objetos em diversos episódios da vida societária concreta é que se tem como aconselhável constar expressamente do estatuto a faculdade de participação no capital de outras sociedades, considerando o risco de, assim não o fazendo, haver por caracterizada a ocorrência do desvio de objeto.

2.9. COMPANHIAS ABERTAS E FECHADAS

Conforme deflui do art. 4º da Lei n. 6.404/76, as sociedades anônimas são classificadas em companhias de capital aberto e companhias de capital fechado, sem que isso, é bom ressaltar, ponha em xeque a unidade do tipo societário. Em função das peculiaridades que as distinguem, a demandar regramentos específicos além do foco comum, é que a lei estabelece um processo para sua diferenciação.

Sociedade anônima aberta é aquela cujos valores mobiliários[35] encontram-se admitidos à negociação no mercado de valores mobiliários, traduzido pelas bolsas de valores ou mercado de balcão[36]; à fechada, por sua vez, se alcança por exclusão, isto é, são aquelas companhias cujos valores mobiliários não são passíveis de oferta pública nesse mercado.

Apesar de a lei erigir a sociedade anônima como o tipo que mais se afina com a grande empresa, não descura da realidade verificada no país, consistente na efetiva constituição de companhias para explorar médios ou pequenos negócios.

O empreendimento de menor porte, com menor demanda de aporte de capital, estruturado pela conjugação de esforços de pessoas que nutrem, em medida adequada, mútua confiança, capazes de prover, de per si, o fluxo de investimento necessário à exploração da atividade econômica, identifica-se, na forma anônima, com a companhia

---

33 Modesto Carvalhosa, *Comentários à lei de sociedades anônimas*, v. 1, edição de 1997. São Paulo: Saraiva, 1997, p. 23.

34 Tavares Borba, *ob. cit.*, p. 191.

35 Os valores mobiliários são títulos que visam à captação de recursos financeiros, como, por exemplo, as ações, as debêntures, os bônus de subscrição e as notas comerciais (confira-se o disposto no art. 2º da Lei n. 6.385/76).

36 O mercado de balcão retrata a distribuição dos valores mobiliários fora das bolsas de valores. Atuam as pessoas autorizadas à distribuição daqueles valores no balcão de seus escritórios, exercendo a chamada atividade de balcão. Daí a designação.

fechada. Sua organização diferenciada por lei vem, em determinado padrão, facilitada. O art. 294 da Lei do Anonimato volta suas regras para a intitulada *pequena sociedade anônima*[37]. São elas companhias fechadas que ostentam menos de vinte acionistas e com patrimônio líquido inferior a R$ 1.000.000,00 (um milhão de reais). Essas sociedades podem convocar assembleia geral por anúncio entregue a todos os acionistas, contra recibo, com oito dias de antecedência na primeira convocação e com cinco dias na segunda; estão, outrossim, dispensadas de publicar os documentos de administração, desde que sejam, por cópias autenticadas, arquivados na Junta Comercial juntamente com a ata de assembleia que sobre eles deliberar. Não se qualifica, entretanto, como *pequena sociedade anônima*, apta a gozar do tratamento diferenciado, a companhia controladora de grupo de sociedades, ou a ela filiadas.

A alavancagem de investimentos para a realização de atividades econômicas que demandam grande volume de capital requisita modelo jurídico-organizacional que viabilize, com a necessária segurança, a sua captação junto ao público investidor em geral. O regime jurídico no qual se revela a companhia aberta está vocacionado, justamente, para atender a essa demanda, sujeitando a sociedade a um sistema normativo mais rígido, com prestígio à publicidade mais acentuada dos atos e negócios societários, com a permanente fiscalização e controle governamental, estes desempenhados pela Comissão de Valores Mobiliários (CVM).

Diante do quadro legislativo proposto, a negociação de valores mobiliários no mercado de capitais depende de prévio registro da companhia emissora na Comissão de Valores Mobiliários (§ 1º do art. 4º da Lei n. 6.404/76, § 1º do art. 21 da Lei n. 6.385/76 e *caput* do art. 1º da Instrução CVM n. 480/2009). Com esse registro inicial de companhia aberta, a referida Comissão tem por escopo assegurar a prestação de informações periódicas e eventuais ao mercado, a respeito da companhia e dos negócios por ela realizados. O emissor de valores mobiliários, assim, deve estar organizado sob a forma de sociedade anônima, salvo naquelas situações restritas e excepcionais previstas na Instrução CVM n. 480/2009 (§ 2º de seu art. 1º)[38]. Ainda em caráter excepcional, a mesma Instrução CVM n. 480/2009 (art. 7º) dispensa do registro certos emissores de valores mobiliários[39]. Essa inexigibilidade de registro do emissor acaba, portanto, por

---

37 Rubens Requião, *ob. cit.*, v. 2, p. 55.

38 Como, por exemplo, nos casos de emissores de valores mobiliários enquadrados como empresa de pequeno porte ou microempresa (art. 7º, IV e V, da referida Instrução); emissores exclusivamente de notas comerciais e de cédulas de crédito bancário (*caput* do art. 33 da mesma Instrução); e emissores exclusivamente de notas comerciais do agronegócio (parágrafo único do citado art. 33).

39 São os casos: a) dos emissores estrangeiros cujos valores mobiliários sejam lastro para programas de certificados de depósito de ações – BDR Nível I, patrocinados ou não; b)

permitir que emissores não registrados como companhia aberta façam a emissão de certos valores mobiliários.

Afora o registro de companhia aberta, também se exige, igualmente em regra, para que se possa promover a distribuição pública de valores mobiliários no mercado, o prévio registro da oferta pública de distribuição na Comissão de Valores Mobiliários (§ 2º do art. 4º da Lei n. 6.404/76, art. 19 da Lei n. 6.385/76 e art. 2º da Instrução CVM n. 400/2003). Esse registro tem por fim promover a prestação de informações àquela Comissão e a sua divulgação ao público investidor, possibilitando uma avaliação adequada dos títulos oferecidos, assegurando, em última análise, a proteção dos interesses do público investidor e do mercado em geral.

Diz-se acima "em regra" pois são ressalvados os casos de dispensa de registro e de oferta pública com esforços restritos.

Com efeito, levando em consideração as características da oferta pública de valores mobiliários, a Comissão de Valores Mobiliários poderá, a seu critério e sempre observados o interesse público, a adequada informação e a proteção do investidor, dispensar o registro ou alguns de seus requisitos. Para tal, deverá considerar, cumulativa ou isoladamente, as seguintes condições da operação: a) o valor unitário dos valores mobiliários ofertados ou o valor total da oferta; b) o plano de distribuição dos valores mobiliários; c) a distribuição se realizar em mais de uma localidade, de forma a compatibilizar os diferentes procedimentos envolvidos, desde que assegurada, no mínimo, a igualdade de condições com os investidores locais; d) as características da oferta de permuta; e) o público destinatário da oferta, inclusive quanto à sua localidade geográfica ou quantidade; f) ser dirigida exclusivamente a investidores qualificados (art. 4º da Instrução CVM n. 400/2003)[40].

Nas denominadas ofertas públicas com esforços restritos, a dispensa do registro de distribuição é automática (art. 6º da Instrução CVM n. 476/2009). Elas se destinam exclusivamente a investidores profissionais[41], os quais têm condições de avaliar as informações prestadas e os riscos envolvidos na operação. Apresentam-se como útil instrumento para a captação de recursos junto a essa específica gama de investidores. Nessas

---

dos emissores de certificados de potencial adicional de construção; c) dos emissores de certificados de investimento relacionados à área audiovisual cinematográfica brasileira; d) dos emissores de letras financeiras distribuídas no âmbito de Programa de Distribuição Contínua; e) dos emissores de certificados de operações estruturadas – COE distribuídos com dispensa de registro de oferta pública (cf. Instrução CVM n. 569/2015); f) da sociedade empresária de pequeno porte que seja emissora, exclusivamente, de valores mobiliários distribuídos com dispensa de registro de oferta pública por meio de plataforma eletrônica de investimento participativo. Esta dispensa mencionada na alínea *e* não se aplica se o COE for distribuído por meio de oferta pública registrada na autarquia.

40 Os investidores qualificados vêm definidos no art. 9º-B da Instrução CVM n. 539/2013.

41 Os investidores profissionais vêm definidos no art. 9º-A da Instrução CVM n. 539/2013.

ofertas públicas, que devem ser intermediadas por integrante do sistema de distribuição de valores mobiliários, é permitida a procura de no máximo setenta e cinco investidores profissionais, e os valores mobiliários ofertados devem ser subscritos ou adquiridos por no máximo cinquenta investidores profissionais (art. 3º da Instrução CVM n. 476/2009).

Apenas podem ser objeto de oferta pública com esforços restritos de distribuição os seguintes valores mobiliários: a) notas comerciais; b) cédulas de crédito bancário que não sejam de responsabilidade de instituição financeira; c) debêntures não conversíveis ou não permutáveis por ações; d) quotas de fundos de investimento fechados; e) certificados de recebíveis imobiliários ou do agronegócio; f) letras financeiras, desde que não relacionadas a operações ativas vinculadas; g) certificados de direitos creditórios do agronegócio; h) cédulas de produto rural-financeiras que não sejam de responsabilidade de instituição financeira; i) *warrants* agropecuários; j) certificados de operações estruturadas; k) os seguintes valores mobiliários, desde que emitidos por emissor registrado na categoria A: i) ações; ii) debêntures conversíveis em ações; iii) bônus de subscrição, mesmo que atribuídos como vantagem adicional aos subscritores de debêntures; l) debêntures permutáveis por ações, desde que tais ações sejam emitidas por emissor registrado na categoria A; m) certificados de depósito de valores mobiliários antes mencionados; e n) certificados de depósito de valores mobiliários no âmbito do Programa BDR Patrocinado Nível I, Nível II e Nível III[42] (§ 1º do art. 1º da Instrução CVM n. 476/2009).

Por derradeiro, cumpre registrar que à Comissão de Valores Mobiliários é facultado classificar as companhias abertas em categorias, fixando condições e exigências diversas para cada uma delas (§ 3º do art. 4º). O art. 2º da Instrução CVM n. 480/2009 estabelece que "o emissor pode requerer o registro na CVM em uma das seguintes categorias: I – categoria A; ou II – categoria B". O registro na categoria A autoriza a negociação de quaisquer valores mobiliários do emissor em mercados regulamentados de valores mobiliários. Já o registro na categoria B autoriza a negociação de valores mobiliários do emissor em mercados regulamentados de valores mobiliários, exceto os seguintes valores mobiliários: a) ações e certificados de depósito de ações; ou b) valores mobiliários que confiram ao titular o direito de adquirir os valores mobiliários mencionados na alínea *a* acima, em consequência da sua conversão ou do exercício dos direitos que lhes são inerentes, desde que emitidos pelo próprio emissor dos valores mobiliários referidos na alínea *a* acima ou por uma sociedade pertencente ao grupo do referido emissor.

---

42 *Brazilian Depositary Receipts* – BDRs Patrocinados Níveis I, II e III são valores mobiliários emitidos no Brasil que possuem como lastro ativos, geralmente ações, emitidos no exterior. Para sua emissão, a companhia emissora dos valores mobiliários no exterior deve contratar no Brasil uma instituição depositária, a qual será responsável por emitir os BDRs.

2.10. FECHAMENTO DO CAPITAL

O fechamento do capital significa o cancelamento do registro da companhia aberta, por meio do qual se encontrava habilitada a negociar os valores mobiliários de sua emissão no mercado. Consiste, pois, no procedimento para transformar uma companhia aberta em fechada, obstando-se, desse modo, a negociação daqueles valores nas bolsas de valores ou no mercado de balcão.

A decisão acerca da abertura ou do fechamento do capital é matéria afeta à política empresarial a ser adotada pela sociedade. É, portanto, da alçada do acionista que detém o controle dos negócios sociais decidir sobre as vantagens e desvantagens de abrir o capital, bem como sobre mantê-lo dessa forma ou proceder ao seu fechamento. Não é autorizado ao órgão governamental de regulação do mercado, afora as hipóteses e condições expressamente previstas na Instrução CVM n. 480/2009 (arts. 52 a 55)[43], lastreada no inciso I do § 6º do art. 21 da Lei n. 6.385/76, adentrar nessa seara; nem sequer o é opinar previamente sobre o mérito da orientação a ser adotada. A decisão é de caráter eminentemente privado. Feita a opção, caberá à Comissão de Valores Mobiliários a fiscalização da operação, verificando sua regularidade à luz da lei e dos atos regulatórios por ela expedidos, porquanto lhe é por lei delegada a regulamentação do procedimento, sempre tendo em mira a manutenção das práticas regulares de mercado e, fundamentalmente, a proteção da minoria acionária. Seu poder regulamentar não é discricionário, mas vinculado à previsão legal, concentrado em garantir a ampla transparência das informações que cercam a operação (*disclosure*).

Apesar de a análise da conveniência e da oportunidade de manter aberto ou fechar o capital ser da competência do controlador, a sua implementação não deve ser materializada em detrimento dos interesses dos demais acionistas da companhia. A tutela desses interesses constitui medida necessária ao desenvolvimento do mercado de capitais. A companhia, com a autorização para negociar os títulos de sua emissão nesse mercado, especialmente ações, almeja o claro benefício do acesso a recursos que lhe viabilizem desenvolver o seu objeto social, recursos esses inegavelmente mais baratos do que os que poderiam ser angariados pelos métodos de financiamento tradicionais, tal qual a obtenção de empréstimos junto a instituições financeiras. Como correspondência ao equilíbrio dessa troca de interesses, há que se respeitar os direitos dos acionistas mino-

---

43 Compete à Superintendência de Relações com Empresas (SEP), da Comissão de Valores Mobiliários, suspender o registro de emissor de valores mobiliários, caso este descumpra, por período superior a doze meses, as suas obrigações periódicas estabelecidas pela Instrução CVM n. 480/2009. A SEP deve cancelar o registro de emissor nas hipóteses de extinção do emissor e de suspensão do registro do emissor por período superior a doze meses.

ritários que contribuem para a capitalização da companhia. A vantagem especial para esses acionistas reside, justamente, na liquidez dos valores mobiliários por eles titularizados, resultante da oportunidade de negociá-los, a qualquer momento, em bolsa de valores e também no mercado de balcão. A despedida da companhia do mercado no qual se financiou deve buscar garantir aos acionistas a restituição dos recursos nela investidos.

A alteração da condição da companhia influenciará, profundamente, a situação das ações de sua emissão. Além da perda de liquidez, com a consequente depreciação do valor do investimento, os acionistas minoritários não mais contarão com a proteção da Comissão de Valores Mobiliários, visto que a sociedade deixa de se submeter às suas regras.

Como o Direito brasileiro não admite o recesso motivado pelo fechamento do capital, procura-se, como contrapeso à opção adotada, garantir à minoria social condições equitativas na operação, assegurando-se aos investidores o direito de se desfazerem de suas posições acionárias.

Nessa perspectiva, a matriz positivada na Lei n. 6.404/76, fruto da reforma implementada pela Lei n. 10.303/2001, traduz dois principais objetivos: a) conferir aos minoritários que titularizarem substancial percentual de ações no capital social a possibilidade de obstar o fechamento do capital; e b) assegurar a todos os minoritários a possibilidade de alienarem suas ações por preço adequado, de sorte a não mantê-los engessados e ligados a uma sociedade cujas ações já não mais se mostram com liquidez e que já não mais se encontra obrigada a prestar informações de caráter mínimo a seus investidores (*disclosure*)[44].

---

[44] A regulamentação da operação se faz por meio da Instrução CVM n. 361/2002, a qual vem especificamente disciplinada nos arts. 16 a 25-A. O art. 16 da Instrução CVM n. 361/2002 exige a observância, além do requisito de que o preço ofertado pelas ações seja justo, na forma estabelecida no § 4º do art. 4º da Lei n. 6.404/76 e tendo em vista a avaliação a que se refere o § 1º do art. 8º, de mais um outro: que acionistas titulares de mais de dois terços das ações em circulação devam aceitar a OPA ou expressamente concordar com o cancelamento do registro; para esse fim, em caráter excepcional, são consideradas ações em circulação apenas o universo daquelas cujos respectivos titulares (a) concordem expressamente com o cancelamento de registro ou (b) se habilitem para o leilão de OPA, na forma dos arts. 21 e 22 da própria Instrução Normativa. Não são computadas, desse modo, as ações dos que não se habilitarem para o leilão de oferta pública. Como bem elucida Tavares Borba (*ob. cit.*, p. 165-166), deverão ser consideradas, para esse efeito, "de um lado, as ações que aceitarem a oferta e as que concordarem com o fechamento, e, de outro lado, as ações que se habilitarem para o leilão, mas dissentirem do fechamento. Nessa equação, as primeiras deverão representar dois terços do total correspondente às ações que de alguma forma se manifestaram". Nos termos do art. 21 da indigitada Instrução, tem-se que os acionistas serão considerados: a) concordantes com o cancelamento de registro, se aceitarem a OPA, vendendo suas ações no leilão, ou manifes-

O cancelamento do registro pressupõe proposta de absorção da totalidade das ações em circulação no mercado. Entende-se por ações em circulação todas as ações emitidas pela companhia, excetuadas aquelas detidas pelo controlador, por pessoas a ele vinculadas, por administradores e as que estiverem em tesouraria (§ 2º do art. 4º-A da Lei n. 6.404/76 e inciso III do art. 3º da Instrução CVM n. 361/2002). Seu deferimento pela Comissão de Valores Mobiliários exige a realização de uma oferta pública de aquisição das ações da companhia (OPA)[45], a qual deverá ser aceita por percentual relevante de acionistas minoritários[46].

A oferta pública de aquisição de ações, que é, portanto, obrigatória, pode ser formulada pelo acionista controlador ou pela própria companhia, tendo por objeto, repita-se, todas as ações de emissão da sociedade em circulação.

O normal é que a OPA seja efetivada pelo acionista controlador. Essa sempre foi a diretriz do Direito brasileiro na regulação da matéria, como se podia inferir das Instruções da Comissão de Valores Mobiliários editadas sobre o tema. Mas a Lei n. 10.303/2001, ao estabelecer o novo § 4º do art. 4º da Lei n. 6.404/76, consagra a possibilidade jurídica de a própria companhia promover a oferta pública para aquisição das ações dos minoritários. Partindo da premissa antes explanada, de que a decisão sobre o fechamento do capital é de interesse empresarial, manifestado pelo controlador, não se vislumbra razoável que a sociedade arque com os respectivos custos inerentes ao procedimento. Por tal convicção, é que nos unimos àquelas vozes que advogam um restritivo alcance do dispositivo, admitindo-se, tão somente, que a própria companhia promova a oferta pública quando efetivamente demonstrado, no âmbito da assembleia geral que se instalar para deliberar a respeito, que o procedimento atende inequivocamente ao interesse social[47].

---

tarem prévia e expressamente sua concordância com o cancelamento, através de instrumento específico, elaborado nos termos do § 2º do mesmo artigo; b) discordantes do fechamento se, havendo se habilitado para o leilão, nos termos do art. 22, não aceitarem a OPA. Os acionistas que desejarem discordar do fechamento do capital, portanto, devem se habilitar ao leilão, não sendo bastante a prévia manifestação nesse sentido, como se tem para os que concordarem.

45 Em regra, a oferta pública será efetivada mediante leilão especial em bolsa de valores ou entidade de mercado de balcão organizado. A oferta é pública em razão da necessária publicidade prévia a que está submetida, o que a diferencia das simples ofertas de aquisição efetuadas exclusivamente nos recintos de negociação das bolsas ou nos ambientes da entidade do mercado de balcão organizado. A OPA será intermediada por sociedade corretora ou distribuidora de títulos e valores mobiliários ou instituição financeira com carteira de investimento (§§ 3º, 4º e 5º do art. 2º; incisos IV e VII do art. 4º; e art. 7º, todos da Instrução CVM n. 361/2002).

46 Art. 16 da Instrução CVM n. 361/2002. Confira-se a penúltima nota de rodapé.

47 Cf. Modesto Carvalhosa e Nelson Eizirik, *A nova lei das S/A*. São Paulo: Saraiva, 2002, p. 59.

Confirmada a correspondência com esse interesse, a operação deverá conformar-se com o disposto no § 1º do art. 30 da própria Lei das S.A., o qual excepciona a regra geral do *caput*, de que a companhia não pode negociar com suas próprias ações. Nessa harmonização, tem-se que a aquisição das ações feita pela sociedade é para permanência em tesouraria ou cancelamento e traz, como inarredáveis pressupostos à sua validade, que o valor de aquisição das próprias ações não ultrapasse o montante do saldo de lucros ou reservas, excetuada a legal, e se faça sem redução do capital social (alínea *b* do preceito antes citado)[48].

Exige o § 4º do art. 4º que a aquisição se opere por "preço justo". A expressão tem sido objeto de crítica, em face do seu forte caráter subjetivo. O que deseja a lei, em realidade, é veicular a visão de que o preço da oferta deve ser estabelecido sem penalidade para o adquirente ou para os alienantes. A sua aferição deverá estar arrimada em critérios que conduzam a um resultado final equitativo. Esses critérios deverão estar compatibilizados com a situação real e atual da sociedade, bem como com a das ações de sua emissão. Não se deve, assim, sob pena de desrespeitar a ideia do "preço justo", fazer uso, por exemplo, do método de "comparação por múltiplos" se não existirem companhias capazes de servir de paradigma. Outrossim, a "cotação das ações no mercado" somente se mostra pertinente se as ações da companhia registrarem alto índice de liquidez, pois para aquelas com baixo índice de negociabilidade não terá o significado adequado.

O legislador prestigia o princípio da liberdade de escolha do critério de valoração das ações para se atingir o justo preço, gerando listagem exemplificativa ou enumerativa de métodos para sua aferição, os quais podem ser adotados de forma isolada ou combinada. Assim é que se tem por "preço justo", na dicção legal, aquele

> ao menos igual ao valor de avaliação da companhia, apurado com base nos critérios [...] de patrimônio líquido contábil, de patrimônio líquido avaliado a preço de mercado, de fluxo de caixa descontado, de comparação por múltiplos, de cotação das ações no mercado de valores mobiliários, ou com base em outro critério aceito pela Comissão de Valores Mobiliários[49].

---

48 Essa visão vem compartilhada por Carvalhosa e Eizirik (*ob. cit.*, p. 60), Tavares Borba (*ob. cit.*, p. 167) e Norma Parente (Principais inovações introduzidas pela Lei n. 10.303, de 31 de outubro de 2001, à lei das sociedades por ações *in Reforma da lei das sociedades anônimas*, 2ª ed. Coordenação de Jorge Lobo. Rio de Janeiro: Forense, 2002, p. 16).

49 O cálculo do preço a partir do *patrimônio líquido contábil* revela o valor escriturado, o que geralmente traduz um valor histórico; o valor do *patrimônio líquido avaliado a preço de mercado* é calculado como se a companhia estivesse em liquidação; o *fluxo de caixa descontado* realiza-se pela perspectiva de lucros futuros, trazida a valor presente; a *comparação por múltiplos* traduz-se na comparação com outras sociedades que atuam no mesmo setor (com empresas congêneres), requisitando, todavia, que a comparação venha a abranger número expressivo de companhias no setor; a *cotação das ações no mercado* exprime o valor médio que a ação alcança nos pregões.

O critério ou os critérios de avaliação serão escolhidos pelo próprio ofertante, a quem caberá, igualmente, designar os avaliadores, arcando com os correspondentes custos, e aprovar o valor obtido. Mas como forma de fazer prevalecer a opção responsável, de modo a ser atingida a desejável equidade, assegura a lei que o valor da oferta seja revisto.

Com efeito, acionistas titulares de, no mínimo, dez por cento das ações em circulação no mercado – excluídas da base de cálculo as de titularidade do acionista controlador, das pessoas a ele vinculadas, dos diretores, dos conselheiros de administração e as em tesouraria – poderão requerer aos administradores da companhia que convoquem assembleia especial dos acionistas de mercado, para deliberar sobre a realização de nova avaliação pelo mesmo ou por outro critério, para efeito de determinação do valor da companhia. O pleito deverá ser articulado em requerimento apresentado no prazo de quinze dias contados da data da divulgação do valor da oferta pública, devidamente fundamentado e instruído com os elementos de convicção que demonstrem a falha ou imprecisão no emprego do método de cálculo ou no critério eleito de avaliação. A ausência da necessária fundamentação ou a insuficiência dos elementos de convicção revelam o abuso da minoria, que não poderá se exceder no poder de barganha[50]. Não sendo o requerimento atendido com a convocação da assembleia pelos administradores no prazo de oito dias, faculta-se àqueles acionistas de mercado proceder diretamente à convocação (*caput* e §§ 1º e 2º do art. 4º-A).

Os avaliadores e os critérios de avaliação serão então definidos pela mesma assembleia em que a matéria vier a ser deliberada. O *quorum* para deliberação será o do art. 129, ou seja, a decisão sobre a rejeição ou aprovação do pedido de revisão do preço de oferta se dará por maioria absoluta de votos dos presentes ao conclave, não se computando os votos em branco. Dessa deliberação estão legitimados a participar os titulares de ações preferenciais sem direito de voto ou com voto restrito, os quais, de certo, poderão também convocá-la, observados os termos acima já expostos. Trata-se de uma assembleia especial, uma assembleia de revisão do preço ofertado, instrumento posto à disposição da minoria para impugnar a avaliação apresentada pelo ofertante. Dirige-se, nos termos do *caput* do art. 4º-A, aos titulares de ações em circulação no mercado (acionistas de mercado), nestas compreendidos, porque a lei não excepcionou, os títulos com ou sem direito de voto.

Mas só poderão convocá-la e dela participar aqueles que já eram acionistas na data de divulgação do valor da oferta pública. Como convenientemente anotado por Mo-

---

50 A falta de motivação legitima a recusa pelo administrador da companhia do pedido de revisão, conforme bem sustentado por Modesto Carvalhosa e Nelson Eizirik (*ob. cit.*, p. 53).

desto Carvalhosa e Nelson Eizirik[51], a interpretação estrita se justifica como fórmula de não "se incentivar uma indústria da revisão", desestimulando que "eventuais 'minoritários' comprem ações após a divulgação do preço da oferta para participar da assembleia especial e forçar uma revisão do preço". A exegese é profícua, porquanto não permite degenere em abuso o direito de revisão, o qual serve de relevante instrumento à obtenção de um justo preço e não para financiar barganhas e ganâncias indevidas pelos minoritários.

Os custos da revisão deverão ser arcados pela sociedade, que será ressarcida pelos que a requereram e pelos que votaram a seu favor, caso o novo valor seja inferior ou igual ao da oferta (§ 3º do art. 4º-A). Alcançando o valor patamar superior, é razoável que a companhia seja ressarcida pelo ofertante, quando o for o acionista controlador. Caracteriza-se, dessarte, uma "sucumbência extrajudicial", funcionando como instrumento inibidor da eleição de critérios injustos pelo ofertante, bem como de abuso das minorias no uso do pedido de revisão. Os correspondentes ônus deverão ser distribuídos entre os responsáveis segundo as suas respectivas participações no capital[52], permitindo-se ao órgão de administração propor à assembleia geral a suspensão do exercício dos direitos do acionista em mora com suas obrigações (arts. 120 e 122, V), estando o interessado impedido de nela votar, em face do notório conflito de interesses (art. 115).

Não concordando o ofertante com o valor a maior de avaliação obtido na revisão, assiste-lhe o direito de da oferta desistir, uma vez que somente se vincula às condições por ele propostas. A alteração do valor para maior permite-lhe recolher a oferta original, havendo-se por prejudicado o fechamento do capital, ante a ausência de um de seus pressupostos. Concordando, entretanto, prosseguirá o seu curso o processo de cancelamento do registro da companhia, com a aceitação do "preço justo" pelas partes, não mais se admitindo a retratação, porquanto para os minoritários a revisão equivale à nova proposta quando apresentado o novo preço ao ofertante.

Apurando o laudo de avaliação valor igual ou inferior ao valor inicial da OPA, será retomado o curso normal do processamento, com a marcação de data para o leilão, com base no preço originalmente ofertado.

Sempre estará garantido aos acionistas minoritários que não consigam atingir o *quorum* legal de dez por cento do capital retratado pelas ações em circulação no mercado, vendo frustrada, assim, a possibilidade de viabilizar a revisão na esfera extrajudicial,

---

51 *Ob. cit.*, p. 55.

52 A lei, nesse aspecto, não andou bem. O adequado seria ter feito a previsão da responsabilidade solidária, evitando que a companhia tenha que promover diversas ações para obter o ressarcimento.

o direito de judicialmente impugnar o valor da oferta, com o escopo de obter, por decisão judicial, o desejado "preço justo". Igual direito terão os minoritários que restarem vencidos na deliberação que rejeitar a revisão (art. 5º, XXXV, da Constituição Federal). Mas os efeitos de eventual decisão favorável serão, em qualquer caso, sempre individuais, não aproveitando a coletividade dos minoritários.

Registre-se, em adição ao tema, que o § 5º do art. 4º permite, terminado o prazo da oferta pública, caso remanesçam em circulação menos de cinco por cento do total das ações emitidas[53], que a assembleia geral delibere o resgate dessas ações pelo valor da oferta, desde que o respectivo numerário seja depositado, à disposição dos seus titulares, em estabelecimento bancário autorizado pela Comissão de Valores Mobiliários. Há, assim, a expropriação das ações dos minoritários, aos quais não será possível se opor a tal decisão. Consoante esclarece Norma Parente[54], a disposição almeja evitar que "numa sociedade em que 95% dos sócios aceitam a oferta, esta se veja obrigada a manter pequena quantidade de acionistas, como, por exemplo, quando se desconhece o paradeiro desses acionistas". São atingidos, pela providência, pequenos investidores esparsos, chamados por Carvalhosa e Eizirik[55] de *outsiders* ou *minoria anômica*, os quais não dispõem da proteção da ordem jurídico-societária. Como bem salientado pelos citados autores[56], parece que a intenção do legislador foi "a de permitir que a companhia que cancelou o registro como aberta não seja obrigada a continuar convivendo com inúmeros pequenos acionistas", representando-lhe ônus desnecessário. Daí a possibilidade de ser eliminada essa minoria dispersa e indesejada no quadro social que não aderiu à oferta pública[57].

---

53 Há que se sublinhar que a formulação da oferta pública para adquirir a totalidade das ações em circulação é que constitui a condição legal para o fechamento do capital, e não a sua efetiva aquisição pelo ofertante, porquanto esta depende da aceitação da oferta pelo acionista.

54 *Ob. cit.*, p. 20.

55 *Ob. cit.*, p. 61-62.

56 *Ob. cit.*, p. 63.

57 Essa figura é conhecida no Direito português como aquisição potestativa. Se, após uma oferta pública para aquisição de ações de uma sociedade anônima aberta, o ofertante ultrapassar a noventa por cento dos direitos de voto, pode, nos seis meses subsequentes, adquirir as ações remanescentes, mediante uma contrapartida estabelecida em lei. Mas além de paradigma próprio, diverso do adotado pela lei brasileira, fundado na condição de titularidade de ações com direito de voto, o Direito luso contempla a figura da alienação potestativa, equilibrando a unilateralidade a que se limitou a nossa lei. Nas palavras de António Menezes Cordeiro, "não sendo o direito de aquisição potestativa tempestivamente exercido, pode cada um dos titulares de acções remanescentes dirigir por escrito, ao sócio dominante, convite para, no prazo de trinta dias, lhe fazer proposta de aquisição de suas acções. Na falta de proposta, pode cada interessado provocar a alienação potestativa, nos termos regulados nos artigos 196º/2" (*Manual de direito das sociedades*, v. II. Coimbra, Almedina, 2006, p. 640). A contrapartida, tanto para a alienação potestativa

Esse resgate, como a lei não estabelece limite temporal para sua implementação, poderá realizar-se a qualquer tempo, atualizando-se o valor da oferta.

Por derradeiro, há que se anotar que os avaliadores[58] que participaram dos procedimentos do atingimento do "preço justo" responderão pelos danos causados por negligência, imprudência ou imperícia na elaboração do laudo, ou ainda quando tiverem procedido com dolo, sem prejuízo da responsabilidade penal em que tenham incorrido.

2.11. FECHAMENTO "BRANCO" DE CAPITAL

O procedimento de fechamento do capital, como se viu, visa a garantir aos acionistas de participação minoritária o direito de obstruir a conversão da companhia aberta em fechada ou, assim não o fazendo, ou não atingindo o *quorum* para fazê-lo, o de alienar as respectivas participações societárias por um preço justo, sem discriminações[59].

Nesse escopo, a lei se preocupa em coibir expedientes e artifícios que, por vias transversas, poderiam redundar no que ficou chamado no mercado de "fechamento branco" do capital, caracterizado sempre que o controlador adquirir, direta ou indiretamente, número substancial de ações em circulação, retirando, desse modo, a liquidez das ações remanescentes. Verificado o fato, segundo o enquadramento dispensado pela Comissão de Valores Mobiliários, pois a ela incumbe estabelecer os percentuais em que a potencialidade desse risco possa se configurar, fica o controlador

---

como para a aquisição potestativa, encontra-se disciplinada no art. 188º do Decreto-Lei n. 486/99 (Código de Valores Mobiliários), que assim estabelece, *verbis*: "Art. 188º (Contrapartida) – 1. A contrapartida de oferta pública de aquisição obrigatória não pode ser inferior ao mais elevado dos seguintes montantes: a) O maior preço pago pelo ofertante ou por qualquer das pessoas que, em relação a ele, estejam em alguma das situações previstas no n. 1 do art. 20º pela aquisição de valores mobiliários da mesma categoria, nos seis meses imediatamente anteriores à data da publicação do anúncio preliminar da oferta; b) O preço médio ponderado desses valores mobiliários apurado em mercado regulamentado durante o mesmo período. 2. Se a contrapartida não puder ser determinada por recurso aos critérios referidos no n. 1 ou se a CMVM entender que a contrapartida, em dinheiro ou em valores mobiliários, proposta pelo oferente não se encontra devidamente justificada ou não é equitativa, por ser insuficiente ou excessiva, a contrapartida mínima será fixada a expensas do oferente por auditor independente designado pela CMVM. 3. Se a contrapartida consistir em valores mobiliários, deve o oferente indicar alternativa em dinheiro de valor equivalente".

58 Nos termos do § 1º do art. 8º da Instrução CVM n. 361/2002, o laudo de avaliação poderá ser elaborado pela instituição que intermediará a OPA, nos termos do art. 7º, sociedade corretora ou distribuidora de títulos e valores mobiliários ou instituição financeira com carteira de investimento que possuam área especializada e devidamente equipada, com experiência comprovada, ou ainda por pessoa jurídica especializada e com experiência também comprovada em avaliações de companhias abertas.

59 Art. 16 da Instrução CVM n. 361/2002.

obrigado a realizar oferta pública para aquisição das ações que remanesceram em circulação com os minoritários. O preço dessa oferta deverá observar os mesmos critérios estabelecidos para o fechamento do capital, isto é, deve ser "justo" e estará subordinado à revisão quando considerado não equitativo pela maioria das ações de mercado atingidas (§ 6º do art. 4º)[60].

A OPA por aumento de participação vem também regulada pela Instrução CVM n. 361/2002, nos arts. 26 a 28. No *caput* do seu art. 26, tem-se definido o percentual considerado impeditivo da liquidez de mercado, consistente na aquisição de ações que representem mais de um terço do total das ações de cada espécie e classe em circulação[61]. A indigitada Instrução, nos seus arts. 27 e 28, permite que o acionista controlador solicite à Comissão de Valores Mobiliários autorização para não realizar a OPA ou dela desistir na hipótese de revisão do preço, desde que se comprometa a alienar o excesso de participação em prazo de três meses, contado da ocorrência da aquisição.

2.12. A COMPANHIA FECHADA *INTUITU PERSONAE*

A sociedade anônima de capital fechado tem frequentemente se apresentado como tipo societário eleito por certos empreendedores que se dedicam à exploração de negócios de menor porte. Desloca-se, assim, do foco da grande empresa, que serviu de substrato para a elaboração de sua disciplina. Diante desse fenômeno, é realidade que não pode ser desconsiderada a formação de inúmeras companhias fechadas concentradas na pessoa de seus sócios, os quais passam, dessa forma, a ser figuras fundamentais nessa constituição. O elemento que os incentiva à assunção das áleas comuns não é predominantemente capitalista, mas sim a qualidade pessoal de cada membro. O ponto de gravidade de sua formação e evolução reside na qualidade subjetiva do sócio, fator determinante para suas vidas em sociedade, como são exemplo o conhecimento e a confiança recíprocos, a capacitação para o negócio, entre outros. Desse modo, são sociedades, na verdade, constituídas *cum intuitu personae*, pois o *animus* que se requer dos sócios não é só material. São exemplos as sociedades anônimas ditas familiares, cujas ações circulam entre os poucos acionistas que a adquirem. Seus estatutos revelam cláu-

---

60 O disposto no § 6º do art. 4º veio a erigir à condição de lei ordinária certas normas regulamentares que objetivavam coibir a prática do fechamento branco, materializadas, até então, nas Instruções CVM n. 229/1995 e 345/2000, sendo a lei, inclusive, mais eficiente na repressão a abusos em relação ao valor da proposta de aquisição.

61 Ações em circulação, relembre-se, são todas as ações de emissão da companhia, excetuadas as detidas pelo acionista controlador, por pessoas a ele vinculadas, por administradores e aquelas mantidas em tesouraria (art. 3º, III, da Instrução CVM n. 361/2002 e § 2º do art. 4º-A da Lei n. 6.404/76).

sula impondo limitações à livre circulação das ações, nos limites permitidos pelo art. 36 da Lei n. 6.404/76, preservando, com a providência, os interesses pessoais dos acionistas. Essa faculdade de restringir a negociabilidade das ações confere à sociedade fechada uma nítida tonalidade personalista, possibilitando o bloqueio de ingresso de terceiros que não são desejados pelo grupo de sócios formadores, os quais se autoimpõem um critério restritivo à admissão de novos sócios, segundo os laços familiares, a confiança mútua ou uma qualificação pessoal que a justifique.

Por essa razão, a doutrina tem identificado nessas companhias uma transformação, ou adaptação às vezes deformada, de uma sociedade de pessoa em sociedade de capital.

Convicto dessa realidade, já registrava o fato Rubens Requião[62], ao asseverar que "não se tem mais constrangimento em afirmar que a sociedade anônima fechada é constituída nitidamente *cum intuitu personae*. Sua concepção não se prende exclusivamente à formação do capital desconsiderando a qualidade pessoal do sócio".

Fábio Konder Comparato[63], ressaltando o *intuitu personae* nas companhias fechadas, chega a afirmar que elas representam o oposto da sociedade anônima original. Em suas palavras,

> ela [a companhia fechada] é, tanto interna quanto externamente, uma verdadeira sociedade de pessoa, dominada pelo princípio da identificação dos acionistas (sejam eles pessoas físicas ou jurídicas), de sua colaboração pessoal no exercício da empresa e da boa-fé em seu relacionamento recíproco.

Voltaremos ao tema no item 17.3 do capítulo 17 *supra*, analisando a questão sob o prisma da possibilidade de dissolução da sociedade anônima fechada, quando constituída *cum intuitu personae*, verificada a ruptura da *affectio societatis*.

---

62 *Ob. cit.*, v. 2, p. 56.

63 *Direito empresarial – Estudos e pareceres*. São Paulo, Saraiva, 1990, p. 160.

O MERCADO DE CAPITAIS (OU DE VALORES MOBILIÁRIOS) E A COMISSÃO DE VALORES MOBILIÁRIOS (CVM)

3.1. O MERCADO DE CAPITAIS

Já foi por nós registrada a magnitude do papel exercido pelo mercado de capitais na alavancagem dos empreendimentos de grande vulto, que demandam, por isso, consideráveis investimentos. Desempenha, nesse contexto, importante tarefa de veicular a poupança popular (nacional e estrangeira) para o financiamento da atividade produtiva, marcado por um relacionamento direto entre a companhia emissora de valores mobiliários e o investidor[1]. É uma forma de financiamento direto das sociedades que conseguem, desse modo, alternativas mais baratas no que se refere ao custo do dinheiro, podendo dispor de modalidade de obtenção de recursos diversa daquelas tradicionais, como os empréstimos bancários.

Com a redução do custo do capital, o mercado de capitais, ao viabilizar o financiamento das empresas exercidas pelas companhias abertas, contribui efetivamente para o fortalecimento da economia nacional, fomentando a geração de riqueza com o incremento de empregos diretos e indiretos, a elevação da arrecadação de tributos para o Estado, além da diversificação da produção e da circulação de bens e serviços em prol da comunidade.

A Constituição Federal revela preocupação com a preservação estrutural do sistema no qual se insere o mercado de capitais. O art. 192 impõe que o Sistema Financeiro Nacional[2] deva ser estruturado de forma a promover o desenvolvimento

---

1 No mercado de valores mobiliários a transposição de recursos do aplicador para a companhia tomadora é, do ponto de vista jurídico, uma transferência direta. A presença do intermediário financeiro não prejudica esse conceito, porquanto ele não atua em nome próprio.

2 A regulação do sistema financeiro se opera, fundamentalmente, pelo funcionamento do Conselho Monetário Nacional (CMN), da Comissão de Valores Mobiliários (CVM), do Banco Central do Brasil (BACEN), do Conselho Nacional de Seguros Privados (CNSP),

equilibrado do país e a servir aos interesses da coletividade. No inciso II do § 1º do art. 62, vem estampada a proibição da utilização de medidas provisórias que visem à detenção ou ao sequestro de bens, de poupança popular ou qualquer outro ativo financeiro. De resto, temos os princípios enunciadores da ordem econômica, inscritos no art. 170, que logo atribui destaque à livre-iniciativa e à valorização do trabalho humano, como meios de assegurar a todos uma existência digna, conforme os ditames da justiça social. A atividade econômica estará arrimada, ainda, em outras manifestações constitucionais diretivas e programáticas: a soberania nacional, a propriedade privada, a função social da propriedade, a livre concorrência, a defesa do consumidor, a defesa do meio ambiente, a redução das desigualdades regionais e sociais, a busca do pleno emprego, o tratamento favorecido para as "empresas" de pequeno porte constituídas segundo a lei brasileira e que tenham sede e administração no país, além da liberdade profissional.

Todos esses princípios, fixadores de programas e fins a serem realizados pelo Estado e pela sociedade[3], devem condicionar a atividade do intérprete, por constituírem a síntese dos valores abrigados no ordenamento jurídico. Toda a atuação regulatória do mercado, inclusive a desempenhada pela Comissão de Valores Mobiliários, deve ser pautada à luz de tais diretrizes principiológicas. Ao Estado, pelo art. 174 da Constituição, foi cometida a investidura de agente regulador, compreendendo os poderes normativo e de fiscalização, impondo-se-lhe, no exercício dessa função regulatória, uma atuação dirigida pelo escopo de promover o desenvolvimento do mercado financeiro como um todo, zelando pelo incentivo e planejamento do setor de que se ocupa.

A atuação regulatória da Comissão de Valores Mobiliários, portanto, tem amparo, sobremaneira, no prefalado art. 174 da Lei Maior, sendo-lhe, pois, conferidas as atribuições de normatizar o mercado de capitais e fiscalizar o cumprimento das regras que o discipli-

---

da Superintendência de Seguros Privados (SUSEP), do Conselho Nacional de Previdência Complementar (CNPC) e da Superintendência Nacional de Previdência Complementar (PREVIC). O CMN estabelece as políticas gerais que devem ser perseguidas pelo BACEN e pela CVM em suas correspondentes áreas. Em relação ao mercado de valores mobiliários, a competência do CMN encontra-se definida no art. 3º da Lei n. 6.385/76 e a da CVM, no art. 8º do mesmo diploma legal. Cumpre, ainda, aduzir que o Conselho de Recursos do Sistema Financeiro Nacional (CRSFN), conhecido como "Conselhinho", criado pelo Decreto n. 91.152/85, substituiu o Conselho Monetário Nacional (CMN) na competência de funcionar como instância recursal no âmbito do sistema financeiro e do mercado de capitais. Cabe, pois, a esse órgão de deliberação colegiada a competência exclusiva de julgar, em segunda e última instância administrativa, os recursos (voluntários e de ofício) nos processos sancionadores instaurados perante a CVM e o BACEN.

3 Eros Roberto Grau. *A ordem econômica na Constituição de 1988*, 9ª ed. São Paulo: Malheiros, 2004, p. 69.

nam – incluindo-se nesse poder de fiscalização a aplicação de sanções aos infratores –, sempre imbuída pelo desiderato de obrar pelo seu pleno e equilibrado desenvolvimento.

Nos termos da Lei n. 6.385/76, fica clara a separação de competências entre a Comissão de Valores Mobiliários e o Banco Central do Brasil (BACEN) na regulação do sistema financeiro nacional. À primeira, cabe regular o mercado de capitais ou de valores mobiliários; ao segundo, os mercados monetário, de crédito e de câmbio[4].

O art. 1º da Lei n. 6.385/76, com a redação que lhe foi atribuída pela Lei n. 10.303/2001, dispõe que serão disciplinadas e fiscalizadas, de acordo com essa lei, as atividades de: a) emissão e distribuição de valores mobiliários no mercado; b) negociação e intermediação no mercado de valores mobiliários; c) negociação e intermediação no mercado de derivativos; d) organização, funcionamento e operações das bolsas de valores; e) organização, funcionamento e operações das bolsas de mercadorias e futuros; f) administração de carteiras e custódia de valores mobiliários; g) auditoria das companhias abertas; e h) consultor e analista de valores mobiliários.

---

4 O sistema financeiro está segmentado em quatro grandes mercados: o mercado monetário, o mercado de crédito, o mercado de câmbio e o mercado de capitais ou de valores mobiliários. O mercado monetário reflete operações realizadas entre as próprias instituições financeiras ou entre elas e o BACEN. Engloba transferências de recursos de curtíssimo prazo. É um mercado utilizado fundamentalmente para o controle da liquidez da economia, sob o comando e regulação do BACEN, que nele intervém para condução da política monetária. No mercado de crédito, são realizadas as operações em que as instituições financeiras captam recursos dos poupadores e os emprestam aos tomadores interessados, assumindo o risco da operação. Ocorre uma verdadeira intermediação realizada por essas instituições, que se remuneram pela diferença entre o custo de captação e o valor cobrado dos tomadores (*spread*). O mercado de câmbio é aquele em que se realizam as trocas de moedas estrangeiras por moeda nacional. Nele, atuam os agentes que realizam transações internacionais com pagamentos ou recebimentos em moeda estrangeira. No mercado de capitais ou de valores mobiliários, como já se demonstrou no desenvolvimento do presente capítulo, os investidores ou poupadores direcionam seus recursos diretamente para as companhias, adquirindo, em troca, valores mobiliários que, por exemplo, podem consistir em títulos de dívida (como no caso das debêntures, em que se estabelece uma relação de crédito entre o investidor e a companhia) ou de participação (como no caso das ações, em que o investidor se torna sócio do negócio). A aquisição desses valores mobiliários pode se fazer individualmente pelo interessado ou através de estruturas de investimento coletivo, como os fundos ou clubes de investimento. Do ponto de vista das companhias, o mercado de capitais se apresenta como uma opção à captação de recursos diversa daquelas fontes tradicionais de contratação de financiamento bancário. Faz-se uso de um sistema de emissão pública de títulos, diretamente em favor do investidor. Assim, sob a ótica do poupador, surge como uma alternativa de investimento de suas poupanças às aplicações tradicionais em produtos ou títulos oferecidos pelos bancos ou pelo próprio Governo. O mercado de capitais, como se vê e se ressaltou no corpo do presente capítulo, é um mercado que tem como característica estimular a poupança e o investimento produtivo.

Tratando-se, portanto, de distribuição pública ou intermediação de valores mobiliários, a competência será da Comissão de Valores Mobiliários; já nos negócios envolvendo qualquer dos demais ativos financeiros, a fiscalização ficará a cargo do BACEN.

Desse modo, é indispensável perquirir a definição de valor mobiliário para se ter por balizado o âmbito de regulação da Comissão de Valores Mobiliários e da própria Lei n. 6.385/76.

Nos termos do seu art. 2º, que também teve nova redação conferida pela Lei n. 10.303/2001, são valores mobiliários, sujeitos a seu regime: a) as ações, debêntures e bônus de subscrição; b) os cupons, direitos, recibos de subscrição e certificados de desdobramento relativos a esses valores mobiliários; c) os certificados de depósito de valores mobiliários; d) as cédulas de debêntures; e) as cotas de fundos de investimento em valores mobiliários ou de clubes de investimento em quaisquer ativos; f) as notas comerciais; g) os contratos futuros, de opções e outros derivativos, cujos ativos subjacentes sejam valores mobiliários; h) outros contratos derivativos, independentemente dos ativos subjacentes; e i) quando ofertados publicamente, quaisquer outros títulos ou contratos de investimento coletivo, que gerem direito de participação, de parceria ou de remuneração, inclusive resultante de prestação de serviços, cujos rendimentos advêm do esforço do empreendedor ou de terceiros.

Encontram-se excluídos do sistema da Lei n. 6.385/76, entretanto: a) os títulos da dívida pública federal, estadual ou municipal – que integram o mercado monetário –; e b) os títulos cambiais de responsabilidade das instituições financeiras, como os Certificados de Depósito Bancário (CDB) e as letras de câmbio financeiras – que integram o mercado financeiro. Esses títulos não são considerados valores mobiliários para os efeitos legais, sendo, pois, sua negociação objeto de normatização e fiscalização do BACEN (§ 1º do art. 2º e parágrafo único do art. 3º, ambos da Lei n. 6.385/76).

O conceito de valor mobiliário traduzido na Lei n. 6.385/76 é, portanto, instrumental, destinado, pois, a definir os limites de aplicação da referida lei e das normas administrativas editadas pela Comissão de Valores Mobiliários[5]. Tanto assim o é que o texto normativo do art. 2º acima mencionado, antes de apresentar sua listagem, dispõe que "são valores mobiliários sujeitos ao regime desta Lei [...]". Com a estruturação desse art. 2º, o elenco de valores mobiliários não pode mais ser acrescido, seja pelo Conselho Monetário Nacional (CMN), a quem cabe, entre outras atribuições, definir a política a ser observada na organização e no funcionamento do mercado de valores mobiliários (art. 3º da Lei n. 6.385/76), seja pela Comissão de Valores Mobiliários. Dessa feita, o elenco é considerado exaustivo[6].

---

5 Carvalhosa e Eizirik, *ob. cit.*, p. 480.

6 Carvalhosa e Eizirik, *ob. cit.*, p. 481.

3.2. A COMISSÃO DE VALORES MOBILIÁRIOS (CVM)

Consoante acima foi estudado, a competência da Comissão de Valores Mobiliários de normatizar, fiscalizar e aplicar sanções administrativas encontra-se circunscrita às operações que tenham por objeto os valores mobiliários e, por lógica extensão legal, aos que emitem esses valores, seus administradores e controladores, bem como às entidades integrantes desse sistema de distribuição, aos auditores independentes e às demais pessoas que profissionalmente atuam no mercado de valores mobiliários (art. 1º e § 2º do art. 2º, ambos da Lei n. 6.385/76). É órgão regulador, assim, do mercado de valores mobiliários.

No âmbito das sociedades anônimas, sua ação se volta às companhias abertas, porquanto recorrem ao mercado para se capitalizar. Ilegítima será, como regra de princípio, qualquer intervenção ou ingerência da Comissão de Valores Mobiliários em companhias fechadas[7].

A Comissão de Valores Mobiliários é uma entidade autárquica em regime especial, vinculada ao Ministério da Fazenda. Tem personalidade jurídica e patrimônio próprios. É dotada de autoridade administrativa independente, ausência de subordinação hierárquica, mandato fixo e estabilidade de seus dirigentes, além de dispor de autonomia financeira e orçamentária (art. 5º da Lei n. 6.385/76).

Como oportunamente apontam Carvalhosa e Eizirik[8],

> é sob a roupagem de "autarquias especiais" que vêm sendo instituídas entre nós, nos últimos anos, as chamadas "agências reguladoras independentes", ou "órgãos reguladores", seguindo a tendência norte-americana e também europeia, esta última notadamente na esfera do direito comunitário da União Europeia.

É a Comissão de Valores Mobiliários órgão regulador autônomo, munido de independência hierárquica, financeira e decisória, com poderes de normatizar as operações com valores mobiliários, autorizando sua emissão e negociação, bem como de fiscalizar as sociedades anônimas abertas e aqueles que operam no mercado de capitais por ela regulado, aplicando sanções administrativas aos transgressores[9].

---

7 Há que ser ressalvada a hipótese tratada na Instrução CVM n. 265/97, referente às sociedades beneficiárias de incentivos fiscais, as quais, mesmo sendo fechadas, observadas certas exceções, encontram-se sujeitas a um registro especial na entidade.

8 *Ob. cit.*, p. 441.

9 A criação da CVM vem inspirada na *Securities and Exchange Commission* (SEC), criada nos Estados Unidos em 1934, por meio do *Securities Exchange Act of 1934*, após a quebra da Bolsa de Nova York em 1929 e no bojo da histórica depressão que acometeu a economia norte-americana. O *crack* da bolsa de 1929 generalizou a crença da neces-

Dos arts. 8º, 13, 19 e 21[10] da Lei n. 6.385/76 podem ser alinhadas didaticamente as seguintes funções da Comissão de Valores Mobiliários: fiscalizadora, regulamentar, consultiva e registrária. A estas pode-se agregar, conforme pertinentemente sustenta Tavares Borba[11], a função de fomento, competindo-lhe, assim, "estimular e promover o desenvolvimento do mercado de valores mobiliários, para tanto encetando campanhas, seminários, estudos e publicações".

3.3. A POLÍTICA DE *DISCLOSURE*

A política de regulação do mercado de capitais, consoante se constata por tudo o que foi até então abordado, tem por finalidade imediata alcançar o seu equilíbrio, o seu eficiente funcionamento e a harmonização dos interesses que nele se manifestam.

---

sidade de regulação federal do mercado acionário, que até então experimentava um regime de autorregulação das bolsas de valores e de disciplina pelas leis estaduais (*blue sky law*). O *Securities Exchange Act* vem bem sintetizado em seu objetivo por David Ratner: "*The Securities Exchange Act of 1934 extended federal regulation to trading in securities which are already issued and outstanding.* [...] *The Act established the Securities and Exchange Commission and transferred to it the responsibility for administration of the 1933 Act (which had originally been assigned to the Federal Trade Commission).* [...] *The Securities and Exchange Commission is the agency charged with the principal responsibility for the enforcement and administration of the federal securities law. The 1934 Act provides that the SEC shall consist of five members appointed by the President (the term of one Commissioner expires each year), not more than three of whom shall be members of the same political party*" (*Securities regulation in a nutshell*, 4ª ed. St. Paul: Westpublishing Co., 1992, p. 10).

10 *Caput* do art. 8º: "Compete à Comissão de Valores Mobiliários: I – regulamentar, com observância da política definida pelo Conselho Monetário Nacional, as matérias expressamente previstas nesta Lei e na Lei de Sociedades por Ações; II – administrar os registros instituídos por esta Lei; III – fiscalizar permanentemente as atividades e os serviços do mercado de valores mobiliários, de que trata o art. 1º, bem como a veiculação de informações relativas ao mercado, às pessoas que dele participem, e aos valores nele negociados; IV – propor ao Conselho Monetário Nacional a eventual fixação de limites máximos de preço, comissões, emolumentos e quaisquer outras vantagens cobradas pelos intermediários de mercado; V – fiscalizar e inspecionar as companhias abertas, dada prioridade às que não apresentem lucro em balanço ou às que deixem de pagar o dividendo mínimo obrigatório". *Caput* do art. 13: "A Comissão de Valores Mobiliários manterá serviço para exercer atividade consultiva ou de orientação junto aos agentes do mercado de valores mobiliários ou a qualquer investidor". *Caput* do art. 19: "Nenhuma emissão pública de valores mobiliários será distribuída no mercado sem prévio registro na Comissão". *Caput* do art. 21 "A Comissão de Valores Mobiliários manterá, além do registro de que trata o art. 19: I – o registro para negociação na Bolsa; II – o registro para negociação no mercado de balcão, organizado ou não".

11 *Ob. cit.*, p. 176.

A assimetria de informações entre os investidores constitui grave contaminação do mercado, prejudicando o atingimento dos ideais perseguidos pelo escopo regulatório. É contra essa anomalia que se deve fundamentalmente voltar a Comissão de Valores Mobiliários no desempenho de sua missão[12].

A política de *disclosure* (ou *full disclosure*) retrata o processo de divulgação pelas companhias abertas de informações amplas e completas acerca de si próprias e dos valores mobiliários que emitem, de forma equitativa para todo o mercado[13]. A proteção da poupança popular exige a efetiva adoção dessa política de divulgação de informações, sem o que restam seriamente comprometidas a tutela do investidor e a própria eficiência do mercado. Por isso, é oportuna a consideração de Marcelo Trindade[14], para quem "a informação é o principal bem jurídico tutelado pela intervenção no mercado de capitais".

Com efeito, incumbe à Comissão de Valores Mobiliários, por expressa determinação legal, proteger os investidores do mercado contra o uso de informação relevante não divulgada (art. 4º, IV, *c*, da Lei n. 6.385/76), bem como assegurar acesso do público a informações sobre valores mobiliários negociados e as companhias que os tenham emitido (art. 4º, VI, da Lei n. 6.385/76). Nessa diretriz, cabe-lhe expedir normas aplicáveis às companhias abertas sobre a natureza das informações que devam divulgar e a periodicidade da divulgação (art. 22, § 1º, I, da Lei n. 6.385/76).

Por meio do *disclosure* o investidor encontra-se habilitado a direcionar conscientemente sua poupança, conhecendo os riscos advindos dos investimentos ofertados no mercado. Com essa política, evita-se, ainda, o uso e a manipulação de informação privilegiada (*insider trading*)[15], por uma certa casta de investidores que experimentam

---

12 Elucidativo é o registro de Julio Ramalho Dubeux: "O pressuposto de um mercado teórico idealmente eficiente é o acesso equitativo de todos os participantes às informações sobre o próprio mercado e sobre os seus produtos. É contra essa 'falha de informações' que fundamentalmente se preocupa a CVM" (*A Comissão de Valores Mobiliários e os principais instrumentos regulatórios do mercado de capitais brasileiro*. Porto Alegre: Sérgio Antônio Fabris, 2006, p. 32).

13 Nelson Eizirik, *O papel do Estado na regulação do mercado de capitais*. Rio de Janeiro: IBMEC, 1977, p. 6.

14 *O papel da CVM e o mercado de capitais no Brasil*. São Paulo: IOB, 2002, p. 309.

15 Contribui para a compreensão do *insider trading* a definição apresentada pela própria SEC norte-americana: "*The securities laws broadly prohibit fraudulent activities of any kind in connection with the offer, purchase, or sale of securities. These provisions are the basis for many types of disciplinary actions, including actions against fraudulent insider trading. Insider trading is illegal when a person trades a security while in possession of material nonpublic information in violation of a duty to withhold the information or refrain from trading*" (http://www.sec.gov/about/laws.shtml – Acesso realizado em 9-10-2016).

elevados ganhos em detrimento de outros investidores, fato esse que, certamente, desequilibra o mercado, comprometendo a sua credibilidade. A utilização de informação relevante ainda não divulgada é punida criminalmente (art. 27-D da Lei n. 6.385/76, com redação dada pela Lei n. 10.303/2001).

3.4. A BOLSA DE VALORES E O MERCADO DE BALCÃO

As bolsas de valores são pessoas jurídicas de direito privado que podem funcionar sob a forma de associação ou sociedade[16]. Integram o sistema de distribuição de valores mobiliários, gozando de autonomia administrativa, financeira e patrimonial e operam sob a supervisão da Comissão de Valores Mobiliários. Como órgãos auxiliares da mencionada autarquia, incumbe-lhes fiscalizar as operações realizadas em seus recintos, denominadas pregão[17], durante o qual as corretoras atuam em nome de seus clientes adquirindo e vendendo ações (inciso I do art. 5º e art. 8º, ambos da Lei n. 4.728/65; inciso IV do art. 15 e *caput* e § 1º do art. 17, ambos da Lei n. 6.385/76).

O objetivo, portanto, das bolsas de valores é oferecer espaço e sistema adequados à realização das operações de compra e venda de ações e outros valores mobiliários, contribuindo, dessa forma, para a ampliação do volume de venda desses títulos ou valores de emissão das companhias abertas, viabilizando a obtenção de liquidez dos investimentos.

Com o propósito de criar um ambiente favorável à implementação de melhores práticas de governança corporativa pelas companhias abertas e consequentemente estimular uma maior participação dos investidores no mercado de capitais, em dezembro de 2000, a BOVESPA instituiu níveis diferenciados de governança corporativa.

Atualmente, os seguimentos especiais de listagem da BM&FBOVESPA são o Bovespa Mais, o Bovespa Mais Nível 2, o Novo Mercado, o Nível 2 e o Nível 1[18].

Por meio da celebração de um contrato – em um autêntico modelo de autorregulação voluntária – a companhia aderente, seus controladores, administradores e conse-

---

16 A BM&FBOVESPA S.A. – Bolsa de Valores, Mercadorias e Futuros, que atualmente é a única bolsa de valores mobiliários em atividade no Brasil, é uma companhia aberta. Em 8 de maio de 2008, a BM&F S.A. e a Bovespa Holding S.A. foram incorporadas pela Nova Bolsa S.A. que alterou a sua denominação para BM&FBOVESPA S.A. – Bolsa de Valores, Mercadorias e Futuros.

17 A Instrução CVM n. 380/2002 estabelece procedimentos a serem observados quando do encaminhamento de ordens de compra e venda e da negociação de valores mobiliários em bolsa de valores, bolsa de mercadorias e de futuros e entidade do mercado de balcão organizado por meio da rede mundial de computadores.

18 O quadro comparativo dos mencionados níveis de governança corporativa pode ser encontrado em http://www.bmfbovespa.com.br/pt_br/listagem/acoes/segmentos-de-listagem/sobre-segmentos-de-listagem/ (acesso realizado em 9-10-2016).

lheiros fiscais comprometem-se a observar regras mais rígidas do que aquelas contempladas na Lei n. 6.404/76. Tem-se como escopo básico a valorização e a liquidez das ações, as quais são influenciadas positivamente pela qualidade das informações que as companhias que voluntariamente manifestam adesão se obrigam a prestar e, ainda, pelo conjunto de direitos que adicionalmente se obrigam a conceder aos seus acionistas.

As negociações de valores mobiliários realizadas fora das bolsas de valores se implementam no denominado mercado de balcão. Esse mercado compreende, pois, todas aquelas operações que se efetivam com a intermediação de bancos de investimentos, bancos múltiplos com carteiras de investimento, sociedades corretoras, sociedades distribuidoras e agentes autônomos credenciados por essas instituições, além dos recintos das bolsas nas agências ou escritórios dessas entidades. Daí o nome "mercado de balcão", pois as transações se perfaziam nos balcões dos estabelecimentos físicos desses intermediadores do sistema de distribuição com atuação fora da bolsa de valores.

O mercado de balcão compreende duas categorias: o mercado de balcão organizado e o mercado de balcão não organizado.

O mercado de balcão organizado – assim como as bolsas de valores, de mercadorias e de futuros – deve ser administrado por entidade administradora autorizada pela Comissão de Valores Mobiliários (§§ 1º e 2º do art. 3º da Instrução CVM n. 461/2007 e § 5º do art. 21 da Lei n. 6.385/76) e pode operar por uma ou mais das seguintes formas: a) como sistema centralizado e multilateral de negociação[19] e que possibilite o encontro e a interação de ofertas de compra e de venda de valores mobiliários; b) pela execução de negócios, sujeitos ou não à interferência de outras pessoas autorizadas a operar no mercado, tendo como contraparte formador de mercado que assuma a obrigação de colocar ofertas firmes de compra e de venda; e c) e por meio do registro de operações previamente realizadas (art. 92 da Instrução CVM n. 461/2007).

Por outro lado, considera-se realizada em mercado de balcão não organizado a negociação de valores mobiliários em que intervêm, como intermediário, a) instituições financeiras e demais sociedades que tenham por objeto distribuir emissão de valores mobiliários; b) sociedades que tenham por objeto a compra de valores mobiliários em circulação no mercado, para os revender por conta própria; e c) sociedades e agentes autônomos que exerçam atividades de mediação na negociação de valores mobiliários, desde que o negócio não seja realizado ou registrado em mercado organizado, isto é, em

---

19 Nos termos do parágrafo único do art. 65 da Instrução CVM n. 461/2007, "considera-se sistema centralizado e multilateral aquele em que todas as ofertas relativas a um mesmo valor mobiliário são direcionadas a um mesmo canal de negociação, ficando expostas a aceitação e concorrência por todas as partes autorizadas a negociar no sistema".

espaço físico ou sistema eletrônico destinado à negociação ou ao registro de operações com valores mobiliários por um conjunto determinado de pessoas autorizadas a operar, que atuam por conta própria ou de terceiros (*caput* do art. 4º e *caput* do art. 3º, ambos da Instrução CVM n. 461/2007).

Também será considerada como de balcão não organizado a negociação de valores mobiliários em que intervém, como parte, integrante do sistema de distribuição, quando tal negociação resultar do exercício da atividade de subscrição de valores mobiliários por conta própria para revenda em mercado ou de compra de valores mobiliários em circulação para revenda por conta própria (parágrafo único do art. 4º da Instrução CVM n. 461/2007).

Diante do quadro legislativo nacional, pode-se definir o mercado de balcão não organizado como aquele que concentra as operações com valores mobiliários efetuados fora das bolsas de valores ou fora dos sistemas administrados por entidades de balcão organizado (§ 3º do art. 21 da Lei n. 6.385/76).

A terminologia "mercado de balcão não organizado" tem sido objeto de críticas, porquanto as operações que nesse foro se realizam não o são de forma desorganizada. Esse mercado, assim como os mercados organizados de bolsa e balcão, é considerado um mercado regulamentado de valores mobiliários (art. 2º da Instrução CVM n. 461/2007). Ademais, os intermediários que o integram sujeitam-se à fiscalização da Comissão de Valores Mobiliários. A denominação visa tão somente a realizar contraposição ao mercado de balcão nominado de organizado, para fins de diferenciá-los.

3.5. OS MERCADOS PRIMÁRIO E SECUNDÁRIO

O mercado primário é assim denominado em função de retratar transações sobre valores mobiliários realizadas diretamente pelo interessado em sua aquisição com a sociedade emissora. A colocação primária traduz negócios de títulos e valores recém-emitidos. Reflete a figura jurídica da subscrição. Assim, quando, por exemplo, uma sociedade anônima de capital aberto visa à colocação de novas ações de sua emissão junto ao público investidor, por meio de uma instituição financeira, a operação se realiza nesse mercado primário, nos recintos das agências da instituição responsável pela distribuição.

O denominado mercado secundário, por sua vez, revela transações de revenda desses títulos ou valores mobiliários. Os titulares de tais valores que desejam vendê-los irão oferecê-los aos que pretendem adquiri-los na bolsa de valores ou no mercado de balcão. Concretizada a operação, tem-se por realizada uma transação secundária sobre tais valores ou títulos. Reflete a figura jurídica da aquisição.

CAPÍTULO 4

CAPITAL SOCIAL

4.1. CAPITAL SOCIAL E PATRIMÔNIO

O capital social representa, em certa medida, o conjunto das entradas que os sócios realizam ou se obrigam a realizar, por ocasião da subscrição de suas participações. É por meio dessas contribuições transferidas do patrimônio do sócio para o da sociedade que eles a capacitam a desenvolver o seu objeto. Essa capitalização da pessoa jurídica propicia o início de sua atividade econômica (formação ou constituição do capital social) e, uma vez verificada a necessidade de transferir para ela mais recursos, por decisão de seus membros, de modo a assegurar a preservação ou o desenvolvimento da empresa exercida, ocorrerão novas inversões (aumento do capital social).

O capital expressa, pois, uma cifra ideal de representação das entradas estatutárias. Vem declarado no estatuto por ocasião da constituição da companhia e permanece estático, traduzindo um valor meramente formal, até que venha ser alterado, por ocasião da elevação ou da redução posteriormente deliberada pelos acionistas, observadas as condições e restrições legais.

Na exposição de motivos da Lei n. 6.404/76 vem esclarecido que a moldura legal do capital traduz "o montante de capital financeiro, de propriedade da companhia, que os acionistas vinculam ao seu patrimônio, com recursos próprios destinados, de modo permanente, à realização do objeto social".

Dentro desse quadrante é que sobressai o oportuno conceito proposto por Modesto Carvalhosa[1], segundo o qual o capital social representa "o valor das entradas de capital que os acionistas declaram vinculado aos negócios que constituem o objeto social".

O patrimônio reflete uma situação mais real da força econômica, das potencialidades da companhia, expressado pela relação ativo/passivo. É de sua essência a varia-

---

1 *Comentários à lei de sociedades anônimas*, v. 1, p. 49.

bilidade, decorrente de mutações inerentes à atividade empresarial. Diz-se patrimônio líquido o resultado obtido da diferença entre o ativo e o passivo da sociedade, podendo, assim, expressar-se positivo ou negativo, conforme a diferença na operação aritmética encontrada.

É admissível dizer que o capital social representa o núcleo inicial do patrimônio da companhia, porquanto por ocasião do início de sua vida econômica o seu patrimônio encontra-se nele correspondido. Mas mutações serão verificadas em função do sucesso ou do insucesso experimentado pela sociedade no desempenho da atividade constitutiva de seu objeto, variando, portanto, o seu patrimônio.

Relevante anotar que no Direito europeu vem ganhando força a utilização da expressão "capital econômico" como distinção aos conceitos clássicos do capital estatutário ou nominal (valor constante no estatuto para traduzir, de modo abstrato e formal, o conjunto das entradas dos sócios) e do capital real (expressão para denominar capitais próprios ou valores de que a sociedade como seu disponha). Por capital econômico deve-se entender, na definição de António Menezes Cordeiro[2], "a imagem da capacidade produtiva da sociedade, enquanto empresa ou conjunto de empresas".

4.2. PRINCÍPIOS DO CAPITAL SOCIAL

Alguns princípios são arrolados pela doutrina nacional e estrangeira para orientar o tratamento jurídico do capital social, dos quais se destacam os da determinação, da realidade e da intangibilidade.

O princípio da determinação revela a necessidade de o capital ser sempre fixado no estatuto. O da realidade, a exigência de que o capital social traduza uma expressão real, não fictícia, pelo que as entradas promovidas pelos sócios devem efetivamente corresponder aos valores declarados. O da intangibilidade traduz a garantia de que não é o capital restituível aos sócios, a não ser nas situações expressamente previstas em lei para sua redução[3]. Por essa razão é que não permite a lei a distribuição entre sócios de dividendos utilizando-se de recursos do capital social.

---

2 *Ob. cit.*, v. I, p. 422.

3 Com propriedade, Miguel Sussini prefere a expressão "inviolabilidade" em substituição à "intangibilidade", porquanto o capital é modificável se se cumprem os requisitos exigidos pela lei (*El dividendo en las sociedades anónimas*, p. 65, nota 1). Como bem acentuam Isaac Halperin e Julio C. Otaegui, "Lo que está prohibido a los socios, a menos que cumplan las formalidades relativas a la reducción regular del capital, es 'convenir' la reintegración de sus capitales o remisión de las cuotas impagas, es decir, toda operación que signifique la reducción clandestina del capital" (*Sociedades anónimas*, 2ª ed. Buenos Aires: Depalma, 1998, p. 232).

O capital social reveste-se de garantia aos credores sociais, conforme se pode inferir dos princípios da realidade e da intangibilidade acima enunciados, ainda que se exteriorize como uma garantia indireta, na medida em que o patrimônio da companhia é que se constitui como uma garantia direta e efetiva.

No regime da Lei n. 6.404/76, o capital social não mais refletirá, de modo obrigatório, o valor de todas as entradas de capital[4]. Daí ser adequado entendê-lo, consoante diz Fábio Ulhoa Coelho[5], como "medida genérica da contribuição dos sócios". Esta seria, nesse diapasão, uma de suas vocações: mensurar a contribuição dos sócios para a companhia. Mas, no atual regime, nem sempre traduz uma mensuração do total da contribuição.

Com efeito, permitindo o estatuto apenas ações com valor nominal, o capital refletirá o valor nominal das ações emitidas, traduzindo, rigorosamente, a "medida" de contribuição do acionista. Mas se houver emissão de ações com ágio, isto é, com o preço de emissão superior ao seu valor nominal, a parcela correspondente a esse ágio, a essa diferença verificada para mais, não integrará o capital social, constituindo reserva de capital (§ 2º do art. 13 e alínea *a* do § 1º do art. 182). A contribuição, nesse caso, será mensurada pelo capital social acrescido da parcela que ultrapassou o valor nominal (ágio), registrada na conta classificada como reserva de capital, cuja incorporação ulterior ao capital social é facultativa, admitindo-se tenha destinação diversa, nos termos do art. 200.

Nas companhias que emitirem ações sem valor nominal, o capital social poderá apenas traduzir parte dos valores das contribuições, das entradas de capital, permitindo-se a destinação de parcela para a formação da mencionada reserva de capital (parágrafo único do art. 14 e alínea *a* do § 1º do art. 182). Conforme se pode verificar do regime jurídico adotado, tanto o valor do ágio como parcela do preço de emissão das ações sem valor nominal poderão ter destinação diversa, não sendo incorporados ao capital social e, assim, não o integrando. Concordamos, diante do quadro exposto, com a opinião de Fábio Ulhoa Coelho[6] de que "o capital social é uma medida da contribuição dos sócios, e não necessariamente a medida".

4.3. CAPITAL MÍNIMO

A nossa lei das anônimas, diversamente do que veio a ocorrer em inúmeras legislações alienígenas[7], não estipula um valor mínimo para o capital das companhias. Até hoje

---

4 Modesto Carvalhosa, *ob. cit.*, v. 1, p. 47.

5 *Curso de direito comercial*, v. 2, 14ª ed. São Paulo: Saraiva, 2010, p. 164.

6 *Ob. cit.*, v. 2, p. 164.

7 Consoante registro de António Menezes Cordeiro, em Portugal e na Alemanha o capital

se mantém, nesse particular, a premissa que orientou a sua edição. Verifica-se na exposição de motivos que a opção ficou baseada na pretensão de não reservar o modelo apenas para as grandes empresas.

A premissa, todavia, não nos parece adequada. Sustentamos que os modelos societários que se manifestam com a proposta de limitação da responsabilidade para todos os sócios não devam prescindir da ideia da formulação de um capital mínimo, como forma de equilibrar essa limitação generalizada. O capital, no momento de formação de uma sociedade, sobressai como o elemento patrimonial de maior relevo, traduzindo o índice da capacidade de seu desenvolvimento. Significa, nesse período de sua constituição, o ativo social que viabiliza à pessoa jurídica adequadamente satisfazer as suas obrigações iniciais. É por meio das entradas para a formação do capital social que os subscritores capacitam a sociedade à realização do fim para o qual ela foi criada, permitindo o seu ingresso na atividade econômica na qual se traduz o seu objeto.

Nutrimos o sentimento de que a inexistência desse capital mínimo, tanto para as sociedades anônimas como para as sociedades limitadas – que não necessitam ter idêntica expressão monetária, podendo, pois, variar –, é fonte efetiva do preconceito que se vem criando à limitação da responsabilidade, fomentando a aplicação equivocada de teorias, como a da desconsideração da personalidade jurídica, para buscar neutralizar indiscriminadamente essa limitação, sempre que o ativo não for suficiente ao pagamento do passivo.

A adoção de um capital mínimo para essas formas societárias seria importante elemento na cruzada para eliminação definitiva desse preconceito, que somente inibe o investimento em atividade produtiva por muitos que gostariam de realizar uma empresa, mas que recuam diante do efetivo perigo de não terem como balizar os riscos desse investimento, evitando o comprometimento do restante de seu patrimônio não destinado à realização da atividade.

No âmbito da União Europeia foi editada pelo então Conselho das Comunidades Europeias[8] uma Diretiva, em 13-12-1976, conhecida como Segunda Diretiva (77/91/CEE), destinada a regular as garantias do capital social, aplicável às sociedades anônimas nacionais de cada Estado-Membro da comunidade. Essa diretriz adotada no "Direito

---

social nominal mínimo foi fixado em cinquenta mil Euros; na Itália, em cento e vinte mil Euros; na França, em duzentos e vinte e cinco mil Euros quando houver apelo à subscrição pública e trinta e sete mil e quinhentos Euros para a subscrição particular (*Manual de direito das sociedades*, v. II, p. 543-544).

8 Hoje o Conselho é denominado "Conselho da União Europeia", expressão que passou a nominá-lo após o tratado que instituiu a União Europeia.

Europeu das Sociedades"[9] fixou, em seu art. 6º, o capital mínimo das sociedades anônimas em vinte e cinco mil Euros, determinando, no art. 9º, que as ações devessem ser realizadas, no mínimo, em vinte e cinco por cento quando da constituição. Diante de inúmeras alterações substanciais sofridas pela aludida Segunda Diretiva (77/91/CEE) e da necessidade de implementar alterações adicionais, o Parlamento Europeu e o Conselho da União Europeia consideraram necessário proceder à sua reformulação, por meio da edição da Diretiva 2012/30/UE, de 25-10-2012, em que se manteve, no art. 6º, a mesma exigência de capital mínimo em montante não inferior a vinte e cinco mil Euros e, no art. 9º, o mesmo percentual mínimo de realização de entradas.

Ainda no âmbito da União Europeia, após um processo de preparação que se arrastou por mais de quarenta anos, foi editado o Regulamento n. 2.157, de 8-10-2001, pelo Conselho da União Europeia, aprovando o estatuto das Sociedades Anônimas Europeias ou *Societas Europaea* (SE). Dito regulamento veio dispor sobre um tipo específico de sociedade anônima, disponível em todo o espaço da União, devendo espelhar, precedendo ou seguindo o seu nome, a sigla "SE", reservando-se a sigla "SA" para as sociedades anônimas nacionais. A SE, de constituição restrita[10], só pode surgir perante situação de estraneidade, envolvendo sociedades ou filiais regidas por dois ou mais Direitos

---

9 Por Direito Europeu das Sociedades se entende o conjunto de normas e princípios contidos nos tratados que regem a União Europeia (direito primário) ou produzidos pelos órgãos legislativos da União (direito secundário ou derivado), através de diretrizes ou regulamentos, relativos às sociedades (cf. António Menezes Cordeiro. *Direito europeu das sociedades*. Coimbra, Almedina, 2005, p. 14).

10 Sobre a constituição da SE, o mesmo autor português apresenta um quadro, elaborado a partir do Regulamento n. 2.157/2001, que vale reproduzir. Eis suas palavras: "O Regulamento n. 2.157/2001 prevê cinco formas de constituição de sociedades europeias: – por fusão, desde que se trate de sociedades anónimas e pelo menos duas delas se regulem por Direitos de Estados diferentes – 2.º/1 e 17.º a 31.º; – por constituição de uma SE *holding*, desde que se trate de sociedades anónimas ou por quotas e pelo menos duas delas se regulem por Direitos de Estados diferentes, ou tiverem, há pelo menos dois anos, uma filial regulada pelo Direito de outro Estado-Membro ou uma sucursal situada noutro Estado-Membro – 2.º/2 e 32.º a 34.º; – por constituição de uma SE filial, tratando-se de sociedades em sentido amplo ou outras entidades jurídicas públicas ou privadas desde que pelo menos duas delas se regulem por Direitos de Estados-Membros diferentes ou tiverem, há pelo menos dois anos, uma filial regulada pelo Direito de outro Estado-Membro ou uma sucursal situada noutro Estado-Membro – 2.º/3 e 35.º e 36.º; – por transformação de uma sociedade anónima nacional, que tenha a sua sede e a sua administração na Comunidade, desde que tenha há pelo menos dois anos uma filial regulada pelo Direito de outro Estado-Membro – 2.º/4 e 37.º; – por constituição de uma SE filial, desde que levada a cabo por uma SE, podendo, então, haver unipessoalidade – 3.º/2" (*Direito europeu das sociedades*, p. 945-946). Pode-se verificar que somente pessoas jurídicas estão autorizadas a constituir uma SE. O sistema não é de liberdade plena; vigora um *numerus clausus* de constituição. Apenas por uma daquelas hipóteses estritamente previstas no Regulamento é que se legitima a sua formação.

de Estados Comunitários[11]. Pois bem, para uma sociedade anônima sujeita a esse regime especial, o art. 4º do seu Regulamento previu que o capital subscrito deveria ser de, pelo menos, cento e vinte mil Euros. Permitiu, ainda, o preceito que a legislação de um Estado-Membro que previsse um capital mais elevado para as sociedades que exercessem determinados tipos de atividade fosse aplicável às SE que tivessem sede nesse Estado.

No Brasil, a lei se limitou a exigir que o capital declarado no estatuto seja, por ocasião da constituição da companhia, realizado, como entrada mínima, em dez por cento do preço de emissão de cada ação subscrita em dinheiro (art. 80, II), optando, como se disse, por não fixar um valor mínimo para esse capital.

4.4. FORMAÇÃO E INTEGRALIZAÇÃO DO CAPITAL

O capital social, cujo valor será fixado no estatuto e expresso em moeda corrente nacional, deve ser integralizado com contribuições em dinheiro ou em bens de qualquer natureza (móveis ou imóveis, corpóreos ou incorpóreos), desde que suscetíveis de avaliação em dinheiro (arts. 5º e 7º).

A integralização pode realizar-se à vista ou a prazo, observada a entrada mínima de dez por cento na subscrição em dinheiro (art. 80, II), variando segundo a necessidade de recursos para a companhia iniciar a exploração de seu objeto[12].

É mais frequente a integralização mediante a entrega de dinheiro à sociedade, instrumento de pagamento que sempre atenderá aos interesses da pessoa jurídica[13]. Contudo, não são escassas as hipóteses em que a realização se materializa mediante a transferência do domínio de determinado bem, ou somente a sua posse, ou simplesmente o seu uso. Nesse caso, o bem tem que se revelar de interesse da sociedade. Deve guardar relação direta ou indireta com o seu objeto, não se admitindo a integralização em bens que não tenham qualquer utilidade direta ou reflexa para a atividade por ela desenvolvida. Necessitam, em outras palavras, estar ligados concretamente ao objeto social, ou ao menos ser úteis à sua realização. Assim o sendo, podem ser de qualquer espécie, corpóreos ou incorpóreos, como imóveis, instalações industriais, direito ao uso de marca, licença para exploração de patente de invenção, entre outros[14].

---

11 António Menezes Cordeiro, *Direito europeu das sociedades*, p. 946.

12 Na subscrição do capital inicial e na de seus aumentos em moeda corrente das instituições financeiras públicas e privadas, será sempre exigida, no ato, a realização de, pelo menos, cinquenta por cento do montante subscrito (art. 27 da Lei n. 4.595/64).

13 Algumas sociedades, como as instituições financeiras públicas e privadas, exigem, para se constituírem validamente, a realização do capital social inicialmente subscrito sempre em dinheiro (art. 26 da Lei n. 4.595/64).

14 O oferecimento de *know-how* como elemento de contribuição para a formação do capital

Mas, além de tornar apta a sociedade a desempenhar o seu fim, a formação do capital social deve revelar garantia efetiva para os credores nas suas relações com a companhia. Por isso, não se pode admitir sejam conferidos ao capital bens incapazes de execução, isto é, que não possam ser excutidos pelos credores, sob pena de se acobertar fraude. Os bens impenhoráveis não se prestam à integralização.

Os bens, à falta de declaração expressa em contrário, transferem-se à companhia a título de propriedade (art. 9º). Cuida-se de norma geradora de presunção *juris et de jure*, não admitindo qualquer discussão sobre a natureza de direito transmitido. A presunção absoluta revelada na lei tem por escopo garantir segurança sobre a transferência do domínio à companhia. Para que a transmissão se realize a outro título, mister se faz a sua expressa menção pelo subscritor de que está conferindo o bem em usufruto, uso, comodato etc. Nesse caso, a avaliação levará em conta a natureza do direito transmitido à sociedade.

A responsabilidade dos subscritores ou acionistas que contribuírem com bens para a formação do capital será idêntica à do vendedor no contrato de compra e venda, ou seja, responderão pela evicção e pelos vícios redibitórios (*caput* do art. 10).

Quando a entrada consistir em crédito, o subscritor ou acionista responderá pela solvência do devedor (parágrafo único do art. 10). Não se contenta a lei, portanto, com a garantia da existência do crédito à companhia transferido, exigindo que pela sua efetiva realização se responsabilize o sócio[15].

Mas essa responsabilidade não é solidária, visto que a lei assim não se expressou, e sim subsidiária, garantido ao subscritor ou acionista o benefício de ordem. Deve a companhia primeiramente promover a cobrança judicial do devedor e, demonstrada a falta de bens livres e desembaraçados capazes de satisfazer o crédito, exigir o pagamento do subscritor ou acionista.

---

social da sociedade anônima tem gerado polêmica na doutrina. Para Fran Martins, este bem incorpóreo, que "consiste em conhecimentos especializados e secretos sobre a utilização de uma técnica própria para a exploração de certos produtos", por ser considerado um bem alienável e, portanto, transmissível, se presta como forma de integralização (*ob. cit.*, v. I, p. 62). Tavares Borba aduz ser o *know-how* indissociável da pessoa que o detém. Resume-se em uma prestação de serviços, sendo, assim, intransmissível a não ser como mera força de trabalho, o que o inviabiliza para integralizar o capital de uma sociedade anônima (*ob. cit.*, p. 220). Concordamos com a última ideia, pois nossa lei não admite o trabalho de uma pessoa como meio de constituir contribuição para o capital da companhia, não sendo entre nós admitidas as ações de trabalho ou indústria.

15 Segundo o regime ordinário de transmissão das obrigações do Código Civil, a cessão onerosa de crédito implica responsabilidade do cedente pela existência do crédito (art. 295), mas este, salvo estipulação em contrário, não responde pela solvência do devedor (art. 296).

Contudo, nada obsta, embora não seja próprio ao escopo da operação, venha previsto no contrato de cessão de crédito cláusula de solidariedade. Nessa hipótese, a sociedade estará habilitada a demandar a prestação de quaisquer dos codevedores, não estando sujeita ao benefício de ordem. Mas a previsão, reitere-se, deve ser expressa no contrato, porquanto dela a lei não cogitou.

Havendo, no entanto, a transferência de crédito corporificado em título cambial ou cambiariforme (título de crédito), a sua transmissão será operada conforme o meio de circulação previsto na legislação própria. Tratando-se, por exemplo, de título cambial (nota promissória e letra de câmbio) "à ordem", a transferência se dará por endosso (art. 11 da Lei Uniforme de Genebra (LUG), promulgada pelo Decreto n. 57.663/66), e, nesse caso, o endossante já figura como garante do pagamento do título, sendo solidariamente responsável pela sua quitação, não havendo, na situação, o benefício de ordem (arts. 15 e 47 da LUG). Realizado o endosso com a cláusula "sem garantia", tal qual autorizado pelo art. 15 da LUG, a cláusula, em princípio, o exoneraria da responsabilidade pelo pagamento do título. Mas, mesmo assim, responderá subsidiariamente pela solvência do devedor, na forma do parágrafo único do art. 10 da Lei das S.A., que prevalece na espécie, não sendo a indigitada cláusula oponível à sociedade. A aposição de cláusula "sem garantia" no endosso tem como efeito prático, no caso sob exame, apenas a liberação do endossante da condição de coobrigado cambial, isto é, de responder solidariamente pelo pagamento do título com o devedor, nos termos da lei cambial. Sua responsabilidade, entretanto, será alcançada por regra extracambial, ou seja, a prevista na Lei n. 6.404/76, especial para reger a transferência de crédito à companhia. Emitido o título com cláusula "não à ordem" e transmissível, pois, pela forma e com o efeito de uma cessão ordinária de crédito, também por força da especificidade da regra da Lei do Anonimato, o endossante não se livra de responder pela solvência do devedor, restando na hipótese suplantada a regra geral de que na cessão onerosa de crédito a responsabilidade do cedente é pela existência do crédito[16].

4.5. AVALIAÇÃO DOS BENS

A incorporação de bens ao capital, como forma de integralização, observará rígida disciplina de avaliação, prescrita no art. 8º da Lei das Anônimas. Esse regramento tem por finalidade assegurar a realidade do capital, impedindo sejam agregados bens por

16 Idêntica disciplina será observada em relação à duplicata (título cambiariforme), a teor do que dispõe o art. 25 de sua lei de regência (Lei n. 5.474/68), a qual faz remissão às regras de circulação dispostas na legislação sobre letras de câmbio. No cheque (título cambiariforme) são observados os mesmos princípios, mas a partir de textos normativos próprios, previstos na Lei n. 7.357/85 (cf. arts. 17, 21 e 51).

valores irreais ou ilusórios, comprometendo a efetividade do capital social. Devem corresponder, pois, a valores reais, e não fictícios, sem o que a expressão real do capital social declarado no estatuto estaria comprometida.

A avaliação assegura a tutela dos interesses dos credores, na perspectiva da garantia que o capital social lhes representa, bem como dos próprios subscritores ou acionistas que promovem suas contribuições em dinheiro. O ponto de equilíbrio das relações consiste em encontrar um justo valor para os bens oferecidos, de forma que não gere vantagens indevidas para o subscritor que desse modo integraliza o preço de emissão das ações, em detrimento da sociedade, dos demais acionistas e dos próprios credores.

A função principal, destarte, da avaliação é a de assegurar a realidade do capital, tanto que a lei de 1976 não reeditou o preceito contido no art. 6º do Decreto-Lei n. 2.627/40, que dispensava a avaliação de bem pertencente em comum a todos os subscritores. Essa dispensa conspirava desfavoravelmente à garantia da realidade.

A avaliação será feita por três peritos ou por "empresa" especializada. A lei utiliza o vocábulo "empresa" nesse tópico em desapego ao seu sentido técnico-jurídico, querendo traduzir pessoa jurídica[17].

Serão os responsáveis ou responsável pelo mister de avaliação nomeados pela assembleia geral dos subscritores, convocada pela imprensa e presidida por um dos fundadores. A convocação observará a regra do art. 289 (disposição geral), ou seja, far-se-á mediante publicação no órgão oficial da União ou do Estado ou do Distrito Federal, conforme o lugar da sede da companhia, e em outro jornal de grande circulação editado no local da sede. A assembleia dos subscritores é disciplinada por regras especiais, porquanto a sociedade não está ainda constituída. Daí não ser à convocação aplicável a exigência de anúncios publicados por três vezes, no mínimo, em cada um dos veículos (oficial e de grande circulação), prevista no *caput* do art. 124, visto que a regra é especificamente enunciada para a assembleia geral de companhia já constituída. O *caput* do art. 8º contenta-se com a convocação pela imprensa, aplicando-se, aí, a previsão geral do art. 289, como se mencionou. Na hipótese de subscrição pública, os anúncios deverão ser inseridos nos jornais em que houver sido feita a publicidade da oferta de subscrição (parágrafo único do art. 86)[18]. As disposições sobre assembleia geral serão sempre invocadas de forma subsidiária.

---

17 Conforme exposição de motivos, consiste novidade em relação ao Direito anterior – que só contemplava a figura dos três peritos – a admissão de que "a avaliação seja feita por empresas especializadas, e não apenas por três peritos, porque em muitos casos somente uma organização empresarial dispõe dos recursos e experiência necessários à avaliação de conjuntos industriais, estabelecimentos ou patrimônios".

18 Cf. item 5.5 do capítulo 5.

O conclave será instalado em primeira convocação com a presença de subscritores que representem metade, pelo menos, do capital social, e em segunda convocação com qualquer número (*caput* do art. 87). No que se refere aos prazos de antecedência para a primeira e a segunda convocações, à falta de disposição específica do art. 8º, dever-se-á obedecer ao disposto no § 1º do art. 124[19].

Polêmica existe sobre o critério para composição do *quorum* legal de instalação em primeira convocação: computa-se ou não a parte do capital em bens? Parece-nos que a resposta não pode ser outra que não a afirmativa. O *caput* do art. 8º refere-se a capital social, não diferenciando a natureza da contribuição. Não se deve excluir, pois, a parcela a ser integralizada em bens, porquanto a lei assim não determinou. Leva-se em consideração, em conclusão, o valor ou os valores atribuídos pelo subscritor ou subscritores[20].

O subscritor que dessa forma contribui para a constituição do capital social estará impedido de votar na assembleia. A regra do § 5º do art. 8º, que manda observar o § 1º do art. 115, aplica-se a quaisquer das assembleias, tanto a de nomeação dos *experts* quanto a que se reúne para deliberar sobre o laudo. Parece-nos claro o surgimento do conflito de interesses, porquanto não teria isenção necessária para decidir sobre a escolha e tampouco para manifestar-se sobre o laudo. Entretanto, o fato não o impede de estar nela presente, pois sempre terá o direito de voz (parágrafo único do art. 125), contribuindo com a sua presença, ainda, para completar o *quorum* de instalação da primeira convocação.

Procedendo-se à nomeação dos peritos ou da pessoa jurídica avaliadora e à fixação das correspondentes remunerações, segundo o *quorum* da maioria absoluta do capital dos subscritores presentes à assembleia (art. 129), na qual todos os habilitados a votar têm um voto por ação de subscrição comprometida (§ 2º do art. 87), compete aos nomeados ou à nomeada realizar a avaliação, apresentando laudo fundamentado, com

---

19 § 1º do art. 124: "A primeira convocação da assembleia-geral deverá ser feita: I – na companhia fechada, com 8 (oito) dias de antecedência, no mínimo, contado o prazo da publicação do primeiro anúncio; não se realizando a assembleia, será publicado novo anúncio, de segunda convocação, com antecedência mínima de 5 (cinco) dias; II – na companhia aberta, o prazo de antecedência da primeira convocação será de 15 (quinze) dias e o da segunda convocação de 8 (oito) dias".

20 Aloysio Lopes Pontes, entretanto, desse modo não pensa, sustentando que deveriam ser computadas apenas as contribuições em dinheiro (*Sociedades anônimas*, v. I, 4ª ed. Rio de Janeiro: Forense, 1957, p. 116). Fran Martins (*ob. cit.*, v. I, p. 68) e Modesto Carvalhosa (*Comentários à lei de sociedades anônimas*, v. 1, p. 67) optam pela orientação de se levar em conta para o estabelecimento do *quorum* o valor dado ao bem pelo subscritor que o oferece para a formação do capital social.

a indicação dos critérios de avaliação e dos elementos de comparação adotados, fazendo instruí-lo com os documentos relativos aos bens avaliados. Recomenda-se que a mesma assembleia fixe o prazo para a apresentação do laudo.

O laudo ou os laudos apresentados serão apreciados em nova assembleia dos subscritores, observadas as mesmas formalidades previstas para a anterior no que diz respeito à convocação e os mesmos pressupostos de instalação, à qual o avaliador ou os avaliadores deverão estar presentes para prestarem os esclarecimentos necessários. A deliberação será também tomada nos termos do art. 129, ou seja, pela maioria absoluta dos presentes, não computados os votos em branco, correspondendo cada ação a um voto, contando cada subscritor com o número de ações que se comprometeu a subscrever[21]. O subscritor que se comprometeu a fazer a integralização em bens não poderá votar (§ 1º do art. 115 e § 5º do art. 8º). Todos os demais terão direito a voto (§ 2º do art. 87).

A avaliação será realizada ainda que os bens pertençam em condomínio a todos os subscritores (§ 2º do art. 115 e § 5º do art. 8º), sem prejuízo das responsabilidades civil e criminal em que tenham incorrido na aprovação do respectivo laudo. No caso de responsabilidade civil, esta será solidária (§ 6º do art. 8º, *in fine*).

Coincidindo o valor do laudo de avaliação aprovado pela assembleia com o valor atribuído aos bens pelos subscritores, quando da assinatura do boletim de subscrição a incorporação ao patrimônio da companhia estará consumada.

Sendo, entretanto, o valor aprovado inferior ao conferido pelo subscritor, este, aceitando-o, pagará a diferença em dinheiro.

Havendo recusa do laudo pela assembleia[22], ou se o subscritor não aceitar a avaliação aprovada, ficará sem efeito o projeto de constituição da companhia (§ 3º do art. 8º).

É de se salientar não permitir a lei que os bens sejam incorporados por valor superior ao atribuído pelo subscritor (§ 4º do art. 8º). Esse é o importe máximo a que se pode chegar para o fim da integralização, ainda que o laudo aprovado reflita valor superior. O subscritor está vinculado à importância proposta, que é irretratável. Foi o preço por ele oferecido em troca da subscrição de um certo número de ações.

Competirá aos primeiros diretores cumprir as formalidades necessárias à transmissão dos bens à companhia.

Como método para garantir uma avaliação séria e capaz de refletir o valor de mercado do bem conferido ao capital, a lei, no § 6º do art. 8º, preconiza a responsabilida-

---

21 Modesto Carvalhosa, *Comentários à lei de sociedades anônimas*, v. 1, p. 68.

22 Essa recusa poderá se verificar nas situações de superavaliação dos bens, amparando, assim, o valor excessivo que o subscritor aos mesmos atribuiu.

de civil do subscritor e dos avaliadores por dano causado por dolo ou culpa na estimação do valor do bem, sem prejuízo da responsabilidade penal em que tenham incorrido.

Prescreve em um ano a pretensão contra os peritos e subscritores do capital, para deles haver a reparação, contado o prazo da data da publicação da ata da assembleia geral que aprovar o laudo (art. 287, I, *a*).

À ação de reparação de danos estão legitimados, em princípio, a companhia, os demais acionistas e os terceiros prejudicados. Estes dois primeiros são diretamente atingidos pela superavaliação do bem que, ao assim ser incorporado ao capital da sociedade, lesa os seus interesses. Os credores da sociedade também poderão ser atingidos na hipótese de eventual falência da companhia, pois terão desfalcada a garantia de seus créditos, verificável com a existência de um patrimônio real inferior ao declarado.

A responsabilidade pode ser aferida tanto na hipótese de constituição da companhia com esse erro na avaliação posteriormente verificado como na situação de a companhia não vir a nem sequer se constituir, como, por exemplo, na circunstância de a assembleia dos subscritores rejeitar o laudo que referendava o valor atribuído ao bem pelo subscritor, ambos reveladores de uma avaliação irreal e excessiva. Mas nessa última situação, somente os subscritores prejudicados teriam interesse de agir.

No que se refere à responsabilidade criminal, a Lei n. 6.404/76 não se ocupou em dispor sobre a tipificação do crime, como o fazia o Decreto-Lei n. 2.627/40. Desse modo, a conduta delituosa será apurada nos termos preconizados pelo Código Penal. A avaliação fraudulenta poderá, assim, conforme a concretização da ação do agente, mais facilmente ser encaixada no art. 171 (estelionato) ou no art. 177 (fraudes e abusos na fundação ou administração de sociedades por ações), ambos daquele Código.

4.6. AUMENTO DO CAPITAL SOCIAL

O capital social formalmente declarado no estatuto poderá sofrer alterações, para mais ou para menos. Essa mutação, em regra, implicará alteração estatutária.

O aumento de capital decorrerá, no Direito vigente, da subscrição de novas ações, da incorporação de lucros ou reservas ou da transformação de certos valores mobiliários de emissão da companhia em ações.

A elevação mediante a correção anual da expressão monetária do valor do capital, deliberável pela assembleia geral ordinária (parágrafo único do art. 5º; art. 166, I; e art. 167), não mais se implementa. Com o advento da Lei n. 9.249/95, que dispõe acerca da legislação do imposto sobre a renda de pessoas jurídicas, ficou estabelecida, pelo *caput* de seu art. 4º, a revogação da correção monetária das demonstrações financeiras das sociedades, determinando o parágrafo único daquele artigo que restava vedada a utilização de qualquer sistema de atualização de demonstrações financeiras. Desse modo, não mais subsiste a reserva de correção monetária (§ 2º do art. 182 da Lei n. 6.404/76), base para a realização da correção monetária do capital.

No art. 166 tem-se a disciplina para a execução do aumento, a qual pode ser resumida na prática dos seguintes atos: a) deliberação da Assembleia Geral Extraordinária (AGE) ou do conselho de administração, conforme o estabelecido no estatuto social, nas hipóteses de emissão de novas ações dentro do limite autorizado no estatuto; b) por conversão, em ações, de debêntures ou partes beneficiárias e pelo exercício de direitos conferidos por bônus de subscrição, ou de opção de compra de ações; e c) deliberação da AGE sobre a reforma do estatuto para o aumento do capital, no caso de inexistir autorização de aumento, ou de estar ela esgotada.

Nos trinta dias subsequentes à efetivação do aumento, a companhia deverá requerer ao Registro Público de Empresas Mercantis o arquivamento da ata da assembleia geral extraordinária que o aprovou e, quando for o caso, reformou o estatuto, ou da ata de reunião do conselho de administração que definiu o aumento, quando se tratar de hipótese de sua competência. Nas circunstâncias de conversão de valores mobiliários em ações, o aumento será arquivado perante o mesmo órgão registral, mediante declaração expedida pela diretoria que o ateste[23].

À exceção dessa última situação retratada no parágrafo anterior, o conselho fiscal, se em funcionamento, deverá ser obrigatoriamente ouvido antes da decisão sobre o aumento.

4.7. SUBSCRIÇÃO DE NOVAS AÇÕES

É de grande importância para a companhia o aumento do capital social decorrente da subscrição de novas ações. O mecanismo propicia o ingresso de novos recursos, fortalecendo-a e viabilizando o desenvolvimento da atividade econômica que reveste o seu objeto.

Para que se possa realizar essa modalidade de aumento, não se exige esteja o capital social totalmente integralizado. É bastante que três quartos assim o estejam para legitimar a elevação mediante a emissão de novas ações (*caput* do art. 170). Serão elas, em princípio, oferecidas aos antigos acionistas, titulares de direito de preferência. Havendo sobras, será a parte não subscrita pelos antigos acionistas oferecida a terceiros. Persistindo sobras, a operação estará efetivamente comprometida, implicando a verificação do

23 Nessas situações de conversão dever-se-á, na subsequente assembleia geral, com feição extraordinária, promover a reforma do estatuto, na parte relativa ao capital, de modo a mantê-lo formalmente atualizado.

fato o cancelamento da emissão, restituindo-se aos subscritores as importâncias já vertidas para a sociedade. Desse modo, o aumento exige, para ser eficaz, que o capital oferecido à subscrição seja integralmente subscrito, tal qual se verifica na constituição da companhia (§ 6º do art. 170). Não se admite, em nossa lei, que se delibere por um aumento menor, aproveitando-se o que foi concretamente subscrito pelos interessados[24].

O Direito português, por seu turno, permite a subscrição parcial. Não sendo o aumento integralmente subscrito, considerar-se-á, em princípio, a respectiva deliberação sem efeito, salvo se, na própria decisão, tiver sido previsto que o acréscimo de capital fique limitado às subscrições recolhidas[25]. O princípio veio reconhecidamente amparado no art. 28 da Segunda Diretiva (77/91/CEE) e mantido no art. 32 da vigente Diretiva 2012/30/UE, de 25-10-2012, os quais receberam a mesma redação: "Quando um aumento de capital não for inteiramente subscrito, o capital só será aumentado até à concorrência das subscrições recolhidas, se as condições de emissão tiverem expressamente previsto essa possibilidade". Preferimos esse método pelo qual se orientam os países da Comunidade Europeia, não vendo razão para a rigidez da lei brasileira.

O aumento do capital vai se realizar, embora em muitos casos na subscrição particular se manifestem concomitantemente, em três fases distintas: deliberação sobre aumento, subscrição integral das ações emitidas e homologação. Somente após esse último ato é que o capital estará elevado. Essa homologação, entretanto, é um ato vinculado, impondo-se sua efetivação quando atendidos os requisitos legais e estatutários para o aumento[26].

---

[24] Com esse mesmo entendimento: Fábio Ulhoa Coelho, *ob. cit.*, v. 2, p. 173; Tavares Borba, *ob. cit.*, p. 434; Egberto Lacerda Teixeira e José Alexandre Tavares Guerreiro, *ob. cit.*, v. 1, p. 164; Modesto Carvalhosa, *Comentários à lei de sociedades anônimas*, v. 3 (4ª ed. – 2009), p. 559-560. Em sentido contrário, ou seja, entendendo admissível o aumento do capital parcialmente subscrito: Nelson Eizirik. *A lei das S/A comentada*, v. II. São Paulo: Quartier Latin, 2011, p. 505; e Mauro Rodrigues Penteado. *Aumentos de capital das sociedades anônimas*, 2ª ed. São Paulo: Quartier Latin, 2012, p. 225. A Comissão de Valores Mobiliários por bastante tempo esposou o entendimento de ser inadmissível a homologação de aumento de capital em bases diversas das originalmente estipuladas por ocasião de sua autorização (Parecer de Orientação CVM n. 8/1981). Ulteriormente, a posição foi reformulada para passar a admitir ser válido o aumento com insuficiência de subscrição, desde que prevista expressamente a possibilidade na deliberação do aumento e especificada a quantidade mínima de valores mobiliários ou o montante mínimo de recursos para os quais a oferta será mantida (arts. 30 e 31 da Instrução CVM n. 400/2003). Na decisão do Colegiado da Comissão de Valores Mobiliários, proferida no processo administrativo n. RJ2006/0214, relatado pelo Diretor Wladimir Castelo Branco Castro e julgado em 9-5-2006, entendeu-se que os mencionados arts. 30 e 31 também poderiam ser aplicados a aumentos de capital realizados mediante subscrição privada.

[25] Cf. António Menezes Cordeiro, *Manual de direito das sociedades*, v. II, p. 820.

[26] Tavares Borba, *ob. cit.*, p. 435.

O preço de emissão das ações será fixado pelo órgão competente para deliberar sobre a elevação do capital. Contudo, permite-se à assembleia geral, quando sua a competência, delegar ao conselho de administração essa fixação em relação às ações a serem distribuídas no mercado (§ 2º do art. 170).

O estabelecimento desse preço dever-se-á realizar sem que provoque diluição injustificada da participação dos antigos acionistas, ainda que tenham direito de preferência para subscrever as ações resultantes do acréscimo, tendo em vista, alternativa ou conjuntamente: a) a perspectiva de rentabilidade da companhia[27]; b) o valor do patrimônio líquido da ação[28]; e c) a cotação das ações na bolsa de valores ou no mercado de balcão organizado, tratando-se de companhia aberta, admitindo o ágio ou deságio em função das condições do mercado (§ 1º do art. 170)[29].

A lei parte da premissa de que o direito de preferência não é suficiente para assegurar os direitos da minoria acionária. Desse modo, objetiva protegê-la contra elevações artificiais e abusivas do capital, com o intuito real de enfraquecer as posições dos minoritários ou de certo grupo minoritário. Mas há que se ter em mente que, em princípio, todo aumento de capital é salutar. Com ele, fica a companhia capitalizada e fortalecida para a realização do objeto social, prescindindo de recursos obtidos por processos tradicionais de financiamento, como a contratação de empréstimos bancários. Traduz captação de poupança privada, carreando recursos dos próprios acionistas ou investimentos de terceiros que na companhia ingressam, financiando a empresa por ela explorada. Dessa feita, justifica-se uma relativa presunção de legalidade dos atos que compõem o aumento de capital. Caberá, pois, ao acionista que se sentir lesado demonstrar, de forma inequívoca, que a elevação do capital lhe gerou essa injustificada diluição de sua participação condenada por lei. Com a providência, estar-se-á obstando eventuais manobras tradutoras de abuso da minoria, tendentes a obstaculizar o legítimo aumento, sob o anseio de obter vantagens indevidas.

Não se exige que a companhia utilize os critérios cumulativamente. Cabe-lhe a utilização em conjunto, como a ponderação de alguns desses critérios, e até a escolha

---

27 Por esse método almeja-se aferir a taxa de retorno do investimento projetado em um determinado período. Projetam-se, assim, os resultados da companhia para anos futuros, ou seja, com base nas informações disponibilizadas pela sociedade são projetadas as taxas de retorno do investimento esperadas.

28 Esse valor é obtido mediante a divisão do patrimônio líquido da companhia (ativo menos passivo) pelo número de ações emitidas. Pela operação chega-se a esse valor patrimonial da ação.

29 Nesse parâmetro de valoração, deve-se buscar uma média dos preços praticados no mercado, verificados nos últimos meses antecedentes ao cálculo, podendo-se à média agregar valor (ágio) ou diminuir (deságio), para se fixar o preço final.

isolada de um deles. Há por lei assegurado um poder discricionário ao órgão competente para fixar o preço de emissão[30], mas a proposta de aumento não pode ser aleatória ou arbitrária[31], cumprindo esclarecer qual o critério adotado, justificando-se pormenorizadamente os aspectos econômicos que determinaram a escolha (§ 7º do art. 170).

De qualquer forma, caberá exclusivamente à companhia, por meio de seu órgão competente para decidir sobre a elevação do capital, escolher o parâmetro que julgar mais adequado para orientar a operação. Estando convenientemente justificado e inexistindo a condenada diluição injustificada da participação dos antigos acionistas, não se poderá objetá-lo.

A integralização do preço de emissão poder-se-á realizar em dinheiro ou bens suscetíveis de avaliação pecuniária. Nesse último caso, será sempre feita a avaliação conforme já abordado no item 4.5 *supra*, aplicando-se à questão o disposto no art. 8º. O aumento de capital subordina-se aos mesmos regramentos, no que for compatível, referentes à constituição da companhia (§§ 3º e 6º do art. 170), cumprindo sublinhar que as entradas em dinheiro correspondentes a cada subscrição, observando o mínimo de dez por cento do preço de emissão, poderão ser diretamente recolhidas pela sociedade, dispensando-se, nesse caso, o depósito bancário (§ 4º do art. 170).

No aumento por subscrição pública, observar-se-ão as normas de subscrição pública aplicáveis à constituição da companhia e, em especial, a Instrução CVM n. 400/2003; se mediante subscrição particular, deverá ser obedecido o que for deliberado pela assembleia geral ou pelo conselho de administração, conforme dispuser o estatuto.

4.8. CAPITALIZAÇÃO DE LUCROS OU RESERVAS

O aumento do capital social também poderá ser verificado mediante a capitalização de lucros ou reservas, não havendo, nesse caso, a captação de novos recursos ou investimentos. Essa modalidade é por muitos na doutrina nominada aumento gratuito[32], justamente porque não implica elevação do patrimônio líquido da companhia. Apenas se altera o regime de alocação de seus recursos, transferindo-os para a conta de capital, o qual é, portanto, elevado por recursos gerados pela própria companhia. Na hipótese

---

30 Fábio Konder Comparato. A fixação do preço de emissão das ações no aumento de capital da sociedade anônima *in Revista de Direito Mercantil, Industrial, Econômico e Financeiro (RDM)*, n. 81, janeiro a março de 1991. São Paulo, Editora Revista dos Tribunais, p. 79.

31 Rubens Requião, *ob. cit.*, v. 2, p. 97.

32 Francesco Galgano. *Trattato di diritto commerciale e di diritto pubblico dell'economia*, 2ª ed. Pandora, CEDAN, 1988, p. 368.

anteriormente versada – aumento por subscrição – haverá, simultaneamente, um acréscimo de capital nominal e um aumento do patrimônio líquido da sociedade; nesta, ora analisada, ao revés, há uma elevação de capital nominal tão somente, independentemente, portanto, de um aumento do patrimônio líquido[33].

A incorporação de lucros ou reservas é sempre de competência da assembleia geral, ainda que haja no estatuto autorização para o aumento de capital a cargo do conselho de administração. Somente esse órgão máximo de deliberação social pode decidir sobre a destinação do lucro obtido pela companhia (arts. 132, II; 192; e 199). Uma vez contabilizados na conta de capital tais valores, em respeito ao princípio da intangibilidade do capital social, não mais se poderá utilizá-los para a distribuição entre os acionistas. Daí somente esse fórum que os reúne poder dispor sobre a questão. De se registrar que, pelo estatuído no art. 199, o saldo das reservas de lucros, exceto as para contingências (art. 195), as de incentivos fiscais (art. 195-A) e as de lucros a realizar (art. 197), não poderá ultrapassar o capital social. Uma vez atingido esse limite, cabe à assembleia geral deliberar sobre a aplicação do excedente na integralização ou no aumento do capital, ou na distribuição de dividendos. A capitalização é, assim, providência sempre facultativa.

Operada a incorporação ao capital, poderá ocorrer a alteração do valor nominal das ações ou a distribuição de novas ações, correspondentes ao aumento, entre os acionistas, segundo a proporção de seus quinhões sociais. Não havendo valor nominal para as ações, a capitalização efetiva-se sem a modificação do seu número, mas nada obsta que sejam distribuídas, em bonificação, novas ações (art. 169, *caput* e § 1º).

Às ações bonificadas serão extensíveis o usufruto, o fideicomisso, a inalienabilidade e a incomunicabilidade que porventura gravarem as ações de que elas forem derivadas, salvo se diversamente for estipulado no instrumento de constituição dos gravames (§ 2º do art. 169). Essas ações, têm, assim, natureza de acessões[34].

4.9. TRANSFORMAÇÃO DE VALORES MOBILIÁRIOS EM AÇÕES

Viabiliza-se o aumento do capital social mediante a conversão efetiva de valores mobiliários de emissão da companhia em ações. É o que se pode verificar em relação às debêntures e às partes beneficiárias conversíveis em ações, bem como ao exercício dos direitos conferidos por bônus de subscrição, ou de opção de compra de ações. O aumento, aqui, é feito automaticamente.

---

33 Tullio Ascarelli, *Problemas das sociedades anônimas e direito comparado*. Campinas: Bookseller, 1999, p. 618.

34 Tavares Borba, *ob. cit.*, p. 436.

Nas duas primeiras operações, verifica-se conversão de créditos titularizados pelo subscritor em face da companhia em ações, tornando-se o credor acionista da companhia. O crédito se compensa com a dívida oriunda da subscrição. Haverá, por consequência, a redução do passivo social e o acréscimo do patrimônio líquido da sociedade.

4.10. CAPITAL AUTORIZADO

Faculta-se às companhias fechada e aberta a adoção do capital autorizado. O capital autorizado, portanto, não revela uma espécie de sociedade ou um sistema para sua constituição, mas apenas consubstancia um regime de formação do capital[35].

Consiste, dessa feita, em disposição de natureza estatutária que viabiliza o aumento do capital social, mediante a emissão de novas ações, independentemente de reforma do estatuto[36]. A cláusula estatutária que disponha sobre o capital social deverá, nesse caso, declarar o capital efetivamente subscrito, além do limite a que está autorizado o órgão social competente proceder os aumentos sem a necessidade de alterar o estatuto. As elevações realizadas dentro desse limite previamente autorizado terão publicidade, como já se disse alhures, mediante o arquivamento, na Junta Comercial, da ata que as tenha aprovado. Uma vez consumido o teto de autorização, há a necessidade de reforma do estatuto, por decisão privativa da assembleia geral extraordinária, para que se realize novo acréscimo de capital.

A autorização estatutária deverá especificar: a) o limite de aumento, em valor do capital ou em número de ações, e as espécies e classes das ações que poderão ser emitidas; b) o órgão competente para deliberar sobre as emissões, que poderá ser a assembleia geral ou o conselho de administração; c) as condições a que estiverem sujeitas as emissões; e d) os casos ou as condições em que os acionistas terão direito de preferência para subscrição, ou de inexistência desse direito (§ 1º do art. 168).

Há que se registrar ser obrigatório existir o conselho de administração no regime de capital autorizado (§ 2º do art. 138), ainda que o órgão social com competência para autorizar o aumento seja a assembleia geral. A simples possibilidade de poder outorgar ao conselho essa competência já o faz órgão obrigatório na estrutura da sociedade cujo estatuto adote o sistema do capital autorizado.

O ideal pretendido com a incorporação desse dispositivo no estatuto revela-se pela agilização do processo decisório sobre o aumento do capital, ganhando lógica outorgar

---

35 Rubens Requião, *ob. cit.*, v. 2, p. 93.

36 José Alexandre Tavares Guerreiro. *O regime jurídico do capital autorizado*. São Paulo: Saraiva, 1984, p. 15.

ao conselho de administração a competência para a deliberação sobre as novas emissões de ações, evitando a onerosidade que o procedimento para a deliberação assemblear imprime ao ato.

Contudo, essa perspectiva poderá restar, na prática, frustrada. Explica-se: em algumas circunstâncias o conselho não terá competência para realizar certas providências acessórias ao aumento. É o caso da integralização do capital em bens, cuja avaliação depende de aprovação da assembleia geral. Na hipótese de capitalização dos lucros ou reservas, a operação também é submetida ao crivo privativo da assembleia. Nessas condições, como oportunamente salienta Tavares Borba[37], "uma vez convocada a assembleia geral, já não remanesce o interesse prático de transferir a deliberação do aumento ao conselho".

4.11. DIREITO DE PREFERÊNCIA

O direito de preferência encontra-se no regime da lei brasileira inscrito no rol dos direitos essenciais dos acionistas, muito embora não se configure como um direito absoluto, na medida em que se admite, em condições especiais, a sua supressão. Promove-se, com a previsão legal de preferência, um mecanismo protetivo das posições acionárias dos antigos acionistas, possibilitando-se-lhes, ao menos em tese, subscrever as novas ações decorrentes de aumento do capital. Ao menos em tese, porque há a necessidade de despender recursos para a realização da subscrição e, desse modo, assegurar a posição antes desfrutada.

Com o escopo de inibir manobras visando a enfraquecer e, assim, isolar certas minorias sociais, por meio do expediente de elevação do capital, a lei, oportunamente, apropria como abuso do poder de controle essa prática, quando implementada, pois, sem que efetivamente se verifique o atendimento finalístico do interesse da companhia na emissão de novas ações postas à subscrição (art. 117, § 1º, *c*).

O princípio geral de sua enunciação é traduzido no *caput* do art. 171, do qual se verifica que, "na proporção do número de ações que possuírem, os acionistas terão preferência para a subscrição do aumento de capital".

Mas essa preferência não se observa apenas no plano geral das ações. Também se realiza de forma específica, segundo as espécies ou classes de ações que componham o capital. Desse modo, consoante dispõe o § 1º do art. 171, sendo o capital social dividido em ações de diversas espécies ou classes e o aumento realizado por emissão de mais de uma espécie ou classe, deverão ser observadas as seguintes regras: a) no caso de au-

---

[37] *Ob. cit.*, p. 438.

mento, na mesma proporção, do número de ações de todas as espécies e classes existentes, cada acionista exercerá o direito de preferência sobre ações idênticas às de que for possuidor; b) se as ações emitidas forem de espécies e classes existentes, mas importarem alteração das respectivas proporções no capital social, a preferência será exercida sobre ações de espécies e classes idênticas às de que forem possuidores os acionistas, somente se estendendo às demais se aquelas forem insuficientes para lhes assegurar, no capital aumentado, a mesma proporção que tinham no capital antes do aumento; e c) se houver emissão de ações de espécie ou classe diversa das existentes, cada acionista exercerá a preferência, na proporção do número de ações que possuir, sobre ações de todas as espécies e classes do aumento.

Como bem aduz Rubens Requião[38], esse sistema de proporcionalidade legal acima reproduzido demonstra o claro desiderato de assegurar ao acionista a mesma posição quantitativa que titularizava no capital anteriormente ao aumento.

Entretanto, essa preferência não se limita, por certo, à subscrição de ações. Estende-se a outros títulos de emissão da companhia que se possam em ação converter. Assim é que os acionistas terão direito de preferência para subscrição das emissões de debêntures conversíveis em ações, bônus de subscrição e partes beneficiárias conversíveis em ações emitidas para alienação onerosa. As partes beneficiárias atribuídas em caráter não oneroso a fundadores, acionistas ou terceiros, como forma de contraprestação de serviços prestados, tal qual permitem o art. 47 e o § 1º do art. 48, ainda que conversíveis em ações, afastam o direito de preferência. Exclui-se, outrossim, o direito de preferência na hipótese de outorga e consequente exercício de opção de compra de ações, visto que dirigida restritivamente a destinatários especiais que contracenam com a companhia: administradores, empregados ou pessoas naturais prestadoras de serviços (§ 3º do art. 171).

No aumento mediante capitalização de crédito ou subscrição em bens, será sempre assegurado aos acionistas em geral o direito de preferência, e, sendo o caso, as importâncias por eles pagas serão entregues ao titular do crédito a ser capitalizado ou do bem a ser incorporado (§ 2º do art. 3º). Lembra Requião[39] que a lei atual corrigiu a brecha existente no Decreto-Lei n. 2.627/40, a qual possibilitava burlar esse direito de preferência, promovendo-se a capitalização de crédito detido por certo credor ou determinado acionista-credor da companhia. Incorporando-se o crédito ao capital, adquiria o credor a condição de acionista, e, sendo acionista-credor, elevava a sua posição anterior, em detrimento dos demais acionistas. Em consequência do sistema atual, registra com

---

38 *Ob. cit.*, v. 2, p. 196.

39 *Ob. cit.*, v. 2, p. 196.

lucidez Tavares Borba[40] que, "vindo os acionistas a subscrever integralmente o aumento, os proprietários dos bens e créditos, em lugar de receber ações, como previam, receberão o montante correspondente ao preço de emissão das ações"; sendo a subscrição pelos acionistas parcial, prossegue em conclusão o citado autor, "os proprietários dos bens farão jus a ações e a dinheiro, este na proporção da preferência exercida".

Do exposto até então, pode ser facilmente inferido que o objetivo por lei visado, ao enunciar o direito de preferência, foi o de, por um lado, assegurar a igualdade entre os acionistas da companhia e, por outro, a preferência dos acionistas em face de terceiros na subscrição de novas ações. Consoante escólio de Tullio Ascarelli[41], com a preferência visa-se a conservar o peso relativo que cada antigo acionista detinha desde o início na sociedade, quer em suas dimensões patrimoniais ou sociais. Almeja-se que não reste privado de seus direitos nas reservas societárias e preserve a sua influência no seio da sociedade. É oportuno traduzir suas palavras:

> Com efeito, as reservas encontram afinal a sua origem nos lucros da sociedade nos exercícios anteriores, constituindo, por isso, um patrimônio da sociedade que pertence a todos os acionistas na proporção das ações que cada um possui. É claro, portanto, que os acionistas devem ter direito de preferência na subscrição das novas ações para impedir serem, as reservas, indiretamente atribuídas a terceiros ou tão somente a um grupo de acionistas, ou ser a influência de um acionista na sociedade diminuída como consequência da sua exclusão da nova subscrição.

Pode-se, ainda, genericamente afirmar que a preferência do acionista se coloca em um plano especial, pois existe independentemente de qualquer terceiro interessado, operando-se, desse modo, como um verdadeiro direito de subscrição[42].

O direito de preferência é, assim, um direito de sócio, dotado de conteúdo patrimonial, concebido no seu exclusivo interesse para que possa garantir, com o seu exercício *oportuno tempore*, o peso relativo que detém no ente social.

Esse direito deve ser exercido dentro de um prazo determinado, prazo esse de natureza decadencial. Estabelece o § 4º do art. 171 que o estatuto ou a assembleia geral o fixará, mas nunca inferior a trinta dias, e nas companhias abertas com capital autorizado é permitido que o estatuto o reduza, conforme se verifica do disposto no *caput* do art. 172.

Professamos que nas companhias com capital autorizado, quando competir ao conselho de administração decidir o aumento, e sendo omisso o estatuto, a ele também

40 *Ob. cit.*, p. 440.

41 *Problemas das sociedades anônimas e direito comparado*, p. 710.

42 António Menezes Cordeiro, *Manual de direito das sociedades*, v. II, p. 823.

competirá a fixação do prazo para o exercício da preferência pelos antigos acionistas, embora o § 4º acima referenciado não o expressamente mencione. É um típico caso em que o legislador disse menos do que desejava. Autorizar o conselho a deliberar sobre o aumento e exigir convocação da assembleia para a fixação do prazo quando não previsto no estatuto seria comprometer a agilidade que se quer imprimir ao processo de aumento com a outorga de poderes ao conselho de administração para dele decidir.

A fim de que tenha início o prazo, é mister que ocorra publicação do aviso respectivo, seguindo o estatuído no art. 289, isto é, mediante publicação no diário oficial e em jornal de grande circulação. Sendo prazo de decadência, este não se interrompe nem fica suspenso.

No caso de usufruto ou fideicomisso de ação, o direito, quando não exercido pelo acionista até dez dias antes do vencimento do respectivo prazo, poderá sê-lo pelo usufrutuário ou pelo fideicomissário (§ 5º do art. 171).

Esse direito de preferência, embora nutrindo caráter de essencialidade, pode ser cedido, dado seu cunho patrimonial (§ 6º do art. 171).

Esgotado o prazo para seu exercício e não se encontrando o aumento proposto totalmente subscrito, prevê a lei um regime jurídico próprio para regular as sobras havidas.

Na companhia fechada é obrigatório o rateio das ações remanescentes, na proporção dos valores subscritos, entre os acionistas que tiverem requerido, no boletim ou lista de subscrição, reserva das sobras. Garante-se, desse modo, o direito de acrescer ao antigo acionista, o qual, portanto, goza do privilégio de subscrição preferencial do saldo. Permanecendo a sobra, o respectivo saldo poderá ser subscrito por terceiros, de acordo com os critérios estabelecidos pela assembleia geral ou pelos órgãos de administração (§ 8º do art. 171).

Na companhia aberta, o órgão que deliberar sobre a emissão mediante subscrição particular deverá dispor sobre as eventuais sobras do direito de subscrição, sendo-lhe, pois, facultado: a) mandar vendê-las em bolsa, em benefício da companhia, venda essa realizada em leilão especial, observado o obrigatório registro desses direitos de subscrição na Comissão de Valores Mobiliários, e que deverá gerar para a sociedade um ganho adicional, pois o interessado que vier a arrematá-lo deverá assumir o pagamento do preço de emissão, além do valor que adicionalmente pagará pela aquisição do direito; e b) determinar o rateio entre os acionistas interessados, assegurando-se-lhes o direito de acrescer. Nesse caso, o eventual saldo não rateado poderá ser levado ao leilão especial antes referido (§ 7º do art. 171)[43].

---

43 Conforme atestam Halperin e Otaegui, na Argentina, o direito de acrescer é pleno, inde-

A primeira afirmação desse direito gerador de inegável garantia para os antigos acionistas, conforme registro dos professores da Universidade de Columbia, Berle e Means[44], verificou-se nos Estados Unidos, onde, em 1807, foi concretizada pela jurisprudência do Estado de Massachusetts.

Na Europa Continental foi o direito de preferência por longo tempo discutido e, afinal, acolhido nas legislações mais modernas, tendo como referência inicial de maior destaque o Decreto francês, de 8-8-1935[45].

A revogada Segunda Diretiva (77/91/CEE), em seu art. 29, consagrou a aplicação da preferência dos acionistas nos aumentos de capital, vindo assim expressada: "Em todos os aumentos do capital subscrito por entradas em dinheiro, as ações devem ser oferecidas com preferência aos acionistas, proporcionalmente à parte do capital representada pelas suas ações". Idêntica redação recebeu o art. 33 da vigente Diretiva 2012/30/UE, de 25-10-2012.

4.12. EXCLUSÃO DO DIREITO DE PREFERÊNCIA

Conforme visto no item anterior, o direito de preferência se manifesta como um direito de sócio, com conteúdo patrimonial, concebido no seu exclusivo interesse para que possa garantir, com seu exercício, o peso relativo que detém na companhia. Mas, apesar de ser grafado como direito essencial do acionista, não é ele um direito absoluto. Admite a lei, em condições especiais, possa ser excluído.

Na construção técnica da preferência e sua exclusão, a doutrina europeia chama atenção para a relevância da distinção entre o direito abstrato de preferência e o direito concreto de preferência. O primeiro, como autorizadamente declara António Menezes Cordeiro[46], "corresponde à posição genérica que qualquer sócio, pelo simples fato de o ser, tem de poder subscrever futuros e eventuais aumentos de capital, em certa proporção, e verificados os demais requisitos". O direito concreto, prossegue o citado autor português, "equivale à posição específica que certo sócio tem de, perante um determinado aumento de capital concretamente deliberado e em curso de verificação, vir subscrever certas ações, desde que concorram os demais requisitos". Entende-se, pois, a

---

pendentemente da espécie de companhia. Em suas palavras, "el no ejercicio de la opción da derecho a los demás accionistas a acrecer su opción (art. 194, § 1º), sin limitación en nuestro derecho; por lo que sólo podrá suscribirse por terceros el saldo final de acciones no suscritas aun en ejercicio de ese acrecimiento" (*ob. cit.*, p. 288).

44 *A moderna sociedade anônima e a propriedade privada*. Tradução de Dinah de Abreu Azevedo. São Paulo: Abril Cultural, 1984, p. 144.

45 Cf. Tullio Ascarelli, *Problemas das sociedades anônimas e direito comparado*, p. 706.

46 *Manual de direito das sociedades*, v. II, p. 823.

preferência abstrata como uma prerrogativa ordinária, decorrente do simples *status* de sócio; já a concreta, como uma vantagem especial que poderá ceder diante de valores maiores, como o interesse da sociedade[47].

Essa distinção também ganha relevo doutrinário no Direito argentino. Elucidam Halperin e Otaegui[48] que é mister distinguir o direito abstrato ou genérico, reconhecido pela lei, que não admite exclusão estatutária, e o exercício no caso concreto de aumento, que pode ser afastado em certas hipóteses previstas pela própria lei.

É justamente na consideração do direito concreto de preferência que se funda a limitação de seu exercício ou a sua exclusão, sempre que ocorra conflito com o interesse da própria companhia, revelador de um interesse de sócio em modo coletivo. É sob essa premissa que diversas ordens jurídicas admitem que os sócios possam deliberar a exclusão da preferência[49].

A pioneira Segunda Diretiva (77/91/CEE) admitiu expressamente (art. 29) e a Diretiva 2012/30/UE, de 25-10-2012, também admite (art. 33) a exclusão ou limitação da preferência dos acionistas, a qual pode operar-se por decisão da assembleia geral, à vista de relatório, apresentado pelo órgão de administração, indicativo dos motivos para suprimi-lo ou limitá-lo, justificando, ainda, o preço de emissão proposto. O art. 45 da vigente Diretiva, a exemplo do art. 41 da revogada, admite que os Estados-Membros possam derrogar a preferência, a fim de favorecer a participação dos trabalhadores no capital da entidade social.

Na Itália, o art. 2.441 do Código Civil reconheceu o direito e admitiu sua exclusão ou limitação quando o interesse da sociedade o exigir, verificável na própria deliberação do aumento de capital, bem como quando nela se decidir destinar parte das ações à subscrição dos trabalhadores[50].

Também no Direito alemão se admitiu a exclusão, por decisão privativa de uma maioria qualificada em ¾ (três quartos), aferível na ocasião do aumento do capital, deliberação esta que deverá estar fundada no interesse da sociedade (§ 186, III, do *Aktiengesetz* – AktG)[51].

Em Portugal, o art. 460º do Código das Sociedades Comerciais dispôs sobre a limitação ou supressão do direito de preferência. Permitiu, assim, que a assembleia

---

47 *Manual de direito das sociedades*, v. II, p. 828.

48 *Ob. cit.*, p. 282.

49 António Menezes Cordeiro, *Manual de direito das sociedades*, v. II, p. 824.

50 Cf. Franchi Feroci Ferrari. *I quattro codici per le udienze civili e penali*. Milano: Ulrico Hoepli Milano, 1996, p. 349-350.

51 Cf. Uwe Hüffer. *Aktiengesetz*, 6ª ed. Munique: Beck, 2004, p. 922 e Karsten Schmidt. *Gesellschaftsrecht*, 4ª ed. Munique, 2002, p. 901.

geral que deliberar o aumento possa, para esse aumento, limitar ou suprimir a preferência dos acionistas, desde que o interesse social o justifique (item 2). Possibilitou, ainda, que a assembleia, pela mesma razão, promova a limitação ou supressão desse direito relativamente a um aumento de capital deliberado ou a deliberar pelo órgão de administração (item 3)[52].

A lei argentina das sociedades anônimas também prevê a possibilidade de exclusão ou limitação do direito de preferência. É possível, segundo o art. 197 da Lei das Sociedades n. 19.550, reformada em parte neste preceito pela Lei n. 22.903, que a assembleia geral suspenda ou limite o exercício do direito de subscrição preferencial, desde que observe os seguintes requisitos: a) decisão expressa, tomada em assembleia extraordinária, figurando o tema na ordem do dia; b) justificação do interesse da sociedade no caso concreto em que se verifica a exclusão ou a limitação desse direito (interesse social prevalente); e c) que as ações devam integralizar-se em bens *in natura* ou como forma de pagamento de obrigações preexistentes, saneando, desse modo, a situação financeira com a capitalização do passivo. No que se refere aos aportes em bens *in natura*, é mister que se trate de bens infungíveis (*no dinerarios*) que não possam ser adquiridos no mercado ou em condições que permitam a exploração econômica, ou que os acionistas não se mostrem dispostos à subscrição para aportar os montantes necessários para a aquisição[53].

A supressão ou a restrição da preferência são, pois, compreensíveis quando está em causa uma posição patrimonial disponível e que põe em consideração a vida da sociedade. É admissível que sejam fixadas condições particulares para a sua exclusão ou limitação, de forma a garantir a posição dos sócios, e que elas considerem fundamentalmente uma ponderação que mostre ser esse o interesse da companhia[54].

A opção feita pelo legislador nacional, traduzida na Lei n. 6.404/76, é, entretanto, sensivelmente diversa. A concretude do direito de preferência já vem delineada na própria lei. Este somente pode ceder naquelas situações prévia e explicitamente autorizadas pelo texto normativo. As hipóteses são limitadas, não se admitindo interpretação extensiva.

O *caput* do art. 172 da Lei das Sociedades Anônimas permite que o estatuto da companhia aberta que contiver autorização para o aumento do capital, na forma do art. 168 (capital autorizado), possa prever a emissão, sem direito de preferência para os antigos acionistas, de ações e debêntures conversíveis em ações, ou bônus de subscrição,

---

52 Cf. António Menezes Cordeiro, *Manual de direito das sociedades*, v. II, p. 826.

53 Cf. Isaac Halperin e Julio C. Otaegui, *ob. cit.*, p. 293-294.

54 Cf. António Menezes Cordeiro, *Manual de direito das sociedades*, v. II, p. 826.

cuja colocação seja feita mediante: a) venda em bolsa de valores ou subscrição pública; ou b) permuta por ações, em oferta pública de aquisição de controle.

O parágrafo único do mesmo artigo autoriza que o estatuto da companhia, aberta ou fechada, exclua a preferência para subscrição de ações nos termos de lei especial sobre incentivos fiscais.

Por essas disposições percebe-se que, nas situações contempladas, e apenas nelas, os acionistas previamente já definem o interesse social relevante e no estatuto inserem a previsão de exclusão específica do direito de preferência. O interesse da sociedade já vem em lei presumido e limitado às hipóteses legais autorizadoras da supressão.

Não se pode olvidar que o direito de preferência é por lei excluído, independentemente da previsão estatutária, nos casos de outorga e exercício de opção de compra de ações e de partes beneficiárias conversíveis em ações emitidas em caráter não oneroso, porquanto dirigidos tais valores mobiliários a destinatários específicos, prestadores de trabalho ou serviço à sociedade (§ 3º do art. 171).

4.13. VIOLAÇÃO DO DIREITO DE PREFERÊNCIA

A violação do direito de preferência enseja ao prejudicado ação para obtenção de tutela específica visando a preservar ou recompor a sua posição. É possível, portanto, durante o processo de aumento do capital o manejo de medidas que lhe garantam o exercício desse direito; após sua realização, resta-lhe ação para obter a invalidação da deliberação do aumento ultimado em desrespeito às garantias e prerrogativas em lei asseguradas e ser reparado dos eventuais danos sofridos (§ 2º do art. 109)[55].

Mas o exercício da pretensão deve ficar restrito ao acionista prejudicado. A natureza patrimonial do direito violado, disponível por ato de vontade do seu titular, afasta a possibilidade de um terceiro invocá-lo.

[55] No Direito argentino a situação ganha contorno bem diferente. Consoante demonstram Halperin e Otaegui, a violação do direito de subscrição preferencial enseja ao prejudicado reclamar judicialmente que a sociedade cancele as subscrições que correspondam ao direito violado, ainda que o subscritor esteja de boa-fé, o qual terá, nesse caso, ação de responsabilidade contra os administradores. Mas o cancelamento somente é possível até que se entregue ao subscritor as ações, restando, a partir de então, ao acionista prejudicado, o direito de obter as perdas e danos correspondentes em face da sociedade e dos administradores, nunca inferior a três vezes o valor nominal das ações (*ob. cit.*, p. 289). O sistema não nos parece o mais adequado. A violação de um direito essencial e, por isso, impostergável, deverá sempre, respeitado o prazo prescricional, ensejar a invalidação do ato no qual foi a vulneração verificada, sem prejuízo de os eventuais prejudicados, inclusive a própria companhia, perseguirem a reparação das perdas e danos sofridos junto aos responsáveis pela violação.

Contudo, essa natureza não pode ter o condão de afastar a pretensão da invalidação antes referida, mediante a teórica possibilidade de obter indenização, sob pena de neutralizar a eficácia do direito de preferência como instrumento jurídico indispensável para a preservação da posição do acionista no contexto social. Ao prejudicado é dado obter a invalidação e recompor sua posição, logrando a efetividade do direito.

4.14. REDUÇÃO DO CAPITAL SOCIAL

Firme na convicção de representar o capital social, em certa medida, proteção para os credores, a lei disciplina a sua redução tendo em mira evitar sejam eles prejudicados com a providência, sem descurar, entretanto, do fato de que essa redução poderá fazer-se necessária ou conveniente durante a vida da sociedade, motivada por variadas causas.

Distinguem-se, assim, a redução voluntária do capital e a sua redução compulsória.

O capital social pode ser voluntariamente reduzido pela vontade social nas hipóteses de perda, até o montante dos prejuízos acumulados, ou excessividade. Cabe, assim, à assembleia geral a correspondente deliberação, com exclusão de qualquer outro órgão social. Quando a proposta de redução do capital for de iniciativa dos administradores da companhia, esta somente poderá ser levada à decisão assemblear com o parecer do conselho fiscal, se em funcionamento (art. 173).

Na primeira situação, redução por perda, a providência tem em mira ajustar o capital social formalmente declarado no estatuto à realidade patrimonial da companhia. Justifica-se, desse modo, no princípio da realidade do capital. Contudo, a operação não é comum de se verificar, pois nada obsta que a sociedade prossiga em suas atividades com esse desajuste.

Na outra hipótese de redução voluntária, o excesso de capital estaria a refletir valores dispensáveis para as necessidades do negócio da sociedade, considerada aí a efetiva atividade explorada. Verificada a questão, nada impede a liberação desse excesso, engessado na conta de capital da companhia, diminuindo-se o capital social. Ressalta-se que, em razão do princípio da intangibilidade do capital, esse valor a mais não pode ser distribuído em favor dos sócios, enquanto vinculado à referida conta de capital. Desse modo, abre-se a opção de redução do capital, restituindo-se o excesso aos acionistas ou mantendo-o no patrimônio da companhia, mas escriturado em outra rubrica. Nesse caso, passando os recursos julgados excessivos para o regime de reservas, de contingência (art. 195) ou estatutária (art. 194), poderão ser mobilizados para serem aplicados nos fins e limites das correspondentes rubricas, pois não mais intangíveis.

Nas circunstâncias de redução do capital que envolvam restituição proporcional de parte do valor das ações aos acionistas, ou diminuição do valor destas, quando não integralizadas, à importância das entradas, a eficácia da providência de diminuição só se torna efetiva sessenta dias após a publicação da ata da assembleia geral que a houver deliberado (art. 174). É que, durante esse interregno, os credores quirografários por títulos anteriores à data de publicação da respectiva ata poderão, mediante notificação, da qual se dará ciência à Junta Comercial da sede da companhia, opor-se à redução do capital. Assim não procedendo no prazo legal, decairão desse direito de oposição.

Findo o aludido prazo, a ata da assembleia geral que houver deliberado a redução poderá ser arquivada se não tiver havido oposição ou, havendo por algum ou alguns credores, desde que feita a prova do pagamento do seu crédito ou do depósito judicial da correspondente importância.

Constatando-se a existência de debêntures em circulação, a efetiva redução de capital ficará sujeita à prévia aprovação da maioria dos debenturistas, reunidos em assembleia.

Como regra de princípio, a redução voluntária do capital deve implementar-se de forma *pro rata*, respeitando a igualdade dos acionistas. A igualdade, diga-se com ênfase, é um princípio que inspira inúmeras disposições da Lei das Sociedades Anônimas, voltada para evitar perdas injustificáveis de posições, não devendo, destarte, ser afastada *in casu*.

A redução compulsória, por sua vez, ocorre em duas causas alinhadas em lei: a) no exercício do direito de recesso, quando o acionista vier a ser reembolsado no valor de suas ações à conta do capital social e não tenha sido operada a sua substituição (§ 6º do art. 45); e b) na extinção das ações do acionista remisso (§ 4º do art. 107). Nessas hipóteses, não há a necessidade da anuência dos credores, o que também não se exige nos casos de redução por prejuízos acumulados ou mesmo na diminuição em função da excessividade quando não restituído o excesso aos acionistas, permanecendo, assim, no patrimônio da companhia, apropriado em reservas.

Capítulo 5

CONSTITUIÇÃO DA COMPANHIA

5.1. GENERALIDADES

A constituição da sociedade anônima realiza-se pela forma institucional[1], demandando a adesão dos interessados em subscrever a totalidade do capital social projetado. A lei, exaustivamente, disciplina os atos que deverão ser implementados para que a companhia alcance uma regular formação. Esta, portanto, não é inteiramente livre[2], mas o produto de uma série de atos que serão praticados em estrita obediência às normas legais.

Esses atos revelam-se em um conjunto de insuperáveis providências que vêm claramente positivadas em três distintas fases: a) requisitos preliminares; b) atos de constituição propriamente ditos; e c) formalidades complementares.

Verificam-se sensíveis variações nas providências de constituição em função de ser a operação destinada a criar uma companhia aberta – cujos valores mobiliários serão dirigidos à negociação no mercado de valores mobiliários – ou fechada. Aquela demandará procedimentos mais complexos e detalhados que esta, verificáveis no que denominamos atos de constituição propriamente ditos.

5.2. REQUISITOS PRELIMINARES

Independentemente da modalidade da companhia, se de capital aberto ou fechado, os requisitos preliminares de formação serão sempre os mesmos.

São três esses requisitos: a) subscrição, por pelo menos duas pessoas, de todas as ações em que se divide o capital social fixado no estatuto; b) realização, como entrada,

---

1 Sobre a natureza da constituição da sociedade anônima remetemo-nos ao exposto no item 2.5 do capítulo 2.

2 Fran Martins, *ob. cit.*, v. I, p. 490.

de dez por cento, no mínimo, do preço de emissão das ações subscritas em dinheiro; e c) depósito em estabelecimento bancário autorizado da parte do capital realizado em dinheiro (art. 80).

A subscrição de todo o capital por, no mínimo, duas pessoas foi novidade introduzida pela Lei n. 6.404/76 ao que vigorava no direito anterior, quando o número de sete membros era o mínimo admitido para a constituição da companhia. Sobre esse tema, remetemo-nos ao que foi desenvolvido no item 2.6 do capítulo 2, no qual a matéria foi abordada de modo mais aprofundado, evitando, desse modo, repetições.

Mas, ainda sobre esse primeiro requisito, há que se destacar a exigência da subscrição integral do capital social proposto pelos fundadores. A regra resulta da concepção de que o capital funciona como uma garantia para os credores da pessoa jurídica. A integralização pode se dar à vista ou a prazo, mas a subscrição deve ser total. A subscrição parcial, portanto, implica a ineficácia do projeto de constituição. A insuficiência da subscrição não vincula os subscritores, porquanto a proposição dos fundadores encontra-se subordinada à condição suspensiva, consistente na subscrição completa do capital projetado. Nada obsta, porém, que, liberados todos os subscritores do projeto inicial, seja divulgado um novo, atraindo aqueles interessados em aproveitar o valor, a menor, do capital que se pretendia subscrever. Nesse caso, estar-se-ão desenvolvendo novos atos de constituição, embora acerca do mesmo objeto, mas com um capital inferior[3].

A realização de dez por cento do preço de emissão das ações subscritas em dinheiro é a entrada mínima que se exige para a constituição da sociedade anônima. Ressalte-se que esse requisito preliminar somente se dirige à integralização do preço em dinheiro, o que é mais corriqueiro, e não às que se fizerem em bens ou créditos. Para essas formas de integralização, a lei não estabelece qualquer entrada mínima, porquanto, como se pode depreender de seu conceito, as ações subscritas nessas situações estariam desde logo integralizadas. Na hipótese de entrega de bem como meio de integralização, caso o valor de avaliação aprovado pela assembleia dos subscritores seja inferior ao conferido pelo subscritor, este, aceitando-o, pagará a diferença em dinheiro de uma só vez[4].

Por outro lado, esse requisito apenas se dirige às integralizações a prazo. Com efeito, a integralização em dinheiro poder-se-á implementar à vista ou a prazo. Naquela, ocorrerá a entrega do montante correspondente ao preço de emissão no ato da subscrição; nesta, cumprirá ao subscritor, nesse mesmo momento, realizar o desembolso de, pelo menos, dez por cento do preço de emissão de cada ação subscrita, se mais elevado

3 Cf. Carvalhosa, *Comentários à lei de sociedades anônimas*, v. 2, p. 74; Tavares Borba, *ob. cit.*, p. 205; e Ripert e Roblot, *ob. cit.*, p. 672.

4 Cf. item 4.5 do capítulo 4.

percentual não tiver sido estabelecido. A primeira prestação, portanto, nunca poderá ser inferior a dez por cento. Adimplido todo o seu preço, a ação estará integralizada.

Faculta-se à lei especial reclamar a realização inicial de maior valor. É o que se verifica em relação às instituições financeiras, para as quais a lei exige que o capital inicial seja sempre realizado em moeda corrente, obrigando a integralização mínima de cinquenta por cento do montante subscrito (arts. 26 e 27 da Lei n. 4.595/64).

Por derradeiro, impõe-se ainda como requisito preliminar de constituição o depósito das entradas em espécie no Banco do Brasil S.A. ou em outro estabelecimento bancário autorizado pela Comissão de Valores Mobiliários. Esta, por meio do ato declaratório n. 2, de 3-5-1978, autorizou todos os bancos comerciais a receberem o depósito, o qual somente será obrigatório na formação da companhia e, destarte, dispensado por ocasião dos aumentos de capital, quando ela própria poderá diretamente recebê-lo (§ 4º do art. 170).

O depósito deverá ser efetuado pelo fundador no prazo de cinco dias, contado do recebimento das quantias, em nome do subscritor e em favor da companhia em organização. Esta somente poderá levantá-lo após haver adquirido personalidade jurídica, o que se verifica com o registro dos seus atos constitutivos no Registro Público de Empresas Mercantis (art. 81).

Esse dispositivo funciona, assim, como um mecanismo voltado para preservar a realidade do capital social. As importâncias mantidas em depósito não poderão ser empregadas pelos fundadores para fazer face às despesas com a fundação, cumprindo-lhes, pois, inicialmente suportá-las e posteriormente obter o correspondente reembolso pela companhia, caso esta venha a ser efetivamente constituída. Agem, portanto, os fundadores por seu risco, não havendo como vincular os subscritores.

Se a sociedade não se constituir dentro de seis meses da data do depósito, o banco depositário restituirá as importâncias diretamente aos subscritores, evitando que eles venham experimentar prejuízo decorrente do malogro do projeto de sua formação.

Nos atos e publicações referentes à companhia em constituição exige a lei que a sua denominação venha aditada da expressão "em organização" (art. 91).

5.3. MODALIDADES DE CONSTITUIÇÃO

A sociedade anônima pode formar-se por subscrição pública ou por subscrição particular. Na primeira hipótese, a sua constituição é sucessiva e, na segunda, simultânea.

Na constituição sucessiva, o capital social será formado por apelo público aos subscritores. Visa-se à criação de uma companhia de capital aberto, voltada para capitalizar-se no mercado de capitais. Na consecução desse objetivo, surge a efetiva figura do fundador, o qual estará encarregado de dirigir todas as etapas sucessivas para a concreta e eficaz constituição da pessoa jurídica. Como pertinentemente demonstra Rubens Requião[5], "a lei, nesse caso, prescreve minucioso roteiro de formalidades e publicidade, que constituem proteção e garantia do público que aderir à subscrição".

Na constituição simultânea, todos os subscritores são considerados fundadores (art. 88), o que não ocorre na sucessiva. Não haverá publicidade em sua oferta, verificando-se a subscrição do capital sem apelo ao público. Forma-se particularmente, manifestando-se a deliberação de constituição em ata de assembleia geral dos subscritores ou escritura pública. O processo constitutivo é, portanto, bastante simples, resultando de um ato concentrado dos seus fundadores que se implementa de forma instantânea.

5.4. FUNDADORES

A qualidade de fundador decorre da execução dos atos que formam o processo de criação da companhia[6]. Na constituição simultânea, como se viu, todos os subscritores são considerados fundadores, uma vez que o processo de formação opera-se de modo instantâneo, concretizado de forma privada entre os subscritores, estando em foco apenas os interesses desses fundadores. Daí a lei não prescrever maiores cautelas e formalidades para o procedimento. Mas na constituição sucessiva, como também já registrado, a figura do fundador ganha contorno de relevo. Nesta, não precisa ser ele necessariamente um subscritor, muito embora seja o idealizador do projeto de formação do ente jurídico, assumindo o seu planejamento e a sua organização, além da realização das medidas legais e administrativas indispensáveis.

Na companhia aberta, o fundador deverá encarregar-se do pedido de registro de emissão das ações na Comissão de Valores Mobiliários, da elaboração do projeto de estatuto e do prospecto de chamamento de novos acionistas, bem como de receber as entradas de capital e proceder ao seu depósito. Cabe-lhe, ainda, convocar a assembleia de constituição da companhia, além de assumir as obrigações para essa fundação, celebrando, com terceiros, os contratos preliminares à formação da sociedade (*v.g.*, peritos, advogados e instituição financeira que faz a intermediação). Encerram-se suas atribuições quando da investidura dos administradores eleitos, aos quais entregará todos os documentos, livros ou papéis relativos à constituição da companhia ou a esta pertencentes. Aos primeiros administradores competirá concretizar as formalidades complementares.

A lei brasileira não se ocupou em formular um conceito de fundador, apesar de

---

5 *Ob. cit.*, v. 2, p. 161.

6 Miranda Valverde, *Sociedades por ações*, v. I, p. 254.

representar figura indispensável na formação da companhia, seja por subscrição pública ou particular.

Na visão de Miranda Valverde[7], "fundadores de companhia ou sociedade anônima são pessoas que promovem a sua constituição, para a exploração lucrativa de uma ou mais empresas, que idearam ou, se já existentes, pretendem desenvolver".

Carvalho de Mendonça[8] destaca-os como aqueles que "fundam a sociedade, estabelecendo as bases legais da sua existência e dando-lhe forma jurídica" e, "ao mesmo tempo, assumem perante o público a responsabilidade de sua constituição". Prossegue, ainda, ressaltando que eles, os fundadores, "podem não subscrever ações, não ser acionistas, consistindo todo o trabalho em lançar a sua ideia em público e promover os meios de realizá-los".

George Ripert[9], por sua vez, desenha a figura do fundador como a pessoa que, tomando a iniciativa de formar a sociedade, assume o encargo de reunir os sócios e os capitais, encarregando-se, ainda, de preencher as formalidades legais necessárias para chegar à criação do ente jurídico.

Halperin e Otaegui[10] demonstram que a lei argentina de sociedades teve o cuidado de distinguir as figuras do "promotor" e do "fundador". Fundadores são os constituintes da sociedade no procedimento de subscrição particular, denominado constituição por ato único; promotores são os que atuam na constituição sucessiva – subscrição pública do capital –, concebendo o projeto de constituir a sociedade anônima, assumindo a iniciativa de sua criação e tomando a seu cargo os atos que conduzem à constituição definitiva, com a responsabilidade legal por atos e contratos, sem outros direitos senão a compensação financeira, na forma prevista em lei.

No sistema norte-americano, essa figura do "promotor" resta bastante acentuada como um verdadeiro incorporador de um negócio empresarial. A Securities and Exchange Commission (SEC) formulou o conceito de "promoter", por meio da Rule 405, do qual se tem que o termo inclui qualquer pessoa que, agindo em conjunto ou sozinha, direta ou indiretamente, toma a iniciativa de fundar e organizar os negócios ou a empresa de um ente emissor de *securities*.

A natureza jurídica das funções de fundador, descritas nos conceitos acima reproduzidos, não tem logrado fácil identificação. Diversas teorias se propuseram explicitá-la.

---

7 *Sociedades por ações*, v. I, p. 250.

8 *Ob. cit.*, v. III, p. 307.

9 *Ob. cit.*, p. 661.

10 *Ob. cit.*, p. 125 e 130.

Miranda Valverde[11], após ressaltar que a figura do fundador toma especial relevo na criação das sociedades anônimas por subscrição pública, destacando-se, nesse caso, dos subscritores pelos encargos que a lei lhe atribui, conclui que o fundador "não se reduz a nenhuma figura jurídica". Entre fundadores e subscritores, prossegue, "nenhum laço contratual se forma, pelo que não é possível ver neles, enquanto praticam os atos necessários à constituição da pessoa jurídica, nem estipulantes a favor de terceiros, nem gestores de negócios no interesse de um *dominus* futuro, a sociedade, e menos ainda representantes desta".

Para Carvalho de Mendonça[12], o conceito do mandato e da gestão de negócios "é inadmissível, porque a sociedade não tendo vida não pode ser mandante, nem tem negócios que terceiro possa gerir". O da estipulação a favor de terceiros para ele também é reprovável, por não parecer prático. Em suas palavras, "se é exato que os fundadores encaminham o seu trabalho em favor da sociedade constituenda, promovem, de ordinário, interesses próprios e não raras vezes participam dos lucros líquidos da sociedade depois de constituída". Conclui, desse modo, que "os fundadores são os promotores de um ato jurídico, que a lei regulou e disciplinou. O escopo que visam assinala-lhes o caráter jurídico".

Irrepreensível parece-nos a lição de Carvalho de Mendonça, sendo de aditar, em reforço, que o ofício realizado possui natureza legal e não contratual, consoante enfatiza Carvalhosa[13], aduzindo ser o mister "de caráter temporário, cujas funções, deveres, direitos, responsabilidades e termo de duração são regulados por lei".

Os fundadores, portanto, promovem a constituição da companhia em seu nome e risco[14]. Suportam a incerteza do êxito do projeto, sendo de se mencionar que a assembleia geral dos subscritores pode deliberar pela não criação da sociedade. Assim sendo, atuam como verdadeiros empreendedores de um negócio e, com a sua instalação, encontra-se ultimado o seu mister, não tendo que aderir, como se viu, necessariamente ao projeto criado como acionista.

Em face dos serviços profissionais que realizam, de caráter eminentemente técnico, por conta e risco, fazem jus, mormente na constituição sucessiva, a uma correspondente remuneração, sem prejuízo de serem reembolsados, pela sociedade criada, das despesas suportadas em prol da constituição. Tratando-se de companhia de capital aberto, em cujo processo de formação a questão se mostra mais patente, como se ressaltou, a remuneração deverá ser contemplada no prospecto (art. 84, VI).

---

11 *Sociedades por ações*, v. I, p. 250-251.

12 *Ob. cit.*, v. III, p. 310.

13 *Comentários à lei de sociedades anônimas*, v. 2, p. 85.

14 Carvalho de Mendonça, *ob. cit.*, v. III, p. 310.

O pagamento poderá realizar-se em dinheiro ou pela participação nos lucros da companhia, se de capital fechado[15], mesmo sem terem a qualidade de acionistas, por meio de partes beneficiárias, as quais se constituem em títulos estranhos ao capital social, mas que conferem aos seus respectivos titulares o direito de participar nos lucros anuais, não podendo, entretanto, ultrapassar um décimo desses lucros. Inadmite-se possa a remuneração ser quitada com a entrega de ações, porquanto vem vedada a ação de indústria no Direito brasileiro, como já se afirmou alhures. Não é dado subscrever ações e integralizá-las em serviços.

Como empreendedores, executores de um ofício por conta própria, os fundadores respondem não só pelas despesas efetivadas, em caso de malogro da constituição, assumindo o risco integral pela iniciativa, como também pelos prejuízos a que derem causa, resultantes da inobservância dos preceitos legais relativos à formação da companhia ou pelos que decorrerem de culpa ou dolo em atos ou operações a ela anteriores. A responsabilidade, nesse caso, é solidária (art. 92).

Por derradeiro, cumpre ainda enfrentar a figura do fundador oculto.

Cunha Peixoto[16] e Modesto Carvalhosa[17] sustentam o entendimento de que sempre serão considerados fundadores aqueles que se apresentem ou aparentem como tal, firmando o prospecto e o estatuto. Serão eles responsáveis perante terceiros.

Não se pode ter dúvida da qualificação desses signatários como fundadores. Mas, para a averiguação das responsabilidades, não se deve ficar limitado a essa aparência enunciada. Verificada no caso concreto a existência de simulação, com a efetiva presença do fundador oculto, não há como se furtar a sua caracterização para esse desiderato de responsabilização. Como lembra com lucidez George Ripert[18], ante a possibilidade de inserção de "testas de ferro", recomenda-se considerar fundador, independentemente de seu nome e assinatura, ou até mesmo das pessoas que como tais se apresentam ostensivamente, aquele ou aqueles que têm a iniciativa de atos que visam à criação do ente jurídico, embora, formalmente, prefiram permanecer na penumbra.

5.5. SUBSCRIÇÃO PÚBLICA

A constituição por subscrição pública encontra-se reservada à criação das companhias abertas, porquanto não tem em mira subscritores determinados, mas, ao revés, dirige-se a pessoas indeterminadas. Haverá, por conseguinte, apelo público.

---

15 É vedado às companhias abertas emitir partes beneficiárias (parágrafo único do art. 47).

16 *Ob. cit.*, v. II, p. 23.

17 *Comentários à lei de sociedades anônimas*, v. 2, p. 84.

18 *Ob. cit.*, p. 661.

A emissão pública de ações pressupõe o registro prévio na Comissão de Valores Mobiliários (art. 82)[19]. O pedido de registro de emissão, que obedecerá às normas expedidas por essa autarquia, deverá ser instruído com: a) o estudo de viabilidade econômica e financeira do empreendimento; b) o projeto do estatuto social; e c) o prospecto, organizado e assinado pelos fundadores e pela instituição financeira intermediária.

A lei outorga à Comissão de Valores Mobiliários o poder de condicionar o registro à modificação no estatuto ou no prospecto e de negá-lo por inviabilidade ou temeridade do empreendimento, ou, ainda, por inidoneidade dos fundadores (§ 2º do art. 82). Com a providência, estar-se-á protegendo a economia popular, desestimulando investidas de empreendedores inescrupulosos. Mas essa competência legal não deve ser discricionariamente exercida. As alterações que vierem a ser exigidas devem estar pautadas na mais estrita legalidade, arrimadas, portanto, em eventuais descumprimentos de mandamentos corporificados em textos normativos expressos. A negativa do registro, por seu turno, também deverá encontrar-se devidamente fundamentada, a partir de fatos concretamente demonstrados e comprovados. O excesso da Comissão de Valores Mobiliários no desempenho do mister legal poderá ser revisto pelo Poder Judiciário, mediante a iniciativa do prejudicado.

Além do prévio registro de emissão, a adoção da subscrição sucessiva adicionalmente requer o atendimento de mais um pressuposto: a contratação pelos fundadores de instituição financeira, incumbida de intermediar o processo público de subscrição (art. 82). Consoante elucida Rubens Requião[20], essa intermediação confere "exatamente o sentido da publicização da constituição da companhia". Com ela estar-se-ão ampliando as proteções e garantias dos investidores, na medida em que divide a instituição com os fundadores a responsabilidade pelo atendimento das exigências legais de constituição (art. 92).

À referida instituição, que será remunerada pelos serviços prestados, caberá colaborar na montagem do prospecto e buscar subscritores interessados na adesão do projeto de formação da sociedade.

---

19 O *caput* do art. 19 da Lei n. 6.385/76 referenda a prévia obrigatoriedade do registro de emissão. No § 3º do mesmo artigo são definidas as práticas caracterizadoras da emissão pública, a saber: a) utilização de listas ou boletins de venda ou subscrição, folhetos, prospectos ou anúncios destinados ao público; b) procura de subscritores ou adquirentes para os títulos por meio de empregados, agentes ou corretores; e c) negociação feita em loja, escritório ou estabelecimento aberto ao público, ou com a utilização dos serviços públicos de comunicação.

20 *Ob. cit.*, v. 2, p. 163.

Esse contrato de intermediação é nominado *underwriting*. Pode ser estabelecido de formas variantes, conforme o grau de comprometimento do *underwriter*. São três as suas possíveis formatações: a) melhor esforço (*best effort*), pelo qual se tem um simples esforço de colocação das ações no mercado, obrigando-se a intermediadora tão somente a procurar os interessados na subscrição, sem, todavia, garanti-la; b) com garantia de sobras (*stand by*), na qual a instituição se obriga a subscrever as ações que não lograram subscritores interessados, ou seja, compromete-se a, consumado determinado prazo, subscrever o saldo verificado após a oferta; e c) firme (*straight*), pelo qual o *underwriter* subscreve a totalidade das ações da companhia constituenda para, depois, colocá-las no mercado em nome próprio, revendendo-as aos investidores interessados.

Seguramente, para os fundadores, o ideal é a contratação de uma das duas últimas modalidades, pois estarão garantindo a constituição, visto que, havendo sobras, a companhia não se constitui. Os honorários do *underwriter* variarão, portanto, na proporção direta do risco assumido, sendo tanto maior quanto mais elevada for a garantia contratual da colocação das ações. Em emissões de vulto é comum a organização de um *pool* ou consórcio de *underwriters* que, sob a liderança de um ou de alguns, repartem entre si os compromissos assumidos e, dessa feita, os correspondentes riscos.

A instituição intermediária responderá pelos prejuízos advindos da inobservância dos preceitos legais para a constituição. Não haverá, nesse caso, solidariedade entre ela e os fundadores. Cada qual responde no âmbito das respectivas atribuições (art. 92). Entre esses últimos é que haverá responsabilidade solidária, conforme já se consignou. A responsabilidade penal encontra-se tipificada no art. 177 do Código Penal, que capitula como crime "promover a fundação de sociedade por ações, fazendo, em prospecto ou em comunicação ao público ou à assembleia, afirmação falsa sobre a constituição da sociedade, ou ocultando fraudulentamente fato a ela relativo".

Requer o art. 83 que o projeto de estatuto satisfaça todos os requisitos exigidos para os contratos das sociedades empresárias em geral e aos peculiares às companhias, além de conter as regras pelas quais ela será regida. É fruto, esse projeto, da obra exclusiva dos fundadores, sobre ele não influindo concretamente os subscritores, que se limitam a aceitá-lo, não se podendo, senão pela unanimidade, alterá-lo (§ 2º do art. 87).

O estatuto, destarte, deverá conter as regras pelas quais a companhia, a partir de sua constituição, deverá reger-se. Não reveste, porém, o caráter contratual[21]. Revela-se por normas orgânicas que vão disciplinar as relações não reguladas em lei. E é o próprio direito positivado quem irá determinar as matérias obrigatórias e facultativas

21 Miranda Valverde, *Sociedades por ações*, v. 1, p. 241.

que constarão do estatuto. São cláusulas obrigatórias, por exemplo, as que devem dispor sobre a denominação, o objeto, a sede, o prazo de duração, o capital e a forma de sua realização.

Comumente vem apelidado de "lei interna da companhia", pois irá disciplinar o seu funcionamento e a sua estrutura (regras institucionais), além das relações entre os acionistas e entre eles e a própria sociedade. Mas deverá sempre estar conformado com a lei formal e seus regulamentos. Assim é que não pode privar os acionistas do gozo de direitos que lhes são por lei assegurados, como o de participar dos lucros e do acervo da companhia em caso de liquidação (art. 109), por exemplo. Outrossim, não lhe é permitido alterar disposições legais cogentes, tais como aquelas que disciplinam as competências privativas dos órgãos sociais. A infringência desses normativos não dispositivos conduzirá à nulidade da previsão estatutária. Como ato-regra de natureza inferior e subordinado à lei, com ela sempre deverá, repita-se, estar sintonizado, tanto que advindo superveniente modificação legal sobre matéria tratada no estatuto, este à nova ordem imperativa estará automaticamente adaptado, não havendo que se invocar direito adquirido ou ato jurídico perfeito.

Adicione-se, em complementação, que o estatuto não se confunde com ato constitutivo. O ato constitutivo da companhia é um ato complexo que se desdobra em vários atos constitutivos. Figurativamente, é lícito parafrasear o autor espanhol Garrigues[22] na explicitação de que o ato constitutivo é o gérmen da companhia, ao passo que o estatuto é a norma de vida da sociedade já em funcionamento[23].

---

22 *Apud* Modesto Carvalhosa, *Comentários à lei de sociedades anônimas*, v. 2, p. 106.

23 Essa autonomia entre estatuto e ato constitutivo não é pacífica na doutrina. Halperin e Otaegui, arrimados na doutrina do italiano Lorenzo Mossa (*Trattato del nuovo diritto commerciale*, t. IV, Padova, 1957), sustentam a sua integração. Eis suas palavras, *verbis*: "Estatuto y acto constitutivo se integran recíprocamente, puesto que se presuponen, al punto que uno no puede existir sin el otro. Puede hacerse una distinción formal, para separar las cláusulas permanentes, que rigen la vida ulterior de la sociedad, y las que regulan exclusivamente la fundación (pero cuya validez es esencial para la validez del estatuto), separación en razón de su fin, y no por su génesis y formación" (*ob. cit.*, p. 134). Essa orientação vem adotada no art. 2.328 do Código Civil italiano: "Lo statuto contenente lé norme relative al funzionamento della società, anche se forma oggetto di atto separato, si considera parte integrante dell'atto costitutivo e deve essere a questo allegato". A consideração legal de tornar o estatuto parte integrante do ato constitutivo assenta-se na doutrina de Vivante, que professa serem partes integrantes de um mesmo ato, pois, sendo o ato constitutivo um contrato, sustenta, o estatuto constitui o seu objeto (*Trattato di diritto commerciale*, v. II, 3ª ed. Milano: Francesco Villardi, 1912, p. 242). Entre nós, Miranda Valverde apoia a ideia da autonomia, asseverando: "Os estatutos, conseguintemente, se destacam dos atos constitutivos da sociedade anônima, não apresentam caráter contratual" (*Sociedades por ações*, v. 1, p. 241).

O art. 84 da Lei das Anônimas torna exigível a apresentação do prospecto, que deverá mencionar, com clareza e precisão, as bases da companhia e os motivos que justifiquem a expectativa de bom êxito do empreendimento. Dele deverá em especial constar: a) o valor do capital social a ser subscrito, o modo de sua realização e a existência ou não de autorização para aumento futuro; b) a parte do capital a ser formada com bens, a discriminação desses bens e o valor a eles atribuído pelos fundadores; c) o número, as espécies e classes de ações em que se dividirá o capital; o valor nominal das ações, e o preço da emissão das ações; d) a importância da entrada a ser realizada no ato da subscrição; e) as obrigações assumidas pelos fundadores, os contratos assinados no interesse da futura companhia e as quantias já despendidas e por despender; f) as vantagens particulares, a que terão direito os fundadores ou terceiros, e o dispositivo do projeto do estatuto que as regula; g) a autorização governamental para constituir-se a companhia, se necessária; h) as datas de início e término da subscrição e as instituições autorizadas a receber as entradas; i) a solução prevista para o caso de excesso de subscrição; j) o prazo dentro do qual deverá realizar-se a assembleia de constituição da companhia, ou a preliminar para avaliação dos bens, se for o caso; k) o nome, nacionalidade, estado civil, profissão e residência dos fundadores, ou, se pessoa jurídica, a firma ou denominação, nacionalidade e sede, bem como o número e espécie de ações que cada um houver subscrito; e l) a instituição financeira intermediária do lançamento, em cujo poder ficarão depositados os originais do prospecto e do projeto de estatuto, com os documentos a que fizerem menção, para exame de qualquer interessado.

A função do prospecto é informativa. Divulgará o que pretende representar a sociedade projetada, esclarecendo fundamentalmente os interessados sobre os aspectos técnicos da constituição e a viabilidade da empresa a ser por ela explorada. Sua natureza jurídica revela-o como um dos elementos da oferta pública *in incertam personam*, a ser cumulado com o outro, que é o projeto de estatuto. É uma oferta de adesão dirigida a pessoas indeterminadas, subordinada à condição suspensiva, concernente à integral satisfação dos requisitos legais de fundação da companhia.

O subscritor interessado em aderir ao projeto de constituição deverá manifestar sua vontade mediante a assinatura da lista, boletim ou carta individual de subscrição (art. 85). O ato de subscrição configura, assim, um contrato bilateral de adesão, pelo qual o subscritor se vincula à constituição da companhia. As declarações são irretratáveis. O contrato se forma com os fundadores, uma vez que a sociedade constituenda não tem personalidade jurídica e, portanto, não tem capacidade para contratar.

Ultimada a subscrição de todo o capital, pondo-se fim a esta etapa de subscrição, adentra-se na fase de constituição propriamente dita. Cabe aos fundadores, em seguida, convocar a assembleia geral dos subscritores (art. 86), que deverá deliberar sobre a constituição da companhia. Havendo integralização em bens, deverá ela também decidir sobre a avaliação. Todavia, nesse caso, ocorrerá uma assembleia preliminar para nomear os peritos[24] (art. 8º).

Os anúncios de convocação mencionarão hora, dia e local do conclave e serão inseridos nos jornais em que houver sido feita a publicidade da oferta de subscrição (parágrafo único do art. 86). A ela também se aplica a previsão geral do art. 289[25], observando-se, em adição, a orientação antes referida.

A assembleia de constituição instalar-se-á, em primeira convocação, com a presença de subscritores que representem, no mínimo, a metade do capital social e, em segunda, com qualquer número (art. 87). Ao início de contagem do prazo e ao interstício entre as convocações aplica-se o disposto no § 1º do art. 124[26].

A natureza da assembleia de constituição é diversa da assembleia geral dos acionistas (ordinária ou extraordinária). Configura-se como uma espécie autônoma, com regramentos próprios. Não se revela em um conclave de acionistas, pois a sociedade ainda não se constituiu, mas em uma reunião de subscritores que decidirão sobre a sua fundação. Não é, portanto, um órgão da pessoa jurídica. Dessa feita é que as regras sobre assembleia geral somente serão aplicáveis supletivamente e, portanto, naquilo em que não contrariarem o seu perfil legal. Sustentamos, por isso, que as publicações nos veículos de publicidade não se fazem segundo as exigências do *caput* do art. 124[27], visto que o parágrafo único do art. 86 não exige a publicação por três vezes em cada veículo, havendo regramento próprio na espécie. Deve esse parágrafo ser combinado com o art.

---

24 Cf. item 4.5 do capítulo 4.

25 *Caput* do Art. 289: "As publicações ordenadas pela presente Lei serão feitas no órgão oficial da União ou do Estado ou do Distrito Federal, conforme o lugar em que esteja situada a sede da companhia, e em outro jornal de grande circulação editado na localidade em que está situada a sede da companhia".

26 § 1º do Art. 124: "A primeira convocação da assembleia geral deverá ser feita: I – na companhia fechada, com 8 (oito) dias de antecedência, no mínimo, contado o prazo da publicação do primeiro anúncio; não se realizando a assembleia, será publicado novo anúncio, de segunda convocação, com antecedência mínima de 5 (cinco) dias; II – na companhia aberta, o prazo de antecedência da primeira convocação será de 15 (quinze) dias e o da segunda convocação de 8 (oito) dias". Rubens Requião, entretanto, assim não pensa. Sustenta que "nada impede aqui, ao contrário da assembleia geral ordinária e extraordinária, que a segunda convocação suceda, em horas, no mesmo dia, a primeira convocação frustrada, porque a isso", acredita, "não se opõe a lei" (*ob. cit.*, v. 2, p. 167). Modesto Carvalhosa (*Comentários à lei de sociedades anônimas*, v. 2, p. 143) e Fábio Ulhoa Coelho (*ob. cit.*, v. 2, p. 192) pensando diferente, compactuam com o nosso entendimento da aplicação supletiva da regra do § 1º do art. 124.

27 *Caput* do art. 124: "A convocação far-se-á mediante anúncio publicado por 3 (três) vezes, no mínimo, contendo, além do local, data e hora da assembleia, a ordem do dia, e, no caso de reforma do estatuto, a indicação da matéria".

289, pois este se trata de dispositivo que contém regra geral para todas as publicações ordenadas pela lei.

A assembleia será presidida por um dos fundadores e secretariada por subscritor. Nela será lido o recibo de depósito das entradas em dinheiro, bem como discutido e votado o projeto de estatuto (§ 1º do art. 87).

Cada ação, independentemente de sua espécie ou classe, conferirá o direito a um voto (§ 2º do art. 87). Assim, ainda que o projeto de estatuto da sociedade em formação preveja ações preferenciais sem direito de voto ou com limitação a esse direito, cada subscritor dessas ações não estará tolhido de votar. Lembre-se de que o estatuto é a regra que dirige a vida da sociedade em funcionamento; e esta não foi ainda constituída.

O *quorum* de deliberação irá variar de acordo com o conteúdo da matéria a ser decidida.

Na decisão sobre a constituição da companhia, a lei considera a matéria aprovada se não houver oposição de subscritores que representem mais da metade do capital social (§ 3º do art. 87). Apesar de a subscrição ser individualmente irretratável, o processo de formação do ente jurídico possibilita, nesse momento da realização da assembleia de constituição, e somente nela, que a comunhão dos subscritores, agindo no próprio interesse, delibere pela não constituição da sociedade. Esse é o verdadeiro momento da decisão.

No que pertine ao projeto de estatuto, não tem a maioria poderes para alterá-lo, o que somente pode realizar-se pela vontade unanimemente manifestada (parte final do § 2º do art. 87).

Todas as demais questões, como as referentes à avaliação dos bens e à eleição de administradores e fiscais, far-se-ão pelo *quorum* do art. 129 que supletivamente deve ser empregado, ou seja, a decisão é fruto da vontade coletivamente expressada pela maioria dos votos dos presentes ao conclave, não se computando os votos em branco.

Verificando-se que foram atendidas todas as formalidades legais, o presidente da assembleia declarará constituída a pessoa jurídica, procedendo, a seguir, a eleição dos primeiros administradores e, se for o caso, também dos fiscais (hipótese de conselho fiscal com funcionamento permanente). A correspondente ata, que será lavrada em duplicata, depois de lida e confirmada pela assembleia, será assinada por todos os subscritores presentes, os quais poderão se fazer representar por procuradores com poderes especiais, ou por quantos bastarem à validade das deliberações. Um exemplar ficará em poder da companhia e outro será destinado ao Registro Público de Empresas Mercantis (§§ 3º e 4º do art. 87 e art. 90).

Após, portanto, a assembleia geral decidir sobre sua constituição, a companhia estará definitivamente formada. Encontram-se, pois, vinculados todos os subscritores, ainda que vencidos no conclave, passando automaticamente a adquirirem a condição de acionistas.

5.6. SUBSCRIÇÃO PARTICULAR

Na subscrição particular ou privada não haverá publicidade, realizando-se independentemente de qualquer apelo público. Viabiliza-se perante um círculo íntimo de subscritores, os quais são todos considerados fundadores. Os interessados se reúnem e deliberam a respeito. Essa deliberação pode-se fazer em assembleia geral ou por escritura pública (art. 88). A ata da assembleia ou a escritura instrumentalizarão a constituição.

Sendo eleita a forma assemblear, observar-se-ão as regras dos arts. 86 e 87, ou seja, as mesmas que se prestam para a subscrição pública, já analisadas. Apenas deverão ser entregues à assembleia o projeto do estatuto, assinado em duplicata por todos os subscritores do capital, e as listas ou boletins de subscrição de todas as ações (§ 1º do art. 88).

Relevante anotar, por ser útil e frequente na subscrição simultânea, a regra do § 4º do art. 124, aplicável supletivamente à assembleia dos subscritores, segundo a qual o comparecimento ao ato de todos os fundadores/subscritores supre as formalidades de convocação, simplificando e desonerando a formação da pessoa jurídica.

Preferida, entretanto, a escritura pública, esta será assinada por todos os subscritores, devendo conter: a) a qualificação dos subscritores; b) o estatuto da companhia; c) a relação das ações tomadas pelos subscritores e a importância das entradas pagas; d) a transcrição do recibo de depósito das entradas em dinheiro; e) a transcrição do laudo de avaliação dos peritos, caso tenha havido subscrição do capital em bens; f) a nomeação dos primeiros administradores e, quando for o caso, dos fiscais da companhia (§ 2º do art. 88).

Saliente-se, por derradeiro, que, ainda que se adote a escritura pública, nada obsta que as modificações supervenientes ao estatuto se façam por instrumento particular. É que as alterações podem ser realizadas independentemente da forma adotada na constituição (art. 42 do Decreto n. 1.800/96).

5.7. FORMALIDADES COMPLEMENTARES

As formalidades complementares da constituição da companhia traduzem um conjunto de providências a serem tomadas pelos primeiros administradores, para que esteja a sociedade habilitada a funcionar. Consistem elas no arquivamento e na publicação dos atos constitutivos. Deverão ser executadas independentemente da modalidade de constituição da sociedade (se por subscrição pública ou particular). Realizada a assembleia de constituição ou lavrada a escritura pública de fundação, conforme o caso, os fundadores entregarão aos primeiros administradores eleitos todos os documentos, livros ou papéis relativos à formação da companhia para que possam implementar as aludidas formalidades. Incumbe-lhes, nos trinta dias subsequentes à constituição, proceder ao arquivamento dos atos constitutivos no Registro Público de Empresas Mercantis (art. 94 da Lei n. 6.404/76 c/c art. 36 da Lei n. 8.934/94).

Constituída por assembleia, deverão ser arquivados na Junta Comercial do Estado de sua sede os seguintes documentos: a) um exemplar do estatuto social, assinado por todos os subscritores, ou, se a subscrição houver sido pública, os originais do estatuto e do prospecto, assinados pelos fundadores, bem como do jornal em que tiverem sido publicados; b) a relação completa, autenticada pelos fundadores ou pelo presidente da assembleia, dos subscritores do capital social, com a qualificação, o número das ações e o total da entrada de cada subscritor; c) o recibo do depósito da parte do capital realizado em dinheiro; d) duplicata das atas das assembleias realizadas para a avaliação de bens, quando for o caso; e e) duplicata da ata da assembleia geral dos subscritores que houver deliberado a constituição da companhia. Se, entretanto, tiver sido formada por escritura pública, bastará o arquivamento, no mesmo local, da certidão do respectivo instrumento (arts. 95 e 96).

Cumprirá ao órgão registral fiscalizar a legalidade da constituição, de modo a evitar sejam formadas companhias que se apresentem viciadas. Cabe-lhe o controle da legalidade, verificando se houve obediência às prescrições legais e o atendimento aos princípios de ordem pública e aos bons costumes. Essa vistoria da observância das prescrições de lei não se limita às disposições da Lei n. 6.404/76, mas se espraia para outras preconizadas em lei especial, como, por exemplo, a verificação de autorização governamental para funcionar, quando exigida na espécie sob registro. Cabe-lhe, portanto, promover o saneamento das irregularidades verificadas, fazendo "cair em exigência" o pedido de arquivamento, até que sejam efetivamente sanadas, quando, por óbvio, for a vicissitude sanável (art. 97 da Lei n. 6.404/76 c/c art. 35, I, da Lei n. 8.934/94).

Ocorrendo a negativa do registro, competirá aos primeiros administradores convocar imediatamente a assembleia geral para sanar a falta ou a irregularidade, ou, ainda, autorizar as providências que para esse fim se apresentarem necessárias. A instalação e o funcionamento da assembleia observarão os mesmos regramentos da assembleia de constituição da companhia[28]. A deliberação, entretanto, dar-se-á por acionistas que representem, no mínimo, metade do capital social. Esse mesmo conclave irá decidir se a companhia deverá promover a responsabilidade civil dos fundadores (§ 1º do art. 97).

---

28 Cf. itens 5.5 e 5.6 deste capítulo.

Se houver a necessidade de retificação do estatuto, esta limitar-se-á aos cumprimentos das exigências formuladas pela Junta Comercial. A correção cinge-se às falhas de natureza legal, não se podendo, portanto, alterar outros dispositivos estatutários, sob pena de se desrespeitar a regra que obsta à maioria alterar o projeto de estatuto, prescrita no § 2º do art. 87.

Mesmo na circunstância de ter sido a sociedade formada por escritura pública, o método de correção se fará por assembleia geral. Não faz a lei distinção entre as formas de constituição ao eleger o conclave dos sócios como o foro hábil para deliberar a respeito[29]. Com efeito, a eleição da assembleia é proposital, até porque o *quorum* para a decisão é o de, no mínimo, a metade do capital social e a escritura somente seria rerratificada pela unanimidade. Como são falhas e irregularidades sanáveis, optou bem o legislador pela fórmula, prestigiando, ademais, o princípio da função social da empresa, cujo escopo em desempenhá-la inspirou a constituição da companhia.

Com a segunda via da ata da assembleia e a prova de ter sido sanada a falha ou irregularidade, a Junta procederá ao arquivamento dos atos constitutivos da companhia. Uma vez realizado, os administradores providenciarão, nos trinta dias seguintes, a publicação dos atos relativos à constituição, bem como a da certidão do prefalado arquivamento, em órgão oficial do local da sede da pessoa jurídica[30]. Um exemplar dessa publicação deverá ser anotado no órgão registral (§ 2º do art. 97 e art. 98 da Lei n. 6.404/76 c/c art. 54 da Lei n. 8.934/94).

Esse prazo de trinta dias não tem natureza preclusiva, pelo que não é dado à Junta Comercial negar a respectiva anotação, ainda que a publicação se faça a destempo. Como adverte Miranda Valverde[31], "o prazo tem por objetivo precisar a data em que, após o seu decurso, começa a definir-se a responsabilidade civil dos primeiros diretores".

Nenhuma companhia poderá, portanto, funcionar sem que sejam arquivados e publicados os seus atos constitutivos (art. 94). Não há como se conceber, à luz do sistema da Lei n. 6.404/76, possa haver sociedade anônima irregular. Antes do arquivamento não há efetivamente sociedade nem solidariedade dos sócios, mas responsabili-

29 Cunha Peixoto, *ob. cit.*, v. II, p. 44 e Modesto Carvalhosa, *Comentários à lei de sociedades anônimas*, v. 2, p. 193.

30 Não nos parece que na espécie incida a regra do art. 289 da Lei n. 6.404/76, como sustentam Tavares Borba (*ob. cit.*, p. 218) e Modesto Carvalhosa (*Comentários à lei de sociedades anônimas*, v. 2, p. 195). O art. 98 é expresso em exigir a publicação somente no órgão oficial. Se fosse, na espécie, para ser seguida a regra geral do art. 289 bastaria o preceito ter sido estruturado sem menção única e expressa ao órgão oficial. Desse modo, parece-nos que a melhor exegese a ser emprestada ao texto normativo em comento é a que dispensa a publicação em jornal de grande circulação.

31 *Sociedades por ações*, v. I, p. 327.

dade exclusiva de quem praticou os atos[32]. A companhia, como prevê o parágrafo único do art. 99, não responde pelos atos praticados pelos primeiros administradores antes de cumpridas as formalidades complementares de constituição. Essa é a regra[33]. Não há espaço, nem sequer, para sustentar a responsabilidade solidária entre os sócios, da essência das sociedades irregulares[34]. A responsabilidade é pessoal e ilimitada dos primeiros diretores.

No regime do Código Civil de 2002 vem confirmada a hipótese, havendo o art. 986 excluído a sociedade anônima em organização da caracterização de sociedade em comum (irregular).

Havendo a incorporação de imóvel à sociedade a título de integralização do capital subscrito, a certidão de arquivamento dos atos constitutivos, expedida pela Junta Comercial, servirá de documento hábil para a transcrição no registro de imóveis competente, dispensada, pois, a escritura pública. Como a companhia pode ser constituída por assembleia geral, a correspondente ata que aprovar a incorporação deverá identificar o bem com precisão, mas poderá descrevê-lo sumariamente, desde que seja suplementada por declaração, assinada pelo subscritor, contendo todos os elementos necessários à transcrição (art. 89 e §§ 2º e 3º do art. 98).

Por derradeiro, cumpre reafirmar que os primeiros administradores são solidariamente responsáveis perante a companhia pelos prejuízos causados pela demora no cumprimento das formalidades complementares à sua constituição (*caput* do art. 99).

---

32 Cunha Peixoto, *ob. cit.*, v. II, p. 128.

33 O preceito permite, contudo, que a assembleia geral delibere em sentido contrário.

34 Modesto Carvalhosa, *Comentários à lei de sociedades anônimas*, v. 2, p. 182.

Capítulo 6

AÇÕES

6.1. CONCEITO E NATUREZA JURÍDICA

A ação, à luz do Direito vigente, pode ser definida como uma unidade do capital social e, ao mesmo tempo, um título de participação societária, tradutor da titularidade de direitos, obrigações e deveres, decorrentes do *status* de sócio.

Revela-se como uma unidade do capital, pois a lei expressamente declara que o capital da companhia será dividido em ações (arts. 1º e 11). Integra, assim, a estrutura e a organização da sociedade anônima.

Essas frações do capital traduzem, por outro lado, um conjunto de direitos, obrigações e deveres para aqueles que venham a titularizá-las. Configuram-se, nesse aspecto, títulos corporativos ou de participação societária, reveladores do fundamento da condição de sócio.

São, portanto, em essência, títulos representativos. Representam a quota de capital pelo acionista subscrita ou adquirida e o *status socii*, legitimando quem os detenha. A expressão "título" vem empregada no seu sentido mais amplo, adequando-se tanto à versão tradicional da ação em suporte cartular (ação documental) como à da em suporte escritural (ação escritural).

Muito se discute a manifestação da ação como título de crédito.

Vários autores a visualizam como, tão somente, um título específico de participação ou corporativo, negando a sua natureza de título de crédito. Tullio Ascarelli[1] assim sustenta:

> Na realidade, as ações não conferem ao seu titular um crédito, mas, com mais precisão, uma "posição", o *status* de sócio, do qual, por sua vez, decorrem uma série de direitos e

---

1 *Teoria geral dos títulos de crédito*. Tradução de Nicolau Nazo. São Paulo: Saraiva, 1943, p. 185.

> poderes diversos, e, até, de obrigações, as relativas ao pagamento de entradas das ações eventualmente não integralizadas: também estas obrigações incumbem a todos os sucessivos titulares da ação.

Fundado na doutrina de Vivante[2], para quem, "título de crédito é o documento necessário para exercer o direito literal e autônomo que nele se contém", Tavares Borba[3], após desenvolver raciocínio negando a condição de título de crédito à ação, conclui: "a ação é uma unidade do capital da empresa, dando ao seu titular o direito de participar da sociedade, como acionista. É, portanto, um título de participação".

Carvalho de Mendonça[4], embora salientando a complexidade estrutural da ação, acaba por concluir que "a ação é título de crédito não somente sob o ponto de vista dos direitos patrimoniais que lhe são inerentes, como sob o ponto de vista da sua circulação, sendo objeto de transações e suscetível de alta e baixa na cotação da Bolsa".

Miranda Valverde[5] igualmente comunga com a configuração dessa natureza em favor da ação. Professa o mencionado autor:

> A variedade de significados denuncia a natureza jurídica complexa da ação. Incluída, porque se apresenta como valor circulante no mercado, na vasta categoria dos títulos ou papéis de crédito, não perde, entretanto, o principal característico jurídico, o de conferir ao seu titular um *status*, o estado de sócio, do qual derivam direitos e obrigações. Direitos e obrigações, que se perdem ou se adquirem, perdendo-se ou adquirindo-se a qualidade de membro ou acionista. A lei, com efeito, ora trata a ação como um título corporativo, ora como um título de crédito, uma coisa, objeto de direito reais. [...] regula, na segunda acepção, o modo de se adquirir o valor pecuniário, que a ação representa, os direitos que podem ser exercidos pelo seu dono.

Waldemar Ferreira[6], reconhecendo a dificuldade do tema, acaba também por se render à condição de título de crédito de que se revestem as ações: "Entre os títulos de crédito, não obstante, se incluem as ações, nominativas ou ao portador, e estas principalmente. Mas impropriamente. Atributivos da qualidade de sócio não perdem essa natureza, que é específica".

Para nós, a ação também deve ser considerada um título de crédito. O próprio Cesare Vivante[7], analisando as suas várias espécies, agrupou-os em quatro categorias:

---

2 *Trattato di diritto commerciale*, v. III, 3ª ed. Milano: Francesco Vallardi, p. 154.

3 *Ob. cit.*, p. 231.

4 *Ob. cit.*, v. III, p. 413.

5 *Sociedades por ações*, v. I, p. 119.

6 *Tratado de sociedades mercantis*, v. II, 4ª ed. Rio de Janeiro: Freitas Bastos, 1952, p. 100.

7 *Ob. cit.*, v. III, p. 197-198.

a) títulos de crédito propriamente ditos, que conferem aos respectivos titulares a prestação de coisas fungíveis, em mercadorias ou dinheiro, como os bilhetes de mercadorias, a letra de câmbio e a nota promissória; b) títulos que servem para a aquisição de direitos reais sobre coisas determinadas, como o conhecimento de transporte, de depósito em armazéns gerais e respectivos *warrants*, e a cédula rural pignoratícia; c) títulos que atribuem a qualidade de sócio, como as ações das sociedades anônimas; e d) títulos que dão direito a qualquer serviço, como os bilhetes de passagem. Incursionando pela natureza de cada uma dessas categorias alinhadas, ele assinala que as ações são títulos de crédito impróprios, concluindo por ser indiferente ao seu conteúdo a doutrina dos títulos próprios, por ocupar-se deles somente depois de emitidos e mercê de sua circulação.

As ações revelam um direito complexo, de naturezas diversas. Não se pode negar que, em certa medida, traduzam um direito de crédito, ainda que futuro e eventual. Ao legitimarem o exercício de direitos de sócio, as ações asseguram os essenciais direitos de participação na distribuição dos dividendos e na partilha do ativo remanescente do acervo social, na liquidação da companhia. São títulos impróprios, porque visceralmente ligados à causa de origem, e dependentes, porquanto se vinculam ao ato originário de sua gênesis, ou seja, o ato de constituição da sociedade. Como títulos impróprios, revestem-se como títulos de legitimação, transferíveis por natureza.

Diante do exposto, concluímos que a ação também se manifesta como um título de crédito. Título de crédito impróprio e dependente que legitima o seu titular a exercer os direitos inerentes à condição de sócio que nele encontra-se traduzida.

Desse modo, revela-se sob um tríplice aspecto: a) fração do capital; b) fundamento da condição de acionista; e c) título de crédito.

Por fim, cabe registrar que as ações são ordinariamente incluídas na categoria de bens móveis, emergindo como espécies integrantes do gênero valores mobiliários de emissão da companhia. Circulam, portanto, autonomamente. Mas a versão escritural com ela não se identifica. Consiste em bem incorpóreo, não podendo ser materializada em um certificado, processando-se escrituralmente a sua transmissão. Traduz, pois, um valor patrimonial incorpóreo. É sob essa multiplicidade de formas que a ação deve ser considerada.

6.2. VALOR DAS AÇÕES

As ações acabam não só por espelhar uma fração do capital social e o quinhão de participação do seu respectivo titular, mas também um título de investimento.

Nessa medida, a valoração da ação é matéria complexa, variando segundo a finalidade que se deseja alcançar com a avaliação. O certo é que traduzem esses títulos uma realidade econômica, sempre suscetíveis de avaliação pecuniária. Representam uma especial técnica de apropriação privada da riqueza, estando-lhes o direito de propriedade subjacente[8].

Profícuo, dessarte, investigar as variadas fórmulas de valoração da ação. Classificamo-as em cinco: a) valor de emissão; b) valor nominal; c) valor patrimonial; d) valor de mercado; e e) valor econômico.

6.3. VALOR DE EMISSÃO

O valor de emissão da ação já foi analisado no item 2.3 do capítulo 2. Vimos sua relevância para a mensuração da responsabilidade do acionista: será ela limitada ao preço de emissão das ações subscritas ou adquiridas.

O preço de emissão, reenfatize-se neste tópico, é o valor atribuído pela companhia à ação oferecida à subscrição, emitida por ocasião de sua constituição ou aumento do capital social, a ser pago por aquele que vier a titularizá-la, estando a ele limitada a sua responsabilidade.

Na constituição da sociedade, esse preço é livremente estabelecido pelos fundadores; no aumento do capital, com a emissão de novas ações, o preço será fixado pelo órgão que deliberar o aumento, conforme competência estatutariamente definida[9], encontrando-se vinculado aos critérios explicitados no § 1º do art. 170[10].

6.4. VALOR NOMINAL E AÇÃO SEM VALOR NOMINAL

No regime anterior à Lei n. 6.404/76, só se admitia ação com valor nominal. A lei de 1976, entretanto, consagrou entre nós o sistema misto: coexistência de ações com ou sem valor nominal. O § 1º do art. 11 permite que, nas companhias com ações sem valor nominal, o estatuto crie uma ou mais classes de ações preferenciais com valor nominal. Mas a hipótese não vem sendo na prática societária adotada. O normal é a opção por uma ou por outra sistemática.

Determina o art. 11, em seu *caput*, que o estatuto fixará o número das ações em que se divide o capital social e estabelecerá se terão elas ou não valor nominal. É, portanto, em princípio, questão formal a ser definida no estatuto.

---

8 António Menezes Cordeiro, *Manual de direito das sociedades*, v. II, p. 642.

9 Lembre-se de que, na companhia aberta, a assembleia geral pode aprovar o aumento e delegar ao conselho de administração a fixação do preço de emissão (§ 2º do art. 170).

10 Confira-se, adicionalmente, o que foi esclarecido nos itens 4.6 e 4.7 do capítulo 4.

Constituindo a ação fração do capital social, o seu valor será igual ao da parcela por ela representada nesse capital, esteja ou não declarado no estatuto o seu valor nominal. Adotando-se o critério da ação sem valor nominal, não significa dizer que ela, a ação, não represente um valor ideal à correspondente fração do capital. Apenas esse valor não vem nominalmente expresso em seu texto. Consultando-se o estatuto, poder-se-á aferir o seu valor, resultado de simples operação aritmética de divisão do capital declarado pelo número de ações emitidas pela companhia[11].

Havendo valor nominal, este deverá ser o mesmo para todas as ações de emissão da companhia e estar declarado no estatuto e, se emitido, no certificado de ações (*caput* e § 2º do art. 11 e inciso II do art. 24). Para mais, é vedada a emissão de ações por preço inferior ao seu valor nominal, importando a infração a esse preceito em nulidade do ato e responsabilização civil e criminal dos infratores (*caput* e § 1º do art. 13). A ação penal, quando couber, caracterizar-se-á pela fraude, nos termos do art. 177 do Código Penal.

Não admite o Direito brasileiro a figura do deságio ou da emissão abaixo do par, como se pode constatar. Contudo, ampara a do ágio ou emissão acima do par. O ágio ou prêmio de emissão corresponde, justamente, à diferença entre o valor nominal da ação e o seu preço de emissão. Mas esse prêmio fica subordinado ao regime de reserva de capital[12] (§ 2º do art. 13 c/c § 1º do art. 182), não vindo a compor, por consequência, o capital social.

Na companhia aberta, o valor nominal das ações de sua emissão não poderá ser inferior ao mínimo fixado pela Comissão de Valores Mobiliários (§ 3º do art. 11).

A vantagem que se atribui à adoção do valor nominal reside, precipuamente, no mecanismo de relativa garantia aos acionistas contra a diluição injustificada de suas participações acionárias, quando do aumento do capital mediante emissão de novas ações. Vedando-se a conferência às novas ações de valor de emissão inferior ao nominal, estar-se-á criando um limite para a diluição[13].

A ação sem valor nominal, vista, pois, como aquela que não expressa o valor em dinheiro que representa, embora tenha um valor aferível que nela não se menciona[14],

---

11 Cf. Rubens Requião, *ob. cit.*, v. 2, p. 106; Tavares Borba, *ob. cit.*, p. 232; Ricardo Negrão. *Manual de direito comercial e de empresa*, v. 1, 3ª ed. São Paulo: Saraiva, 2003, p. 403.

12 Nos termos do art. 200, as reservas de capital somente poderão ser utilizadas para: a) absorção de prejuízos que ultrapassarem os lucros acumulados e as reservas de lucros; b) resgate, reembolso ou compra de ações; c) resgate de partes beneficiárias; d) incorporação ao capital social; e e) pagamento de dividendo a ações preferenciais, quando essa vantagem lhes for assegurada.

13 Sobre a diluição injustificada da participação do acionista, cf. item 4.7 do capítulo 4.

14 Modesto Carvalhosa, *Comentários à lei de sociedades anônimas*, v. 1, p. 93.

por sua vez, encontra-se com o preço de emissão livre de qualquer valor preestabelecido. Esse preço pode ser integralmente destinado à formação do capital social ou dele ser destinada uma parcela à constituição de reserva de capital (art. 14 e § 1º do art. 182).

Não havendo valor nominal, o fato deve ser declarado no estatuto e no certificado de ações, quando emitido (arts. 11 e 24, II).

A ausência de valor nominal tem sua origem ligada ao Direito norte-americano, que, por meio da lei societária do Estado de Nova York, de 1912, criou o sistema.

Alfredo Lamy Filho[15] registra que a introdução dessas ações naquele direito "se deveu ao que o legislador considerou o perigo da superavaliação de bens incorporados ao capital social, fazendo com que o valor real da ação se afastasse, já no nascedouro, do valor nominal, com prejuízo para o subscritor, ou investidor de boa-fé". Por outro lado, acrescenta que a solução servia, também, para superar a dificuldade de colocação de ações de companhias que tinham sofrido perda de capital, quando, portanto, o valor real da ação se tornava inferior ao nominal.

Outra vantagem enunciada por seus defensores consistiria na economia com a emissão de novos certificados, quando da alteração do valor de face da ação.

Modesto Carvalhosa[16] consigna a franca decadência desse sistema nos Estados Unidos, "derivada dos graves inconvenientes que oferecem, notadamente por levarem à diluição da participação acionária dos não controladores, a dificuldades para a determinação conveniente do valor do capital social e a problemas consideráveis na hipótese de redução do capital"[17].

A tendência que passou a dominar o mercado norte-americano foi a de abandonar o uso das ações sem valor nominal (*no par value shares*), substituindo-as pelas ações de

---

15 A reforma da lei das sociedades anônimas *in Revista de Direito Mercantil, Industrial, Econômico e Financeiro (RDM)*, n. 5, 1972. São Paulo: Revista dos Tribunais, p. 152.

16 *Comentários à lei de sociedades anônimas*, v. 1, p. 108.

17 Quanto às questões pertinentes à redução do capital social, Fábio Ulhoa Coelho ressalta: "Outra função que pode ser indicada para o valor nominal diz respeito à redução do capital social, motivada por sua excessividade. Quando a companhia considera o capital social superior às necessidades do negócio, ela pode reduzi-lo, mediante restituição aos acionistas dos recursos correspondentes à redução e retirada de circulação de parte das ações. Nesse caso específico de redução do capital social, o valor recebido pelo acionista por ação cancelada é o nominal. Caso opte por manter o mesmo número de ações, a sociedade irá restituir aos seus sócios parte do valor delas. Também nessa hipótese a referência será o valor nominal. Se a sociedade emitiu ações sem valor nominal, na redução operada com restituição, o acionista terá o seu direito calculado a partir da divisão do capital social pelo número de ações, ou seja, receberá exatamente a mesma importância que lhe seria paga caso os estatutos tivessem atribuído valor nominal a elas" (*ob. cit.*, v. 2, p. 85-86).

valor nominal muito baixo (*low par stock* ou *penny stock*), fenômeno esse motivado pela frustração havida com aquelas ações, decorrente de complicações legais e contábeis, com reflexos fiscais não previstos quando de sua introdução[18].

6.5. VALOR PATRIMONIAL

O valor patrimonial da ação é aquele que se afere como resultado da divisão do patrimônio líquido da companhia pelo número de ações em que se divide o seu capital. Ao patrimônio líquido se chega com a dedução do ativo social ou patrimônio bruto da parcela correspondente ao seu passivo, representado pelo conjunto de obrigações da sociedade.

Enquanto o valor nominal corresponde a uma parcela estática do capital social, o valor patrimonial frequentemente oscila, justamente por corresponder a uma parcela do patrimônio da companhia.

O valor patrimonial configura-se em duas modalidades: o contábil e o real.

Acerca da diferenciação dessas expressões, reproduzimos, por total apoio à sua enunciação, a exposição feita por Fábio Ulhoa Coelho[19]:

> O valor patrimonial contábil tem por dividendo o patrimônio líquido constante das demonstrações financeiras ordinárias ou especiais da sociedade anônima, em que os bens são apropriados por seu valor de entrada (custo de aquisição). O instrumento que, especificamente, contém a informação é o balanço. O valor patrimonial contábil pode ser de duas subespécies: histórico ou atual. É histórico, quando apurado a partir do balanço ordinário, levantado no término do exercício social; atual (ou a data presente), quando calculado com base em balanço especial, levantado durante o exercício social. A medida do patrimônio líquido ostentada pelo balanço ordinário ou especial, contudo, não raras vezes, encontra-se defasada. O valor em reais atribuído a cada bem ou direito do ativo, bem assim a exata e atualizada mensuração do passivo podem não retratar, de forma adequada, a situação real do patrimônio da sociedade, ou seja, pode ser que, no mercado, os bens do patrimônio social, se fossem postos à venda, alcançassem preços diferentes, menores ou maiores, dos valores referidos na demonstração contábil. Dois são, basicamente, os motivos da defasagem: em primeiro lugar, com o passar do tempo, tende a oscilar o valor dos bens da sociedade, e nem sempre a oscilação é devidamente reavaliada e apropriada; em segundo, os critérios para quantificar ou classificar determinado fato contábil são, em parte, discutíveis. Desse modo, os dados constantes das demonstrações financeiras periódicas (e as do balanço especial, levantado com observância dos mesmos critérios

---

18 Cf. *Financial handbook* da Universidade de Nova York, 4ª ed., p. 13, *apud* Modesto Carvalhosa, *Comentários à lei de sociedades anônimas*, v. 1, p. 108. No mesmo sentido, Waldirio Bulgarelli, *Manual das sociedades anônimas*, 8ª ed. São Paulo: Atlas, 1996, p. 114.

19 *Ob. cit.*, v. 2, p. 87-88.

contábeis de apropriação pelo valor de entrada) podem acabar tornando-se infiéis à realidade da companhia. O instrumento contábil perde, por assim dizer, a sua operacionalidade, justificando-se a reavaliação dos ativos e a conferência dos lançamentos, com vistas ao atendimento de uma específica função (por exemplo, o reembolso do dissidente). Essa reavaliação e conferência conduzem à elaboração de novo balanço patrimonial, que não substitui o ordinário para fins estranhos àqueles que o justificaram (este balanço não tem, por exemplo, repercussões tributárias). Trata-se de balanço de determinação (denominação criada pela tecnologia jurídica e não pela contabilidade), cujo objetivo é possibilitar o cálculo do valor patrimonial real da ação.

6.6. VALOR DE MERCADO

O valor de mercado da ação é aquele espelhado pela sua cotação na bolsa de valores ou, em menor grau, no mercado de balcão organizado. É o valor corrente da ação, fruto do que, em um dado momento, o mercado investidor está pagando por ela.

Direcionado pela lei da oferta e da procura, diversos fatores influenciam na formação desse valor. Podem ser fatores endógenos, tais como a perspectiva de lucratividade da companhia, a sua situação patrimonial, a distribuição de dividendos, a espécie de ação, a sua vocação expansionista e as boas práticas de governança corporativa, como causas exógenas, decorrentes da conjuntura política e econômica, nacional e internacional, por exemplo.

6.7. VALOR ECONÔMICO

O valor econômico corresponde à perspectiva de rentabilidade da companhia, apurada a partir do seu fluxo de caixa descontado, projetado para os próximos anos. Estimam-se, por esse método de avaliação, os fluxos de caixa futuros, que são trazidos a valores presentes, aplicando-se-lhes uma taxa de desconto. Levam-se em consideração as futuras entradas e saídas de recursos da companhia, apropriados como fundos atuais, e ponderados com os riscos da inadimplência e da existência de passivos ocultos. Assim, em sumas palavras, a perspectiva de ganhos futuros é trazida para valor presente e, desse modo, considerada na valoração da participação acionária correspondente.

6.8. CLASSIFICAÇÃO DAS AÇÕES

As ações de emissão da sociedade anônima podem ser classificadas quanto à espécie, à forma e à representação física.

Esse método de ordenação de categorias, em que se dividem esses conjuntos padronizados, decorre claramente do sistema positivado na Lei n. 6.404/76.

Conforme a natureza dos direitos e vantagens que conferem, as ações são ordenadas em três espécies: a) ações ordinárias; b) ações preferenciais; e c) ações de fruição. No que diz respeito à forma de circulação, são elas, no Direito atual, sempre nominativas, não mais se admitindo as formas ao portador e endossável, a partir do advento da Lei n. 8.021/90. Quanto à sua representação, podem ser documentais ou escriturais.

6.9. AÇÕES ORDINÁRIAS

As ações ordinárias são tradicionalmente identificadas como aquelas que conferem aos seus respectivos titulares os direitos ordinários de sócio. Grafadas, pois, por atribuírem direitos comuns de acionista, sem restrições ou acréscimos. São ações normais ao capital, cuja criação é obrigatória em toda companhia.

Indistintamente aparecem na doutrina e em legislações (como no antigo Decreto-Lei n. 2.627/40) nominadas como ações comuns, justo porque, na sua gênesis, repeliam preferências ou condições. A Lei n. 6.404/76, entretanto, fez uso tão somente da nomenclatura "ordinária", abandonando a "comum".

No regime do Decreto-Lei n. 2.627/40 as ações ordinárias ou comuns eram marcadas por padronização inquebrantável, não se admitindo fossem diferenciadas umas das outras. A forma distintiva somente se alinhava com o perfil da ação preferencial.

Nas companhias abertas, a orientação permaneceu incólume. Contudo, nas de capital fechado, possibilitou o art. 16 da Lei n. 6.404/76 a atribuição de classes a essas ações, embora essa distinção venha taxativamente limitada na lei. Permitiu-se, assim, que as ações ordinárias das companhias fechadas possam ser de classes diversas em função da conversibilidade em ações preferenciais; exigência de nacionalidade brasileira do acionista; ou direito de voto em separado para o preenchimento de determinados cargos dos órgãos de administração da sociedade.

Adotado no estatuto o sistema de divisão em classes para as ações ordinárias, qualquer posterior alteração na parte em que essa diversidade de classes é disciplinada exigirá, salvo disposição estatutária em contrário, a concordância de todos os titulares das ações atingidas. Foi a medida pelo legislador aplicada para a garantia dos detentores das ações de tais classes. A única forma, pois, de afastar aquela referida decisão unânime será a expressa previsão e regulação, no próprio estatuto, da alteração.

Em resumo, o quadro em vigor é o que admite a divisão em classes das ações preferenciais nas companhias abertas e fechadas e das ordinárias somente nestas últimas. Naquelas, todas as ações ordinárias serão rigorosamente iguais, sem diversificação de classes (§ 1º do art. 15).

A partir do cenário estabelecido, constata-se que não mais se manteve o rígido regramento da absoluta igualdade entre as ações ordinárias, desafiando uma obrigatória rotação em seu eixo conceitual. Desse modo, podemos caracterizá-las como aquelas que obrigatoriamente compõem o capital social da sociedade anônima e que conferem aos seus titulares o direito de voto, em adição àqueles por lei considerados essenciais a qualquer acionista[20], dependendo, quanto à outorga de outros direitos específicos, da espécie da companhia e da criação de classes em que venha a se subdividir.

6.10. AÇÕES PREFERENCIAIS

As ações preferenciais, privilegiadas ou prioritárias foram introduzidas em nosso Direito positivo pelo Decreto n. 21.536/1932. São ações que atribuem a seus respectivos titulares determinados privilégios ou vantagens especiais que as distinguem das ações ordinárias. O seu traço característico vem marcado pelos privilégios de ordem patrimonial. Em contrapartida, permite-se fiquem desprovidas do direito de voto. A supressão ou restrição desse direito resultará, necessariamente, de cláusula estatutária expressa. Omisso o estatuto, as ações preferenciais terão direito de voto pleno.

A faculdade de adoção da figura da preferencial sem voto ou com voto restrito revela-se como um efetivo mecanismo de atração de recursos no mercado, sem que seja afetada a estabilidade do poder de controle societário. Conferindo privilégios patrimoniais como compensação, garante-se ao investidor a possibilidade de atingir e realizar o seu interesse econômico na aquisição de ações. Em diversas situações, o acionista pretende com sua carteira acionária a formação de um patrimônio rentável, sem necessariamente conjugá-lo com o exercício do poder social, que ficaria, assim, reservado àquele ou àqueles que efetivamente desejem exercê-lo. Possibilita a sua utilização uma eficaz estruturação do capital da companhia, traduzindo a dissociação entre os detentores do poder e os do capital. Na doutrina alemã, esse esquema das ações preferenciais sem voto vem apontado como facilitador do escopo de angariar capital, para viabilizar o autofinanciamento ou para manter certas sociedades no

---

[20] Os direitos essenciais vêm arrolados no art. 109. Eis o seu texto: "Nem o estatuto social nem a assembleia geral poderão privar o acionista dos direitos de: I – participar dos lucros sociais; II – participar do acervo da companhia, em caso de liquidação; III – fiscalizar, na forma prevista nesta Lei, a gestão dos negócios sociais; IV – preferência para a subscrição de ações, partes beneficiárias conversíveis em ações, debêntures conversíveis em ações e bônus de subscrição, observado o disposto nos artigos 171 e 172; V – retirar-se da sociedade nos casos previstos nesta Lei". O rol desses direitos, entretanto, não é taxativo. A ele se agregam os direitos à informação e ao tratamento isonômico. O tema será abordado nos itens 9.7 a 9.14 do capítulo 9.

âmbito de uma família, respeitada sua estrutura interna de poder, sem com isso vedar o acesso ao mercado de capitais[21].

A ação privilegiada sem voto é largamente conhecida pelo Direito europeu.

Na Alemanha, a sua introdução se deu por meio da antiga lei alemã das S.A. de 1937 (§ 115 da *Aktiengesetz* – AktG de 1937). O AktG de 1965 manteve esse esquema das ações preferenciais sem voto, delas tratando no § 12 e nos §§ 139 a 141[22]. Nos termos do § 139, n. 1, nas ações a que foi atribuída uma preferência de pagamento na divisão dos lucros, permite-se venha a ser excluído o direito de voto[23].

Na França, as ações preferenciais sem voto, introduzidas pela Lei n. 78-741, de 13-7-1978, estão reguladas no Código de Comércio, entre os arts. L228-35-2 a L228-35-11. De se destacar que as ações preferenciais sem direito a voto têm direito a um dividendo prioritário do lucro distribuível do exercício, antes de qualquer outra destinação (art. L228-35-4).

Em Portugal, as ações preferenciais sem voto habilitam o seu titular a um dividendo prioritário não inferior a um por cento do respectivo valor nominal ou, na falta deste, do seu valor de emissão (art. 341º/2 do Código das Sociedades Comerciais).

Em essência, pode-se afirmar, à luz dos diversos ordenamentos, inclusive da legislação brasileira, que o titular de ações preferenciais sem voto pleno permanece como um verdadeiro acionista, não se comportando como mero credor da companhia, tal qual aqueles que detêm títulos de obrigação emitidos pela sociedade, como o debenturista. Gozará, precisamente, os mesmos direitos essenciais (art. 109), comuns a qualquer sócio; experimentará os riscos do empreendimento, sendo-lhe repercutida, por exemplo, a diminuição do capital, tal qual sucede a qualquer outro acionista.

As ações preferenciais podem ser de classes diversas, tanto na companhia aberta como na fechada, conforme os direitos e vantagens a elas atribuídos. O estatuto deverá declarar esses privilégios conferidos a cada classe, além das restrições a que ficarão sujeitas. Poderá regular, ainda, o resgate ou a amortização, a conversão de ações de uma classe em ações de outra e em ações ordinárias, bem como destas em preferenciais, fixando os respectivos termos e condições (§ 1º do art. 15 e art. 19).

---

21 Cf. Gerold Bezzenberger (*Zum bezugsrecht stimmrechtsloser vorzugsaktionäre*, FS Quack, 1991, p. 153) e Brun-Hagen Hennerkes/Peter May (*Überlegung zur rechtsformwandel im familienunternehmen*, DB, 1988, p. 538), *apud* António Menezes Cordeiro, *Manual de direito das sociedades*, v. II, p. 675.

22 Uwe Hüffer, *ob. cit.*, p. 56

23 AktG § 139 Wesen (1) Für Aktien, die mit einem nachzuzahlenden Vorzug bei der Verteilung des Gewinns ausgestattet sind, kann das Stimmrecht ausgeschlossen werden (Vorzugsaktien ohne Stimmrecht).

A redação atual do *caput* do art. 17 da Lei n. 6.404/76, atribuída pela Lei n. 10.303/2001, dispõe que "as preferências ou vantagens das ações preferenciais podem consistir: I – em prioridade na distribuição de dividendo, fixo ou mínimo; II – em prioridade no reembolso do capital, com prêmio ou sem ele; ou III – na acumulação das preferências e vantagens de que tratam os incisos I e II". O texto normativo vigente resgata a regra prevista na redação originária do preceito[24], antes de sua primeira alteração, da ampla liberdade no estabelecimento de preferências ou vantagens de cunho econômico. O vocábulo "podem", propositadamente utilizado, demonstra a referência meramente enunciativa das vantagens. A listagem apresentada é tão somente exemplificativa ou indicativa, não logrando caráter impositivo. Assim, as preferências ou vantagens poderão ser aquelas constantes do dispositivo ou outras. Ao estatuto cabe estabelecê-las. A preferência ou vantagem por ele apropriada deve ser capaz de atrair o interesse do investidor. Ela é quem vai direcioná-lo a adquirir ou não a ação preferencial.

A única alteração verificada no aludido *caput* do art. 17 em relação ao texto originário, variante essa porém expressiva, concerne ao acréscimo, no inciso I, das adjetivações "fixo ou mínimo" para os dividendos prioritários.

O dividendo fixo é aquele que vem estabelecido no estatuto com base em um valor certo em Reais por ação, ou determinado percentual sobre o valor nominal da ação, quando houver, ou sobre o próprio capital social correspondente à classe de ações preferenciais que a ele façam jus, ou sobre o patrimônio líquido da companhia, ou determinado por qualquer outro critério, expressado de modo preciso e minucioso e que não sujeite os acionistas ao arbítrio dos órgãos de administração ou da maioria. A ação com dividendo fixo, salvo disposição estatutária em contrário, não participa dos lucros remanescentes (§ 4º do art. 17). Portanto, tem ela garantia do direito à prioridade no recebimento desse dividendo fixo, quando a companhia estiver distribuindo os resultados entre os acionistas. Sendo eles suficientes apenas para o pagamento dos dividendos prioritários, fixos ou mínimos, então os demais acionistas, titulares de ações preferenciais de outras classes existentes ou de ações ordinárias, nada receberão naquele exercício. Mas, existindo recurso para distribuir mais dividendos, nada mais terá a haver a ação com dividendo fixo, sendo o saldo remanescente distribuído exclusivamente entre as ações preferenciais de outras classes existentes e as ações ordinárias.

As ações com dividendo mínimo, por sua vez, como já se adiantou no parágrafo acima, também têm o direito de receber prioritariamente uma parcela do lucro, a qual

---

[24] Redação originária do art. 17: "As preferências ou vantagens das ações preferenciais podem consistir: I – em prioridade na distribuição de dividendos; II – em prioridade no reembolso do capital, com prêmio ou sem ele; III – na acumulação das vantagens acima enumeradas".

deverá estar estatutariamente definida, com precisão e minúcia, com base nos mesmos critérios de cálculo do dividendo fixo, acima referenciados. Havendo, porém, saldo de lucro a distribuir, salvo disposição em contrário no estatuto, a ação com dividendo mínimo participará desse lucro em igualdade de condições com as ações ordinárias, depois de a estas estar assegurado dividendo igual ao mínimo (§ 4º do art. 17).

Como bem realçado por Carvalhosa e Eizirik[25], "o traço em comum entre as ações preferenciais com dividendos fixos e aquelas com dividendos mínimos é que ambas têm direito à prioridade no recebimento desses dividendos". E o traço distintivo revela-se pelo fato de os titulares de ações preferenciais com dividendos mínimos poderem participar dos lucros remanescentes com os titulares de ações ordinárias, nos termos explicitados no parágrafo anterior.

O dividendo prioritário poderá ser cumulativo, ou seja, não sendo pago em um exercício, acumula-se no exercício seguinte com os novos dividendos, para, aí então, serem todos pagos[26]. Soma-se, assim, ano a ano, de modo que, enquanto não for completamente quitado, nenhuma atribuição de dividendos poderá ser realizada em prol dos demais acionistas. O dividendo prioritário, entretanto, como regra, não é cumulativo, dependendo de cláusula estatutária expressa (§ 4º do art. 17).

Os dividendos, ainda que fixos ou cumulativos, diz o texto legal, não podem ser distribuídos em prejuízo do capital social, salvo na hipótese de liquidação da companhia, quando essa vantagem tenha sido expressamente assegurada (§ 3º do art. 17). Tem-se aqui uma vez mais presente o princípio da intangibilidade do capital social, obstando a distribuição de lucros se a companhia não os produziu.

Contudo, em caráter excepcional, admite-se que as ações preferenciais com prioridade na distribuição de dividendo cumulativo, tanto fixo como mínimo, possam percebê-lo no exercício em que o lucro for insuficiente, desde que se faça à conta das reservas de capital (§ 6º do art. 17 e art. 200, V[27]). Mas a previsão deverá encontrar-se expressa no estatuto. Fora essa hipótese eventualmente contemplada no estatuto, a distribuição de dividendos que não for à conta de lucros ou de reservas de lucros implicará responsabilidade solidária dos administradores e fiscais, sem prejuízo da responsabilidade penal que no caso couber (*caput* e § 1º do art. 201).

---

25 *Ob. cit.*, p. 88.

26 Rubens Requião, *ob. cit.*, v. 2, p. 123.

27 O inciso V do art. 200 ainda faz referência ao § 5º do art. 17. Entretanto, com a alteração introduzida no prefalado art. 17 pela Lei n. 10.303/2001, o antigo § 5º foi renumerado para § 6º, olvidando-se o legislador de modificar a redação do inciso V do art. 200, de modo a adaptá-lo.

Veda a lei, em regra, que as ações preferenciais deixem de plenamente participar das bonificações decorrentes do aumento de capital mediante a capitalização de reservas ou lucros. Excepcionadas dessa proibição encontram-se as ações preferenciais com prioridade na distribuição de dividendos fixos, admitindo-se que o estatuto possa excluir ou restringir aquele direito (§ 5º do art. 17). Os seus respectivos titulares estão sujeitos, pois, a uma legítima diluição de suas participações, como resultado dessa forma de aumento, quando a supressão ou restrição se fizer presente no estatuto.

A prioridade no reembolso do capital, com prêmio ou sem ele, prevista no inciso II do art. 17, refere-se à devolução ao acionista, no momento da liquidação da sociedade, do capital correspondente às suas ações. Pago o passivo social, o ativo remanescente será prioritariamente distribuído ao acionista preferencial, recebendo, destarte, o capital relativo a suas ações, preliminarmente aos demais acionistas. Com efeito, na ocasião da liquidação da sociedade, após o pagamento dos credores sociais, o acervo que remanescer será distribuído entre os acionistas, segundo a proporção de suas ações. Sendo a importância a distribuir inferior ao capital social, enquanto não forem reembolsadas as ações que gozem desse privilégio, nada poderão receber os demais acionistas. Havendo prêmio estatutariamente previsto, receberão ainda, prioritariamente, o montante a esse título atribuído.

A larga utilização do reembolso do capital, em caso de liquidação da companhia, como única vantagem das ações preferenciais sem voto ou com restrição a esse direito, esvaziando, pois, na prática, o conteúdo econômico da preferência em contrapartida da retirada do direito de voto pleno, deu ensejo à ideia de se impor, pela lei, um dividendo maior para as preferenciais. A Lei n. 9.457/97, alterando a redação originária do art. 17[28], veio estabelecer que, caso as ações preferenciais, com voto ou sem voto, não atribuíssem direito a dividendos fixos ou mínimos, cumulativos ou não, os seus respectivos titulares fariam jus a dividendos compulsórios, no mínimo dez por cento maiores do que os conferidos às ações ordinárias.

Contudo, a reforma derivada da Lei n. 10.303/2001 eliminou a obrigatoriedade desses dividendos compulsórios, passando a prevê-los, tão somente, como uma das três vantagens necessárias à admissão da negociação das ações preferenciais no mercado de

[28] Redação atribuída pela Lei n. 9.457/97 ao art. 17: "As preferências ou vantagens das ações preferenciais: I – consistem, salvo no caso de ações com direito a dividendos fixos ou mínimos, cumulativos ou não, no direito a dividendos no mínimo dez por cento maiores do que os atribuídos às ações ordinárias; II – sem prejuízo do disposto no inciso anterior e no que for com ele compatível, podem consistir: a) em prioridade na distribuição de dividendos; b) em prioridade no reembolso do capital, com prêmio ou sem ele; c) na acumulação das vantagens acima enumeradas".

capitais, quando despidas do direito de voto, ou com restrição ao seu exercício, como adiante será verificado, na análise do § 1º do art. 17 vigente.

Não nos parece adequado o entendimento, por alguns na doutrina sufragado[29], quanto à legalidade de ações preferenciais apenas com restrições ao exercício do direito de voto, sem correspondente vantagem ou preferência, quando não se destinarem à negociação no mercado de valores mobiliários. Cremos ser da essência da ação preferencial a previsão, no estatuto, de um sistema, amplo ou restrito, de preferência ou vantagem, sem o que não estará ela legitimamente configurada. A eventual privação do direito de voto pleno somente se ampara como compensação a uma vantagem ou preferência. Não estando a ação devidamente qualificada como preferencial, ante a inexistência de vantagem ou preferência a ela atribuída, não se lhe pode retirar o direito de voto, ou conferi-lo com restrição, porquanto somente às ações preferenciais pode o estatuto negar ou restringir esse direito.

Na hipótese da ação preferencial sem voto ou com voto restrito, quando destinada à negociação no mercado de valores mobiliários, exige a lei que ela desfrute de algumas vantagens ou preferências mínimas, segundo o modelo definido no § 1º do art. 17[30].

---

29 Cf. Tavares Borba, *ob. cit.*, p. 240-241, de onde se destaca: "As ações preferenciais, ao contrário das ordinárias, são sempre diferenciadas. Cada classe de preferenciais tem sempre alguma coisa a mais ou a menos [...] O emprego do vocábulo 'podem' denota tratar-se de mera possibilidade. Em outras palavras, as vantagens poderão ser aquelas ou outras, ou até mesmo inexistirem" (comentário em referência ao *caput* do art. 17). No mesmo sentido, Fábio Ulhoa Coelho, *ob. cit.*, v. 2, p. 104-105: "Note-se que o instituto das ações preferenciais, de certo modo, pressupõe a conjugação de vantagens e restrições. Mas, em vista do direito positivo vigente, cabe sustentar a legalidade de ações preferenciais apenas com restrições (no exercício do direito de voto) às quais não corresponda nenhuma vantagem. É, por exemplo, a posição de Tavares Borba. Segundo suas lições, as preferenciais se caracterizam por estabelecer vantagens e restrições, apenas vantagens ou somente restrições. Em qualquer dessas três situações a ação apresenta aspectos particulares, de que resulta a preferencialidade, decorrendo daí a plena validade das ações preferenciais que não concedem nenhuma prioridade econômica efetiva".

30 § 1º do art. 17: "Independentemente do direito de receber ou não o valor de reembolso do capital com prêmio ou sem ele, as ações preferenciais sem direito de voto ou com restrição ao exercício deste direito, somente serão admitidas à negociação no mercado de valores mobiliários se a elas for atribuída pelo menos uma das seguintes preferências ou vantagens: I – direito de participar do dividendo a ser distribuído, correspondente a, pelo menos, 25% (vinte e cinco por cento) do lucro líquido do exercício, calculado na forma do art. 202, de acordo com o seguinte critério: a) prioridade no recebimento dos dividendos mencionados neste inciso correspondente a, no mínimo, 3% (três por cento) do valor do patrimônio líquido da ação; e b) direito de participar dos lucros distribuídos em igualdade de condições com as ordinárias, depois de a estas assegurado dividendo igual ao mínimo prioritário estabelecido em conformidade com a alínea *a*; ou II – direito ao recebimento de dividendo, por ação preferencial, pelo menos 10% (dez por cento) maior do que o atribuído a cada ação ordinária; ou III – direito de serem incluídas na oferta públi-

Atribuída uma dessas vantagens ou preferências constantes do modelo mínimo, não se faz necessário conceder qualquer outra vantagem ou preferência, muito embora possam, adicionalmente, constar do estatuto (§ 2º do art. 17).

A lei não cuida, cumpre ressaltar, de uma distinção entre ações preferenciais de sociedades anônimas abertas ou fechadas, mas sim entre as ações preferenciais negociadas ou não no mercado de valores mobiliários. Consoante oportunamente exemplificam Carvalhosa e Eizirik[31], se uma companhia é aberta em função, apenas, da emissão pública de debêntures, não estará ela obrigada à observância do modelo de privilégios mínimos para as ações preferenciais sem voto estabelecido pelo § 1º do art. 17 em questão.

Desse modo, para as ações preferenciais não negociadas naquele mercado, emitidas por companhias abertas ou fechadas, faculta-se ao estatuto estabelecer qualquer outra vantagem ou preferência, tal qual a prioridade na distribuição de dividendos ou o reembolso do capital.

Já quanto às ações preferenciais com direito de voto, serão elas admitidas à negociação no referido mercado, independentemente da adoção do modelo mínimo do § 1º do art. 17, sendo-lhes bastante a previsão estatutária de qualquer vantagem ou preferência, como uma das prioridades preconizadas no *caput* do art. 17 (incisos I a III), por exemplo, sem prejuízo de eleger, até mesmo, uma ou mais das vantagens do próprio § 1º do mencionado artigo. Vigora aqui, tal qual nos casos das ações preferenciais sem voto ou com voto restrito não negociadas no mercado, o regime da ampla liberdade estatutária.

Feita a necessária distinção das hipóteses, cabe agora proceder à verificação das vantagens ou preferências mínimas a que alude o § 1º do art. 17.

A primeira alternativa preconiza o direito de participar do dividendo a ser distribuído no correspondente a uma parcela mínima de vinte e cinco por cento do lucro líquido do exercício, calculado na forma do art. 202[32]. Dessa parcela mínima, fica assegurado

---

ca de alienação de controle, nas condições previstas no art. 254-A, assegurado o dividendo pelo menos igual ao das ações ordinárias".

31 *Ob. cit.*, p. 90.

32 Art. 202: "Os acionistas têm direito de receber como dividendo obrigatório, em cada exercício, a parcela dos lucros estabelecida no estatuto ou, se este for omisso, a importância determinada de acordo com as seguintes normas: I – metade do lucro líquido do exercício diminuído ou acrescido dos seguintes valores: a) importância destinada à constituição da reserva legal (art. 193); e b) importância destinada à formação da reserva para contingências (art. 195) e reversão da mesma reserva formada em exercícios anteriores; II – o pagamento do dividendo determinado nos termos do inciso I poderá ser limitado ao montante do lucro líquido do exercício que tiver sido realizado, desde que a diferença seja registrada como reserva de lucros a realizar (art. 197); III – os lucros registrados na reser-

o direito a um dividendo prioritário de, pelo menos, três por cento do valor do patrimônio líquido da ação e, ainda, o direito de concorrer aos lucros remanescentes a serem distribuídos, em igualdade de condições com as ações ordinárias, depois de a estas ser garantido dividendo igual ao mínimo prioritário em questão.

A lei adota, assim, um dividendo obrigatório não inferior a vinte e cinco por cento do lucro líquido e um dividendo mínimo prioritário de três por cento do valor patrimonial da ação. Tem-se aí revelado um piso para essas vantagens, sendo facultado, pois, ao estatuto fixar maiores percentuais.

O patrimônio líquido da ação sobre o qual se deve calcular o dividendo prioritário mínimo é o contábil e não o real[33].

A segunda opção consiste na figura do dividendo acrescido, já aludido anteriormente neste tópico. Traduz-se, portanto, no direito ao recebimento de dividendo pelo menos dez por cento maior do que o atribuído a cada ação ordinária.

A terceira modalidade revela-se no direito à inclusão em eventual oferta pública de alienação de controle, observado o disposto no art. 254-A, assegurado, ainda, o dividendo pelo menos igual ao das ações ordinárias. Dessa forma, havendo a alienação do controle da companhia, aos titulares de ações preferenciais de mercado sem voto ou com voto restrito deverá ser oferecido um preço de aquisição no mínimo igual a oitenta por cento do valor ofertado às ações com direito a voto integrantes do bloco de controle, nos termos do indigitado art. 254-A (*tag along*). Sobre o tema da alienação de controle, ocupar-nos-emos no item 10.5 do capítulo 10.

Finalmente, as ações preferenciais, com ou sem direito de voto, de companhia aberta ou fechada, podem gozar de "vantagens políticas". Com efeito, o art. 18 permite que o estatuto assegure a uma ou mais classes de ações preferenciais o direito de eleger, em votação em separado, um ou mais membros dos órgãos de administração. Faculta-se-lhe, ainda, subordinar alterações estatutárias que especificar à aprovação, em assembleia especial, dos titulares de uma ou mais classes de ações preferenciais.

Não se trata, contudo, verdadeiramente de vantagens para as preferenciais sem voto ou com voto restrito, e sim de um direito, de escala menor do que o pleno direito de voto. Mas serão elas, quando lhes outorgada a prefalada "vantagem", politicamente privilegiadas em relação às outras classes de preferenciais sem voto pleno.

---

va de lucros a realizar, quando realizados e se não tiverem sido absorvidos por prejuízos em exercícios subsequentes, deverão ser acrescidos ao primeiro dividendo declarado após a realização".

33 Cf. o item 6.5, *supra*, quanto à distinção entre o valor patrimonial contábil e o valor patrimonial real da ação.

Outrossim, é oportuno esclarecer que a ação preferencial sem voto que ostente a "vantagem política" não se confunde com aquela sujeita à restrição ao exercício do direito de voto, visto que esta participa dos conclaves sociais em igualdade de condições com as demais ações com voto pleno em todas as votações que lhe caiba, ou seja, que o seu título lhe permita votar.

6.11. PROPORCIONALIDADE ENTRE AÇÕES COM E SEM DIREITO DE VOTO

A proporcionalidade entre as ações votantes e não votantes tem sido uma das tônicas do direito societário contemporâneo.

No Direito alemão, as ações preferenciais sem voto foram limitadas até a metade do capital social da companhia (§ 139, n. 2, do AktG). No Direito italiano, a matéria vem tratada no art. 2.351 do Código Civil, seguindo o mesmo curso da Lei alemã, não podendo, portanto, a ação sem voto superar a metade do capital social. Idênticos foram os trajetos da Lei portuguesa (art. 341º do Código das Sociedades Comerciais) e da Lei espanhola (art. 98 do Decreto Legislativo n. 1/2010).

No Mercosul, a Lei uruguaia de 1989 – Lei n. 16.060 –, na parte final do art. 323, adotou a mesma regra de proporcionalidade vista nas legislações europeias citadas. Na Argentina, a respectiva lei societária admite a criação, pelo estatuto, de distintas categorias de ações, não havendo, entretanto, regra positiva a restringir a emissão de preferenciais[34].

Retornando à União Europeia, é de se destacar o regime mais rígido adotado na França. O Código de Comércio, no art. L.228-11, só admite ações de preferência sem voto até a metade do capital social e, nas sociedades cujas ações são admitidas à negociação no mercado, não podem representar mais de um quarto.

No Brasil, o tema teve evolução pouco uniforme.

No Decreto n. 21.536/1932, era autorizada a emissão de qualquer número de preferenciais, com ou sem direito de voto, inexistindo, desse modo, limitação. Consoante registro de Trajano de Miranda Valverde[35], a consequência do sistema adotado foi o surgimento de companhias constituídas com capital representado por noventa por cento de ações preferenciais sem voto, ficando concentrada em reduzida minoria a condução dos negócios e interesses sociais.

Visando a coibir aquela prática, o Decreto-Lei n. 2.627/40 balizou em cinquenta por cento do capital social a emissão de ações preferenciais sem direito de voto, impondo regra de paridade.

---

[34] Cf. Halperin e Otaegui, *ob. cit.*, p. 352 e ss.

[35] *Sociedades por ações*, v. I, p. 126.

A Lei n. 6.404/76, na original redação do § 2º do art. 15, ampliou o limite para permitir que essas ações atingissem dois terços das ações emitidas, aí também incluídas as ações com restrição ao direito de voto. Com a disciplina, passou a ser possível o controle da companhia por acionista ou acionistas que detivessem dezesseis inteiros e sessenta e seis centésimos por cento mais uma ação do capital votante.

Sob a premissa de que a possibilidade de manutenção do controle das companhias com capital diminuto transformava-se em um dos principais entraves ao desenvolvimento do mercado de capitais no país, a reforma introduzida pela Lei n. 10.303/2001 alterou a redação do § 2º do art. 15, para estabelecer nova proporção. Vigora, portanto, a regra de que o número de ações preferenciais sem direito a voto, ou com restrição no exercício desse direito, não pode ultrapassar cinquenta por cento do total das ações emitidas. Buscou-se, assim, restabelecer o equilíbrio entre ações com e sem voto, retornando-se à regra da proporcionalidade do Decreto-Lei n. 2.627/40[36].

Mas os efeitos do resgate da paridade somente serão a longo prazo sentidos. Isso porque o art. 8º da Lei n. 10.303/2001 impôs disposição transitória à qual o novo preceito por ela mesma introduzido no § 2º do art. 15 da Lei n. 6.404/76 estaria sujeito. Encontram-se obrigadas, de imediato, a observar o novo limite a) as companhias novas, isto é, as constituídas após a data de vigência da lei, sejam elas abertas ou fechadas (inciso I do § 1º do art. 8º); e b) as companhias fechadas já existentes, no momento em que decidirem abrir o seu capital (inciso II do § 1º do art. 8º).

As companhias abertas preexistentes à vigência da Lei n. 10.303/2001 poderão manter a proporção anterior, de até dois terços de ações preferenciais sem direito pleno de voto em relação ao total de ações emitidas, inclusive no que se refere a novas emissões de ações (inciso III do § 1º do art. 8º). Contudo, caso a companhia aberta preexistente não tenha ainda emitido ações preferenciais, sem voto ou com limitação a ele, até a entrada em vigor da lei reformadora e, a partir de então, resolva fazê-lo, estará obrigada

---

36 Quanto à base de cálculo para a emissão de ações preferenciais, tinha-se no regime do Decreto-Lei n. 2.627/40 a referência do valor do capital social (parágrafo único do art. 9º). Já no da Lei n. 6.404/76, tanto na redação original do § 2º do art. 15 como na atualmente atribuída pela Lei n. 10.303/2001, o referencial passou a ser o total das ações emitidas. Comungamos com a opinião de Jorge Lobo (Emissão de ações preferenciais sem direito de voto *in Reforma da lei das sociedades anônimas*, 2ª ed. Coordenação de Jorge Lobo. Rio de Janeiro: Forense, 2002, p. 143), segundo a qual a Lei n. 6.404/76, nas duas versões do § 2º do art. 15, apenas teria explicitado o que já se encontrava compreendido no Decreto-Lei n. 2.627/40, pois o parágrafo único do seu art. 9º era lido de forma que a emissão das ações preferenciais, sem direito a voto, não poderia ultrapassar a metade das ações em que se dividia o capital social da companhia.

ao novo limite, porquanto a manutenção da proporção de até dois terços foi somente assegurada àquelas que já contavam com preferenciais daquele modo emitidas, nos precisos termos do inciso III do § 1º do art. 8º referido.

Muito embora não haja expressa previsão no texto legal transitório, as companhias fechadas preexistentes à sua vigência também não se encontram obrigadas a observar a regra da paridade, podendo conservar, pois, a mesma proporção de ações ordinárias e preferenciais sem voto ou com voto restrito que já ostentavam e, até mesmo, atingir o limite de dois terços, caso ainda não alcançado. Somente aquelas que pretendam abrir o seu capital é que terão que se amoldar à nova regra de proporcionalidade, conforme se pode facilmente depreender do inciso II do § 1º do art. 8º em questão. Mas deverão adotar de imediato o regime da paridade as sociedades de capital fechado preexistentes que não contem com ações preferenciais despidas do direito de voto pleno emitidas até a vigência da nova lei, e que, ulteriormente, venham a emiti-las. O privilégio da manutenção do percentual de até dois terços somente alcança as companhias com ações preferenciais sem voto ou com voto restrito já emitidas.

Como fonte de estímulo para que as companhias abertas adotem voluntariamente o regime da paridade, o § 2º do art. 8º da Lei n. 10.303/2001 assegura àquelas que emitirem exclusivamente ações ordinárias a faculdade de não atribuírem, aos titulares de ações preferenciais sem voto ou com voto restrito, o direito de preferência para a subscrição delas. Cria-se, assim, regra extraordinária de transição, com vistas a ser alcançada a nova proporção do § 2º do art. 15 da Lei n. 6.404/76. Uma vez atingido esse novo limite, não mais será lícito à companhia retornar à antiga proporção nos aumentos de capital futuros.

6.12. *GOLDEN SHARE*

A *golden share* ou ação de classe especial pode, de uma maneira geral, ser definida como aquela de titularidade exclusiva do ente público desestatizante que lhe confere o direito de veto ou privilégio sobre certas deliberações sociais.

A ação de classe especial constava em nosso ordenamento na Lei n. 8.031/90, que instituiu o Programa Nacional de Desestatização e restou revogada pela Lei n. 9.491/97. Esta última manteve a previsão da *golden share*, ampliando, porém, os seus direitos, antes limitados ao poder de veto, para compreender a atribuição de poderes especiais em determinadas matérias, caracterizadas no estatuto. Mas o privilégio só alcançava a União, porquanto as referidas leis somente se aplicavam às companhias por ela controladas.

Com a inclusão do § 7º no art. 17 da Lei n. 6.404/76, pela Lei n. 10.303/2001, qualquer ente público, controlador da companhia, passou a gozar do benefício.

A *golden share* do § 7º em questão apresenta-se com as seguintes características essenciais: a) tem criação facultativa pelas companhias objeto de desestatização; b) é ação preferencial de classe especial; c) é titularizada exclusivamente pelo ente desestatizante; d) é atribuidora de poderes especiais, inclusive o poder de veto, às deliberações sociais, por regra estatutária que os discipline de modo específico.

Com a *golden share*, é permitido ao Estado exercer um controle interno na companhia privatizada, a fim de garantir o cumprimento de objetivos e metas da própria companhia, a serem observados após o processo de privatização, a bem do interesse público. Assegura-se, assim, que o ente público nela atue em prol da coletividade e do mercado. Por isso, cabe ao ente desestatizante demonstrar as razões de interesse público que autorizem a criação dessa classe especial de ações, constando a justificativa do respectivo edital de privatização[37].

6.13. AÇÕES DE FRUIÇÃO

As ações de fruição, denominadas também pelo Decreto-Lei n. 2.627/40 ações de gozo, são ações integralmente amortizadas, ou seja, que receberam, por antecipação, durante a vida social, o valor que lhes caberia em caso de liquidação da companhia[38]. Permite a lei que a amortização se faça de modo total ou parcial. Mas somente naquela hipótese é que as ações amortizadas, ordinárias ou preferenciais poderão ser substituídas pela ação de fruição (§ 5º do art. 44).

Essas ações, ressalvadas as restrições fixadas pelo estatuto ou pela assembleia geral que deliberar a operação de amortização, desfrutarão de todos os direitos concernentes às ações de que resultam. As mencionadas restrições, por certo, não podem atingir os direitos essenciais dos acionistas.

Ocorrendo a liquidação da sociedade, as ações de fruição só concorrerão ao acervo líquido depois de assegurado aos demais acionistas um valor igual ao valor corrigido da amortização.

Retornaremos à abordagem da figura da amortização no item 6.23 deste capítulo, aprofundando-a.

6.14. FORMA E REPRESENTAÇÃO FÍSICA DA AÇÃO

A forma da ação encontra-se diretamente ligada ao regime de sua circulação ou transmissão. A Lei n. 6.404/76 previa as formas nominativa, endossável e ao portador.

---

37 Carvalhosa e Eizirik, *ob. cit.*, p. 115.

38 Eunápio Borges, *ob. cit.*, p. 445.

As duas últimas foram proscritas do Direito brasileiro com a edição da Lei n. 8.021, de 12-4-1990, consolidando para o art. 20 da Lei das S.A. a seguinte redação: "As ações devem ser nominativas". Restaram revogados os arts. 32 e 33 que cuidavam, respectivamente, das ações endossáveis e ao portador.

A ação nominativa, dependendo de sua representação física, poderá ser documental ou escritural. Nutrimos o convencimento, a partir do próprio sistema resultante da Lei do Anonimato, de que a ação escritural é uma modalidade, uma variação da ação nominativa, não se constituindo em uma forma autônoma de ação[39].

Por razões de ordem puramente didática, procederemos ao estudo, em separado, das ações nominativas e das escriturais.

6.15. AÇÃO NOMINATIVA

A ação nominativa vem emitida em favor de pessoa determinada, cujo nome deverá constar de livro próprio da sociedade emissora: o livro de registro de ações nominativas. Presume a lei a propriedade da ação nominativa pela inscrição do nome do acionista neste livro (art. 31). A presunção, na hipótese, é relativa, pois, encontrando-se inquinado de vício de nulidade o correspondente título de aquisição da ação, o registro dele decorrente poderá ser desconstituído.

A ação nominativa tem circulação submetida a um regime seguro, porém mais complexo do que se via em relação às ações ao portador e às endossáveis.

A transferência da ação nominativa, quando decorrente de ato de transmissão voluntária *inter vivos*, opera-se por termo lavrado no livro de transferência de ações nominativas, datado e assinado pelo cedente ou alienante e pelo cessionário ou adquirente, ou, ainda, por seus legítimos representantes. Na transferência de ações adquiridas na bolsa de valores, as sociedades corretoras e a caixa de liquidação da bolsa têm a representação legal do cessionário ou adquirente, isto é, a sua representação se faz independentemente de instrumento de mandato (§§ 1º e 3º do art. 31). A partir desse termo lavrado no livro de transferência, a companhia promove, no

[39] Rubens Requião, entretanto, assim não pensa. Eis as suas palavras: "Classificamos as ações, quanto à sua forma, em ações nominativas e escriturais. Incluímos estas na classificação, embora não o faça especificamente o art. 20. Não há dúvida, porém, que as ações escriturais constituem uma forma de que as ações se podem revestir, não constando da enumeração daquele preceito legal, ao que parece, por simples omissão do legislador. Não devem elas evidentemente ser classificadas como modalidade de ações nominativas. São mais do que isso" (*ob. cit.*, v. 2, p. 127). Diversamente, sustentam Tavares Borba (*ob. cit.*, p. 247), Egberto Lacerda Teixeira e Tavares Guerreiro (*ob. cit.*, v. 1, p. 223), os quais a enxergam como uma variante da ação nominativa.

livro de registro, a baixa da ação em nome do cedente e o seu lançamento em nome do cessionário.

Na transmissão *causa mortis*, por sucessão universal ou legado, ou na transferência em virtude de adjudicação, arrematação ou outro ato judicial, esta somente se fará mediante averbação no livro de registro de ações nominativas, à vista de documento hábil, que ficará em poder da companhia (§ 2º do art. 31). Esse documento hábil será, por exemplo, o formal ou a certidão de partilha, a carta de adjudicação ou o auto de arrematação, conforme o caso. Nessas condições, não haverá a necessidade de nenhum termo de transferência, sendo bastante e suficiente a averbação do documento competente.

Os acionistas, pois, são sempre determinados e, desse modo, conhecidos pela companhia, porquanto seus nomes constarão de livro próprio, sendo bastante, por lógico, a simples identificação perante a sociedade para exercer os seus direitos de sócio.

6.16. CERTIFICADOS DE AÇÕES

Em função do método de transmissão da ação nominativa observado no item antecedente, pode-se inferir o pouco valor do certificado de ações. É ele um título emitido pela companhia, com o escopo de atestar a titularidade da ação, podendo corresponder a uma única ação (título unitário) ou a várias ações (título múltiplo). Não faz, o certificado, prova única e cabal de titularidade da ação; seu extravio nada resulta para o respectivo titular, que não ficará, pelo só fato, privado de exercer seus direitos de sócio junto à sociedade, visto que resultam tais direitos da inscrição no livro de registro de ações nominativas e não daqueles documentos. São simples documentos probatórios, mas indissociavelmente dependentes da inscrição no prefalado livro, a partir da qual resulta sua emissão. Não se prestam, pois, para a transferência das ações neles representadas.

Mesmo no desempenho de seu papel meramente probatório da condição de acionista, pode ele ser substituído pela certidão extraída dos livros da companhia, nos moldes do § 1º do art. 100[40].

Presente, dessarte, a clássica constatação feita por Eunápio Borges[41], ainda sob a égide do Decreto-Lei n. 2.627/40, no sentido de que "há inúmeros acionistas que nun-

---

40 § 1º do art. 100: "A qualquer pessoa, desde que se destinem a defesa de direitos e esclarecimento de situações de interesse pessoal ou dos acionistas ou do mercado de valores mobiliários, serão dadas certidões dos assentamentos constantes dos livros mencionados nos incisos I a III, e por elas a companhia poderá cobrar o custo do serviço, cabendo, do indeferimento do pedido por parte da companhia, recurso à Comissão de Valores Mobiliários".

41 *Ob. cit.*, p. 449.

ca exigem os certificados ou títulos de suas ações nominativas; há mesmo sociedades que deixem de emiti-los, ou que só os emitem quando algum acionista o reclama". Por isso, professamos a licitude de cláusulas estatutárias determinando que tais certificados não sejam emitidos.

Com efeito, os certificados são reminiscências da época em que as ações poderiam circular nas formas ao portador ou endossável, as quais reclamavam, portanto, uma cártula representativa dos correspondentes direitos. A ação ao portador era transferida pela simples tradição do título que a representava. A ação endossável, mediante o endosso na própria cártula, datado e assinado pelo transmitente, com a indicação, ou não, do nome e da qualificação do endossatário.

Malgrado o seu evidente desuso, a lei, por entender que a ação, mesmo que nominativa, reflete um direito complexo em seus elementos, pois contém crédito e *status* de sócio, continua a admitir sua representação por um documento que o corporifica[42], atribuindo-lhe insuperável rigor formal.

Assim é que exige que os certificados sejam escritos em vernáculo, devendo conter as seguintes declarações: a) denominação da companhia, sua sede e prazo de duração; b) o valor do capital social, a data do ato que o tiver fixado, o número de ações em que se divide e o valor nominal das ações, ou a declaração de que não têm valor nominal; c) nas companhias com capital autorizado, o limite da autorização, em número de ações ou valor do capital social; d) o número de ações ordinárias e preferenciais das diversas classes, se houver, as vantagens ou preferências conferidas a cada classe e as limitações ou restrições a que as ações estiverem sujeitas; e) o número de ordem do certificado e da ação, e a espécie e classe a que pertence; f) os direitos conferidos às partes beneficiárias, se houver; g) a época e o lugar da reunião da assembleia geral ordinária; h) a data da constituição da companhia e do arquivamento e publicação de seus atos constitutivos; i) o nome do acionista; j) o débito do acionista e a época e o lugar de seu pagamento, se a ação não estiver integralizada; e l) a data da emissão do certificado e as assinaturas de dois diretores, ou do agente emissor de certificados (art. 24).

Os certificados de ações emitidas por companhias abertas podem ser, nos termos do § 2º do art. 24, assinados por dois mandatários com poderes especiais, ou autenticados por chancela mecânica, observadas as normas expedidas pela Comissão de Valores Mobiliários. Havendo autorização da assinatura por mandatários apenas para as companhias abertas, a lógica conclusão é a de que, para as fechadas, é rígido o requisito do inciso XI do art. 24, ou seja, as duas assinaturas serão necessariamente dos diretores

---

42 Rubens Requião, *ob. cit.*, v. 2, p. 109.

e somente poderão ser substituídas pela do agente emissor, figura essa identificada, entretanto, com as sociedades de capital aberto, porquanto a realidade das fechadas aponta para a existência de pequeno número de acionistas, sendo despropositada a sua contratação.

A omissão de quaisquer dos requisitos de forma, por lei exigidos, confere ao acionista prejudicado o direito à indenização por perdas e danos em face da companhia e dos diretores na gestão dos quais os certificados tenham sido emitidos (§ 1º do art. 24).

Permite o art. 25 que a companhia possa emitir certificados de múltiplos de ações e, provisoriamente, cautelas que as representem. Nas companhias abertas, os títulos múltiplos devem observar a padronização de número de ações fixada pela Comissão de Valores Mobiliários (Instrução CVM n. 56/86).

Somente será validada a emissão de certificados após o cumprimento das formalidades necessárias ao funcionamento legal da companhia, sem o que se terá por nulo o certificado, responsabilizando-se os infratores. Nos certificados de ações, cujas entradas não consistirem em dinheiro, a sua emissão só será autorizada depois do cumprimento das formalidades de transmissão dos bens, ou de realizados os créditos em favor da sociedade (art. 23).

Não é possível à companhia cobrar dos acionistas o custo da emissão de certificados, nem o de sua substituição por motivo que não seja atribuído a pedido extraordinário formulado pelo acionista. O repasse do ônus de substituição apenas poderá ser imputado ao acionista que expressamente o pedir, como, por exemplo, na hipótese de extravio ou no caso de transmissão da ação, sendo a substituição requerida pelo novo adquirente. É a inteligência que resulta do § 3º do art. 23.

A emissão dos certificados, em princípio, cabe à companhia. Mas a ela é lícito contratar os serviços de um agente para a execução do mister (art. 27). A providência, inclusive, permite à companhia desmobilizar pessoal que seria destinado ao ofício, concentrando-o em outras atividades julgadas relevantes, racionalizando a sua atuação.

Ao "agente emissor de certificados" incumbirá a escrituração e a guarda dos livros de registro e de transferência de ações nominativas e a emissão dos certificados correspondentes. Será o agente uma instituição financeira, devidamente autorizada pela Comissão de Valores Mobiliários a manter esse tipo de serviço, o qual, uma vez contratado, impede que a companhia passe a praticar os atos relativos ao registro e à emissão dos certificados, que ficarão na esfera privativa do agente contratado.

Por meio de contrato de prestação de serviços, delega-se à instituição financeira a execução daqueles serviços. Mas, como delegatária, fica ela obrigada a respeitar e a observar todas as instruções do contratante, desde que não se mostrem contrárias à lei.

O nome do agente emissor constará das publicações e ofertas públicas de valores mobiliários feitas pela companhia.

Os certificados pelo agente emitidos deverão ser numerados seguidamente, mas a numeração das ações é facultativa.

Nos termos do art. 43, o agente emissor fica autorizado a emitir títulos representativos das ações que receber em depósito, denominados CDA (Certificados de Depósito de Ações)[43], os quais comportam circulação por endosso em preto (§ 5º do art. 43 c/c art. 19, este da Lei n. 8.088/90). São, assim, valores mobiliários que têm a finalidade de instrumentalizar a negociação das ações nominativas, cujo registro encontra-se a cargo da instituição financeira. O acionista, portanto, desejando transferir sua participação acionária, promoverá o endosso do CDA. O endossatário, exibindo-o ao agente emissor, será por ele reconhecido como o novo titular das ações nele traduzidas, cabendo, a seu pedido, a alteração dos registros, de modo que passe a constar como o novo titular das ações.

Emitido o CDA, as ações depositadas, seus rendimentos, o valor de resgate ou de amortização, não poderão ser objeto de penhora, arresto, sequestro, busca ou apreensão ou de qualquer outro embaraço que impeça sua entrega ao titular do certificado, mas este poderá ser objeto de penhora ou de qualquer medida cautelar por obrigação do seu titular.

A instituição financeira responderá pela origem e pela autenticidade dos certificados das ações depositadas, os quais serão, em princípio, nominativos, admitindo-se, no entanto, sejam mantidos sob o sistema escritural.

6.17. AÇÃO ESCRITURAL

O Direito anterior à Lei n. 6.404/76 não conhecia a ação escritural. O regime escritural introduzido vem justificado na exposição de motivos do projeto do Poder Executivo, com as seguintes convicções: "o objetivo é permitir a difusão da propriedade de ações entre grande número de pessoas com a segurança das ações nominativas, a facilidade de circulação proporcionada pela transferência mediante ordem à instituição financeira e mero registro contábil, e a eliminação do custo dos certificados".

---

43 Do CDA obrigatoriamente constarão: a) o local e a data da emissão; b) o nome da instituição emitente e as assinaturas de seus representantes; c) a denominação "Certificado de Depósito de Ações"; d) a especificação das ações depositadas; e) a declaração de que as ações depositadas, seus rendimentos e o valor recebido nos casos de resgate ou amortização somente serão entregues ao titular do certificado de depósito, contra apresentação deste; f) o nome e a qualificação do depositante; g) o preço do depósito cobrado pelo banco, se devido na entrega das ações depositadas; e h) o lugar da entrega do objeto do depósito.

Consoante defendemos no item 6.14 deste capítulo, a ação escritural é uma subforma da ação nominativa. Uma de suas características essenciais é a nominatividade, requisito tanto para se aferir a propriedade como para a transferência.

Com efeito, dispõe o art. 35 que "a propriedade da ação escritural presume-se pelo registro na conta de depósito das ações, aberta em nome do acionista nos livros da instituição depositária" (*caput*) e que "a transferência da ação escritural opera-se pelo lançamento efetuado pela instituição depositária em seus livros, a débito da conta de ações do alienante e a crédito da conta de ações do adquirente, à vista de ordem escrita do alienante, ou de autorização ou ordem judicial, em documento hábil que ficará em poder da instituição" (§ 1º).

Apesar de a lei falar em "conta de depósito" e em "instituição depositária", a ação escritural deriva da escrituração e não de depósito propriamente dito. São elas, em verdade, insuscetíveis de depósito, porquanto se constituem em bens incorpóreos. Não há "conta de depósito", mas conta corrente de ações[44].

As ações são constituídas pela escrituração e são transferidas pelo próprio sistema escritural. Por isso não há "instituição depositária", mas instituição prestadora de serviços de registro e transferência dessa subforma de ação nominativa.

A adoção da ação escritural decorre de previsão estatutária. O estatuto pode autorizar ou estabelecer que todas as ações da companhia, ou apenas uma ou mais classes delas, sejam mantidas no sistema escritural, em nome de seus titulares, na instituição que designar, sem emissão de certificados. As instituições financeiras autorizadas pela Comissão de Valores Mobiliários poderão manter esses serviços (§ 2º do art. 34).

No caso de alteração estatutária visando à implementação do modelo escritural, mister se faz a apresentação, para cancelamento, do respectivo certificado em circulação da ação a ser convertida.

O custo dos serviços de administração das ações escriturais caberá à companhia, não lhe sendo lícito transferi-lo aos acionistas. Apenas o custo do serviço de transferência da propriedade das ações é que se permite possa a prestadora de serviços cobrar diretamente do acionista. Mas haverá a necessidade de autorização expressa pelo estatuto para essa cobrança, com a observância dos limites fixados pela Comissão de Valores Mobiliários.

---

44 Modesto Carvalhosa oferece interessante definição para ações escriturais: "Diante dessas características, pode-se definir a ação escritural como um valor patrimonial incorpóreo que outorga ao seu titular os direitos e obrigações inerentes à qualidade de acionista e cuja propriedade e respectiva transferência se processam escrituralmente, mediante assentamentos próprios nas instituições encarregadas de sua administração" (*Comentários à lei de sociedades anônimas*, v. 1, p. 34).

Não participam os acionistas do contrato de prestação de serviços, que é celebrado tão somente entre a companhia e a instituição financeira autorizada. Por tal motivo, a companhia é quem responde, perante eles, pelas perdas e danos decorrentes de erro ou irregularidade nos serviços. Cabe-lhe, entretanto, agir regressivamente contra a instituição prestadora.

Apesar de não ser parte no contrato, faz jus o acionista ao recebimento de extrato da "conta de depósito", a ser fornecido pela instituição financeira sempre que solicitado, ao término de todo o mês em que for movimentada e, ainda que não movimentada, ao menos uma vez por ano.

6.18. INDIVISIBILIDADE DA AÇÃO

O art. 28 da lei atual, mantendo o mesmo curso da lei anterior, reconhece a indivisibilidade da ação em relação à companhia, não negando, porém, a possibilidade de sua copropriedade.

A indivisibilidade proclamada vem diretamente ligada a cada um dos direitos que decorrem da ação, os quais não admitem cômoda divisão. A indivisibilidade, entretanto, como bem adverte Modesto Carvalhosa[45], não quer traduzir a existência de impedimento à cessão isolada de alguns dos direitos, como o de subscrição ou o de recebimento de dividendos. Seu significado revela que não podem ser repartidos cada um dos direitos que lhe são inerentes. No caso, por exemplo, de cessão do direito de subscrição, não é admissível ocorrer a cessão de uma fração do valor da subscrição, cumprindo sempre observar o princípio da unidade da ação.

Na ação em condomínio, os direitos a ela conferidos deverão ser exercidos pelo representante eleito, o qual pode ser condômino ou não (parágrafo único do art. 28 c/c §§ 1º e 2º do art. 126).

Até que o representante seja indicado, fica facultado à companhia suspender o exercício dos direitos inerentes à ação em condomínio.

Discute-se se essa suspensão é de competência privativa da assembleia geral ou se pode ser imposta independentemente de decisão assemblear.

Carvalhosa[46] articula, na mesma trilha defendida por Valverde[47] no Direito anterior, que "a suspensão dos direitos inerentes à ação, na hipótese, depende de decisão da assembleia". Prossegue aduzindo que "a lei vigente, tanto quanto a anterior, esta-

---

45 *Comentários à lei de sociedades anônimas*, v. 1, p. 202.

46 *Comentários à lei de sociedades anônimas*, v. 1, p. 106.

47 *Sociedades por ações*, v. I, p. 140.

belece a competência privativa da assembleia para suspender o exercício dos direitos de acionista".

Eunápio Borges[48], na análise da questão sob o domínio do Decreto-Lei n. 2.627/40, professava resultar a suspensão da própria lei, não necessitando de qualquer pronunciamento da sociedade, concluindo que, se não quisessem ficar privados de tais direitos, deveriam os condôminos cumprir a exigência legal.

Assim, igualmente, sustentamos. Não se trata a hipótese de suspensão dos direitos dos acionistas a que aludem os arts. 120 e 122, V, da Lei n. 6.404/76, providência que compete privativamente à assembleia geral dos acionistas. A situação é especial e particular, decorrente da aplicação imediata da lei. Por seus claros termos, "quando a ação pertencer a mais de uma pessoa, os direitos por ela conferidos serão exercidos pelo representante do condomínio" (parágrafo único do art. 28), isto é, enquanto não eleito esse representante, fica diferido o exercício de direitos decorrentes da ação titularizada em condomínio, ante a ausência de pessoa legitimada a exercê-los.

Com efeito, partindo da impossibilidade de a companhia conhecer o legítimo representante da comunhão, a lei diretamente condiciona o exercício dos direitos à existência da figura do representante legitimado. Evita-se, com a providência, que um dos coproprietários os exerça em detrimento dos interesses dos outros, ao mesmo tempo que se confere à companhia maior segurança na sua relação com os acionistas.

Não há, pois, a necessidade de manifestação da pessoa jurídica, por seu órgão deliberativo, visto que a suspensão se opera *ex lege*.

Consagra-se, portanto, uma nítida distinção entre a propriedade da ação, pertencente a todos os condôminos, e a legitimação para o exercício dos direitos que dela derivam.

A companhia, entretanto, poderá promover os seus direitos em face de qualquer um dos comunheiros, porquanto não se admite possa restar prejudicada pela inércia dos acionistas.

Integrando a ação o espólio do ex-acionista, a legitimação será do inventariante.

6.19. CIRCULAÇÃO E NEGOCIAÇÃO DAS AÇÕES

A sociedade anônima, na essência, é uma sociedade de capital. Sua estruturação econômica revela a prevalência do elemento capital sobre as qualidades subjetivas dos sócios. O que releva é a contribuição material do acionista. Daí ser desinfluente quem

---

48 *Ob. cit.*, p. 451.

venha a ser o titular da condição de sócio. Nesse compasso, o sistema que preside a negociação das participações sociais é o da livre cessão ou circulação. Faculta-se, pois, ao acionista transferir com total liberdade as suas ações, não sendo dependente o ato de transmissão da anuência dos demais.

A sociedade anônima emerge como tipo de sociedade empresária que oferece efetiva vantagem aos seus membros, consistente na viabilidade da negociação ágil e simplificada das ações, não implicando o ato de alteração do titular das participações societárias mudança do estatuto ou de sua estruturação organizacional.

A livre circulação das ações é regra absoluta nas companhias abertas. Em razão de estar vocacionada à atuação no mercado, a negociação de suas ações há de se realizar dentro da mais ampla liberdade. Desse modo, será nula qualquer disposição estatutária que se destine a limitar ou restringir as transferências de ações nas companhias abertas[49].

Para esse universo de sociedades, a lei legitima, entretanto, a suspensão temporária da circulação das ações, por ato da Comissão de Valores Mobiliários (inciso I do § 1º do art. 9º da Lei n. 6.385/76). Essa suspensão traduz relevante instrumento de regulação do mercado, destinando-se a prevenir ou a corrigir situações anormais nesse mercado verificadas, como, por exemplo, as oscilações artificiais nos preços das ações, para evitar prejuízo aos pequenos investidores, decorrentes dessa manipulação. Por ato da Comissão de Valores Mobiliários, poderá ser suspensa a negociação de determinado valor mobiliário ou até mesmo ser decretado o recesso da bolsa de valores. Mas o ato impede, tão somente, a negociação da ação por ele atingida no mercado de valores mobiliários, não gerando a invalidade da transmissão que se faça com a ação de modo privado, diretamente entre alienante e adquirente.

A referida suspensão não se confunde com aquela prevista no art. 37 da Lei das S.A. Esta, que se implementa por ato da companhia aberta, através de seu órgão de administração, consiste na sustação dos serviços de transferência, conversão e desdobramento de certificados, por períodos que não ultrapassem quinze dias, cada, nem o total de noventa dias, em seu somatório, durante o ano civil. Não impede, dita paralisação, a livre negociação das ações no mercado ou fora dele, durante o seu interregno. Apenas não se irá proceder à transferência da titularidade. Esta se fará em relação àquelas ações que, por exemplo, forem objeto de transação na bolsa anteriormente ao início do período de suspensão, mas, quando nele efetivadas, a respectiva transmissão somente será operada após a vigência do mencionado prazo.

A figura legal se justifica como fonte de organização das atividades da companhia, notadamente aquelas que apresentem capital pulverizado, com grande dispersão no

---

49 Tavares Borba, *ob. cit.*, p. 253.

mercado. Quando, por exemplo, for a companhia declarar dividendos, passa a ser conveniente a suspensão daqueles serviços, evitando transtornos de última hora para a sociedade, que terá tranquilidade para promover o seu pagamento àqueles que já se encontram registrados no livro de registro de ações nominativas. Sem a suspensão, as transferências continuariam a ser operadas, dificultando a identificação dos beneficiários, que poderiam ser alterados nas vésperas, ou mesmo na data programada para o aludido pagamento.

Justamente porque a suspensão em foco não impede a transação das ações, é que a lei exige seja realizada com a mais ampla publicidade, mediante comunicação às bolsas de valores em que as ações sejam negociadas e publicação de anúncios, na forma do art. 289[50], de modo que os interessados nas transações acionárias no período possam orientar adequadamente seus interesses e buscar salvaguardas no exercício dos direitos derivados das ações.

Na companhia fechada, muito embora a lei não contemple especificamente essa possibilidade de suspensão, parece-nos lícita a sua previsão por regra estatutária, já que o art. 36 permite-lhe até mais, ou seja, a limitação à circulação das ações. Contudo, na prática, a providência não é corriqueira, porquanto a sociedade anônima de capital fechado se caracteriza por um número reduzido de sócios.

Prosseguindo no tema da limitação da circulação das ações nessas companhias, tem-se que ao estatuto é permitido impor a restrição, contanto que a regule minuciosamente e não impeça, de modo algum, a negociação, nem sujeite o acionista ao arbítrio dos órgãos de administração ou da maioria dos acionistas.

O texto normativo fala em limitação à circulação das ações nominativas. Como o art. 20 somente permite que as ações sejam dessa forma emitidas, e como a ação escritural é subforma da ação nominativa, conclui-se que todas as ações da companhia fechada podem ser objeto da restrição.

Mas cumpre enfatizar que, para a limitação ser válida, não lhe é dado impedir ou excluir o direito de negociabilidade das ações. Afigura-se, portanto, como modo de se implementar validamente a limitação, o manejo de cláusula estatutária preconizando o direito de preferência para os antigos acionistas, em igualdade de condições, na alienação das ações a terceiros, estranhos ao quadro social. Essa opção de compra preferencial que se estabelece para os demais acionistas deve ser regulada de forma detalhada no

---

50 Art. 289: "As publicações ordenadas pela presente Lei serão feitas no órgão oficial da União ou do Estado ou do Distrito Federal, conforme o lugar em que esteja situada a sede da companhia, e em outro jornal de grande circulação editado na localidade em que está situada a sede da companhia".

estatuto, prevendo-se o modo de comunicação da vontade de dispor das ações pelo seu titular, o prazo de vigência da preferência, a forma de exercê-la, entre outros aspectos.

Não é lícito, entretanto, estabelecer cláusula estatutária condicionando o ato de disposição da ação à anuência da maioria dos demais acionistas, por exemplo, visto que revela tal disposição uma sujeição do acionista ao arbítrio da maioria.

A limitação à circulação pode surgir originariamente na previsão estatutária, como pode ser criada por alteração posterior. Mas, nesse último caso, somente se aplicará às ações cujos titulares com ela expressamente concordarem, mediante pedido de averbação no livro de registro competente, nos termos do que dispõe o parágrafo único do art. 36. Comungamos, porém, com a opinião de Rubens Requião[51], no sentido da dispensa do pedido dessa averbação quando a alteração do estatuto se realizar por unanimidade dos acionistas para se estabelecer a limitação à negociabilidade, tornando-se uma regra estatutária cogente. Na hipótese, o pedido de averbação seria formalidade inútil, diante da unanimidade.

Fazendo a companhia fechada uso do sistema de restrição, aflora o seu perfil *intuitu personae*, característica essa abordada no item 2.12 do capítulo 2.

Para operar a negociação das ações, não há a necessidade de o preço de emissão encontrar-se totalmente integralizado, isto é, adimplido. Na companhia aberta, visando justamente a coibir as especulações e, assim, proteger os investimentos, a lei condiciona a sua negociação à realização de, ao menos, trinta por cento do preço de emissão, declarando ser nula a transação que não observar o piso legal (art. 29). Nas companhias fechadas, não se impõe a observância do limite, podendo ser negociadas com a realização de dez por cento do valor da subscrição (art. 80, II).

O preceito, ao vedar a negociação nas companhias abertas sem a realização mínima exigida, obsta, com efeito, qualquer tipo de transferência por ato de vontade *inter vivos*, seja ele oneroso ou gratuito. Apenas estão fora da proibição aqueles atos que se realizam independentemente da vontade do acionista, como na sucessão *causa mortis* ou naqueles pertinentes à alienação judicial da ação.

Imbuído do intuito de proteção ao capital da companhia e resguardando os seus interesses no recebimento do crédito, o art. 108 estabelece, tanto no âmbito da companhia aberta quanto no da fechada, que os alienantes continuarão responsáveis, solidariamente com os adquirentes, pelo pagamento do preço das prestações que faltarem para integralizar as ações transferidas. Essa responsabilidade cessa, em relação a cada alienante, no final de dois anos a contar da data da transferência. O prazo é de natureza decadencial, não admitindo suspensão nem interrupção.

---

[51] *Ob. cit.*, v. 2, p. 117.

6.20. NEGOCIAÇÃO COM AS PRÓPRIAS AÇÕES

A negociação com as próprias ações é, regra geral, vedada pelo *caput* do art. 30 da Lei do Anonimato. Contudo, a norma comporta exceções, que se encontram expressamente declinadas na própria lei.

O fenômeno das ações próprias é conhecido desde o século XIX, fruto da livre circulação das ações no mercado[52]. Mas o expediente fez levantar uma série de questionamentos que dirigiram as legislações de vários países a estabelecer, como princípio, a sua proibição.

O fundamento decorre de inúmeros fatores, os quais podem ser assim alinhados: a) impedir que, mediante a aquisição de ações próprias, a sociedade promova um reembolso mascarado do valor realizado, restituindo o capital a certos ou a todos os sócios, implicando a diminuição do capital, com risco para os credores e com a quebra da própria igualdade entre os sócios; b) desequilíbrio do funcionamento interno das companhias, na medida em que o seu órgão de administração passaria a dispor dos votos correspondentes às ações próprias; c) artificialização do preço das ações, permitindo a sua manipulação pela sociedade e falseando, com isso, as regras de mercado; d) deformação das negociações em geral, porquanto a sociedade dispõe de informações privilegiadas sobre os seus negócios, podendo tirar partido do público investidor[53].

O desafio, portanto, consiste em se encontrar um ponto de equilíbrio no qual, em certas situações, sejam permitidas as aquisições de ações próprias.

O tema chamou a atenção do legislador europeu, sendo a questão das ações próprias objeto da Segunda Diretiva (77/91/CEE) do Direito das Sociedades, que acabou, como já se registrou, substituída pela Diretiva 2012/30/UE, de 25-10-2012. No art. 20 da Diretiva em vigor, tal qual já se tinha no art. 18 da revogada, também se verifica a genérica proibição de subscrição de ações próprias. No art. 21 (correspondente ao art. 19 da antiga Diretiva), há o estabelecimento de rígidas condições para a ulterior aquisição. No art. 22 (correspondente ao art. 20 da antiga Diretiva), são alinhadas as exceções, nas quais se têm, entre outras: a) a aquisição em execução de uma deliberação de redução do capital ou no caso de ações remíveis; b) ações adquiridas em razão de uma transferência de patrimônio a título universal; c) ações, inteiramente liberadas, adquiridas a título gratuito; d) ações adquiridas em função de uma obrigação legal ou em execução de uma decisão judicial que tenha por fim proteger os acionistas minoritários, notada-

---

52 António Menezes Cordeiro, *Manual de direito das sociedades*, v. II, p. 649.

53 António Menezes Cordeiro, *Manual de direito das sociedades*, v. II, p. 650.

mente nas hipóteses de fusão, alteração de objeto ou do tipo de sociedade, de transferência da sede para o exterior ou de introdução de limitações à transmissão de ações; e) ações adquiridas de um acionista por falta de sua integralização; f) ações adquiridas com fim de indenizar os acionistas minoritários de sociedades coligadas; e g) ações, completamente integralizadas, adquiridas por adjudicação judicial, em execução de um crédito da sociedade sobre o titular dessas ações.

No regime estabelecido pelo § 1º do art. 30 de nossa lei, a proibição traduzida no *caput* não compreende: a) as operações de resgate, reembolso ou amortização previstas em lei; b) a compra quando, resolvida a redução do capital mediante restituição, em dinheiro, de parte do valor das ações, o preço destas em bolsa for inferior ou igual à importância que deve ser restituída; c) a aquisição, para permanência em tesouraria ou cancelamento, desde que até o valor do saldo de lucros ou reservas, exceto a legal, e sem diminuição do capital social, ou por doação; e d) a alienação das ações adquiridas nos termos da alínea anterior e mantidas em tesouraria.

A maior parte das operações permitidas não configura uma verdadeira negociação, *stricto sensu*, de ações pela própria companhia. O reembolso, a compra para redução do capital e a amortização, ou conduzirão ao cancelamento da ação, ou à alteração da relação jurídica mantida entre o acionista e a sociedade emissora. O resgate, igualmente, poderá resultar no cancelamento da ação, mas, ainda que o fato não ocorra, não denota um efetivo negócio, porquanto não se estabelece livremente entre a companhia e o acionista, mas é fruto da aplicação de critérios previstos no ordenamento jurídico[54].

O efetivo negócio com ações próprias é sentido na aquisição para permanência em tesouraria e na sua futura alienação. As ações mantidas em tesouraria, sejam resultantes de compra pela sociedade ou derivadas de doação, enquanto titularizadas pela companhia, não terão direito a voto nem a dividendo (§ 4º do art. 30). Somente quando retornarem à circulação é que essas ações readquirirão a plenitude dos direitos que lhes são inerentes. A vedação a direitos econômicos das ações mantidas em tesouraria não impede que façam jus à bonificação em ações. Como, no âmbito dos direitos políticos, não têm voto, devem elas ser desconsideradas no cômputo dos quóruns de instalação e deliberação das assembleias gerais dos acionistas.

Tratando-se de companhia aberta, a aquisição das próprias ações observará, sob pena de nulidade, as normas baixadas pela Comissão de Valores Mobiliários (§ 2º do art. 30). A autarquia, por meio da Instrução CVM n. 567/2015, disciplina a matéria.

---

54 Acerca dessas operações de resgate, reembolso e amortização remetemo-nos ao item 6.23 deste capítulo, no qual o tema será efetivamente abordado.

Cabe destacar que estabelece o limite de dez por cento de cada espécie ou classe de ações em circulação no mercado para serem mantidas em tesouraria, entendendo-se, como tais, todas as ações representativas do capital da sociedade, menos as detidas direta ou indiretamente pelo controlador, por pessoas a ele vinculadas[55] e por administradores. No percentual estão incluídas as ações titularizadas por controladas e coligadas, além das ações de emissão da companhia aberta correspondentes à exposição econômica assumida em razão de contratos derivativos ou de liquidação diferida, celebrados pela própria companhia ou por suas controladas e coligadas (art. 8º). A indigitada Instrução estatui, ainda, outras regras a serem observadas, tais como: a) competência da assembleia geral – e sua dispensa – ou do conselho de administração para autorizar a negociação com ações próprias (arts. 3º e 4º); b) vedação da aquisição de ações de sua emissão quando tiver por objeto ações pertencentes ao controlador (art. 7º, I); c) não poder a companhia pagar pelas ações preço superior ao valor de cotação quando a aquisição for realizada em mercados organizados de valores mobiliários (art. 7º, II); d) proibição da utilização, para a aquisição, das reservas de lucros a realizar, especial de dividendo obrigatório não distribuído, de incentivos fiscais, além da legal (art. 7º, IV e § 1º, I); e) vedação geral contida no estatuto para a negociação de ações próprias (§ 2º do art. 3º).

Não se admite, outrossim, que a companhia receba, em garantia, as próprias ações, salvo para assegurar a gestão de seus administradores (§ 3º do art. 30), o que, do contrário, representaria burlar o princípio da intangibilidade do capital.

Por derradeiro, impende consignar mais uma exceção à vedação geral em lei estabelecida, concernente à venda das ações declaradas caducas e integralizadas pela própria companhia, ou caídas em comisso, autorizada pelo § 4º do art. 107[56].

6.21. CONSTITUIÇÃO DE ÔNUS

As ações são suscetíveis de constituir direitos reais e demais ônus aplicáveis aos bens móveis. A lei reserva a Seção VII do Capítulo III para tratar do tema. Os principais ônus, nominados no texto normativo, são o penhor (art. 39), o usufruto, o fideicomisso, a alienação fiduciária em garantia, a promessa de venda e o direito de preferência para aquisição (art. 40).

---

55 Caracteriza-se como pessoa vinculada a pessoa natural ou jurídica, fundo ou universalidade de direitos, que atue representando o mesmo interesse da pessoa ou entidade a qual se vincula.

56 A hipótese será tratada no item 9.5 do capítulo 9, ao qual nos remetemos.

A forma mais utilizada para a oneração das ações é o penhor ou a caução de ações. Como direito real de garantia, o penhor submete o bem ao pagamento de uma dívida. Ficam as ações, desse modo, vinculadas ao pagamento da obrigação garantida pelo penhor, vínculo esse de natureza real.

O art. 39 faz uso, como expressões sinônimas, dos vocábulos "penhor" e "caução", na mesma trilha do Decreto-Lei n. 2.627/40. Cunha Peixoto[57], de forma pertinente, demonstrava que a figura legal, não obstante a denominação "caução", tratava-se, na verdade, de penhor.

O penhor de ações deve ser celebrado por escrito. O respectivo instrumento, público ou particular, deverá declarar, sob pena de ineficácia: a) o valor do crédito, sua estimação ou valor máximo; b) o prazo fixado para pagamento; c) a taxa de juros, se houver; d) o bem dado em garantia e as suas especificações (quantidade, número de ordem, espécie, forma e sociedade emitente das ações) (Código Civil, art. 1.424). Mas a constituição do direito real exige a averbação do correspondente instrumento no livro de registro de ações nominativas e, sendo a ação escritural o objeto do penhor, a averbação nos livros da instituição financeira, anotando-se, ainda, no extrato da conta a ser fornecido ao acionista.

Em quaisquer das situações de sua constituição, a companhia ou a instituição financeira, conforme o caso, têm o direito de exigir um exemplar do instrumento do penhor para o seu arquivo.

Vê-se, portanto, que a averbação é indispensável à eficácia do ato. O seu instrumento destina-se, desse modo, a legitimar o pedido de averbação. Sem esse registro específico, não se constitui o vínculo real sobre a ação.

O penhor de ações deve seguir a regra para a alienação ou cessão das ações, uma vez que somente os bens que se podem alienar poderão ser empenhados (Código Civil, arts. 1.420 e 1.451). Assim sendo, não está o acionista a depender da concordância da companhia emitente das ações, nem dos demais acionistas, para a sua implementação. Na hipótese de companhia aberta, é indispensável, para que a ação seja objeto de penhor, a integralização, no mínimo, de trinta por cento do seu preço de emissão, sem o que não estará apta a ser negociada (art. 29).

A constituição do ônus real em questão, por outro lado, não retira do devedor pignoratício a condição de acionista. A ele tocará, portanto, o recebimento de dividendos e o direito de subscrição preferencial (art. 171), visto que esses direitos são derivados da

---

57 *Ob. cit.*, v. I, p. 319-320.

qualidade de acionista e não da ação[58]. Mas as bonificações, devido à sua natureza de acessão e não de rendimento, integram o penhor[59].

O direito de voto, decorrente da condição de acionista, pertence, via de regra, ao titular da ação. O voto, com efeito, deve estar inspirado no interesse social, e, portanto, o seu exercício se mostra inseparável da titularidade das ações e da qualidade de acionista, que corresponde ao devedor[60].

Esse princípio, consagrado nas doutrinas argentina, alemã, francesa, italiana e espanhola[61], por exemplo, vem incorporado pelo art. 113 da nossa lei. Tem-se, assim, que o penhor da ação não impede o acionista de exercer o direito de voto nas assembleias gerais da companhia. Todavia, é lícito estabelecer, no instrumento de penhor, que o devedor não poderá, sem consentimento do credor pignoratício, votar em certas deliberações.

Os demais ônus, como o usufruto, o fideicomisso e a alienação fiduciária em garantia, bem como quaisquer cláusulas que gravem as ações, serão averbados, se nominativas, no livro de registro de ações nominativas; se escriturais, nos livros da instituição financeira, que os anotará no extrato da conta fornecido ao acionista (art. 40). O registro, no caso, não é condição para a constituição do gravame, como no penhor, mas para que tenha eficácia perante a companhia e a terceiros.

Mediante essa mesma averbação, a promessa de venda da ação e o direito de preferência à sua aquisição são oponíveis a terceiros (parágrafo único do art. 40).

No usufruto haverá um desmembramento da propriedade da ação. O acionista permanece com a nua propriedade (nu proprietário), porquanto os seus frutos serão atribuídos ao usufrutuário (aí incluído o direito à percepção dos dividendos).

No fideicomisso, os direitos decorrentes do *status* de sócio serão exercidos por uma única pessoa, enquanto esta não for por outra sucedida. A titularidade da ação cabe, pois, ao fiduciário, embora resolúvel e restrita (Código Civil, art. 1.953). É ele o acionista. Ao

---

58 Carvalhosa faz pertinente observação quanto à eventual transferência do exercício desses direitos ao credor: "No entanto, o exercício de um ou mais direitos pode ser convencionalmente transferido ao credor pignoratício. Nesse caso, deve o credor empregar toda a diligência na preservação de tais direitos, devolvendo ao devedor, uma vez paga a dívida, todos os frutos daí decorrentes, notadamente os dividendos e bonificações recebidos [...]. Se a convenção estabelecer essa transferência de exercício de direitos, as respectivas cláusulas deverão expressamente constar da averbação no livro próprio, em se tratando de ações nominativas" (*Comentários à lei de sociedades anônimas*, v. 1, p. 280).

59 Tavares Borba, *ob. cit.*, p. 273.

60 Halperin e Otaegui, *ob. cit.*, p. 383.

61 Cf. citações de Halperin e Otaegui, *ob. cit.*, p. 383, nota 153.

fideicomissário toca uma expectativa de sucessão, motivada pela morte do fiduciário, pelo transcurso de tempo ou pela realização de condição prevista para a transmissão[62].

O direito de voto, na ação gravada com usufruto, se não for regulado no ato de constituição do gravame, somente poderá ser exercido mediante prévio acordo entre proprietário e usufrutuário (art. 114). Inexistindo essa regulação ou o acordo prévio, as ações ficam impedidas de votar. No fideicomisso, o direito de voto compete, por lógica, ao fiduciário, que é o acionista. Somente após a verificação da substituição é que o fideicomissário passará a exercê-lo.

Às ações distribuídas, resultantes de capitalização de lucros e reservas (bonificações), estender-se-ão o usufruto e o fideicomisso, salvo cláusula em contrário nos instrumentos que os tenham constituído (§ 2º do art. 169). Isso se justifica em razão da natureza de acessão da bonificação.

Em relação ao exercício do direito à subscrição preferencial, este, quando não exercido pelo acionista, nu proprietário ou fiduciário, até dez dias antes do vencimento do respectivo prazo, poderá sê-lo pelo usufrutuário ou pelo fideicomissário (§ 5º do art. 171). Implementado pelo nu proprietário ou pelo fiduciário, as ações dele resultantes ingressarão, sem quaisquer ônus, nos seus correspondentes patrimônios. Levado a cabo, porém, pelo usufrutuário ou pelo fideicomissário, nas condições permitidas em lei, a eles tocarão as ações derivadas do exercício do direito de preferência.

Na hipótese de alienação fiduciária em garantia, as ações terão o domínio resolúvel transferido para o credor, como forma de garantia de certa obrigação. O credor, nessas condições, não poderá exercer o direito de voto, o qual será implementado pelo devedor, nos termos do contrato (parágrafo único do art. 113). Os dividendos e a preferência para a subscrição permanecem a tocar, salvo convenção em contrário, ao devedor. Já as bonificações se integram à garantia, expandindo o volume das ações alienadas[63].

6.22. CUSTÓDIA DE AÇÕES FUNGÍVEIS

A Lei das S.A. concebeu regra segundo a qual as instituições financeiras, devidamente autorizadas pela Comissão de Valores Mobiliários, podem receber, em custódia, como valores fungíveis, ações de cada espécie e classe de emissão da companhia, adquirindo a propriedade fiduciária delas (art. 41).

---

62 Art. 1.951 do Código Civil: "Pode o testador instituir herdeiros ou legatários, estabelecendo que, por ocasião de sua morte, a herança ou o legado se transmita ao fiduciário, resolvendo-se o direito deste, por sua morte, a certo tempo ou sob certa condição, em favor de outrem, que se qualifica de fideicomissário".

63 Tavares Borba, *ob. cit.*, p. 275.

O contrato de custódia de ações, depositadas como valores fungíveis, é celebrado entre o acionista de uma determinada companhia e a instituição financeira autorizada. Caracteriza-se por ser um depósito voluntário, irregular, que se aperfeiçoa por um contrato escrito, de caráter real, bilateral e oneroso. A instituição depositária responde perante o acionista e os terceiros pelo descumprimento de suas obrigações (§ 5º do art. 41). A companhia, por seu turno, não tem responsabilidade perante o acionista nem terceiros pelos atos da instituição depositária das ações (§ 3º do art. 42), justo porque não participa do contrato, não assumindo nenhuma obrigação.

O contrato de custódia é, portanto, inteiramente diverso daqueles também operados por instituições autorizadas, concernentes às ações escriturais (art. 34) e à emissão de certificados de depósito de ações (art. 43), já anteriormente vistos. Nestes últimos, quem contrata com a instituição financeira é a própria companhia emissora das ações. Ademais, eles têm por objeto, em essência, a prestação de serviços de registro e controle, liberando a sociedade de tais misteres. Naquele primeiro, a companhia não tem nenhuma ingerência, retratando, a rigor, um depósito que se estabelece entre a instituição financeira e o acionista.

A transmissão das ações para a instituição financeira é necessária à perfectibilização da transação. É formalidade indispensável ao contrato de depósito irregular desses valores mobiliários, sem o que as ações não adquirem o caráter de bens fungíveis[64]. Deverá a custódia, assim, ser averbada no livro de registro de ações nominativas ou no da instituição financeira responsável pelo serviço de registro e transferência das ações escriturais, conforme o caso. Não tendo as partes a verdadeira intenção de realizar transmissão de ações, mas sim de custodiá-las, decorre do ato uma transferência fiduciária, que apenas se destina a instrumentalizar a fungibilidade[65]. A instituição custodiante não estará obrigada a restituir ao acionista depositante as ações que recebeu, mas outras que sejam da mesma espécie, classe e companhia emitente.

O depósito é sempre marcado por um caráter precário, pois fica assegurado ao depositante, a qualquer tempo, extinguir a custódia, pedindo a restituição das suas ações (§ 2º do art. 42).

A instituição custodiante passa a ser um representante do acionista perante a companhia, incumbindo-lhe receber os dividendos, as ações bonificadas e exercer o direito de preferência para subscrição de ações, lógico que com os recursos para esse fim disponibilizados pelo depositante (art. 42). Por tal motivo, a operação é bastante útil para o

---

64 Fábio Ulhoa Coelho, *ob. cit.*, v. 2, p. 137.

65 Tavares Borba, *ob. cit.*, p. 265.

acionista residente no exterior, de modo que o depositário, como seu representante, possa acompanhar os atos societários, exercendo seus direitos.

O direito de voto, entretanto, permanece com o depositante. Não vem ele em lei arrolado nos poderes da instituição depositária (art. 42).

Em razão dessa representação específica, fica a instituição depositária impedida de dispor das ações, cumprindo-lhe devolver a quantidade de ações recebidas, com as bonificações havidas, independentemente do número de ordem das ações ou dos certificados recebidos em depósito (§ 1º do art. 41).

A instituição financeira representante é obrigada a comunicar, imediatamente, à companhia emissora o nome do proprietário efetivo (depositante) sempre que algum evento societário assim o exigir, bem como, no prazo de até dez dias, a contratação da custódia e a criação de ônus ou gravames sobre as ações (§ 3º do art. 41). Outrossim, sempre que houver distribuição de dividendos ou bonificações de ações, ou ao menos uma vez por ano, a instituição financeira fornecerá à companhia a lista dos depositantes e a quantidade de ações de cada um recebidas (§ 1º do art. 42).

Os demais valores mobiliários de emissão da sociedade anônima igualmente poderão ser objeto de custódia fungível (§ 2º do art. 41)[66].

6.23. RESGATE, AMORTIZAÇÃO E REEMBOLSO

As operações de resgate, amortização e reembolso encontram-se entre aquelas que a lei excepciona da geral proibição de a sociedade negociar com suas próprias ações (alínea *a* do § 1º do art. 30). Mas, como sustentamos ao abordar o tema, não constituem, *stricto sensu*, uma negociação com ações próprias. Na amortização, haverá uma alteração na relação jurídica mantida entre o acionista e a companhia emissora das ações; no resgate, ter-se-á, como resultado final, o cancelamento da ação; e no reembolso, quando realizado à conta do capital social, não ocorrendo a substituição do acionista, haverá o cancelamento, que se pode evitar, assim, com o pagamento do correspondente valor à conta de lucros ou reservas, exceto a legal, quando as ações reembolsadas ficarão em tesouraria. Contudo, o reembolso não envolve uma negociação propriamente dita, porquanto não é fruto da livre manifestação de vontade das partes, mas resultado da aplicação de critérios previstos no ordenamento jurídico.

---

[66] O serviço de depósito centralizado de valores mobiliários vem regulado na Instrução CVM n. 541/2013. Nos termos do art. 6º da referida Instrução, podem prestar esse serviço as pessoas jurídicas, devidamente autorizadas pela Comissão de Valores Mobiliários, constituídas sob a forma de sociedade por ações ou de associação.

Em comum, as aludidas figuras jurídicas traduzem situação legal na qual a sociedade paga ao acionista o valor de suas ações. Têm disciplina nos arts. 44 e 45 da Lei n. 6.404/76.

O resgate e a amortização dependem de autorização estatutária ou da assembleia geral extraordinária para serem efetivados, com a determinação das condições e do modo de procedê-los. Pressupõem a existência de lucros ou reservas, os quais serão aplicados para a quitação do valor das ações resgatadas ou amortizadas. Não se realizam, portanto, com recursos do capital social.

O resgate consiste no pagamento do valor das ações com o escopo imediato de, definitivamente, retirá-las de circulação. Poderá implicar ou não a redução do capital social. Mantido o capital, será atribuído novo valor nominal às ações remanescentes, caso o tenham. Revela, assim, uma compra e venda compulsória da ação, conduzindo à sua extinção. Em função dessa compulsoriedade, a operação fica sujeita, salvo expressa previsão no estatuto em contrário, à prévia aprovação ou ratificação da assembleia especial das classes atingidas, segundo o *quorum* de acionistas que representem, no mínimo, a metade das ações na operação englobadas[67].

Embora a lei seja omissa em relação à definição do valor da ação para efeito de resgate, o qual, afinal, será fixado pela companhia, temos professado que se deva empregar, para esse fim, por analogia, a regra do § 1º do art. 170 da Lei n. 6.404/76 (aplicação isolada ou conjunta do valor do patrimônio líquido da ação, da perspectiva de rentabilidade da companha e/ou da cotação de suas ações em bolsa de valores ou no mercado de balcão organizado), evitando que da operação resulte injustificável prejuízo para os titulares das ações objeto da operação, para a própria companhia e para os acionistas remanescentes.

A amortização, que pode ser integral ou parcial e abranger todas as classes de ações ou só uma delas, resulta na distribuição ao acionista, a título de antecipação e sem redução do capital social, de valores que lhes poderiam tocar em caso de liquidação da companhia. A ação amortizada restitui ao acionista, total ou parcialmente, o seu investimento. Consoante oportunamente anota Rubens Requião[68], a vantagem que da operação resulta é a de "dispensar ao acionista o investimento que procedeu na sociedade,

---

[67] Cumpre lembrar a hipótese especial de resgate prevista no § 5º do art. 4º da Lei n. 6.404/76, com a redação dada pela Lei n. 10.303/2001, abordada no item 2.10 do capítulo 2, em decorrência do cancelamento do registro de companhia aberta na Comissão de Valores Mobiliários. Remanescendo em circulação menos de cinco por cento do total das ações emitidas pela companhia, terminado o prazo da oferta pública, pode a assembleia geral deliberar o resgate dessas ações pelo valor proposto na oferta.

[68] *Ob. cit.*, v. 2, p. 138.

recuperando seu capital para novas aplicações em outros setores ou companhias". É, por assim dizer, um prêmio que a companhia próspera concede ao seu prestador de capital, estimulando-o a novos investimentos no mercado.

As ações integralmente amortizadas poderão ser substituídas, como se estudou no item 6.13 deste capítulo, a cujos termos em complementação nos reportamos, por ações de fruição. Ocorrendo ou não essa substituição, as ações objeto da amortização, quando da eventual liquidação da companhia, só concorrerão ao acervo líquido após assegurado às ações não amortizadas valor igual ao da amortização, devidamente atualizado.

Não haverá, desse modo, extinção das ações, mas a modificação de direitos patrimoniais a que dão ensejo. Revela, em verdade, um "reembolso de entradas"[69] aos acionistas, que permanecem aptos a participar da vida social, exercendo todos os demais direitos resultantes de suas ações.

A amortização e o resgate que não abrangerem todas as ações de uma mesma classe serão feitos mediante sorteio, evitando-se, assim, tratamentos discriminatórios ou privilegiados. Encontrando-se as ações custodiadas, depositadas como valores fungíveis, a instituição custodiante especificará, mediante rateio, as resgatadas ou amortizadas, se outra forma não se encontrar prevista no contrato de custódia.

O reembolso, por seu turno, é a operação pela qual a companhia paga aos acionistas dissidentes de deliberação da assembleia geral o valor de suas ações, quando do exercício, por eles, do direito de recesso[70], nas hipóteses expressamente previstas em lei.

Representa uma venda compulsória da ação, de iniciativa do acionista, constituindo-lhe um direito subjetivo. Funciona como uma concreta garantia ao direito das minorias acionárias que discordam dos rumos impostos pelo poder de controle, capazes de alterar substancialmente a estrutura societária ou as relações entre a pessoa jurídica e seus membros. Viabiliza, dessarte, a retirada do acionista dissidente, nas situações autorizadas em lei, mantendo-se em curso a sociedade.

Compete à companhia promover o reembolso à conta de lucros ou reservas, exceto a legal, e, uma vez inexistentes ou insuficientes, à conta do próprio capital social. Nas duas primeiras hipóteses, as ações reembolsadas podem permanecer em tesouraria, passando a pertencer à companhia. Na segunda, haverá a redução correspondente do capital social, se, decorridos cento e vinte dias, a contar da data da publicação da ata da assembleia ensejadora do direito ao reembolso, não forem substituídos os acionistas reembolsados. Ocorrendo a substituição, entretanto, o capital permanecerá incólume,

---

69 António Menezes Cordeiro, *Manual de direito das sociedades*, v. II, p. 687.

70 O recesso do acionista será tratado no item 9.11 do capítulo 9.

porquanto o novo acionista virá a adquirir as ações objeto da operação.

Como regra de princípio, o valor do reembolso deverá representar o valor do patrimônio líquido da ação, constante do último balanço aprovado pela assembleia geral. Todavia, se a deliberação assemblear que suscitou o recesso ocorrer mais de sessenta dias após a data do último balanço aprovado, fica facultado ao acionista dissidente requerer, juntamente com o reembolso, o levantamento de balanço especial. Nesse caso, a companhia pagará, imediatamente, oitenta por cento do valor do reembolso calculado com base no último balanço e, uma vez levantado o balanço especial, pagará o saldo no prazo de cento e vinte dias, a contar da data da aludida deliberação da assembleia geral.

O balanço especial, referido em lei, como observa oportunamente Modesto Carvalhosa[71], deverá preencher todos os requisitos dos balanços ordinários da companhia. A sua especialidade alude apenas à data extraordinária de seu levantamento. O fundamento dessa faculdade, como bem demonstrado pelo mencionado jurista, consiste na participação do acionista nos resultados sociais do próprio exercício em que o recesso é exercido.

Não se há que confundi-lo, pois, com a figura do balanço de determinação, tradutor de um valor patrimonial real da ação, promovendo uma reavaliação do ativo, sobretudo do imobilizado[72].

Ao estatuto, com efeito, é possível estabelecer normas para a determinação do valor do reembolso. Inclusive adotar o método do balanço de determinação, a fim de pagá-lo com base no valor patrimonial real da ação. Mas a disposição estatutária não é completamente livre: o valor do reembolso somente poderá ser inferior ao patrimônio líquido contábil da ação, se estipulado com base no valor econômico da companhia. Em qualquer outra previsão, sendo o resultado obtido na apuração inferior ao valor patrimonial contábil da ação, este sempre prevalecerá.

O valor econômico da ação, portanto, quando previsto no estatuto, será de aplicação incondicional, seja ele superior ou inferior ao valor do patrimônio líquido contábil da ação.

Esse valor econômico, conforme aduzimos no item 6.7 deste capítulo, corresponde à perspectiva de rentabilidade da companhia, apurada a partir do seu fluxo de caixa descontado[73], projetado, assim, para os próximos anos.

---

71 *Comentários à lei de sociedades anônimas*, v. 1, p. 341.

72 Cf. item 6.5 deste capítulo, no qual os valores patrimoniais contábil e real da ação foram abordados.

73 O valor econômico, apurado a partir do fluxo de caixa descontado, tem sido prestigiado pela doutrina predominante, em que se incluem Modesto Carvalhosa (*Comentários à lei*

Nas palavras de Modesto Carvalhosa[74], "a capacidade do fluxo de caixa demonstra o quanto a companhia é rentável e saudável, daí resultando o laudo sobre o seu valor econômico". Seu valor é apurado, pois, a partir da sua potencialidade de produzir caixa, dinheiro.

Considerando haver diversidade de técnica ou método para determinar o valor econômico, exige a lei seja elaborado um laudo de avaliação minucioso e consistente, a cargo de pessoa jurídica especializada ou de três peritos, se pessoas naturais, indicados em lista tríplice ou sêxtupla, respectivamente, pelo conselho de administração, se existente, e, na sua falta, pela diretoria, para serem escolhidos pela assembleia geral, em deliberação tomada pela maioria absoluta de votos, não se computando os votos em branco, cabendo a cada ação, independentemente de sua espécie ou classe, o direito a um voto.

No prefalado laudo, deverão estar explicitados os critérios e métodos adotados para a composição do valor final, vindo, assim, devidamente fundamentado. Vai a aferição demandar explícitas previsões dos fluxos de caixa livres, assinalando o lucro projetado e adicionando os componentes do patrimônio que possam ser imediatamente realizados, sem afetar a operacionalidade da empresa pela companhia exercida. Nas despesas da sociedade, a serem descontadas da receita, não se incluem as que representam amortizações e depreciações, por não implicarem saída de caixa[75].

Os avaliadores responderão pelos danos causados por culpa ou dolo na avaliação, sem prejuízo da apuração da responsabilidade penal em que eventualmente tenham incorrido.

Os §§ 7º e 8º do art. 45, inspirados no postulado de que os acionistas não podem ser reembolsados antes do pagamento dos credores sociais, destinam-se a disciplinar o reembolso diante do instituto da falência.

Sobrevinda a falência, ficará suspenso o direito de recebimento do aludido valor (art. 116, II, da Lei n. 11.101/2005). Os acionistas credores do reembolso serão, pois, classificados como credores quirografários, em quadro separado, e os rateios que eventualmente lhes couberem serão imputados no pagamento dos créditos constituídos anteriormente à data da publicação da ata da assembleia geral materializadora da decisão

de sociedades anônimas, v. 1, p. 331-332) e Nelson Eizirik (*Reforma das S.A. e do mercado de capitais*, p. 78-80). Tavares Borba (*ob. cit.*, p. 277), entretanto, assim não pensa, sustentando entendimento de que o valor econômico seria o resultado da avaliação da companhia a preço de mercado.

74 *Comentários à lei de sociedades anônimas*, v. 1, p. 331.

75 Modesto Carvalhosa, *Comentários à lei de sociedades anônimas*, v. 1, p. 331.

ensejadora do recesso. As quantias assim atribuídas aos créditos mais antigos não se deduzirão dos créditos dos ex-acionistas, que subsistirão integralmente para serem pagos pelos bens integrantes da massa falida, depois de satisfeitos os primeiros, caso existam forças para esse fim.

Contudo, se ao tempo da decretação da falência já houver sido efetivado o pagamento do reembolso ao ex-acionista, à conta do capital social, e não tendo o retirante sido substituído no contexto societário, com o ingresso de novos recursos no capital da companhia em montante equivalente ao reembolso, verificada a insuficiência de recursos da massa para o pagamento dos créditos existentes à época da retirada, caberá ao ex-acionista restituir o reembolso pago com a redução do capital social, até a concorrência do que remanescer dessa parte do passivo. A ação revocatória é o instrumento para se alcançar a correspondente restituição.

6.24. PENHORA DE AÇÕES

O Código de Processo Civil de 2015, em seu art. 835, propõe a ordem preferencial para a penhora. Essa sequência legal, entretanto, não implica um rol fechado, já que a regra geral que norteia o processo de execução é bastante abrangente, pois pelas obrigações do devedor responde todo o seu patrimônio economicamente apreciável, com a exclusão dos bens tidos por lei como absolutamente impenhoráveis. Nessa ordenação, leva-se em consideração a maior liquidez do bem a ser objeto da penhora, orientada pela maior facilidade de conversão em dinheiro. E, nesse rol, o inciso IX do indigitado artigo contempla as ações das companhias e as quotas das sociedades empresárias e simples.

Em subseção específica, o Código, no art. 861, dedica-se à regência da matéria, conferindo tratamento distinto à penhora das ações em função de ser a companhia aberta ou fechada.

Realizada a penhora das ações de sociedade anônima de capital fechado por dívida particular do acionista, prevê a lei que o juiz assinará prazo razoável, não superior, em princípio, a três meses, para que a sociedade tome as seguintes providências: i) apresente balanço especial, na forma da lei, subsidiada pelas disposições pertinentes do estatuto social; ii) ofereça as ações aos demais sócios, observado o direito de preferência; e, iii) não havendo interesse dos demais acionistas na aquisição, proceda à liquidação das ações, depositando judicialmente o valor apurado, em dinheiro.

Mas é facultado à companhia evitar a liquidação das ações mediante sua aquisição, desde que o faça, diz o § 1º do art. 861, com a utilização de reservas e sem redução do capital social, para mantê-las em tesouraria.

Apesar de o preceito se referir apenas à aquisição mediante a utilização de reservas, não vemos óbice para que ela também se realize até o valor do saldo dos lucros. É evidente hipótese em que a lei disse menos do que desejava. Não haveria sentido lógico ter que constituir previamente reserva de lucros para, em sequência, desmobilizá-la e aplicar os valores correspondentes na aquisição das ações. Ademais, na Lei do Anonimato vem explicitamente autorizada a aquisição pela companhia de suas próprias ações, desde que o faça até o valor do saldo de lucros ou reservas, exceto a legal (art. 30, § 1º, *b*). As regras devem ser harmonizadas e sistematicamente interpretadas para extrair a norma que melhor atenda aos fins sociais e econômicos a que se destinam.

Enquanto mantidas as ações em tesouraria, por evidente, não darão direito a dividendo nem a voto.

O § 3º do art. 861 do Código de Processo Civil prevê, para os fins de proceder à liquidação das ações, que o juiz poderá, mediante requerimento do exequente ou da própria sociedade, nomear administrador, que deverá submeter à aprovação judicial a forma de liquidação.

A prescrição desafia reflexão.

De plano, já se pode com segurança inferir que ao juiz não é dado agir de ofício, mas apenas mediante provocação do credor exequente ou da companhia que, embora não seja parte no processo de execução, sofrerá em sua estrutura e patrimônio os efeitos da penhora.

O vocábulo "poderá" utilizado no texto normativo, em nossa visão, quer traduzir efetivamente uma faculdade e não um poder-dever. Por lógico, se a medida vier demandada pela própria sociedade, o que na prática dificilmente ocorrerá, não terá sentido deixar de atender. Mas, se pleiteada pelo exequente, a análise do pedido deve ser cautelosa, exigindo do magistrado imprescindíveis zelo e parcimônia, de modo a não vulgarizar a providência e desestabilizar a empresa desenvolvida pela companhia. É medida, a nosso sentir, excepcional, somente se justificando quando verificados fatos de inegável gravidade e de afronta à realização do direito do credor emanados da conduta omissiva ou comissiva da sociedade, caracterizada, por exemplo, na hipótese de a companhia não apresentar o balanço especial de determinação ou de infundada resistência em realizar os atos necessários à liquidação das ações. Limitando-se a divergência ao critério utilizado na elaboração do balanço especial ou aos valores dele constantes, não se justifica a nomeação de administrador, mas sim a determinação de perícia para que se possa chegar ao justo valor.

Os §§ 4º e 5º do art. 861 em questão apresentam regras de proteção da empresa realizada pela companhia, inspiradas, assim, nos princípios constitucionais da função social da empresa e de sua preservação, prevendo, respectivamente, ampliação do prazo para pagamento do valor das ações a serem liquidadas e forma alternativa para a satisfação do credor, quando a liquidação for excessivamente gravosa.

Assim é que o prazo de três meses – inicialmente estabelecido para as providências a serem tomadas pela companhia quando penhoradas as ações do sócio – pode ser ampliado pelo juiz. Essa ampliação se dará quando o pagamento das ações a serem liquidadas i) superar o valor do saldo de lucros ou reservas, exceto a legal[76] ou ii) colocar em risco a estabilidade financeira da sociedade. As condições são, pois, alternativas e traduzem faculdade do magistrado, que deverá ser implementada quando convencido de que a ampliação do prazo é necessária a não causar dano à empresa e a garantir, destarte, a sua preservação.

Já na hipótese do § 5º, caso não tenha havido interesse dos demais acionistas no exercício do direito de preferência para aquisição das ações penhoradas, não ocorra a aquisição das ações pela companhia e a sua liquidação seja considerada excessivamente onerosa, o juiz poderá, como medida alternativa, determinar o leilão judicial das ações.

Esse é o quadro que se tem para disciplinar a penhora de ações de companhias de capital fechado.

Para as companhias de capital aberto, esse regime não se aplica e as ações objeto da penhora poderão ser adjudicadas pelo exequente ou alienadas na bolsa de valores, quando for o caso (§ 2º do art. 861). Quando for o caso, porque a companhia será considerada aberta se os valores mobiliários de sua emissão forem admitidos à negociação em bolsa ou em mercado de balcão. Assim, na situação de uma companhia ser aberta por estar autorizada a distribuir debêntures no mercado de valores mobiliários, mas não ter autorização para negociar as suas ações nesse mercado, não se terá como viabilizar a alternativa da venda em bolsa. Para não ficar o exequente, nesse caso, restrito à opção de adjudicá-las, não vemos óbice para que se proceda também à sua alienação em leilão judicial, já autorizado, como se viu, para as ações de sociedades anônimas de capital fechado.

---

[76] Essa primeira alternativa, constante do inciso I do § 4º do art. 861, a seguir literalmente reproduzida, apresenta confusa redação para os fins nela previstos, senão vejamos: "superar o valor do saldo de lucros ou reservas, exceto a legal, e sem diminuição do capital social, ou por doação". O dispositivo normativo reproduz a parte final do texto da alínea *b* do § 1º do art. 30 da Lei n. 6.404/76, que se destina a disciplinar a aquisição das próprias ações pela companhia. Algumas das referências nos preceitos contidas apenas se justificam nessa hipótese da Lei do Anonimato. O período "e sem diminuição do capital social, ou por doação" se mostra sem conexão com a finalidade da regra processual. Portanto, para os fins do inciso I do § 4º do art. 861 do Código de Processo Civil, a norma a ser extraída, com vistas a autorizar a ampliação do prazo preconizado no *caput*, deve ser a da superação do valor do saldo de lucros ou reservas, com exceção da legal.

Capítulo 7

DEBÊNTURES

7.1. ORIGEM E EVOLUÇÃO

Títulos representativos de obrigações emitidos pelas sociedades por ações, as debêntures têm sua origem identificada no Direito medieval[1]. Mas apenas na segunda metade do século XIX, com o aprimoramento das grandes sociedades anônimas e com a integração crescente dos mercados mobiliários, é que se caracterizaram esses títulos da forma pela qual são hoje vistos[2].

As debêntures foram introduzidas no ordenamento jurídico nacional por meio da Lei n. 3.150, de 4 de novembro de 1882, a qual veio permitir às sociedades anônimas contraírem empréstimos por meio de "obrigações ao portador". Supervenientemente, em 30 de dezembro daquele mesmo ano, o Decreto n. 8.821 fez uso, pela primeira vez, do termo "debêntures", empregando-o como sinônimo de "obrigação ao portador".

A deficiente regulamentação das obrigações ao portador propiciou a sua utilização de modo especulativo, inclusive por companhias fictícias, gerando grandes perdas para os investidores incautos, durante o período de 1890 a 1892. O evento deu azo a uma disciplina mais rígida para tais emissões, vindo a ser editado o Decreto n. 177-A, de 15 de setembro de 1893, conhecido como "Lei dos Empréstimos por Debêntures", pelo qual as obrigações ao portador consistiam em um empréstimo lançado à subscrição popular, mas tendo como garantia todo o ativo da sociedade emissora, não podendo o valor da emissão, ressalvadas algumas e poucas exceções, ser superior ao capital social.

---

1 António Silva Dias, *Financiamento de sociedades por emissão de obrigações*, p. 15 e ss., *apud* António Menezes Cordeiro, *Manual de direito das sociedades*, v. II, p. 692.

2 Lorenzo Mossa, *Trattato del nuovo diritto commerciale*, v. IV, p. 532 e ss., *apud* António Menezes Cordeiro, *Manual de direito das sociedades*, v. II, p. 692.

Ulteriormente, o tema foi tratado no Decreto n. 22.431/33 e no Decreto-Lei n. 781/38, que regulamentaram a comunhão de interesses entre os portadores de debêntures.

O Decreto-Lei n. 2.627/40 não cuidou especificamente das debêntures, limitando-se a conferir à assembleia geral dos acionistas a competência privativa para deliberar sobre a criação e a emissão de obrigações ao portador e a fixar o *quorum* especial para essas deliberações. Permitiu, desse modo, a vigência dos diplomas anteriores, que permaneceram a ditar a sua disciplina.

Na reformulação do mercado de capitais brasileiro, promovida no âmbito da Lei n. 4.728/65, foram verificadas relevantes inovações no regime das debêntures, revigorando e revalorizando o título como eficaz forma de capitalização, instituindo, inclusive, a possibilidade de sua conversão em ações (conversão em capital próprio).

O tema foi definitivamente consolidado pela Lei n. 6.404/76, reformulando o regime até então vigente, com a revogação de todas as disposições de lei que, anteriormente e de forma esparsa, cuidavam do tema.

De se registrar, ainda, por relevante ao conhecimento da matéria, o advento da Lei n. 8.021/90, diploma que extinguiu as obrigações ao portador, com o objetivo de identificação dos contribuintes que atuam no mercado financeiro e de capitais. Restou abolida, ainda, a forma de título endossável.

Por fim, não se pode deixar de mencionar a Lei n. 8.953/94, a qual, dando nova redação ao art. 585, I, do Código de Processo Civil de 1973, restaurou a força executiva da debênture, consagrada pelo Código de Processo Civil de 1939, mas esquecida em sua redação originária pelo Código de 1973. O seu enquadramento como título executivo extrajudicial (Código de Processo Civil de 1973, art. 585, I, com a redação determinada pela Lei n. 8.953/94) não foi alterado pela Lei n. 11.382/2006, que impôs efetiva reforma à disciplina dos títulos executivos extrajudiciais. O Código de Processo Civil de 2015 manteve, em seu art. 784, I, a debênture como título executivo extrajudicial. Constitui, por outro lado, título hábil a embasar pedido de falência (Lei n. 11.101/2005, art. 94, I).

7.2. CONCEITO, NATUREZA E FINALIDADE

Do art. 52 da Lei das S.A. pode-se extrair que a debênture confere ao seu titular um direito de crédito contra a companhia emissora, nas condições constantes da correspondente escritura de emissão e do certificado, este se houver. Difere-se, assim, da ação por sua principal característica: a debênture é título representativo da qualidade de credor do seu titular, ao passo que a ação é um título representativo do *status socii*.

Pode-se arriscar a formulação de um conceito, embora com todas as ressalvas que a definição conceitual exige, enquanto limitadora das potencialidades de um instituto jurídico. Desse modo, aceitável afirmar que a debênture é um título[3] negociável, emitido pelas sociedades por ações[4], que contra elas confere o direito ao recebimento de sua importância principal, juros e outros direitos estipulados, com ou sem garantias especiais, nos prazos e condições estabelecidos na escritura de sua emissão, e no certificado respectivo, quando emitido.

Prevaleceu na doutrina nacional a visão de constituir-se a emissão de debêntures uma modalidade especial de mútuo, entendimento esse que também é partilhado, de forma expressiva, na doutrina alienígena[5]. A sua especialidade decorre do fato de a importância mutuada ser dividida em frações, atribuídas a diversos titulares que, assim, tornam-se credores da companhia emissora, traduzindo o vínculo comum de uma só operação pela sociedade efetuada.

Mas o próprio Carvalho de Mendonça[6], um de seus principais articuladores, reconhece que o mútuo não é a única causa da debênture. A Lei n. 6.404/76, por sua vez, não faz referência ao mútuo como a operação que origina a sua emissão. Qualquer negócio jurídico legalmente considerado pode servir-lhe de causa. São exemplos, dentre outros, a novação (emissão como meio de pagamento de dívidas anteriormente contraídas) e o penhor (emissão em garantia de obrigação assumida).

Haverá, portanto, sempre uma concessão de crédito em prol da companhia emissora a inspirar a sua emissão. O negócio jurídico subjacente consiste em efetivo negócio de crédito, despontando o mútuo como sua espécie mais comum.

Boa parte da doutrina identifica a debênture como um título de crédito causal[7]. Mas como sua *causa debendi* não vem definida em lei, tal qual ocorre, por exemplo, com a duplicata, comungamos de sua visão como um título abstrato[8].

A emissão da debênture vem marcada por sua finalidade econômica, funcionando como relevante instrumento de financiamento da companhia emissora. Integram os

---

3 No sentindo amplo do termo.

4 Sociedade anônima e sociedade em comandita por ações.

5 Cf., entre outros, Carvalho de Mendonça. *Tratado de direito comercial brasileiro*, v. IV, 4ª ed. Rio de Janeiro: Freitas Bastos, 1946, p. 96; Egberto Lacerda Teixeira e José Alexandre Tavares Guerreiro, *ob. cit.*, v. 1, p. 346; Rubens Requião, *ob. cit.*, v. 2, p. 143; Modesto Carvalhosa, *Comentários à lei de sociedades anônimas*, v. 1, p. 462; Waldemar Ferreira. *Tratado das debêntures*, v. I. Rio de Janeiro: Freitas Bastos, 1944, p. 225; Halperin e Otaegui, *ob. cit.*, p. 912.

6 *Ob. cit.*, v. IV, p. 118.

7 Cf. Rubens Requião, *ob. cit.*, v. 2, p. 143; Fran Martins, *ob. cit.*, v. I, p. 313; Amaury Campinho. *Manual dos títulos de crédito*, 4ª ed. Rio de Janeiro: Lumen Juris, 2001, p. 63, entre outros.

8 No mesmo sentido, Tavares Borba, *ob. cit.*, p. 283.

seus titulares uma comunhão de interesses gerida por seus órgãos: o agente fiduciário e a assembleia geral dos debenturistas.

Encerram, muitas vezes, recursos de longo prazo, destinados a financiar investimentos fixos, mas nada obsta se prestem também a suprir as necessidades de capital de giro da companhia.

7.3. CLASSIFICAÇÃO

As debêntures poderão ser classificadas segundo a sua conversibilidade ou não em ações. Desse modo, são divididas em debêntures não conversíveis e em debêntures conversíveis em ações.

A conversibilidade em ações deverá observar as condições estabelecidas na escritura de emissão. Sendo ela admitida, o prefalado documento deve especificar: a) as bases da conversão, seja em número de ações em que poderá ser convertida cada debênture, seja como relação entre o valor nominal da debênture e o preço de emissão das ações; b) a espécie e a classe das ações em que poderá ser convertida; c) o prazo ou época para o exercício do direito à conversão; e d) as demais condições a que a conversão acaso fique sujeita (art. 57).

Os acionistas, nesse tipo de debênture, sempre terão o direito de preferência para subscrever a correspondente emissão, observada a regra geral de preferência prevista nos arts. 171 e 172.

A natureza das debêntures com cláusula de conversibilidade em ações é discutida. Preferimos o seu enquadramento como uma figura autônoma que envolve uma participação social potestativa[9]. A cláusula retrata uma declaração de vontade irrevogável da companhia emissora, que a coloca em posição de sujeição à manifestação de vontade do acionista. O título para ela sempre resultará a obrigação de pagar, porém, sob duas modalidades alternativas: pagamento em dinheiro ou em ações. O exercício, pelo credor, do direito potestativo de se tornar acionista implica a extinção da obrigação pecuniária nele prevista[10].

Durante o período em que ainda puder ser exercido o direito à conversão, a lei, protegendo uma expectativa real de direito dos debenturistas, submete à sua aprovação, em assembleia especial, ou à aprovação de seu agente fiduciário, as alterações estatutárias para mudança do objeto da companhia e para a criação de ações preferenciais ou a modificação das vantagens já existentes, em prejuízo das ações em que são conversíveis as debêntures[11].

---

9 António Menezes Cordeiro, *Manual de direito das sociedades*, v. II, p. 710.

10 Modesto Carvalhosa, *Comentários à lei de sociedades anônimas*, v. 1, p. 547.

11 Acerca do conceito de mudança do objeto, remetemos ao que foi desenvolvido no item 2.8 do capítulo 2.

7.4. EMISSÃO E SÉRIES

Sendo a debênture um título fracionário, torna-se possível a sua emissão sucessiva, efetuando, dessa forma, a companhia, mais de uma emissão. Cada emissão, por sua vez, pode ser dividida em séries (art. 53).

As debêntures de uma mesma série terão o mesmo valor nominal e conferirão aos seus titulares os mesmos direitos. Não há, portanto, a exigência de uniformidade quanto às debêntures de séries diversas, ainda que integrantes de uma mesma emissão. A regra é a da igualdade dentro das séries, mas não entre elas[12].

7.5. ESPÉCIES

As espécies de debêntures são estabelecidas segundo a existência e o grau de garantias que oferecem. Desse modo, são elas divididas, pelo art. 58, em garantia real, garantia flutuante, sem preferência ou quirografária e subordinada.

A questão ganha corpo no caso de concurso de credores, notadamente no concurso universal, resultante da decretação da falência da companhia. Cada espécie terá uma classificação própria no quadro geral de credores, estabelecido no art. 83 da Lei n. 11.101/2005[13].

---

12 Modesto Carvalhosa, *Comentários à lei de sociedades anônimas*, v. 1, p. 500; e Tavares Borba, *ob. cit.*, p. 285.

13 *Caput* do art. 83: "A classificação dos créditos na falência obedece à seguinte ordem: I – os créditos derivados da legislação do trabalho, limitados a 150 (cento e cinquenta) salários-mínimos por credor, e os decorrentes de acidentes de trabalho; II – créditos com garantia real até o limite do valor do bem gravado; III – créditos tributários, independentemente da sua natureza e tempo de constituição, excetuadas as multas tributárias; IV – créditos com privilégio especial, a saber: a) os previstos no art. 964 da Lei n. 10.406, de 10 de janeiro de 2002; b) os assim definidos em outras leis civis e comerciais, salvo disposição contrária desta Lei; c) aqueles a cujos titulares a lei confira o direito de retenção sobre a coisa dada em garantia; d) aqueles em favor dos microempreendedores individuais e das microempresas e empresas de pequeno porte de que trata a Lei Complementar n. 123, de 14 de dezembro de 2006; V – créditos com privilégio geral, a saber: a) os previstos no art. 965 da Lei n. 10.406, de 10 de janeiro de 2002; b) os previstos no parágrafo único do art. 67 desta Lei; c) os assim definidos em outras leis civis e comerciais, salvo disposição contrária desta Lei; VI – créditos quirografários, a saber: a) aqueles não previstos nos demais incisos deste artigo; b) os saldos dos créditos não cobertos pelo produto da alienação dos bens vinculados ao seu pagamento; c) os saldos dos créditos derivados da legislação do trabalho que excederem o limite estabelecido no inciso I do *caput* deste artigo; VII – as multas contratuais e as penas pecuniárias por infração das leis penais ou administrativas, inclusive as multas tributárias; VIII – créditos subordinados, a saber: a) os assim previstos em lei ou em contrato; b) os créditos dos sócios e dos administradores sem vínculo empregatício".

A debênture com garantia real é aquela que confere um direito real de garantia sobre determinado ou determinados bens da sociedade. Os credores debenturistas desfrutam de uma preferência real, e, como tal, a coisa dada em garantia fica sujeita ao cumprimento da obrigação. Na falência, concorrem como credores com direito real de garantia.

A debênture com garantia flutuante assegura ao seu titular um privilégio geral sobre o ativo da companhia, mas isso não impede, por si só, a negociação dos bens que compõem esse ativo. Os debenturistas, nesse caso, concorrem na falência na linhagem dos credores com privilégio geral. Os títulos de nova emissão serão preferidos pelos de emissão ou emissões anteriores, estabelecendo-se a prioridade pela data de inscrição da escritura. Dentro da mesma classe de emissão, as séries concorrem em igualdade. Se as debêntures forem emitidas por companhias integrantes de grupo de sociedades, poderão ter garantia flutuante do ativo de duas ou mais sociedades do grupo.

A debênture sem preferência ou quirografária posiciona o seu titular como credor quirografário, mantendo a posição na falência da companhia.

Caracteriza-se a debênture subordinada pela existência de cláusula de subordinação aos credores quirografários, preferindo apenas aos acionistas no ativo remanescente em caso de liquidação ou de falência da companhia.

Faculta-se à companhia proteger os direitos de certos debenturistas, geralmente dos titulares de debêntures sem preferência ou subordinadas[14], mediante a assunção da obrigação de não alienar ou onerar bens do seu ativo. Essa obrigação, em relação aos bens sujeitos a registro de propriedade, é oponível a terceiros, desde que averbada a escritura de emissão do título no competente registro.

A garantia fidejussória, embora não expressamente prevista em lei, revela-se possível de ser materializada, porquanto inexiste razão de ordem jurídica para impedir seja ela avençada. É uma garantia pessoal, prestada geralmente por uma instituição financeira ou até mesmo por um ou mais acionistas, oferecida pela companhia como garantia na emissão, tornando os seus prestadores codevedores da obrigação.

As garantias, sejam elas de que modalidade forem, abrangerão todas as debêntures de uma emissão ou apenas algumas séries delas. Se limitada a uma ou a algumas séries, não se estende às outras, pois não se admite a extensão da garantia.

Podem as garantias ser constituídas cumulativamente, hipótese que reforça a confiança dos investidores, facilitando a sua colocação no mercado.

---

14 Rubens Requião, *ob. cit.*, v. 2, p. 146-147.

7.6. VALOR NOMINAL E CORREÇÃO MONETÁRIA

A debênture, exige o art. 54, terá valor nominal expresso em moeda corrente nacional. Excepcionam-se, entretanto, os casos de obrigações que possam ter o pagamento estipulado em moeda estrangeira, como os títulos que se destinem a ser colocados no exterior.

Por envolver a previsão de um crédito de pagamento futuro, permite-se que tenha cláusula de correção monetária. Esta se baseará nos coeficientes fixados para a correção de títulos de dívida pública, na variação da taxa cambial ou em outros referenciais que não sejam expressamente vedados em lei. Encontra-se a correção monetária sujeita à regra da anualidade[15], a qual cederá nas hipóteses de atualização decorrente de mora e nos casos em que houver antecipação de pagamento, quando se fará *pro rata tempore*[16].

7.7. REMUNERAÇÃO DA DEBÊNTURE

Estatui a Lei n. 6.404/76, em seu art. 56, que "a debênture poderá assegurar ao seu titular juros, fixos ou variáveis, participação no lucro da companhia e prêmio de reembolso".

Dúvidas de exegese giram em torno do texto normativo reproduzido. Há quem sustente, em virtude de sua literalidade, que o rendimento da debênture pode consistir apenas na mera participação no lucro ou em simples prêmio de reembolso[17]. Contudo, essa não parece ser a melhor orientação. Do texto ressalta, inconteste, o caráter de onerosidade da debênture, que não poderá deixar de conferir vantagem de cunho pecuniário. Os juros não são, portanto, de pagamento facultativo, encontrando-se visceralmente ligados à remuneração dos recursos dos debenturistas prestados à sociedade.

---

15 Cf. o § 1º do art. 28 da Lei n. 9.069/95 e o § 1º do art. 2º da Lei n. 10.192/2001.

16 Essa opinião também é advogada por Tavares Borba (*ob. cit.*, p. 288). Entretanto, sustentam diferente posição Carvalhosa e Eizirik, para os quais inexiste na correção das debêntures periodicidade mínima, não sendo aplicável a regra geral da anualidade, advinda a partir do Plano Real (*ob. cit.*, p. 162 e ss.). Não nos parece, todavia, conveniente o argumento. Não vislumbramos na nova redação do § 1º do art. 54, introduzida pela Lei n. 10.303/2001, uma autorização para liberação da periodicidade da atualização monetária. O fato de não fazer qualquer restrição à periodicidade mínima de reajuste, como sustentam os citados autores, não gera como conclusão imediata, em nosso sentir, a ampla liberdade de sua fixação para a companhia, como concluem. Com efeito, ao ser omissa a lei de 2001 quanto a essa periodicidade do reajuste, não derrogou a regra geral da anualidade. Para tal, deveria tê-lo expressamente feito. A lei societária não ingressou no campo da periodicidade de reajuste. Omitiu-se. Amolda-se, assim, à vontade das partes, exercitada, porém, em estrita consonância com o ordenamento vigente. Este, até então, não alforria a debênture da correção anual.

17 É o entendimento defendido por Tavares Borba, *ob. cit.*, p. 288-289.

Consoante pertinente escólio de Fernando Mendonça[18], a não atribuição de juros à debênture levaria à sua descaracterização. Debênture sem juros, dotada apenas do direito à participação dos lucros, por exemplo, não teria a natureza de debênture, mas a de parte beneficiária.

7.8. VENCIMENTO, AMORTIZAÇÃO E RESGATE

Na sua função de instrumentalizar o financiamento empresarial, a debênture, corriqueiramente, pressupõe um prazo determinado para seu vencimento, ocasião em que a companhia emissora irá reembolsar o credor debenturista, finalizando, com o ato, a operação de crédito nela representada.

Tradicionalmente, as emissões de debêntures se destinavam ao financiamento de ativos fixos e empreendimentos de grande vulto econômico das sociedades emissoras, razão pela qual sempre foram vistas como títulos de longo prazo, sendo a permanência dos recursos identificada com a natureza do mútuo que comumente lhe servia e lhe serve de causa. Mas a lei, com efeito, não estabeleceu prazo mínimo para o seu vencimento, orientação que resultou na adoção prática de títulos de médio e até de curto prazo, emitidos para atender às necessidades prementes de capital e crédito pelas companhias.

Ainda que se apresentem como títulos de longevidade, existem mecanismos legais para o seu encurtamento, segundo as necessidades de adequação às práticas de mercado, como o são as operações de resgate e amortização, podendo-se ao rol ser adicionada a sua aquisição pela própria companhia que os emitiu.

Como linha de princípio, a data de seu vencimento deverá constar da escritura de emissão e do respectivo certificado (art. 55). Lembre-se de que as debêntures de uma mesma série deverão ter tratamento uniforme (parágrafo único do art. 53), inclusive no que se refere ao vencimento.

É possível à companhia, entretanto, estipular amortizações parciais de cada série, criando, inclusive, fundos para esse fim, constituídos com lucros apurados[19], além de reservar-se o direito de resgate antecipado, total ou parcial, dos títulos da mesma série. São, assim, cláusulas que podem constar, e é usual que constem, nas escrituras de emissão.

A amortização e o resgate têm em mira a extinção parcial ou total da obrigação. Mas são figuras com naturezas diversas.

---

18 *Debênture*. São Paulo: Saraiva, 1988, p. 14.

19 São esses fundos reserva vinculada, originada de lucros e, como tal, devem obedecer ao disposto no art. 194.

A amortização traduz pagamento parcelado, periódico e progressivo dos títulos[20]. O título, contudo, não é retirado de circulação, permanecendo em mãos de seu tomador.

O resgate significa a retirada dos títulos de circulação, importando em remissão, por meio do pagamento do título creditício respectivo[21]. Resulta, portanto, no pagamento de todos os valores devidos aos credores debenturistas. Revela um poder potestativo da sociedade emissora de reaver os títulos em circulação[22].

Previstos na escritura de emissão, a amortização consiste em uma obrigação da companhia, estabelecida em favor dos debenturistas, que passam a ela ter direito; o resgate, por seu turno, envolverá sempre uma faculdade reservada à sociedade. É a inteligência que se pode extrair do *caput* do art. 55.

A amortização de debêntures da mesma série deve ser feita mediante rateio[23] (§ 1º do art. 55).

Preconiza o § 2º do mesmo art. 55 o modo pelo qual o regate parcial de debêntures da mesma série deve ser feito, a saber: a) mediante sorteio; ou b) se as debêntures estiverem cotadas por preço inferior ao valor nominal, por compra no mercado organizado de valores mobiliários, observadas as regras expedidas pela Comissão de Valores Mobiliários.

Nos termos do § 3º do preceito em comento, vem conferida à companhia a faculdade de adquirir as debêntures de sua emissão. A hipótese legal traduz-se em mera compra de títulos pela própria sociedade emissora. Diferencia-se do resgate na medida em que não implica a extinção do título, o qual, mediante simples avaliação de conveniência e oportunidade da companhia, pode vir a ser recolocado no mercado[24]. Quanto ao preço dessa aquisição de debêntures pela própria companhia, prevê a lei que ela possa se realizar por valor igual ou inferior ao nominal, devendo o fato constar do relatório da administração e das demonstrações financeiras, ou até mesmo por valor superior ao nominal, mas desde que observe as regras da Comissão de Valores Mobiliários para esse fim.

Permitiu a lei, no § 4º do art. 55, que a companhia possa emitir debêntures cujo vencimento somente se opere em situações nas quais sejam verificados o inadimplemento da obrigação de pagar juros, a dissolução da companhia, ou, ainda, diante de outras condições previstas no título. A figura legal tem sido nominada debênture permanente ou perpétua. A vantagem para a companhia se concentra na captação de recursos, em

---

20 Waldemar Ferreira, *Tratado das debêntures*, v. I, p. 96.

21 Waldemar Ferreira, *Tratado das debêntures*, v. I, p. 96.

22 Modesto Carvalhosa, *Comentários à lei de sociedades anônimas*, v. 1, p. 518.

23 Essa é a atual redação do § 1º do art. 55, conferida pela Lei n. 12.431/2011, que veio afastar as dúvidas e incertezas de interpretação geradas pela redação original.

24 Tavares Borba, *ob. cit.*, p. 292.

caráter permanente, isto é, que não são exigíveis senão naquelas condições pertinentes ao título, aliada à não interferência do prestador de capital na gestão empresarial. Para o investidor, resulta numa remuneração permanente, mas que só lhe permite realizar o seu crédito, fora aquelas hipóteses determinadoras do vencimento, por meio de sua negociação no mercado.

No que se refere à moeda de pagamento do principal e dos acessórios, quando do vencimento, amortização ou resgate, o § 2º do art. 54, como uma das inovações introduzidas pela Lei n. 10.303/2001, previu a possibilidade de o pagamento em dinheiro ser substituído pela quitação em bens da companhia, que deverão estar avaliados nos termos do art. 8º, este já abordado no item 4.5 do capítulo 4. Mas impende seja a faculdade expressamente prevista na escritura de emissão, assegurando-a como uma opção de escolha ao debenturista. A ele cumpre potestativamente exercer essa opção, sempre individual, não podendo a companhia, nessas situações, escolher o meio a ser empregado.

No momento em que fizer jus ao recebimento, o credor poderá escolher a modalidade de pagamento, sempre consciente de que, optando pelo bem, se este não mais encontrar a cotação de mercado condizente com a época de sua avaliação e fixação na escritura, nem por isso poderá exigir a complementação em dinheiro.

A adoção do procedimento justifica-se quando o investidor desfrutar de efetivo interesse em certos bens que constituem o ativo da sociedade emitente[25].

7.9. LIMITE DE EMISSÃO

Com a revogação do art. 60 da Lei n. 6.404/76 pela Lei n. 12.431/2011, não há mais um limite genérico para a emissão de debêntures. O *caput* do indigitado artigo estabelecia que: "excetuados os casos previstos em lei especial, o valor total das emissões de debêntures não poderá ultrapassar o capital social da companhia"[26 e 27]. Assim, a

---

25 Oportunamente, lembram Carvalhosa e Eizirik que a modalidade tem sido utilizada pelo BNDESPar, através das denominadas "debêntures transformáveis". Os seus titulares, no vencimento, têm a opção de receber o pagamento em dinheiro ou em ações de outra companhia determinada na escritura, titularizadas pelo emissor (*ob. cit.*, p. 165).

26 O limite ordinário do *caput* do art. 60 podia ser excedido em situações explicitadas no próprio texto normativo: a) tratando-se de debêntures com garantia real, o limite do capital social poderia ser ultrapassado até alcançar oitenta por cento do valor dos bens gravados, próprios ou de terceiros; b) no caso da garantia flutuante, o limite poderia ser elevado até que atingisse setenta por cento do ativo da companhia, no valor contabilmente declarado, diminuído do montante das suas dívidas garantidas por direitos reais (§ 1º do art. 60).

27 Contestável se afigurava a utilização do capital social como balizador. Não era ele capaz de efetivamente servir de índice de garantia à solidez da emissão, tendo em vista não re-

cada nova emissão de debêntures, deveria ser somado o seu valor ao das demais emissões ainda não extintas, a fim de verificar se o saldo estava dentro do limite do capital social.

O limitador tinha em mira impedir a emissão indiscriminada desses títulos, com o escopo de proteger o tomador das debêntures, mas, como se disse, não há mais limite para a emissão. Fica-se com o risco de colocação no mercado de títulos despidos de qualquer lastro.

7.10. COLOCAÇÃO DAS DEBÊNTURES

A colocação de debêntures pela companhia deve observar certas formalidades, de caráter preliminar, dispostas em lei.

A primeira delas diz respeito à competência para a deliberação sobre a emissão. Inicialmente, aparece a assembleia geral como o órgão societário competente para essa decisão, a qual deverá, observando o que a respeito dispuser o estatuto, fixar: a) o valor da emissão ou os critérios de determinação do seu limite, e a sua divisão em séries, se for o caso; b) o número e o valor nominal das debêntures; c) as garantias reais ou a garantia flutuante, se houver; d) as condições da correção monetária, se houver; e) a conversibilidade ou não em ações e as condições a serem observadas na conversão; f) a época e as condições de vencimento, amortização ou resgate; g) a época e as condições do pagamento dos juros, da participação nos lucros e do prêmio de reembolso, se houver; h) o modo de subscrição ou colocação e o tipo das debêntures.

O *caput* do art. 59 menciona ser a emissão de competência privativa do conclave dos acionistas. Contudo, o dispositivo não tem esse alcance que a literalidade de seu texto, em princípio, demonstra.

Nos termos do § 1º do citado artigo, com a redação determinada pela Lei n. 12.431/2011, restou outorgada, salvo disposição estatutária em contrário, uma competência para o conselho de administração, na companhia aberta, para deliberar, independentemente de manifestação assemblear, sobre a emissão de debêntures não conversíveis em ações.

Em relação às debêntures conversíveis em ações, também na companhia aberta, mas necessariamente em regime de capital autorizado, o § 2º do art. 59, com redação igual-

---

fletir a situação patrimonial da companhia. A Lei n. 4.728/65 parecia mais realista ao adotar como limite de emissão o patrimônio líquido para as debêntures conversíveis em ações. Ao consagrar, porém, o teto do capital social, tal qual já se tinha no Decreto n. 177-A/1893, a Lei n. 6.404/76 incorreu em idêntica omissão, não esclarecendo se o limite máximo para a emissão deveria ser calculado sobre o capital subscrito ou sobre o que tivesse sido efetivamente integralizado.

mente dada pela Lei n. 12.431/2011, prevê que o estatuto pode autorizar o conselho de administração a, dentro dos limites do capital autorizado, deliberar sobre a emissão dessas debêntures, especificando o limite do aumento de capital decorrente da conversão das debêntures, em valor do capital social ou em número de ações, e as espécies e classes das ações que poderão ser emitidas.

Essa ressalva da competência privativa da assembleia vem sistematicamente acompanhada no art. 122 que, no seu inciso IV, também com redação dada pela aludida lei reformadora de 2011, reservou aquelas competências do conselho.

Afora a competência originária plena, resultante por força de lei (§ 1º do art. 59) ou de disposição estatutária (§ 2º do art. 59), o conselho de administração pode, ainda, ser destinatário de uma competência delegada. Mas o órgão delegante será sempre a assembleia geral, e, portanto, o ato de delegação ocorrerá nas hipóteses de sua competência privativa para a emissão. A delegação não se faz em relação ao ato propriamente dito, mas sim acerca de certas condições da emissão e sobre a sua própria oportunidade. As condições que podem ser objeto dessa transferência de poderes consistem nas fixações do vencimento, da amortização, do resgate, do pagamento de juros, de participação nos lucros e do prêmio do reembolso, além do modo de subscrição ou colocação, e o tipo das debêntures (§ 4º do art. 59, incluído pela Lei n. 12.431/2011).

A razão da norma justifica-se na operacionalidade dessas condições e na avaliação do momento de colocação dos títulos junto aos investidores, sendo mais consentânea com a atuação do órgão de administração, que melhor pode avaliar a realidade e a dinâmica do mercado.

A segunda formalidade preliminar se assenta na assinatura da escritura de emissão, na qual constarão os direitos conferidos pelas debêntures, suas garantias e demais cláusulas e condições estabelecidas pela assembleia geral ou pelo conselho de administração, conforme o caso. A escritura instrumentalizar-se-á por documento público ou particular e consiste em declaração unilateral de vontade da companhia[28]. Deverá ser firmada, ainda, pelo agente fiduciário dos debenturistas, se houver, e nos títulos

[28] A esse ato unilateral da companhia os interessados são chamados a simplesmente aderir. Portanto, não cabe à companhia contra eles invocar qualquer eventual abusividade de cláusulas e condições da emissão. A esse respeito já se posicionou o Superior Tribunal de Justiça: "Debêntures. Emissão: condições. Cláusulas abusivas. 1. A emissão de debêntures é de competência privativa da assembleia geral da emitente, que estabelece as condições gerais de lançamento, não podendo depois, no momento do resgate, arguir a existência de cláusulas abusivas alcançando a remuneração estipulada em prejuízo dos investidores que acreditaram na oferta mais atrativa" (Recurso Especial n. 784.881/CE, Relator Ministro Carlos Alberto Menezes Direito, julgado à unanimidade pelos integrantes da 3ª Turma em 4-5-2006).

distribuídos ou admitidos à negociação no mercado essa intervenção se faz obrigatória (art. 61, *caput* e § 1º).

A escritura deverá contemplar todas as séries em que se dividir a emissão. Entretanto, se não houver concomitância na colocação das séries, cada nova série, da mesma emissão, a ser negociada, será objeto de aditamento à respectiva escritura (§ 2º do art. 61).

Destinadas as debêntures à negociação em bolsa ou mercado de balcão, fica facultado à Comissão de Valores Mobiliários aprovar padrões de cláusulas e condições que devam ser adotados na escritura, bem como recusar a admissão ao mercado da emissão que não observe esses padrões (§ 3º do art. 61).

Preterida qualquer uma dessas formalidades essenciais (deliberação da assembleia geral ou do conselho de administração e escritura de emissão), ter-se-á a nulidade das debêntures emitidas.

Como requisitos de eficácia da emissão, o art. 62 exige sejam procedidos os seguintes registros: a) arquivamento, no Registro Público de Empresas Mercantis, e publicação da ata da assembleia geral ou do conselho de administração, que deliberou sobre a emissão; b) inscrição da escritura de emissão e de eventuais aditamentos no mesmo Registro Público de Empresas Mercantis; e c) constituição das garantias reais, quando for o caso, na forma da Lei de Registros Públicos.

Os registros destinam-se a conferir autenticidade e segurança aos referidos documentos. As eventuais irregularidades são sanáveis, sendo permitido ao agente fiduciário e a qualquer debenturista individualmente promover o registro e sanar lacunas ou irregularidades constantes dos registros promovidos pelos administradores (§ 2º do art. 62), operando seus efeitos *ex nunc*. Apenas após o cumprimento desses requisitos de segurança e autenticidade da emissão é que ela estará apta a produzir seus efeitos.

Respondem, assim, os administradores da companhia, perante esta e terceiros, pelas perdas e danos resultantes do não cumprimento regular e integral das formalidades essenciais e de eficácia da emissão.

7.11. COLOCAÇÕES PÚBLICAS E PRIVADAS

O critério de diferenciação entre as emissões públicas e privadas, conforme entendimento doutrinário que sobre o tema tem-se estabelecido[29], deve levar em conta três

[29] Cf. Nelson Eizirik. *Temas de direito societário*. Rio de Janeiro: Renovar, 2005, p. 398; e Emissão de debêntures *in Revista dos Tribunais (RT)*, n. 721, novembro de 1995. São Paulo: Revista dos Tribunais, p. 52-61; e Samuel F. Linares Bretón. *Operaciones de bolsa*. Buenos Aires: Depalma, 1980, p. 53.

elementos fundamentais: a) o ofertante; b) os destinatários; e c) os meios e processos empregados para a colocação dos títulos.

O ofertante, como regra, é a companhia emissora. Nos termos do § 2º do art. 19 da Lei n. 6.385/76, equiparam-se a ela: a) o seu acionista controlador e as pessoas por ela controladas; b) o coobrigado nos títulos; c) as instituições financeiras e demais sociedades integrantes do sistema de distribuição de valores mobiliários; e d) quem quer que tenha subscrito valores da emissão, ou os tenha adquirido à companhia emissora, com o fim de os colocar no mercado.

Os destinatários, na emissão pública, devem ser indeterminados, sendo ela dirigida à generalidade dos indivíduos. Desse modo, existindo vínculo entre a sociedade emissora e os destinatários, fica descaracterizada a emissão pública, como se verifica na hipótese do exercício do direito de preferência à subscrição de debêntures conversíveis em ações pelos acionistas da companhia emitente.

Um outro elemento interessante para aferir essa destinação é destacado por Nelson Eizirik[30]: a qualificação dos ofertados. Assim, considera que podem ser privadas "aquelas emissões que são colocadas apenas junto a investidores sofisticados, com elevado poder de barganha frente à emissora e plenamente capazes de assumirem conscientemente os riscos do empreendimento".

No que se refere aos meios ou processos empregados pelo emitente, o § 3º do art. 19 da Lei n. 6.385/76 relaciona como caracterizadores de emissão pública: a) a utilização de listas ou boletins de venda ou subscrição, folhetos, prospectos ou anúncios destinados ao público; b) a procura de subscritores ou adquirentes para os títulos por meio de empregados, agentes ou corretores; e c) a negociação feita em loja, escritório ou estabelecimento aberto ao público, ou com a utilização dos serviços públicos de comunicação. Mas o elenco é visto como exemplificativo, não sendo capaz de encerrar as hipóteses reveladoras dessa modalidade de emissão. Dessa feita, quaisquer outros meios de apelo à poupança popular, desde que não individualizados os destinatários da oferta, podem também ser qualificados como de emissão pública[31].

Caracterizada a emissão pública, a companhia, para validamente procedê-la, deve contar com o prévio registro da emissão na Comissão de Valores Mobiliários. Como se estudou no item 2.9 do capítulo 2, somente os valores mobiliários de companhias registradas na mencionada autarquia – isto é, das companhias abertas – podem ser objeto de distribuição no mercado de valores mobiliários. Também como já foi visto alhures,

---

[30] Nelson Eizirik, *Temas de direito societário*, p. 399.

[31] Nelson Eizirik, *Temas de direito societário*, p. 398.

caberá à Comissão de Valores Mobiliários subordinar o registro à divulgação das informações necessárias à proteção dos investidores (*disclosure*).

Qualquer distribuição pública sem o necessário registro prévio será nula de pleno direito, porquanto preterida formalidade essencial à validade do ato.

Não se admite, outrossim, seja realizada emissão pública sem a participação de uma instituição financeira que atue como *underwriter*[32].

O ato de aprovar ou não o pedido de registro é necessariamente vinculado, não competindo à Comissão de Valores Mobiliários adentrar nas questões de conveniência ou de oportunidade, devendo, sob pena de nulidade, ser o referido ato devidamente fundamentado. Nos termos do art. 16 da Instrução CVM n. 400/2003, o pedido de registro somente poderá ser negado quando não forem cumpridas, em tempo hábil, as exigências formuladas pela autarquia. Quanto aos documentos e informações exigidos para o registro, estes se encontram no anexo II da mesma Instrução.

7.12. FORMA E CIRCULAÇÃO

As debêntures serão sempre nominativas, aplicando-se, no que couber, a mesma disciplina das ações, prevista nas Seções V a VII do Capítulo III da Lei das S.A., como estabelece o *caput* do art. 63. Essa referência ao mesmo tratamento das ações supre a ausência de previsão específica de livros de registro e de transferência para as debêntures, os quais terão a adoção legitimada, na medida em que a Seção VI do Capítulo III a elas é aplicável, encontrando-se, dessa forma, integrado o procedimento de registro e de transferência dos títulos.

A lei preconiza, ainda, no art. 64, os requisitos dos certificados das debêntures, que deverão, assim, conter: a) a denominação, sede, prazo de duração e objeto da companhia; b) a data da constituição da companhia e do arquivamento e publicação dos seus atos constitutivos; c) a data da publicação da ata da assembleia geral que deliberou sobre a emissão; d) a data e ofício do registro de imóveis em que foi inscrita a emissão; e) a denominação “Debênture” e a indicação da sua espécie, pelas palavras “com garantia real”, “com garantia flutuante”, “sem preferência” ou “subordinada”; f) a designação da emissão e da série; g) o número de ordem; h) o valor nominal e a cláusula de correção monetária, se houver, as condições de vencimento, amortização, resgate, juros, participação no lucro ou prêmio de reembolso, e a época em que serão devidos; i) as condições de conversibilidade em ações, se for o caso; j) o nome do debenturista; k) o nome do agente fiduciário dos debenturistas, se houver; l) a data da emissão do certi-

32 Sobre as modalidades de *underwriter*, confira-se o item 5.5 do capítulo 5.

ficado e a assinatura de dois diretores da companhia; e m) a autenticação do agente fiduciário, se for o caso.

A companhia poderá, ainda, emitir certificados de múltiplos de debêntures e, provisoriamente, cautelas que as representem, satisfeitos os mesmos requisitos de forma acima enunciados (art. 65).

As debêntures escriturais, expressamente mencionadas no *caput* do art. 74, também se afiguram admissíveis, até porque não são senão subformas de debêntures nominativas, preenchendo os mesmos requisitos de nominatividade.

A prova da titularidade da debênture escritural terá por objeto os lançamentos feitos em conta corrente a crédito e a débito do seu titular. Os extratos desses lançamentos, portanto, constituem o elemento probatório da propriedade. Presume-se a propriedade do título escritural pelo registro na conta corrente aberta em nome do debenturista nos livros da instituição financeira, tal qual se tem no art. 35 para as ações escriturais. Mas a presunção é sempre relativa, admitindo provas de erro, dolo, fraude, por exemplo, no lançamento.

As debêntures nominativas podem ser objeto de "depósito", com emissão de certificados, nos mesmos termos do art. 43, visto quando do estudo das ações (§ 1º do art. 63), admitindo-se, ainda, sejam mantidas em conta de custódia, em nome de seus titulares, em instituição que designar, sem emissão de certificados, aplicando-se, no que couber, o disposto no art. 41, já também nesta obra analisado no âmbito das ações (§ 2º do art. 63 c/c § 2º do art. 41).

7.13. ASSEMBLEIA DE DEBENTURISTAS

Preconiza o *caput* do art. 71 da Lei n. 6.404/76 que "os titulares de debêntures da mesma emissão ou série podem, a qualquer tempo, reunir-se em assembleia a fim de deliberar sobre matéria de interesse da comunhão dos debenturistas". Tem-se aí a figura da assembleia especial de debenturistas, fundada na preservação dos interesses da comunhão desses credores obrigacionistas da companhia.

A organização dos debenturistas em assembleia vem inspirada pelo anseio de uma tutela mais eficaz de seus direitos perante a companhia emissora. A sua convocação, ressalte-se, é em certos casos obrigatória por força de lei, como para: a) deliberar sobre a redução do capital social da emissora, nas hipóteses previstas no art. 174; b) para decidir sobre incorporação, fusão ou cisão da sociedade emitente (art. 231); e c) para alterar o estatuto, com o escopo de mudar o objeto da companhia, criar ações preferenciais ou modificar as vantagens das existentes, em prejuízo das ações em que são conversíveis as debêntures, quando emitidas com esse direito e enquanto puder ser exercida a conversão (§ 2º do art. 57).

É a assembleia de debenturistas um órgão interno, não permanente e soberano da comunhão, destituída, portanto, de poderes de representação, os quais tocarão ao agente fiduciário, que a ela estará sempre subordinado. O caráter não permanente reflete-se no fato de ser instalada por força de convocação pelos legitimados, a fim de decidir sobre certos assuntos, desmobilizando-se em seguida.

Como reflexo da declaração de vontade da comunhão, as deliberações tomadas devem observar, com rigor, os interesses da coletividade nelas expressados. Às decisões cumpre sempre visar a conservação e a defesa dos direitos dos debenturistas, não sendo lícito, pois, a prática de atos estranhos ou colidentes com esses direitos e interesses. A derrogação de direitos, dessa forma, não pode ser validamente implementada pela assembleia. Embora tenha ela legitimação para aprovar modificações nas condições das debêntures (§ 5º do art. 71), não se encontra autorizada, por exemplo, a reduzir o seu valor, ato que extrapolaria os limites de seus poderes, como já bem decidiu o Superior Tribunal de Justiça[33]. Qualquer debenturista que se sentir prejudicado pela deliberação tem legitimidade e evidente interesse para individualmente agir, pleiteando a invalidação do ato, fundado nos prejuízos que dele resultam para a própria comunhão. Caberá ao agente fiduciário, representando a comunhão, sustentar a legalidade da decisão objetada.

A assembleia especial em questão, nos termos do *caput* do art. 71 antes reproduzido, será realizada entre os titulares de debêntures "da mesma emissão ou série". Os vocábulos são intencionalmente empregados, porquanto se destinam a fixar o exato alcance da comunhão de interesses, os quais serão o objeto mediato da deliberação.

Assim, a comunhão apenas se estabelece entre aqueles obrigacionistas com a mesma condição jurídica, titularizando idênticos direitos. Somente os que integram uma mesma comunhão de interesses é que serão reunidos na mesma assembleia, pois é desse modo que se estará aferindo a vontade da comunhão. Esta, portanto, pode ser verificada nos limites da mesma emissão, envolvendo todas as séries que a compõem, quando houver uniformidade dos direitos conferidos; ou pode ser aferida diante de cada série isoladamente, quando os direitos em cada uma se revelarem desiguais, inexistindo a comunhão na emissão, mas apenas nos lindes individuais das séries. Cada série, nesse caso, terá uma comunhão específica, separadamente considerada.

A validade da decisão assemblear fica, em primeiro plano, condicionada à observância dos requisitos formais de convocação e instalação.

---

33 "A assembleia geral dos debenturistas não está autorizada pelo art. 71, § 5º, da Lei n. 6.404/76 a reduzir o valor das debêntures" (Recurso Especial n. 303.825/SP, Relator Ministro Ruy Rosado de Aguiar, julgado à unanimidade pelos integrantes da 4ª Turma em 19-6-2001).

Encontram-se legitimados a convocá-la o agente fiduciário; a companhia emissora; os debenturistas que representem, no mínimo, dez por cento dos títulos em circulação (excluídas as mantidas em carteira ou tesouraria); e a Comissão de Valores Mobiliários (§ 1º do art. 71). Esta, como curial, exercerá a sua legitimação concorrente nos casos de debêntures distribuídas no mercado, quando a respectiva emissão e negociação encontrarem-se submetidas ao seu crivo regulador. Em relação aos debenturistas, é bom que se diga, o respectivo percentual afere-se dentro do universo da comunhão respectiva, porquanto o que se vai deliberar são matérias de interesse da comunhão. Fundamenta-se a convocação pela companhia para propor aos interessados alterações nas condições de emissão ou mesmo para levar ao conclave outros assuntos de interesse da comunhão que extrapolem os poderes de gestão e representação do agente fiduciário. Destarte, este também deverá proceder à convocação sempre que houver a necessidade de serem apreciadas questões que ultrapassem as suas atribuições legais, reveladoras de interesses da comunhão, como nas hipóteses de alterações relevantes do estatuto social da companhia emissora (objeto social, por exemplo), de reorganização societária (fusão, cisão ou incorporação da emissora) etc.

A assembleia será instalada, em primeira convocação, com a presença de debenturistas que representem, no mínimo, metade das debêntures em circulação relativas à correspondente comunhão, e, em segunda, com qualquer número (§ 3º do art. 71). Consoante o disposto no § 2º do art. 71, ao conclave serão aplicadas, no que forem compatíveis, as disposições sobre a assembleia geral dos acionistas (prazos, publicidade etc.).

O agente fiduciário, ainda que não tenha promovido a convocação da assembleia, a ela deverá sempre estar presente, a fim de prestar aos debenturistas as informações que lhe forem solicitadas (§ 4º do art. 71), constituindo falta grave a sua ausência injustificada. Mas o fato de não estar presente não é capaz de prejudicar a realização do conclave e, muito menos, invalidar a decisão nele tomada. O agente fiduciário não vota nem é computado para a aferição do *quorum* de instalação[34]. Sua ausência não pode impor um imobilismo ao órgão soberano da comunhão que vai expressar a sua vontade, à qual, inclusive, encontra-se o agente fiduciário subordinado.

As deliberações serão sempre tomadas em obediência ao princípio majoritário, vinculando todos os integrantes de uma mesma comunhão, cuja vontade sempre prevalecerá sobre os interesses individuais dos debenturistas. A soberania que se confere à

[34] Assim, entretanto, não pensa Modesto Carvalhosa, para quem, "não estando presente o agente fiduciário, será a assembleia adiada ou suspensa" (*Comentários à lei de sociedades anônimas*, v. 1, p. 706).

deliberação fundamenta-se na própria unidade do débito debenturístico, que se deve preservar, e no princípio da *par conditio creditorum*, o qual assegura o tratamento isonômico entre os credores integrantes de uma mesma comunhão. Competirá à escritura de emissão estabelecer a maioria necessária para que se alcance o *quorum* deliberativo, podendo adotar, por exemplo, a regra do art. 129 da Lei das S.A., ou seja, o *quorum* da maioria absoluta (metade mais uma) das debêntures em circulação presentes ao conclave, não se computando os votos em branco. Mas quando a questão a ser decidida envolver a aprovação de modificação nas condições dos títulos, exige a lei que a maioria nunca seja inferior à metade das debêntures em circulação (§ 5º do art. 71). A escritura, nesse caso, ficará orientada por esse piso fixado.

Nas deliberações assembleares, a cada debênture caberá um voto (§ 6º do art. 71). O voto deve ser exercido no interesse da comunhão. O seu manejo em sentido contrário, visando a atender a interesse individual, diverso do da coletividade, configura o abuso no direito de voto, aplicando-se a regra do art. 115 da Lei n. 6.404/76[35] à hipótese, podendo haver a responsabilização pelo exercício do voto abusivo. O dever de lealdade aos interesses da comunhão sempre se impõe, de modo a evitar o voto abusivamente proferido ou conflitante, visto que as regras relativas à assembleia dos acionistas se aplicam à assembleia dos debenturistas. Ainda que se fosse emprestar estrito alcance ao § 2º do art. 71, entendendo-se que as disposições sobre o direito de voto escapariam ao normativo, pois o art. 115 estaria localizado na Seção III do Capítulo X, referente aos acionistas, e não no Capítulo XI, que cuida da assembleia geral – posicionamento pouco razoável, na medida em que o exercício do direito de voto constitui o clímax da reunião assemblear –, mesmo assim a conclusão estaria amparada pela aplicação da analogia, bem como para fins de responsabilização, pelo princípio de reparação do dano consagrado no direito comum (art. 4º da Lei de Introdução às Normas do Direito Brasileiro – Decreto-Lei n. 4.657/42).

7.14. AGENTE FIDUCIÁRIO

A comunhão dos debenturistas se expressa por meio de dois órgãos: a assembleia geral, vista no item anterior, e o agente fiduciário. Este vem referido em lei como o representante da comunhão dos debenturistas perante a companhia emissora, devendo sempre proceder nos termos da lei e da escritura de emissão (*caput* do art. 68). Sua

35 *Caput* do art. 115: "O acionista deve exercer o direito a voto no interesse da companhia; considerar-se-á abusivo o voto exercido com o fim de causar dano à companhia ou a outros acionistas, ou de obter, para si ou para outrem, vantagem a que não faz jus e de que resulte, ou possa resultar, prejuízo para a companhia ou para outros acionistas".

principal incumbência revela-se na proteção dos direitos e interesses desses credores obrigacionistas, fiscalizando a companhia emissora e exigindo-lhe o cumprimento das obrigações traduzidas na escritura de emissão. O adimplemento desse conjunto de obrigações interessa não apenas a cada titular de debêntures individualmente, mas também ao seu conjunto, à coletividade desses obrigacionistas. No exercício de suas funções, não atua como simples mandatário da comunhão dos debenturistas, mas em virtude de imposição legal. Seus deveres e atribuições são em lei fixados. Encontra-se, pois, investido de um poder legal. Daí, ao lado da assembleia geral, atuar como um órgão da comunhão, mas um órgão externo, de representação. Sua representação é, portanto, orgânica.

A figura do agente fiduciário vem inspirada no personagem do *trustee* do Direito anglo-saxão. Essa relação fiduciária que se estabelece não pode ser confundida com o negócio fiduciário propriamente dito, porquanto não haverá transmissão de coisa. Seu entendimento se assenta na fidúcia, ou seja, na confiança, na lealdade e na diligência que o agente empregará na tutela permanente dos direitos e interesses da comunhão[36].

Na emissão pública de debêntures, a participação do agente fiduciário é obrigatória, consoante se infere do § 1º do art. 61; na emissão privada, no entanto, a sua presença é meramente facultativa[37]. A sua atuação obrigatória, na emissão dos títulos destinados à negociação no mercado, fundamenta-se no desiderato de conferir maior proteção aos investidores. Nela, haverá a distribuição de grandes números de debêntures e os seus inúmeros subscritores nem sempre terão capacidade e mobilidade para, de modo permanente, fiscalizar a companhia emissora e adotar, tempestivamente, as providências necessárias à defesa e à conservação dos direitos. Nas colocações direcionadas ao mercado de valores mobiliários, o agente fiduciário será sempre um órgão necessário e permanente. Nas colocações que se figurem fora desse mercado, caso adotado o personagem, este também se revelará como um órgão permanente.

A indicação inicial do agente fiduciário compete à companhia emissora das debêntures. Será ele nomeado na escritura de emissão dos títulos, cumprindo-lhe, nesse mesmo instrumento, aceitar a função (*caput* do art. 66). A escritura estabelecerá, ainda, as condições de sua substituição e remuneração, observadas, nas emissões públicas, as normas expedidas pela Comissão de Valores Mobiliários[38]. A esta caberá fiscalizar sua

---

36 Egberto Lacerda Teixeira e José Alexandre Tavares Guerreiro, *ob. cit.*, v. 1, p. 368, e Modesto Carvalhosa, *Comentários à lei de sociedades anônimas*, v. 1, p. 646.

37 Nas companhias fechadas, a interveniência do agente fiduciário é sempre dispensável. Nas abertas, se a emissão for privada, também a sua presença é facultativa. A participação, na companhia aberta, somente é indispensável quando a colocação se destinar ao mercado.

38 A Instrução CVM n. 583/2016 dispõe acerca do exercício da função de agente fiduciário de debenturistas.

atuação, sendo-lhe facultado nomear substituto provisório, no caso de vacância, e suspender o exercício de suas funções, dando-lhe substituto, caso deixe de cumprir os seus deveres (art. 67).

Cumpre advertir para o fato de que a nomeação do agente fiduciário pela companhia se opera pelo simples motivo de que a comunhão dos debenturistas não se encontra ainda constituída. Sua indicação se realiza na escritura de emissão, unilateralmente elaborada pela sociedade emissora, antecedendo, assim, à própria emissão.

Contudo, o verdadeiro titular do direito de nomeação é a comunhão. Assim, uma vez colocadas as debêntures, encontra-se a assembleia legitimada a proceder à sua destituição e substituição, se assim for do interesse da coletividade dos debenturistas. Na hipótese de vacância, à comunhão, por meio do órgão deliberativo, compete a nomeação de um substituto. Tanto a companhia, na nomeação originária, quanto a Comissão de Valores Mobiliários, esta nas hipóteses antes retratadas, ao nomearem o agente fiduciário o farão em caráter substitutivo. Mas sempre permanecerá incólume o direito de a comunhão concordar ou não com a nomeação e, nesse último caso, proceder à sua substituição, mediante deliberação em assembleia especialmente convocada[39]. A substituição em caráter permanente deverá ser objeto de aditamento à escritura de emissão, impondo, ainda, seja averbada no Registro Público de Empresas Mercantis e no Registro de Imóveis em que, eventualmente, tiver sido registrada a aludida escritura[40].

Apesar de o agente fiduciário agir na preservação dos interesses dos debenturistas, sendo-lhes um representante orgânico, a sua remuneração deve ser suportada pela companhia, bem como as despesas que realizar para proteger os direitos da comunhão, preferindo-lhes, nessa hipótese, na ordem de pagamento (§ 5º do art. 68 da Lei n. 6.404/76 e art. 14 da Instrução CVM n. 28/83). Trata-se, pois, de mais um custo do negócio com o qual cabe a sociedade arcar[41].

Podem ser nomeadas como agentes fiduciários as pessoas naturais ou as instituições financeiras. No primeiro caso, deverão atender aos mesmos requisitos para o exercício de cargo em órgão de administração da sociedade e, no segundo, deverão estar especialmente autorizadas pelo Banco Central do Brasil para o exercício do mister e ter por

---

39 Art. 3º da Instrução CVM n. 28/83: "É facultado aos debenturistas, após o encerramento do prazo para a distribuição das debêntures no mercado, proceder à substituição do agente fiduciário e à indicação de seu eventual substituto, em assembleia dos debenturistas especialmente convocada para esse fim". Art. 4º da Instrução CVM n. 28/83: "A substituição do agente fiduciário fica sujeita à comunicação prévia à CVM e à sua manifestação acerca do atendimento aos requisitos prescritos no art. 8º desta Instrução".

40 Art. 5º da Instrução CVM n. 28/83.

41 Tavares Borba, *ob. cit.*, p. 305.

objeto a administração ou a custódia de bens de terceiros (§ 1º do art. 66). Em qualquer situação, impõe-se um estado de total independência junto à companhia emissora.

Na emissão pública, exige o art. 8º da Instrução CVM n. 28/83, com arrimo no § 2º do art. 66 da Lei n. 6.404/76, que o agente fiduciário da emissão ou da série de debêntures seja obrigatoriamente uma instituição financeira, sempre que os títulos venham garantidos por caução, ou quando o valor da operação ultrapassar o capital social, desde que não se trate de debêntures subordinadas.

A lei fixa um sistema de interdição para o exercício das funções de agente fiduciário (§ 3º do art. 66). Dessa feita, não pode como tal atuar: a) pessoa que já exerça a função em outra emissão da mesma companhia, a menos que autorizado, nos termos das normas expedidas pela Comissão de Valores Mobiliários; b) instituição financeira coligada à companhia emissora ou à entidade que subscreva a emissão para distribuí-la no mercado, e qualquer sociedade por elas controlada; c) credor, por qualquer título, da sociedade emissora, ou sociedade por ele controlada; d) instituição financeira cujos administradores tenham interesse na companhia emissora; e e) pessoa que, de qualquer outro modo, coloque-se em situação de conflito de interesses pelo exercício da função.

O agente que, por circunstâncias subsequentes à emissão, se veja impedido de continuar na função deverá imediatamente comunicar o fato aos debenturistas e requerer a sua substituição, convocando a assembleia geral para esse fim (§ 4º do art. 66).

Como representante orgânico da comunhão dos debenturistas, desfruta o agente fiduciário de poderes de gestão e representação dos interesses da comunhão. Os seus poderes-deveres se encontram em lei declinados, pois suas funções são de natureza estritamente legal. Mesmo na hipótese tratada no art. 69, quando se permite à escritura atribuir-lhe outras funções, não se está diante de uma norma aberta, a ela (escritura) possibilitando acrescer outros deveres e poderes, mas sim de disposição complementar àqueles traduzidos no art. 68. No texto normativo do art. 69 encontram-se estritamente definidas as funções que ficam ao alvedrio da escritura de emissão atribuir.

São, portanto, deveres do agente fiduciário: a) proteger os direitos e interesses dos debenturistas, empregando no exercício da função o cuidado e a diligência que todo homem ativo e probo costuma empregar na administração de seus próprios bens; b) elaborar relatório e colocá-lo anualmente à disposição dos debenturistas, dentro de quatro meses do encerramento do exercício social da companhia, informando os fatos relevantes ocorridos durante o exercício, relativos à execução das obrigações assumidas pela companhia, aos bens garantidores das debêntures e à constituição e à aplicação do fundo de amortização, se houver; e fazendo constar, ainda, declaração do agente sobre sua aptidão para continuar no exercício da função; e c) notificar os debenturistas, no prazo máximo de sessenta dias, de qualquer inadimplemento, pela companhia, de obrigações assumidas na escritura da emissão[42] (§ 1º do art. 68)[43].

42 A escritura de emissão irá dispor sobre o modo de cumprimento dos deveres declinados nas alíneas *b* e *c* (cf. § 2º do art. 68).

43 Nas emissões de debêntures negociadas no mercado, os deveres do agente fiduciário vêm ampliados, nos moldes do art. 12 da Instrução CVM n. 28/83, cujo teor é o seguinte: "São deveres do agente fiduciário: I – proteger os direitos e interesses dos debenturistas, empregando no exercício da função o cuidado e a diligência que todo homem ativo e probo costuma empregar na administração de seus próprios bens; II – renunciar à função, na hipótese da superveniência de conflito de interesses ou de qualquer outra modalidade de inaptidão; III – conservar em boa guarda toda a escrituração, correspondência e demais papéis relacionados com o exercício de suas funções; IV – [inciso revogado pela Instrução CVM n. 519/2012]; V – verificar, no momento de aceitar a função, a veracidade das informações contidas na escritura de emissão, diligenciando no sentido de que sejam sanadas as omissões, falhas ou defeitos de que tenha conhecimento; VI – promover nos competentes órgãos, caso a companhia não o faça, o registro da escritura de emissão e respectivos aditamentos, sanando as lacunas e irregularidades porventura neles existentes; neste caso, o oficial do registro notificará a administração da companhia para que esta lhe forneça as indicações e documentos necessários; VII – acompanhar a observância da periodicidade na prestação das informações obrigatórias, alertando os debenturistas acerca de eventuais omissões ou inverdades constantes de tais informações; VIII – emitir parecer sobre a suficiência das informações constantes das propostas de modificações nas condições das debêntures; IX – verificar a regularidade da constituição das garantias reais, flutuantes e fidejussórias, bem como valor dos bens dados em garantia, observando a manutenção de sua suficiência e exequibilidade; X – examinar a proposta de substituição de bens dados em garantia, quando esta estiver autorizada pela escritura de emissão, manifestando a sua expressa e justificada concordância; XI – intimar a companhia a reforçar a garantia dada, na hipótese de sua deterioração ou depreciação; XII – solicitar, quando julgar necessário para o fiel desempenho de suas funções, certidões atualizadas dos distribuidores cíveis, das Varas de Fazenda Pública, cartórios de protesto, Juntas de Conciliação e Julgamento, Procuradoria da Fazenda Pública, onde se localiza a sede do estabelecimento principal da companhia emissora e, também, da localidade onde se situe o imóvel hipotecado; XIII – solicitar, quando considerar necessário, auditoria extraordinária na empresa; XIV – examinar, enquanto puder ser exercido o direito à conversão de debêntures em ações, a alteração do estatuto da companhia emissora que objetive mudar o objeto da companhia, ou criar ações preferenciais ou modificar as vantagens das existentes, em prejuízo das ações em que são conversíveis as debêntures, cumprindo-lhe ou convocar assembleia especial dos debenturistas para deliberar acerca da matéria, ou aprovar, nos termos do § 2º do art. 57 da Lei n. 6.404/76, a alteração proposta; XV – convocar, quando necessário, a assembleia de debenturistas, através de anúncio publicado, pelo menos por três vezes, nos órgãos de imprensa onde a companhia emissora deve efetuar suas publicações; XVI – comparecer à assembleia dos debenturistas a fim de prestar as informações que lhe forem solicitadas; XVII – elaborar relatório destinado aos debenturistas, nos termos do art. 68, § 1º, alínea 'b', da Lei n. 6.404, de 1976, o qual deve conter, ao menos, as seguintes informações: a) eventual omissão ou inverdade, de que tenha conhecimento, contida nas informações divulgadas pela companhia ou, ainda, o inadimplemento ou atraso na obrigatória prestação de informações pela companhia; b) alterações estatutárias ocorridas no período; c) comentários sobre as demonstrações financeiras da companhia, enfocando os indicadores econô-

Conforme antecipado linhas acima, a escritura de emissão, por seu turno, poderá conferir-lhe outras funções, quais sejam as de autenticar os certificados, administrar o fundo de amortização, manter em custódia bens dados em garantia e efetuar os pagamentos de juros, amortização e resgate (art. 69).

Serão, entretanto, reputadas não escritas as cláusulas da escritura que restringirem os deveres, atribuições e responsabilidades do agente fiduciário previstas em lei (§ 6º do art. 68).

O § 3º do art. 68 dispõe que

---

micos, financeiros e de estrutura de capital da empresa; d) posição da distribuição ou colocação das debêntures no mercado; e) resgate, amortização, conversão, repactuação e pagamento de juros das debêntures realizados no período, bem como aquisições e vendas de debêntures efetuadas pela companhia emissora; f) constituição e aplicações do fundo de amortização de debêntures, quando for o caso; g) acompanhamento da destinação dos recursos captados através da emissão de debêntures, de acordo com os dados obtidos junto aos administradores da companhia emissora; h) relação dos bens e valores entregues à sua administração; i) cumprimento de outras obrigações assumidas pela companhia na escritura de emissão; j) declaração acerca da suficiência e exequibilidade das garantias das debêntures; k) existência de outras emissões de debêntures, públicas ou privadas, feitas pela própria companhia emissora, por sociedade coligada, controlada, controladora ou integrante do mesmo grupo da emissora em que tenha atuado como agente fiduciário, bem como os seguintes dados sobre tais emissões: 1. denominação da companhia ofertante; 2. valor da emissão; 3. quantidade de debêntures emitidas; 4. espécie; 5. prazo de vencimento das debêntures; 6. tipo e valor dos bens dados em garantia e denominação dos garantidores; e 7. eventos de resgate, amortização, conversão, repactuação e inadimplemento no período; l) declaração sobre sua aptidão para continuar exercendo a função de agente fiduciário; XVIII – colocar o relatório de que trata o inciso anterior à disposição dos debenturistas no prazo máximo de 4 (quatro) meses a contar do encerramento do exercício social da companhia, ao menos nos seguintes locais: a) na sede da companhia; b) no seu escritório ou, quando instituição financeira, no local por ela indicado; c) na CVM; d) nas Bolsas de Valores, quando for o caso; e e) na instituição que liderou a colocação das debêntures. XIX – publicar, nos órgãos da imprensa onde a companhia emissora deva efetuar suas publicações, anúncio comunicando aos debenturistas que o relatório se encontra à sua disposição nos locais indicados no inciso XVIII; XX – manter atualizada a relação dos debenturistas e seus endereços, mediante, inclusive, gestões junto à companhia emissora; XXI – coordenar o sorteio das debêntures a serem resgatadas ou amortizadas, inutilizando os certificados correspondentes às debêntures resgatadas; XXII – [inciso revogado pela Instrução CVM n. 519/2012]; XXIII – fiscalizar o cumprimento das cláusulas constantes da escritura de emissão, especialmente daquelas impositivas de obrigações de fazer e de não fazer; XXIV – notificar os debenturistas, se possível individualmente, no prazo máximo de 90 (noventa) dias, de qualquer inadimplemento, pela companhia, de obrigações assumidas na escritura de emissão, indicando o local em que fornecerá aos interessados maiores esclarecimentos. Comunicação de igual teor deve ser enviada: a) à CVM; b) às Bolsas de Valores, quando for o caso; c) ao Banco Central do Brasil, quando se tratar de instituição por ele autorizada a funcionar; XXV – divulgar as informações referidas na alínea 'k' do inciso XVII do *caput* em sua página na rede mundial de computadores tão logo delas tenha conhecimento".

> o agente fiduciário pode usar de qualquer ação para proteger direitos ou defender interesses dos debenturistas, sendo-lhe especialmente facultado, no caso de inadimplemento da companhia: a) declarar, observadas as condições da escritura de emissão, antecipadamente vencidas as debêntures e cobrar o seu principal e acessórios; b) executar garantias reais, receber o produto da cobrança e aplicá-lo no pagamento, integral ou proporcional, dos debenturistas; c) requerer a falência da companhia emissora, se não existirem garantias reais; d) representar os debenturistas em processos de falência, concordata, intervenção ou liquidação extrajudicial da companhia emissora, salvo deliberação em contrário da assembleia dos debenturistas[44]; e) tomar qualquer providência necessária para que os debenturistas realizem os seus créditos.

De logo se percebe, pelo disposto na alínea *e*, que as atribuições no preceito normativo elencadas são exemplificativas, não funcionando o *numerus clausus*. Destarte, caberá ao agente fiduciário utilizar-se de todos os meios e medidas judiciais e extrajudiciais para defender e preservar os direitos e interesses da comunhão que representa.

No manejo das providências de natureza judicial, funcionará como legitimado extraordinário, incidindo na espécie a regra do art. 18 do Código de Processo Civil de 2015[45], segundo a qual "ninguém poderá pleitear direito alheio em nome próprio, salvo quando autorizado pelo ordenamento jurídico".

Como curial, a titularidade da ação encontra-se vinculada à titularidade do pretendido direito material subjetivo envolvido na lide. Somente por via de exceção é que se admite seja a parte processual pessoa diversa daquela que é parte material do negócio jurídico litigioso[46].

Ante essa constatação, qualquer legitimação processual extraordinária e, portanto, a substituição processual, apenas se admite quando expressamente por lei autorizada[47].

---

44 Essa representação, à luz da Lei n. 11.101/2005, também se fará nos processos de recuperação judicial.

45 Tendo por correspondente histórico o art. 6º do Código de Processo Civil de 1973.

46 Humberto Theodoro Júnior. *Curso de direito processual civil*, v. I, 43ª ed. Rio de Janeiro: Forense, 2005, p. 85.

47 Cumpre distinguir a legitimação extraordinária da substituição processual. Consoante o escólio de Alexandre Freitas Câmara, "Não se pode confundir a legitimidade extraordinária com a substituição processual. Esta ocorre quando, em um processo, o legitimado extraordinário atua em nome próprio, na defesa de interesse alheio, sem que o legitimado ordinário atue em conjunto com ele. Assim, por exemplo, se o Ministério Público propõe 'ação de investigação de paternidade', atuando em defesa do interesse de um menor, teremos substituição processual. O fenômeno não se caracterizará, porém, se a demanda foi ajuizada, em litisconsórcio, pelo MP e pelo menor, legitimado ordinário. Em outros termos, só ocorrerá substituição processual quando alguém estiver em juízo em nome próprio, em lugar do (substituindo) legitimado ordinário" (*Lições de direito processual civil*, v. 1, 9ª ed. Rio de Janeiro: Lumen Juris, 2003, p. 110). Complementar é a lição de Araken de Assis, citando José Carlos Barbosa Moreira, Ephraim de Campos Jr. e Araújo Cintra: "A

Mas do texto normativo em exame resulta relevante indagação: a legitimação extraordinária por lei conferida ao agente fiduciário exclui a ação individual do debenturista, legitimado ordinário?[48]

Preliminarmente à explanação do nosso posicionamento, lícito se faz investigar as opiniões doutrinárias que se têm estabelecidas, até porque iremos contrariá-las.

Tavares Borba[49] sustenta que

> se não houver agente fiduciário, poderá o debenturista, em qualquer hipótese de inadimplemento, exercer, individualmente, e desde logo, o seu direito de ação, com o risco inclusive de precipitar a falência da emitente. Havendo, porém, agente fiduciário, como a lei a este conferiu poderes para agir em juízo no interesse dos debenturistas, configura-se mais um caso de substituição processual. A titularidade da ação foi, nesse caso, deslocada para o agente fiduciário, somente a este cabendo agir em juízo. Os debenturistas poderão figurar como meros assistentes (assistência simples).

Fábio Ulhoa Coelho[50] partilha do mesmo entendimento:

> O exercício dos direitos dos debenturistas é assunto com contornos diferentes, segundo exista ou não a intermediação do agente fiduciário. No primeiro caso, nenhum debenturista

---

substituição processual ocorre tanto na legitimidade extraordinária e exclusiva, quanto na extraordinária e concorrente. Naquela, como pondera José Carlos Barbosa Moreira, o emprego da expressão se mostra perfeito e adaptado à realidade, porque a lei retira do substituído a possibilidade de atuar como parte principal na defesa de seu próprio direito; nesta, aduz Ephraim de Campos Jr., secundado por Araújo Cintra, retrata o estado das partes, adequadamente, na hipótese de ausência do substituído do processo. É claro que, nas hipóteses de legitimidade concorrente, intervindo o substituído no processo, consoante pressupõe José Carlos Barbosa Moreira, tudo se alterará: o ingresso tardio do legitimado ordinário na relação processual formada, originariamente, com o legitimado extraordinário, expressa forma de intervenção de assistente litisconsorcial" (Substituição processual *in Revista AJURIS*, n. 93, março de 2004. Porto Alegre: AJURIS, p. 69-70).

48 A jurisprudência é vacilante na solução da questão. Colaciona-se, exemplificativamente, as seguintes decisões, assim ementadas: "Execução por título extrajudicial. Debêntures. Ajuizamento por instituição financeira, objetivando direitos creditórios emergentes exclusivamente dos títulos que lhe foram emitidos. Admissibilidade. Legitimidade ativa reconhecida. Independência, outrossim, de amortização assemblear. Prosseguimento da execução determinado" (Apelação Cível n. 417.789-5, 4ª Câmara do Primeiro Tribunal de Alçada Civil, decisão unânime, *in* JTACSP, v. 127, p. 43). "Debêntures. Agente fiduciário. Legitimação ativa. Responsabilidade perante os debenturistas. No sistema da Lei n. 6.404, de 1976, o agente fiduciário representa em juízo a comunhão dos debenturistas, sendo o único legitimado a promover a execução das garantias reais dadas pela companhia inadimplente. Permanecendo inerte, responde perante os debenturistas pelos prejuízos decorrentes de sua omissão. Agravo não provido" (Agravo de Instrumento n. 186.055.737, Relator Desembargador Luiz Felipe Azevedo Gomes, julgado à unanimidade pelos integrantes da 1ª Câmara Cível do Tribunal de Alçada do Rio Grande do Sul em 30-9-1986).

49 *Ob. cit.*, p. 306.

50 *Ob. cit.*, v. 2, p. 156.

pode, individualmente, executar as debêntures em juízo ou requerer a falência da sociedade emissora, posto que esses atos competem, aqui, exclusivamente ao agente fiduciário; apenas se inexistente este, terá o debenturista condições de pleitear, em ação individual, a defesa de seus direitos. Por outro lado, lembre-se que o agente fiduciário responde pelos prejuízos que causar, por culpa ou dolo, aos debenturistas (LSA, art. 68, § 4º). Desse modo, verificada a sua negligência na tutela dos interesses e dos direitos dos investidores que representa, poderá o debenturista, individualmente, postular em juízo a indenização contra o agente.

Na mesma orientação, excludente da ação individual do obrigacionista, flui o pensamento de Modesto Carvalhosa[51]:

> O agente fiduciário representa em juízo a comunhão de debenturistas, sendo o único legitimado a promover a execução das garantias reais dadas pela companhia inadimplente. Essa legitimação é ordinária e exclusiva, não sendo concorrente com a dos debenturistas individualmente. Assim, não podem estes promover a execução da dívida debenturística, seja no seu total, seja na fração do mútuo por eles tomada. Não há, pois, nem legitimação extraordinária, nem legitimação ordinária. Essa restrição, no entanto, deixa de existir se a assembleia dos debenturistas, por unanimidade dos votos, representando a totalidade das debêntures em circulação, deliberar pela não execução coletiva ou pela habilitação do crédito da comunhão, no caso de processo de concordata e falência já instalados. A não ser nessa hipótese de expressa e unânime manifestação de desistência por parte da comunhão, a legitimação é exclusiva do agente fiduciário. Representa ele em juízo a comunhão, como o síndico representa o condomínio, o inventariante, o espólio, o cabecel, os foreiros.

A percepção, explanada por Carvalhosa, de que a legitimação seria ordinária não nos parece adequada à luz da ciência processual. A legitimação ordinária é própria do titular do interesse levado a juízo pela demanda[52], isto é, daquele que é a parte material do negócio jurídico em litígio[53]. Ora, os direitos decorrentes das debêntures são dos debenturistas e não do agente fiduciário. Desse modo, a sua atuação processual somente se justifica no âmbito da legitimação extraordinária, sendo, pois, pessoa estranha ao objeto litigioso, que atua, no processo, em nome próprio e com absoluta independência em relação ao legitimado ordinário.

A legitimidade extraordinária pode ser exclusiva, concorrente ou subsidiária[54]. Será exclusiva quando apenas o legitimado extraordinário puder ir a juízo, mas não o legiti-

---

51 *Comentários à lei de sociedades anônimas*, v. 1, p. 680-681.

52 Alexandre Freitas Câmara, *ob. cit.*, v. 1, p. 109.

53 Humberto Theodoro Júnior, *ob. cit.*, v. I, p. 85.

54 Cumpre anotar a existência da tradicional classificação sugerida por José Carlos Barbosa Moreira, pela qual se tem a legitimidade extraordinária autônoma e subordinada, sendo a primeira espécie subdividida em legitimidade extraordinária autônoma e exclusiva e autônoma e concorrente [Apontamentos para um estudo sistemático da legitimação extraordinária *in Direito processual civil (ensaios e pareceres)*. Rio de Janeiro: Borsoi, 1971, p. 60-61].

mado ordinário; concorrente quando tanto o legitimado ordinário quanto o extraordinário puderem ir a juízo isoladamente, nada impedindo, entretanto, que atuem em conjunto na demanda, formando litisconsórcio facultativo; e subsidiária quando o legitimado extraordinário apenas puder ir a juízo diante da omissão do legitimado ordinário em demandar[55].

Não vislumbramos, na redação do § 3º do art. 68, nenhuma interdição para que os debenturistas possam individualmente agir. Não se detecta no texto uma exclusão das ações individuais dos obrigacionistas perante a companhia emissora[56]. Tem-se, nele, uma investidura do agente fiduciário para a postulação em juízo, em prol dos direitos dos debenturistas, mas sem subtração do direito individual de ação. Pela regra, se estabelece tão somente a sua capacidade processual, representando em juízo o direito da comunhão.

Daí não se conseguir aferir outra situação senão a da legitimação extraordinária concorrente, porque a lei não exclui, repita-se, a participação do titular do direito. Encontram-se legitimados, a um só tempo, tanto o titular do objeto da ação – o debenturista – e, portanto, legitimado ordinário, como o agente fiduciário, personagem estranho àquele objeto. Para a formação eficaz do processo, é bastante a presença do legitimado extraordinário, pois tem a qualidade para demandar independentemente do legitimado ordinário. Não obstante, quando já ajuizada a ação pelo legitimado extraordinário, aquele poderá intervir no processo, ao seu lado, expressando forma de intervenção de assistente litisconsorcial.

Ainda que se conseguisse enxergar no dispositivo normativo a interdição do legitimado ordinário – fato que, reitere-se, não logramos encontrar –, a opção pela legitimação extraordinária exclusiva na hipótese não se poderia sustentar, sendo imperativo realizar uma interpretação conforme a Constituição. A doutrina mais moderna que se tem estabelecido sobre o tema repudia a proibição que se imponha ao titular do inte-

---

55 Alexandre Freitas Câmara, *ob. cit.*, v. 1, p. 109-110.

56 No regime do Decreto-Lei n. 781/38, o art. 2º expressamente contemplava a exclusão de ações individuais. O referido preceito contava com a seguinte redação: "Os atos relativos ao exercício dos direitos fundados nos contratos desses empréstimos ou nos títulos emitidos em virtude deles e cujos efeitos se estendam à coletividade dos seus portadores, ficam reservados às deliberações das Assembleias Gerais desses portadores (obrigacionistas) ou aos representantes por elas anteriormente designados; excluídas as ações individuais, salvo as exceções expressamente consignadas em lei". O Supremo Tribunal Federal, por esse motivo, em acórdão do ano de 1960, assim se manifestou: "Debenturista isolado da empresa devedora não tem qualidade para requer a falência desta, por débito de juros, nos termos do art. 2º, do Dec.-Lei n. 781, de 1938. RE denegado. Agravo desprovido" (Agravo de Instrumento n. 22.128/DF, Relator Ministro Ribeiro da Costa, julgado à unanimidade pelos integrantes da 2ª Turma em 5-4-1960).

resse controvertido de ir a juízo pleitear a sua tutela. Afronta a Constituição a exegese que resulta no imobilismo do titular de um direito subjetivo, privando-o do acesso ao Poder Judiciário para defender-se contra uma lesão ou ameaça de lesão a esse direito[57].

O agente fiduciário, por seu turno, sempre responderá perante os debenturistas pelos prejuízos causados por culpa ou dolo no exercício de suas funções (§ 4º do art. 68). Mas essa responsabilização não é motivo obstativo da ação individual do debenturista visando à tutela e à realização do seu direito, como, ao contrário, parece sugerir Fábio Ulhoa Coelho[58]. A nosso ver, uma coisa não exclui a outra.

A eficácia da coisa julgada, no processo em que o debenturista agir sozinho contra a companhia, ficará limitada às partes; ela apenas será formada em relação à coletividade dos debenturistas quando proposta a ação pelo agente fiduciário. Havendo legitimação extraordinária, aqueles que não participaram do processo serão alcançados pela decisão e pela coisa julgada material que a partir dela será formada.

Ainda no âmbito do § 3º do art. 68, impende abordar a vedação ao requerimento de falência pelo representante dos obrigacionistas quando existirem garantias reais (alínea *c*). Essa proibição resultava do sistema anterior à Lei n. 11.101/2005. Isso porque o Decreto-Lei n. 7.661/45, na alínea *b* do inciso III do art. 9º, condicionava o requerimento de falência pelo credor com garantia real à renúncia da garantia, transformando-se em quirografário, ou, para mantê-la, à prova de que os bens não chegavam para a solução do seu crédito.

---

57 Confira-se a respeito o magistério de Thereza Alvim: "Mas, também nessa exata medida, tende-se a entender o instituto da legitimação extraordinária como ensejando sempre legitimação concorrente com a ordinária, pois, caso assim não se entendesse, se estaria dando ao instituto interpretação inconstitucional. Feriria a Constituição Federal interpretação que ensejasse a impossibilidade de acesso ao Poder Judiciário para defender-se de lesão ou ameaça de lesão à afirmação de direito, quer no polo ativo, quer passivo. Consequentemente, inadmite-se como válida a legitimação extraordinária exclusiva, interpretando o instituto como sempre (e ao longo de toda esta obra) dando margem à legitimação extraordinária concorrente com a ordinária" (*O direito processual de estar em juízo*. São Paulo: Revista dos Tribunais, 1996, p. 92). No mesmo diapasão, situa-se Alexandre Câmara: "a proibição que se faça ao titular do interesse de ir a juízo pleitear sua tutela é inconstitucional, o que faz concluir que não se pode admitir a existência de legitimidade extraordinária exclusiva nos casos em que exista um legitimado ordinário, por ferir a garantia constitucional da inafastabilidade do acesso ao judiciário. Admite-se, assim, a existência de legitimidade extraordinária exclusiva, em nosso sistema constitucional vigente, apenas nos casos em que inexista um titular do direito subjetivo ou da posição jurídica de vantagem afirmada, como, por exemplo, na ação popular, em que a legitimidade do cidadão é extraordinária, mas não há legitimado ordinário, uma vez que o interesse submetido à tutela jurisdicional é um interesse supra-individual" (*ob. cit.*, v. 1, p. 109).

58 *Ob. cit.*, v. 2, p. 156.

Falecia, pois, interesse aos credores com esse tipo de garantia para o pedido de falência, em função de se encontrarem em uma posição privilegiada, desfrutando de um bem afetado ao pagamento do crédito. Exigia-se que o credor com garantia real se colocasse em igualdade com os demais credores do devedor comum. A matéria, quando tratada no Supremo Tribunal Federal[59] e, posteriormente, no Superior Tribunal de Justiça[60], mereceu o entendimento de que a renúncia não necessitava ser prévia e expressa, decorrendo, logicamente, do ajuizamento do requerimento. A tese que prosperou foi a da possibilidade de renúncia implícita.

Portanto, como o agente fiduciário não tinha, e não tem, poderes para renunciar direitos, sendo o ato privativo dos debenturistas que poderiam fazê-lo individual ou coletivamente, por decisão unânime da assembleia geral, com a observância, se houver, do *quorum* previsto na escritura de emissão[61], é que se lhe obstava a legitimação para o requerimento.

Mas, como o cenário alterou-se a partir do advento da Lei n. 11.101/2005, pela qual não há mais aquela exigência que se fazia no Direito anterior, professamos a possibilidade do requerimento pelo agente fiduciário em qualquer situação de debênture,

---

59 Ementas: "A renúncia à garantia real pelo credor para requerimento da falência do devedor, pode estar implícita no requerimento da quebra, não se exigindo termo ou ato específico e prévio de declaração de renúncia à garantia real. A lei só exige prévio procedimento, para a conservação da garantia real, não para a sua renúncia. Interpretação do art. 9, III, *b*, do Dec.-Lei 7.661, de 21.6.1945. Recurso Extraordinário conhecido e provido" (Recurso Extraordinário n. 83.841/SP, Relator Ministro Cordeiro Guerra, julgado à unanimidade pelos integrantes da 2ª Turma em 19-10-1976); "Falência – Credor com garantia real (art. 9, III, b, do Decreto-Lei 7.661/45). Não se exige renúncia expressa do credor com garantia real, para requerimento da falência do devedor. Precedente específico: RE 83.841 (RTJ 79/981). Recurso Extraordinário conhecido e provido" (Recurso Extraordinário n. 100.237/SP, Relator Ministro Oscar Corrêa, julgado à unanimidade pelos integrantes da 1ª Turma em 2-12-1983).

60 Ementa: "Falência. Cerceamento de defesa. Novação. Depósito elisivo. Garantia real. 1. Não há cerceamento de defesa quando o julgado, presente a instrução sumária a que se refere a lei de regência, descartou a alegada novação, e abriu oportunidade para o depósito integral do débito reclamado na inicial. 2. Quando o Acórdão recorrido afasta a novação apoiado nos elementos de fato, 'não se há de ter como extinta a obrigação anterior, confirmada pela nova – Código Civil, art. 1.000'. 3. Nos termos da Súmula 29 da Corte, o depósito deve ser integral, compreendendo, além do principal da dívida, também a correção monetária, os juros de mora e a verba honorária, decretando-se a quebra quando repelida a defesa apresentada pela depositante. 4. Como assentado na jurisprudência da Corte, requerendo o credor com garantia real a falência do devedor está implícita a renúncia a essa garantia, 'pois a lei de regência (DL n. 7.661/45, art. 9º, III, *b*) não exige que ela seja expressa'. 5. Recurso especial não conhecido" (Recurso Especial n. 86.407/ES, Relator Ministro Carlos Alberto Menezes Direito, julgado à unanimidade pelos integrantes da 3ª Turma em 14-10-1997).

61 Modesto Carvalhosa, *Comentários à lei de sociedades anônimas*, v. 1, p. 684.

com ou sem garantia real, porquanto o óbice que orientou o preceito da Lei do Anonimato não mais existe. A exegese lógica e sistemática se impõe ao intérprete, que sempre deverá enxergar a lei e o sistema no qual se insere com os olhos de seu tempo.

Por fim, não se pode olvidar o registro de que, embora o agente fiduciário não disponha de poderes para acordar modificações das cláusulas da escritura de emissão, a substituição de bens dados em garantia, quando autorizada pela mesma escritura, dependerá da sua concordância (art. 70). A concordância ou a recusa, conforme o caso, deverá estar cabalmente justificada, não se admitindo seja ela arbitrária. Parece-nos possível que a companhia, diante de recusa inconsistente, venha recorrer à assembleia geral dos debenturistas, convocando-a, nos termos do § 1º do art. 71, e submetendo a matéria ao seu crivo decisório. Não é, portanto, o agente fiduciário a última instância, não é sua a palavra final na circunstância aventada, mas sim do conclave obrigacionista. O interesse da companhia na providência mostra-se legítimo, mas, sendo a substituição mera possibilidade prevista na escritura, dependerá sempre da manifestação volitiva da comunhão, seja por ser órgão interno máximo – a assembleia –, seja por ser órgão externo de representação – o agente fiduciário.

7.15. CÉDULAS DE DEBÊNTURES

As cédulas de debêntures, como o próprio nome sugere, são cédulas representativas das debêntures. Conferem aos seus respectivos titulares direito de crédito contra o emissor pelo valor nominal, acrescido dos juros nelas estipulados. Apenas as instituições financeiras autorizadas pelo Banco Central do Brasil poderão efetuar esse tipo de operação lastreada em debêntures, com oferecimento de garantia própria (*caput* do art. 72).

As cédulas serão sempre nominativas, admitindo-se a versão escritural (§ 1º do art. 72). Nos certificados que as representem, deverão constar as seguintes declarações: a) o nome da instituição financeira emitente e as assinaturas dos seus representantes; b) o número de ordem, o local e a data da emissão; c) a denominação Cédula de Debêntures; d) o valor nominal e a data do vencimento; e) os juros, que poderão ser fixos ou variáveis, e as épocas do seu pagamento; f) o lugar do pagamento do principal e dos juros; g) a identificação das debêntures-lastro, do seu valor e da garantia constituída; h) o nome do agente fiduciário dos debenturistas; i) a cláusula de correção monetária, se houver; e j) o nome do titular (§ 2º do art. 72).

A utilidade desses títulos se assenta na maior flexibilidade em favor das instituições financeiras na intermediação de recursos entre a companhia e o mercado investidor. Permite-lhes aferir a melhor oportunidade, o melhor momento para a distribuição das debêntures emitidas pela companhia. A instituição, assim, irá subscrevê-las, mantendo-as em carteira, para a oportuna distribuição no mercado, fazendo-as representar pelas cédulas. É útil, portanto, para a atividade de *underwriting*, em suas modalidades *straight* e *stand by*[62]. Promoverá, desse modo, o *underwriter*, uma captação indireta da emissão das debêntures, por meio da emissão da cédula e, assim, estará comprometendo o seu próprio patrimônio (garantia própria) no pagamento da cédula, reforçando a posição do tomador, do credor do título, que passa a dela desfrutar adicionalmente à garantia traduzida na própria debênture, que repousa no patrimônio da companhia.

7.16. EMISSÃO NO EXTERIOR

O art. 73 disciplina a emissão de debêntures no exterior, garantidas por bens situados no Brasil. Assim, apenas com a prévia autorização do Banco Central do Brasil as companhias nacionais poderão emitir os títulos no estrangeiro, com garantias real ou flutuante de bens localizados no país.

As sociedades estrangeiras aqui estabelecidas, por seu turno, igualmente poderão fazer a emissão no exterior com garantia de seu patrimônio no Brasil. Mas a lei, nessa hipótese, cria uma preferência para os credores por obrigações contraídas no Brasil sobre os créditos por debêntures de emissão no estrangeiro. Confere-se amparo ao credor nacional, quando em confronto com aqueles credores debenturistas. No entanto, esse efeito não ocorrerá se a emissão tiver sido previamente autorizada pelo Banco Central do Brasil e o seu produto aplicado integralmente em estabelecimento situado no território nacional.

Em qualquer dos casos – companhia nacional ou estrangeira –, entretanto, somente poderão ser remetidos para o exterior o principal e os encargos correspondentes dos títulos registrados no Banco Central do Brasil.

A emissão no estrangeiro exigirá a inscrição no Registro Público de Empresas Mercantis[63], além da escritura de emissão e do ato, com sua publicação, que a deliberou e de todos os documentos exigidos pelas leis do lugar de emissão, devidamente legalizados pelo consulado brasileiro e acompanhados da tradução em vernáculo, feita por tradutor público juramentado. Tratando-se de sociedade brasileira, a inscrição far-se-á na Junta Comercial do local de sua sede e, no caso de companhia estrangeira, no local do estabelecimento situado no Brasil. Nesse último caso, impõe-se, ainda, promover o arqui-

---

62 As modalidades da operação foram abordadas no item 5.5 do capítulo 5, ao qual nos reportamos.

63 Embora o texto legal (§ 3º do art. 73) ainda se refira a "registro de imóveis", o preceito deve ser lido como indicativo do "Registro Público de Empresas Mercantis e Atividades Afins", porquanto esse registro, nos termos da Lei n. 10.303/2001, foi transferido daquele para este órgão registral (cf. nova redação atribuída ao art. 62, II).

vamento e a publicação do ato que, de acordo com a lei de sua sede e observado o seu estatuto, tenha autorizado a emissão.

A negociação, no mercado de capitais nacional, de debêntures com emissão fora do país faz-se sempre dependente de prévia autorização da Comissão de Valores Mobiliários.

7.17. EXECUTIVIDADE DA DEBÊNTURE

Consoante por nós registrado no item 7.1 deste capítulo, a debênture vem perfilhada no inciso I do art. 784 do Código de Processo Civil de 2015 como título executivo extrajudicial. Essa qualidade, sustentamos, não desaparece com a ausência de emissão do respectivo certificado, sendo suficiente a exibição da escritura de emissão, na qual consta a obrigação de pagar a quantia determinada, com os seus acréscimos aritmeticamente aferíveis, juntamente com os recibos e boletins de subscrição que lhe servem de complemento, possibilitando a clara identificação do valor.

7.18. EXTINÇÃO DA DEBÊNTURE

A extinção da debênture ocorre, ordinariamente, com o seu vencimento e correspondente pagamento. Extingue-se, ainda, quando se verifica o seu cancelamento, com a sua retirada do mercado pela própria companhia emissora ou quando for realizado o seu resgate antecipado ou a sua amortização.

Ao serem extintas as debêntures, a companhia que as emite, sob pena de responsabilização em caráter solidário de seus administradores, procederá às anotações referentes nos livros sociais próprios para a sua escrituração, mantendo-os arquivados, juntamente com os documentos concernentes à extinção, os certificados cancelados ou os recibos dos titulares das contas dos títulos escriturais, pelo prazo de cinco anos. Ao agente fiduciário, se houver, caberá fiscalizar o cancelamento dos certificados emitidos.

Capítulo 8

OUTROS TÍTULOS DE EMISSÃO DAS SOCIEDADES ANÔNIMAS

8.1. PARTES BENEFICIÁRIAS

As partes beneficiárias, de emissão exclusiva de companhia fechada[1], são títulos negociáveis, sem valor nominal e estranhos ao capital social, que conferem aos seus correspondentes titulares um direito de crédito eventual contra a sociedade emitente, consistente na participação nos lucros anuais, a qual não poderá ultrapassar um décimo desses lucros. Outorgam, dessarte, direitos patrimoniais sem nenhuma participação ou contrapartida no capital da companhia emissora.

Inúmeros fatores podem ser identificados como motivadores de sua colocação: remuneração de serviços prestados à companhia, captação de recursos, liquidação de obrigações, aquisição de direitos etc. Constituem-se, pois, em importante instrumento na composição de interesses, viabilizando, outrossim, a desoneração do caixa da sociedade, no que concerne a obrigações e encargos para os quais não desfrute de liquidez suficiente para arcar ou que não deseje naquele momento suportar, direcionando o seu capital de giro para outros negócios mais urgentes ou atrativos.

Sua emissão vem bastante identificada como meio de remunerar os serviços prestados por fundadores, acionistas, administradores ou terceiros em prol da companhia. A atribuição, nesses termos, é vista como não onerosa ou gratuita, mas sempre pressupõe a real e efetiva prestação de um serviço à sociedade, pois necessariamente deve estar presente, na hipótese, o seu caráter remuneratório.

Com efeito, não podem as emissões importar em ato de mera liberalidade, sob pena de configurar abuso de poder. Impõe-se a observância do requisito de benefício direto ou indireto para a companhia a justificá-las.

---

1 A partir do advento da Lei n. 10.303/2001, não mais se permite a criação de partes beneficiárias pelas companhias abertas.

As únicas exceções, tradutoras de criações verdadeiramente graciosas, consistem na sua atribuição a associações ou fundações dos empregados, considerada aqui a responsabilidade social da companhia. A lei outorga ao acionista controlador o dever de conduzir a sociedade para que esta também realize a sua função social, assumindo encargos para com os que nela trabalham, a cujos interesses deve atender (parágrafo único do art. 116). Assim é que tanto o conselho de administração quanto a diretoria podem autorizar a prática de atos gratuitos razoáveis em benefício dos empregados e da comunidade em que é a empresa exercida (§ 4º do art. 154).

A alienação onerosa, portanto, quer traduzir a operação em que a companhia promove a emissão para aliená-las aos interessados em sua rentabilidade ou vantagem financeira, proporcionada pela participação nos lucros. Receberá dos adquirentes, nessas circunstâncias, o pagamento do valor do preço de emissão fixado, preço esse que será aferido em função da viabilidade de sua distribuição aos pretendentes, mediante a avaliação de diversos fatores, notadamente as perspectivas de rentabilidade da companhia. As condições da emissão virão determinadas pelo estatuto ou pela assembleia geral.

O estatuto, em qualquer caso, fixará o prazo de duração dos títulos, indicará a parcela dos lucros a ser atribuída, observado o limite legal, e, sempre que estabelecer a possibilidade do resgate, deverá criar reserva para esse fim. O referido prazo, relativamente às partes beneficiárias atribuídas gratuitamente, não poderá ultrapassar dez anos, salvo quando destinadas a entidades beneficentes dos empregados da pessoa jurídica emitente.

Para efeito do cálculo da participação das partes beneficiárias será apurado o resultado do exercício, descontando-se os eventuais prejuízos dos exercícios anteriores e a provisão do imposto de renda. Sobre o valor final incidirão as participações estatutárias dos empregados e administradores, aplicando-se sobre o valor remanescente o percentual reservado àqueles títulos.

As partes beneficiárias poderão ser conversíveis em ações[2], mediante capitalização de reserva criada para esse fim, caso assim venha previsto no estatuto. Não havendo essa previsão ou, ainda que feita, caso o evento não se materialize, os respectivos titulares continuam apenas a desfrutar do direito de crédito eventual, porquanto é vedado conferir-lhes qualquer direito privativo de acionista, salvo o de fiscalizar, nos termos da lei, os atos de administração.

Os títulos, uma vez emitidos pela companhia, serão todos, sem exceção, absolutamente iguais, proibida a criação de mais de uma classe ou série.

---

[2] Acerca da emissão das partes beneficiárias conversíveis em ações e do direito de preferência dos antigos acionistas, confira-se o disposto no item 4.11 do capítulo 4.

Em caso de liquidação da companhia, solvido o passivo exigível, os detentores das partes beneficiárias terão direito de preferência sobre o que restar do ativo até a importância da reserva para resgate ou conversão.

Faz-se possível, no curso das atividades sociais, a modificação das vantagens conferidas às partes beneficiárias, mediante a reforma do estatuto. Mas a eficácia do ato fica condicionada à aprovação, em assembleia especial, pelo *quorum* da metade, no mínimo, de seus titulares. Para tanto, cada título dará direito a um voto, sendo obstado que a companhia vote com os que possuir em tesouraria. A assembleia será convocada pela imprensa, seguindo as exigências para a convocação da assembleia geral dos acionistas, com um mês de antecedência, no mínimo. Caso, após duas convocações, deixar de instalar-se por falta de número, somente seis meses depois poderá outra ser convocada. Na prática, a disciplina legal consagra um verdadeiro veto à modificação pretendida pela sociedade, derivado da omissão ou da negativa em se reunir por aqueles que formam a comunhão de interesses advindos dos títulos.

Faculta-se à companhia, mediante previsão estatutária, a adoção da figura do agente fiduciário dos titulares das partes beneficiárias para exercer a representação da comunhão perante a companhia e realizar a fiscalização que lhes é por lei deferida. Caberá aos seus integrantes proceder à correspondente escolha do seu representante orgânico. Será na espécie observado, na parte aplicável, o disposto em lei para a disciplina do agente fiduciário dos debenturistas.

As partes beneficiárias serão nominativas e materializadas em certificados que conterão: a) a denominação "parte beneficiária"; b) a denominação da companhia, sua sede e prazo de duração; c) o valor do capital social, a data do ato que o fixou e o número de ações em que se divide; d) o número de partes beneficiárias criadas pela companhia e o respectivo número de ordem; e) os direitos que lhes serão atribuídos pelo estatuto, o prazo de duração e as condições de resgate, se houver; f) a data da constituição da companhia e do arquivamento e publicação dos seus atos constitutivos; g) o nome do beneficiário; e h) a data da emissão do certificado e as assinaturas de dois diretores.

Admite-se, ainda, a sua versão escritural, consoante definição pelo estatuto. Na verdade, a esses títulos se aplicam, no que couber, as regras relativas às ações, quanto a certificados, propriedade e circulação e constituição de direitos reais e outros ônus. São suscetíveis, assim, de serem dados em penhor.

Serão registradas em livros próprios, quais sejam os livros de registro de partes beneficiárias nominativas e de transferência de partes beneficiárias nominativas. Podem, ainda, ser objeto de "depósito" com emissão de certificado, nos termos em que o art. 43 estabelece para as ações.

As partes beneficiárias encontram disciplina nos arts. 46 a 51 da Lei n. 6.404/76.

8.2. BÔNUS DE SUBSCRIÇÃO

O bônus de subscrição, valor mobiliário regulado nos arts. 75 a 79 da Lei das S.A., caracteriza-se como um título negociável pela companhia de capital autorizado, com emissão circunscrita ao limite do aumento de capital no estatuto consentido, que confere ao seu titular, nas condições constantes do certificado correspondente, o direito preferencial de subscrever ações em futuro aumento do capital social, o qual será exercido mediante exibição do título à sociedade emissora e o pagamento do preço de emissão das ações.

Tais títulos poderão ser alienados pela companhia, funcionando como mecanismo eficiente na captação de recursos em certas conjunturas de mercado, bem como podem por ela ser atribuídos como adicional vantagem aos subscritores de ações ou debêntures de sua emissão, servindo de estímulo à colocação desses valores mobiliários.

Os acionistas da companhia gozarão do direito de preferência para a sua subscrição, observadas as condições dos arts. 171 e 172, que disciplinam esse direito[3], porquanto cada bônus permitirá a subscrição do número de ações que estiverem indicadas no certificado respectivo, mediante o pagamento do preço, determinado ou determinável, de emissão nele estabelecido. Cuida-se, pois, de um título de subscrição de ações, competindo ao seu titular exercer ou não, no prazo preconizado, esse direito. A companhia que os emitir deverá reservar, durante aquele interregno, um certo volume de ações, no capital autorizado, destinado à realização do eventual direito de subscrição. Expirado o prazo de validade do título, estará liberado o saldo daquela reserva.

Esses títulos serão, portanto, atrativos quando o valor preestabelecido para a emissão de ações nele consignado for inferior à ponderação de outros meios de valoração, como o valor do patrimônio líquido, o de cotação das ações no mercado e o seu valor econômico. Desse modo, nem sempre irá assegurar verdadeira vantagem econômica para o seu subscritor. É útil para aquelas companhias cujas ações costumam ser atraentes para os investidores, justificando, assim, a aquisição de um direito de preferência, cujo exercício apenas se fará no momento da emissão de novas ações decorrentes do aumento do capital social. Tendo o bônus um preço prefixado para a subscrição de ações, a potencialidade de elevação das cotações é que o torna interessante. É, por assim dizer, um título identificado com um mercado de capitais forte.

A deliberação sobre a sua emissão compete à assembleia geral, facultando-se, entretanto, ao estatuto, atribuí-la ao conselho de administração. Terão forma nominativa, e o certificado de sua emissão deverá conter: a) as declarações previstas nos números I a IV do art. 24; b) a denominação "Bônus de Subscrição"; c) o número de ordem; d) o

---

3 Sobre o tema, remetemo-nos ao que foi abordado no item 4.11 do capítulo 4.

número, a espécie e a classe das ações que poderão ser subscritas, o preço de emissão ou os critérios para sua determinação; e) a época em que o direito de subscrição poderá ser exercido e a data do término do prazo para esse exercício; f) o nome do titular; e g) a data da emissão do certificado e as assinaturas de dois diretores.

8.3. OPÇÃO DE COMPRA DE AÇÕES

A opção de compra de ações, ou *stock option*, como é conhecida no Direito norte-americano, aflora como relevante incentivo à integração de certas personagens ligadas à sociedade na empresa por ela realizada. Funciona como efetivo instrumento de viés corporativo, oportunizando a participação de administradores, empregados ou prestadores autônomos de serviços à companhia, ou a suas controladas, como acionistas, otimizando e estimulando suas atuações para a obtenção de melhores resultados.

A lei brasileira singelamente se refere a esses títulos no § 3º do art. 168. Do dispositivo normativo podem ser inferidas as seguintes características: a) emissão pelas companhias de capital autorizado e limitada ao capital consentido no estatuto; b) autorização estatutária para outorga da opção; c) aprovação, pela assembleia geral, de um plano para sua concessão; d) caráter não oneroso ou gratuito da outorga; e e) destinatários definidos (administradores, empregados e prestadores autônomos de serviços da companhia ou de suas controladas). Em adição a esses elementos característicos da emissão, deflui outro, contemplado no § 3º do art. 171: a opção não se sujeita às normas sobre direito de preferência.

A opção de compra, para não configurar abuso do poder de controle, deverá cumprir a sua função de engajamento dos beneficiários com a obtenção dos resultados da empresa exercida pela sociedade. Não se lhe legitima a outorga, senão com uma via de efetivo comprometimento de seus destinatários com o crescimento empresarial. De outro lado, em observância às regras e aos princípios emanados da lei societária, sua emissão não poderá resultar em prejuízo à companhia ou aos seus acionistas minoritários, cujos direitos deverão ser sempre preservados. O título confere, dessa feita, a quem venha titularizá-lo, um direito, exercitável dentro de certo prazo, de subscrever ações da sociedade emitente, segundo um preço determinado ou determinável, a partir de critérios encontrados na ocasião da outorga.

Partilhamos da tese advogada por Tavares Borba[4], segundo a qual, considerada a finalidade do instituto, a opção revela-se insuscetível de transmissão, a não ser por sucessão hereditária. Deve-se condicionar o direito de subscrição no título retratado à permanência do vínculo que legitimou a sua emissão, sem o qual não se deverá admitir

4 *Ob. cit.*, p. 325.

o seu exercício. Traduz-se, nessas circunstâncias, como resultado de um direito conferido no ambiente interno da companhia, fato jurídico que lhe suprime a condição de valor mobiliário.

8.4. *COMMERCIAL PAPER*

O *commercial paper* ou nota comercial, como foi nominado pela Lei n. 10.303/2001, que atribuiu nova redação ao art. 2º da Lei n. 6.385/76, tem sua origem identificada no mercado norte-americano e nos *billets de trésorerie* financeiro do Direito francês[5].

Foi no Brasil introduzido pela Resolução do Conselho Monetário Nacional de n. 1.723/90 e inicialmente regulamentado pela Comissão de Valores Mobiliários por meio da Instrução CVM n. 134/90. Ganhou *status* legal de valor mobiliário a partir de sua inclusão como inciso VI, no art. 2º da Lei n. 6.385/76, pela já mencionada Lei n. 10.303/2001. Atualmente, vem disciplinado pela Instrução CVM n. 566/2015.

Sua finalidade econômica é a mesma das debêntures, na medida em que visa à captação de recursos para a consecução dos objetivos sociais da companhia emissora. Mas essa captação se distingue pelo curto prazo, funcionando para a obtenção de capital de giro. Não se destinam, como as debêntures, ao financiamento de longo prazo, objetivando o custeio de grandes projetos e investimentos.

Os *commercial papers* são, a rigor, notas promissórias, mas que apresentam certas particularidades, motivadas pela função de sua negociabilidade no mercado. São emitidos, assim, como valores mobiliários, podendo ser objeto de oferta pública. Por meio da emissão, a sociedade anônima emitente obtém empréstimo junto ao público tomador do título. Conferem, pois, aos seus beneficiários, um direito de crédito contra a sacadora.

Como nota promissória em sua essência, a nota comercial deverá estar revestida das principais características desse título cambial, jungida, assim, às normas que o disciplinam. O poder regulamentar da Comissão de Valores Mobiliários condiciona-se, por conseguinte, ao seu perfil legislativo, isto é, competir-lhe-á regular procedimentos e condições para o saque, obstado, no entanto, o estabelecimento de disposições que não se harmonizem com a natureza da cambial.

Dentre as características específicas do título, podem ser destacadas: a) exigência de disposição estatutária da companhia emissora no que concerne à competência para autorizar a emissão[6]; b) circulação por endosso em preto, com a cláusula "sem garantia", tal

---

5 Cf. José Manuel Gonçalves Santos Quelhas. *Sobre a evolução recente dos sistemas financeiros,* separata do Boletim de Ciências Econômicas da Universidade de Coimbra, 1966, p. 106, *apud* Vasco Soares da Veiga. *Direito bancário*, 2ª ed. Coimbra: Almedina, 1997, p. 489.

6 Art. 6º da Instrução CVM n. 566/2015. De se destacar que quando o emissor for uma

qual o permite o art. 15 da Lei Uniforme sobre Letras de Câmbio e Notas Promissórias (LUG), promulgada pelo Decreto n. 57.663/66[7]; c) data de emissão coincidente com a data de sua efetiva integralização, que se fará em moeda corrente e à vista, no ato da subscrição[8]; d) prazo de vencimento, contado a partir da data de emissão (título a tempo certo da data), de no máximo trezentos e sessenta dias, não estando sujeito a esse prazo máximo quando cumulativamente tenha sido objeto de oferta pública de distribuição com esforços restritos e conte com a presença de agente contratado para representar e zelar pela proteção dos interesses e direitos da comunhão dos titulares das notas promissórias, submetido às regras da Instrução CVM n. 583/2016, que dispõe sobre o exercício da função de agente fiduciário[9]; e) possibilidade de resgate antecipado, mediante previsão expressa no título, fato que implica liquidação e consequente extinção do título, sendo vedada a sua manutenção em tesouraria[10]; e f) colocação do título no mercado depende de prévio registro na Comissão de Valores Mobiliários[11].

A autorização para emitir notas comerciais deverá dispor sobre: a) o valor da emissão e a sua divisão em séries, se for o caso; b) quantidade e valor nominal das notas promissórias; c) as condições de remuneração e de atualização monetária, se houver; d) prazo de vencimento dos títulos; e) garantias, quando for o caso; f) local de pagamento; g) designação das entidades administradoras de mercado organizado em que serão negociadas, se for o caso; h) contratação de prestação de serviços, tais como custódia, liquidação, emissão de certificados, agente pagador, conforme o caso[12].

O cômputo do rendimento da nota comercial apresenta certa dificuldade, porquanto o art. 5º da LUG, aplicável à nota promissória por força do art. 77 desse mesmo diploma, não permite a estipulação de juros para as cambiais pagáveis a dia certo ou a tempo certo da data, como é o caso do *commercial paper*[13]. Sua operacionalização pode se estabelecer por meio de um deságio. Assim, a companhia emissora o coloca por um certo valor de face, mas o preço de emissão a ser pago pelo tomador será inferior, sendo o rendimento o resultado dessa diferença, que irá, por óbvio, considerar o prazo de vencimento.

---

sociedade limitada, que também está autorizada a distribuir a nota promissória no mercado (art. 2º), a autorização deverá constar de seu contrato social.

7 Art. 4º da Instrução CVM n. 566/2015.

8 Art. 3º da Instrução CVM n. 566/2015.

9 Art. 5º da Instrução CVM n. 566/2015.

10 §§ 3º e 4º do art. 5º da Instrução CVM n. 566/2015.

11 Instrução CVM n. 480/2009.

12 Art. 7º da Instrução CVM n. 566/2015.

13 Cf. o *caput* do art. 5º da Instrução CVM n. 566/2015.

Capítulo 9

ACIONISTAS

9.1. *STATUS* E PERFIL

O acionista é o sócio da sociedade anônima[1]. Revela a pessoa natural ou jurídica que é titular das ações de uma companhia. Seus objetivos centrais são a formação e o desenvolvimento da sociedade que, como ente gerador de riquezas, poderá lhe propiciar ganhos e vantagens correspondentes às participações por ele titularizadas.

Ao subscrever ações da companhia – no ato de sua constituição ou em aumento de capital social – ou ao adquiri-las – no mercado bursátil ou de balcão, ou, ainda, mediante negociação privada –, o acionista passa a sujeitar-se a um complexo de disposições legais e estatutárias que lhe assegura direitos e lhe impõe obrigações. Esse conjunto de direitos e obrigações do acionista se denomina *status socii*[2], revelando o seu estatuto jurídico, que, em geral, apresenta uma tipificação legal de seus contornos mais desenvolvida do que se vê em relação a outros tipos societários.

---

1 A designação de sócio é genérica para traduzir aquele que a outro se associa, reunindo seus cabedais, para formar uma sociedade. O vocábulo acionista tem em mira particularizar o sócio nas sociedades por ações. Traduz, assim, o membro da sociedade anônima ou da sociedade em comandita por ações.

2 A expressão *status socii* ou estado de sócio, consagrada pela doutrina italiana (cf. Tullio Ascarelli, *Problemas das sociedades anônimas e direito comparado*, nota 1.019, p. 491-492), tem recebido certas críticas, notadamente desferidas pela doutrina espanhola, para quem a condição revela uma qualidade ou posição subjetiva e não um estado jurídico. Nas palavras de Aníbal Sánchez Andrés, traduz "una situación que, bien miradas las cosas, es preferible calificar como una cualidad o posición subjetiva, compuesta de todo un haz de relaciones jurídicas" (La acción y los derechos de los accionistas *in Comentario al régimen legal de las sociedades mercantiles*, Tomo IV: Las acciones, v. 1. Coordenação de Rodrigo Uría, Aurelio Menéndez e Manuel Olivencia. Madri: Cívitas, 1992, p. 99). Para nós, entretanto, é tecnicamente aceitável a expressão *status socii*, compreendida, pois, como reveladora de uma situação jurídica determinada pela natureza do vínculo, criador de um complexo de deveres, obrigações, direitos e poderes do sócio em relação à sociedade, dela perante ele e dos sócios entre si.

O perfil do acionista pode ser traçado segundo o grau de sua vinculação à companhia, derivada, pois, dos distintos motivos econômicos que orientaram o investimento em ações. Dentro desse compasso, podem ser classificados em acionistas empreendedores e acionistas investidores. Os primeiros, também impropriamente chamados de acionistas-empresários, são aqueles cujas respectivas pretensões se assentam na exploração de uma determinada atividade econômica que lhes dará poder e influência social. Almejam, desse modo, a posição de controle, de domínio da companhia, garantindo a sua efetiva influência na condução dos negócios sociais, dirigindo a empresa pela companhia operada. Já os investidores enxergam a ação como uma forma de aplicação de seus recursos, nutrindo a expectativa de auferir rendimentos derivados do emprego do seu capital. Subdividem-se em acionistas rendeiros e especuladores. Aqueles pretendem a formação de um patrimônio acionário, com relativa estabilidade, direcionando seus investimentos a uma perspectiva de retorno a longo prazo. Movimentam-se em busca de uma renda permanente, com uma carteira de títulos de renda variável. Os acionistas especuladores, por seu turno, desvelam um perfil mais agressivo de investimento, na tentativa de obter ganhos imediatos, em curto prazo, portanto. Têm suas atenções voltadas à volatilidade do mercado, nele atuando constantemente, sempre atentos às cotações das bolsas. Visam, apenas, os resultados de sua especulação, impulsionados pela procura de alternativas que lhes proporcionem liquidez, com considerável margem de segurança.

Esses personagens se apresentam, com todos os seus contornos, na companhia aberta. São indispensáveis ao desenvolvimento e ao fortalecimento do mercado acionário. Não pode a sociedade anônima de grande porte prescindir dessa gama de recursos por eles direcionados. Cabe, entretanto, ao ordenamento jurídico dispor de mecanismos capazes de promover e assegurar a convivência harmônica entre esses interesses, muitas vezes antagônicos, estabilizando as relações de poder entre as várias vertentes de acionistas.

Na sociedade anônima de capital fechado não existe a figura do acionista especulador. Seu elemento característico vem traçado pela forte presença do acionista empreendedor e, em certa medida, do rendeiro que apresente especial interesse no objeto social ou que se encontre em situação peculiar, como a daquele que herda ações de uma companhia de traço nitidamente familiar, passando a viver dos dividendos percebidos.

9.2. OBRIGAÇÕES DOS ACIONISTAS

A mais relevante de todas as obrigações que o *status socii* estabelece para o acionista é a de realizar, integralmente, o capital. Ela atinge, de modo indiscriminado, a coletividade dos acionistas. Mas, ao seu lado, pode ser alinhada a obrigação de sempre votar no interesse da sociedade. Contudo, afigura-se ela com menor intensidade em relação à primeira, porquanto não vinculará todos os acionistas necessariamente, mas tão somente aqueles que sejam munidos do direito de voto e que, efetivamente, exerçam-no. Essas são as obrigações positivas que, portanto, a lei impõe ao titular de ações.

Outras, todavia, podem surgir no seio de determinada companhia. Isso porque não vem excluída a possibilidade da existência de obrigações estatutárias, as quais vinculam os acionistas, seja no sentido de fazer ou de se abster de certos atos. Mas não se pode olvidar que essas obrigações derivadas do estatuto devem estar conciliadas com a natureza jurídica da sociedade anônima.

9.3. A OBRIGAÇÃO DE REALIZAR O CAPITAL

A obrigação fundamental do acionista é a de integralizar as suas ações. Nenhuma disposição estatutária pode cancelar ou restringir essa obrigação[3]. Assim é que se lhe impõe realizar, nas condições previstas no estatuto ou no boletim de subscrição, a prestação correspondente às ações subscritas ou adquiridas (*caput* do art. 106).

A ação estará integralizada quando a totalidade de seu preço de emissão estiver quitada. O fato se verifica mediante a transferência do correspondente montante em dinheiro ou em bens suscetíveis de avaliação pecuniária para a sociedade. A integralização pode operar-se à vista ou a prazo. Nessa última modalidade, haverá uma parcela inicial, nunca inferior a dez por cento (art. 80, II), e parcelas subsequentes a realizar. Realizadas as parcelas de forma plena, tem-se como integralizada a ação e, assim, exonerado seu titular dessa básica obrigação.

O valor da prestação e o prazo ou a data do pagamento, a rigor, devem constar do estatuto ou do boletim da subscrição. Sendo, entretanto, omissos, caberá aos órgãos de administração efetuar a chamada, mediante avisos publicados na imprensa, por três vezes, no mínimo, fixando prazo não inferior a trinta dias para o pagamento (§ 1º do art. 106). Nessas condições, adimplida a entrada mínima, cabe aos acionistas aguardar o convite para a realização do capital faltante, a ser formulado pelo conselho de administração ou pela diretoria, conforme o caso. Os avisos correspondentes, expedidos pela diretoria em desempenho de sua função executiva, serão publicados com a observância da regra geral do art. 289, ou seja, por três vezes no órgão oficial da União ou do Estado ou do Distrito Federal, conforme o lugar de situação da sede social, e por três vezes em jornal de grande circulação editado na localidade da sede da companhia, contando-se o prazo da primeira publicação. Não se admite, desse modo, possa a convocação pela imprensa ser suprida por qualquer outro expediente, sendo a forma de

3 Miranda Valverde, *Sociedades por ações*, v. II, p. 10.

convocação essencial para a constituição em mora do acionista e traduzindo, pois, regra de ordem pública.

Salvo disposição permissiva no estatuto, não tem o acionista faculdade de pagar as suas prestações antecipadamente. Vigora a regra de que o credor, no caso a companhia, não é obrigado a receber o pagamento antes de seu termo[4]. Outrossim, não é dado à sociedade exigir pagamento antecipado, o qual só se pode realizar nas hipóteses expressamente previstas em lei, como no caso de falência da sociedade[5].

---

4 Miranda Valverde, *Sociedades por ações*, vol. II, p. 13.

5 Sobre o tema, já registramos: "Sendo decretada a falência, previa o art. 50 do Decreto-Lei n. 7.661/45 que os acionistas, os sócios cotistas e os sócios comanditários seriam obrigados a integralizar, respectivamente, o preço de emissão de suas ações e as cotas que subscreveram para o capital, não obstante quaisquer restrições, limitações ou condições estabelecidas nos estatutos ou contrato social. A Lei n. 11.101/2005 não reedita regra semelhante. Apesar da omissão, pensamos que o curso a ser seguido para a solução da questão deva ser o mesmo. A contribuição do sócio para a formação do capital social visa a capacitar a sociedade à realização de sua atividade econômica. Segundo doutrina majoritária, constitui a principal obrigação decorrente do *status* de sócio a contribuição para a formação do capital social. Além desse escopo de tornar apta a sociedade a desenvolver seu objeto, serve também o capital social de garantia para os credores sociais. Como já observamos em nosso trabalho 'O Direito de Empresa à Luz do Novo Código Civil', o capital social representa o núcleo inicial do patrimônio da sociedade. Este tem, portanto, formação preliminar resultante da contribuição do sócio. Afigura-se, em sua visão primitiva, como o somatório das contribuições que cada sócio realiza ou promete realizar. Não se confunde, em latitude, com o patrimônio da sociedade, mas é um elemento que integra o ativo. Repita-se, é o patrimônio originário, através do qual se torna viável o início da vida econômica da pessoa jurídica. Sendo, portanto, um elemento do ativo social, que será arrecadado e liquidado para o pagamento dos credores, não vemos como não se chegar à conclusão outra, senão a de que com a falência ficam os sócios obrigados a integralizar as suas participações subscritas, para que os valores ingressem na massa falida e sirvam ao pagamento dos credores. Sendo a falência uma forma de dissolução judicial da sociedade, todos os créditos sociais devem ser apurados. Dessa forma, vislumbramos no art. 82 a base da qual se irradiam as considerações tecidas, ao estabelecer, como regra geral e irrestrita: 'a responsabilidade pessoal dos sócios de responsabilidade limitada [...] será apurada no próprio juízo da falência, independentemente da realização do ativo e da prova da sua insuficiência para cobrir o passivo, observado o procedimento ordinário previsto no Código de Processo Civil'. A responsabilidade traduzida no texto legal não se limita àquelas decorrentes de ato ilícito propriamente dito. É, como se disse, ampla e geral, abrangendo todas as resultantes do *status* de sócio, na qual se destaca, como a principal, a de integralizar o capital social. Se a sociedade se mostrou insolvável foi porque os sócios não a capacitaram devidamente para explorar a atividade econômica objetivada. A forma de integralização parcelada se apresentou como um cálculo de risco empresarial equivocado. A partir da constatação do fato, não há como se amparar, dentro de uma lógica societária, possibilidade outra senão a de sustentar a obrigação dos sócios em integralizar suas cotas de capital, ante a decretação da falência social, não obstante quaisquer restrições ou condições estabelecidas no ato constitutivo. Assim, por exemplo, caso se tenha no contrato social a pactuação de que o preço de subscrição das quotas será pago em doze prestações

Há, ainda, que se cogitar da hipótese de terem as ações sido ficticiamente integralizadas, ocorrendo o lançamento de falsas entradas na escrituração societária. Caberá aos prejudicados, nessas circunstâncias, promover as correspondentes ações para inutilizar os efeitos da simulação fraudulenta e obter, junto aos responsáveis, as reparações que se fizerem necessárias, sem prejuízo da apuração da responsabilidade criminal em que tenham incorrido.

9.4. A MORA DO ACIONISTA

Consoante estabelece o § 2º do art. 106, "o acionista que não fizer o pagamento nas condições previstas no estatuto ou boletim, ou na chamada, ficará de pleno direito constituído em mora, sujeitando-se ao pagamento dos juros, da correção monetária e da multa que o estatuto determinar, esta não superior a 10% (dez por cento) do valor da prestação". Na espécie, portanto, vigora a regra do *dies interpellat pro homine*, sendo a mora *ex re*.

Da mora, como se pode perceber, decorre a incidência de juros, correção monetária e multa. Em relação a essa última, não há dúvida de que não poderá ser exigida se o estatuto não determinar a sua cobrança, fixando o correspondente percentual, observado o limite legal de dez por cento da prestação atualizada.

A correção monetária, independentemente de previsão estatutária, deverá sempre incidir sobre o principal vencido e não pago. Ainda que não se vislumbrasse a sua ocorrência incondicional pelo próprio texto legal[6], com a edição da Lei n. 6.899/81, sua aplicação generalizou-se para todos os débitos oriundos de decisão judicial, sempre contada, nas dívidas líquidas, do respectivo vencimento. Ulteriormente, o Código Civil de 2002 consagrou, no art. 395, a aplicação da atualização dos valores monetários como forma genérica de o devedor responder pelos prejuízos derivados de sua mora, seja a dívida cobrada judicial ou extrajudicialmente. Cabe ao estatuto fixar o índice de atualização a ser considerado; não o fazendo, será tomado aquele em vigor para a correção dos débitos judiciais.

---

e, antes do vencimento da quarta ocorrer a decretação da falência, o sócio ficará obrigado aos pagamentos, já se tornando devedor de toda a soma, cabendo ao administrador judicial exigir-lhe o montante respectivo. A falência, destarte, impõe o vencimento das contribuições do sócio para a integralização do capital social, pois o capital que os sócios prometem realizar é a garantia originária oferecida a terceiros credores da sociedade" (*Falência e recuperação de empresa*: o novo regime da insolvência empresarial, p. 226-227).

6 Opiniões se formavam no sentido de que os juros e a atualização monetária dependiam de determinação estatutária, invocando, para tal conclusão, o estatuído na parte final do § 2º do art. 107 (cf. Egberto Lacerda Teixeira e Tavares Guerreiro, *ob. cit.*, v. 1, p. 273-274).

Os juros de mora, também nos termos do mesmo art. 395 do Código Civil, têm sua fluência incontestável, por determinação legal. Serão cobrados ainda que no silêncio do estatuto. O sócio impontual sempre responderá perante a sociedade, a título de indenização, pelo juro legal da mora. Este fluirá, na mora *ex re*, como na hipótese em questão, desde a data do vencimento da obrigação positiva e líquida[7].

9.5. O ACIONISTA REMISSO

Reputa-se remisso o acionista que incorrer em mora, deixando de pontualmente adimplir a sua obrigação de integralizar o preço de emissão das ações subscritas ou adquiridas. Uma vez verificada a mora, dois caminhos se abrem em favor da companhia para a realização de seu crédito: a ação executiva contra o acionista e contra os que com ele forem solidariamente responsáveis pelo cumprimento da obrigação; ou a venda das ações, por conta e risco do acionista, em bolsa de valores (art. 107).

Optando pelo ajuizamento da ação de execução, o boletim de subscrição e, quando for o caso, o aviso de chamada que a ele se adiciona servirão como título executivo extrajudicial.

Sabiamente, a lei considera obrigados pelo pagamento das ações negociadas antes de integralizadas não só o seu atual titular, como todos os alienantes anteriores. Serão eles solidariamente responsáveis pelo pagamento das prestações que faltarem para integralizar as ações transferidas. A responsabilidade de cada alienante, no entanto, cessará no fim de dois anos, a contar da data dos correspondentes atos de transmissão das ações (art. 108). A necessidade de assegurar à companhia a realização de seu capital fundamenta a providência, não se admitindo cláusula estatutária que possa restringir essa solidariedade passiva por lei estabelecida.

Preferindo a sociedade a cobrança extrajudicial, mediante a venda em bolsa, esta será feita em leilão especial. Com a medida, opta a companhia por providência que pode vir a privar o acionista da sua condição de sócio.

---

7 Cf. a respeito a lição de J. M. Leoni Lopes de Oliveira: "O art. 405 do Código Civil se refere evidentemente à mora *ex persona*, isto é, aquela que necessitada de notificação, interpelação, protesto ou citação do devedor para constituí-lo em mora, visto que a mora *ex re* constitui em mora o devedor independentemente de interpelação, notificação, protesto, como deixa claro o *caput* do art. 397 ao afirmar que o inadimplemento da obrigação, positiva e líquida, no seu termo, constitui de pleno direito em mora o devedor. Na verdade, o artigo ora anotado se refere à hipótese do parágrafo único do art. 397 que estabelece que não havendo termo, a mora se constitui mediante interpelação judicial (citação) ou extrajudicial" (*Novo Código Civil anotado – Direito das obrigações*, v. II. Rio de Janeiro: Lumen Juris, 2002, p. 264-265).

O leilão especial, que se realizará na bolsa de valores do lugar da sede social ou, não havendo, na mais próxima, pode ser utilizado, como meio de autoexecução, tanto pela companhia aberta como pela fechada. A venda não retrata simples negociação das ações no mercado, quando, então, somente as companhias de capital aberto poderiam procedê-la, mas sim uma fórmula especial de realização do capital, posta à disposição da sociedade credora, legitimando-a a promover a expropriação do acionista devedor, mediante expressa autorização legal. Tem-se, aqui, a caracterização de uma função especial que a lei outorga à bolsa de valores.

A providência, nos moldes do § 2º do art. 107, exige a publicação de aviso por três vezes, com antecedência mínima de três dias, publicação essa, como todas, que se dará em obediência ao preceituado no art. 289 (três vezes em veículo oficial e três em jornal de grande circulação). Destina-se a medida a possibilitar que o acionista remisso purgue a sua mora. Com efeito, faculta-se ao devedor sobrestar o leilão especial, purgando a mora antes de verificada a arrematação. Preservará, dessa forma, a sua integral condição de sócio. Contudo, a sustação do ato somente se efetivará se quitar as prestações em débito, com seus consectários legais e estatutários, mais as despesas havidas com a realização do próprio leilão.

Dispondo o acionista, por outro lado, de matéria relevante para deduzir em face da pretensão da sociedade, cabe-lhe, depositando em juízo a importância total de seu débito ou prestando caução idônea, opor-se à venda, obtendo medida judicial para a suspensão do leilão.

Realizada a venda, aquele que arrematou as ações não integralizadas no leilão tornar-se-á automaticamente acionista da companhia, substituindo em todos os direitos e obrigações o devedor.

A ação, embora a lei não o diga expressamente, não poderá ser leiloada por preço inferior ao que faltar para a realização da parcela em atraso ou para a própria integralização[8], conforme o caso, sob pena de frustrar o sistema legal. É ilógico permitir que o adquirente passe a ser titular da ação por valor de aquisição inferior ao pago pelos outros acionistas. Ademais, a medida redundaria numa redução indevida do capital social[9].

Sendo o valor da arrematação superior ao montante do principal do débito, dele ainda serão deduzidas as despesas da operação e os encargos devidos, como os juros, a correção monetária e a multa, esta se prevista no estatuto. Subsistindo ainda o saldo, será ele posto à disposição do remisso na sede da companhia. Contudo, se no leilão não

8 Cunha Peixoto, *ob. cit.*, v. II, p. 318.

9 Modesto Carvalhosa, *Comentários à lei de sociedades anônimas*, v. 2, p. 266, e Halperin e Otaegui, *ob. cit.*, p. 398.

for apurado valor suficiente para cobrir as despesas e as aludidas cominações, caberá à companhia promover a execução judicial desses débitos, consoante autoriza a parte final do § 3º do art. 107, que nessa perspectiva deve ser entendido. Para mais, essa responsabilidade do acionista decorre do próprio inciso II do art. 107, que determina a venda em leilão especial, feita por conta e risco do próprio devedor.

A opção entre a execução judicial da dívida do acionista remisso e a venda das ações em bolsa não pode ser excluída nem limitada, reputando-se como não escrita em relação à sociedade qualquer estipulação, do estatuto ou do boletim de subscrição, nesse sentido. O subscritor de boa-fé, entretanto, terá ação contra os responsáveis pela eventual estipulação, para haver perdas e danos sofridos, sem prejuízo da responsabilidade penal que no caso couber (§ 1º do art. 107).

Sempre será facultado à companhia, mesmo após o início da cobrança executiva em juízo, optar pela venda da ação em bolsa de valores. Do mesmo modo, poderá promover a execução judicial se as ações oferecidas em bolsa não encontrarem compradores (§ 3º do art. 107).

Mas não será anormal que tanto a cobrança judicial quanto a extrajudicial resultem ineficazes, seja porque não foram encontrados bens do devedor suficientes a garantir a execução e satisfazer o crédito, seja porque não se obteve interessados na arrematação do bem no leilão especial na bolsa, ficando as ações carentes de integralização. Restará à companhia, verificada a hipótese, declarar, nos termos do § 4º do art. 107, a caducidade das ações não integralizadas, fazendo suas as entradas realizadas. Nesse caso, dispondo de lucros ou reservas, exceto a legal, a sociedade poderá integralizar as ações em questão, as quais se converterão em ações de tesouraria. Inexistindo esses fundos ou sendo eles insuficientes para a integralização, desfrutará a companhia do prazo de um ano para colocar com terceiros as ações caídas em comisso[10], que deverão pagar o seu preço de emissão, na medida em que essa colocação se equipara a uma subscrição. Findo o referido prazo, não tendo sido encontrado comprador, a assembleia geral deliberará sobre a redução do capital em importância correspondente.

---

[10] Comisso, consoante anota Eunápio Borges (*ob. cit.*, p. 468, nota 13), vem do latim *commissium*, consistindo na multa ou na pena em que incorre quem falta ao cumprimento de certas obrigações impostas por lei ou pelo contrato, ou é, ainda, o fato de incorrer nessa pena. Por extensão, a palavra "comisso" pode designar, em vez da pena, a própria infração. Ações caídas em comisso revelam, pois, como consignam Egberto Lacerda Teixeira e Tavares Guerreiro (*ob. cit.*, v. 1, p. 276), ações cujos subscritores ou adquirentes decaíram do direito de integralização, em virtude de serem inadimplentes e de terem-se mostrado infrutíferas as tentativas de realização.

A declaração de caducidade da ação, portanto, representa de modo definitivo o rompimento do vínculo entre o acionista remisso e a companhia, a qual passará a titularizar as entradas realizadas. Perderá o devedor aquilo que pagou, como perde a oportunidade de solver o seu débito. O que caduca, portanto, não são as ações, mas os direitos decorrentes do *status socii*, não mais se permitindo ao remisso integralizá-las.

9.6. A OBRIGAÇÃO DE VOTAR NO INTERESSE DA COMPANHIA

Além da obrigação de integralizar o capital subscrito, impõe-se ao acionista, titular do direito de voto, a obrigação de que, ao exercê-lo, faça-o sempre e exclusivamente no interesse da sociedade. Embora o voto consista em um direito, ainda que não gravado pela intangibilidade, trata-se de um direito limitado por preceito imperativo de lei, segundo o qual deve ser pelo seu titular exercido no interesse da companhia[11]. Considera-se o voto abusivo quando proferido com o fim de causar dano à sociedade ou a outros acionistas ou, ainda, quando revelar o intento de o sócio obter para si ou para outrem vantagens a que não faça jus e de que se resulte, ou simplesmente possa resultar, prejuízo para a sociedade ou para outros acionistas (*caput* do art. 115).

Essa obrigação destacada, em realidade, vem pautada no dever de lealdade que todo sócio deve nutrir para com a sociedade. Não é dado a nenhum sócio antepor seus interesses privados àqueles da sociedade. A lealdade, portanto, vem presente na dogmática das sociedades anônimas pelo instituto da boa-fé e da repressão dos votos abusivos[12].

9.7. DIREITOS DOS ACIONISTAS

Como todo e qualquer sócio, o acionista desfruta de um complexo de direitos que integram o *status socii* ou, como prefere denominar a doutrina alemã, que perfazem o direito de participação[13].

Nos termos positivados em nossa Lei das S.A., os direitos dos acionistas perante a companhia podem ser agrupados em duas categorias: os direitos essenciais e os direitos modificáveis.

Os direitos essenciais, também nominados intangíveis, impostergáveis, fundamentais, inderrogáveis ou imutáveis, são inerentes à qualidade de acionista. Encontram-se, pois, fundamentalmente ligados à titularidade acionária. Em virtude de disposição legal, não pode o estatuto nem a assembleia geral privarem o acionista de exercê-los. Traduzem,

---

11 Egberto Lacerda Teixeira e Tavares Guerreiro, *ob. cit.*, v. 1, p. 277.

12 António Menezes Cordeiro, *Manual de direito das sociedades*, v. II, p. 553.

13 Eunápio Borges, *ob. cit.*, p. 455.

por assim dizer, direitos individuais ou próprios, para os quais não se permite modificação ou supressão pela vontade coletiva, expressa pela voz da maioria, ou pelo consentimento de todos ou de certos acionistas. Não podem ser atingidos, porque à sociedade não é possível dispor daquilo que pertence individualmente ao patrimônio intangível do acionista[14].

Em contraposição a esses direitos individuais, emergem os direitos ditos coletivos ou sociais, que se caracterizam por serem modificáveis. São direitos que predominam sobre o interesse particular de cada membro da sociedade. Seja na sua atribuição, seja no seu exercício, tais direitos encontram-se estritamente ligados à vida e ao funcionamento da companhia, dependendo, por isso, da vontade social soberana. Esses direitos admitem modificações por previsão estatutária e, em última análise, pela assembleia geral, que, tendo o poder de reformar o estatuto, tem a faculdade de alterar ou modificar, e às vezes suprimir, esses direitos sociais.

Os direitos modificáveis decorrem de lei ou do estatuto social. Podem ser estendidos a todas as ações ou apresentar exclusão em relação a uma ou mais classes pelo estatuto. É o que ocorre, por exemplo, com o direito de voto, do qual as ações preferenciais, ou alguma ou algumas de suas classes, podem ser desprovidas ou ter seu exercício deferido com limitações.

Ainda é da essência dos direitos impostergáveis a sua irrenunciabilidade[15] pelos acionistas, pois resultam de regras de ordem pública. A privação desses direitos não se admite em qualquer circunstância, isto é, quer pelo estatuto social, quer pela assembleia geral, quer pelo consentimento do próprio titular da prerrogativa. Contribui, assim, o seu conceito para a estabilização das relações internas de poder da companhia.

Os direitos essenciais, como dito, têm sua origem e seu contorno estritamente na lei. Somente a ela é dado alterar, modificar ou limitar esses direitos[16]. O seu fundamento é, assim, estritamente político. Encontram-se eles enunciados no *caput* do art.

---

14 O Código das Obrigações suíço, de 1936, em seu art. 646, com vistas a marcar a natureza desses direitos, os denominou de direitos adquiridos do acionista em face da sociedade, que não teria, assim, a faculdade de desconhecê-los ou modificá-los (cf. Eunápio Borges, *ob. cit.*, p. 455, e Miranda Valverde, *Sociedades por ações*, v. II, p. 32).

15 A irrenunciabilidade consiste em não poder o acionista renunciar em abstrato e *a priori* os direitos fundamentais declarados em lei, como oportunamente realça Modesto Carvalhosa (*Comentários à lei de sociedades anônimas*, v. 2, p. 292). Isso não quer dizer que não possa deixar de exercê-lo de modo concreto, como se pode verificar em relação ao direito de preferência (cf. item 4.11 do capítulo 4).

16 A limitação pode ser visualizada, por exemplo, no direito de preferência, cuja exclusão é possível nas situações em que a lei determina (cf. item 4.12 do capítulo 4).

109[17]. Mas essa relação não é taxativa. Ao seu rol devem ser incorporados, por exemplo, os direitos à informação e à igualdade de tratamento. Os direitos modificáveis, por seu turno, serão todos os demais, isto é, todos aqueles que não vêm arrolados como essenciais em lei.

Por lógica conclusão, qualquer deliberação assemblear ou disposição estatutária que exclua, limite, modifique ou altere um direito essencial será nula de pleno direito. Da mesma forma, será inquinado de nulidade o ato de renúncia por parte do acionista. A tutela de um interesse de ordem pública não admite interdição voluntária.

9.8. DIREITO DE PARTICIPAR DOS LUCROS SOCIAIS

A companhia, consoante dispõe o *caput* do art. 2º da Lei das S.A., terá por objeto empresa com fim lucrativo. A obtenção de lucros, portanto, constitui o próprio fim legal da sociedade anônima. Os resultados das operações sociais devem, pois, ser distribuídos aos acionistas cujas contribuições, em dinheiro ou bens, possibilitaram o exercício da atividade econômica[18]. Em realidade, a perspectiva do lucro anima todas as iniciativas societárias e confere corpo a um mercado de valores mobiliários[19]. Constitui, desse modo, direito essencial dos acionistas participar dos lucros sociais (art. 109, I).

O direito do acionista ao lucro social caracteriza-se como um direito subjetivo, de caráter nitidamente patrimonial, inerente à qualidade de sócio, que se materializa no dividendo. O dividendo é, assim, a parcela dos lucros líquidos efetivamente partilhada aos acionistas, tendo em conta cada uma das ações por eles titularizadas. É, de certa forma, o fruto, o produto de suas ações.

Juntamente com as demonstrações financeiras do exercício, a administração da companhia apresentará à assembleia geral proposta sobre a destinação a ser conferida ao lucro líquido do exercício (art. 192). Aprovada a proposta, ou ainda que deliberado de forma diversa, mas resultando a decisão assemblear na declaração do dividendo a ser pago, manifesta-se para o acionista, em concreto, o direito à participação nos lucros sociais. Com o escopo de tutelar o direito da minoria acionária, impossibilitando, desse modo, que o acionista controlador retenha na sociedade a integralidade dos lucros,

---

17 *Caput* do art. 109: "Nem o estatuto social nem a assembleia-geral poderão privar o acionista dos direitos de: I – participar dos lucros sociais; II – participar do acervo da companhia, em caso de liquidação; III – fiscalizar, na forma prevista nesta Lei, a gestão dos negócios sociais; IV – preferência para a subscrição de ações, partes beneficiárias conversíveis em ações, debêntures conversíveis em ações e bônus de subscrição, observado o disposto nos artigos 171 e 172; V – retirar-se da sociedade nos casos previstos nesta Lei".

18 Egberto Lacerda Teixeira e Tavares Guerreiro, *ob. cit.*, v. 1, p. 280.

19 António Menezes Cordeiro, *Manual de direito das sociedades*, v. I, p. 529.

a lei consagra, no art. 202, a regra do dividendo obrigatório. Constitui-se na distribuição compulsória de um dividendo mínimo, em cada exercício, com os ajustamentos previstos no próprio art. 202[20], salvo quando esse pagamento for incompatível com a situação financeira da companhia (§ 4º do art. 202). Especialmente, pode, ainda, a assembleia geral, desde que não haja oposição de qualquer acionista presente, deliberar a distribuição de dividendo inferior ao obrigatório ou a retenção de todo o lucro líquido em relação às i) companhias abertas exclusivamente para a captação de recursos por debêntures não conversíveis em ações e ii) companhias fechadas, exceto aquelas controladas por companhias abertas que não se enquadrem na situação antes referida (§ 3º do art. 202). O nítido propósito do instituto é o de conferir às ações, no mercado de capitais, um certo prestígio, estimulando, com isso, os investimentos da poupança popular nesse tipo de ativo.

Não se pode olvidar que a companhia somente poderá pagar os dividendos à conta de lucro líquido do exercício e de reserva de lucros[21 e 22]. Na hipótese das ações preferenciais com prioridade na distribuição de dividendo cumulativo, admite-se, quando previsto no estatuto, que o pagamento se realize à conta de reserva de capital (art. 201).

A participação nos lucros, como se pode facilmente perceber, é revestida do caráter da periodicidade, derivado do resultado de cada exercício social. Essa periodicidade, em princípio, é anual. Faculta-se, entretanto, a distribuição de dividendos intermediários, isto é, em períodos inferiores a doze meses (art. 204).

---

20 *Caput* do art. 202: "Os acionistas têm direito de receber como dividendo obrigatório, em cada exercício, a parcela dos lucros estabelecida no estatuto ou, se este for omisso, a importância determinada de acordo com as seguintes normas: I – metade do lucro líquido do exercício diminuído ou acrescido dos seguintes valores: a) importância destinada à constituição da reserva legal (art. 193); e b) importância destinada à formação da reserva para contingências (art. 195) e reversão da mesma reserva formada em exercícios anteriores; II – o pagamento do dividendo determinado nos termos do inciso I poderá ser limitado ao montante do lucro líquido do exercício que tiver sido realizado, desde que a diferença seja registrada como reserva de lucros a realizar (art. 197); III – os lucros registrados na reserva de lucros a realizar, quando realizados e se não tiverem sido absorvidos por prejuízos em exercícios subsequentes, deverão ser acrescidos ao primeiro dividendo declarado após a realização".

21 O texto do *caput* do art. 201 ainda faz menção a "lucros acumulados". Conforme anotado no item 16.4 do capítulo 16, a Lei n. 10.303/2001 acrescentou um § 6º ao art. 202, determinando que os lucros não destinados à constituição de reserva, nos termos dos arts. 193 a 197, deverão ser distribuídos como dividendos. Com isso, passou a não ter mais sustentação legal a rubrica "lucros acumulados".

22 Embora o *caput* do art. 201 faça menção a "ações preferenciais de que trata o § 5º do art. 17", o correto é considerar essa referência alusiva ao § 6º, tendo em conta as alterações introduzidas pela Lei n. 10.303/2001 nos parágrafos do aludido art. 17 e a falta de ajuste ao art. 201 para harmonizá-lo à nova ordem.

Embora todos os acionistas tenham direito à parcela dos lucros, essa participação não será necessariamente igual para todos. Admitem-se pesos diferentes para essa partilha. É perfeitamente legitimado em lei o recebimento de dividendo acrescido (inciso II do § 1º do art. 17) ou a prioridade na percepção dele (art. 17, I), por exemplo. O fenômeno decorre do fato, já antes estudado, de que nem sempre as ações de uma companhia conferirão os mesmos direitos. Estes podem variar em função das espécies e classes das ações. Dentro de uma classe, contudo, impõe-se a igualdade de direitos. Conclui-se, destarte, que cada acionista participa dos resultados sociais de acordo com a espécie, a classe e a quantidade das ações por ele titularizadas.

Singular questão que se apresenta na análise do tópico é saber se as ações ainda não integralizadas atribuirão o direito ao mesmo dividendo cabível às integralizadas da mesma espécie ou classe, conforme o caso. As opiniões não são convergentes.

João Vicente Campos[23] propugna pela igualdade de tratamento na hipótese. Eis o cerne da sua sustentação:

> Os dividendos são *frutos* do capital. Ora, o capital se constitui, não só com o que o acionista entra, mas com o que se responsabiliza. A expressão capital não corresponde ao dinheiro colhido, mas ao subscrito pelos acionistas. A este é que se remunera, porque foi com este que a Sociedade operou. Se ela, para colher lucros, não precisou do dinheiro todo, representado pelo capital, é certo que a parte não entrada esteve à sua disposição como elemento de real e efetivo valor. O capital é um só. A lei não distingue entre capital integralizado e desintegralizado, logo não pode distinguir entre ação integralizada e ação desintegralizada, a não ser para os efeitos expressamente indicados pela própria lei, e, entre estes, não encontramos aquele que dá diferente vocação aos dividendos.

Sua articulação, com efeito, vem respaldada na clássica lição formulada por Palmer[24], que, ao abordar o tema segundo a lei societária inglesa de 1929, entendeu que a regra do tratamento diverso não satisfaz um ideal de justiça, desconsiderando que os débitos dos acionistas relativos às ações não integralizadas compõem o balanço patrimonial da sociedade, representando um valor em seu ativo. Para mais, sustenta que tais acionistas ainda não pagaram, porque a companhia não resolveu chamar o restante do capital.

Pensamos, entretanto, ser preferível a tese advogada por Miranda Valverde[25], para quem a matéria, em princípio, deve ser regulada no estatuto. No silêncio deste, porém, a regra é a de se pagar o dividendo de acordo com o montante das entradas realizadas.

---

23 A vocação dos acionistas de uma sociedade anônima aos dividendos, pela regra da igualdade de tratamento *in Revista Forense*, n. 141, maio/junho 1952. Rio de Janeiro: Forense, p. 56.

24 *Company law*, p. 205, *apud* Trajano de Miranda Valverde, *Sociedades por ações*, v. II, p. 38-39.

25 *Sociedades por ações*, v. II, p. 38.

É a distribuição *pro rata*, ou seja, proporcional à efetiva participação do acionista no capital social[26].

Não se tem dúvida de que a igualdade de posição jurídica demanda a igualdade de tratamento. Mas na espécie inexiste essa identidade, ou melhor, a igualdade é apenas aparente. Há, como matéria de fundo, efetiva diferença no que pertine às obrigações dos acionistas perante a companhia, verificável entre os titulares de ações, embora integrantes de uma mesma classe, integralizadas e não integralizadas. Como bem lembrado por Modesto Carvalhosa[27], existe relatividade e incerteza na efetivação das entradas ainda não realizadas, razão pela qual a lei prevê a diminuição do capital social no caso de insucesso na respectiva cobrança (§ 4º do art. 107). Diante da possibilidade de redução do capital no montante não realizado, por força de comisso previsto em lei, não se justifica dividendo sobre essa parcela a integralizar.

Dessa forma, as ações integralizadas receberão os dividendos integrais do exercício, ao passo que as não integralizadas perceberão dividendos proporcionais ao importe das entradas realizadas.

Por fim, ainda a respeito do direito individual do acionista à participação nos lucros sociais, cumpre desde já anotar que tem o acionista direito de pedir a dissolução da sociedade, nos termos do art. 206, II, *b*, quando ela não se mostrar com aptidão para gerar lucros, revelando, com isso, não mais preencher o seu fim, o qual passa a ser, desse modo, inexequível. O estudo dessa matéria será aprofundado no item 17.3 do capítulo 17.

9.9. DIREITO DE PARTICIPAR DO ACERVO DA COMPANHIA

Outro direito individual do acionista é o de participar do acervo social remanescente, no caso de liquidação da sociedade (art. 109, II). Esse direito, embora também essencial, não é aplicável, tal qual o de participar nos lucros, de forma equânime a todos os acionistas. Poderão existir ações preferenciais com prioridade no reembolso de capital (art. 17, II), as quais desfrutarão, portanto, de um peso diferente no exercício do direito. A igualdade de tratamento aqui, mais uma vez, é verificável dentro da mesma classe ou categoria de ação.

Quitado o passivo social pelo pagamento a todos os credores da companhia, o acervo líquido que remanescer será rateado entre os acionistas. Como regra, essa distribuição se fará segundo o valor patrimonial da ação. O pressuposto, portanto, para o exercício desse direito é a dissolução da sociedade. Terá lugar, assim, na fase de liquidação, que é a fase subsequente à dissolução. Encerrada a liquidação, estará

---

26 Cunha Peixoto, *ob. cit.*, v. II, p. 238.

27 *Comentários à lei de sociedades anônimas*, v. 2, p. 299.

extinta a pessoa jurídica. Ultimada a partilha do ativo, sendo pagos os acionistas, verifica-se o término da sua relação com a companhia, apesar de esta manter a sua personalidade jurídica até a extinção, de modo que regularmente sejam viabilizados os atos finais da fase liquidatória.

Contudo, é lícito à sociedade, como já se viu nesta obra, antecipar a distribuição desse patrimônio líquido por meio da amortização das ações (§ 2º do art. 44).

9.10. DIREITO DE PREFERÊNCIA

O direito de preferência para a subscrição de ações, partes beneficiárias conversíveis em ações[28], debêntures conversíveis em ações e bônus de subscrição vem erigido pelo inciso IV do art. 109 como um direito impostergável, muito embora não se configure como um direito absoluto, admitindo-se, em certas condições, a sua superação. O tema foi abordado em tópicos específicos (itens 4.11 a 4.13 do capítulo 4), a cujos termos nos remetemos.

9.11. DIREITO DE RETIRADA

O direito de retirada ou de recesso, também arrolado como um direito inderrogável, constitui-se pela faculdade que a lei outorga ao acionista de se desligar da companhia, nas hipóteses que explicita, mediante o reembolso do valor de suas ações (arts. 109, V, e 45).

O recesso vem erigido como uma prerrogativa individual do acionista minoritário vencido por uma decisão válida da maioria acionista, tomada no interesse da companhia[29]. Com efeito, o enquadramento do princípio majoritário, que preside o direito societário, como expressão da vontade coletiva da pessoa jurídica, pressupõe que atue em favor da sociedade. Do contrário, os minoritários disporão de medidas judiciais pertinentes a bloquear e neutralizar o abuso de poder cometido. Agindo, portanto, a vontade majoritária no interesse geral da sociedade, equilibra-se a pretensão da minoria dissidente das deliberações da assembleia geral com a possibilidade de sua separação da vida social, reembolsando-se do seu investimento na companhia.

Desse modo, por um lado, o direito de recesso se apresenta como um atributo das minorias dissidentes que serão compensadas pelo não prevalecimento de suas vontades na condução dos negócios sociais, quando se tratar de matéria que a lei qualifique como substancial à vida da sociedade; e, por outro, funciona como um freio aos poderes da

---

28 Desde que emitidas para alienação onerosa (§ 3º do art. 171).

29 Egberto Lacerda Teixeira e Tavares Guerreiro, *ob. cit.*, v. 1, p. 427.

maioria, porquanto o seu exercício poderá levar à revisão da deliberação, quando o valor do pagamento do reembolso puder colocar em risco a estabilidade econômica e financeira da empresa exercitada pela companhia. É sob essa dupla perspectiva que se nos afigura correto mensurar a eficácia desse direito, permitindo a convivência equilibrada entre aqueles que capitalizam a pessoa jurídica. Nas felizes palavras de Egberto Lacerda Teixeira e Tavares Guerreiro[30], constitui "fórmula capaz de harmonizar os direitos dos vencidos com o princípio majoritário, que forçosamente há de governar os destinos da companhia". Permite, assim, a continuidade do negócio sob a vontade da maioria, preservando, portanto, a empresa pela sociedade desenvolvida, sem descurar dos interesses daqueles que, ainda que minoritários na formação da vontade social, contribuíram para seu financiamento, os quais, ao manifestarem o desejo de retirada, poderão, ao final, efetivamente estar desligados da companhia, como poderão nela permanecer, caso se verifique a reconsideração da deliberação que estimulou a declaração daquela decisão de recesso. Em sumas palavras, é um meio de solução dos interesses em conflito[31].

Quanto à sua natureza, o recesso traduz uma declaração unilateral de vontade do acionista dissidente, ainda que ausente na assembleia geral na qual a decisão tenha sido tomada, ou que nela tenha se abstido de votar. É um direito potestativo, irrenunciável e de ordem pública.

Como já se examinou em termos gerais no item 9.7 deste capítulo, os direitos essenciais têm origem e contorno estritamente na lei. Desse modo, não seria válida cláusula estatutária que estendesse o direito de recesso para outras hipóteses, que não aquelas expressamente previstas no elenco legal. A enunciação das situações que o ensejam reveste-se do caráter *numerus clausus*, não se permitindo a sua ampliação. Do mesmo modo, a interpretação das circunstâncias legais de recesso deve se dar de forma estrita, presa à sua literalidade. A medida é de caráter excepcional, não se pode olvidar. Diferentemente do que se presencia nas sociedades contratuais, regidas pelo Código Civil[32], a Lei das S.A. limita o desligamento do acionista pela via do direito de retirada, só o permitindo, repita-se, nas situações específicas e nela expressamente contempladas. A Lei do Anonimato estimula uma outra forma de desfazimento do vínculo social: a alienação da participação societária. Esta deriva de um negócio bilateral, do qual resulta ou um ingresso, ou a ampliação da participação de um acionista, em contrapartida à

30 *Ob. cit.*, v. 1, p. 426-427.

31 Miranda Valverde, *Sociedades por ações*, v. II, p. 43.

32 Sobre o exercício do direito de recesso especificamente no âmbito das sociedades limitadas, cf. Sérgio Campinho e Mariana Pinto. O recesso na sociedade limitada *in Sociedade limitada contemporânea*. Coordenação de Luís André N. de Moura Azevedo e Rodrigo R. Monteiro de Castro. São Paulo: Quartier Latin, 2013, p. 115-153.

saída de outro. Tem-se, no art. 36, consagrada a regra da ampla circulação das ações[33], em reafirmação do perfil capitalista da companhia.

Mas, para identificar as hipóteses de recesso, mister se faz realizar um inventário das regras que se acham esparsas no texto atual da Lei n. 6.404/76[34], porquanto o art. 137 não as esgotou.

Preliminarmente, vamos nos ocupar da listagem trazida pelo mencionado dispositivo normativo.

A primeira hipótese concerne à criação de ações preferenciais ou ao aumento de classes existentes, sem guardar proporção com as demais classes, salvo se tais procedimentos já vierem previstos ou autorizados pelo estatuto, disposições estatutárias essas que inibem, pois, o recesso (arts. 137 e 136, I).

A segunda resulta de alteração nas preferências, vantagens e condições de resgate ou amortização de uma ou mais classes de ações preferenciais, ou da criação de nova classe mais favorecida (arts. 137 e 136, II).

Importante observar que, nessas duas situações de recesso, somente terá direito ao seu exercício o titular de ações de espécie ou classe prejudicadas (art. 137, I). Portanto, cabe ao titular de ações ordinárias (primeira hipótese) ou preferenciais (nas duas hipóteses), conforme o caso, demonstrar o prejuízo advindo da deliberação assemblear, com

---

33 O tema foi examinado no item 6.19 do capítulo 6.

34 O direito de recesso, cuja gênesis se tem identificada no Código de Comércio Italiano de 1882, foi sendo introduzido na legislação de diversos países de forma mais ou menos abrangente. A Lei n. 6.404/76, em sua redação original, contemplava uma relação bastante extensa. Todavia, com o passar do tempo, a indigitada lei societária foi objeto de inúmeras alterações tradutoras do desiderato de enfraquecer o direito de retirada. A primeira se operou com a promulgação da Lei n. 7.958/89, conhecida como Lei Lobão, objeto de inúmeros e rumorosos debates doutrinários e jurisprudenciais acerca da eventual restrição desse direito nas situações de fusão, incorporação, cisão e na participação em grupos de sociedades. Ulteriormente, com a edição da Medida Provisória n. 1.179/95, diversas vezes reeditada até o derradeiro número 1.604-38/98, que foi convertida na Lei n. 9.710/98, a qual instituiu o Programa de Estímulo à Reestruturação e ao Fortalecimento do Sistema Financeiro Nacional (PROER), identificou-se, em seu art. 3º, a vedação do exercício do direito de recesso nas operações de reorganizações societárias (incorporação, fusão, cisão e participação em grupos de sociedades), ocorridas no âmbito do programa instituído. Posteriormente, foi promulgada a Lei n. 9.457/97, alterando diversos dispositivos da Lei n. 6.404/76, dentre os quais os artigos 136 e 137, restringindo substancialmente o recesso e tratando-o de forma casuística, com o claro intuito de facilitar as privatizações e reduzir os custos dos processos de concentração empresarial. Com a reforma introduzida pela Lei n. 10.303/2001, ao revés, visou-se a novamente fortalecer o direito de recesso, com o escopo de melhor proteger as minorias, considerando que o governo já havia realizado quase todas as privatizações idealizadas, passando, inclusive, a ser detentor de várias posições minoritárias. Via-se, portanto, como testemunham Carvalhosa e Eizirik (*ob. cit.*, p. 273), uma indevida utilização do instituto "como instrumento de política governamental".

a redução das perspectivas de rentabilidade de seu investimento, sem o que o recesso não se pode materializar. Não basta, assim, seja ele apenas divergente da decisão, mas também que dela lhe resulte prejuízo. Essas são as condições para o exercício do direito de retirada. Oportuno ressaltar que a aprovação das matérias em questão deverá se dar tanto em assembleia geral extraordinária como em assembleia especial dos preferencialistas prejudicados, estando a decisão havida naquela assembleia subordinada à prévia aprovação ou à ratificação, esta em prazo improrrogável de um ano, por esse último conclave (§ 1º do art. 136).

A terceira deliberação a desafiar o recesso consiste na redução do dividendo obrigatório (arts. 137 e 136, III). É uma decisão prejudicial a todos os acionistas, independentemente da espécie ou da classe de ações de que são titulares, propiciando, por isso, ao dissidente, o seu manejo.

A quarta revela-se pela fusão da companhia, sua incorporação em outra, ou pela participação em grupo de sociedades (arts. 137 e 136, IV e V). A decisão assemblear que aprova uma dessas operações enseja ao acionista que dela discordar a sua retirada da sociedade, salvo se a companhia for aberta e o acionista titularizar ação de espécie ou classe que tenha liquidez e dispersão no mercado. Sendo, portanto, fechada a companhia ou não usufruindo as ações da companhia aberta dessas características cumulativas de liquidez e dispersão, o recesso do acionista se afigura assegurado. Tem liquidez a ação quando a sua espécie ou classe, ou o certificado que a represente, integre índice geral representativo de carteira de valores mobiliários admitidos à negociação no mercado de valores mobiliários, no Brasil ou no exterior, definido pela Comissão de Valores Mobiliários. A dispersão ocorre quando o acionista controlador ou outras sociedades sob seu controle detiverem menos da metade da espécie ou classe de ação em consideração (art. 137, II, *a* e *b*).

A quinta emerge com a deliberação que determina a mudança do objeto da companhia (arts. 137 e 136, VI). No item 2.8 do capítulo 2, já nos debruçamos sobre o tema. Naquela seção, após discorrer sobre as várias opiniões acerca da questão, sustentamos a nossa convicção de que a mudança do objeto ensejadora do recesso é aquela que o altera de forma essencial, ou seja, que desvia a companhia da sua atividade ou das suas atividades fundamentais, originariamente declaradas no estatuto social. Pressupõe, pois, a substituição ou a exclusão da atividade ou das atividades principais que perfazem a empresa. A modificação há de ser substancial, que descaracterize o seu fim. A realização de pequenos ajustes no objeto social não configura, assim, sua mudança para esse efeito legal de recesso, como são os casos da supressão de uma atividade secundária que não comprometa a principal, ou de acréscimo de uma atividade que fortaleça e valorize o objeto essencial. Tampouco se deve ter por caracterizada a mudança quando há a supressão de atividades que de fato a sociedade não venha exercendo, significando a iniciativa simples ajuste do objeto formal ao real, fato que não implica prejuízo à minoria dos acionistas.

A sexta pertine à cisão da companhia (arts. 137 e 136, IX), com a versão do seu patrimônio, em todo ou em parte, para uma sociedade nova ou já existente. Mas a operação, por si só, não desafia o recesso. Os acionistas dissidentes da cindida somente terão direito de retirada se a cisão implicar: a) mudança do objeto social, salvo quando o patrimônio cindido for vertido para sociedade cuja atividade preponderante coincida com a decorrente do objeto social da companhia cindida; b) redução do dividendo obrigatório; ou c) participação em grupo de sociedades. Inocorrendo qualquer uma dessas hipóteses, não há falar em recesso (inciso III do art. 137).

As demais situações de recesso não mais se localizam no art. 137, encontrando-se em dispositivos esparsos, perfazendo mais seis casos.

A transformação da companhia exige o consentimento unânime dos acionistas. Todavia, se prevista no estatuto social a operação, o dissidente terá o direito de se retirar da sociedade (art. 221).

A aprovação da inclusão de convenção de arbitragem no estatuto social[35] assegura ao acionista dissidente o direito de retirar-se da companhia. Entretanto, esse direito não poderá ser exercitado nas seguintes hipóteses: a) caso a inclusão da convenção de arbitragem no estatuto represente condição para que os valores mobiliários de emissão da companhia sejam admitidos à negociação em seguimento de listagem de bolsa de valores ou mercado de balcão organizado que exija dispersão acionária mínima de vinte e cinco por cento das ações de cada classe ou espécie; b) caso a inclusão da convenção de arbitragem seja efetuada no estatuto de companhia aberta cujas ações sejam dotadas de liquidez e dispersão no mercado, nos termos das alíneas *a* e *b* do inciso II do art. 137, já acima analisadas (art. 136-A).

A incorporação, a fusão ou a cisão que resultarem fechamento de capital ensejam um direito especial de recesso, diverso dos cenários tratados no âmbito do art. 137. Assim é que, quando uma dessas operações societárias envolverem companhia aberta, a sucessora também deverá ser dessa mesma natureza. Sendo, entretanto, a incorporadora a nova sociedade decorrente da fusão ou a sociedade para a qual foi vertido patrimônio da cindida fechada, os seus administradores deverão, no prazo de cento e vinte dias contados da data da assembleia geral que aprovou a operação, promover a admissão de suas ações no mercado secundário (bolsa de valores ou mercado de balcão). Não o fazendo, terá o acionista direito de retirar-se da companhia, exercitável nos trinta dias seguintes ao término daquele interstício (§§ 3º e 4º do art. 223).

---

35 Confira-se o item 9.17 deste capítulo, onde o tema da cláusula compromissória estatutária é abordado.

A incorporação de todas as ações do capital social ao patrimônio de outra companhia brasileira, para convertê-la em subsidiária integral, enseja, tanto aos acionistas da incorporadora das ações como aos da sociedade cujas ações são incorporadas, o direito de recesso. Mas, nesse caso, deve-se observar a regra do art. 137, II, ou seja, o direito de retirada apresenta-se restrito aos acionistas das companhias fechadas e aos das abertas que não atendam aos requisitos de liquidez e dispersão (§§ 1º e 2º do art. 252).

A desapropriação das ações de controle da companhia pelo poder público – salvo se já se achava sob o controle, direto ou indireto, de outra pessoa jurídica de direito público, ou no caso de concessionária de serviço público – (parágrafo único do art. 236) e a aquisição, por companhia aberta, do controle de sociedade por preço superior ao decorrente dos parâmetros indicados em lei (§ 2º do art. 256), completam o quadro legal do recesso. Para essa última hipótese, deve-se observar o disposto no art. 137, II, estando, pois, restrita às abertas sem índices de liquidez e dispersão.

O prazo para o exercício do direito de retirada é de trinta dias. Este se conta, em regra, da data da publicação da ata da assembleia geral que deliberou o ato objeto da dissidência. Se a matéria que o ensejar se encontrar sob a dependência de ratificação, o seu cômputo se fará da data de publicação da ata da assembleia especial para tal destinada (incisos IV e V do art. 137). Falou-se "em regra" para destacar, como já anotado linhas acima, a hipótese de recesso contemplada nos §§ 3º e 4º do art. 223 (operações societárias que impliquem fechamento do capital), em que o prazo de trinta dias flui do término do prazo de cento e vinte dias previsto no mencionado § 3º.

Importante ressaltar que, no caso de desapropriação das ações de controle da companhia, o prazo é excepcional, de sessenta dias, tendo sua fluência a partir da publicação da primeira ata da assembleia geral realizada após a aquisição do controle. É a única hipótese de recesso não relacionada à divergência de deliberação assemblear, mas à alteração da condição da companhia.

Decairá do direito de retirada o acionista que não o exercer no prazo legal (§ 4º do art. 137). Ao reembolso, portanto, fazem jus aqueles dissidentes que o reclamarem à companhia nos prazos fixados, mesmo que tenham se abstido de votar, não tenham comparecido à assembleia (§ 2º do art. 137) ou não tenham direito de voto (§ 1º do art. 137). O conceito de dissidência abrange, destarte, não apenas aquele que tem direito ao voto e o exercita contra a deliberação majoritária.

Com o escopo de inibir a denominada "indústria do recesso", exige-se para a legitimação de seu exercício a titularidade das ações na data da primeira publicação do edital de convocação da assembleia, ou na data da comunicação de fato relevante objeto da deliberação (na hipótese de companhia aberta), se anterior (§ 1º do art. 137). Impede-se, desse modo, manobra no sentido de, percebendo que se irá decidir sobre matéria ensejadora de retirada, passe alguém a comprar ações, depois da divulgação do fato, mas antes da realização da assembleia geral.

Considerando, ainda, a preservação da estabilidade financeira da companhia, admite a lei que esta, diante do volume de pedidos de reembolso, promova assembleia geral de retratação, tendo como ordem do dia ratificar ou reconsiderar a deliberação anteriormente tomada. Essa faculdade de tornar ineficaz o recesso somente poderá ser implementada se, nos dez dias subsequentes ao término do prazo fixado para o seu exercício, os órgãos da administração promoverem a respectiva convocação (§ 3º do art. 137). Por isso, o pagamento do reembolso só se torna exigível após o decurso desse período em que a retratação é factível ou, quando for o caso, após a ratificação da deliberação pela assembleia (inciso VI do art. 137).

Releva anotar que, nas situações de incorporação de companhia, fusão ou incorporação de ações, o pagamento do preço de reembolso será devido, apenas, se a operação vier a efetivar-se, não bastando a mera aprovação (art. 230 e §§ 1º e 2º do art. 252).

9.12. DIREITO DE FISCALIZAÇÃO

O direito de fiscalização da gestão dos negócios sociais, pela forma estabelecida na lei, também consiste em um inarredável direito do acionista (art. 109, III).

A dissociação do direito patrimonial, resultante da transferência da titularidade de bens ou valores para o capital social, passando o acionista a titularizar as correspondentes ações, justifica esse direito essencial[36]. A perda da propriedade sobre aqueles bens específicos, investidos no capital da companhia e que passam a ser representados por ações, traz como correspondente vantagem para o acionista a fruição que essa troca vai gerar. Natural, pois, que ele fiscalize o modo pelo qual é administrado o patrimônio social, irradiador dos frutos de seu investimento.

Com a finalidade de equilibrar o seu exercício em face da gestão eficiente da companhia, evitando seja a vida social constantemente perturbada ou até paralisada com investidas de contínua e impertinente fiscalização, a lei disciplina esse direito, não sendo ele, portanto, de livre execução pelo acionista. O meio pelo qual será exercido encontra-se balizado em lei.

A fiscalização dos acionistas se processa, portanto, de duas formas: indireta e direta. Na primeira, materializa-se pelo funcionamento do conselho fiscal e dos auditores independentes, estes obrigatórios nas companhias abertas (§ 3º do art. 177) e nas fechadas

---

36 Rubens Requião, *ob. cit.*, v. 2, p. 194.

definidas como de grande porte (art. 3º da Lei n. 11.638/2007)[37]. Instrumentaliza-se a segunda pelo volume de informações que a companhia está obrigada a divulgar (§ 6º do art. 124; incisos e § 3º do art. 133), as quais se submetem à análise, discussão e votação durante a assembleia geral, e pelo direito à exibição integral dos livros sociais (art. 105).

A exibição por inteiro dos livros da companhia pode ser pleiteada em juízo, a requerimento de acionistas que representem, pelo menos, cinco por cento do capital social, cumprindo apontar, no respectivo pedido, atos violadores da lei ou do estatuto, ou manifestar fundada suspeita de graves irregularidades praticadas na atuação de quaisquer dos órgãos da sociedade. O acesso aos livros, para fins de fiscalização, encontra-se submetido, assim, a estas duas condições: representatividade do acionista no capital e indicação de atos violadores ou irregulares.

A representatividade se justifica para obstar uma permanente devassa das operações e dos negócios da companhia por acionistas aparentes, possíveis concorrentes, ou por indivíduos com interesses antagônicos aos da sociedade[38]. Coíbe-se, com isso, que os livros fiquem à disposição de pessoas que adquiram ações com o deliberado intento de ter acesso aos negócios sigilosos da empresa exercida pela sociedade.

Tem-se, dessa feita, que o espírito da norma é o de coibir pedidos abusivos e fraudulentos de exibição.

Procedente a crítica formulada por Ruy Carneiro Guimarães[39], ao art. 57 do Decreto-Lei n. 2.627/40, replicado pelo art. 105 da Lei n. 6.404/76, que merece ser reproduzida:

> não nos parece louvável o critério adotado. Melhor fora, a nosso ver, que, ao invés de um mínimo numérico e rígido, se deixasse ao prudente arbítrio do juiz, quando provocado a conhecer de cada passo, a apreciação do vulto do interesse do requerente na sociedade, que não estaria somente e tão apenas no número de suas ações, mas na gravidade e importância das irregularidades que lograsse desde logo apontar ou provar. Pois do contrário bem pode acontecer que o acionista consiga inicialmente fazer uma prova cabal da existência dos fatos mencionados no art. 57 e seja impedido, entretanto, de realizar o exame completo da escrituração, por não possuir, por exemplo, mais do que 3% ou 4% do valor do capital. O interesse do acionista, pensamos, deveria ser avaliado mais qualitativa do que quantitativamente. Embora possuindo fração pequena do capital, o acionista pode mostrar-se tão cioso do seu e tão vigilante e diligente na defesa dos seus interesses e dos da sociedade que consegue, com o

---

37 Considera-se de grande porte a sociedade ou o conjunto de sociedades sob controle comum que tiver, no exercício social anterior, ativo total superior a R$ 240.000.000,00 (duzentos e quarenta milhões de reais) ou receita bruta anual superior a R$ 300.000.000,00 (trezentos milhões de reais).

38 Miranda Valverde. *Força probante dos livros mercantis*. Rio de Janeiro: Forense, 1960, p. 123.

39 *Sociedades por ações*, v. I. Rio de Janeiro: Forense, 1960, p. 448-449.

> seu exemplo, encorajar os displicentes e tímidos. Nem se diga que seria perigoso confiar ao arbítrio do juiz a avaliação do interesse do acionista, sem consideração pelo número de ações deste. O próprio artigo comentado, ao aludir a "fundadas suspeitas de graves irregularidades", deixa ao alvedrio do magistrado a apreciação do fundamento das suspeitas e da significação das irregularidades. No nosso modo de entender, o número de ações de propriedade do acionista deveria ser um dos fatores a serem apreciados pelo julgador, sem que, contudo, ficasse este adstrito a um mínimo prefixado e inalterável.

Mas assim não preferiu o legislador, sendo assente em nosso Direito positivo a qualificação do acionista para requerer a exibição judicial dos livros sociais.

Contudo, sustentamos que esse percentual exigido é para a exibição com o fim exclusivo de exercer o direito de fiscalização, que o acionista realiza, embora individualmente, no interesse da própria sociedade e da coletividade dos sócios.

O acesso tem por fim, diante de fundadas suspeitas, aferir o fato e denunciá-lo aos órgãos sociais competentes, para que tomem as medidas necessárias à correção e responsabilização dos infratores. A ação de responsabilidade, que da verificação judicial dos livros pode resultar, é uma ação social a ser proposta com o objetivo de satisfazer os interesses da própria companhia e do conjunto de seus membros, e não os interesses individuais (ação individual). Encontra-se ela, portanto, enquadrada no *caput* do art. 159[40] da lei, sendo de titularidade da companhia, para a reparação do dano a seu patrimônio, causado pelos administradores e fiscais faltosos (art. 165) ou pelo controlador que abusivamente atua (art. 117). Pode, ainda, ser proposta por qualquer acionista, ante a inércia da companhia (§ 3º do art. 159), ou por acionistas que representem, ao menos, cinco por cento do capital, se a assembleia geral deliberar por não promovê-la (§ 4º do art. 159). Mas, em qualquer caso, estarão agindo na condição de substitutos processuais (Código de Processo Civil de 2015, art. 18[41]), com a reversão dos resultados obtidos para a sociedade (§ 5º do art. 159).

A limitação prevista no art. 105 não pode, a nosso sentir, interditar o pedido de exibição, quando o seu autor está a defender direito ou interesse individual. A ação individual, ao contrário da ação social, tem por finalidade a reparação de toda e qualquer lesão a um direito próprio do acionista. Objetiva a composição de prejuízo causado diretamente ao patrimônio do acionista por ato imputável aos administradores ou controladores. Se assim não fosse, o preceito estaria afrontando o inciso XXXV do art. 5º da Constituição Federal, segundo o qual a lei não excluirá da apreciação do Poder Ju-

---

40 *Caput* do art. 159: "Compete à companhia, mediante prévia deliberação da assembleia geral, a ação de responsabilidade civil contra o administrador, pelos prejuízos causados ao seu patrimônio".

41 Tendo por correspondente histórico o art. 6º do Código de Processo Civil de 1973.

diciário ameaça ou lesão a direito. Não pode a lei criar qualquer condição de ingresso do lesado em juízo.

A exibição, nesse caso, teria lastro no preceito geral, contido nos arts. 1.191 do Código Civil (réplica do art. 18 do Código Comercial) e 420 do Código de Processo Civil de 2015[42].

Sobre a distinção do tratamento sustentada, encontra-se interessante precedente do Supremo Tribunal Federal, cuja decisão veio assim ementada: "O disposto no art. 57 do Dec.-Lei 2.627 não exclui a exibição de livros que, nos termos do art. 18 do Cod. Comercial, o acionista requeira em interesse próprio, como medida preparatória de ação a ser movida contra a sociedade"[43].

No corpo do acórdão, tem-se importante doutrina:

> Cumpre distinguir. O art. 57 facilita a ação fiscalizadora do acionista que, representando 1/20 do capital, pelo menos, pretenda apurar deslizes graves de administração. Mas não exclui o pedido de exibição, quando o sócio, em interêsse pessoal e direto, pretenda obter vantagem que, com burla ou má vontade, lhe haja sido negada. A solução depende, pois, da posição assumida pelo peticionário. [...] Como não houvessem apontado atos ilícitos, não seria caso da exibição determinada pelo art. 57 da Lei especial. Mas a medida em benefício dos seus interêsses de sócios, porventura espoliados, essa não lhes poderia ser recusada, em face do preceito comum (Cod. Comercial, art. 18).

Em resumo do que foi sustentado, podemos propor o seguinte modelo: o limite imposto pelo art. 105 da Lei das S.A. se restringe aos pedidos de exibição por inteiro dos livros da companhia, pelo acionista, no exercício do direito de fiscalização. Objetiva apurar atos violadores da lei ou do estatuto, ou gravar irregularidades cometidas por quaisquer dos órgãos da companhia, com o escopo de tutelar o direito da pessoa jurídica e da coletividade dos acionistas que a compõem. Esse limite é inaplicável à ação individual do acionista, quando a exibição é pretendida como medida preparatória de ação para a preservação e defesa de seus interesses de sócio, estando a pretensão amparada na regra geral do art. 1.191 do Código Civil, que não vem derrogada pelo art. 105 da Lei n. 6.404/76, porquanto cuidam os dispositivos de figuras jurídicas distintas, inexistindo conflito entre elas.

9.13. DIREITO À INFORMAÇÃO

O direito à informação, embora não integrante do rol do art. 109, também vem apropriado como um direito essencial do acionista. Mostra-se ele fundamental para o

---

42 Tendo por correspondente histórico o art. 381 do Código de Processo Civil de 1973.

43 Recurso Extraordinário n. 51.173/SP, Relator Ministro Antônio Villas Bôas, julgado à unanimidade pelos integrantes da 2ª Turma em 11-9-1962.

exercício do próprio direito de fiscalização do sócio, como se destacou no item anterior. A garantia de informações autênticas, claras e completas asseguram a transparência na gestão dos negócios sociais[44], contribuindo para o resultado positivo esperado pelo acionista, na fruição dos bens investidos na sociedade. O direito societário, notadamente naquelas sociedades com grande número de sócios, somente se estabelece e evolui com base em uma rede de informações trocadas naturalmente entre todos os intervenientes[45]. Nessa medida é que nem o estatuto, nem a assembleia geral poderão privar o acionista desse efetivo instrumento da tutela de seus interesses.

Mas o sócio, ainda que principal interessado, não pode nem deve acompanhar ponto a ponto o que faz a sociedade que integra. Não é ele, desse modo, quem vai definir a natureza e a extensão das informações a serem prestadas. A questão fica sob a reserva da lei, tal qual se via no direito à fiscalização, pelas mesmas motivações de preservação do desenvolvimento da empresa exercida pela companhia. Não é esse direito, igualmente, absoluto, estando subordinado a um esquema em sua execução, fixador do âmbito da acessibilidade das informações societárias, consoante as pessoas que a elas tenham acesso.

Esse círculo informativo pode ser inventariado em quatro grupos: a) a informação pública ou geral; b) a informação reservada; c) a informação qualificada; e d) a informação secreta ou inacessível[46].

A informação pública ou geral é aquela disponibilizada a todos os interessados, independentemente da qualidade de sócio. Resulta, de uma maneira geral, do Registro Público de Empresas Mercantis e das publicações obrigatórias. Nas sociedades anônimas, podem ser agregados a esses veículos certos meios de divulgação que lhes são próprios. A qualquer pessoa fica garantida a obtenção de certidão dos assentamentos constantes dos livros da companhia, em que se registram a titularidade e a transferência de ações e partes beneficiárias, desde que se destinem à defesa de direitos e ao esclarecimento de situações de interesse pessoal ou dos acionistas ou do mercado de valores mobiliários (§ 1º do art. 100). Sendo aberta a companhia, tem-se a sua sujeição legal à prestação de certas informações relevantes ao mercado, nos termos dos §§ 4º, 5º e 6º do art. 157.

A informação reservada é a que assiste aos acionistas, de modo indiscriminado. São os casos da disponibilização do parecer do conselho fiscal e dos documentos vinculados a assuntos incluídos na ordem do dia, anteriormente à realização da assembleia geral (§ 3º do art. 133); da prestação dos esclarecimentos pelos sócios formulados, na assembleia

---

44 Francesco Galgano, *Trattato di diritto commerciale e di diritto pubblico dell'economia*, p. 351.

45 António Menezes Cordeiro, *Manual de direito das sociedades*, v. I, p. 589.

46 António Menezes Cordeiro, *Manual de direito das sociedades*, v. I, p. 596-597.

geral, sobre as matérias em votação (§§ 1º e 2º do art. 134); e da declaração do administrador, perante o órgão no qual toma posse, quando aberta a companhia, do número de ações, bônus de subscrição, opções de compra de ações e debêntures conversíveis em ações, de emissão da companhia e de sociedades controladas ou do mesmo grupo, de que seja titular (*caput* do art. 157).

A informação qualificada, por seu turno, não se destina à massa indiscriminada dos acionistas, mas àqueles que detenham posições mais consideráveis no capital social. É o que se verifica nas seguintes hipóteses: a) a entrega da relação de endereços dos demais acionistas ao detentor de, pelo menos, meio por cento do capital social (§ 3º do art. 126); b) o fornecimento de cópia dos documentos de administração ao acionista de companhia fechada, com cinco por cento ou mais do capital social (§ 2º do art. 133); c) a prestação, pelo conselho fiscal, em favor de acionista ou grupo de acionistas que representem, no mínimo, cinco por cento do capital social, de informações acerca de matérias de sua competência (§ 6º do art. 163); d) a revelação à assembleia geral ordinária, pelo administrador da companhia aberta, a pedido de acionistas que representem cinco por cento ou mais do capital, dos dados referentes: i) ao número dos valores mobiliários de emissão da companhia ou de sociedades controladas, ou do mesmo grupo, que tiver adquirido ou alienado, diretamente ou por meio de outras pessoas, no exercício anterior; ii) às opções de compra de ações que tiver contratado ou exercido no exercício anterior; iii) aos benefícios ou vantagens, indiretas ou complementares, que tenha recebido ou esteja recebendo da companhia e de sociedades coligadas, controladas ou do mesmo grupo; iv) às condições dos contratos de trabalho que tenham sido firmados pela companhia com os diretores e empregados de alto nível; e v) a quaisquer atos ou fatos relevantes nas atividades da companhia (§ 1º do art. 157).

Por derradeiro, tem-se a informação secreta, consistente naquela que não pode ser disponibilizada aos sócios, havendo reserva de seu conteúdo em relação a eles, a bem dos interesses da própria companhia. Com efeito, existem dados comerciais, tecnológicos, estratégicos, administrativos, jurídicos e mercadológicos, cuja confidencialidade se sobrepõe ao direito individual de informação de que desfruta o acionista. Cabe, assim, aos administradores agir no sentido de não revelarem esses elementos de sigilo empresarial, que podem colocar em risco legítimos direitos, interesses e pretensões da sociedade (§ 5º do art. 157 e § 1º do art. 155)[47].

---

47 § 5º do art. 157: "Os administradores poderão recusar-se a prestar a informação (§ 1º, alínea *e*), ou deixar de divulgá-la (§ 4º), se entenderem que sua revelação porá em risco interesse legítimo da companhia, cabendo à Comissão de Valores Mobiliários, a pedido dos administradores, de qualquer acionista, ou por iniciativa própria, decidir sobre a prestação de informação e responsabilizar os administradores, se for o caso".

9.14. DIREITO AO TRATAMENTO ISONÔMICO

O princípio da igualdade de direitos não é absoluto nas sociedades anônimas, mas sim relativo, na medida em que se admite a existência de espécies e classes de ações diversas.

Dessa feita, nem sempre as ações de uma companhia irão conferir os mesmos direitos aos seus titulares. Sendo diversas as espécies ou classes, distintos serão os respectivos direitos. A regra da igualdade, assim, impõe-se dentro de uma mesma classe. É o que expressamente resulta do comando do § 1º do art. 109, ao consignar que "as ações de cada classe conferirão iguais direitos aos seus titulares". A identidade de posição jurídica entre os acionistas é que vai, portanto, determinar a igualdade de tratamento, a qual, nesse parâmetro, configura um direito essencial[48].

O direito ao tratamento isonômico, outrossim, encontra-se subjacente a diversos institutos e regras societárias.

Nas hipóteses de resgate e amortização, por exemplo, quando as respectivas operações não abrangem a totalidade das ações de uma mesma classe, as medidas serão implementadas mediante sorteio (§ 4º do art. 44). Evita-se, com isso, a atribuição de vantagens especiais ou de restrições seletivas perante aqueles que nutrem identidade de direitos.

Na alienação de controle de companhia aberta (art. 254-A), exige-se que o adquirente se obrigue a fazer oferta pública de aquisição das ações com direito a voto, de propriedade dos demais acionistas da companhia, de forma que lhes fique assegurado o preço mínimo igual a oitenta por cento do valor pago por ação com direito a voto, integrante do bloco de controle. A igualdade de tratamento, que na espécie se impõe, resulta não propriamente da classe ou da espécie de ação, mas sim da atribuição do direito de voto à ação não integrante do bloco de controle.

O instituto do direito de preferência (art. 171) também vem inspirado no princípio do tratamento igualitário, visando a evitar que se veja o acionista enfraquecido quanto ao seu peso relativo na sociedade.

---

§ 1º do art. 155: "Cumpre, ademais, ao administrador de companhia aberta, guardar sigilo sobre qualquer informação que ainda não tenha sido divulgada para conhecimento do mercado, obtida em razão do cargo e capaz de influir de modo ponderável na cotação de valores mobiliários, sendo-lhe vedado valer-se da informação para obter, para si ou para outrem, vantagem mediante compra ou venda de valores mobiliários".

48 A mesma construção se verifica no Direito argentino, consoante testemunhos de Halperin e Otaegui: "No existe igualdad de todos los accionistas porque la ley admite la creación de categorías de acciones y su modificación. Dentro de la clase – o entre todas las acciones, si no existen distinciones estatutarias – debe observarse estricta igualdad" (*ob. cit.*, p. 403).

De uma maneira geral, pode-se considerar que o igual tratamento é apropriado pela legislação de diversos países[49], inclusive pela brasileira, como uma medida especial de tutela das minorias. Seu cerne é a proteção individual de cada acionista contra medidas arbitrárias dos órgãos de administração ou decorrentes das decisões da assembleia geral. O princípio encontra-se mais voltado para a vedação de todo e qualquer ato de arbítrio que gere um tratamento desigual do que para a visão de um tratamento isonômico e uniforme a todos os sócios dentro da sociedade. Assim, sob pressupostos idênticos, os sócios devem ser tratados da mesma forma. Eis a sua real expressão.

9.15. DIREITO DE VOTO

O voto do acionista, manifestado em assembleia geral, é o veículo para a fruição da vontade coletiva da companhia. Por seu exercício é que se define a vontade social. Apesar de sua importância, o direito de voto não é essencial, incluindo-se, pois, no rol dos direitos modificáveis.

Já se registrou alhures que o estatuto social pode privar ou restringir o direito de voto em relação às ações preferenciais, ou a uma ou mais classes destas. Tem-se, pois, que esse direito é próprio ou reservado aos titulares de certas espécies e classes de ações.

À luz do estatuído nos arts. 110 e 111 da Lei das S.A., pode-se inferir que quatro regras orientam genericamente o direito de voto: a) a cada ação ordinária corresponde um voto nas deliberações da assembleia geral; b) o estatuto pode deixar de atribuir às ações preferenciais, ou a uma ou mais classes destas, o direito de voto, ou conferi-lo com restrições; c) o estatuto pode estabelecer limitação ao número de votos de cada acionista; d) é vedado atribuir voto plural a qualquer classe de ações.

Cabe asseverar, assim, que a cada ação corresponde um voto, sendo ressalvadas as exceções estatutárias legalmente permitidas. No silêncio do estatuto, portanto, todas as ações terão direito a um voto.

A limitação ao número de votos do acionista pelo estatuto encontra eco no objetivo de evitar o absoluto predomínio da maioria[50]. Faculta-se, dessarte, que se estabeleça que

---

49 O art. 42 da Segunda Diretiva (77/91/CEE) dispôs que, "para a aplicação da presente Diretiva, as legislações dos Estados-Membros garantirão um tratamento igual dos acionistas que se encontrem em condições idênticas". Do mesmo modo, o fez o art. 46 da Diretiva 2012/30/UE, de 25-10-2012, que a sucedeu. O legislador alemão procedeu à sua transposição para o AktG, fazendo surgir o § 53a, que assim dispõe: "os acionistas, desde que em iguais condições, devem ser tratados com isonomia". Curioso é o registro da doutrina, de que sua enunciação tem sido utilizada para basear os deveres de lealdade (*Treupflicht*), embora se constituam em institutos jurídicos distintos (cf. Uwe Hüffer, *ob. cit.*, p. 266 e ss.).

50 Trajano de Miranda Valverde, *Sociedades por ações*, v. II, p. 55.

nenhum acionista terá, individualmente, mais de um determinado número de votos nas deliberações sociais. Contudo, esse teto não tem sido na prática adotado.

A lei proíbe o voto plural[51] com o escopo de repelir a concentração da vontade social em um único acionista ou em um diminuto grupo de acionistas, em clara desproporção entre a ação e o capital. A nenhuma ação, portanto, pode o estatuto conferir mais de um voto.

Para que a ação preferencial fique despida do voto ou sofra restrição no seu exercício, é mister que haja verba estatutária expressamente dispondo a respeito. Como a regra é de exceção, não se permite nenhuma construção ampliativa ou analógica para fixá-la.

Ainda que se tenha a proibição do voto ou a sua limitação, a ação preferencial poderá vir a adquiri-lo por completo, embora de forma contingente ou temporária. É o caso daquelas que fazem jus a dividendos fixos ou mínimos. Se a companhia, pelo prazo previsto no estatuto, não superior a três exercícios consecutivos, deixar de pagá-los, as ações em questão adquirirão o exercício do direito de voto, em toda a sua plenitude, direito que conservarão até o pagamento, se tais dividendos não forem cumulativos, ou até que sejam pagos os cumulativos em atraso. Anote-se que o regramento já incidirá no primeiro exercício sem o pagamento daqueles dividendos, se o estatuto for omisso acerca da matéria. A carência para a aquisição do direito de voto demanda explicitação estatutária, no implemento dessa faculdade legal, sem o que se afigura exercitável aquele direito após a primeira omissão da companhia quanto à atribuição dos dividendos em questão.

O estatuto, no entanto, poderá estipular que a aquisição do direito de voto, nas condições antes expostas, somente vigorará a partir do término da implantação do empreendimento inicial da companhia, medida essa que visa a atender aos projetos de grande vulto, que assim demandam maiores investimentos, cujo retorno não se terá a curto prazo, o que torna factível não se pagar dividendos, até mesmo por uma impossibilidade manifesta. Mas é bom que se diga que o estatuto deve precisar o momento em que razoavelmente se estima a implantação do empreendimento, a fim de evitar procedimentos ilegítimos para frustrar o regramento legal.

O direito de voto, quando exercido pelo acionista ou pelo seu legítimo representante, deverá sempre o ser no interesse da companhia (*caput* do art. 115). Prevalece, pois, o interesse social sobre o individual ou particular do acionista ou dos acionistas, devendo, em qualquer situação, o voto ser proferido visando à realização do fim social.

---

51 Cumpre desde logo registrar que o voto plural não se confunde com o regime do voto múltiplo. Este consiste em mero sistema de votação, consagrado no art. 141 da Lei n. 6.404/76, pelo qual se confere a cada ação tantos votos quantos sejam os cargos do conselho de administração que se pretende preencher no pleito.

É nessa confluência e coordenação dos interesses individuais que se alcança a convergência do interesse comum, ínsito à formação, à preservação e ao desenvolvimento da companhia. É nesse diapasão que se afere o interesse social, definido pela realização do objeto social para a produção de lucros a serem repartidos entre os acionistas. É a partir dessa manifestação das vontades individuais dos sócios que se expressa a vontade social, diante da validade das deliberações, observados, entre outros fatores, o *quorum* deliberativo próprio.

O abuso do direito de voto manifesta-se, portanto, quando o voto é exercido em desconformidade com o interesse social, a ser necessariamente verificado no caso concreto. Pode ele ser resultante tanto da parte do acionista controlador quanto da parte do acionista minoritário, proferido em qualquer assembleia (ordinária, extraordinária ou especial).

A própria lei do anonimato cria exemplificações de manifestação abusiva de voto. Assim, considera abusivo o voto exercido com o fim de causar dano à companhia ou a outros acionistas, ou de obter, para si ou para outrem, vantagem a que não faz jus e de que resulte, ou possa resultar, prejuízo para a companhia ou para outros acionistas. Mas, enfatize-se, outras situações, além dessas enumeradas, podem caracterizar o abuso no exercício do direito de voto, veiculador de fim diverso daquele para o qual é reconhecido.

Na estrutura do § 1º do art. 115, são identificadas situações em que a lei, de forma taxativa, impõe uma proibição absoluta do voto por parte do acionista, tradutoras, assim, de um conflito formal. A lei, nas hipóteses relativas ao laudo de avaliação de bens com que o acionista concorre para a formação do capital social[52], nas pertinentes à aprovação de suas contas como administrador e nas que puderem beneficiá-lo de modo particular, interdita-lhe, *a priori*, o direito de votar nas correspondentes deliberações. Há uma presunção *jures et de jure* de conflituosidade entre o interesse do acionista e o da companhia. Daí o impedimento ser absoluto. A transgressão dessa proibição conduz, portanto, à nulidade da deliberação. A nulidade decorre da regra prevista no inciso VII do art. 166 do Código Civil, segundo a qual é nulo o ato quando a lei assim taxativamente o declare ou quando lhe proíba a prática, sem cominação de sanção. A primeira situação no preceito traduzida é a da nulidade expressa, textual ou cominada; a segunda, a da nulidade virtual ou não cominada. Nesta última modalidade se enquadram aquelas três condutas vedadas pelo § 1º do art. 115 da Lei do Anonimato. A figura da nulidade virtual ou não cominada traduz-se, pois, na violação de uma norma cogente que

---

52 Apesar de o § 1º do art. 115 referir-se apenas à formação do capital social, deve-se considerar que a proibição do voto também se aplica, por questão de ordem lógica, ao laudo de avaliação de bens com que o acionista concorrer para o *aumento* do capital social, que deve observar as mesmas condições, além de caracterizar benefício particular.

proíbe ou impõe uma determinada conduta, mas é omissa quanto à declaração expressa da sanção de nulidade, bem assim na definição de outra espécie de sanção para a sua violação, como o caso em tela[53].

Contudo, na hipótese que se identifica na parte final do dispositivo normativo, qual seja a do interesse conflitante do acionista com o da companhia, essa proibição parece não ser absoluta. Com efeito, o § 4º explicitamente prevê que a respectiva deliberação tomada em decorrência do voto do acionista com interesse conflitante com o da sociedade é anulável.

Da interpretação conjunta desses dois dispositivos, § 1º e § 4º do art. 115, resulta que o acionista apenas está proibido de votar naquelas três hipóteses antes destacadas. Na situação de interesse conflitante, o conflito é, pois, material, que somente pode ser aferido ulteriormente à realização do conclave social, com o exame do conteúdo, do mérito da deliberação. O exame, portanto, do interesse conflitante só se pode fazer à luz do caso concreto e, assim, diante do efetivo descompasso entre o interesse da companhia e o perseguido pelo acionista ao manifestar o seu voto.

Constatado, destarte, o interesse conflitante, a respectiva deliberação, como se disse, é anulável, respondendo o acionista pelos danos causados e devendo, ainda, transferir para a companhia as eventuais vantagens que tiver percebido.

Nesse passo, mostra-se fundamental estabelecer a distinção entre o interesse conflitante e o benefício particular. Este consiste em um favor, em uma vantagem lícita, concedida ao acionista, mas que rompe com o princípio da igualdade entre os acionistas, mesmo que venha estatutariamente prevista, como nas hipóteses de a assembleia geral resolver atribuir uma bonificação a determinado ou a determinados acionistas[54], ou, ainda, deliberar pela criação de plano de aposentadoria para os acionistas fundadores. Nessas situações, está o beneficiário impedido de votar (conflito formal). Naquele

---

53 Em sentido contrário, entretanto, entendem Nelson Eizirik (*A lei das S/A comentada*, v. I, p. 656) e Erasmo Valladão Azevedo e Novaes França (*Invalidade das deliberações de assembleia das S/A*. São Paulo: Malheiros, 1999, p. 117), sustentando não caber a sanção de nulidade, sob o pálio de que se encontram em jogo interesses exclusivos de acionistas e de que a anulabilidade não compromete o princípio da estabilidade dos atos societários. Além do argumento já desenvolvido no corpo do texto para objetar o posicionamento contrário à nulidade por nós defendida, aduzimos que o art. 166 do Código Civil é aplicável à Lei das S.A., por força do disposto no art. 1.089 daquele mesmo Código; que o § 4º do art. 115 da Lei n. 6.404/76 apenas se refere à anulabilidade do voto na situação de interesse conflitante do acionista com o da companhia, sendo silente em relação às demais condutas descritas no § 1º do aludido artigo; e que, na hipótese de voto relativa ao laudo de avaliação de bens com que o acionista concorre para a formação – ou aumento – do capital social, o interesse em jogo no caso de supervalorização dos bens não é unicamente dos acionistas, pois o capital social constitui-se em garantia para os credores sociais.

54 Miranda Valverde, *Sociedade por ações*, v. II, p. 66.

– interesse conflitante –, busca o acionista uma vantagem ilícita, abusiva, ao exercer o direito de voto, em detrimento do interesse social, fato que, destarte, somente se pode apurar diante do voto já proferido e de suas consequências (conflito material).

Como antes já se destacou, o abuso do direito de voto pode ser da parte do acionista minoritário (abuso minoritário) assim configurado e reprimido mesmo que o voto não tenha prevalecido. Visando justamente a preservar o conceito de que o voto deve ser proferido no interesse da companhia, o § 3º do art. 115 em questão estabelece a responsabilidade pela reparação dos eventuais danos padecidos pela sociedade em razão do voto abusivamente proferido, ainda que não tenha concorrido para a formação da vontade social, ou seja, ainda que não tenha concorrido para a deliberação afinal adotada pelo conclave de acionistas. Mas é mister, para que a regra produza seus efeitos, que essa conduta tenha de algum modo provocado um dano passível de reparação, pois, como curial, somente o dano real é indenizável. O que se almeja, portanto, é veicular a responsabilidade pela reparação do dano que o voto abusivo, mas não prevalente, causar à companhia, como, por exemplo, ao provocar o abalo de seu crédito.

9.16. SUSPENSÃO DO EXERCÍCIO DE DIREITOS

A assembleia geral dos acionistas é investida do poder de decidir pela suspensão do exercício dos direitos do acionista que deixar de cumprir as obrigações que lhe são impostas por lei ou pelo estatuto da companhia. Cessará a suspensão tão logo cumprida a obrigação que motivou a aplicação da sanção (art. 120).

A pena de suspensão de direitos por infração à disposição legal ou estatutária deve ser deliberada em assembleia contemporânea à verificação da conduta do acionista, não se podendo, em prol da necessária segurança jurídica para a estabilização das relações societárias, legitimar que essa faculdade garantida ao conclave social se estenda por tempo indeterminado. Assim é que professamos deva ser a deliberação tomada na primeira assembleia geral extraordinária que se seguir à verificação do fato, sob pena de preclusão.

Para não ser invalidada, a decisão assemblear deverá ser suficientemente motivada e demonstrar a real ocorrência do fato ilícito, garantindo ao acionista o direito ao contraditório. Deverá, ainda, guardar proporcionalidade entre a falta cometida e a sanção correspondente, necessariamente declarando quais os direitos cujos exercícios restarão suspensos.

A suspensão em tela atinge não só os direitos modificáveis, como aqueles ditos essenciais, sem o que a regra do art. 120 da Lei das S.A. ficaria despida de efetividade. Apesar de o art. 109 estabelecer, como regra de princípio, que a assembleia geral não poderá privar o acionista do gozo de seus direitos essenciais (regra geral), o certo é que, na hipótese do art. 120, é a própria lei que excepciona, dando esse poder especial para a assembleia geral (regra especial).

9.17. CLÁUSULA COMPROMISSÓRIA ESTATUTÁRIA

O § 3º do art. 109, acrescentado pela Lei n. 10.303/2001, prevê que o estatuto da sociedade pode estabelecer que as divergências entre os acionistas e a companhia, ou entre os acionistas controladores e os acionistas minoritários, poderão ser solucionadas mediante arbitragem, nos termos em que especificar. Está-se, assim, diante da cláusula compromissória estatutária, tradutora de uma convenção de arbitragem[55].

Cumpre, diante da disposição convencional que se venha a estabelecer no estatuto, definir a sua extensão subjetiva, especificamente no que pertine à vinculação dos acionistas, pois a companhia a ela estará sempre subordinada.

Quando a cláusula compromissória for originária, isto é, nascer com a constituição da sociedade, não se tinha, como não se tem, dúvida de que ela vinculará todos os acionistas subscritores do seu capital. Os acionistas que posteriormente venham a adquirir ações dessa companhia também estarão vinculados à referenciada convenção constante do ato regra da pessoa jurídica, pois tal ingresso implicará a aceitação de toda a disciplina estatutária; da mesma sorte os que venham a subscrever futuros aumentos do capital, inexistindo, portanto, em quaisquer dessas situações, a necessidade de específica manifestação a esse respeito.

A questão ganhava um contorno de maior requinte – em função da até então ausência de norma jurídica a respeito da matéria – quando a cláusula compromissória decorria de alteração estatutária. Estariam vinculados todos os acionistas, ainda que dissidentes dessa deliberação? Sempre nos pareceu que sim.

Não nos sensibilizava o argumento de que a adesão demandaria a aprovação expressa e individual de cada acionista para que a convenção de arbitragem fosse a ele oponível. As disposições estatutárias, desde que validamente estabelecidas, são de imposição obrigatória a todos os acionistas, pois o Direito brasileiro consagra a regra majoritária das deliberações sociais, que todos vinculam quando validamente tomadas.

Essa linha de pensamento acabou por orientar a construção legislativa sobre o tema, traduzida no art. 136-A, introduzido na Lei das S.A. pela Lei n. 13.129/2015.

Com efeito, resta claro do texto normativo que a aprovação de convenção de arbitragem no estatuto social obriga todos os acionistas. Portanto, estarão sujeitos à cláusula compromissória estatutária os que votaram favoravelmente à sua inclusão no estatuto, os que se abstiveram, os ausentes e também os que votaram vencidos, bem assim

---

55 A cláusula compromissória e o compromisso arbitral são espécies do gênero convenção de arbitragem (art. 3º da Lei n. 9.307/96).

todos aqueles que, no futuro, venham a se tornar acionistas da companhia (adquirindo ações ou subscrevendo aumentos do capital).

Mas a indigitada aprovação deve observar o *quorum* qualificado do art. 136, fazendo-se necessária, assim, a aprovação de acionista ou acionistas que representem, no mínimo, metade das ações com direito de voto, se maior *quorum* não for exigido pelo estatuto da companhia cujas ações não estejam admitidas à negociação em bolsa de valores ou no mercado de balcão[56].

Entretanto, fica assegurado ao acionista dissidente[57] o direito de retirar-se da companhia mediante o reembolso do valor de suas ações a ser calculado nos termos do art. 45, que somente será excluído nas seguintes hipóteses: a) caso a inclusão da convenção de arbitragem no estatuto represente condição para que os valores mobiliários de emissão da companhia sejam admitidos à negociação em seguimento de listagem de bolsa de valores ou mercado de balcão organizado que exija dispersão acionária mínima de vinte e cinco por cento das ações de cada classe ou espécie; b) caso a inclusão da convenção de arbitragem seja efetuada no estatuto de companhia aberta cujas ações sejam dotadas de liquidez e dispersão no mercado, nos termos das alíneas *a* e *b* do inciso II do art. 137.

Cumpre anotar que a convenção de arbitragem somente terá eficácia após o transcurso do prazo de trinta dias, contado da publicação da ata da assembleia geral que aprovou a sua inserção no estatuto da companhia.

Por derradeiro, a Lei n. 13.303/2016, que dispõe sobre o estatuto jurídico da sociedade de economia mista, obrigatoriamente constituída sob a forma de sociedade anônima, ratificando o entendimento por nós sustentado, preconiza, de forma expressa, que as divergências e os conflitos entre acionistas e a companhia, ou entre acionista controlador e acionistas minoritários, poderão ser solucionados mediante arbitragem, nos termos previstos em seu estatuto (parágrafo único do art. 12). E não poderia ser diferente, porquanto submetidas ao regime jurídico próprio das denominadas "empresas privadas" (Constituição Federal, inciso II do § 1º do art. 173).

---

56 Nesse rol, encontram-se incluídas não apenas as companhias fechadas, mas também aquelas companhias abertas emissoras de qualquer espécie de valor mobiliário para a negociação no mercado que não seja ação.

57 Ainda que ausente na assembleia geral na qual a decisão tenha sido tomada ou que nela tenha se abstido de votar.

Capítulo 10

ACIONISTA CONTROLADOR

10.1. O CONTROLE E SUAS MODALIDADES E FORMAS

O controle deve ser entendido como o poder efetivo de ordenar e dirigir os negócios sociais. A universalidade das decisões societárias e a atividade empresarial em si são orientadas por esse poder, que se exerce não de modo eventual, mas continuado ou permanente, por uma pessoa ou um grupo de pessoas, de maneira direta ou indireta. Revela-se, pois, como uma técnica de governar a empresa explorada pela sociedade.

Clássico trabalho realizado pelo advogado Adolf Augustus Berle Jr. e o economista Gardiner Means[1], no princípio da década de 1930, propõe uma dissociação efetiva entre o controle e a propriedade acionária, no fiel convencimento de que, no sistema da sociedade anônima, o controle sobre a riqueza produtiva pode ser exercido com um mínimo de interesse na propriedade. A partir dessa separação, apresentam uma classificação do poder de controle, decorrente de situações verificadas em suas pesquisas de campo, nem sempre ligada à ideia de propriedade[2].

Com fundamento nesse estudo e em nosso Direito positivo societário, parece-nos correto perfilhar quatro modalidades de poder de controle identificáveis na companhia: a) o controle quase totalitário; b) o controle majoritário; c) o controle minoritário; e d) o controle administrativo ou gerencial.

Todas essas modalidades encontram-se circunscritas no controle interno, ou seja, aquele cujo titular atua no interior da companhia[3], fazendo uso de mecanismos próprios da estruturação societária, com destaque para as deliberações assembleares.

---

1 *Ob. cit.*, p. 85 e ss.

2 Berle e Means distinguem cinco tipos principais de controle: 1) o controle por meio da propriedade quase total; 2) o controle majoritário; 3) o controle por meio de um dispositivo legal sem propriedade majoritária; 4) o controle minoritário; e 5) o controle administrativo.

3 Fábio Konder Comparato. *O poder de controle na sociedade anônima*, 3ª ed. Rio de Janeiro: Forense, 1983, p. 34.

Mas não se pode deixar de enunciar, desde logo, o denominado controle externo, este pertencente, nas palavras de Fábio Konder Comparato[4], a uma ou mais pessoas, naturais ou jurídicas, que não compõem qualquer órgão da companhia, mas agem fora dela. Caberia ele, assim, a um agente extrassocial, cuja influência dominante atingiria a atividade societária como um todo, de modo que a sociedade, sob tal influência, não pudesse dela se afastar, sem contundente ameaça de sofrer graves prejuízos econômicos e financeiros.

Geralmente, a figura deriva de uma situação de endividamento da companhia ou de seu bloco de controle. Diante dessa dependência econômico-financeira, a sociedade ou o acionista controlador, por força de disposição contratual, asseguraria ao agente estranho à companhia uma influência em certas decisões societárias[5]. Resulta, pois, essa posição dominante, não de uma configuração própria ao direito societário, mas de vínculos externos, geralmente de natureza contratual.

Fixado o ponto, parece-nos haver uma distinção qualitativamente ponderável entre o poder de controle e o poder de influir, próprio do que se vem chamando de controle externo. Este, sustentamos, não se pode caracterizar como controle acionário; manifesta, sim, um processo de influência sobre o controle propriamente dito. Não vem ele contemplado na lei, que se limita a reconhecer e a disciplinar o controle interno, traçando, inclusive, um sistema de responsabilização pelos desvios cometidos por aquele que o exerce. Ao contrário, para o nominado controle externo não existem responsabilidades por enquadramento em uma das modalidades de abuso de poder, exemplificativamente capituladas no art. 117[6]. Desse modo, fica claro que o acionista ou os acionistas controladores que ficam jungidos a essa espécie de vínculo de subordinação

---

4 *O poder de controle na sociedade anônima*, p. 34.

5 É exemplo desse poder de influir, no contrato de empréstimo, o caucionamento, em favor do mutuante, em garantia de seu crédito, de ações do bloco de controle, com a outorga, ao credor, do direito de orientar o voto do devedor. A Lei n. 6.404/76, em seu art. 113, admite possa ser estipulado no contrato que o acionista não poderá votar sem o consentimento do credor caucionado ou pignoratício em certas deliberações. Tais deliberações vinculadas podem dizer respeito à alienação ou à oneração de bens constantes do ativo imobilizado, bem como a outras questões societárias, como à eleição de administradores, a empréstimos debenturísticos, à mudança no objeto social etc., de modo que pela extensão dessas disposições o credor passa a ostentar uma influência dominante no controle.

6 O Superior Tribunal de Justiça, no julgamento do Recurso Especial n. 15.247/RJ, rejeitou a tese de que a sociedade que estaria a exercer uma influência externa, de natureza tecnológica e econômica sobre outra, poderia ser caracterizada como sua controladora e responsabilizada nos moldes do art. 117 da Lei n. 6.404/76 (Recurso Especial n. 15.247/RJ, Relator Ministro Dias Trindade, julgado à unanimidade pelos integrantes da 3ª Turma em 10-2-1991).

contratualmente estabelecido não se liberam de seus deveres para com a companhia e para com os demais acionistas, cujos interesses devem lealmente respeitar e atender.

Demonstrado o nosso posicionamento sobre a real dimensão e qualificação jurídica do intitulado controle externo, voltamos a nos debruçar sobre as prefaladas modalidades de controle interno.

O controle quase totalitário revela-se pela concentração da quase totalidade das ações com direito a voto nas mãos de uma única pessoa ou de um grupo de pessoas (controle compartilhado). Haverá sempre uma minoria, embora bastante reduzida, a contrastar com uma maioria que reúne sob sua titularidade quase todos os títulos votantes do capital. É, por assim dizer, um controle majoritário ultraqualificado.

O controle majoritário propriamente dito, por sua vez, é caracterizado pelo exercício por acionista ou por grupo de acionistas (controle compartilhado) que reúne sob sua propriedade mais da metade das ações com direito a voto.

O controle minoritário se materializa quando, dado o alto grau de dispersão das ações da companhia no mercado, um acionista ou grupo de acionistas organizado exerce o poder de controle com menos da metade do capital votante sob sua titularidade. Esse acionista ou grupo ativo, que se faz presente nas assembleias gerais da companhia, é quem dirige os negócios sociais e elege a maioria dos administradores.

O controle administrativo ou gerencial pressupõe uma pulverização acionária, resultado de um nível de dispersão tão elevado das ações, que o controle passa a ser detido pelos administradores, os quais, por meio do mecanismo do voto por procuração, acabam se perpetuando na direção social. É, assim, uma modalidade de controle interno, totalmente dissociada da propriedade acionária. Explora-se, ao máximo, o absenteísmo do corpo de acionistas. Com o controle gerencial, fica reforçada a ideia da sociedade anônima como uma instituição, afastando-se cada vez mais do modelo de contrato.

Todas essas modalidades encontram-se abrangidas pelo conceito legal de acionista controlador (art. 116), é bom ressaltar, que também se apropria da noção de controle direto e indireto.

O controle direto é aquele exercido pelos próprios titulares das ações com direito de voto. O controlador é acionista da companhia e, pelo voto direto, faz preponderar sua vontade de governar e dirigir os negócios sociais. Já a forma indireta de controle pode resultar da representação (art. 126), por meio do voto por procuração implementado pelos administradores, ou em função de encontrar-se o controlador na sociedade controladora ou de comando da outra, ou seja, presente na sociedade *holding*, instrumento de exercício do seu poder de controle.

Mas, em fechamento do tema, cumpre deixar consignado que, independentemente de suas modalidades e formas, o controle, tal qual presente em nossa lei, é aquele que exercita pelo voto, baseado no poder decisório da assembleia geral, órgão, em última análise, de expressão da vontade social. Não se encontra ele necessariamente ligado à propriedade acionária e tampouco ao percentual majoritário dos títulos com direito de voto. Constitui-se em um poder de fato, decorrente de seu efetivo exercício, detido por quem consegue carrear um número de votos suficiente para obtenção da maioria nas decisões assembleares e eleger a maioria dos administradores.

10.2. NATUREZA JURÍDICA DO CONTROLE

Das conclusões de Berle e Means, visualiza-se que o controle é algo isolado da propriedade, de um lado, e da administração, de outro[7]. Reconhecido o conceito, torna-se desafiadora a fixação de sua natureza jurídica.

Somos partidários da proposição propagada por Rubens Requião[8], para quem o controle seria classificado na categoria dos bens imateriais.

O controle tem um sistema de mensuração que lhe é próprio. Apesar de decorrer de uma circunstância de fato, uma vez identificado, passa a ser economicamente considerado, tanto que pode ser objeto de cessão. Por outro lado, quem aliena o controle de uma sociedade anônima não está a dispor de bens alheios, mas sim de algo que lhe pertence. O valor do controle vem prestigiado na própria construção do Direito positivo, em que se reconhece, no art. 254-A (*tag along*), a figura do "prêmio de controle", no percentual de vinte por cento. A capacidade de organizar e ordenar o comando da vida social gera para o controlador um atributo que se inclui na ordem dos bens incorpóreos ou imateriais. É, assim, o resultado do somatório dos poderes derivados das ações, com o fim de gestão da companhia, legitimamente apropriado por ocupação[9], por parte daquele que detém, em caráter não eventual, um maior número de títulos com direito a voto e faz uso efetivo desses poderes para dirigir a sociedade.

10.3. ACIONISTA CONTROLADOR

O art. 116 da Lei das S.A., admitindo apenas a forma interna de controle, oferece a conceituação do acionista controlador:

---

7 *Ob. cit.*, p. 85.

8 *Ob. cit.*, v. 2, p. 184.

9 Rubens Requião, *ob. cit.*, v. 2, p. 185.

> entende-se por acionista controlador a pessoa, natural ou jurídica, ou o grupo de pessoas vinculadas por acordo de voto, ou sob controle comum, que: a) é titular de direitos de sócio que lhe assegurem, de modo permanente, a maioria dos votos nas deliberações da assembleia geral e o poder de eleger a maioria dos administradores da companhia; e b) usa efetivamente seu poder para dirigir as atividades sociais e orientar o funcionamento dos órgãos da companhia.

Vê-se, desde logo, que a identificação do controlador é uma questão de fato, aferível segundo as peculiaridades do caso concreto, pois o controle constitui-se, como já anteriormente destacado, em um poder de fato, não havendo regra legal que o garanta.

Não se mostra suficiente para sua caracterização a simples circunstância de o agente titularizar direitos que lhe assegurem a maioria dos votos nas deliberações assembleares e o poder de eleger a maior parte dos administradores, sendo certo que, no cerne de seu conceito, repousa a imprescindibilidade do exercício efetivo desses poderes para imprimir traço próprio à direção dos negócios sociais, orientando o funcionamento dos órgãos da companhia. Tendo ele a maioria de votos e o poder de eleição da maior parcela dos administradores, mas não fazendo uso de fato dessas prerrogativas, não será controlador, mas sim acionista majoritário, simplesmente. O controlador, portanto, deverá impor à sociedade a preponderância de sua vontade, utilizando-se, efetivamente, dos poderes de que desfruta para conduzir os negócios e eleger a maioria dos administradores.

A lei, por outro lado, exige o caráter de permanência para a sua configuração. Assim, essa maioria de votos, capaz de conferir a preponderância nas decisões assembleares e no preenchimento dos cargos de administração, não há de ser ocasional, eventual. Requisita-se a continuidade temporal dos poderes deliberativos necessários à concreta direção das atividades sociais e efetiva orientação dos órgãos da companhia. À mingua de uma definição legal de permanência, tem-se adotado, de uma maneira geral, o parâmetro estabelecido pela outrora vigente Resolução n. 401, de 22 de dezembro de 1976, do Banco Central, que disciplinava a matéria para fins de oferta pública obrigatória na alienação do controle de companhia aberta, a qual, em seu item IV, utilizava o critério das três últimas assembleias para caracterizar a atuação do controlador. Dessa forma, ter-se-ia atendido ao requisito do "modo permanente", referenciado na alínea *a* do art. 116 da Lei do Anonimato.

Mas professamos que, na análise dos históricos das assembleias, para se aferir a permanência, não se deve apenas utilizar aquele paradigma das três últimas, cumprindo adentrar no teor do que foi deliberado. Com efeito, pode ocorrer que, nas três últimas, só se tenha decidido matérias episódicas e sem relevância para a orientação e condução das atividades da companhia, não revelando, assim, aquela maioria de votos nelas encontrada, o controle. É mister, pois, que em ao menos uma delas sejam decididas questões importantes para a gestão dos negócios sociais, como a eleição dos administradores.

Dentro das perspectivas desenhadas, tem-se que o controlador poderá ser uma só pessoa natural ou jurídica, ou um grupo de pessoas. Nesse caso, esse grupamento, com individualidade própria, estará ligado por um acordo de voto. O vínculo que os une objetivará um sentido comum no voto, o que constitui uma das possíveis variantes do acordo de acionistas (art. 118). Mas não é só. Há, ainda, a sua identificação por um grupo sob controle comum, como se verifica na sociedade *holding*. A propósito, cumpre anotar que o § 2º do art. 243 considera controlada a sociedade na qual a controladora, diretamente ou por meio de outras controladas, é titular de direitos de sócio que lhe assegurem, de modo permanente, preponderância nas deliberações sociais e o poder de eleger a maioria dos administradores.

10.4. DEVERES E RESPONSABILIDADES

O acionista controlador, detentor de uma posição privilegiada em relação ao universo dos demais sócios, não pode orientar os negócios da companhia em benefício próprio ou de terceiros. O seu poder decisório não deve ser usado senão em favor da própria empresa realizada pela sociedade que comanda. Encontra-se vinculado a esse desiderato de fazer a companhia realizar o seu objeto e cumprir a sua função social, jamais se materializando como um poder absoluto. Possui ele, assim, deveres e responsabilidades para com os demais acionistas que integram a companhia, os que nela trabalham e a comunidade em que atua, cujos direitos e interesses deve lealmente observar e atender (parágrafo único do art. 116).

O poder de controle exercita-se, portanto, sem desvios ou abusos. Estes restarão caracterizados com a correspondente obrigação de indenizar os prejuízos causados, quando a condução da vontade social não tiver por fim o interesse social, visando a beneficiar exclusivamente um interesse particular do controlador[10], em detrimento, portanto, da companhia, dos acionistas minoritários, dos trabalhadores, dos investidores em valores mobiliários e da comunidade em que atua.

O art. 117, em seu *caput*, deixa pontuada essa responsabilidade, explicitando, no § 1º, em uma listagem tão somente exemplificativa, as modalidades de exercício abusivo de poder, que ora se reproduz:

> § 1º São modalidades de exercício abusivo de poder: a) orientar a companhia para fim estranho ao objeto social ou lesivo ao interesse nacional, ou levá-la a favorecer outra socieda-

---

10 Esse interesse particular poderá se traduzir em vantagem pessoal ou em favor de outrem.

> de, brasileira ou estrangeira, em prejuízo da participação dos acionistas minoritários nos lucros ou no acervo da companhia, ou da economia nacional; b) promover a liquidação de companhia próspera, ou a transformação, incorporação, fusão ou cisão da companhia, com o fim de obter, para si ou para outrem, vantagem indevida, em prejuízo dos demais acionistas, dos que trabalham na empresa ou dos investidores em valores mobiliários emitidos pela companhia; c) promover alteração estatutária, emissão de valores mobiliários ou adoção de políticas ou decisões que não tenham por fim o interesse da companhia e visem a causar prejuízo a acionistas minoritários, aos que trabalham na empresa ou aos investidores em valores mobiliários emitidos pela companhia; d) eleger administrador ou fiscal que sabe inapto, moral ou tecnicamente; e) induzir, ou tentar induzir, administrador ou fiscal a praticar ato ilegal, ou, descumprindo seus deveres definidos nesta Lei e no estatuto, promover, contra o interesse da companhia, sua ratificação pela assembleia geral[11]; f) contratar com a companhia, diretamente ou através de outrem, ou de sociedade na qual tenha interesse, em condições de favorecimento ou não equitativas; g) aprovar ou fazer aprovar contas irregulares de administradores, por favorecimento pessoal, ou deixar de apurar denúncia que saiba ou devesse saber procedente, ou que justifique fundada suspeita de irregularidade; h) subscrever ações, para os fins do disposto no art. 170, com a realização em bens estranhos ao objeto social da companhia.

Para o sucesso dessa responsabilização, impõe-se ao prejudicado fazer a prova do dano efetivo, não bastando demonstrar, apenas, a conduta capitulada como abusiva. O dano, destarte, deve ser concreto e atual, não se admitindo pretensão a ressarcimento de dano hipotético, possível ou futuro.

O beneficiário da indenização é aquele que sofreu o dano em decorrência da conduta abusiva do controlador – sujeito passivo da relação processual –, podendo ser, assim, a própria sociedade, os acionistas minoritários, os empregados, os investidores e a comunidade[12].

Reunindo o controlador a função de administrador ou fiscal da companhia, seus deveres e responsabilidades passam a ser cumulativos, não se liberando, pois, daqueles inerentes ao cargo que ocupa (§ 3º do art. 117).

Por fim, não é demais registrar que o controlador não responde pessoalmente pelas obrigações contraídas pela companhia, ressalvadas, por certo, as hipóteses de irregularidades, fraudes ou ilícitos.

10.5. ALIENAÇÃO DO CONTROLE

Consoante foi anotado nesta obra, o controle corresponde a um somatório de poderes que confere ao seu titular o direito de governar os negócios da companhia. Por tal

---

11 Nesse caso, o administrador ou fiscal que praticar o ato ilegal responde solidariamente com o acionista controlador (§ 2º do art. 117).

12 Sobre a responsabilidade civil da sociedade controladora, confira-se, em adição, o item 19.4 do capítulo 19.

motivo, traduz um valor de mercado apreciável, que se distingue do resultado da adição dos preços unitários das ações que perfazem o bloco de controle e dos demais títulos das mesmas espécie e classe. Figura como um instrumento de poder societário, e, como tal, é valorado. Esse intangível que vem agregado à importância unitária de cada ação representa um sobrepreço ou um sobrevalor, que se convencionou intitular de prêmio de controle.

Na alienação de controle de companhia fechada, a operação traduz um negócio jurídico de caráter estritamente privado, realizado entre cedente e cessionário, sem nenhuma interferência legislativa tendente a beneficiar ou a resguardar os direitos dos acionistas minoritários. Estes, com efeito, ficam à margem da negociação, passíveis, inclusive, de sofrer com a alienação do controle a desvalorização de seu patrimônio acionário, visto que terão dificuldades para vender as suas ações a preços equitativos.

Contudo, na companhia aberta, o legislador estabelece um sistema de proteção patrimonial aos minoritários, embora excluídos do tratamento compulsório aqueles que não desfrutam do direito pleno de voto, por entender a lei que estes não assumem uma posição política na sociedade. O art. 254-A[13], introduzido pela Lei n. 10.303/2001, reconhece o prêmio de controle como um ágio incorporado ao preço de vendas das

13 Na versão original da Lei n. 6.404/76, vigorava o art. 254, o qual exigia a prévia aprovação da Comissão de Valores Mobiliários para que se pudesse operar a alienação do controle da companhia aberta, cumprindo à mencionada autarquia zelar para que fosse assegurado o tratamento igualitário aos acionistas minoritários, mediante simultânea oferta pública para a aquisição de suas ações. Caberia ao adquirente do controle, portanto, a obrigação de pagar aos minoritários o mesmo preço pago pelo bloco de controle ao alienante. Apesar de o texto normativo ter estabelecido o tratamento isonômico para todos os acionistas não integrantes do controle, a Resolução n. 401, de 1976, do Conselho Monetário Nacional, a quem, pelo § 3º do art. 254 competia estabelecer as normas a serem observadas na oferta pública, determinou que esta somente seria obrigatória para os acionistas titulares de ações com direito de voto. Apesar das inúmeras críticas da doutrina acerca da orientação, flagrantemente exorbitando do poder regulamentar, o certo é que a jurisprudência majoritária dos nossos tribunais acabou consagrando como válida a prefalada restrição. Contudo, a Lei n. 9.457/97, em seu art. 6º, revogou, de modo expresso, o art. 254 e os §§ 1º e 2º do art. 255, eliminando do sistema positivo brasileiro a obrigatoriedade da oferta pública para a aquisição das ações dos minoritários ao mesmo preço pago ao controlador, em razão da alienação do controle. Apesar de a justificação que acompanhou o projeto de lei que resultou na indigitada Lei n. 9.457/97, de autoria do Deputado Antonio Kandir, sustentar a medida como forma de reduzir para o adquirente do controle o custo da operação, propiciando que os recursos economizados fossem utilizados na capitalização da companhia, restou patente que a sua motivação política verdadeira pautava-se na estratégia de permitir que a União, na alienação do controle acionário das companhias sob seu controle, durante o processo de privatizações, se apropriasse sozinha do "prêmio de controle", sem ter que partilhá-lo com os demais acionistas, tornando, assim, mais atrativa essa privatização.

ações de controle da companhia, dele devendo beneficiar-se o controlador. Mas essa prerrogativa não lhe é exclusiva. Considera, outrossim, que aquele sobrepreço deva ser socializado aos acionistas minoritários com direito de voto, garantindo-lhes o direito de vender suas ações juntamente com o controlador (*tag along*). Esse direito de saída conjunta evita que o titular do controle se beneficie individualmente da venda, reconhecendo que o valor agregado à empresa desenvolvida pela companhia não decorre apenas da atuação do controlador, mas do capital vertido pelos demais acionistas. Mas admite, por outro lado, que o valor a ser atribuído às ações desses minoritários votantes deva ser inferior em relação àquele conferido ao bloco de controle, assegurando a este um prêmio no percentual de vinte por cento[14].

Nessa medida, dispõe que

> a alienação, direta ou indireta, do controle de companhia aberta somente poderá ser contratada sob a condição, suspensiva ou resolutiva, de que o adquirente se obrigue a fazer oferta pública de aquisição das ações com direito a voto de propriedade dos demais acionistas da companhia, de modo a lhes assegurar o preço no mínimo igual a 80% (oitenta por cento) do valor pago por ação com direito a voto, integrante do bloco de controle.

Primeiramente, extrai-se do texto normativo que a regra da oferta pública aplica-se a toda e qualquer companhia de capital aberto, sempre que houver transferência onerosa do controle acionário. Fica patente que o dispositivo não se dirige à alienação de parte do controle, transação imune à necessidade de oferta pública imposta pelo preceito. Há a obrigatoriedade, pois, de surgir com a operação um novo acionista controlador, tal qual definido no art. 116 da Lei do Anonimato.

Considerando que o elemento essencial à incidência do preceito é a transmissão do controle, este se aplica às modalidades de alienação (em sentido amplo) direta, indireta e àquela realizada por etapas.

A operação a caracterizar a alienação do controle, é bom desde logo registrar, terá por objeto a transferência não só de ações integrantes do bloco de controle ou daquelas vinculadas a acordos de acionistas, mas também de outros valores mobiliários conver-

---

14 No Direito europeu, a Diretiva 2004/25/CE, que cuida das ofertas públicas de aquisição, estabelece, em seu art. 5º, que os Estados-membros da União Europeia devem assegurar a obrigatoriedade de realização da oferta pública de aquisição de valores mobiliários, dirigida a todos os titulares desses títulos com direito de voto, para a totalidade de suas participações, a um preço equitativo. Por preço equitativo, entende-se o valor mais elevado pego pelos mesmos valores mobiliários, por parte do ofertante, ao longo de um período determinado pelos Estados-membros, não inferior a seis e não superior a doze meses, precedentes à oferta. A regra aplica-se às sociedades que possuam valores mobiliários admitidos, em todo ou em parte, à negociação em um mercado regulado (art. 1º).

síveis em ações com direito a voto, a cessão de direitos de subscrição de ações e de outros títulos ou direitos relativos a valores mobiliários conversíveis em ações votantes (§ 1º do art. 254-A; e § 4º do art. 29 da Instrução CVM n. 361/2002).

A alienação direta é configurada quando o controlador transfere diretamente a outrem as ações ou os valores mobiliários conversíveis em ações de sua titularidade, que perfazem o bloco de controle[15], passando o adquirente a titularizar o montante de ações que lhe garantam o controle acionário.

Na hipótese de ser o controlador um grupo de pessoas ligadas por um acordo de acionistas, haverá a alienação direta quando ocorrer a transmissão de um conjunto de ações ou valores mobiliários nelas conversíveis integrantes do acordo[16], capaz de resultar no surgimento de um novo acionista controlador, não sendo necessário que ocorra a venda de todos os títulos a ele vinculados. Por outro lado, havendo transmissões de posições acionárias dentro do próprio grupo, sem que surja um novo controlador, não estará caracterizada a alienação de controle para o efeito legal.

A alienação indireta retrata a cessão do poder de controle derivado das relações de participação entre duas ou mais sociedades. Engloba, pois, a transferência do controle de *holding*. Esta, ainda que fechada, quando controlar uma companhia aberta, ficará submetida à disciplina do art. 254-A. Em outros termos, será obrigatória a oferta pública quando ocorrer a transferência do controle acionário de sociedade controladora de companhia aberta, em favor dos minoritários votantes dessa última.

Para efeito de aferição do preço a ser pago aos minoritários, a alienação indireta pode apresentar certa dificuldade.

Não é o caso de uma *holding* pura, a qual não possui outros ativos que não as ações da companhia aberta controlada, e não exerce nenhuma atividade operacional. Nesse caso, o valor das ações detidas pela *holding* corresponde ao valor das ações que compõem o bloco de controle. Ele será a base de cálculo para a aplicação do percentual a ser ofertado aos minoritários votantes. Entretanto, caso a *holding* titularize outros ativos e/ou exerça atividade econômica específica, haverá a necessidade de mensurar a base para o pagamento dos minoritários. Esta deverá ser calculada em razão do valor proporcional atribuído à companhia aberta no patrimônio da sociedade controladora, impondo-se, pois, a realização de uma avaliação por sociedade especializada e independente, de todos os ativos que compõem o patrimônio da *holding*[17].

---

15 Por isso, sempre com direito a voto.

16 Sempre com direito a voto.

17 O § 6º do art. 29 da Instrução CVM n. 361/2002 exige que, na hipótese de alienação indireta do controle acionário, o ofertante submeta à CVM, juntamente com o pedido de

A alienação por etapas é aquela que resulta de uma sucessão de negócios jurídicos onerosos e independentes com ações votantes ou títulos nelas conversíveis, que, ao final, traduz o surgimento de um novo acionista controlador. Na realização da última operação, quando se identifica a transmissão do controle, impõe-se a realização da oferta pública, de modo a assegurar o direito à saída conjunta dos minoritários com direito a voto. O valor ofertado deverá resultar da aferição do preço médio havido na cadeia de negociação, procedidas as devidas atualizações monetárias.

Mas em todas essas modalidades de transferência, que ensejam a obrigatoriedade da oferta pública, há a necessidade de o controle ser alienado a título derivado, ou seja, pressupõe-se a existência de um acionista controlador que transmita o controle ao adquirente. O próprio preço a ser oferecido é calculado, segundo a dicção legal, sobre o valor pago por ação com direito a voto, integrante do bloco de controle, fazendo pressupor, por isso, para a incidência do art. 254-A, a prévia existência desse bloco de controle. É, pois, a configuração do acionista controlador alienante uma condição para a obrigatoriedade da oferta prevista na regra. A aquisição originária do controle – entendida como aquela que resulta, no patrimônio acionário do novo controlador, um bloco de controle antes inexistente na companhia, fruto, pois, de inúmeras aquisições que veio procedendo no mercado – dispensa, assim, a realização da oferta pública. Na hipótese, não há a transferência de controle acionário exigida pelo dispositivo.

Os destinatários da norma que se extrai do texto legal do art. 254-A são todos os acionistas titulares de ações com direito a voto que não integram o controle societário.

Nesse caso, estarão figurando aqueles que titularizarem ações ordinárias e preferenciais com direito pleno de voto. Restariam excluídos da oferta pública os preferencialistas sem direito de voto ou com restrição a esse direito. Estes podem, entretanto, por faculdade estatutária, vir a gozar do *tag along* como uma vantagem (inciso III do § 1º do art. 17).

Relevante ao tema é saber a posição daqueles acionistas preferenciais que adquirem o direito de voto nos termos dos §§ 1º e 2º do art. 111[18]. São eles ou não beneficiários

---

registro, a demonstração justificada da forma de cálculo do preço devido por força do art. 254-A, correspondente à alienação do controle da companhia objeto da oferta, sendo certo que a CVM poderá, no prazo de trinta dias contados da data do protocolo do pedido de registro (§ 2º do art. 9º da aludida Instrução), determinar a apresentação de laudo de avaliação da companhia.

18 § 1º do art. 111: "As ações preferenciais sem direito de voto adquirirão o exercício desse direito se a companhia, pelo prazo previsto no estatuto, não superior a 3 (três) exercícios consecutivos, deixar de pagar os dividendos fixos ou mínimos a que fizerem jus, direito que conservarão até o pagamento, se tais dividendos não forem cumulativos, ou até que sejam pagos os cumulativos em atraso".

da oferta pública de aquisição? Temos professado que sim. O direito ao *tag along* independe se o exercício do voto é contingencial ou não. O que releva para a lei é estar o acionista no seu exercício pleno, por ocasião da alienação do controle, uma vez que não diferencia as hipóteses de voto eventual ou permanente. Contudo, a Instrução CVM n. 361/2002 parece assim não vislumbrar, ao prever, em seu art. 29, que a OPA por alienação de controle terá por objeto "todas as ações de emissão da companhia às quais seja atribuído o pleno e permanente direito de voto, por disposição legal ou estatutária".

Para o adquirente do controle, é cláusula obrigatória e essencial do contrato de alienação do controle da companhia aberta a condição, suspensiva ou resolutiva, de realizar a oferta pública de aquisição das ações dos demais acionistas com direito de voto. Na hipótese de condição suspensiva, os efeitos da contratação ficam diferidos, suspensos até a realização da oferta pública. Se a condição não se realiza ou falha, o direito não é adquirido[19]. No caso da condição resolutiva, enquanto esta não se realizar, estará vigente o negócio jurídico. Mas, se a oferta pública não for efetivada, o contrato ter-se-á por resolvido, restando extintos todos os direitos por ele transmitidos, em todos os seus efeitos.

Dispõe o § 2º do art. 254-A que a Comissão de Valores Mobiliários autorizará a alienação do controle, desde que verificado o atendimento dos requisitos legais pelos termos instrumentais da oferta pública. Regulamentado o procedimento, dispõe a Instrução CVM n. 361/2002 que o requerimento de registro da OPA por alienação de controle deverá ser apresentado à citada autarquia no prazo máximo de trinta dias, a contar da celebração do instrumento definitivo de alienação das ações representativas do controle, quer a realização da OPA se constitua em condição suspensiva, quer em condição resolutiva da alienação (§ 2º do art. 29). O registro pela Comissão de Valores Mobiliários implica a autorização da alienação de controle, sob a condição de que a oferta pública venha a ser efetivada nos termos aprovados e nos prazos regulamentares (§ 3º do art. 29).

Por fim, é facultado ao adquirente oferecer aos acionistas minoritários a opção de receberem valor em dinheiro para não exercerem o direito de alienação das suas ações. É o que se denomina prêmio de permanência, previsto no § 4º do art. 254-A da Lei das S.A.

---

§ 2º do art. 111: "Na mesma hipótese e sob a mesma condição do § 1º, as ações preferenciais com direito de voto restrito terão suspensas as limitações ao exercício desse direito".

19 Gustavo Tepedino, Heloisa Helena Barboza e Maria Celina Bodin de Moraes. *Código Civil interpretado conforme a Constituição da República*, v. 1. Rio de Janeiro: Renovar, 2004, p. 253.

Esse prêmio, na regra legal, deverá ser equivalente à diferença entre o valor de mercado[20] das ações e o valor pago por ação integrante do bloco de controle. Mas, como o preceito se traduz em simples faculdade para o adquirente, nada impede seja o prêmio inferior ou superior a essa referência. Não se pode olvidar que, ainda que não houvesse o prêmio, o acionista poderia optar por permanecer na companhia, não aceitando a oferta de compra de suas ações.

O prêmio funciona, pois, como um estímulo à permanência do minoritário, o qual usufruiria do valor de controle sem se afastar da companhia. Propicia, por outro lado, que o adquirente não tenha que dispor do valor total da ação, como no caso da efetiva aquisição.

De todo modo, cumpre registrar que a oferta pública será sempre obrigatória. O oferecimento do prêmio é cumulativo, não a dispensando jamais. Caso o adquirente deseje, por conveniência, exercer essa faculdade, o instrumento de oferta deverá espelhar o valor da oferta de aquisição e o importe do prêmio a ser pago aos acionistas que optarem por permanecer na sociedade.

10.6. COMPANHIA ABERTA SUJEITA A AUTORIZAÇÃO

O art. 255 da Lei n. 6.404/76 preconiza que a alienação do controle de companhia aberta dependente de autorização governamental para funcionar encontra-se sujeita a prévia autorização do órgão competente para aprovar a alteração de seu estatuto.

O dispositivo, ao assim enunciar, tem por escopo apenas aferir se o novo grupo controlador é capaz de garantir a preservação do interesse público que se encontra correlacionado com o objeto social[21]. Não traduz, portanto, preocupação com a situação dos minoritários em face da operação. Constitui-se, por isso, em simples regra de direito administrativo, sem conteúdo societário próprio.

10.7. A AQUISIÇÃO DE CONTROLE POR COMPANHIA ABERTA

A aquisição de controle, de qualquer sociedade, por companhia aberta, depende de autorização da assembleia geral da compradora em duas situações que a lei estabelece (art. 256).

---

20 Por valor de mercado entender-se-á a cotação média ponderada das ações objeto da oferta, nos últimos sessenta pregões realizados antes da divulgação do aviso de fato relevante que der notícia da alienação do controle (§ 2º do art. 30 da Instrução CVM n. 361/2002).

21 Tavares Borba, *ob. cit.*, p. 524.

A primeira delas, quando o preço de compra constituir para a adquirente um investimento relevante. Considera-se relevante o investimento toda vez que o valor representar, no mínimo, dez por cento de seu patrimônio líquido.

A segunda, sempre que o preço médio de cada ação ou quota ultrapassar uma vez e meia o maior dos seguintes valores: a) cotação média das ações em bolsa ou mercado de balcão organizado, durante os noventa dias que antecederem a data de contratação; b) patrimônio líquido da ação ou quota, aferido a preço de mercado; c) lucro líquido da ação ou quota que não poderá ser superior a quinze vezes o lucro líquido anual por ação nos dois últimos exercícios sociais, atualizado monetariamente. Superado uma vez e meia o maior dos três valores relacionados, os acionistas dissidentes terão o direito de recesso, observadas as limitações instituídas pelo inciso II do art. 137.

A proposta ou o contrato de compra, instruído com toda a documentação e os elementos necessários à deliberação, inclusive com o laudo de avaliação, será submetido à prévia autorização da assembleia geral ou à sua ratificação, sob pena de responsabilidade dos administradores. O *quorum* será o ordinário, isto é, prevalecerá a maioria absoluta de votos dos presentes ao conclave.

10.8. OFERTA PÚBLICA PARA AQUISIÇÃO DE CONTROLE

A aquisição do controle de uma companhia de capital aberto, cujas ações com direito de voto pleno encontram-se pulverizadas no mercado, poderá se realizar de duas formas: mediante a compra das ações em bolsa ou por meio da realização de uma oferta pública.

A oferta pública para a aquisição de controle vem dotada, portanto, de um caráter facultativo ou voluntário (OPA voluntária)[22]. Com efeito, uma OPA voluntária pode destinar-se não só à obtenção do controle da companhia, mas também ao reforço desse controle, visando, nesse particular, a torná-lo majoritário, quando exercido mediante

---

22 Em função de sua origem, a OPA pode ser obrigatória ou voluntária. Será obrigatória quando sua realização vem imposta por lei e, consequentemente, será voluntária quando resultar não da vontade da lei, mas da vontade do ofertante em adquirir ações mediante apelo público. A OPA voluntária, em regra, não se encontra sujeita a registro prévio na Comissão de Valores Mobiliários, podendo ser lançada diretamente pelo ofertante, mediante a publicação do respectivo edital; somente quando envolver permuta de valores mobiliários é que a voluntária deverá ser registrada. A obrigatória, por seu turno, fica submetida a registro preliminar naquela Comissão. A Lei n. 6.404/76 contempla três hipóteses de OPA obrigatória: a) cancelamento de registro de companhia aberta (§ 4º do art. 4º); b) aumento de participação do acionista controlador de companhia aberta que impeça a liquidez de mercado das ações remanescentes (§ 6º do art. 4º); e c) alienação do controle de companhia aberta (art. 254-A).

um percentual acionário igual ou inferior à metade do capital votante. Nessa situação específica, à oferta pública serão aplicados tão somente os procedimentos gerais previstos na Instrução CVM n. 361/2002; já quando for pretendida a assunção do controle, a respectiva oferta monetária obedecerá as regras previstas nos arts. 257 a 263 da Lei n. 6.404/76, além das disposições gerais da mencionada Instrução Normativa.

A aquisição do controle mediante oferta pública constitui procedimento que viabiliza a titularização do controle de companhia aberta que não possua definida a figura do acionista controlador. O pretendente, por meio da aquisição de ações pertencentes a diversos acionistas, visa a reunir sob o seu domínio um conjunto de títulos com direito de voto capaz de assegurar-lhe o comando da sociedade. Mas não é só. A operação pode destinar-se, ainda, à aquisição do controle de companhias cujo poder de dirigir os negócios e recursos sociais já se encontrem detidos por um círculo de acionistas minoritários, ou até mesmo pelos administradores. O instituto regulado nos arts. 257 a 263 da Lei das S.A. proporciona, destarte, que se realize a aquisição do controle acionário no mercado, sem que o ofertante tenha que entrar em negociação direta com os principais acionistas da sociedade com seus controladores de fato.

Em razão desse cenário diverso, essas ofertas voluntárias podem ser amigáveis ou agressivas, sendo essas últimas também chamadas de hostis. A OPA agressiva é aquela publicada pelo interessado sem a ciência e contra a vontade dos atuais controladores da companhia, que poderão defender suas posições mediante a publicação de oferta concorrente (art. 262)[23], que será analisada ao final deste tópico.

O objeto da oferta compreenderá, necessariamente, um montante de ações com direito a votos suficiente para assegurar o controle da companhia, seja o pretendente acionista ou não (§§ 2º e 3º do art. 257; e inciso III do art. 32 da Instrução CVM n. 361/2002).

Controvertida é a questão que cerca a possibilidade de as ações preferenciais com voto restrito constituírem objeto dessa OPA. Apesar de opiniões favoráveis[24], condicionadas, entretanto, a que a restrição não atinja o direito de eleger os administradores da companhia, parece-nos despida de juridicidade essa inclusão. Isso porque a configuração do acionista controlador, a teor do art. 116, requer não só que titularize, de modo permanente, ações que garantam o poder de eleger a maioria dos administradores, mas que também assegurem a maioria dos votos nas deliberações da assembleia geral, requisito este que não seria plenamente atendido por titulares de ações preferenciais despidas de voto pleno. Com muito mais razão, não podem integrar o objeto da oferta aquelas

23 Modesto Carvalhosa, *Comentários à lei de sociedades anônimas*, v. 4, tomo II, p. 169.

24 Modesto Carvalhosa, *Comentários à lei de sociedades anônimas*, v. 4, tomo II, p. 170.

ações preferenciais sem voto ou com voto restrito que venham a adquirir o direito pleno de voto de forma contingencial, nos moldes dos §§ 1º e 2º do art. 111, por carecerem do pressuposto de permanência, também estampado na alínea *a* do art. 116. Assim, dirigimos o nosso convencimento para a posição segura de que o objeto da oferta pública de aquisição do controle fica restrito às ações ordinárias e preferenciais com pleno e permanente direito de voto.

Emerge a oferta como uma proposta de compra irrevogável (parte final do § 2º do art. 257), formulada em favor de um número indeterminado de acionistas. Caracteriza-se por uma declaração unilateral de vontade, visando à realização de um negócio jurídico capaz de conduzir à aquisição de um bloco de controle[25]. Mas a lei preocupa-se com a repercussão desse movimento de aquisição no patrimônio dos investidores de mercado, criando um sistema que evite ofertas inidôneas. Assim é que impõe a participação de instituição financeira que garanta o cumprimento das obrigações assumidas pelo proponente (*caput* do art. 257). Impende, todavia, investigar a natureza dessa garantia: se gera obrigação solidária ou subsidiária para o agente garantidor.

Temos nutrido o entendimento de que a responsabilidade é de caráter subsidiário[26]. Como curial, a solidariedade não se presume, devendo resultar da lei ou do contrato (Código Civil, art. 265). Constitui exceção ao princípio *concursu partes fiunt*, devendo vir expressamente declarada na lei ou pela vontade das partes. Consoante o escólio de Gustavo Tepedino, Heloisa Helena Barboza e Maria Celina Bodin de Moraes[27], "a regra, na teoria geral das obrigações, é a de que o liame obrigacional se reparte em tantas relações autônomas quantos forem os credores ou devedores. O afastamento desta regra, portanto, somente ocorrerá por imposição legal ou por convenção das partes, distinguindo-se, assim, as duas espécies de solidariedade: legal e convencional". E na verificação das hipóteses legais carreadas no Código Civil, temos que, em todos os dispositivos que cuidam da obrigação solidária, esta vem referida de modo expresso, como se tem, por exemplo, nos arts. 154, 585, 680, 829, 942, 990, 1.009, 1.986 e nos parágrafos únicos dos arts. 867 e 1.173.

Ora, o art. 257 da Lei n. 6.404/76 em momento algum indica uma solidariedade, como se verifica exemplificativamente no art. 108, no § 2º do art. 117 e nos §§ 2º, 4º e 5º do art. 158 do mesmo diploma. Limita-se a dispor que a oferta pública para a

---

25 Modesto Carvalhosa, *Comentários à lei de sociedades anônimas*, v. 4, tomo II, p. 173.

26 Essa é a posição defendida por Fran Martins (*ob. cit.*, v. III, p. 384). Diversa é a opinião de Modesto Carvalhosa, para quem a posição da instituição financeira seria a de obrigada solidária pelo cumprimento da oferta (*Comentários à lei de sociedades anônimas*, v. 4, tomo II, p. 171).

27 *Ob. cit.*, v. 1, p. 545.

aquisição de controle somente poderá ser feita com a participação de instituição financeira que garanta o cumprimento das obrigações assumidas pelo ofertante. A garantia, nesse caso, perfaz-se em caráter subsidiário, pois a lei não impõe que seja solidária. O garantidor, em princípio, responde na falta do ofertante. Para essa garantia derivada da lei passar a ser solidária, terão as partes que dessa forma estipular no respectivo instrumento de contratação. Mas essa estipulação é facultativa, sendo bastante, para atender ao requisito legal, a contratação de uma garantia subsidiária.

A oferta pública para a compra do controle de companhia aberta, em regra, prescinde do registro da respectiva operação na Comissão de Valores Mobiliários (art. 32 da Instrução CVM n. 361/2002). Esta dela tomará conhecimento mediante comunicação do ofertante, dentro do prazo de vinte e quatro horas contadas da primeira publicação (parágrafo único do art. 258 da Lei das S.A.). Contudo, caberá à agência governamental intervir no procedimento, caso não esteja posto segundo as disposições legais e os regulamentos por ela expedidos.

Envolvendo a OPA proposta de permuta, total ou parcial, dos valores mobiliários, somente poderá ser efetuada após o prévio registro na Comissão de Valores Mobiliários (§ 1º do art. 257 e art. 259 da Lei n. 6.404/76; e art. 33 da Instrução CVM n. 361/2002). Nada obsta, portanto, que o preço a ser pago na aquisição se perfaça, total ou parcialmente, em valores mobiliários emitidos ou por emitir, pelo próprio ofertante ou por terceiros. Mas nessas ofertas com permuta ou nas mistas (proposta de pagamento de parte do preço em dinheiro e do restante mediante permuta de valores mobiliários), o prévio registro é condição para a sua validade[28].

A oferta pública demanda requisitos de ordens substancial e formal. Os substanciais são assim identificados por dizerem respeito à própria substância da OPA; os formais, por estarem ligados à sua forma e ao seu processamento.

São requisitos substanciais: a) a participação de instituição financeira como garantidora do cumprimento das obrigações assumidas pelo ofertante (*caput* do art. 257); b) a irrevogabilidade da oferta (§ 2º do art. 257); c) que a oferta tenha por objeto ações com direito a voto em número suficiente para assegurar o controle da companhia (§ 2º do art. 257); e d) o prévio registro na Comissão de Valores Mobiliários, se a oferta contiver permuta, total ou parcial, de valores mobiliários (§ 1º do art. 257).

---

28 Nas palavras de Egberto Lacerda Teixeira e Tavares Guerreiro: "a finalidade dessas determinações é a de evitar que acionistas de determinada companhia troquem suas participações acionárias por valores mobiliários de qualidade duvidosa. Protege-se, em suma, o investidor, notadamente o pequeno, contra manobras perpetradas por companhia inidôneas" (*ob. cit.*, v. 2, p. 761).

Os requisitos formais mínimos encontram-se alinhados nos arts. 258 e 259, traduzindo formalidades intrínsecas e extrínsecas.

No rol das intrínsecas se têm: a) a assinatura do ofertante e da instituição financeira que garante o pagamento no instrumento de compra (*caput* do art. 258); b) o número mínimo de ações que o ofertante se propõe a adquirir e, se for o caso, o número máximo (inciso I do *caput* do art. 258); c) o preço e as condições de pagamento (inciso II do *caput* do art. 258); d) a subordinação da oferta ao número mínimo de aceitantes e a forma de rateio entre os aceitantes, se o número deles ultrapassar o máximo fixado (inciso III do *caput* do art. 258); e) o procedimento que deverá ser adotado pelos acionistas aceitantes para manifestar a sua aceitação e efetivar a transferência das ações (inciso IV do *caput* do art. 258); f) o prazo de validade da oferta, que não poderá ser inferior a vinte dias (inciso V do *caput* do art. 258); g) as informações sobre o ofertante (inciso VI do *caput* do art. 258); e h) tratando-se de oferta que envolva permuta, o projeto de instrumento a ser submetido à Comissão de Valores Mobiliários, com o pedido de registro prévio da oferta, também deverá conter as informações sobre os valores mobiliários oferecidos em permuta e as companhias emissoras desses valores (*caput* do art. 259).

São duas as extrínsecas: a) a publicação do instrumento de oferta de compra na imprensa (*caput* do art. 258), o que se fará nos moldes do art. 289[29]; e b) a comunicação da oferta à Comissão de Valores Mobiliários, dentro de vinte e quatro horas da primeira publicação (parágrafo único do art. 258).

Da análise dos requisitos de forma, extrai-se que, a partir da publicação do edital da OPA, existe o dever de ampla divulgação das informações da oferta, caracterizando a fase pública da proposta. Contudo, até a referida publicação, impõe o art. 260 ao ofertante, à instituição financeira e à Comissão de Valores Mobiliários (na hipótese do prévio registro) o dever de absoluto sigilo sobre a oferta projetada, respondendo o infrator pelos danos que causar. A regra de sigilo tem por escopo assegurar o regular funcionamento do mercado, impedindo o surgimento de demandas e preços artificiais envolvendo os valores mobiliários objeto da futura oferta pública, além de coibir manobras tendentes a desestimular ou até mesmo frustrar a operação.

Posta a oferta, caberá aos interessados aceitá-la ou não. A aceitação, que deverá ser realizada nas instituições financeiras ou no mercado de valores mobiliários indicados

29 *Caput* do art. 289: "As publicações ordenadas pela presente Lei serão feitas no órgão oficial da União ou do Estado ou do Distrito Federal, conforme o lugar em que esteja situada a sede da companhia, e em outro jornal de grande circulação editado na localidade em que está situada a sede da companhia".

no instrumento de oferta, configura-se em típico contrato de adesão. Caracteriza-se o negócio, tanto para o ofertante como para os aceitantes, pela irrevogabilidade (*caput* do art. 261 e § 2º do art. 257).

Todavia, o § 1º do art. 261 flexibiliza a regra da irrevogabilidade, fazendo surgir uma primeira exceção. Pelo preceito, é facultado ao ofertante melhorar, uma só vez, a fim de evitar especulação, as condições de preço ou forma de pagamento, desde que o percentual da melhoria mostre-se igual ou superior a cinco por cento, cumprindo que as novas condições sejam oferecidas até dez dias antes do término do prazo da oferta, estendendo-se, por certo, aos acionistas que já a tiverem aceito, para evitar tratamentos desiguais.

Essa possibilidade de melhoria da oferta, que se pode viabilizar durante o seu processamento, visa a evitar o seu insucesso, diante da falta de receptividade por parte dos acionistas dela destinatários.

Findo o prazo da oferta, a instituição financeira garantidora comunicará o resultado à Comissão de Valores Mobiliários e, mediante publicação pela imprensa, aos aceitantes (§ 2º do art. 261). Caberá ao ofertante, a partir de então, liquidar a operação, na forma preconizada no respectivo instrumento. Caso o número de aceitantes venha a ultrapassar o máximo, será obrigatório o rateio, do modo previsto no instrumento de oferta (§ 3º do art. 261).

Dispõe o art. 262 que a existência de oferta pública em curso não obsta oferta concorrente, ocasião em que será estabelecida uma disputa entre ambas as proposições. Por oferta concorrente deve-se entender aquela formulada por um terceiro, que não o ofertante, tendo por objeto as ações abrangidas pela oferta de aquisição já em curso. Deverá ela obedecer aos mesmos requisitos e procedimentos legais e regulamentadores estabelecidos para aquela com a qual concorre.

Embora a OPA concorrente não se restrinja a essa situação, ela traduz efetivo instrumento para que o controlador se defenda contra as investidas daqueles que lhe querem tomar o controle (OPA agressiva ou hostil). É um meio de defesa, disposto em lei, para impedir que a perda do controle se efetive, quando, por certo, não for esse controle majoritariamente detido (através da titularidade de ações que representem mais da metade do capital social com direito a voto). É, pois, a ele facultado publicar uma oferta concorrente, com uma contraoferta mais vantajosa, oferecendo preço, no mínimo, cinco por cento superior ao da OPA com a qual concorrer (§ 3º do art. 13 da Instrução CVM n. 361/2002).

Uma vez lançada a OPA concorrente visando a evitar a tomada do controle ou simplesmente estabelecer um certame de disputa na compra de ações objetivando o controle[30], é lícito ao primeiro ofertante prorrogar o prazo de sua oferta até fazê-lo coincidir com o da concorrente (§ 2º do art. 262). Será, ainda, possível aos licitantes aumentarem o preço de suas ofertas por quaisquer valores e tantas vezes quantas julgarem conveniente (§ 5º do art. 13 da Instrução CVM n. 361/2002). Tanto a regra legal quanto a regra regulamentar destacadas excepcionam a da irrevogabilidade da oferta e de sua aceitação.

Poder-se-ia questionar a disposição do § 5º do art. 13, acima apontado, especificamente quanto à sua aplicabilidade às OPAs para aquisição do controle, à luz do estatuído no § 1º do art. 261 da Lei das S.A., que só admite a melhoria das condições da oferta uma única vez.

Temos que uma interpretação lógica e teológica da hipótese não pode levar a essa direção. A regra do § 1º do art. 261 em tela representa, tão somente, um aprimoramento da própria oferta inicial, no curso do seu processamento, diante da constatação de seu possível fracasso. Daí se admitir uma única alteração, de modo a coibir a especulação do ofertante. Já diante de uma OPA concorrente, a limitação não se justifica. Até diríamos que contrariaria a natureza do certame que entre as ofertas se estabelece. Abre-se, com ela, uma saudável concorrência, que deve estar inspirada na liberdade de fixação dos preços e das condições de pagamento, visando à vitória na disputa. Com a adoção da não limitação da oferta pelo ofertante inicial e pelo concorrente, estar-se-á, por um lado, garantindo a isonomia entre os licitantes, indispensável a qualquer procedimento licitatório, e, por outro, assegurando aos acionistas vendedores a obtenção de uma melhor condição para que realizem a disposição de seus patrimônios acionários. Não se pode olvidar, ademais, que poderão existir diversas ofertas concorrentes, e não apenas uma, e que, portanto, não seria lógico concluir que a regra de uma única melhora de oferta se aplique à questão. Desse modo, parece-nos que a mais adequada exegese é a que não sustenta a aplicação do § 1º do art. 261 da Lei do Anonimato às situações de OPAs concorrentes, nas quais será livre aos ofertantes aumentarem o preço de suas ofertas tantas vezes quantas julgarem conveniente.

Por derradeiro, dispõe o § 1º do art. 262 que a publicação de uma OPA concorrente "torna nulas as ordens de venda que já tenham sido firmadas em aceitação de oferta anterior". Apesar de a linguagem do texto optar pela nulidade, pensamos que uma verdadeira impropriedade terminológica foi cometida. Na verdade, não são nulas as prefaladas ordens de venda, mas tão somente ineficazes. A ineficácia tem por escopo

30 Note-se que no texto estamos cuidando apenas da oferta para aquisição de controle. Por isso, não nos interessam, neste tópico, as OPAs concorrentes que não tenham esse fim.

permitir a viabilização da oferta concorrente e sua eventual aceitação por todos os destinatários, que estariam, assim, em igualdade de condições perante ela.

10.9. ACIONISTA CONTROLADOR DA SOCIEDADE DE ECONOMIA MISTA

Por meio da empresa pública ou da sociedade de economia mista, bem como de suas subsidiárias, o Estado realiza a exploração de atividade econômica.

A constituição da empresa pública ou da sociedade de economia mista, que lhe servem de instrumento de participação na economia, depende de autorização legislativa prévia, que deve declarar o relevante interesse coletivo ou o imperativo da segurança nacional a justificar a sua criação (Constituição Federal, art. 173 e inciso XIX do art. 37). Também depende de autorização legislativa a instituição de suas subsidiárias (Constituição Federal, inciso XX do art. 37).

A Lei n. 13.303, de 30-6-2016, com substancial atraso, em obediência ao comando constitucional constante do § 1º do art. 173 da Lei Maior, veio dispor sobre o estatuto jurídico da empresa pública, da sociedade de economia mista e de suas subsidiárias, no âmbito da União, dos Estados, do Distrito Federal e dos Municípios[31].

A sociedade de economia mista vem definida como a entidade dotada de personalidade jurídica de direito privado, com criação autorizada por lei, sob a forma de sociedade anônima, cujas ações com direito a voto pertençam em sua maioria à União, ao Estado, ao Distrito Federal, ao Município ou à entidade da administração indireta (art. 4º da Lei n. 13.303/2016).

Difere-se da empresa pública, fundamentalmente, pois esta terá o seu capital, como regra de princípio, integralmente titularizado pela União, pelo Estado, pelo Distrito Federal ou pelo Município. Mas permite-se a participação em seu capital de outras pessoas jurídicas de direito público interno, bem como de entidades da administração indireta da União, dos Estados, do Distrito Federal e dos Municípios, desde que a maioria do capital votante permaneça sob a titularidade da União, do Estado, do Distrito Federal ou do Município (art. 3º da Lei n. 13.303/2016). Outro ponto de distinção reside no fato de a empresa pública não ter a obrigação de adotar a forma de sociedade anônima. É livre, portanto, a sua forma.

A pessoa jurídica que controla a companhia de economia mista tem os mesmos deveres e responsabilidades do acionista controlador, nos moldes dispostos na Lei do

---

31 A indigitada lei abrange toda e qualquer empresa pública e sociedade de economia mista que explore atividade econômica de produção ou comercialização de bens ou de prestação de serviços, ainda que a atividade econômica esteja sujeita ao regime de monopólio da União ou seja de prestação de serviços públicos (art. 1º).

Anonimato, respondendo, portanto, pelos atos praticados com abuso de poder. Sempre deverá exercer o poder de controle no interesse da companhia, respeitado, entretanto, o interesse público que justificou a sua criação (§ 1º do art. 4º e arts. 5º e 15 da Lei n. 13.303/2016 e art. 238 da Lei n. 6.404/76).

A sociedade de economia mista, com efeito, é cometida da função de realizar o interesse coletivo ou de atender ao imperativo da segurança nacional que justificou a sua constituição, que deve estar expresso na lei autorizadora de sua criação (art. 27 da Lei n. 13.303/2016).

O art. 14 da Lei n. 13.303/2016[32] preconiza, em adição aos deveres da Lei n. 6.404/76, que o controlador da companhia de economia mista deverá: a) fazer constar do Código de Conduta e Integridade, aplicável à alta administração, a vedação à divulgação, sem autorização do órgão competente da sociedade de economia mista, de informação que possa causar impacto na cotação de seus títulos e em suas relações com o mercado ou com consumidores e fornecedores; b) preservar a independência do conselho de administração no exercício de suas funções; e c) observar a política de indicação na escolha dos administradores e membros do conselho fiscal. De novidade, apenas a previsão retratada na alínea *a*, que cuida do Código de Conduta e Integridade que a companhia deve adotar (art. 12, II, da Lei n. 13.303/2016). Os demais deveres alinhados pela lei especial já se encontram contidos explícita ou implicitamente naqueles deveres de qualquer acionista controlador traduzidos na Lei das S.A.

A ação de reparação dos danos causados por atos praticados com abuso de poder pode ser proposta em face do acionista controlador pela companhia, pelo acionista que suportou prejuízo ou pelos terceiros prejudicados (§ 1º do art. 15 da Lei n. 13.303/2016), devendo o lesado pelo ato do controlador demonstrar não só a conduta capitulada como abusiva, mas também comprovar o dano sofrido, conforme já articulado no item 10.4 *supra*, a cujos termos nos remetemos.

Em relação à ação da companhia, deve ela obedecer aos termos do art. 246 da Lei n. 6.404/76, sendo certo, ainda, que independe de autorização da assembleia geral dos

---

32 As disposições do Título I da Lei n. 13.303/2016 referentes ao acionista controlador (arts. 14 e 15) não se aplicam à companhia de economia mista que tiver, em conjunto com suas subsidiárias, no exercício social anterior, receita operacional bruta inferior a R$ 90.000.000,00 (noventa milhões de reais). Isso porque os Poderes Executivos poderão editar atos que estabeleçam regras de governança destinadas às suas sociedades de economia mista que se enquadrem na hipótese, observadas as diretrizes gerais da prefalada lei. Entretanto, a não edição desses atos no prazo de cento e oitenta dias a partir da publicação da mencionada lei submete as sociedades de economia mista à totalidade das regras de governança previstas no seu Título I, antes referenciado (§§ 1º, 3º e 4º do art. 1º da Lei n. 13.303/2016). Mas a responsabilidade do controlador por abuso de poder prevista na Lei n. 6.404/76 será em qualquer hipótese observada.

acionistas. Assim é que, em princípio, a ação de reparação de danos deve ser proposta pela sociedade diretamente lesada. Mas a lei legitima concorrente e extraordinariamente os acionistas da companhia, observadas as seguintes condições: a) acionistas que representem cinco por cento ou mais do capital social, podendo a Comissão de Valores Mobiliários reduzir esse percentual para as companhias abertas; b) qualquer acionista, desde que preste caução pelas custas e honorários advocatícios devidos para a hipótese de vir o pedido formulado na ação a ser julgado improcedente. Os acionistas minoritários, assim, ficam livres para agir como substitutos processuais da companhia nessas ações reparatórias.

A pretensão prescreve em seis anos, contados da data da prática do ato abusivo (§ 2º do art. 15 da Lei n. 13.303/2016).

Capítulo 11

ACORDO DE ACIONISTAS

11.1. CONCEITO E NATUREZA JURÍDICA

O acordo de acionistas constitui-se em espécie do gênero acordo parassocial e emerge como efetivo instrumento de composição de grupos. Revela-se, pois, como um veículo para a estabilização das relações de poder no interior da companhia, permitindo, por ajustes paralelos ao ato constitutivo, a negociação de obrigações recíprocas entre os acionistas celebrantes, que assegurem certa permanência nas posições acionárias por eles ocupadas. Nasce do escopo dos acionistas de predefinir contratualmente certos comportamentos que garantam uma coexistência harmônica de seus interesses de sócio.

De modo geral, pode o acordo de acionistas ser definido como um contrato celebrado entre acionistas de uma mesma companhia, tendo por fim imediato a regulação de certos direitos de sócios, tais como a compra e venda de ações, a preferência para adquiri-las, o exercício do direito de voto e o poder de controle social.

É, portanto, esse pacto separado, alheio ao estatuto social, e objetiva a disciplina de direitos e interesses pessoais dos contratantes que não se albergam no regulamento das relações internas da companhia. Assim, existe em paralelo ao estatuto e, em última *ratio*, ao próprio ato constitutivo da sociedade.

Sua natureza é, pois, de um contrato parassocial, acessório e plurilateral.

É parassocial, como se viu, porquanto se situa ao lado do pacto social, este sim constitutivo da sociedade, que necessariamente o precede.

Tem caráter acessório ao pacto social, pois, embora firmado no âmbito da esfera privada dos sócios, sua eficácia se faz depender da existência da própria sociedade.

O viés plurilateral resulta do fato de comportar ele um número variável de partes, as quais perseguem uma integração de interesses, coordenados para a realização de um fim comum.

11.2. PARTES

Somente os acionistas de uma companhia poderão ser parte no acordo de acionistas. A sociedade, por seu turno, não é parte legítima no pacto parassocial, embora possa ele sobre ela produzir efeitos nas condições em que a lei estabelece (*caput* do art. 118). Sua participação na contratação, à luz do sistema legal vigente, somente se admite na condição de interveniente, situação que, entretanto, não lhe gera a assunção de obrigação de caráter convencional perante qualquer um dos contratantes, destinando-se apenas a sobre ela produzir efeitos, quando a lei já não os atribui.

11.3. ESPÉCIES E MODALIDADES

Os acordos de acionistas podem ser classificados em duas espécies: típicos e atípicos.

Os típicos são aqueles pactos expressamente previstos no *caput* do art. 118 da Lei n. 6.404/76, com objeto, portanto, definido em lei. As matérias dos acordos típicos são *numerus clausus* e limitadas, assim, às disposições sobre compra e venda de ações, preferência para adquiri-las, exercício do direito de voto e do poder de controle.

Os atípicos são aqueles que versam sobre questões de interesse dos acionistas, seus signatários, mas que refogem ao elenco legal. Resultam do direito de autorregulação das posições societárias de que desfrutam os titulares dos direitos derivados das ações. O seu universo é, consequentemente, ilimitado, mas deve observar as fronteiras da lei e do estatuto e respeitar os interesses sociais, os quais, pelo direito em vigor, devem sempre prevalecer sobre os individuais dos acionistas. É exemplo comum de matéria atípica aquela concernente à reorganização societária. Podem os acionistas, em acordo parassocial, disciplinar o tema, dispondo sobre regras e procedimentos a serem implementados.

Mas apenas os acordos de acionistas típicos, que versam sobre as matérias que a lei expressamente determina, têm plena eficácia na esfera jurídica da própria companhia, a qual deverá observá-los quando arquivados em sua sede.

A lei institui um procedimento próprio para que a companhia fique obrigada a respeitar e assim observar as disposições dos pactos típicos: o arquivamento do instrumento do acordo em sua sede, ato este que também confere publicidade ao contrato celebrado no âmbito interno da própria pessoa jurídica (publicização *interna corporis*).

Para as obrigações ou ônus decorrentes desses acordos serem oponíveis a terceiros, entretanto, não é suficiente o simples arquivamento na sede da sociedade, impondo-se um procedimento específico: a averbação nos livros de registro das ações[1] e nos certi-

---

[1] A averbação far-se-á no livro de registro de ações nominativas. Na hipótese de ser a ação

ficados acionários, se emitidos (§ 1º do art. 118). As ações desse pacto averbadas não poderão ser negociadas em bolsa ou mercado de balcão (§ 4º do art. 118).

Mas não é só. Além desse sistema de publicidade estabelecido como forma de o acordo vincular a companhia (arquivamento em sua sede) e ser dotado de oponibilidade a terceiros (averbação das obrigações e dos ônus dele decorrentes nos livros de registro e nos certificados de ações, quando emitidos)[2], os acordos típicos são por lei agraciados de um regime que lhes confere maior segurança e efetividade do pactuado, consoante no item 11.6 deste capítulo se desenvolverá.

Os acordos atípicos, por seu turno, não gozam desse feixe de garantias e proteção legal visando à efetividade dos pactos que tenham por objeto as matérias definidas no *caput* do art. 118. Por isso é que, em linhas gerais, costuma-se, em tom ordinário, dizer que o inadimplemento das obrigações neles previstas se resolve em perdas e danos. A efetividade de seu cumprimento, como a execução específica de obrigação assumida por exemplo, depende sempre de cláusula expressa, que contenha a previsão, a enquadre e a discipline adequadamente. Para vincular a companhia a seus efeitos, deve ela figurar como interveniente.

Os acordos típicos se dividem em duas modalidades: acordos de bloqueio e acordos de voto e de controle.

Os acordos de bloqueio têm por escopo limitar ou restringir a transmissibilidade das ações. Dizem respeito ao direito patrimonial do acionista, regulando a compra e venda de suas ações e a preferência para adquiri-las. Podem abranger não só as ações presentes (titularizadas pelo acionista celebrante no momento de celebração do pacto), como as futuras (aquelas que venha a subscrever ou a adquirir).

A restrição à livre circulação das ações pode ter por fundamento estabelecer certa garantia de eficácia ao acordo de voto, pelo prazo de sua vigência, funcionando, assim, como um pacto adjuvante àquele que seria o principal. Mas, em outras situações, o acordo de bloqueio pode estabelecer-se como fim único e principal, sem exercer essa função adjuvante antes destacada, de assegurar o acordo de voto. Assim sendo, o seu objetivo é exclusivamente patrimonial. É exemplo disso o acordo de bloqueio celebrado pelos acionistas de uma sociedade anônima fechada, de cunho familiar, constituída *cum intuitu personae*, visando a restringir a livre circulação das ações, discipli-

---

escritural, a averbação incumbe à instituição financeira encarregada, que a fará nos seus livros e no extrato da conta do acionista.

2 Cumpre anotar que, por óbvio, o acordo produz seus efeitos entre os acionistas subscritores do pacto. Os indigitados atos de arquivamento e averbação destinam-se a produzir seus efeitos perante a companhia e terceiros, não celebrantes do contrato.

nando o modo de sua transmissibilidade, de forma a evitar que ingressem naquele seio social terceiros indesejados pelo grupo de acionistas. Ainda que a limitação à livre circulação já venha prevista no estatuto (limitação estatutária), consoante permitido pelo art. 36 da Lei do Anonimato, o acordo poderá ser útil para complementar a verba estatutária, aprofundando e minuciando tudo aquilo que for do interesse do grupo (limitação convencional).

Os acordos de voto e controle referem-se a direitos e poderes políticos dos acionistas. O acordo de voto tem por finalidade ordenar o exercício do direito de voto nas assembleias gerais e especiais da companhia. Tendo ele o escopo de controlar a sociedade, será um acordo de controle ou, como tradicionalmente nominado, um acordo de mando ou de comando. Quando o acordo de voto não tem por fim o controle, diz-se que é acordo de defesa, porquanto visa a proteger certa minoria social que organiza o seu voto para fins de melhor fiscalizar a administração e o controle social, além de ganhar corpo no exercício de certos direitos de sócio, como, por exemplo, a eleição de representantes nos conselhos de administração e fiscal e a adoção do processo de voto múltiplo para eleição de membro do conselho de administração.

O acordo ou convenção de votos, portanto, é explicitamente reconhecido pela legislação brasileira e vem fundamentado no princípio da liberdade contratual que veicula, pela convenção de voto, a liberdade de voto do acionista. Se ele é livre para votar e livre para contratar, nada impede que seja também livre para aderir a uma convenção ou acordo de votos. Nenhuma regra legal, ética ou moral veda que os acionistas pactuem votar em um mesmo sentido.

Mas a licitude dessa convenção não é absoluta, devendo estar alinhada com as regras e princípios do ordenamento societário e contratual. A legalidade ou ilegalidade da convenção dependerá sempre da avaliação de sua causa e de seu fim.

Assim é que o § 2º do art. 118 da Lei das Sociedades Anônimas dispõe que essas convenções não poderão ser invocadas para eximir o acionista da responsabilidade no exercício do seu direito de voto (art. 115) ou do poder de controle (arts. 116 e 117). Sempre estarão reafirmados os princípios segundo os quais o acionista deverá exercer o seu direito de voto no interesse da companhia, e o controlador deverá usar o poder de controle com o fim de fazer a sociedade realizar o seu objeto e cumprir a sua função social, sob pena de ser verificado o abuso de direito ou de poder.

Vedado, ainda, é o comércio do voto, isto é, cláusulas que envolvam a venda do voto ou até mesmo o pagamento de remuneração para que o acionista se abstenha de votar. O Código Penal, no § 2º do art. 177, capitula como crime a conduta do acionista que, a fim de obter vantagem para si ou para outrem, negocia o voto nas deliberações da assembleia geral.

Igualmente sofrerá a pecha da ilegalidade a disposição convencional que retrate a obrigação de votar segundo a determinação de outro acionista, porquanto violaria o princípio da liberdade de voto, que pressupõe, efetivamente, o voto de vontade do acionista. O conteúdo do voto deve traduzir uma vontade fidedigna do seu prolator, sem o que ficaria prejudicada a formação autêntica da vontade social.

O voto, como princípio, deve ser proferido por quem ostenta a condição de acionista e está essencialmente vinculado à ação, sendo dela inseparável. Não se admite, em última análise, a cessão do voto, porquanto atentaria contra a regra geral da unidade da ação, a qual deriva de sua indivisibilidade (art. 28), que somente cede nas hipóteses legalmente autorizadas[3]. O que o ordenamento alberga é a convenção de voto, mas não a negociação do voto com a transmissão do exercício desse direito.

As convenções ou acordos de voto, quando adotarem o voto uniforme, devem especificar as matérias a serem votadas de modo uniforme pelos pactuantes, não se validando acordos abertos ou em branco. A licitude da estipulação pressupõe a obrigação de os signatários votarem de maneira uniformizada, daí a necessidade de ser definido o objeto do voto, que cria para o grupo esse vínculo derivado do acordo de voto. Não há na espécie, cumpre realçar, qualquer violação à liberdade de voto, mas apenas a antecipação do voto.

No voto uniforme, a orientação da matéria a ser uniformemente votada já pode vir consignada em cláusula contratual ou ser definida em reunião prévia dos signatários, prática inclusive comum nos pactos de voto para o exercício do controle.

O acordo de voto uniforme ou em bloco caracteriza-se pelo estabelecimento de um vínculo visando a dar ao voto dos acionistas celebrantes da convenção de votos um determinado direcionamento estabelecido pelo consenso de seus membros ou por maioria de seus votos, de forma a fixar uma orientação unitária dos votos, formando a vontade da comunhão que pelo acordo se estabelece.

Dessa feita, o voto do grupo unido pelo acordo de votos se efetivará pelo comparecimento dos seus integrantes no foro de deliberação, no qual todos votarão uniformemente, ou por meio de um procurador. Nesse passo, é útil explicitar que o mandato outorgado nos termos de acordo de acionistas poderá prever prazo superior a um ano (§ 7º do art. 118) e poderá ser, inclusive, coincidente com o prazo do acordo.

A figura do acordo de voto uniforme ou em bloco corresponde àquela do *pooling agreement* do Direito norte-americano, cuja adoção geralmente visa ao controle da

3 Exemplo de situação legalmente autorizada seria a hipótese do usufruto de ações, prevista no art. 114 da Lei das S.A.

companhia, mas não estando limitada ao exercício desse poder. Conforme observa Robert Hamilton[4],

> um acordo de voto de acionista é um contrato entre acionistas, ou alguns deles, para votar com suas ações de uma maneira específica sobre certas matérias. Tal acordo é usualmente chamado "*pooling agreement*" porque dele resulta que as ações dos participantes são votadas como uma unidade. O objetivo pode ser manter o controle, ou maximizar o poder de voto das ações em que o voto cumulativo é permitido, ou assegurar que algum objetivo específico seja alcançado.

Oportuno sublinhar que o *pooling agreement* não se confunde com o *voting trust*, o qual também conheceu o seu desenvolvimento no Direito norte-americano. Este foi desenvolvido, consoante atestam Egberto Lacerda Teixeira e Tavares Guerreiro[5], para contornar a revogabilidade inerente ao voto por procuração. No *voting trust*, portanto, esclarecem os citados autores, os acionistas alienam suas ações a um *trustee*, que funciona como um verdadeiro agente fiduciário e passa a exercer as prerrogativas do voto durante um prazo certo, segundo os termos de um contrato pré-celebrado. Nele, estão presentes as características de um autêntico negócio fiduciário. Ao final do prazo contratual, ocorre a devolução da participação alienada.

O acordo de voto, e isso fica evidente com a reforma operada pela Lei n. 10.303/2001, tem seus efeitos vinculativos operados não só nas assembleias gerais e especiais, mas também nas reuniões dos órgãos de administração da companhia. Vincula, assim, os acionistas signatários naquelas assembleias e os administradores nas reuniões dos órgãos, quando eleitos pela convenção de voto. Em princípio, o acordo se liga apenas aos membros do conselho de administração eleitos pela respectiva convenção. Mas, não dispondo a sociedade de um conselho de administração, o pacto irá submeter a vínculo os diretores representantes dos acionistas nele indicados, uma vez que a diretoria, nesse caso, exercerá tanto a função de representação como a função deliberativa, tendo competência, nessa hipótese, para deliberar em colegiado.

Por derradeiro, não se pode olvidar que o acordo de voto destina-se não apenas à ordenação do voto da maneira previamente definida, mas também, embora de ocorrência mais rara, a determinar uma abstenção de votar. Contudo, nesse último caso, não se admite pactuação pela qual o acionista renuncie ilimitadamente o seu direito de voto, porquanto vulnerada estaria a liberdade de voto.

11.4. PRAZO

O acordo de acionistas pode ter prazo determinado, determinável ou indeterminado.

---

4 Robert W. Hamilton. *The law of corporations in a nutshell*, 4ª ed. St. Paul, Minnesota: Westpublishing, 1996, p. 226.

5 *Ob. cit.*, v. 1, p. 313-314.

O acordo por prazo determinado é aquele que tem prazo certo para sua vigência. A lei brasileira não fixa o tempo máximo de duração que o acordo pode ter, ficando seu ajuste ao alvedrio das partes. Mas essa fixação, sustentamos, deve ser razoável e racional, não sendo lícito conferir um caráter de perpetuidade ao pacto.

Quando o prazo for fixado em função de termo ou condição resolutiva, tem-se o acordo por prazo de duração determinável. A duração será determinável pela ocorrência de um acontecimento futuro previsto no pacto, como, por exemplo, o desaparecimento do controle acionário nos acordos de comando. O acordo cujo prazo seja fixado em função de termo ou condição resolutiva, somente pode ser denunciado pelas partes segundo suas próprias estipulações (§ 6º do art. 118).

Não havendo prazo determinado ou determinável no acordo, será ele por prazo indeterminado de vigência. Nesses pactos, segundo a máxima do direito obrigacional de que ninguém pode ser obrigado a manter-se vinculado de forma perpétua, admite-se a denúncia vazia do contrato, isto é, sem nenhuma motivação. Não vemos como, *in casu*, se possa sustentar a denúncia motivada. A resilição é admitida a qualquer tempo e de forma livremente manifestada ou com a observância de eventuais condições porventura previstas no acordo para seu exercício, em respeito às regras e aos princípios que norteiam o direito contratual.

11.5. FORMA

A Lei n. 6.404/76, em sua redação original e nas subsequentes reformas sofridas, não cuidou de dispor sobre a forma do acordo de acionistas.

Por certo, no acordo típico (*caput* do art. 118), para que seja observado pela companhia e oponível a terceiros, a forma escrita se impõe. Com efeito, se assim não o fosse, seria impossível promover o seu arquivamento na sede social e a sua averbação nos livros de registro e nos certificados de ação, se emitidos. Pode, dessarte, materializar-se em instrumento público ou particular, admitindo-se, ainda, a instrumentalização por qualquer documento que concretize o acordo de vontades, já que a lei, repita-se, não exigiu forma especial.

Nada impede, entretanto, diante do silêncio legal, que possa ser ajustado verbalmente, provando-se por qualquer meio de prova em direito admitido. Mas, nesse caso, sua eficácia fica restrita às partes contratantes, seja ele atípico ou típico, visto que, para esse último, a sua oposição à companhia ou a terceiros demanda a forma escrita.

O normal, contudo, é que esses pactos parassociais sejam reduzidos a escrito, de modo a assegurar a plenitude dos efeitos que as partes celebrantes da convenção esperam.

No acordo escrito e levado para arquivamento na sede da companhia, esta poderá solicitar aos signatários do contrato esclarecimento sobre suas cláusulas (§ 11 do art.

118) e eles deverão, ainda, indicar, no ato do arquivamento, representante da comunhão para comunicar-se com a sociedade, para prestar e receber informações quando solicitadas (§ 10 do art. 118). Essa indicação poderá constar de cláusula do próprio acordo ou ser realizada no corpo do requerimento de arquivamento.

Nas companhias abertas, os órgãos da administração informarão à assembleia geral, no relatório anual, as disposições sobre políticas de reinvestimento de lucros e distribuição de dividendos constantes de acordos de acionistas arquivados (§ 5º do art. 118).

11.6. EFETIVIDADE DO ACORDO

Para os acordos típicos, a lei se preocupa em assegurar-lhes efetividade, liberando, para tal, duas ordens de garantia: a) a companhia, quando arquivado o acordo em sua sede, não poderá praticar atos contrários ao contratado pelas partes; e b) a execução específica das obrigações pactuadas.

Tomando por hipótese um acordo de acionistas com cláusulas dispondo sobre compra e venda de ações ou preferência para adquiri-las, caso venha a alienação das ações ser realizada ao arrepio do pactuado, a companhia não deverá registrar em seus livros a operação em desacordo com a convenção de grupo arquivada em sua sede (idêntica situação se verifica em relação à instituição financeira se for a ação escritural). A recusa ao registro impede, desse modo, a concretização de atos infringentes do acordo.

Mas essa garantia, no cenário proposto, pode não atender plenamente o contratante interessado, que deseja fazer valer, por exemplo, o seu direito de preferência ajustado. Como a sociedade não está apta a substituir a vontade dos celebrantes do pacto parassocial, surge ao prejudicado a via da execução específica da obrigação assumida (§ 3º do art. 118), obtendo, para esse fim, uma decisão judicial ou arbitral que lhe assegure e implemente o seu direito preferencial.

A efetividade do acordo sempre foi um desafio no âmbito do exercício do direito de voto ou do poder de controle. Na busca de fazer realizar esse desiderato, a reforma trazida pela Lei n. 10.303/2001 criou um sistema coercitivo, visando a assegurar o cumprimento do ajuste. A execução específica da obrigação por decisão judicial ou mesmo arbitral nem sempre se mostrava apta a atender a um pacto de voto, o que levava o prejudicado a ter que perseguir a reparação pela quebra do contrato, isto é, resolvia-se a questão em perdas e danos.

A primeira hipótese de tutela efetiva desses interesses se pode enxergar quando do denominado voto em preto, ou seja, quando o celebrante do acordo declara o seu voto, mas em descompasso com o contratado. Nesse caso, o presidente da assembleia, geral ou especial, não computará o voto proferido com infração ao acordo de acionistas devidamente arquivado. O mesmo se verifica em relação à reunião dos órgãos de administração da companhia (conselho de administração ou diretoria, esta se inexistente o conselho). O presidente do órgão colegiado de deliberação não computará o voto de administrador eleito nos termos do acordo, que tenha disposto sobre os critérios de decisões, quando não consoante com os termos convencionados (§ 8º do art. 118.).

O fundamento dessa disposição legal encontra-se amparado na tutela do interesse social. Como já se disse alhures, o acordo de votos deverá estar conformado com o interesse da companhia, presumindo-se, portanto, que a orientação determinada pela comunhão dos celebrantes do pacto realize o fim social. Essa tutela efetivar-se-á no âmbito interno da companhia (*interna corporis*), pela execução do dever legal de veto atribuído ao presidente do conclave.

A segunda situação se vislumbra no voto em branco (abstenção do direito de votar) ou na ausência do acionista ou dos administradores eleitos nos termos do acordo nas assembleias sociais ou nas reuniões do órgão, respectivamente. O acionista prejudicado, baseado no acordo, exercerá o direito de voto com as ações titularizadas pelo acionista omisso ou ausente. No caso de membro do órgão de administração, o seu exercício far-se-á pelo administrador eleito com voto da parte prejudicada pela abstenção ou ausência (§ 9º do art. 118).

A figura legal constante do § 9º do art. 118 acima exposta retrata a adoção do regime de autoexecução específica ou autotutela legítima que se arrima na legitimação substitutiva.

Com efeito, a legitimação substitutiva justifica-se na vontade do acionista que já foi legitimamente manifestada quando firmou o acordo, obrigando-se a votar de modo uniforme ou em bloco diretamente nas assembleias sociais ou por seus representantes nas reuniões do órgão de administração social. Impõe-se nos contratos plurilaterais, movida pela necessidade de atingimento do fim comum que o justifica.

O controle judicial ou arbitral desses procedimentos contemplados nos §§ 8º e 9º do art. 118 far-se-á *a posteriori*, por eventual iniciativa daquele que se sentiu prejudicado, seja pelo voto não computado em razão do veto do presidente do conclave de acionistas ou de administradores (§ 8º), seja pelo abuso do voto proferido em razão da abstenção ou ausência (§ 9º).

Capítulo 12

ASSEMBLEIA GERAL

12.1. ÓRGÃOS SOCIAIS

A sociedade anônima, como pessoa jurídica que é, manifesta-se por intermédio de seus órgãos sociais. A eles compete produzir e refletir interna e externamente a vontade social.

Os poderes que convivem e operam no ambiente de formação, estrutura e atuação societária (poderes de deliberação, administração e fiscalização) demandam ordenação e distribuição adequadas, que lhes garantam eficiência e harmonia em seus correspondentes meios de exercício. Revelam, com efeito, os órgãos sociais, a concepção de centros de poderes[1] da coordenação da vida social.

São eles, em última *ratio*, que fazem presente a vontade social. Quando um órgão se manifesta, estará ele refletindo essa vontade. A pessoa jurídica da sociedade se pronuncia por meio de seus órgãos. São eles que afirmam interna e externamente a personalidade jurídica da companhia. A eles, portanto, não é atribuída personalidade jurídica. Esta é da sociedade. É ela quem se obriga e exercita direitos por intermédio de seus órgãos.

Os órgãos da sociedade anônima são: a assembleia geral, o conselho de administração, a diretoria e o conselho fiscal.

Nem todos os órgãos são de presença obrigatória ou de funcionamento obrigatório na estrutura da companhia. O conselho de administração é facultativo nas companhias fechadas que não adotam o regime do capital autorizado (§ 2º do art. 138). O conselho fiscal, embora de presença necessária na estrutura da sociedade, poderá ter funcionamento permanente ou ser instalado apenas em certos exercícios sociais (art. 161). A assembleia geral e a diretoria, portanto, serão sempre de presença e funcionamento obrigatórios em qualquer companhia.

---

1 Rubens Requião, *ob. cit.*, v. 2, p. 214.

É sobre os indigitados órgãos que a lei se preocupa em dispensar sua disciplina, pois pilares da concepção organicista societária. Não obstante essa orientação, permite que outros órgãos, de menor hierarquia na estruturação da companhia, possam ser criados pelo estatuto com funções técnicas ou destinados a aconselhar os administradores (art. 160). Mas é relevante afirmar que esses órgãos inferiores, de auxílio, de criação estatutária não têm o poder de manifestar a vontade social, que se faz presente, assim, apenas nas atuações de seus órgãos legais de deliberação (assembleia geral), de administração ou execução (conselho de administração e diretoria) e fiscal (conselho fiscal).

12.2. CONCEITO DE ASSEMBLEIA GERAL

A assembleia geral, a partir das notas essenciais colhidas de sua disciplina legal, pode ser conceituada como a reunião, o conclave dos acionistas de uma companhia, convocado e instalado na forma da lei e do seu estatuto social, para deliberar sobre as matérias de interesse social, sendo dotada, assim, de poderes para decidir acerca de todos os negócios relativos ao objeto social e tomar as resoluções julgadas convenientes à sua defesa e ao seu desenvolvimento.

Na modelagem clássica, a divisão dos órgãos sociais espelhava uma competência funcional bem definida: à assembleia geral cabia, com exclusividade, a função de deliberação; à administração, a sua execução; ao conselho fiscal, o controle dos atos de gestão.

A crescente demanda pela otimização das relações societárias, motivada pelos desafios econômicos que se impuseram ao desenvolvimento da empresa e, por vezes, à sua própria sobrevivência[2], passou a definir um novo perfil na relação entre os órgãos sociais, propondo modelos mais elásticos, com vistas à obtenção de decisões mais ágeis e com maior grau de efetividade.

Sobre esse fenômeno do enfraquecimento da assembleia geral dos acionistas, derivado substancialmente da dispersão acionária e das manifestações concretas de variações no modo do exercício do poder de controle, testemunham Egberto Lacerda Teixeira e Tavares Guerreiro:

> o próprio perfil do acionista modificou-se substancialmente, em especial nas grandes companhias abertas, em que a dispersão dos titulares do capital acabou por determinar um

---

2 Exemplo disso é a regra constante do parágrafo único do art. 122 da Lei n. 6.404/76: "Em caso de urgência, a confissão de falência ou o pedido de concordata poderá ser formulado pelos administradores, com a concordância do acionista controlador, se houver, convocando-se imediatamente a assembleia geral, para manifestar-se sobre a matéria". A menção à figura da concordata deve ser lida, à luz da Lei n. 11.101/2005, como referência ao instituto da recuperação judicial.

> certo desinteresse pelas reuniões em questão, às quais, em geral, só comparecem os majoritários ou controladores. O absenteísmo nas assembleias, aliado à rapidez requerida pelas decisões sociais, resultou no comprometimento do antigo prestígio atribuído às reuniões do corpo acionário[3].

Essa constatação, entretanto, não faz com que se tenha por usurpado o regime de competência e funcionamento dos órgãos sociais, cujo equilíbrio é essencial para a democratização da companhia, com o atendimento da demanda do mercado acionário em que a atração de capitais requer, cada vez mais, equilíbrio nas relações de poder, competência gerencial, transparência, e ordenados e eficientes controle e fiscalização.

Nesse passo, a assembleia geral continua a ser o poder decisório supremo da sociedade anônima, que, como se consignou, é dotada dos poderes para decidir todos os negócios relativos ao objeto da companhia e tomar as resoluções que julgar convenientes à sua defesa e ao seu desenvolvimento. Não fora isso o suficiente a atestar esse seu patamar de órgão maior no cenário organizacional da sociedade, a lei prescreve um rol das matérias que são de sua competência privativa, o que, por si só, reafirma a força desse órgão social como fonte de expressão da soberania da vontade social.

Apesar desse peso na composição dos núcleos de poder da companhia, os poderes da assembleia geral não são absolutos e ilimitados.

O seu exercício deve estar conformado com os limites da lei, com a ordem pública e com os bons costumes, e visar, sem nenhuma exceção, ao interesse social.

Fica, assim, por exemplo, obstado à assembleia geral derrogar os direitos essenciais dos acionistas (art. 109), bem como praticar qualquer ato contrário a acordo de acionista arquivado (*caput* do art. 118). Nesse mesmo compasso, impõe-se que sua atuação fique circunscrita ao objeto social, revelador da finalidade social (art. 121).

Deve observar, ainda, os ditames estatutários, até que resolva por sua alteração.

12.3. COMPOSIÇÃO

A assembleia geral é composta pelo universo dos acionistas da companhia, com ou sem direito de voto, que são para ela convocados.

Os acionistas sem direito de voto podem comparecer ao conclave e discutir as matérias nele tratadas (direito de voz). Entretanto, não podem participar das deliberações, estas reservadas aos que titularizam o direito de voto.

O resultado do processo decisório obtido na assembleia geral representa a vontade coletiva dos acionistas, unitariamente manifestada como vontade social. As decisões,

---

3 *Ob. cit.*, v. 1, p. 384.

portanto, quando validamente tomadas, vinculam todos os acionistas, ainda que ausentes ou dissidentes.

12.4. COMPETÊNCIA PRIVATIVA

O art. 122 da Lei das S.A., em seus nove incisos, prescreve a competência privativa da assembleia geral dos acionistas. Isso quer traduzir que as matérias em lei elencadas são indelegáveis, não podendo, por isso, ser atribuídas a outros órgãos sociais, senão quando a própria lei, e nas condições por ela traçadas, expressamente autorizar. São exemplos dessa autorização legal as hipóteses de confissão de falência, em caso de urgência verificada pelos administradores, que formulariam o pedido, com a convocação do conclave para manifestação ulterior (parágrafo único do art. 122), além da iniciativa do conselho de administração da companhia aberta, relativamente à emissão de debêntures não conversíveis em ações e, nos demais casos de debêntures, a delegação acerca da oportunidade e de certas condições de emissão (inciso IV do art. 122 e §§ 1º e 4º do art. 59). Na primeira situação, a delegação é condicionada; na segunda, é plena.

Tem, assim, a assembleia geral competência privativa para: a) reformar o estatuto social; b) eleger e destituir, a qualquer tempo, os membros da diretoria, caso inexista conselho de administração, a quem, em princípio, toca essa competência; c) eleger e destituir, a qualquer tempo, os membros do conselho de administração, se existente; d) eleger e destituir, a qualquer tempo, os membros do conselho fiscal; e) julgar a prestação anual das contas dos administradores e votar as demonstrações financeiras anuais da companhia; f) autorizar a emissão de debêntures, ressalvada a delegação ao conselho de administração contemplada nos §§ 1º, 2º e 4º do art. 59; g) autorizar a emissão de partes beneficiárias; h) suspender o exercício de direitos de acionistas; i) deliberar sobre a avaliação de bens com os quais o acionista concorrer para a formação do capital social; j) deliberar sobre transformação, fusão, incorporação e cisão da companhia; k) deliberar sobre a dissolução e liquidação da sociedade, com poderes para eleger e destituir liquidantes e julgar-lhes as contas; e l) autorizar os administradores a confessar falência e requerer recuperação judicial.

Nessa última hipótese, como já se adiantou, a lei, em formulação satisfatória e adequada, autoriza os administradores, em caso de urgência, a promover a confissão de falência ou o requerimento de recuperação judicial, colhendo a concordância do acionista controlador, se houver, e convocando imediatamente a assembleia geral para manifestar-se sobre a matéria. A medida tem justificativa na necessidade do atendimento de situações de emergência, que não poderiam aguardar os prazos legais para a realização do encontro dos acionistas.

Algumas considerações se impõem sobre essa delegação legal da competência da assembleia geral para os administradores da companhia que, como se percebe, não é plena, na medida em que o conclave social deverá ser imediatamente convocado para se manifestar.

Em razão dos poderes de representação inerentes à diretoria, serão os diretores, observadas as disposições estatutárias sobre o tema, que irão promover o ingresso em juízo com a formulação da confissão da falência ou do pedido de recuperação judicial. Caso exista conselho de administração, deverá a diretoria colher a autorização daquele órgão. Assim é, pois, que se deve entender a menção ao vocábulo "administradores", constante do texto legal.

Haverá sempre a necessidade de ratificação do ato pela assembleia geral, o que, havendo acionista controlador, será facilmente alcançável, pois este, por antecipação, já terá manifestado a sua concordância. Negada a ratificação pela assembleia geral, cumprirá ao órgão de administração promotor do pedido dele desistir, sem prejuízo de eventualmente serem apuradas as responsabilidades pelo ajuizamento precipitado.

Portanto, a formulação dos administradores estará sempre condicionada ao referendo da assembleia geral que exerce, assim, a sua competência *a posteriori*. O juiz que apreciar o pedido de falência ou de recuperação judicial deverá, antes de proferir o despacho inicial, exigir, como providência preliminar, a vinda aos autos da ratificação da iniciativa do órgão de administração pela assembleia geral, de modo a aferir a correta legitimação da iniciativa.

O preceito da Lei do Anonimato, datado de 1976, por lógico, ao se referir aos institutos destinados a cuidar da insolvência empresarial, faz menção à concordata, que já em nossa abordagem substituímos por recuperação judicial. Isso porque a negociação do plano de recuperação extrajudicial com os credores, ainda que levado à homologação em juízo, não é de necessária decisão assemblear, integrando, com efeito, os poderes gerais de administração essa forma de composição de débitos. O risco da recuperação judicial, por certo, não se faz presente na extrajudicial, pois somente na primeira poderá haver convolação em falência e por isso é que o seu manejo necessita de aprovação do poder de decisão supremo da companhia. Desse modo, a figura da concordata referenciada no texto normativo deve ser substituída pela da recuperação judicial, pois esta, em razão das consequências do eventual insucesso de seu acionamento, poderá levar a companhia à dissolução e liquidação judicial pela falência.

Não se pode deixar de consignar, em análise derradeira da competência privativa, que, além das enunciações constantes do art. 122, outros eventos que demandam privativamente a decisão assemblear são previstos em lei. É o caso, por exemplo, da compra, por companhia aberta, do controle de qualquer sociedade empresária, uma vez presentes os pressupostos elencados no corpo do art. 256, ou, ainda, da aprovação da convenção de grupo de sociedades (art. 270). Esse quadro legal faz com que a listagem do art. seja meramente exemplificativa.

12.5. ESPÉCIES DE ASSEMBLEIA GERAL

As assembleias gerais podem ser ordinária (AGO) ou extraordinária (AGE). A assembleia geral ordinária tem por objeto as matérias previstas no art. 132 da Lei n. 6.404/76, e a extraordinária se realizará para debater e deliberar sobre temas outros, não previstos expressamente como de competência da assembleia geral ordinária (art. 131). Portanto, o critério para distinguir as espécies de conclaves sociais gerais se baseia na competência em razão do seu objeto, do conteúdo da matéria colocada em pauta. As matérias da AGO são, portanto, de definição exaustiva da lei, chegando-se às da AGE por exclusão (competência residual).

A assembleia geral ordinária tem por objeto[4]: a) a tomada das contas dos administradores; b) o exame, a discussão e a votação das demonstrações financeiras; c) a deliberação sobre a destinação do lucro líquido do exercício e a distribuição de dividendos; e d) a eleição dos administradores e dos membros do conselho fiscal da companhia, quando for o caso.

A eleição dos administradores e fiscais pela AGO somente se fará naqueles exercícios em que houver a necessidade de provimento desses cargos, em função do término normal dos respectivos mandatos dos seus integrantes.

Mas situações excepcionais ou extraordinárias podem aparecer no curso da vida social, relativamente a administradores ou fiscais regulamente eleitos na AGO, como nas hipóteses de falecimento ou renúncia. Nesses casos, eles não cumprem seus mandatos e a substituição pode ser verificada em AGE, porquanto visa a tratar de um fato que surgiu extraordinariamente.

Especificamente em relação ao conselho fiscal, cumpre registrar que seu funcionamento poderá ser de modo permanente ou se realizar apenas nos exercícios sociais em que for instalado a pedido de acionistas. O estatuto deverá dispor sobre esse seu modo de funcionamento. Sendo ele permanente, os conselheiros fiscais serão eleitos normalmente em assembleias gerais ordinárias para os mandatos correspondentes; sendo, todavia, instituído em caráter não permanente, a sua instalação e a consequente nomeação

---

4 No rol do art. 132, especificamente no inciso IV, tem-se a competência para aprovar a correção da expressão monetária do capital. Essa matéria, contudo, encontra-se prejudicada em face da eliminação da correção monetária do balanço (art. 4º da Lei n. 9.249/95).

de seus membros poderão fazer-se a qualquer tempo, e, dessa feita, a questão poderá ser objeto não só da assembleia geral ordinária, como também de assembleia geral extraordinária, tudo dependendo da oportunidade em que os acionistas requererem sua instalação. Sublinha-se que, pelo § 3º do art. 161, o pedido de funcionamento do conselho fiscal poderá ser formulado em qualquer assembleia geral, ainda que a matéria não conste do anúncio de convocação.

Os temas relativos aos administradores e fiscais voltarão a ser abordados, com maior profundidade, nos capítulos seguintes, a cujos termos nos remetemos.

Não são raras as situações em que juntamente com as matérias pertinentes à AGO outras se imponham a tratar e decidir. Assim, para evitar invalidação de deliberação social tomada em AGO concernente à matéria que foge a seu objeto, impõe-se a convocação simultânea das duas espécies assembleares. Para tal, dispõe o parágrafo único do art. 131 que a AGO e a AGE podem ser cumulativamente convocadas e realizadas no mesmo local, data e horário, além de instrumentadas em ata única.

A assembleia geral ordinária, por envolver, como se viu, matéria da vida social ordinária, tem sua realização periodicamente imposta. Portanto, anualmente, nos quatro primeiros meses seguintes ao término do exercício social, deverá haver uma AGO para tratar dos assuntos de sua competência. Anote-se que não há, necessariamente, como regra geral, a obrigação de que o exercício social seja coincidente com o ano civil, muito embora essa seja a opção normalmente adotada no estatuto, com vistas a facilitar o cumprimento de obrigações derivadas das leis tributárias. Desse modo, sendo o exercício social coincidente com o ano civil, impende seja realizada a AGO até o final do mês de abril do ano seguinte, porquanto seu término verificou-se em 31 de dezembro do ano anterior.

Não se realizando a assembleia geral ordinária no período legalmente definido (art. 132), a companhia estará em situação irregular, passível de sofrer certas restrições, como, por exemplo, o bloqueio do acesso a financiamentos.

Os administradores competentes para sua convocação poderão ser civilmente responsabilizados pelos danos que causarem à companhia ou aos seus acionistas, decorrentes do não cumprimento dos deveres por lei impostos para assegurar o seu normal funcionamento (§ 2º do art. 158). Tratando-se de sociedade anônima de capital aberto, o fato configura infração grave, com punição dos responsáveis pela Comissão de Valores Mobiliários (art. 60, III, da Instrução CVM n. 480/2009).

Mas nada impede seja a irregularidade sanada, com a realização da assembleia geral a destempo. Com efeito, o fato de não se promovê-la no interregno pertinente não obsta a iniciativa de realizá-la posteriormente nem desnatura a sua natureza de AGO. Esta, como se disse, não deriva do tempo, da oportunidade de sua promoção, mas sim da matéria a ser conhecida. A competência da AGO, repita-se, é fixada pelo conteúdo de seu objeto. Ter-se-á, pois, uma assembleia geral ordinária extemporaneamente convocada, com as responsabilidades daí advindas, como se observou.

Ao lado das assembleias gerais ordinárias e extraordinárias convivem as assembleias especiais. Essas últimas não têm o caráter geral, pois irão reunir acionistas de determinada classe de ações, para cuidar de particulares interesses desse grupo, como são exemplos as assembleias especiais dos acionistas titulares de ações preferenciais preconizadas em lei[5].

12.6. COMPETÊNCIA PARA CONVOCAÇÃO

A competência para a convocação da assembleia geral toca aos órgãos de administração da companhia. Nas sociedades que possuírem conselho de administração[6], a este órgão caberá a convocação. Se inexistente, é que a competência será exercida pelos diretores (*caput* do art. 123).

O conselho, como órgão colegiado, é quem está legitimado a proceder à convocação. A correspondente proposição deverá ser aprovada pela maioria de seus integrantes. Nada impede, contudo, que o estatuto social ou o próprio regimento do órgão de administração outorgue a execução do ato convocatório a um de seus membros, geralmente ao seu presidente, que, assim, firmará o prefalado ato. No caso, não seria ele quem estaria individualmente convocando a assembleia geral, mas apenas materializando os atos necessários a essa convocação, determinada pelo colegiado.

Não havendo conselho de administração, a competência é deferida aos diretores e, nessa hipótese, manda a lei observar o que a respeito dispuser o estatuto. Isso porque o estatuto pode conferir essa prerrogativa a um ou mais diretores determinados (art. 143, IV) ou, ainda, estabelecer que a convocação seja resultado de decisão tomada em reunião de diretoria (§ 2º do art. 143). Todavia, assim não o fazendo, restando, portanto, silente sobre o tema, a competência recairá sobre todos os membros da diretoria, os quais estarão aptos a individualmente ou em conjunto exercê-la.

Mesmo na situação em que o estatuto dispuser sobre a competência para a convocação, atribuindo-a a um ou mais diretores ou à reunião do órgão, havendo omissão por parte do legitimado ou dos legitimados, passarão os demais a dispor dessa legitima-

---

5 Confiram-se, exemplificativamente, aquelas traduzidas no parágrafo único do art. 18 e no § 1º do art. 136.

6 O conselho de administração é órgão de presença obrigatória nas companhias abertas, nas fechadas que adotem o sistema do capital autorizado e nas sociedades de economia mista (Lei n. 6.404/76, arts. 138, § 2º, e 239).

ção, porquanto a qualquer dos diretores compete a prática dos atos necessários ao funcionamento regular da companhia (*caput* do art. 144), sendo, inclusive, solidariamente responsáveis pelos prejuízos causados em virtude da omissão (§ 2º do art. 158).

Encontrando-se a sociedade em liquidação, essa competência se transmite ao liquidante (art. 210, VI).

Subsidiariamente, a competência para a convocação da assembleia geral pode recair sobre o conselho fiscal ou sobre acionista, sempre tendo em mira a lei, ao assim prescrever, assegurar o funcionamento regular da companhia ou a tutela dos interesses da minoria acionária.

Compete ao conselho fiscal convocar a assembleia geral ordinária se o conselho de administração ou os diretores, conforme o caso, retardarem por mais de um mês essa convocação; e a extraordinária, sempre que ocorrerem motivos graves ou urgentes, incluindo na ordem do dia das assembleias as matérias que julgarem necessárias (alínea *a* do parágrafo único do art. 123 e inciso V do art. 163).

No primeiro caso (mora da administração), a competência do órgão fiscalizador da companhia é substitutiva, porquanto está agindo em substituição ao conselho de administração ou, quando inexistente, aos diretores. No segundo (verificação de motivos graves ou urgentes), o conselho fiscal fica investido de uma competência originária, que repousa na sua função de vigilância dos órgãos de administração.

No exercício desse dever legal de convocação da assembleia geral ordinária ou extraordinária, o conselho fiscal poderá, como órgão colegiado, exercer o poder convocatório, decidindo pela maioria de seus membros. Mas nada impede, ao contrário do que se verifica no âmbito do conselho de administração (outro órgão de deliberação colegiada), que a assembleia geral seja convocada por um de seus integrantes, desde que fundamente a iniciativa singular. Isso se justifica para não frustrar a efetiva função fiscalizadora que esse órgão deve exercer, seja em atuação colegiada, seja por ação individual. A função colegiada não prejudica, assim, a função individual de seus membros. Assim é que o inciso I do art. 163 da Lei do Anonimato prescreve que ao conselho fiscal compete fiscalizar, por qualquer de seus membros, os atos dos administradores e verificar o cumprimento de seus deveres legais e estatutários.

Ademais, os membros do órgão de vigilância social, ao descurarem do dever de convocação das assembleias gerais para as quais a lei lhes outorga competência, incidem em omissão do cumprimento de seus deveres, respondendo pelos eventuais danos daí decorrentes (*caput* do art. 165).

O acionista também dispõe de legitimação para a convocação. Mas a sua competência será sempre substitutiva, a partir da inércia do órgão de administração e, por vezes, do próprio conselho fiscal. Terá o acionista sempre a prerrogativa da convocação e jamais o dever, como o têm os órgãos sociais investidos de suas competências legais.

Nessa ordem de fatores, a assembleia geral pode também ser convocada por acionista em três situações legalmente estabelecidas.

A primeira delas, quando os administradores retardarem por mais de sessenta dias a convocação, nos casos previstos em lei ou no estatuto (alínea *b* do parágrafo único do art. 123). Note-se que, na hipótese, é irrelevante o número de ações que titulariza e se tem ou não direito de voto. Esse direito, deferido a qualquer acionista da companhia, fundamenta-se no direito do sócio de se manter informado acerca da marcha dos negócios sociais e dos resultados da exploração da empresa e da própria organização normal da sociedade[7].

Na convocação pelo acionista da AGO, cabe observar que ele estará agindo de modo substitutivo não só em relação à omissão do órgão de administração, com competência primária, mas também à do conselho fiscal, porquanto este deve agir secundariamente, quando aquele houver retardado por mais de um mês essa convocação.

A segunda situação já não mais legitima qualquer acionista, mas apenas acionista ou acionistas que representem cinco por cento, no mínimo, do capital social, com ou sem direito de voto. Eles poderão convocar a assembleia extraordinária sempre que os administradores não atenderem, no prazo de oito dias, a pedido de convocação que apresentarem, devidamente fundamentado, com a indicação das matérias a serem tratadas (alínea *c* do parágrafo único do art. 123).

Nas companhias de capital aberto, esse percentual pode ser reduzido pela Comissão de Valores Mobiliários, mediante a fixação de escala em função do valor do capital social (art. 291).

Estando formulado o pedido nos moldes da lei (por escrito, fundamentado e com a indicação das matérias a serem tratadas), não cabe ao órgão de administração que irá recebê-lo (conselho de administração ou, se inexistente, diretoria) examiná-lo. Cumpre-lhe convocar a assembleia geral extraordinária pretendida por aquele bloco formulador do pleito. Evidentemente, uma vez realizada a assembleia e concluindo ela pelo abuso de direito no pedido apresentado, os requerentes poderão ser responsabilizados, devendo suportar, nesse caso, todas as despesas para a realização da reunião social.

A terceira hipótese consiste na convocação por acionista ou acionistas que representem cinco por cento, no mínimo, do capital votante, ou cinco por cento, no mínimo, do capital sem direito a voto, quando os administradores não atenderem, no prazo de

---

7 Halperin e Otaegui, *ob. cit.*, p. 709.

oito dias, a pedido de convocação de assembleia para instalação do conselho fiscal (alínea *d* do parágrafo único do art. 123).

Nessa situação, como se vê, há o fim específico de convocar-se a assembleia geral extraordinária para a instalação do conselho fiscal, quando o seu funcionamento não for permanente. E aqui é essencial reparar que o acionista ou os acionistas legitimados à iniciativa não necessitam representar, no mínimo, cinco por cento do total do capital social, sendo suficiente titularizarem cinco por cento da parcela do capital votante ou da parte do capital não votante.

Ademais, o pedido convocatório dirigido ao órgão de administração não necessita ser fundamentado, bastando que, no documento, fique espelhada a vontade de instalação do conselho fiscal.

Nas convocações feitas diretamente pelos acionistas, as correspondentes despesas deverão ser, como regra de princípio, suportadas pela companhia. Na prática, entretanto, estes as antecipam, fazendo, por conseguinte, jus ao respectivo reembolso. Dele somente ficará isenta a sociedade, caso a assembleia geral conclua que a convocação representou abuso de direito dos acionistas.

Muito embora a lei não consigne expressamente que a própria assembleia geral tenha competência para se autoconvocar, essa possibilidade tem confirmação na doutrina[8]. Com efeito, como órgão supremo da companhia, dotado dos poderes para decidir sobre todos os negócios relativos ao seu objeto e tomar as resoluções que julgar convenientes à sua defesa e ao seu desenvolvimento, não seria razoável nem lógico negar-lhe essa competência. Nesse caso, incumbirá aos diretores executar as formalidades de publicação do anúncio de convocação para a nova assembleia que irá se seguir àquela que determinou a nova reunião dos acionistas.

12.7. MODO DE CONVOCAÇÃO, LOCAL E PUBLICIDADE

A convocação da assembleia geral far-se-á mediante anúncio (edital de convocação) publicado por três vezes, no mínimo, tanto no diário oficial quanto em jornal de grande circulação editados na localidade em que se encontrar situada a sede da companhia. O edital de convocação, sob pena de irregularidade, deverá conter o local, a data e a hora da assembleia, além da ordem do dia, sendo certo que, em caso de reforma estatutária, deverá declinar a matéria que será objeto da modificação (arts. 124 e 289).

---

8 Cf. Miranda Valverde, *Sociedades por ações*, v. II, p. 98; Modesto Carvalhosa, *Comentários à lei de sociedades anônimas*, v. 2 (4ª ed. – 2009), p. 654; e Fábio Ulhoa Coelho, *ob. cit.*, v. 2, p. 209.

Entre a primeira publicação do edital de convocação e a realização da assembleia deverá ser observado um interregno mínimo que a lei estabelece como forma de assegurar a preparação do acionista para o conclave. Esses prazos são distintos, variando em função de ser a companhia de capital aberto ou fechado. Mas, em qualquer caso, o cômputo respectivo seguirá a regra geral, com a exclusão do dia da primeira publicação do anúncio e a inclusão do dia de realização da assembleia.

Assim, a primeira convocação da assembleia geral deverá ser feita, na companhia fechada, com oito dias de antecedência, no mínimo, e, na companhia aberta, com quinze dias, todos esses prazos contados, repita-se, da publicação do primeiro edital. Não se realizando a assembleia, será publicado novo anúncio, obedecidas as mesmas regras de publicação (três vezes, no mínimo, no órgão oficial e outras tantas em jornal de grande circulação), mas com antecedência mínima de cinco dias da data de realização da assembleia para a companhia fechada e de oito dias para a aberta (§ 1º do art. 124).

Nas companhias de capital aberto, faculta a lei que a Comissão de Valores Mobiliários, a pedido de qualquer acionista, mas a seu exclusivo critério, mediante decisão fundamentada e ouvida previamente a sociedade, elasteça esse prazo ou o interrompa (§ 5º do art. 124)[9].

Cabe a ela, portanto, aumentar para até trinta dias, a contar da data em que os documentos relativos às matérias a serem deliberadas forem colocados à disposição dos acionistas, o prazo de antecedência de publicação do primeiro anúncio de convocação da assembleia geral de companhia aberta, quando esta tiver por objeto operações que, por sua complexidade, exijam maior prazo para que possam ser reconhecidas e analisadas pelos acionistas.

Compete-lhe, igualmente, interromper, por até quinze dias, o curso do prazo de antecedência da convocação de assembleia geral extraordinária de companhia aberta, a fim de conhecer e analisar as propostas a serem submetidas à assembleia e, se for o caso, informar à companhia, até o término da interrupção, as razões pelas quais entende que a deliberação proposta à assembleia viola dispositivos legais ou regulamentares.

A assembleia geral deverá, salvo motivo de força maior, ser realizada no imóvel em que se localiza a sede da companhia. Todavia, quando houver de ser instalada em outro local, os anúncios deverão indicar, com total clareza e exatidão, o lugar da reunião, o qual, em nenhum caso, será fora da localidade da sede social (§ 2º do art. 124).

Como providência de resguardo dos interesses de acionistas de companhias fechadas, a lei adicionalmente reforça, em seu favor, a publicidade da realização da assembleia.

---

9 Acerca dessa questão, a Comissão de Valores Mobiliários editou a Instrução Normativa CVM n. 372/2002, disciplinando o procedimento.

Nesse compasso, o acionista que representar cinco por cento, ou mais, do capital social tem a prerrogativa de, se assim solicitar por escrito à companhia, com o declínio obrigatório de seu endereço, ser convocado por telegrama ou carta registrada, expedidos com a mesma antecedência exigida para as publicações dos editais. Esse pleito, que não pode ter prazo de vigência superior a dois exercícios sociais, mas que é renovável, não dispensa a publicação dos avisos que a lei determina. Sua adoção tem sempre caráter complementar à publicação dos anúncios e não a substitui. Tanto assim o é que a sua inobservância não leva à invalidação do conclave, mas confere ao prejudicado o direito de haver dos administradores da companhia indenização pelos eventuais prejuízos incorridos (§ 3º do art. 124).

Ainda no universo da sociedade anônima de capital fechado, quando ela contar, em seu quadro de sócios, com menos de vinte acionistas e possuir patrimônio líquido inferior a um milhão de reais, a convocação das assembleias gerais poderá se fazer por carta entregue contra recibo, observada, entretanto, a mesma antecedência que a lei exige para a convocação via edital de publicação (art. 294, I). Essa faculdade, contudo, não aproveita à companhia controladora de grupo de sociedades, ou a ela filiadas (§ 3º do art. 294). Mas, uma vez exercida por aquelas sociedades que fazem jus à prerrogativa, fica, pelo sistema adotado, suprida a obrigatoriedade de publicação dos editais de convocação.

A falta do anúncio de convocação (ou da convocação por carta, quando esta o substitui) ou a sua publicação deficiente ou irregular compromete a validade da assembleia geral. A única exceção contemplada em lei capaz de suprir e assim superar os vícios de convocação reside no comparecimento integral de todos os acionistas ao conclave social (§ 4º do art. 124). Mas a presença, frise-se bem, deve ser integral, ou seja, devem estar presentes à assembleia todos os acionistas, inclusive aqueles privados do direito de voto.

A regularidade da convocação exige, ainda, outras providências complementares, variando segundo a espécie de reunião dos acionistas.

Quando for extraordinária a assembleia geral, os documentos pertinentes à matéria a ser tratada deverão ser postos à disposição dos acionistas, na sede da companhia, por ocasião da publicação do primeiro anúncio de convocação (§ 3º do art. 135).

Sendo a assembleia ordinária, os administradores deverão comunicar, até um mês antes da data marcada para sua realização, por anúncios publicados por três vezes no órgão oficial e outras três em jornal de grande circulação, editados na localidade em que se encontrar situada a sede da sociedade, que se acham à disposição dos acionistas os seguintes documentos: a) o relatório da administração sobre os negócios sociais e os principais fatos administrativos do exercício findo; b) a cópia das demonstrações financeiras; c) o parecer dos auditores independentes, se houver; d) o parecer do conselho fiscal, inclusive os votos dissidentes, se houver; e e) os demais documentos pertinentes a assuntos incluídos na ordem do dia (*caput* do art. 133). Os anúncios indicarão o local ou os locais, pois podem ser disponibilizados em mais de um, onde os sócios poderão obter cópias desses documentos (§ 1º do art. 133) e a companhia deverá remeter as citadas cópias aos acionistas que o pedirem por escrito, contanto que o requerente detenha, ao menos, cinco por cento do capital social, seja ela de capital aberto ou fechado[10]. O acionista que queira o benefício de recebimento domiciliar da documentação deverá, no seu pedido, indicar o seu endereço e o prazo de vigência do requerimento, o qual não poderá exceder a dois exercícios sociais, mas renovável (§ 2º do art. 133). A inobservância, pelos administradores, do pedido, deixando de promover a remessa, acarretará a nulidade da assembleia.

O relatório da administração sobre os negócios sociais e os principais fatos administrativos do exercício findo, a cópia das demonstrações financeiras e, quando houver, o parecer dos auditores independentes, além de ficarem à disposição dos acionistas na forma antes explanada, deverão ser publicados até cinco dias, pelo menos, antes da data marcada para a realização da assembleia geral ordinária (§ 3º do art. 133). A publicação desses documentos de divulgação obrigatória pela imprensa far-se-á uma única vez no órgão oficial e em jornal de grande circulação. O parecer do conselho fiscal, se houver, e os demais documentos pertinentes a assuntos incluídos na ordem do dia, apesar de disponibilidade obrigatória, são de publicação ou divulgação facultativa.

Haverá, portanto, duas modalidades de publicação: a dos anúncios de disponibilização dos documentos e a dos próprios documentos de divulgação obrigatória.

A assembleia geral ordinária que reunir a totalidade dos acionistas, com e sem direito a voto, poderá, em decisão unânime, considerar sanada a falta de publicação dos anúncios ou a inobservância dos prazos legais. Mas será sempre obrigatória e, portanto, não admissível na hipótese a sanatória assemblear, a publicação dos documentos de divulgação obrigatória, ainda que ela, a publicação, realize-se fora do prazo (§ 4º do art. 133).

A publicação dos anúncios, por outro lado, é dispensada quando os documentos disponibilizados aos acionistas são publicados, em sua integralidade, até um mês antes da data marcada para a realização da assembleia (§ 5º do art. 133). A publicação, tanto dos documentos de divulgação obrigatória quanto dos de divulgação facultativa, nesse período anterior à data assinada para a reunião ordinária dos acionistas, supera a necessidade de publicação do aviso de sua disponibilização.

---

10 Apesar de o § 2º do art. 133 fazer referência ao § 3º do art. 124, sua regra não se limita às companhias fechadas, como se restringe a do § 3º do art. 124. Isso porque a remissão se faz apenas em relação às condições previstas neste preceito e não ao tipo de sociedade.

A pretensão de obter a invalidação das deliberações tomadas em assembleia geral ou especial, irregularmente convocada ou instalada, violadoras da lei ou do estatuto, ou eivadas de erro, dolo, fraude ou simulação, prescreve em dois anos, contados da correspondente deliberação (art. 286).

Ultimando o assunto alusivo à publicidade das assembleias, cumpre registrar que as publicações ordenadas pela Lei n. 6.404/76 serão feitas no órgão oficial da União ou do Estado ou do Distrito Federal, conforme o lugar em que se encontre situada a sede da companhia, e em outro jornal de grande circulação editado na localidade de sua sede. A Comissão de Valores Mobiliários poderá determinar que as publicações sejam feitas, também, em jornal de grande circulação nas localidades em que os valores mobiliários da companhia sejam negociados. A companhia deve fazer as publicações no mesmo jornal e qualquer alteração deverá ser precedida de aviso aos acionistas no extrato da ata da assembleia geral ordinária. As publicações ordenadas em lei, sem exceção, devem ser arquivadas na Junta Comercial (art. 289).

12.8. LEGITIMAÇÃO, PROCEDIMENTO E INSTRUMENTALIZAÇÃO

Anteriormente à instalação da assembleia, os acionistas deverão ser identificados, o que se faz mediante assinatura do livro de presença, com a indicação do seu nome, nacionalidade e residência, bem como da quantidade, espécie e classe das ações de sua titularidade (*caput* do art. 127). Considerando as novas formas de comunicação, a Lei n. 12.431/2011 introduziu um parágrafo único no art. 127, para considerar presente em assembleia geral, para todos os efeitos legais, o acionista que registrar à distância a sua presença, na forma prevista em regulamento editado pela Comissão de Valores Mobiliários.

O conclave é um foro de reunião privado dos acionistas de uma companhia. Assim, em princípio, só são admitidos no recinto no qual vai se realizar aquelas pessoas legitimadas, ou seja, que integrem o órgão de deliberação social: os acionistas.

Além deles, entretanto, poderão estar presentes os administradores, os membros do conselho fiscal, os auditores independentes da companhia e empregados, mas todos para desempenharem uma função de apoio, seja ela decorrente de uma solicitação eventual, seja ela derivada do próprio cargo ocupado ou de uma relação direta com o assunto a ser tratado.

A lei somente torna obrigatória a presença daqueles que desempenham função de apoio em duas hipóteses. Uma delas diz respeito ao conselho fiscal. Os seus integrantes, ou ao menos um deles, quando em funcionamento esse órgão social, devem estar presentes às assembleias gerais para responder aos pedidos de informações formulados pelos acionistas (art. 164). Do mesmo modo, mas apenas no âmbito da assembleia geral ordinária, devem dela participar os administradores, ou ao menos um deles, e o auditor independente, se houver, para que possam atender aos pedidos de esclarecimentos sobre documentos da administração submetidos ao debate e à deliberação dos acionistas (§ 1º do art. 134).

Os acionistas poderão participar da assembleia pessoalmente ou por seus representantes. A representação poderá ser legal ou convencional (art. 126).

A comprovação da qualidade de acionista deverá se fazer da seguinte forma: a) os titulares de ações nominativas exibirão, se exigido, documento de sua identidade, pois o registro de titularidade de suas ações é feito pela própria companhia; e b) sendo as ações escriturais ou estando elas em custódia, além do documento de identidade, exibirão, ou depositarão na sociedade, se o estatuto o exigir, comprovante expedido pela instituição financeira depositária.

Os representantes legais dos acionistas (pais, tutores, curadores, administradores de pessoa jurídica, por exemplo) deverão, além de demonstrar a condição de acionista do representado, comprovar essa condição específica da representação.

Na hipótese de representação convencional do acionista ou mesmo de seu representante legal, impõe a lei certas restrições ao respectivo mandato. O mandatário deverá ser necessariamente acionista, administrador da companhia ou advogado. Na companhia aberta, adicionalmente, admite-se que o procurador possa ser instituição financeira, cabendo ao administrador dos fundos de investimento representar os condôminos. Em qualquer caso, porém, o mandato deverá contar com vigência inferior a um ano entre a sua outorga e a data da assembleia. Essa limitação temporal não se aplica, contudo, ao mandato outorgado nos termos de acordo de acionistas para proferir voto contra ou a favor de determinada deliberação (§ 7º do art. 118).

Em relação ao advogado e sua participação nas assembleias, ele pode atuar, como se disse, representando o acionista no exercício direto de seu direito de sócio. Mas cabe-lhe, outrossim, estar presente à assembleia junto com o acionista, assistindo-lhe profissionalmente no evento. Com efeito, a alínea *d* do inciso VI do art. 7º da Lei n. 8.906/94 consagra como direito do advogado ingressar livremente em qualquer assembleia ou reunião de que participe ou possa participar o seu cliente, ou perante a qual este deva comparecer, desde que munido de poderes especiais.

Os trabalhos da assembleia são dirigidos por mesa composta de presidente e secretário, escolhidos pelos acionistas presentes. Contudo, pode o estatuto dispor de forma distinta (art. 128), já designando, por exemplo, quem irá presidir o conclave.

Verificada a existência de *quorum* necessário à instalação da assembleia, o presidente a declara constituída e abre a sessão mandando que o secretário proceda à leitura da ordem do dia, pondo a seguir em discussão as matérias nela incluídas e colhendo, ato contínuo à discussão de cada item, os votos proferidos para proclamar o resultado de cada deliberação tomada. Ultimada a ordem do dia, o presidente declara o encerramento dos trabalhos e determina a lavratura da ata[11].

Assim, dos trabalhos e deliberações da assembleia, será lavrada, em livro próprio (livro de atas das assembleias gerais – art. 100, IV), ata assinada pelos membros da mesa e pelos acionistas presentes. Em relação a eles, acionistas, é suficiente a assinatura de quantos bastarem para constituir a maioria necessária para as deliberações tomadas (art. 130).

É a ata, pois, o documento que deverá relatar os fatos passados no conclave, com as respectivas deliberações havidas, servindo, destarte, como instrumento de prova do ocorrido na assembleia. Dela serão tiradas certidões ou cópias autenticadas para os fins legais. Deverá ela ser arquivada na Junta Comercial da sede da companhia.

Permite-se que a ata seja lavrada na forma de sumário dos fatos ocorridos, inclusive dissidências e protestos, contendo a transcrição apenas das deliberações tomadas, desde que: a) os documentos ou propostas submetidos à assembleia, assim como as declarações de voto ou dissidência, referidos na ata, sejam numerados seguidamente, autenticados pela mesa e por qualquer acionista que o solicitar, e arquivados na companhia; e b) a mesa, a pedido de acionista interessado, autentique exemplar ou cópia de proposta, declaração de voto ou dissidência, ou protesto apresentado (§ 1º do art. 130).

Não sendo a ata lavrada na forma de sumário (ata sumária), é possível que seja publicado apenas o seu extrato, com o sumário dos fatos ocorridos e a transcrição das deliberações tomadas (§ 3º do art. 130), minimizando os custos de publicação.

---

11 O art. 134 da Lei do Anonimato estabelece certos procedimentos a serem observados na AGO. Determina que, instalada a assembleia, proceda-se, se requerida por qualquer acionista, à leitura da documentação da administração, das demonstrações financeiras, do parecer dos auditores independentes e do conselho fiscal, se existirem, e dos demais documentos pertinentes à ordem do dia (art. 133). Deverão eles, assim, ser submetidos, pela mesa, à discussão e à votação. Os administradores da companhia, ou ao menos um deles, e o auditor independente, se houver, deverão estar presentes à assembleia para atender a pedidos de esclarecimentos de acionistas, mas os administradores não poderão votar, como acionistas ou procuradores, os documentos referidos neste artigo. Essa restrição, contudo, não se aplica quando os diretores, nas companhias fechadas, forem os únicos acionistas. Se a assembleia tiver necessidade de outros esclarecimentos, poderá adiar a deliberação e ordenar diligências; também será adiada a deliberação, salvo dispensa dos acionistas presentes, na hipótese de não comparecimento de administrador, membro do conselho fiscal ou auditor independente. Caso a assembleia aprove as demonstrações financeiras com modificação no montante do lucro do exercício ou no valor das obrigações da companhia, os administradores promoverão, dentro de trinta dias, a republicação das demonstrações, com as retificações deliberadas pela assembleia; se a destinação dos lucros proposta pelos órgãos de administração não lograr aprovação (art. 176, § 3º), as modificações introduzidas constarão da ata da assembleia.

A assembleia geral da companhia aberta, igualmente nessa perspectiva de redução de custos, pode autorizar a publicação da ata com omissão das assinaturas dos acionistas (§ 2º do art. 130).

A publicidade da ata, consoante se pode seguramente inferir pelo até aqui exposto, dar-se-á tanto pela sua publicação na imprensa, nos moldes do já comentado art. 289 da Lei das S.A., como por meio de seu arquivamento na Junta Comercial.

As companhias de capital aberto também procederão ao arquivamento das atas assembleares na Comissão de Valores Mobiliários. Outros arquivamentos poderão igualmente se realizar, como aqueles relativos às companhias dependentes de autorização para funcionamento, cumprindo a ata ser levada ao respectivo órgão de agência de controle.

De todo modo, é importante que se diga que a ata da AGO é de publicidade obrigatória, ou seja, deve ser arquivada na Junta Comercial e publicada na imprensa (§ 5º do art. 134 e art. 289).

O mesmo não se verifica em relação à ata da AGE, cujos arquivamento e publicação são compulsórios apenas nas hipóteses em que a lei determinar. Dessa ordem são as seguintes deliberações: a) matérias ensejadoras do exercício do direito de recesso pelo acionista (§§ 6º e 7º do art. 45; incisos IV, V e § 3º do art. 137); b) emissão de debêntures (inciso I do art. 62 e inciso III do art. 64); c) reforma do estatuto (§§ 1º e 2º do art. 135); d) redução do capital social (art. 174); e) aprovação das contas do liquidante (§ 2º do art. 216); e f) aprovação das operações de incorporação (§ 3º do art. 227), fusão (§ 3º do art. 228), cisão (§ 4º do art. 229) e transformação (parágrafo único do art. 220).

Quando a renúncia de administrador se realizar em AGE, a publicação também se impõe, sem o que não produzirá efeitos em relação a terceiros de boa-fé (art. 151).

Não se pode olvidar, entretanto, que a publicação da ata e seu registro na Junta Comercial serão sempre de interesse da companhia, ainda que sejam essas providências facultativas, quando houver a intenção de que as deliberações tomadas produzam efeitos perante terceiros.

12.9. *QUORUM* DE INSTALAÇÃO E *QUORUM* DE DELIBERAÇÃO

A assembleia geral, para validamente se instalar e eficazmente deliberar, deverá obedecer o *quorum* legal estabelecido para sua instalação. A sua inobservância conduz à invalidação da assembleia e, consequentemente, à ineficácia das deliberações nela havidas. É ele, pois, uma condição para a realização do conclave.

O *quorum* de instalação consiste na presença de um certo número mínimo de ações votantes na assembleia. Não se cogita, portanto, de um número de acionistas, mas sim do número de ações com direito de voto que possuírem, ainda que esse montante mínimo recaia sobre um único sócio.

A regra geral vem prescrita no art. 125, que exige, para a instalação em primeira convocação, a presença de acionista ou acionistas que representem, ao menos, um quarto do capital social com direito de voto. Como órgão máximo do poder social, a assembleia deve contar com um mínimo de representação de seu capital para validamente se instalar em primeira convocação.

Não se atingindo esse *quorum*, ela não se instala, devendo-se proceder a uma segunda convocação. Em segunda convocação, instalar-se-á a assembleia com qualquer número, isto é, ainda que presente um único acionista, titular de uma única ação com direito a voto. A regra se justifica no fato de que o absenteísmo dos acionistas não pode criar entraves à fluência regular da vida social, levando ao imobilismo o órgão de deliberação da companhia.

De se registrar que, embora não sejam suas ações computadas para o atingimento do *quorum* legal de instalação, os acionistas sem direito de voto poderão estar presentes à reunião social e discutir a matéria submetida à deliberação, exercitando, assim, o seu direito de voz, ainda que privados do direito de deliberar.

Existe, contudo, *quorum* especial para instalação de assembleia geral extraordinária, quando a ordem do dia contiver alteração estatutária (art. 135). Nesse caso, a instalação se dará, em primeira convocação, com a presença de acionista ou acionistas que representem dois terços, no mínimo, do capital social com direito a voto. Mas poderá instalar-se, em segunda convocação, como igualmente se tem para a regra do *quorum* comum, com qualquer número de votantes.

O *quorum* de deliberação, diversamente do de instalação, fixa o número de votos necessários à aprovação da matéria submetida à decisão dos acionistas.

O *quorum* geral de deliberação consiste na obtenção da maioria absoluta dos votos dos acionistas presentes à assembleia geral, não se computando os votos em branco (art. 129). O universo, pois, para a sua aferição é o dos acionistas presentes ao conclave, sendo suficiente, para a aprovação da matéria objeto de deliberação, o atingimento da metade mais um dos votos em preto, validamente proferidos. Ao estatuto da companhia fechada, entretanto, é possível elevar o *quorum* comum, desde que especifique as matérias para as quais o *quorum* estatutário será aplicável.

Para a aprovação de determinadas matérias, porém, a lei exige um *quorum* mais expressivo, considerando a intensidade com que podem atingir os interesses dos acionistas ou de uma classe deles.

Nesse caso, surge a figura do *quorum* qualificado, que tomará em conta, para o seu cômputo, o universo dos sócios com direito a voto, diante de suas participações no capital social. O *quorum* qualificado, assim, consiste na metade do capital votante. Por isso, preceitua o art. 136 da Lei das S.A. ser necessária a aprovação de acionista ou acionistas que representem, no mínimo, metade das ações com direito a voto, para decidir sobre as seguintes questões sociais: a) criação de ações preferenciais ou aumento de classe de ações preferenciais existentes, sem guardar proporção com as demais classes de ações preferenciais, salvo se já previstos ou autorizados pelo estatuto; b) alteração nas preferências, vantagens e condições de resgate ou amortização de uma ou mais classes de ações preferenciais, ou criação de nova classe mais favorecida; c) redução do dividendo obrigatório; d) fusão da companhia, ou sua incorporação em outra; e) participação em grupo de sociedades; f) mudança do objeto da companhia; g) cessação do estado de liquidação da companhia; h) criação de partes beneficiárias; i) cisão da companhia; e j) dissolução da companhia. A aprovação da inclusão de convenção de arbitragem no estatuto social[12] também deve observar esse mesmo *quorum*, nos termos do art. 136-A, introduzido pela Lei n. 13.129/2015.

Nas hipóteses declinadas nas letras *a* e *b* acima, a eficácia da deliberação não é independente e absoluta. Depende ela da aprovação prévia ou da ratificação, em prazo improrrogável de um ano, por titulares de mais da metade de cada classe de ações preferenciais prejudicadas, reunidos em assembleia especial. Não havendo a aprovação prévia, deve constar da ata da assembleia geral que a decisão só terá eficácia após a sua ratificação.

Permite a lei que o estatuto da companhia cujas ações não estejam admitidas à negociação em bolsa de valores ou no mercado de balcão[13] eleve, e nunca reduza, o *quorum* qualificado. Já em relação à companhia aberta com a propriedade das ações dispersa no mercado, e cujas três últimas assembleias tenham sido realizadas com a presença de acionistas representando menos da metade das ações com direito a voto, faculta-se à Comissão de Valores Mobiliários autorizar a redução do *quorum* legal qualificado, tanto na assembleia geral quanto na assembleia especial dos acionistas preferenciais prejudicados.

Portanto, seja na adoção do *quorum* geral, seja na do *quorum* qualificado, a lei prestigia o princípio majoritário, que somente cede em situações de efetiva excepcionalidade. Nesse cenário extraordinário, emerge a exigência da unanimidade para certas e particulares matérias. A primeira delas, contida na própria Lei n. 6.404/76, diz respeito

---

[12] Confira-se o item 9.17 do capítulo 9, onde o tema da cláusula compromissória estatutária é abordado.

[13] Nesse rol, encontram-se incluídas não apenas as companhias fechadas, mas também aquelas companhias abertas emissoras de qualquer espécie de valor mobiliário para a negociação no mercado que não seja ação.

à transformação (art. 221); a segunda, no ambiente legislativo do Código Civil, pertine à mudança de nacionalidade da sociedade brasileira (art. 1.127).

Mostra-se proficiente enfatizar que a questão relativa a *quorum* (de instalação ou de deliberação) traduz-se em regra de ordem pública, razão pela qual não é passível de disposição pelas partes interessadas, senão quando autorizadas pela própria lei. Em outros termos, a elevação ou redução do *quorum* legal somente se mostra factível quando e nos exatos termos em que a lei autorizar.

Havendo empate nas deliberações sociais, a lei prescreve o procedimento para a sua superação. Se o estatuto não estabelecer o modo de solução do impasse, como a adoção da arbitragem ou a definição de um outro critério tal qual o voto de qualidade, a assembleia será convocada, com intervalo mínimo de dois meses, para novamente votar a deliberação. Persistindo o empate e os acionistas não concordando em cometer a decisão a um terceiro, caberá ao Poder Judiciário desempatar, no interesse da companhia.

Derradeiramente, em relação aos acionistas que titularizam ações com direito de voto restrito, impende anotar que eles participarão da formação do *quorum* de instalação da assembleia e integrarão o *quorum* de deliberação, mas apenas em relação às matérias para as quais possam votar.

Capítulo 13

CONSELHO DE ADMINISTRAÇÃO E DIRETORIA

13.1. SISTEMA DE ADMINISTRAÇÃO DA COMPANHIA

A Lei n. 6.404/76 veio introduzir, no direito societário brasileiro, dois sistemas de estruturação administrativa da sociedade anônima: o monista e o dualista. Até então, a Lei do Anonimato adotava o sistema monista, prevendo, assim, a assembleia geral como órgão único de fiscalização, supervisão e controle dos atos de gestão empresarial, que eram exclusivamente realizados pela Diretoria. No sistema dualista, convivem dois órgãos que repartem essas funções ou atribuições de fiscalização, supervisão e controle: a assembleia geral dos acionistas[1] e o conselho de administração. A administração da companhia, desse modo, no sistema dualista, caberá ao conselho de administração (órgão de deliberação colegiada que, entre suas funções e atribuições, tem a de fiscalizar a gestão dos diretores) e à diretoria, cada órgão de administração social munido de competência própria.

Consoante dispõe o art. 138, a administração da companhia competirá, conforme dispuser o estatuto, ao conselho de administração e à diretoria, ou somente a essa última.

Uma primeira leitura do texto normativo poderia trazer a ideia de que a lei, consagrando um esquema de liberdade absoluta de decisão dos acionistas, daria a eles a opção de adotar qualquer dos dois sistemas de administração. Mas não é bem assim. O modelo dualista faz-se obrigatório para as companhias de capital aberto; para aquelas que, embora de capital fechado, optem pelo regime de capital autorizado; bem como para as sociedades de economia mista (§ 2º do art. 138 e art. 239). Essas regras

---

1 A assembleia geral dos acionistas pode ser auxiliada em sua missão fiscalizadora por outro órgão: o conselho fiscal. A ele cabe verificar a legalidade e a regularidade dos atos de administração. Mas sua atuação será sempre adjuvante. É ele, pois, um órgão de assessoramento, de informação da assembleia geral.

são, destarte, de ordem pública, razão pela qual não admitem derrogação por parte dos acionistas.

As funções dos administradores da companhia (membros do conselho de administração e da diretoria), por prescrição legal, são indelegáveis (art. 139). Suas atribuições e poderes não podem, portanto, ser outorgados a outros órgãos criados pela lei ou pelo estatuto[2].

A administração da companhia surge, pois, *ex lege*, como órgão próprio dotado de poderes de direção que não são derivados da assembleia geral.

13.2. CONSELHO DE ADMINISTRAÇÃO

O conselho de administração, quando presente na organicidade social, seja por opção dos acionistas, seja por imposição legal, executa funções deliberativas e de ordenação interna da companhia. Constitui-se em um órgão de deliberação colegiada, não desempenhando seus membros atribuições distintas. Atua em bloco, sendo suas decisões tomadas, em regra, por maioria de votos. No exercício de sua função deliberativa, o conselho encontra-se legitimado a tomar decisões sobre as matérias de interesse da companhia, à exceção daquelas que integram o regime de competência privativa da assembleia geral. Situa-se, assim, em posição intermediária entre a assembleia geral dos acionistas e a diretoria.

O art. 142 ordena a sua competência específica. Contudo, essa listagem não é exaustiva, porquanto outras atribuições lhe são previstas em lei[3]. Dessa sorte, compete-lhe, em especial: a) fixar a orientação geral dos negócios da companhia; b) eleger e destituir os diretores da companhia e fixar-lhes as atribuições, observado o que a respeito dispuser o estatuto; c) fiscalizar a gestão dos diretores, examinar, a qualquer tempo, os livros e papéis da companhia, solicitar informações sobre contratos celebrados ou em via de celebração, e quaisquer outros atos; d) convocar a assembleia geral; e) manifestar-se sobre o relatório da administração e as contas da diretoria; f) manifestar-se previamente sobre atos ou contratos, quando o estatuto assim o exigir; g) deliberar, quando autorizado pelo estatuto, sobre a emissão de ações ou de bônus de subscrição; h) autorizar, se o estatuto não dispuser em contrário, a alienação de bens do ativo não circu-

---

2 Ainda à luz do Decreto-Lei n. 2.627/40, Carvalho de Mendonça sustentava que "os poderes substanciais confiados por lei a cada um dos três órgãos acima enumerados [assembleia geral, administração e conselho fiscal], não podem ser suprimidos nem reduzidos pelos estatutos. A lei os distribuiu com caráter imperativo. Não se poderia, por exemplo, confiar ao conselho fiscal a aprovação das contas, nem à diretoria a fiscalização de si própria ou a faculdade de modificar os estatutos" (*ob. cit.*, v. IV, p. 8-9).

3 Confiram-se: § 1º do art. 59 e § 4º do art. 202.

lante, a constituição de ônus reais e a prestação de garantias a obrigações de terceiros; e i) escolher e destituir os auditores independentes, se houver[4].

As atas das reuniões do conselho de administração serão lavradas em livro próprio, denominado livro de atas das reuniões do conselho de administração (art. 100, VI). Aquelas que contiverem deliberação destinada a produzir efeitos perante terceiros deverão ser arquivadas na Junta Comercial e devidamente publicadas na impressa, tanto no diário oficial quanto em jornal de grande circulação (§ 1º do art. 142 e art. 289).

O conselho de administração será composto por, no mínimo, três membros, os quais serão eleitos e destituíveis, a qualquer tempo, pela assembleia geral. O estatuto da companhia, entretanto, deverá estabelecer: a) o número de conselheiros, ou o máximo e o mínimo permitidos, para preenchimento por parte da assembleia geral, e o processo de escolha e substituição do presidente do conselho pela assembleia ou pelo próprio conselho; b) o modo de substituição dos conselheiros; c) o prazo de gestão, que não poderá ser superior a três anos, permitida, sem nenhuma limitação, a reeleição; e d) as normas sobre convocação, instalação e funcionamento do conselho, que deliberará por maioria de votos, podendo, todavia, o próprio estatuto estabelecer *quorum* qualificado para certas deliberações, desde que especifique as matérias (*caput* do art. 140).

Os membros do conselho de administração deverão ser pessoas naturais, não se lhes exigindo a residência no país (*caput* do art. 146).

A lei previa a obrigatoriedade de os membros do conselho de administração serem acionistas. Isso se dava em função do entendimento do singular papel desempenhado por esse órgão na estrutura social, consideravelmente diverso e distinto daquele de competência da diretoria, a qual sempre se revelou como órgão técnico a quem cabe, fundamentalmente, realizar os atos necessários ao regular e eficiente funcionamento da empresa exercida pela sociedade. A regra pretérita se inspirava na divisão entre propriedade e gestão. Daí exigir que os conselheiros de administração fossem pessoas naturais que participassem do quadro social da companhia, acreditando-se, assim, que, ao menos em tese, estivessem comprometidas com o seu destino. Mas essa exigência foi afastada do Direito positivo com a nova redação determinada pela Lei n. 12.431/2011 ao *caput* do art. 146 da Lei n. 6.404/76. No sistema em vigor, os membros do conselho de administração podem ser acionistas ou não. A lei acabou por ceder ao anseio de se procurar, na composição do órgão colegiado de administração, a escolha de pessoas com efetiva capacidade profissional e, muitas vezes, com notoriedade no mundo dos negócios,

[4] A escolha e a destituição do auditor independente, consoante dispõe o § 2º do art. 142, ficarão sujeitas a veto fundamentado pelos conselheiros eleitos na forma do § 4º do art. 141, se houver.

abandonando a clássica ideia de que cada membro do conselho de administração fosse titular de ações da companhia[5].

Ressalte-se, ainda, que a reforma implementada pela Lei n. 10.303/2001 já havia permitido que o estatuto pudesse fazer previsão da participação, no conselho de administração, de representantes dos empregados. A escolha é feita por voto destes, em eleição direta, organizada pela sociedade, em conjunto com as entidades sindicais que os representem (parágrafo único do art. 140).

O processo de votação para o preenchimento de cargos no conselho de administração segue, segundo se tem verificado na prática societária brasileira, o regime majoritário. Esse modelo de sufrágio se perfaz pela votação em chapas ou pela votação em candidatura isolada. Na eleição por chapa, mais usual, vota-se em bloco para todos os cargos a serem preenchidos e, assim, o grupo que a compõe e que detiver a maioria dos votos na assembleia geral torna-se vitorioso. O preenchimento de todos os cargos de conselheiros se realiza, assim, pelos integrantes de uma mesma chapa. Na votação por candidatura isolada, cada cargo de conselheiro será posto em votação separada.

No esquema majoritário de votação, que termina por se qualificar como forma ordinária ou comum de eleição, o controlador acaba tendo o poder de eleger todos os membros do conselho de administração, conferindo-lhe uma feição homogênea ou uniforme[6].

---

5 No mercado societário, para superar o antigo óbice de o conselheiro ter que ser acionista, inúmeros eram os casos em que se doavam ações, em diversas vezes uma única ação, a determinadas pessoas que se comprometiam a devolvê-las ou a devolvê-la, quando do término do mandato, de modo que ficassem tais pessoas devidamente habilitadas a integrar o conselho de administração. A realidade do mercado já buscava consagrar a superação da ideia da condição de acionista do membro do conselho de administração, diante da ponderação de ser mais vantajosa para a companhia a qualidade técnica e até mesmo o prestígio social do conselheiro.

6 Fábio Ulhoa Coelho, após oportunamente registrar que a lei não estabelece nenhuma modalidade obrigatória para a votação, deduz que ela pode ser, em tese, tanto majoritária como proporcional. Na votação proporcional não existem chapas e os votos recaem sobre candidatos isolados, com o escopo de preenchimento do órgão como um todo e não de determinado cargo. Os acionistas, esclarece o citado autor, "recebem um voto por ação votante que possuem, e podem concentrar todos os seus votos num mesmo candidato, ou distribuí-los. Impedir a distribuição seria distorcer a lógica da modalidade proporcional de votação. Outro elemento essencial dessa modalidade é a eleição compreender o órgão como um todo, e não cada cargo em separado. Pois bem, apurados os votos, consideram-se eleitos os mais votados, em número aproximadamente igual ao dos cargos a serem preenchidos. O resultado, assim, tende a ser a composição de um conselho não homogêneo, integrado por representantes do controlador e dos minoritários com votos, em número aproximadamente proporcional à participação de cada bloco no capital votante. O sistema de voto múltiplo é uma espécie de votação proporcional, prevista em diversos estados

O modelo de votação pode ser determinado estatutariamente, o que, entretanto, é incomum na realidade nacional. Assim é que, geralmente, a definição se faz por proposição apresentada pela mesa da assembleia geral, que se compõe para a direção dos trabalhos, sendo afinal submetida à deliberação do plenário. Em última *ratio*, portanto, acaba prevalecendo o interesse do controlador.

Essa regra geral, que acaba se estabelecendo no dia a dia das companhias, cede necessariamente em duas situações que a lei estabelece: no voto múltiplo (*caput* do art. 141) e na votação em separado (§ 4º do art. 141 e art. 239).

O sistema do volto múltiplo erige-se como uma modalidade de votação proporcional e permite, assim, uma heterogeneidade na composição do conselho, com a integração de representantes da minoria no órgão.

Pelo processo do voto múltiplo, atribui-se a cada ação tantos votos quantos sejam os cargos a preencher no conselho de administração, assegurando-se ao acionista o direito de cumular ou concentrar os votos em um só candidato ou distribuí-los por mais de um.

É, dessa feita, reafirme-se, um eficaz instrumento para almejar assegurar a participação da minoria acionária no conselho de administração, competindo-lhe reunir força eleitoral suficiente e racionalidade na votação para a eleição de seu representante.

Desde logo cabe anotar que o voto múltiplo não se confunde com o voto plural, este vedado em nosso ordenamento (§ 2º do art. 110). Neste, almeja-se privilegiar certa ou certas classes de ações, com a concessão de um número maior de votos a cada uma delas em detrimento das demais. Não é isso, como se constatou, que se verifica no voto múltiplo, o qual preserva a regra democrática de tratamento de modo uniforme do voto por ação.

A adoção do sistema do voto múltiplo é facultativa. Vem essa faculdade assegurada aos acionistas que representem um décimo, no mínimo, do capital social com direito a voto, os quais poderão exercê-la até quarenta e oito horas antes da assembleia geral, por requerimento escrito e dirigido preferencialmente à diretoria, que o encaminhará à mesa que irá dirigir os trabalhos. Mas, como não há regra legal expressa definidora do órgão destinatário do pleito, pensamos possa ele ser validamente dirigido ao órgão que convocou a assembleia, como o conselho de administração ou o conselho fiscal, por exemplo.

---

norte-americanos, para a eleição do *board* (Hamilton, 1980:184; Clark, 1986:364) (*ob. cit.*, v. 2, p. 225-226)". Mas, como acima foi argumentado, na prática o modelo de votação acaba sendo o majoritário, justo com o intuito de atender aos interesses do controlador, que, em última análise, é quem termina por defini-lo.

Tratando-se de companhia aberta, a Comissão de Valores Mobiliários poderá reduzir, mediante fixação de escala em função do valor do capital social, essa porcentagem mínima referenciada, estabelecida no *caput* do art. 141 (art. 291)[7].

O exercício da faculdade de requerer a adoção do processo de voto múltiplo independe de previsão estatutária, derivando a sua garantia da própria lei. Destarte, não é passível de derrogação, seja pelo estatuto social, seja pela assembleia geral, emergindo, portanto, como regra imperativa e direito irrenunciável dessa minoria qualificada.

Da sua implementação beneficiam-se não apenas aqueles que a requererem, mas todos os acionistas que estiverem presentes à assembleia geral, sendo, portanto, um procedimento que se adota uniformemente em relação a todos os que irão exercer o direito de voto.

À vista do requerimento e aferida a sua legitimidade, cabe à mesa que dirigir os trabalhos da assembleia, diz a lei, informar previamente aos acionistas, com base no livro de presença, "o número de votos necessários para a eleição de cada membro do conselho" (parte final do § 1º do art. 141). Contudo, essa literalidade do preceito tem sido mitigada, visando a conferir-lhe racionalidade, diante das múltiplas situações que podem surgir na votação. Propõe-se, portanto, uma interpretação segundo a qual a mesa informe o número mínimo de votos necessários a assegurar, em qualquer situação de votação, a eleição de um membro do conselho. Isso porque a indicação do número de votos necessários para a eleição de cada membro estará visceralmente ligada à forma pela qual cada acionista venha a exercer o seu voto, sendo impossível à mesa antecipadamente prever como cada acionista vai votar. Essa aferição só se poderá ter após o processo de eleição, quando serão sabidas as abstenções, os votos em branco e as concentrações e dispersões dos votos realizadas pelos acionistas votantes.

A votação realizável no processo de voto múltiplo exige sempre bastante ponderação e prudência dos acionistas votantes, traçando uma meticulosa estratégia de concentração e dispersão de votos, sob pena de terem que se deparar com distorções no resultado em tese almejado. E esse risco apresenta-se tanto para os minoritários quanto para o controlador. O equívoco cometido pelos minoritários pode garantir ao controlador uma composição homogênea no conselho, ao passo que, quando cometido pelo controlador, poderá resultar-lhe na eleição da maioria dos membros do conselho pelos minoritários, representando, assim, a perda do próprio poder de controle.

---

7 A questão vem regulada na Instrução CVM n. 165/91. Pela regulamentação, esse percentual irá variar entre 5% (cinco por cento) e 10% (dez por cento), conforme o intervalo do capital social adotado na tabela em vigor (art. 1º).

Como meio de não frustrar a representação proporcional que se visa a estabelecer pela adoção do voto múltiplo, a lei preconiza que a destituição, pela assembleia geral, de qualquer membro do conselho, para cuja composição se fez uso do processo do voto múltiplo, importa a destituição dos demais membros, procedendo-se a nova eleição (§ 3º do art. 141). Com isso, por exemplo, obsta-se possível manobra do titular do controle de promover a destituição do conselheiro eleito pelos minoritários, com o fito de prejudicar a representação proporcional obtida.

Nessa nova eleição, é bom que se diga, não será automaticamente adotado o processo de voto múltiplo, fato que somente se dará ante o requerimento dos acionistas minoritários, formulado nos termos antes verificados. Não havendo esse requerimento, a eleição se fará pelo sistema ordinário do voto simples, em que prevalece a representação majoritária. Essa nova eleição poderá realizar-se em assembleia geral extraordinária, convocada para esse fim.

Nada impede que aqueles conselheiros que foram destituídos por via de consequência da destituição de um dos integrantes do órgão participem da nova eleição. O impedimento fica restrito ao conselheiro cuja destituição motivou, por arrastamento, a destituição dos demais integrantes.

Nas outras hipóteses de vacância eventualmente verificadas no órgão cujos membros tenham sido eleitos pelo sistema do voto múltiplo, como em casos de renúncia ou de morte, não havendo suplentes, a primeira assembleia geral procederá à nova eleição de todo o conselho (parte final do § 3º do art. 141)[8].

Diante do regramento legal, resta claro que o modelo do voto múltiplo destina-se à composição integral do conselho de administração e não apenas ao preenchimento de uma ou mais vagas no órgão. Pode, assim, ser utilizado nas circunstâncias da vida social em que se objetive a renovação do conselho como um todo, como nas hipóteses de término de mandato, de destituição ou vacância simultânea de todos os cargos que o compõem, ou, ainda, pela operação da situação nos parágrafos anteriores articulada, por força do preconizado no § 3º do art. 141. Mas, em qualquer caso, repita-se, a sua adoção não é automática, sempre dependendo do requerimento dos interessados que se encontrem legitimados a fazê-lo, pois a regra é a do voto simples.

Anote-se, outrossim, que os cargos que, em virtude de empate, não forem preenchidos na eleição por voto múltiplo serão objeto de nova votação, pelo mesmo processo e na mesma assembleia (§ 2º do art. 141).

---

8 Se a eleição do conselho, portanto, não se tiver realizado pelo processo do voto múltiplo, havendo vacância, seja por renúncia, morte ou destituição, a substituição se fará com a observância da regra geral do art. 150 da Lei n. 6.404/76.

Na eleição ou votação em separado (§ 4º do art. 141) cria-se uma vantagem especial para os acionistas minoritários de companhias abertas: o de eleger e destituir um membro e seu suplente no conselho de administração. Esse direito especial, que não se estende aos acionistas de companhias de capital fechado, agracia dois grupos de sócios bem definidos: os minoritários titulares de ações com direito a voto e os minoritários titulares de ações preferenciais sem voto ou com o direito de voto restrito. O regime de votação é separado, pois dele está excluída a participação do controlador.

Nesse sentido, podem ser estabelecidos até dois colégios eleitorais especiais dentro da assembleia geral, cumprindo ao presidente da mesa verificar o preenchimento do *quorum* de instalação para a realização de cada votação em separado.

Um desses colégios eleitorais especiais se instala em favor dos minoritários titulares de ações com direito a voto que representem, no mínimo, quinze por cento do total das ações com direito a voto emitidas pela companhia (capital votante). O outro se estabelece em prol dos titulares de ações preferenciais sem direito a voto ou com voto restrito que representem, pelo menos, dez por cento do capital social e que não tenham exercido eventual vantagem política estatutariamente assegurada na forma do *caput* do art. 18[9].

Mas, se esses dois grupos de acionistas minoritários não lograrem alcançar individualmente os percentuais mínimos exigidos, permite-se, ainda, que eles realizem um colégio conjunto, agregando, assim, suas ações, para eleger conjuntamente um membro e seu respectivo suplente no conselho de administração. Nesse caso, para regularmente se instalar o colégio conjunto, é mister observar que juntos esses grupos representem, ao menos, dez por cento do capital social da companhia (§ 5º do art. 141).

Já o *quorum* de deliberação nesses colégios de votação em separado será o da maioria absoluta de votos dos acionistas presentes, conforme se pode depreender do próprio texto normativo do § 4º do art. 141. Dessa feita, instalada a votação em separado, com a observância dos percentuais legais mínimos exigidos, a deliberação será tomada pela maioria dos titulares das ações que integrem o colégio ou os colégios votantes.

Para que os acionistas minoritários elejam os seus representantes no conselho, devem eles estar devidamente legitimados a fazê-lo. Dessa forma, somente poderão votar aqueles que comprovarem a titularidade ininterrupta da participação acionária,

---

9 *Caput* do art. 18: "O estatuto pode assegurar a uma ou mais classes de ações preferenciais o direito de eleger, em votação em separado, um ou mais membros dos órgãos de administração".

exigida para o atendimento dos quóruns de instalação respectivos, durante o período mínimo de três meses imediatamente anteriores à realização do conclave (§ 6º do art. 141). Com a providência, evita-se a atuação dos chamados minoritários oportunistas, de véspera ou de conveniência.

Dos colégios eleitorais individuais dos minoritários (titulares do capital votante e titulares de ações preferenciais sem direito a voto ou com voto restrito) ou do colégio conjunto, como se registrou, logicamente não participa o controlador, porquanto esse processo também almeja assegurar a proporcionalidade na composição do conselho de administração.

Quando na companhia aberta forem adotados cumulativamente esses dois processos de votação proporcional (voto múltiplo e eleição em separado), a lei garante ao controlador (acionista ou grupo de acionistas vinculados por acordo de votos) que detenha mais de cinquenta por cento das ações com direito de voto a prerrogativa de eleger conselheiros em número igual ao dos eleitos pelos demais acionistas minoritários mais um. O exercício desse direito pelo detentor do controle majoritário da companhia independe do número de conselheiros que, nos termos estatutários, componha o órgão. Em última análise, garante-se a ele o direito de ter representação majoritária no conselho de administração, mesmo que para isso tenha que ser, no episódio concreto, ultrapassado o número de conselheiros previsto no estatuto (§ 7º do art. 141).

Adicionalmente, prevê o § 8º do art. 141 que a companhia deverá manter registro com a identificação dos acionistas que exercerem o voto em separado. É uma forma de acompanhamento e verificação do modo do exercício do voto. Embora o preceito somente se refira à hipótese prevista no § 4º do mesmo artigo, entendemos, por uma questão de lógica, que a medida também se aplica à situação do § 5º.

Por derradeiro, vale o registro de que o art. 239 – referendado pelo § 2º do art. 19 da Lei n. 13.303/2016 – dispõe que nas companhias de economia mista fica assegurado à minoria o direito de eleger, em votação separada, pelo menos um dos conselheiros, se maior número não lhes couber pelo processo de voto múltiplo. Resta ressalvado, assim, aos minoritários, o direito de utilização do voto múltiplo para atingirem uma maior participação no conselho. Tudo isso, entendemos, sem embargo da aplicação da regra do § 4º do art. 141, já comentada, quando se tratar de companhia aberta. Apenas se tem garantido pelo art. 239 o mínimo, tanto na sociedade de economia mista de capital aberto quanto na de capital fechado, de eleição de um representante dos minoritários no conselho de administração, ainda que nas abertas não consiga realizar a hipótese do § 4º do art. 141. Ao conselho de administração na companhia de economia mista, voltaremos no item 13.19 *infra*.

13.3. DIRETORIA

A diretoria revela o poder executivo da companhia. Exerce, em caráter permanente, os poderes de direção e representação orgânica[10] da sociedade anônima. De sua idoneidade e eficiência depende o êxito da empresa.

É a diretoria composta por dois ou mais diretores, pessoas naturais residentes no país[11], eleitos e destituíveis, a qualquer tempo, pelo conselho de administração e, caso este inexista, pela assembleia geral. Não se exige dos diretores a condição de acionista, visto que a referenciada função requer, prioritariamente, capacitação técnica para exercê-la.

Ainda quanto à sua composição, impõe a lei que o estatuto da companhia deve estabelecer: a) o número de diretores, ou o máximo e o mínimo permitidos; b) o modo de sua substituição; c) o prazo de gestão, que não poderá ser superior a três anos, sendo permitida, sem limitação, a reeleição; d) as atribuições e poderes de cada diretor (*caput* do art. 143).

É possível que os membros do conselho de administração, até o máximo de um terço, possam ser eleitos para cargos de diretores (§ 1º do art. 143). Isso quer dizer que, por exemplo, se o conselho é composto por três, quatro ou cinco membros, no máximo um deles poderá participar da diretoria. Se é integrado por seis, sete ou oito membros, no máximo dois poderão cumular seus cargos de conselheiros com os de diretores, e assim subsequentemente. Mas, em relação ao número de integrantes da diretoria, nada impede que todos os diretores ostentem, também, a condição de conselheiros de administração, se o número de membros do conselho de administração assim o permitir. Isso porque não há na lei nenhuma limitação ao número de cargos da diretoria ocupados por membros do conselho de administração. Assim é que, por exemplo, em um conselho de administração formado por sete conselheiros e em uma diretoria composta por

---

10 A sociedade já nasce com os órgãos indispensáveis à sua vida de relação com terceiros (Trajano de Miranda Valverde, *Sociedades por ações*, v. II, p. 276). Não são os diretores, portanto, tecnicamente, simples representantes da companhia. A própria Lei das S.A., ao se utilizar da expressão "representação da companhia", o faz por mera conveniência terminológica (Nelson Eizirik, *ob. cit.*, v. II, p. 303). Com efeito, não há representação em sentido técnico-jurídico, como se demonstrará no item 13.4 seguinte. Assim é que as referências a "representação da companhia" ou a "poderes de representação da companhia" devem ser entendidas não como uma representação voluntária, mas sim orgânica.

11 A exigência da residência no país se deu por obra do Decreto-Lei n. 2.627/40 e foi mantida pela lei atual. Justifica-se na necessidade da presença do diretor no local de funcionamento da empresa exercida pela companhia, não apenas para efetivamente dirigi-la, mas também para representá-la perante terceiros. A noção de residência no país deve ser tomada como referência à residência domiciliar, isto é, à habitação com ânimo definitivo e permanente. Trata-se, portanto, de residência com ânimo permanente.

dois diretores, nada impede que esses dois ocupantes do cargo de direção executiva sejam conselheiros de administração.

Os diretores, ao contrário dos conselheiros de administração, atuam isoladamente, segundo os seus poderes e atribuições, que devem ser sempre exercidos de forma harmônica, visando ao benefício e aos interesses da companhia. É facultado, todavia, estabelecer no estatuto que certas decisões de competência do aludido órgão serão tomadas de modo colegiado, em reunião de diretoria. Nesse caso, a deliberação se dará por maioria de votos.

Por desempenhar um poder executivo, a representação orgânica da companhia é sempre privativa dos integrantes da diretoria. Não definindo o estatuto as atribuições de cada diretor, nem tendo o conselho de administração, se existente, fixado-as, competirá a qualquer diretor a representação da sociedade e a prática dos atos necessários ao seu funcionamento regular.

Permite-se, entretanto, que os diretores, nos limites de suas atribuições e poderes, constituam mandatários em nome da companhia, devendo ser especificados, no instrumento do mandato, os atos e as operações que os procuradores poderão praticar, bem como a sua duração, admitindo-se a outorga por prazo indeterminado apenas nos mandatos judiciais.

É ilegal, portanto, a prática de os diretores constituírem, em nome próprio, mandatários que os representem e os substituam no exercício de suas funções. O que a lei permite é que a sociedade, por intermédio de seus diretores, constitua mandatários para a realização de atos devidamente especificados no respectivo instrumento de mandato. Trata-se, portanto, de mandatário da sociedade, em cujo nome é constituído, e não do diretor que subscreve a procuração.

13.4. A DIRETORIA COMO ÓRGÃO DA COMPANHIA

Por muito tempo, prevaleceu no direito societário a visão contratualista da relação que se estabelece entre os diretores da companhia e a própria sociedade. Nesse cenário traçado, eram eles considerados ora prestadores de serviços, ora representantes legais ou mandatários da pessoa jurídica.

Ante a absoluta inadequação da teoria contratualista, ela culminou por ceder espaço à teoria organicista, segundo a qual os administradores são meio de exteriorização da capacidade jurídica da sociedade. Não atuam, assim, como simples representantes da pessoa jurídica. São mais do que isso. Como titulares de um órgão de administração, presentam[12] a companhia, ou seja, fazem presente a vontade da pessoa

12 Pontes de Miranda. *Tratado de direito privado*, tomo L, 3ª ed. Rio de Janeiro: Borsoi, 1972, p. 384.

jurídica. Desse modo, quando a sociedade age por meio de seus administradores executivos é ela própria quem manifesta a sua vontade na realização dos atos que venham a praticar. Não se estabelece, pois, entre os diretores e a companhia uma relação de contrato, independentemente de serem eles eleitos pela assembleia geral ou pelo conselho de administração.

A nomeação traduz ato jurídico unilateral, por meio do qual se atribui aos diretores a qualidade de órgãos da sociedade, valendo mencionar que a eficácia da referida atribuição fica condicionada à aceitação pessoal da nomeação por parte de cada nomeado. Uma vez concretizada, passam os integrantes desse órgão executivo a realizar funções indelegáveis, fato que afasta qualquer tentativa de se propor a existência de uma *subordinação funcional* de seus integrantes a outro órgão social.

Se os diretores, por exemplo, estivessem de pleno direito funcionalmente subordinados aos membros do conselho de administração, quando existente na estrutura societária, estes, os conselheiros, deveriam estar aptos a acumular as funções e atribuições dos diretores, pois, como curial em matéria de exegese, quem pode o mais pode o menos. A própria indelegabilidade das atribuições e dos poderes de cada órgão[13], enfatize-se, evidencia a ausência de subordinação funcional entre os órgãos da sociedade anônima. Como ressalta Paulo Fernando Campos Salles de Toledo[14], cada diretor deve agir "de acordo com a sua convicção pessoal e os interesses da companhia, responsabilizando-se, é claro, pelos atos praticados, quando for o caso".

Com efeito, quando a lei estabelece que cada órgão da sociedade titulariza funções e atribuições próprias (art. 139 e § 7º do art. 163) sem a intervenção de outros órgãos, quer manter incólume o equilíbrio interno que deve existir na estrutura social, sem o qual a sociedade não prospera, e evitar uma sobreposição organizacional[15]. No caso da diretoria, essa autonomia funcional, por lei assegurada, repousa justamente no fato de não serem os diretores sociais meros mandatários dos sócios ou da própria sociedade e sim por corporificarem a própria companhia ao atuarem no desempenho de suas competências.

---

13 Ao cuidar da indelegabilidade de funções, Modesto Carvalhosa chama atenção para o fato de que "não pode o Conselho de Administração, no caso de vacância de cargos na diretoria, assumir provisoriamente, ou seja, até a próxima reunião do órgão, poderes de execução administrativa e de representação da companhia" [*Comentários à lei de sociedades anônimas*, v. 3 (4ª ed. – 2009), p. 43].

14 *O conselho de administração na sociedade anônima*. São Paulo: Atlas, 1997, p. 45.

15 Nas palavras de Modesto Carvalhosa, "o direito societário absorveu o princípio da indelegabilidade do direito constitucional, visando exatamente a estabelecer os pesos e contrapesos que permitem instituir o controle da legitimidade do exercício de competência de seus órgãos" [*Comentários à lei de sociedades anônimas*, v. 3 (4ª ed. – 2009), p. 40].

13.5. O REGIME JURÍDICO DOS DIRETORES

Não é de hoje que se discute a qualificação do vínculo jurídico que une o diretor e a companhia, mormente quando se está diante de empregado que é chamado a ocupar o referenciado cargo de administração[16].

Urge, pois, enfrentar e responder, ainda que sucintamente, à seguinte questão: como enquadrar os diretores de uma sociedade anônima, tenham eles ou não vínculo trabalhista prévio com a companhia?

Com efeito, para responder à indagação, mister se faz considerar as diversas circunstâncias que orientam a relação jurídica entre eles realmente existente.

Tendo o diretor vínculo trabalhista precedente com a sociedade, faz-se necessário bifurcar a análise, verificando se os direitos ostentados por ele antes da assunção do cargo de diretor foram mantidos ou não.

Constatando-se, na hipótese concreta, que os seus direitos foram integralmente preservados, ou que o foram em sua substancial maioria, tem-se que o diretor continua sendo empregado da sociedade, não havendo cogitar da suspensão do contrato de trabalho[17].

Contudo, se os aludidos direitos não tiverem sido mantidos, não se verifica, em princípio, a continuidade do vínculo trabalhista, estando o contrato de trabalho suspenso, por força do enunciado n. 269 da súmula do Tribunal Superior do Trabalho[18].

---

16 Para uma análise mais aprofundada do tema, com o enfrentamento de todas as correntes sobre ele construídas, confira-se trabalho por mim publicado em coautoria com Mariana Pinto, intitulado "Diretor estatutário x diretor empregado: o regime jurídico do diretor da sociedade anônima", na *Revista Semestral de Direito Empresarial* (*RSDE*), n. 4, janeiro/junho 2009, Rio de Janeiro: Renovar, 2009, p. 3-28.

17 Interessante julgado advém da 1ª Turma do Supremo Tribunal Federal, quando do enfrentamento do Recurso Extraordinário n. 100.531-9/SP, de relatoria do Ministro Soares Muñoz, cujo acórdão veio assim ementado: "Sociedade anônima. Diretor. Empregado de Sociedade Anônima eleito Diretor-Presidente e a quem a empresa assegurou todos os direitos trabalhistas decorrentes do vínculo empregatício. Competência da Justiça do Trabalho para julgar a ação de cobrança movida pela sociedade contra o seu ex-Diretor, exigindo-lhe o numerário recebido como adiantamento anteriormente à renúncia do cargo. Recurso extraordinário de que não se conhece". O aludido julgamento ocorreu no dia 9-9-1983. A decisão foi proferida por unanimidade e, em seu voto, o Ministro Relator Soares Muñoz consignou que "realmente, o recorrido [ex-diretor da sociedade recorrente], quando foi designado Presidente da recorrente, era seu empregado e conservou a relação empregatícia, de conformidade com o que lhe foi assegurado pela empregadora em documento inequívoco".

18 Enunciado n. 269 da Súmula do TST: "Diretor eleito. Cômputo do período como tempo de serviço. O empregado eleito para ocupar cargo de diretor tem o respectivo contrato de

Porém, essa conclusão não é absoluta. É necessário, complementarmente, investigar a eventual presença de subordinação, como a parte final do próprio verbete antes citado ressalta.

Apurada a existência de subordinação[19], atrelada ao art. 3º da Consolidação das Leis do Trabalho[20], não há cogitar da suspensão do contrato de trabalho. Cumpre enfatizar que a avaliação em comento deverá considerar a subordinação que caracteriza o vínculo empregatício (dependência pessoal), a qual não se confunde com a hierarquia existente entre os órgãos da sociedade (dependência orgânica) e que, em regra, não caracteriza uma *subordinação funcional* dos diretores a qualquer outro órgão da companhia. Em outros termos, será necessário verificar se o diretor tem poder de decisão absoluto ou se ele pode ser enquadrado como um diretor técnico (um diretor de área), o qual se submete, por exemplo, às regras ditadas pelo diretor presidente da companhia. A existência de subordinação se afere, pois, com base na relação pessoal existente dentro do órgão, ou seja, naquela que se estabelece entre os integrantes da diretoria, ou, ainda, quando o diretor tem sua ação vinculada a uma orientação hierárquica superior, advinda do conselho de administração, caracterizadora de uma subordinação funcional de fato e, portanto, anacrônica na relação orgânica da companhia.

Inexistindo subordinação, conclui-se, portanto, que se está diante de um diretor estatutário, restando, por conseguinte, suspenso o contrato de trabalho, enquanto durar o respectivo mandato.

---

trabalho suspenso, não se computando o tempo de serviço desse período, salvo se permanecer a subordinação jurídica inerente à relação de emprego".

19 Confira-se a decisão proferida, em 27-8-2008, à unanimidade, pela 8ª Turma do Tribunal Superior do Trabalho, quando do julgamento do Agravo de Instrumento em Recurso de Revista n. TST-AIRR-802543/2001.8, de Relatoria do Ministro Márcio Eurico Vitral Amaro, que, em seu voto, fez menção à decisão proferida pelo Tribunal *a quo*, na qual restou previsto que, "quando em viagem a serviço do banco, [o Reclamante] apresentava relatório contendo o objetivo da viagem, o tempo previsto, assim como os clientes que seriam visitados. Tais informações restaram confirmadas pela segunda testemunha do autor, ao afirmar que 'quando o Reclamante necessitava viajar a serviço era necessário submeter sua agenda de viagens ao vice-presidente [...]'. Note-se que a testemunha trazida pelo Reclamado [...] nada soube informar sobre tal assertiva. Ademais, esta testemunha afirmou que 'os diretores gozavam de ausências temporárias, equivalente a férias anuais, cuja aprovação dependia do presidente'. Desse modo, embora eleito para o cargo de Diretor, manteve-se a subordinação jurídica entre as partes, de sorte que faz jus, o reclamante, à integração das gratificações de balanço postuladas em função do exercício do referido cargo".

20 Art. 3º da CLT: "Considera-se empregado toda pessoa física que prestar serviços de natureza não eventual a empregador, sob a dependência deste e mediante salário. Parágrafo único. Não haverá distinções relativas à espécie de emprego e à condição de trabalhador, nem entre o trabalho intelectual, técnico e manual".

Ainda no que tange às situações em que o diretor possua vínculo trabalhista precedente com a sociedade, é indispensável investigar se ele exerce as mesmas funções que lhe haviam sido delegadas enquanto empregado da companhia. Caso isso se verifique, em atenção ao princípio da primazia da realidade, deve ser ele enquadrado como diretor empregado[21].

Não tendo o diretor prévia relação empregatícia com a sociedade, entendemos que há uma presunção relativa de inexistência de vínculo laboral entre ele e a companhia. Desse modo, em um eventual litígio, caberá ao diretor que buscar demonstrá-lo o ônus de comprovar a existência da aludida subordinação pessoal, configurada pelo fato de ter seus poderes decisórios sempre atrelados a uma orientação hierárquica superior, verificada dentro do mesmo órgão ou advinda do conselho de administração, caracterizando-se de fato, nesse último caso, como já se registrou, uma anacrônica subordinação funcional.

13.6. REQUISITOS E IMPEDIMENTOS

Para que se proceda à eleição dos administradores da companhia, tanto para integrar o conselho de administração quanto a diretoria, a lei exige a verificação e o cumprimento de certos requisitos, comuns aos conselheiros e aos diretores.

21 Nesse sentido, confira-se o acórdão proferido, em 12-11-2008, por ocasião do julgamento, à unanimidade, pela 7ª Turma do Tribunal Superior do Trabalho, do Agravo de Instrumento em Recurso de Revista n. TST-AIRR-86899/2003-900-05-00.7, assim ementado: "Agravo de Instrumento. Recurso de Revista. Empregado eleito diretor. Vínculo empregatício. Caracterização. 1. Segundo a jurisprudência desta Corte Superior, o empregado eleito para ocupar cargo de diretor tem o respectivo contrato de trabalho suspenso, não se computando o tempo de serviço desse período, salvo se permanecer a subordinação jurídica inerente à relação de emprego. 2. Na hipótese, a decisão regional reconhece que o reclamante, embora tenha sido eleito diretor, não deixou de ser empregado, pois continuou exercendo as mesmas atividades, sem solução de continuidade; não teve alteração substancial no salário e qualquer participação no capital da empresa, sendo, ainda, subordinado; configurando-se inequívoca a subordinação jurídica peculiar do contrato de emprego. Assim, referida decisão está em consonância com a exceção contida na Súmula n. 269, parte final. 3. Agravo de instrumento a que se nega provimento". No voto do Ministro Relator Caputo Bastos restou consignado que "o fato de [o reclamante] receber contra-prestação denominada honorários e ser chamado de diretor não era suficiente para descaracterizar a feição de contrato de trabalho". Confira-se, ainda, a decisão proferida pela 7ª Turma do Tribunal Regional do Trabalho da 4ª Região, quando do julgamento, em 11-3-2009, à unanimidade, do Recurso Ordinário n. 00436-2007-009-04-00-9, de relatoria da Desembargadora Flávia Lorena Pacheco, assim ementado: "Unicidade contratual. Empregado acionista eleito diretor de S/A. O exercício de cargo eletivo em S/A suspende o contrato de trabalho, nos termos da legislação própria, 'salvo se permanecer a subordinação jurídica inerente à relação de emprego'. Exegese da Súmula n. 269 do TST. Hipótese em que a prova dos autos demonstra que o reclamante, do período em que ocupou o cargo de Diretor Comercial da reclamada (S/A na época) manteve as mesmas funções e a mesma subordinação jurídica aos acionistas majoritários e fundadores da Sociedade [...]".

Como se registrou alhures, os membros dos dois órgãos de administração devem ser pessoas naturais, pelo que, em consequência, não são admitidas pessoas jurídicas.

A assembleia geral, como em diversas passagens foi anotado, elege os integrantes do conselho de administração, e este, os diretores. Contudo, inexistindo o conselho, os diretores serão eleitos pela assembleia. Portanto, a ata da assembleia geral ou da reunião do conselho de administração que contemplar a eleição de administradores, conforme o caso, deverá conter a qualificação e o prazo de gestão de cada um dos eleitos, ser arquivada na Junta Comercial da sede da sociedade e publicada na forma do disposto no art. 289 (§ 1º do art. 146).

Como os conselheiros de administração encontram-se dispensados da exigência de fixarem residência no Brasil (a residência no país é exigida apenas aos diretores), o § 2º do art. 146 impõe como condição para a posse do conselheiro residente ou domiciliado no exterior a constituição de representante residente no país, com poderes para receber citação em ações contra ele propostas com base na legislação societária, mediante procuração com prazo de validade que deverá estender-se por, no mínimo, três anos após o término do prazo de gestão do conselheiro. Esse prazo ulterior ao término da gestão justifica-se em função do prazo trienal de prescrição da pretensão à propositura de ação em face do administrador para dele haver a reparação civil por atos culposos ou dolosos, no caso de violação da lei, do estatuto ou da convenção do grupo (alínea *b* do inciso II do art. 287).

Sempre que a lei exigir certos requisitos para a investidura em cargo de administração da companhia, a assembleia geral ou o conselho de administração, conforme o caso[22], somente poderão eleger quem tenha exibido os necessários comprovantes, dos quais se arquivará cópia autêntica na sede social (*caput* do art. 147).

São inelegíveis para os cargos de administração da companhia as pessoas impedidas por lei especial, ou condenadas por crime falimentar, de prevaricação, corrupção passiva ou ativa[23], concussão, peculato, contra a economia popular, a fé pública ou a propriedade, ou a pena criminal que vede, ainda que temporariamente, o acesso a cargos públicos (§ 1º do art. 147). Anote-se, por pertinente, que a listagem legal é taxativa, não se admitindo, por extensão, a inclusão de outros tipos. Ainda impende consignar que, no que se refere à condenação criminal, o impedimento que

---

22 Apesar de o *caput* do art. 147 fazer, em seu texto, apenas menção à assembleia geral, a exegese correta do preceito leva à exigência da realização da prova nele contemplada também quando o conselho de administração tiver a tarefa de eleger o diretor.

23 As expressões "peita ou suborno" contidas no texto legal devem ser entendidas, à luz do sistema penal vigente, como corrupção passiva ou ativa, respectivamente.

dela resulta pressupõe sentença transitada em julgado, isto é, que a condenação seja definitiva.

No que se refere exclusivamente às companhias abertas, são ainda inelegíveis para os cargos de administração as pessoas declaradas inabilitadas por ato da Comissão de Valores Mobiliários (§ 2º do art. 147).

O § 3º do art. 147 dispõe, em especial quanto ao conselheiro de administração, que ele deve ter reputação ilibada, não podendo ser eleito, salvo dispensa da assembleia geral, aquele que: a) ocupar cargos em sociedades que possam ser consideradas concorrentes no mercado, em especial em conselhos consultivos, de administração ou fiscal; e b) tiver interesse conflitante com a sociedade.

A primeira anotação que se deve fazer acerca do preceito é de que a exigência de reputação ilibada também se estende aos diretores, porquanto inerente à natureza do próprio cargo. Reforça o entendimento a disposição consubstanciada na alínea *d* do § 1º do art. 117, a qual responsabiliza o acionista controlador que eleger administrador ou fiscal que saiba ser inapto moral ou tecnicamente.

A segunda é a concernente à ocupação de cargos em sociedades concorrentes no mercado. Fica evidente o cuidado da lei em alistar essa interdição à eleição do conselheiro como forma de blindar o conselho do conflito de interesses concorrenciais. Evita-se, com isso, o comércio de informações privilegiadas e estratégicas da companhia que o exercício de cargos simultaneamente em sociedades concorrentes naturalmente a iria expor. De outra parte, a regra inibe que concorrentes ingressem na companhia como acionistas, com o intuito de constituir uma minoria que faça jus à prerrogativa de representação no conselho, com vistas à obtenção de vantagens indevidas.

A terceira diz respeito à verificação de interesse conflitante com a companhia, este não de caráter concorrencial, mas negocial. Quer nos parecer que o conflito aqui tem a mesma natureza daquele previsto no art. 156 da Lei do Anonimato. Assim é que o qualificamos como substancial ou material, exigindo-se, pois, a verificação, no caso concreto, da existência de interesses opostos entre o candidato ao cargo de conselheiro e a companhia. Sua caracterização demanda, portanto, a identificação do interesse social no caso concreto e a aferição de seu antagonismo com o interesse daquele que deseja tornar-se membro do conselho. Sobre o tema nos debruçaremos com maior profundidade no item 13.14 deste capítulo.

A quarta relaciona-se ao poder da assembleia geral de dispensar o candidato à vaga no conselho dos dois impedimentos citados. São, desse modo, impedimentos relativos e não absolutos, pois o órgão de deliberação supremo da companhia pode afastá-los, contanto que efetivamente venha a correspondente decisão devidamente fundamentada e justificada em um interesse social de maior relevo.

A comprovação do cumprimento das condições previstas no § 3º do art. 147, acima comentadas, será efetuada por meio de declaração firmada pelo conselheiro eleito. No âmbito das companhias abertas, permite a lei que a Comissão de Valores Mobiliários discipline a forma e o conteúdo dessa declaração de desimpedimento (§ 4º do art. 147). Para esse fim, a aludida autarquia editou a Instrução CVM n. 367/2002.

Em conclusão a este tópico, mister se faz iluminar que os impedimentos e os requisitos ao exercício dos cargos de administração da companhia são matérias de reserva legal. Por isso, não é facultado ao estatuto dispor diversamente da lei para acrescê-los, suprimi-los ou modificá-los, sob pena de nulidade do correspondente dispositivo que assim vier a proceder. Dessa feita, as regras que declaram as incompatibilidades ou os impedimentos ao cargo de administrador da companhia (conselheiro e diretor), não custa repetir, são exaustivas e não comportam interpretação extensiva, por serem regras de exceção.

13.7. INVESTIDURA DOS ADMINISTRADORES

A investidura dos conselheiros e dos diretores formaliza-se pela assinatura de termo de posse no livro de atas do conselho de administração ou da diretoria, conforme o caso. Não sendo o termo assinado nos trinta dias seguintes à nomeação, esta se tornará sem efeito, salvo justificação aceita pelo órgão da administração para o qual tiver sido eleito. O termo de posse deverá conter, sob pena de nulidade, a indicação de pelo menos um domicílio no qual o administrador receberá as citações e intimações em processos administrativos e judiciais relativos a atos de sua gestão. A alteração do domicílio declarado somente se terá por eficaz mediante comunicação por escrito à companhia (art. 149).

A posse dos novos administradores tem importante consequência de extinguir os mandatos dos anteriores, os quais, desse modo, estendem-se até a investidura desses novos administradores eleitos, como forma de evitar que ocorra solução de continuidade na administração da companhia (§ 4º do art. 150).

O estatuto social tem a faculdade de estabelecer que o exercício do cargo de administrador deva ser assegurado, pelo titular ou por terceiro, mediante penhor de ações da companhia ou outra garantia (art. 148). Portanto, além das ações de emissão da própria companhia, a garantia da administração pode ser real ou pessoal. Mas, se for ação de emissão da sociedade, pode a caução recair sobre qualquer espécie, exceto as de fruição, porquanto já integralmente amortizadas, não representando, por isso, cota-parte do capital. São, por assim dizer, ações despidas de capital, tendo por esvaziado o seu conteúdo financeiro.

Não disciplinando o estatuto a oportunidade de sua prestação, a garantia deve ser implementada até o momento da investidura no cargo de administrador, pois, nesse caso, deve ser vista como condição para entrar o eleito em seu efetivo exercício.

Quanto à extensão do prazo de garantia, ela perdura por todo o tempo de exercício do mandato do administrador e ainda se projeta para além do seu término. Com efeito, o parágrafo único do art. 148 estabelece que a garantia só será levantada após aprovação das últimas contas apresentadas pelo administrador que houver deixado o cargo. O preceito se refere diretamente aos diretores da companhia, porquanto estes é que deverão prestar contas de sua gestão para julgamento pela assembleia geral. Mas, como se registrou, a garantia pode ser exigida pelo estatuto não apenas dos diretores, verdadeiros gestores executivos dos negócios sociais, mas também dos conselheiros, os quais, em tese, também poderão praticar atos propulsores de prejuízos à companhia, a seus acionistas e a terceiros, ficando, por isso mesmo, vinculados à sua reparação.

O mandato do administrador pode sofrer interrupção. Quando ela apresentar um caráter de provisoriedade, caracteriza-se a figura jurídica do *impedimento*, ocorrendo, assim, uma suspensão temporária do exercício da função de administrador (*e.g.*, doença, viagem, férias etc.). Já na *vacância*, o administrador fica privado, em caráter definitivo, dos direitos e das prerrogativas inerentes ao cargo. Ao revés do que se vê nas hipóteses de ausências temporárias, provisórias, eventuais ou ocasionais (*impedimento*), na *vacância* (*e.g.*, destituição, renúncia, morte, sobrevinda incapacidade etc.) haverá a perda efetiva do cargo. A interrupção do mandato é, portanto, definitiva.

Mostra-se de bom alvitre que o estatuto discipline pormenorizadamente a substituição dos administradores, tanto na hipótese de *impedimento* (substituição provisória ou temporária) quanto na situação de *vacância* do cargo (substituição definitiva), evitando, com esse procedimento, qualquer embaraço ao curso normal da administração dos negócios e interesses socais. É conveniente, pois, conferir agilidade e segurança ao processo de substituição provisória ou definitiva do administrador, repelindo a ocorrência de possíveis traumas no fluxo da vida social e na relação com os órgãos de administração.

Como meio eficaz de disciplinar a matéria, apresenta-se a utilização, pelo estatuto, das fórmulas da suplência para o conselho de administração (substituição provisória ou definitiva) e da acumulação de funções para a diretoria (substituição provisória). Mas, sendo silente o estatuto, o art. 150 apresenta um esquema geral de soluções para os casos de vacância dos cargos de conselheiro e de diretor, que deverá ser integrado, adicionalmente, pelo inciso II do art. 142.

Na vacância do cargo de conselheiro, o substituto será nomeado pelos conselheiros remanescentes e servirá até a primeira assembleia geral. Se, entretanto, ocorrer vacância da maioria dos cargos, a assembleia geral será convocada para proceder à nova eleição, competindo a sua convocação ao conselho, por seus membros que permaneceram no órgão. Mas, se tiver havido a vacância de todos os cargos do conselho de administração, competirá à diretoria convocar a assembleia geral (*caput* e § 1º do art. 150).

Não se pode olvidar que a destituição de qualquer membro do conselho de administração pela assembleia geral, sempre que a eleição tiver sido realizada pelo processo de voto múltiplo, importará destituição dos demais membros, realizando-se nova eleição (§ 3º do art. 141), situação em que a regra geral acima verificada cede em face dessa previsão especial, conforme já estudado no item 13.2.

A vacância do cargo de diretor, contando a companhia em sua estrutura com conselho de administração, seja ela parcial ou total, será preenchida por eleição realizada por esse órgão (art. 142, II). Contudo, se a companhia não tiver conselho de administração, no caso de vacância de todos os cargos da diretoria, compete, conforme estatuído no § 2º do art. 150, "ao conselho fiscal, se em funcionamento, ou a qualquer acionista, convocar a assembleia geral, devendo o representante de maior número de ações praticar, até a realização da assembleia, os atos urgentes de administração da companhia".

Da regra destacada resultam duas reflexões necessárias.

Uma delas referente ao fato de ser a vacância parcial. Em face do silêncio da disposição legal, conclusão outra não há de que a hipótese será solucionada mediante regência estatutária que, nos moldes do inciso II do art. 143, deverá estabelecer o modo de substituição dos diretores. Se, contudo, for omisso o estatuto, não restará outra solução senão a convocação da assembleia geral para realizar a eleição, o que será feito pela diretoria, por seus membros remanescentes.

A outra, na vacância integral, refere-se ao cuidado da lei para não deixar a companhia sem a gestão necessária à prática dos atos de maior urgência até a convocação da assembleia geral e efetiva investidura dos novos diretores, prevendo a presentação da sociedade por meio de um administrador provisório. Contudo, impende ser investigado o que deve ser entendido por "representante de maior número de ações", como sujeito apto ao exercício direto dessa administração provisória ou como outorgante dos poderes de representação para essa prática dos atos urgentes de gestão por um terceiro. Esse representante seria o de maior número de ações votantes? Pensamos que sim. Com efeito, se essa administração, que se realiza por determinação legal para evitar danos à companhia, tem por escopo provisoriamente suprir a ausência da diretoria, que deve ser eleita, *in casu,* pela assembleia geral (relembre-se de que a situação legal é a de ausência de conselho de administração), parece-nos que a interpretação lógica e sistemática que se pode extrair é a de que a figura na lei referida é a do representante de maior número de ações com direito a voto. Estará ele exercendo um atributo próprio da assembleia geral, de nomeação daqueles que deverão presentar a companhia, até que esse órgão supremo de deliberação social se realize e defina os novos diretores. Por essa razão, reafirme-se, a titularidade de ações com direito a voto compõe a definição da mencionada figura legal.

A renúncia de qualquer administrador, como declaração receptícia de vontade, torna-se eficaz, em relação à companhia, desde o momento em que lhe for entregue a comunicação escrita do renunciante. Porém, em relação a terceiros de boa-fé, fica a eficácia condicionada ao arquivamento do ato na Junta Comercial e à sua publicação, na forma do art. 289. A obrigação legal de proceder a esses dois atos é da companhia. Contudo, poderão eles ser promovidos pelo próprio renunciante, de forma substitutiva, como meio de proteger os seus direitos individuais, suprindo, assim, a omissão da sociedade (art. 151).

Por fim, cabe ressaltar que a regra geral para a situação de substituição definitiva é a de que o substituto eleito para preencher cargo vago complete o prazo de gestão do substituído (§ 3º do art. 150). Com isso, quer a lei que a renovação, tanto do conselho quanto da diretoria, faça-se por inteiro, a cada período de gestão previsto no estatuto, que não será superior a três anos (art. 140, III, e art. 143, III).

13.8. REMUNERAÇÃO

Compete à assembleia geral fixar a remuneração dos administradores da companhia (art. 152). A lei estabelece parâmetros para orientar essa tarefa assemblear, devendo, assim, esse órgão social levar em conta as responsabilidades e o tempo dedicado ao exercício das funções, a competência e a reputação profissional do eleito e o valor de seus serviços no mercado. Nada obsta que o estatuto, suplementarmente, estabeleça regramentos que sirvam de critério à deliberação. O que não se admite é que ele defina a própria remuneração, porquanto isso é de competência legal da assembleia.

Além da determinação da remuneração direta, cabe à assembleia fixar a remuneração indireta, isto é, os benefícios de qualquer natureza (imóvel para moradia, automóvel, seguro, cartão de crédito empresarial, plano de assistência médica etc.) e verbas de representação.

A retribuição pode ser estabelecida individualmente para cada administrador ou pode se fazer de forma global para o conjunto dos administradores, adotando-se, nesse caso, um montante global a ser partilhado pelos destinatários entre si, observado o que a respeito dispuser o estatuto. Na hipótese do sistema dualista de administração (gestão social repartida entre o conselho de administração e a diretoria), a assembleia geral deve destacar, se esse for o critério, o montante global das verbas remuneratórias atribuídas a cada órgão, para respectiva partilha.

Não há nenhum óbice para que se remunere de modo próprio o administrador que exerça as funções de diretor e de conselheiro de administração, percebendo, assim, remuneração distinta e específica, como diretor e como conselheiro, pois desempenha funções diferenciadas, cada qual pertinente ao órgão de administração que integra.

O normal é que a remuneração seja fixada em assembleia geral ordinária, na medida em que é uma consequência natural da eleição dos administradores. Mas nada impede que se estabeleça em assembleia geral extraordinária, em decorrência da verificação de um fato extraordinário na vida social que implique a revisão das remunerações ou, até mesmo, em função de uma nova fixação, necessária em razão da vacância total dos cargos de um dos órgãos de administração em que a remuneração tenha sido adotada individualmente em favor de cada integrante.

Além das remunerações direta e indireta, permite a lei que os administradores façam jus à participação nos lucros da companhia (§§ 1º e 2º do art. 152). Mas, para tal, exige a concorrência dos seguintes requisitos: a) previsão estatutária da participação; b) fixação, também estatutária, do dividendo obrigatório em vinte e cinco por cento ou mais do lucro líquido; c) que a participação total não ultrapasse a remuneração anual dos administradores nem um décimo dos lucros, prevalecendo o menor limite; e d) atribuição efetiva no exercício do dividendo obrigatório ao acionista, nos termos do art. 202.

13.9. DEVERES E RESPONSABILIDADES

A Lei n. 6.404/76 cuida, de modo expresso, em diversas de suas disposições, dos deveres dos administradores da companhia (diretores e membros do conselho de administração). Alguns desses deveres legais já foram referenciados em tópicos anteriores, como o de convocar a assembleia geral (art. 123), o de proceder à divulgação dos documentos de administração (art. 133) e o de estar presente à assembleia geral (§ 1º do art. 134). Mas a legislação do anonimato reserva, de maneira sistêmica, uma seção específica para tratar dos principais deveres dos administradores, os quais consistem no dever de diligência (art. 153), no dever de realizar os fins da empresa exercida pela companhia (art. 154), nos deveres de lealdade e de sigilo (art. 155), no dever de não entrar em conflito com os interesses da sociedade (art. 156) e no dever de informar (art. 157). Reflete, assim, um elenco especial de deveres, com o escopo pedagógico de fixar o padrão de comportamento e atuação dos gestores dos interesses da empresa. Esse modelo-padrão se constrói a partir de um conceito, muitas das vezes abstrato, que se extrai do texto normativo, para delinear uma conduta desejada e esperada. Dessa sorte, sua avaliação se fará à luz do caso concreto, diante das especificidades que o compõem, para aferir se a conduta se amoldou ou não ao modelo conceitualmente desejado e esperado.

Os deveres dos administradores decorrem, portanto, fundamentalmente da lei. Podem ser eles deveres explícitos, como aqueles acima aludidos, ou implícitos[24], quando resultam de uma regra ou de um princípio geral, tal qual o de, por exemplo, observar o estatuto da companhia. A inobservância dos deveres consiste, pois, na prática de um delito *ex lege*, que implica a obrigação de compor as perdas e danos causados.

13.10. DEVER DE DILIGÊNCIA

Nos termos do art. 153 da Lei das S.A., o administrador deve empregar, no exercício de suas funções, o cuidado e a diligência que todo homem ativo e probo costuma empregar na administração dos seus próprios negócios.

Esse modelo de conduta sugere uma atuação cuidadosa e prudente, esperada do agente da administração social em situações assemelhadas às quais estivesse em jogo a administração de um negócio particular, visando a estabelecer um elo de atuação que melhor atenda aos interesses da companhia. Sua ação deve estar pautada na boa-fé e no convencimento de que está atuando no sentido de melhor atender aos interesses da companhia. Mas não é só. Na verificação de sua conduta, impõe-se trabalhar com a noção de que a realização do dever de diligência também deve passar pela capacitação técnica e profissional para desempenhar o mister para o qual foi eleito. Essa capacitação deverá ser consentânea com o conhecimento da atividade que reveste o objeto social e ordenada por um juízo criterioso na execução de suas funções.

No julgamento de sua conduta, diante de uma situação concreta, o que se deve avaliar, em última *ratio*, é se ele teve uma atuação diligente, pautada na perícia exigida para o cargo, e não o resultado, propriamente, de sua atuação, por tratar-se o dever de diligência de uma obrigação de meio e não de resultado.

13.10.1. *BUSINESS JUDGMENT RULE*

Com efeito, o administrador tem uma certa margem de discricionariedade na condução dos negócios da empresa, mas sempre visando à realização dos fins sociais. A avaliação de conveniência e oportunidade na tomada de decisões é própria de quem administra.

Assim, não se mostra conveniente para a sociedade que o administrador seja desestimulado, ou até mesmo inibido, de tomar decisões, ainda que tais decisões envolvam riscos, próprios à atividade empresarial. O receio de questionamentos derivados do insucesso dos seus atos pode tolher a criatividade e a perspectiva de realização de bons

24 Fábio Ulhoa Coelho, *ob. cit.*, v. 2, p. 253.

negócios para a companhia. Enfraquece a busca de uma administração segura, criativa e eficiente o fato de suas decisões poderem, costumeiramente, ser revistas pelo corpo social e mesmo pelo Poder Judiciário.

A partir dessa constatação, desenvolveu-se no Direito norte-americano, na esteira de decisões dos Tribunais, a denominada *business judgment rule*, justo para evitar que os atos dos administradores sejam usualmente revisados em juízo e que fiquem eles – os administradores – sujeitos a responsabilização.

Aflora, pois, como uma proteção à tomada de decisões dos administradores, restringindo o grau de sua revisão *a posteriori* pelo Poder Judiciário. Pauta-se em uma presunção de que o ato praticado foi adequado, fundado na boa-fé, no atendimento ao interesse da companhia e dentro da boa ciência e prática de administração.

Sustenta-se em doutrina que a *business judgment rule* consiste em um *standard of judicial review*, ou seja, denota uma regra de controle judicial das decisões dos administradores, estabelecendo a presunção de que agiram de forma independente e desinteressada, com conhecimento e informações adequadas, com boa-fé e acreditando que seus atos buscaram atender aos interesses da companhia[25].

Os administradores não terão, assim, cumprido o dever de diligência e, portanto, perderão a proteção da *business judgment rule*, se em suas decisões: a) não obraram de boa-fé; b) não agiram no interesse da companhia; c) deixaram de se informar adequadamente sobre o negócio realizado; ou d) não atuaram de forma desinteressada e independente. Esse conjunto de normas de conduta indica o parâmetro de aplicação da *business judgment rule*, que se constrói a partir de um sistema de presunção relativa, a qual pode ser afastada no caso concreto. Mas o conjunto acima ordenado, para se aferir se os administradores observaram ou não o dever de diligência, não se apresenta codificado. São guias, orientadores para a aplicação da figura jurídica nas demandas de revisão dos atos e responsabilização dos administradores. Os elementos e as circunstâncias para a aplicação da *business judgment rule* permanecem em constante desenvolvimento pelas Cortes na análise dos casos concretos.

Conquanto ainda não se tenha alcançado uma uniforme definição da *business judgment rule* pelos Tribunais e pela doutrina norte-americana, pode-se enxergá-la como um *standard of non-review*[26], na medida em que visa a evitar a interferência judicial nos

---

25 Nelson Eizirik, Ariádna B. Gaal, Flávia Parente e Marcus de Freitas Henriques. *Mercado de capitais: Regime jurídico*, 3ª ed. Rio de Janeiro: Renovar, 2011, p. 437-438.

26 Bernard S. Sharfman. Being informed does matter: fine tuning gross negligence twenty plus years after Van Gorkom *in The Business Lawyer*. Chicago: Section of Business Law of the American Bar Association, v. 62, nov. 2006, p. 145.

atos de administração da companhia, criando uma presunção de que as decisões observaram o dever de diligência dos administradores. A Corte, desse modo, abstém-se de revisar o mérito dos atos dos administradores, a menos que o demandante traga provas substanciais e robustas que afastem essa presunção.

Pensamos que essa orientação, em que na essência consiste a *business judgment rule*, inclusive no que se refere aos paradigmas de conduta acima alinhados, possa ser tranquilamente observada no Direito brasileiro e, assim, orientar o nosso sistema jurídico para confirmar a presunção relativa do cumprimento do dever de diligência pelos administradores (diretores e conselheiros de administração) na prática de seus atos, desestimulando a revisão judicial desses atos. O escopo central, destarte, é o de proteger equívocos de julgamento em negócios da companhia, mas honestos e tomados de boa-fé, sem que se possa imputar ao administrador o cometimento de um erro técnico. O erro de avaliação escusável na tomada de decisão é o que se liga à política de negócios e não à técnica do negócio. Assim, como regra de princípio, afastar-se-ia a responsabilidade do administrador quando o erro da decisão puder ser explicado e justificado de forma lógica e coerente, observados os critérios da racionalidade empresarial. Não se pode responsabilizar o administrador que agir de boa-fé, devidamente informado, de modo independente, refletido e no interesse da companhia.

13.11. DEVER DE REALIZAR OS FINS DA EMPRESA EXERCIDA PELA COMPANHIA

O administrador tem o dever de orientar suas ações para lograr realizar os fins da companhia, conjugando e ponderando os legítimos interesses dos acionistas, dos empregados e da comunidade em que atua, visando à satisfação das exigências do bem comum e da função social da empresa (art. 154).

Impõe-se-lhe exercer as atribuições e os poderes que a lei e o estatuto lhe conferem no interesse da companhia e não no de um grupo de acionistas especificamente, ainda que tenha por ele sido eleito para o cargo (§ 1º do art. 154). Sua atuação deve ser marcada pela independência, fazendo sempre prevalecer o interesse social sobre o interesse individual de qualquer indivíduo ou grupo. A persecução desse objetivo passa pela busca de um resultado economicamente útil para os acionistas (o lucro que motiva estarem reunidos em sociedade), equilibrado com o bem-estar dos empregados e com o respeito aos direitos e anseios da comunidade. Age ele, assim, para alcançar os fins sociais, mas sem descurar das exigências do bem comum e da função social da empresa, esta sempre revelada pelo respeito aos direitos e interesses que gravitam em torno desse organismo vivo, marcado por múltiplas relações, em que consiste a empresa.

Como método para balizar as ações materializadoras do cumprimento da finalidade de suas atribuições e o desvio de poder ou de finalidade, da lei erige um feixe de condutas proibidas aos administradores. Assim é que o administrador não pode privilegiar o grupo ou a classe de acionistas que o elegeu (§ 1º do art. 154); praticar ato de liberalidade à custa da companhia (alínea *a* do § 2º do art. 154), salvo quando autorizado pelo conselho de administração ou pela diretoria e quando ele se revelar razoável e em benefício dos empregados ou da comunidade de que participe, no cumprimento de sua função social (§ 4º do art. 154); tomar por empréstimo recursos ou bens da companhia, ou usar, em proveito próprio ou de terceiros, seus bens, serviços e créditos sem prévia autorização da assembleia geral ou do conselho de administração (alínea *b* do § 2º do art. 154); e receber de terceiros, sem autorização estatutária ou da assembleia geral, qualquer modalidade de vantagem pessoal, direta ou indireta, em razão do exercício do cargo (alínea *c* do § 2º do art. 154). As importâncias, cumpre registrar, recebidas a esse título pertencerão à companhia (§ 3º do art. 154), implicando, assim, a sua transferência para o patrimônio da sociedade.

Portanto, como tais vedações são regras de ordem pública, a sua violação, mediante a prática dos atos de liberalidade, obtenção de empréstimos ou vantagens pessoais, fora das condições permitidas, conduz à nulidade de pleno direito dos atos correspondentes, respondendo civilmente o administrador pela prática da irregularidade materializadora do desvio de poder incorrido.

13.12. DEVER DE LEALDADE

O dever de lealdade é abstratamente enunciado a partir da assertiva de que o administrador deve servir com lealdade à companhia e manter reserva sobre os seus negócios. Mas a sua concretude se visa a alcançar mediante um elenco exemplificativo de condutas proibidas (art. 155).

Em certos episódios, a violação do dever de lealdade vem imbricada com a falta do dever de diligência. Exemplo disso é a omissão do administrador no exercício ou na proteção de direitos da companhia ou, ainda, quando, visando a obter vantagens para si ou para outrem, deixe de aproveitar oportunidades de negócio de interesse da sociedade (inciso II do art. 155).

É vedado ao administrador usar em benefício próprio ou de terceiros, com ou sem prejuízo para a sociedade, as oportunidades de negócio de que tenha conhecimento em virtude do exercício de seu cargo (inciso I do art. 155). Com efeito, tomando o administrador conhecimento da oportunidade em razão do cargo, resta evidente, diante de um raciocínio lógico e linear, que a oportunidade vislumbrada é da sociedade e não do administrador. Daí por que não lhe é dado usurpar esse direito da companhia.

Mas isso não quer dizer que qualquer utilização, em seu próprio proveito, de oportunidade negocial da qual tenha o administrador tomado ciência em função do cargo (seja porque foi, em um primeiro momento, restritamente oferecida à companhia, seja porque ligada ao objeto social, por exemplo) tipifique a violação do dever de lealdade. Assiste-lhe legitimamente o direito de dela usufruir quando ficar cabalmente evidenciado que a sociedade não poderia se utilizar da oportunidade, como nas hipóteses de ausência de recursos financeiros ou de proibição legal ou estatutária para a realização do negócio, ou que dela tenha anteriormente abdicado ou expressamente recusado. Nessas condições, não se tem caracterizado o interesse tutelado da companhia que, assim, deve ser real ou ao menos potencial na realização da operação.

Fica, igualmente, ao administrador proibida a aquisição, para revender com lucro, de bem ou direito que saiba ser necessário à sociedade, ou que esta tencione adquirir (inciso III do art. 155). Com essa conduta, o administrador frustra os interesses da companhia em favor de uma vantagem pessoal.

Todas essas condutas que são proibidas aos administradores se justificam em função de uma posição de fidúcia ante a companhia, na medida em que atuam como órgão social.

13.13. DEVER DE SIGILO

A Lei das S.A. impõe aos administradores de companhias abertas o dever de sigilo. Devem eles, destarte, guardar sigilo sobre qualquer informação relevante da companhia que ainda não tenha sido divulgada para o conhecimento do mercado, obtida em razão do cargo e capaz, assim, de influir de modo ponderável na cotação dos valores mobiliários de emissão da sociedade. Fica-lhes vedado, outrossim, fazer uso da informação com vistas a obter, para si ou para terceiros, vantagens mediante operações de compra e venda de valores mobiliários (§ 1º do art. 155). A Lei n. 10.303/2001, oportunamente, acresceu o art. 155 de um § 4º que estendeu essa regra que proíbe a utilização de informação relevante e não divulgada a qualquer pessoa que dela tenha conhecimento.

A utilização dessas informações privilegiadas propicia, por óbvio, uma negociação em condições desproporcionais, usufruindo, pois, o agente de informações a que o público investidor ainda não teve acesso. A repressão legal a essa prática conhecida como *insider trading* é de fundamental importância para que o mercado alcance um desejável grau de credibilidade, garantindo aos investidores em geral as mesmas condições de acesso às informações societárias capazes de influir na formação da cotação dos valores mobiliários[27].

---

[27] A prática do *insider trading* vem criminalizada pelo art. 27-D da Lei n. 6.385/76, incluído no mencionado diploma pela Lei n. 10.303/2001.

Ao prejudicado com a prática do *insider trading* é assegurado o direito de haver do infrator a indenização pelas perdas e danos correspondentes, direito que somente restará elidido se ficar comprovado que, no momento da celebração do contrato de compra e venda de valores mobiliários, a pessoa que invoca o prejuízo, de algum modo, já conhecia a informação (§ 3º do art. 155).

13.13.1. *INSIDER TRADING*

O *insider trading* se caracteriza pelo uso de informações relevantes e privilegiadas acerca dos negócios e da situação de uma companhia de capital aberto – que, portanto, ainda não foram disponibilizadas ao público investidor – para orientar ordens de compra e venda de valores mobiliários dessa sociedade e, assim, obter indevida e injusta vantagem.

A vedação e a repressão à prática de *insider trading* têm fundamento em motivações de ordens ética e econômica.

Os fundamentos éticos decorrem do princípio da igualdade de acesso à informação[28]. O *insider* se vale do benefício eticamente condenável da assimetria de informações, tirando vantagem de dados que não estão disponíveis para os demais investidores (*outsiders*). Os econômicos derivam do reclamo à garantia de eficiência do mercado[29], o que somente se alcança quando as informações são publicamente divulgadas, estando disponíveis ao mesmo tempo a todos os potenciais investidores. Somente assim se estará garantindo a confiança e a credibilidade do mercado, além da equitativa distribuição dos riscos.

A informação relevante é aquela capaz, por si só, de influenciar de maneira significativa a formação de preços dos valores mobiliários, moldando efetivamente o comportamento e o ânimo do investidor em comprá-los ou vendê-los. E é privilegiada a informação quando se achar indisponível para o público investidor, restrita, assim, a um grupo de pessoas. Mas deve se revestir de concretude e precisão, não representando meras elucubrações, boatos ou rumores.

O § 4º do art. 155 da Lei das S.A., acrescentado pela Lei n. 10.303/2001, proíbe a utilização de informação relevante ainda não divulgada, por qualquer pessoa que a ela tenha tido acesso, com a finalidade de auferir vantagem, para si ou para outrem, no mercado de valores mobiliários.

---

28 Nelson Eizirik, Ariádna B. Gaal, Flávia Parente e Marcus de Freitas Henriques, *ob. cit.*, p. 555.

29 Nelson Eizirik, Ariádna B. Gaal, Flávia Parente e Marcus de Freitas Henriques, *ob. cit.*, p. 554.

A Instrução CVM n. 358/2002, em seu art. 13, a partir desse cenário posto pelo indigitado dispositivo normativo, estabelece quem pode ser considerado *insider*, por meio de um sistema de vedações à negociação com valores mobiliários.

Assim é que, antes da divulgação ao mercado de fato relevante verificado nos negócios da companhia aberta, é vedada a negociação com valores mobiliários de sua emissão, ou a eles referenciados, pela própria companhia, pelos acionistas controladores, diretos ou indiretos, diretores, membros do conselho de administração, do conselho fiscal e de quaisquer órgãos com funções técnicas ou consultivas, criados por disposição estatutária, ou por quem quer que, em virtude de seu cargo, função ou posição na companhia, sua controladora, suas controladas ou coligadas, tenha conhecimento da informação relativa ao fato relevante (*caput* do art. 13 da referida Instrução).

Idêntica vedação se impõe a quem quer que tenha conhecimento de informação referente a fato relevante, sabendo que se trata de informação ainda não divulgada ao mercado, em especial àqueles que tenham relação comercial, profissional ou de confiança com a companhia, tais como auditores independentes, analistas de valores mobiliários, consultores e instituições integrantes do sistema de distribuição, aos quais compete verificar a respeito da divulgação da informação antes de negociar com valores mobiliários de emissão da companhia ou a eles referenciados (§ 1º do art. 13 da aludida Instrução).

Portanto, para fins de responsabilização civil e administrativa (punição na esfera do direito administrativo sancionador pela Comissão de Valores Mobiliários), podem ser considerados *insiders* não apenas aqueles que, em razão do cargo, função ou posição, tenham acesso à informação privilegiada, mas também todo aquele que tenha conhecimento da informação, ciente de que ela é privilegiada.

Na esfera penal, para a tipificação do crime de "uso indevido de informação privilegiada", o art. 27-D da Lei n. 6.385/76[30], também introduzido pela Lei n. 10.303/2001, limitou o sujeito ativo: só comete o crime aquele que utilizar informação relevante ainda não divulgada "da qual deva manter sigilo". Destarte, somente pode ser sujeito ativo do crime aquele que se ache vinculado ao dever de sigilo em relação à companhia ou ao mercado de capitais, derivado da natureza fiduciária do cargo, função ou posição do *insider*. São exemplos: os conselheiros de administração, os diretores, os conselheiros

---

30 Art. 27-D: "Utilizar informação relevante ainda não divulgada ao mercado, de que tenha conhecimento e da qual deva manter sigilo, capaz de propiciar, para si ou para outrem, vantagem indevida, mediante negociação, em nome próprio ou de terceiro, com valores mobiliários. Pena – reclusão, de 1 (um) a 5 (cinco) anos, e multa de até 3 (três) vezes o montante da vantagem ilícita obtida em decorrência do crime".

fiscais, os membros de órgãos técnicos criados pelo estatuto para aconselhar os administradores (art. 160 da Lei n. 6.404/76), os controladores e os intermediários e participantes do mercado (art. 9º, V, *in fine*, da Lei n. 6.385/76).

13.14. DEVER DE INFORMAR

O dever de informar, que é dirigido aos administradores de companhia aberta e estabelecido no art. 157 da Lei n. 6.404/76, tem sua gênesis no princípio da transparência. Esse princípio revela o escopo de garantir aos acionistas minoritários, investidores, prestadores de capital e fornecedores de bens e serviços à sociedade um sistema eficiente de acesso a informações relevantes sobre fatos e negócios relativos à companhia. Traduz-se, assim, no dever de *disclosure* a que estão vinculados os membros do conselho de administração e os diretores da sociedade anônima de capital aberto.

No esquema do art. 157 podem ser individualizados dois grupos como destinatários desse dever de informar dos administradores: os acionistas da companhia (*caput* e § 1º) e o mercado (§§ 4º e 6º).

O dever de informação ao acionista materializa-se por meio de declaração no termo de posse (*caput* do art. 157) ou de revelação à assembleia geral ordinária dos acionistas de certas posições (§ 1º do art. 157).

No primeiro caso, o administrador deve declarar, ao firmar o termo de posse, o número de ações, bônus de subscrição, opções de compra de ações e debêntures conversíveis em ações, de emissão da companhia e de sociedades controladas ou do mesmo grupo, de que seja titular. Compreende-se no desiderato dessa regra a aferição se o administrador também é acionista controlador da companhia e, desse modo, se ele acumulará um feixe duplo de deveres e de responsabilidades: os de administrador e os de acionista controlador.

No segundo caso, o administrador é obrigado a revelar à assembleia geral ordinária, a pedido de acionista ou acionistas que representem cinco por cento ou mais do capital social[31], as seguintes informações: a) o número dos valores mobiliários de emissão da companhia ou de sociedades controladas, ou do mesmo grupo, que tiver adquirido ou alienado, diretamente ou por meio de outras pessoas, no exercício anterior; b) as opções de compra de ações que tiver contratado ou exercido no exercício anterior; c) os benefícios ou vantagens, indiretas ou complementares, que tenha recebido ou esteja rece-

---

31 Nos termos do art. 291 da Lei n. 6.404/76, a Comissão de Valores Mobiliários poderá reduzir essa porcentagem, mediante fixação de escala em função do valor do capital social, para aplicação às companhias abertas.

bendo da companhia e de sociedades coligadas, controladas ou do mesmo grupo; d) as condições dos contratos de trabalho que tenham sido firmados pela companhia com os diretores e empregados de alto nível; e e) quaisquer atos ou fatos relevantes nas atividades da companhia. Esse dever corresponde ao direito subjetivo de ser o acionista informado sobre fatos e circunstâncias especiais e relevantes relativos à vida orgânica e externa da sociedade, de modo a funcionar como um eficaz instrumento de fiscalização da administração social por parte da assembleia geral dos acionistas.

A pedido de qualquer acionista, os esclarecimentos prestados pelo administrador poderão ser reduzidos a escrito e autenticados pela mesa da assembleia, fornecendo-se cópias aos solicitantes (§ 2º do art. 157). Mas a revelação dos atos ou fatos só poderá ser utilizada no legítimo interesse da companhia ou do acionista, respondendo os solicitantes pelos abusos que praticarem (§ 3º do art. 157).

A informação alcança o seu maior relevo quando o destinatário é o mercado, na medida em que ele é a fonte maior de financiamento das companhias abertas. Assim é que se impõe aos órgãos de administração a divulgação imediata de qualquer informação que possa afetar o mercado de valores mobiliários em que a sociedade tem seus títulos negociados. Com efeito, a confiabilidade e a eficiência do mercado de valores mobiliários encontram-se visceralmente ligadas à confiabilidade e à eficiência da informação. A informação tem que ser disseminada com atualidade, transparência, precisão e clareza necessárias à sua exata compreensão. Daí dispor o § 4º do art. 157 que os administradores são obrigados a comunicar imediatamente à bolsa de valores e a divulgar pela imprensa qualquer deliberação da assembleia geral ou dos órgãos de administração da companhia, ou fato relevante ocorrido nos seus negócios, que possa influir, de modo ponderável, na decisão dos investidores de vender ou comprar valores mobiliários emitidos pela companhia.

Essa regra do dispositivo acima referenciado traduz o princípio do *full disclosure*, que consiste na transparência das informações com vistas a capacitar os investidores a procederem a uma avaliação da qualidade dos papéis de emissão da companhia e, assim, de forma consciente, ordenarem os seus investimentos.

Por fato relevante, vê-se aquele que tem o condão de influir na decisão dos investidores em relação às suas ordens de compra e venda dos valores mobiliários de emissão da companhia por eles titularizados. O seu conceito, portanto, é um tanto aberto, pois sua avaliação se faz depender da análise de fatos concretos. Mas, em princípio, revela-se como relevante todo fato que, de modo ponderável, impacte o mercado e influa consideravelmente na cotação dos papéis da companhia. Uma vez formado esse juízo pelos órgãos de administração da sociedade, a informação deve ser imediatamente disponibilizada.

A Instrução CVM n. 358/2002, com o intuito de orientar os administradores, estabelece, no *caput* de seu art. 2º, que se deva considerar relevante qualquer decisão de acionista controlador, deliberação da assembleia geral ou dos órgãos de administração da companhia aberta, ou qualquer outro fato de caráter político-administrativo, técnico, negocial ou econômico-financeiro ocorrido ou relacionado aos seus negócios que possa influir de modo ponderável: a) na cotação dos valores mobiliários de emissão da companhia ou a eles referenciados; b) na decisão dos investidores de comprar, vender ou manter aqueles valores mobiliários; c) na decisão dos investidores de exercer quaisquer direitos inerentes à condição de titular de valores mobiliários emitidos pela companhia ou a eles referenciados.

Ainda na busca dessa orientação, o parágrafo único do indigitado art. 2º elenca, de modo exemplificativo, fatos potencialmente relevantes, a saber: a) assinatura de acordo ou contrato de transferência do controle acionário da companhia, ainda que sob condição suspensiva ou resolutiva; b) mudança no controle da companhia, inclusive por meio de celebração, alteração ou rescisão de acordo de acionistas; c) celebração, alteração ou rescisão de acordo de acionistas em que a companhia seja parte ou interveniente, ou que tenha sido averbado no livro próprio da companhia; d) ingresso ou saída de sócio que mantenha, com a companhia, contrato ou colaboração operacional, financeira, tecnológica ou administrativa; e) autorização para negociação dos valores mobiliários de emissão da companhia em qualquer mercado, nacional ou estrangeiro; f) decisão de promover o cancelamento de registro da companhia aberta; g) incorporação, fusão ou cisão envolvendo a companhia ou sociedades ligadas; h) transformação ou dissolução da companhia; i) mudança na composição do patrimônio da companhia; j) mudança de critérios contábeis; k) renegociação de dívidas; l) aprovação de plano de outorga de opção de compra de ações; m) alteração nos direitos e vantagens dos valores mobiliários emitidos pela companhia; n) desdobramento ou grupamento de ações ou atribuição de bonificação; o) aquisição de ações da companhia para permanência em tesouraria ou cancelamento, e alienação de ações assim adquiridas; p) lucro ou prejuízo da companhia e a atribuição de proventos em dinheiro; q) celebração ou extinção de contrato, ou o insucesso na sua realização, quando a expectativa de concretização for de conhecimento público; r) aprovação, alteração ou desistência de projeto ou atraso em sua implantação; s) início, retomada ou paralisação da fabricação ou comercialização de produto ou da prestação de serviço; t) descoberta, mudança ou desenvolvimento de tecnologia ou de recursos da companhia; u) modificação de projeções divulgadas pela companhia; e v) requerimento de recuperação judicial, requerimento ou confissão de falência ou propositura de ação judicial que possa vir a afetar a situação econômico-financeira da companhia.

Mas é essencial registrar que a ocorrência de quaisquer das situações listadas no parágrafo único, pura e simplesmente, não torna obrigatória a sua divulgação como fato relevante, senão quando revelar pelo menos uma das três circunstâncias capituladas no *caput* (influência, de modo ponderável, na cotação dos valores mobiliários, na decisão dos investidores sobre compra e venda deles ou, ainda, sobre o exercício de quaisquer direitos inerentes à sua condição de titular de tais papéis). O que a listagem exemplificativa tem em mira, portanto, é facilitar a identificação pelo administrador de hipóteses que, por serem potencialmente impactantes, possam traduzir um fato relevante, por concretizarem um daqueles fatores dispostos no *caput* do art. 2º da Instrução CVM n. 358/2002.

O disposto no § 4º do art. 157 vem reforçado pelo estatuído no § 6º do mesmo artigo, pelo qual os administradores da companhia aberta deverão informar imediatamente, nos termos e na forma determinados pela Comissão de Valores Mobiliários, a esta e às bolsas de valores ou entidades do mercado de balcão organizado nas quais os valores mobiliários de emissão da companhia estejam admitidos à negociação, as modificações em suas posições acionárias na companhia.

Esse § 6º, acrescentado pela Lei n. 10.303/2001, tem a clara finalidade de reprimir o *insider trading*. Com efeito, são lícitas as negociações com valores mobiliários de emissão da companhia por seu administrador. É possível, assim, que ele os compre ou os venda, mas desde que essa operação não se faça com base em informações privilegiadas.

Por derradeiro, permite o § 5º do art. 157 que os administradores recusem a prestação de informação sobre quaisquer fatos relevantes nas atividades da sociedade à assembleia geral (alínea *e* do § 1º do art. 157), ou que deixem de divulgá-la nos moldes do § 4º do art. 157, se entenderem que sua revelação porá em risco interesse legítimo da companhia. A postura pode se desvelar, por exemplo, em situações em que haja sigilo imposto por lei ou em que a publicidade possa resultar em graves prejuízos, como na hipótese de o negócio não estar totalmente concluído. Isso porque o dever de informação deve ser conformado e assim ponderado com as legítimas necessidades da companhia. Ocorrendo o fato, faculta-se aos administradores comunicá-lo à Comissão de Valores Mobiliários e requerer-lhe a dispensa de informação. Mas, em última análise, competirá à autarquia decidir sobre a prestação de informação e responsabilizar os administradores, se for o caso.

O dever de informar e o dever de sigilo não se apresentam conflitantes como, em uma perfunctória análise, pode vir a parecer. São, ao revés, harmônicos, por tutelarem interesses jurídicos aferíveis em momentos distintos. Consoante se viu nos itens 13.13 e 13.13.1 *supra*, antes da divulgação do fato relevante, cabe ao administrador da companhia aberta guardar reservas sobre as operações capazes de impactar e influir no comportamento dos investidores, sendo-lhe, ainda, obstado fazer uso pessoal ou em favor de terceiros das informações privilegiadas que conheça. O que se quer evitar é o "vazamento da informação" ou o seu uso em proveito particular de alguém, quando a informação ainda não foi uniformemente disseminada no mercado, o que, como também se sustentou, deve ser feito do modo mais imediato possível.

13.15. CONFLITO DE INTERESSE

Um outro dever, corolário do próprio dever de lealdade, é o dever de não ingressar o administrador em situação de conflito com os interesses da companhia. Deve ele, assim, na dicção do *caput* do art. 156, abster-se de intervir em operações ou deliberações nas quais tiver interesse conflitante com o da companhia. Nesses casos, cumpre-lhe cientificar os demais administradores e fazer consignar em ata de reunião do órgão (conselho de administração ou diretoria) a natureza e a extensão de seu interesse. O mandamento parte da consideração de que sua atuação como órgão da sociedade estaria comprometida, na medida em que não guardaria a isenção necessária para fazer prevalecer os interesses sociais sobre os seus particulares.

Não está, todavia, impedido de contratar com a companhia. Permite-se, efetivamente, a realização de negócios entre o administrador e a sociedade, desde que sob condições razoáveis ou equitativas, idênticas às que prevalecem no mercado ou em que a companhia contrataria com terceiros (§ 1º do art. 156). Será anulável, portanto, o negócio jurídico firmado entre o administrador e a sociedade que não atenda a essas condições, cumprindo ao administrador transferir para a companhia as vantagens que do ato tiver auferido (§ 2º do art. 156).

Da interpretação do art. 156 da Lei n. 6.404/76, em seu conjunto, pode-se extrair que a vedação não se dirige à realização de negócios entre a sociedade e o seu administrador, mas sim na intervenção em operação ou deliberação social de seu interesse em efetivo conflito com o da sociedade.

O conflito de interesse revela-se pela ausência de independência do administrador em relação à operação social ou ao objeto da deliberação do órgão de administração que integra e que é capaz de acarretar um resultado desfavorável ao interesse social, o qual estaria, destarte, sacrificado para a satisfação do interesse particular do administrador.

A doutrina vem se debruçando em procurar definir a natureza do conflito de interesse entre a companhia e seu administrador: se ele é um conflito formal ou material.

No conflito formal[32], tem-se a construção de um juízo prévio, decorrente de um impedimento absoluto do administrador de participar de uma certa operação social ou

---

32 Embora a doutrina majoritária flua no sentido da opção pelo conflito material, não se pode olvidar valiosas opiniões que se estabelecem em sentido contrário. Nesse curso, destacam-se Modesto Carvalhosa [*Comentários à lei de sociedades anônimas*, v. 3 (4ª ed. – 2009), p. 320-321] e Calixto Salomão Filho (Interesse social: concepção clássica e moderna *in O novo direito societário*. São Paulo: Malheiros, 1998, p. 388 e ss.).

de votar sobre determinada matéria na reunião do colegiado por ele integrado (conselho de administração ou diretoria). A conflituosidade dos interesses social e do administrador é fruto de uma presunção *juris et de jure*.

Na estrutura do art. 156 não se tem uma regra descritiva, relacionando, de maneira específica, as hipóteses nas quais o administrador estaria formalmente obstado de participar. Ao revés, o referido preceito apresenta uma regra aberta e, assim, flexível. Refere-se, de forma genérica, à verificação de situações em que o administrador tiver interesse conflitante com o da companhia.

Por isso, bastante oportuno é trazer à baila o escólio de Miranda Valverde, manifestado sob o império do Decreto-Lei n. 2.627/40, mas que se mostra totalmente aplicável ao regime da lei vigente, no sentido de que "a existência ou não de interesses contrários ou opostos é uma questão de fato, a ser, portanto, apreciada e julgada em cada caso"[33].

Sendo assim, a relação conflituosa entre a companhia e seu administrador, no esquema do art. 156, não tem como ser definida *a priori*, com a invocação de alicerces meramente formais, mas deve ser avaliada materialmente, caso a caso, manifestando-se apenas quando constatado que o interesse social foi sacrificado em prol do particular do administrador. Depende, pois, da investigação do mérito do ato, na medida em que a ilicitude que a lei condena é derivada da aferição de que a atuação do administrador não atendeu aos interesses sociais.

Do exposto, tem-se que o nosso entendimento converge para a opção do critério material ou substancial para qualificar o conflito de interesse de que cuida a regra sob comento. A avaliação da existência do conflito se realiza posteriormente ao ato praticado pelo administrador ou à prolação de seu voto, diante da confrontação com o interesse social no caso concreto. O conflito dependerá, em outros termos, da contradição entre o voto ou o ato praticado pelo administrador e o interesse da companhia. O juízo de valor, nesse passo, é posterior à prática do voto ou do ato e depende da análise de seu mérito[34].

Em suma, o que o art. 156 pretende é a tutela do interesse social, cujas avaliação e definição decorrem da ponderação dos valores formadores dos interesses envolvidos ou relacionados com o caso concreto e, assim, é diante das circunstâncias que o cercam que deve ser definido. Uma vez precisado o interesse tutelado, é que se avalia a eventual confrontação com o interesse individual e se aquele, categorizado como social, restou

---

33 *Sociedades por ações*, v. II, p. 315.

34 Júlio Barreto. *O conflito de interesses entre a companhia e seus administradores*. Rio de Janeiro: Renovar, 2009, p. 200.

ou não sacrificado pelo particular do administrador. Portanto, não basta apenas a existência de interesse, por parte do administrador, potencialmente diverso do social para que haja o conflito de que cuida a lei, sendo mister o exame do conteúdo, do mérito do voto ou da ação adotada pelo administrador para qualificar o interesse conflitante e, assim, render ensejo à incidência das sanções legais.

13.16. RESPONSABILIDADE CIVIL DOS ADMINISTRADORES

Os administradores são órgão da companhia. Não há, como se viu, um contrato entre eles e a sociedade, nascendo a relação de um ato jurídico unilateral – a nomeação do administrador pelo órgão societário competente – por meio do qual se lhes atribuem os respectivos poderes. A aceitação dos administradores a esse ato nada mais é do que simples condição de sua eficácia.

Desse modo, a responsabilidade civil dos administradores não é de natureza contratual. Não decorre, pois, do inadimplemento de uma obrigação contratual ou de infração a um contrato. A sua responsabilidade deriva da prática de um ato ilícito extracontratual, caracterizado pela violação de um dever legal. Daí ser sua responsabilidade *ex lege* ou aquilina.

A responsabilidade civil dos administradores vem tratada no art. 158 da Lei das S.A. A primeira parte do *caput* desse preceito dispõe que os administradores não são pessoalmente responsáveis pelas obrigações assumidas em nome da sociedade em virtude de ato regular de gestão. A regra é, nesse contexto, dirigida aos diretores especificamente, porquanto são eles que presentam a companhia e, portanto, são eles que estão habilitados a contrair obrigação em nome da pessoa jurídica. A disposição revela o valor jurídico da "irresponsabilidade" do administrador pela prática de atos regulares de gestão, justo por estarem atuando como órgão da sociedade. Nada mais fazem do que realizar a vontade da pessoa jurídica, a qual, efetivamente, é quem contrai a obrigação. O ato é, assim, da companhia, que por ele está diretamente vinculada e por ele responde exclusivamente, sem nenhuma responsabilidade pessoal do diretor.

O ato regular de gestão referido no preceito é aquele, como se pode inferir de sua segunda parte, realizado pelo diretor no interesse da companhia, nos limites de suas atribuições ou poderes e que se encontre, ainda, conformado com a lei e com o estatuto social.

Portanto, ficará civilmente responsável pelos prejuízos que causar à sociedade o administrador que proceder dentro de suas atribuições ou poderes com culpa ou dolo (inciso I do art. 158) ou com violação da lei ou do estatuto (inciso II do art. 158). Essa segunda parte do dispositivo legal já se aplica a ambas as categorias de administradores: diretores e membros do conselho de administração.

Não há dúvida na doutrina de que a hipótese tratada no inciso I do art. 158 consiste em responsabilidade civil subjetiva, exigindo-se a presença da culpa ou do dolo. É, assim, responsabilidade civil do tipo clássica. Pressupõe, para sua caracterização, o prejuízo. É a existência do prejuízo de sua essência, cumprindo sempre ao autor a sua prova e a demonstração do nexo de causalidade entre o ato ilícito imputado ao administrador e o prejuízo dele resultante que a sociedade suportou. E, uma vez demonstrado o prejuízo, a reparação do dano sofrido deve ser integral, não é demais registrar.

São exemplos de condutas enquadráveis na situação em tela o desvio e o emprego de fundos sociais em despesas alheias ao objeto da companhia[35]; deixar caducar o direito à renovação compulsória da locação de imóvel em que a companhia exerce a sua empresa e, assim, integrante do seu estabelecimento[36]; a alienação de um imóvel ou um maquinário da sociedade a preço bem aquém do preço de mercado, motivado por um interesse pessoal; ou deixar de cobrar créditos titularizados pela companhia de devedores solventes.

Já no âmbito da situação retratada no inciso II do art. 158, verifica-se divisão na doutrina quanto à natureza jurídica da responsabilidade.

Modesto Carvalhosa filia-se à ideia da responsabilidade objetiva[37]. Fábio Ulhoa Coelho, à da responsabilidade subjetiva do tipo clássico[38]. Contudo, a maior parte da doutrina tem vislumbrado no preceito a responsabilidade civil subjetiva com presunção de culpa[39].

Enxergamos na regra uma responsabilidade subjetiva com inversão do ônus da prova, competindo, destarte, ao administrador comprovar que não agiu culposamente (culpa em sentido *lato*). Quando procede com violação da lei ou do estatuto, presume-se sua culpa. Mas essa presunção pode ser tranquilamente por ele ilidida, demonstrando que sua atuação pautou-se na boa-fé exigida, ou que não teria como evitar os prejuízos havidos, porquanto ocorreriam em qualquer circunstância, não se lhe podendo atribuir nenhuma influência no resultado. Cabe-lhe, portanto, demonstrar a ausência

---

35 Carvalho de Mendonça, *ob. cit.*, v. IV, p. 77, nota 3.

36 Sampaio de Lacerda. *Comentários à lei das sociedades anônimas*, v. 3. São Paulo: Saraiva, 1978, p. 207.

37 *Comentários à lei de sociedades anônimas*, v. 3 (4ª ed. – 2009), p. 368.

38 *Ob. cit.*, v. 2, p. 260.

39 Nesse sentido: Miranda Valverde, *Sociedades por ações*, v. 2, p. 319; Sampaio de Lacerda, *ob. cit.*, v. 3, p. 206; Tavares Borba, *ob. cit.*, p. 407; Jorge Lobo. *Direitos dos acionistas*. Rio de Janeiro: Elsevier, 2011, p. 317; José Waldecy Lucena. *Das sociedades anônimas*: comentários à lei, v. II. Rio de Janeiro: Renovar, 2009, p. 566; e Nelson Eizirik, Ariádna B. Gaal, Flávia Parente e Marcus de Freitas Henriques, *ob. cit.*, p. 469.

de responsabilidade. Corrobora esse entendimento o disposto no § 6º do art. 159, ao prescrever que o juiz poderá reconhecer a exclusão da responsabilidade se convencido de que o administrador agiu de boa-fé e visando ao interesse da companhia.

A ausência de responsabilidade estaria pautada, também, na consideração de uma escolha feita pelo administrador diante da convicção de que ela seria a única alternativa viável para atender aos interesses da companhia em face de uma situação de risco ou impasse. Assim, apesar de sua atuação ter se concretizado em contrariedade a uma disposição estatutária ou legal, ela teria se realizado sem culpa.

Em síntese, podemos inferir que, no esquema do art. 158, a hipótese revelada no inciso I consiste em responsabilidade subjetiva do tipo clássico, cabendo o ônus da prova ao ofendido para obter a correspondente reparação do dano. Já no contexto do inciso II, a culpa é presumida e, desse modo, desvela responsabilidade civil subjetiva com presunção de culpa, com a inversão do ônus da prova.

Visto isso, cumpre aferir a responsabilidade da companhia em virtude dos atos de seus administradores que, praticados em uma das circunstâncias acima mencionadas, provoquem prejuízos a terceiros ou a outros acionistas.

Na hipótese em que o administrador procede dentro de suas atribuições ou poderes, mas com culpa ou dolo, a companhia estará obrigada a compor os correspondentes danos do ato irradiados. Com efeito, apesar da mácula que pende sobre a atuação do administrador, estará ele agindo como órgão da pessoa jurídica. O prejudicado, dessa forma, tem ação tanto contra a companhia quanto em face do administrador faltoso, podendo dirigir, inclusive, sua pretensão contra ambos no mesmo processo, que ocuparão, assim, em litisconsórcio o polo passivo da demanda (o litisconsórcio, no caso, é facultativo). Arcando a sociedade com os prejuízos, indenizando o lesado, fica-lhe reservado o direito de agir regressivamente contra o administrador responsável.

Cuidando-se, entretanto, de ato violador da lei ou do estatuto, a questão torna-se mais delicada.

Nutrimos a convicção de que nos atos ilegais não se tem como vincular a responsabilidade da companhia, porquanto, nesses casos, os administradores não estariam atuando como órgão social.

No que se refere aos atos que contrariem o estatuto, a vinculação da sociedade em face de terceiros vem com disciplina expressa no parágrafo único do art. 1.015 do Código Civil, que se aplica às sociedades anônimas, por força do estatuído no art. 1.089[40]

40 Art. 1.089: "A sociedade anônima rege-se por lei especial, aplicando-se-lhe, nos casos omissos, as disposições deste Código".

do mesmo diploma. Assim é que o excesso por parte dos administradores pode ser oposto a terceiros nas seguintes hipóteses: a) se a limitação de poderes estiver inscrita ou averbada no registro da sociedade; b) provando-se que era conhecida do terceiro; ou c) tratando-se de operação evidentemente estranha aos negócios sociais (ato *ultra vires*). Dessa feita, caso haja a demonstração de uma dessas situações, o ato será inimputável à companhia. Estando o terceiro de boa-fé, responderá exclusivamente perante ele o administrador faltoso.

Para complementar esse estudo, mister ainda se faz analisar a responsabilidade individual e solidária dos administradores.

No âmbito do conselho de administração, dado o seu caráter de órgão colegiado, não se cogita da responsabilidade individual de seus membros. As deliberações desse órgão da administração social revelam a sua vontade, fato esse que conduz a uma responsabilidade solidária de seus integrantes pelas irregularidades cometidas. Para eximir-se da responsabilidade, deve o conselheiro que dissentir da maioria fazer consignar a sua divergência em ata de reunião do próprio conselho. Não sendo, entretanto, possível fazer esse registro, incumbe-lhe dar imediata ciência de sua posição divergente ao próprio órgão de administração, ao conselho fiscal, se em funcionamento, ou à assembleia geral. O certo é que sua exoneração exige a manifestação expressa de sua divergência em relação à decisão tomada (§ 1º do art. 158, parte final).

No círculo da diretoria, tendo em vista a atuação individual de seus membros, a responsabilidade, em princípio, é individual de cada diretor. A independência de atuação dos diretores afasta, como regra, a solidariedade entre seus membros. Cada um responde por ato próprio, consagrando-se o princípio da incomunicabilidade da culpa.

Poderá, entretanto, haver solidariedade entre eles quando a diretoria atuar como órgão colegiado (§ 2º do art. 143). Nesse caso, a exoneração do diretor dissidente deve obedecer ao mesmo procedimento de manifestação expressa de sua divergência, fazendo consigná-la em ata de reunião da diretoria ou, na impossibilidade, comunicando-a ao órgão de administração (própria diretoria ou conselho de administração, se houver), ao conselho fiscal, se em funcionamento, ou à assembleia geral (§ 1º do art. 158, parte final).

Contempla-se, outrossim, a solidariedade no ambiente da diretoria quando o diretor for conivente com o ato ilícito praticado por outro diretor, quando negligenciar em descobri-lo ou se, dele tendo conhecimento, deixar de agir para impedir a sua prática (§ 1º do art. 158, primeira parte). Em cada uma dessas situações, o diretor será responsabilizado juntamente com o autor do ilícito. A responsabilidade reside na conivência com o ato ou decorre da negligência ou omissão para obstar a sua prática. Caracteriza-se, assim, pela infração de seus deveres de lealdade e diligência.

Muito embora a perspectiva da responsabilidade dos membros do conselho de administração demande uma deliberação do órgão sobre matéria submetida ao seu crivo de avaliação, os conselheiros podem excepcionalmente ser responsabilizados, nessas mesmas condições, em relação a atos ilícitos praticados por diretores. Ou seja, os conselheiros podem ser responsabilizados se forem coniventes com o ato ilícito, se negligenciarem em descobri-lo ou se, tendo tomado conhecimento do ato, deixarem de atuar para impedi-lo.

Essa responsabilidade decorre do controle de legitimidade dos atos da diretoria de que está o conselho de administração incumbido (art. 142, III). Mas, como se registrou, essa responsabilidade guarda um certo grau de excepcionalidade em sua aferição, considerando a própria natureza das funções desse órgão colegiado da administração social, muito mais focado na política de negócios da companhia (atuação estratégica) do que no dia a dia da administração. Não é ele obrigado à verificação diária dos atos da diretoria, motivo pelo qual não pode ser responsabilizado por todo e qualquer ato dos diretores. Esse seu dever de supervisão comporta uma ótica de avaliação mais restrita, não sendo lícito, portanto, responsabilizá-lo em relação aos atos da diretoria que lhe sejam omitidos ou sonegados, ou, ainda, de impossível ou difícil constatação.

No contexto da responsabilidade solidária dos administradores, há também as hipóteses constantes dos §§ 2º a 4º do art. 158 da Lei n. 6.404/76, disposições essas que aludem tanto aos diretores quanto aos conselheiros, por abrangerem as competências tanto de uns quanto de outros.

Nas companhias fechadas, os administradores são solidariamente responsáveis pelos prejuízos causados em virtude do não cumprimento dos deveres impostos por lei para assegurar o funcionamento normal da sociedade, mesmo que, por disposição estatutária, tais deveres não caibam a todos eles. Quanto à sua natureza, não configura, como uma visão apressada poderia sugerir, responsabilidade por fato de terceiro, mas sim responsabilidade direta, por falta própria. Trata-se de uma obrigação positiva, uma obrigação de fazer, cujo inadimplemento resulta na sua responsabilidade pela reparação dos prejuízos causados à companhia. O elemento culpa está aqui presente, como nas demais hipóteses de responsabilidade dos administradores.

São exemplos desses deveres legais a convocação da assembleia geral ordinária, o registro dos atos societários na Junta Comercial, a elaboração e a publicação das demonstrações financeiras.

Note-se, pelos exemplos colacionados, não ser o descumprimento de qualquer dever capaz de gerar a responsabilidade solidária, mas tão somente daqueles cuja inobservância afete e comprometa o funcionamento legal e normal da companhia, gerando-lhe graves prejuízos. Não estaria, por exemplo, contemplada nesse rol a inobservância de pedido formulado por acionista de certidão referente a assentamento constante dos livros societários. Em suma, essa responsabilização solidária tem seu cerne no dever de vigilância que incumbe a todo administrador observar em relação ao cumprimento dos atos necessários ao funcionamento legal e normal da sociedade. Para ficar exonerado, o administrador deverá comunicar o fato ao órgão da administração, ao conselho fiscal, se em funcionamento, ou à assembleia geral.

Nas companhias abertas, essa responsabilidade já fica restrita aos administradores que, por disposição do estatuto, tenham atribuição específica de dar cumprimento àqueles deveres. Contudo, o administrador que, tendo conhecimento do não cumprimento de tais deveres por seu predecessor, ou pelo administrador competente, deixar de dar ciência do fato à assembleia geral tornar-se-á por ele solidariamente responsável. Essa obrigação de comunicar vem fundamentalmente arrimada no dever de lealdade dos administradores.

Por derradeiro, cabe anotar que responderá solidariamente com o administrador todo aquele que, com o fim de obter vantagem pessoal ou em prol de terceiro, concorrer para a prática do ato violador da lei ou do estatuto (§ 5º do art. 158).

13.17. AÇÃO DE RESPONSABILIDADE

O ato ilícito praticado pelo administrador pode resultar em danos à companhia, aos acionistas ou a terceiros. Portanto, de um fato jurídico podem derivar pretensões sociais e individuais. Quando a conduta comissiva ou omissiva do administrador resultar em prejuízo para a companhia, esta terá legitimação para promover a competente ação de responsabilidade civil; já se esse prejuízo se projetar no patrimônio individual de acionista ou de terceiro, a legitimação competirá ao acionista ou ao terceiro diretamente prejudicado. Na primeira situação, a ação recebe o nome de ação social; na segunda, a denominação de ação individual do acionista ou ação individual do terceiro. O art. 159 da Lei das S.A. cuida de ambas pretensões e correspondentes ações.

A ação social tem por escopo buscar a reparação do dano sofrido pela companhia em seu patrimônio. Dessa feita, é a sociedade que, em princípio, irá figurar como sujeito ativo da demanda. Quando ela é a promotora da ação, esta recebe o nome de ação social *ut universi*. Para sua propositura, exige-se necessariamente prévia deliberação da assembleia geral, a qual se traduz, pois, em efetiva condição de procedibilidade da ação de responsabilidade civil em face do seu administrador ou dos seus administradores. A sua finalidade é a de preservar o interesse social, com a reparação dos prejuízos causados ao patrimônio da companhia, iniciativa que se fundamenta na decisão majoritária do corpo de acionistas.

A deliberação pode ser tomada tanto em assembleia geral ordinária quanto em assembleia geral extraordinária. No primeiro caso, não há nem sequer a necessidade de constar a matéria na ordem do dia, podendo ser suscitada por qualquer acionista por conta da discussão dos assuntos gerais. No segundo caso, porém, a matéria deverá integrar a ordem do dia no edital de convocação ou deverá ser consequência direta de assunto nela incluído.

Decidindo a assembleia geral pela propositura da ação em face de um ou mais administradores, este ou estes, conforme o caso, ficarão impedidos e deverão, diz a lei, ser substituídos. Esse impedimento é uma decorrência lógica da perda da fidúcia necessária ao desempenho do mister. Tem-se aí um impedimento absoluto. A substituição deverá ser realizada pelo órgão social competente para prover o cargo de administrador até então ocupado pelo substituído (assembleia geral ou conselho de administração).

Faculta a lei, ainda, que a ação seja promovida por quem não seja o titular do direito lesado, surgindo, aí, a figura da legitimação extraordinária. A substituição processual vem prevista em duas hipóteses: a ação pode ser proposta por qualquer acionista se não o for pela companhia no prazo de três meses contados da deliberação assemblear[41] que autorizou o respectivo ajuizamento; ou por acionista ou acionistas que representem ao menos cinco por cento do capital social, se a assembleia deliberar por não promover a ação. No primeiro caso, a legitimação extraordinária de qualquer dos acionistas da sociedade vem baseada na inércia da diretoria em promover a ação deliberada pela assembleia geral, verificando-se, portanto, a substituição subsidiária; no segundo, a legitimação extraordinária é de uma minoria acionária qualificada (representativa de, ao menos, cinco por cento do capital social[42]) que, contrariamente à decisão da assembleia, resolve promover a ação, caracterizando-se, aí, a substituição autônoma[43].

---

41 O prazo conta-se da deliberação e não da publicação da ata, pois a decisão assemblear se destina à companhia e a seus administradores e não a produzir efeitos perante terceiros.

42 Esse percentual pode ser reduzido pela Comissão de Valores Mobiliários, tratando-se de companhia aberta, nos termos do art. 291 da Lei n. 6.404/76.

43 Fábio Ulhoa Coelho classifica a ação do § 3º do art. 159 como substituição derivada, e a do § 4º como substituição originária (*ob. cit.*, v. 2, p. 273-274). Preferimos a designação para aquela do § 3º de substituição subsidiária e de substituição autônoma para o do § 4º. Isso porque, no primeiro caso, a legitimação somente surge para o acionista havendo a inércia da companhia. Esta, no interregno legal dos três meses da deliberação da assembleia pela propositura da ação, tem legitimação exclusiva. Após esse período, a legitimidade dos acionistas será concorrente com a da sociedade. Mas se esta, ainda que após os três meses, a propuser, fica o acionista obstado de fazê-lo. No segundo caso, a legitimação de uma minoria qualificada surge pela deliberação negativa da assembleia em propor a ação. Assim, estará ela agindo autonomamente em relação à vontade da sociedade, expressada pelo conclave dos acionistas. Revela-se, aqui, uma regra de proteção à minoria.

Em ambas as situações a ação social é denominada *ut singuli*. São elas assim intituladas porquanto o titular do direito à indenização é a companhia. O prejuízo verificou-se no patrimônio da sociedade, diferentemente das ações individuais, em que o prejuízo é suportado diretamente pelo acionista ou pelo terceiro prejudicado. O interesse tutelado é o da companhia, atuando o acionista como parte em sentido formal. Irá ele postular, em nome próprio, direito alheio. Tanto que os resultados da ação deferem-se à pessoa jurídica, a qual, entretanto, deverá indenizá-lo, nessa hipótese de êxito, até o limite daqueles resultados, de todas as despesas incorridas, com atualização monetária e juros dos dispêndios realizados.

Não se pode olvidar que a exigência de prévia deliberação da assembleia geral sobre a propositura da ação é sempre condição para a ação social; não só para que ela possa ser proposta pela companhia (legitimada originária), mas também para que os acionistas (legitimados extraordinários) possam fazê-lo, naquelas hipóteses em que a lei expressamente os autoriza. No caso da substituição subsidiária, haverá a decisão assemblear autorizativa e a inércia da diretoria na propositura; na situação da substituição autônoma, ter-se-á uma deliberação negativa, ou seja, pelo não ajuizamento. E essa exigência de manifestação do órgão de deliberação social se faz tanto para a ação a ser proposta em face do administrador em exercício de suas funções, como em relação ao ex-administrador, quando, por óbvio, tiver ela por base fatos ocorridos por ocasião do exercício do cargo.

De se registrar que, na substituição autônoma, o administrador não fica impedido, remanescendo, assim, no exercício das funções decorrentes de seu cargo. Isso porque a causa do impedimento não é a propositura da ação, mas sim a deliberação da assembleia geral pelo ajuizamento da demanda. Nesse caso, a decisão foi pela não propositura.

Na substituição subsidiária, não há exclusão da legitimação da companhia. Em verdade, nos três primeiros meses computados da deliberação da assembleia geral em favor da propositura da ação de responsabilidade, a legitimação é exclusiva da companhia. Após esse interregno, passa ela a ser concorrente. Mas, se a sociedade ajuizar a ação precedentemente ao acionista, mesmo após os três meses, fica a esse último obstado o exercício de igual direito. A interdição decorre do fato de que essa ação social *ut singuli* é subsidiária à ação social *ut universi*.

Cabe ainda perquirir a extensão da legitimação extraordinária posta em favor dos acionistas da companhia. Na ação social *ut singuli* do § 3º do art. 159 (substituição subsidiária), a legitimação defere-se tanto em prol dos acionistas presentes, incluindo-se aí os dissidentes e os que se abstiveram, como em proveito dos ausentes, porquanto, além de o bem jurídico perseguido ser a recomposição patrimonial da companhia, a assembleia geral já autorizou a propositura. Assim, estarão eles realizando a vontade da sociedade, expressada pelo seu órgão de deliberação. Já na do § 4º do art. 159 (substituição autônoma), estarão legitimados os que votaram contra a maioria (acionistas dissidentes), os ausentes e os que, embora presentes, abstiveram-se. Somente não terão legitimidade aqueles que votaram pela não propositura.

De interessante indagação é a legitimação daquele que adquire as ações da companhia após a deliberação. Estaria o adquirente legitimado à propositura da ação social *ut singuli*? Pensamos que, na hipótese do § 3º do art. 159, sim. Quando da aquisição da ação a vontade social já estava declarada no sentido da propositura da demanda judicial. E a essa vontade todos os acionistas estão vinculados. Na verdade, estará o acionista agindo na realização do interesse social. Estará ele exercendo um direito acessório à ação alienada. No caso do § 4º do mesmo preceito, cremos que não terá legitimidade o adquirente se o alienante das ações houver votado contrariamente à propositura. Sucede, desse modo, o vendedor na posição que ele detinha no universo social.

Na ação social, em qualquer de suas modalidades, pode o juiz reconhecer a exclusão da responsabilidade do administrador, se convencido de que ele agiu de boa-fé e visando ao interesse da companhia. A hipótese, portanto, somente alberga uma ação e não uma omissão do administrador. Mas, mesmo assim, uma ação culposa. Em caso de ter procedido com dolo, não há margem para a aplicação da exclusão de responsabilidade de que cogita o § 6º do art. 159. O juiz, para decidir pela exclusão da responsabilidade, deverá analisar se o administrador agiu em total boa-fé e com razoabilidade a inspirar os seus atos, sempre com o zelo necessário para realizar o interesse da companhia.

Consoante foi asseverado no início do presente tópico, o ato ilícito praticado pelo administrador pode causar prejuízo não só ao patrimônio da companhia, mas também ao de acionista ou de terceiros. Nessas condições, surge para o acionista ou o terceiro prejudicado a ação dita individual (§ 7º do art. 159), em contraposição à ação social. Cabe ao acionista ou ao terceiro prejudicado demonstrar a ocorrência de prejuízo direto ao seu patrimônio, derivado do ato ilícito perpetrado pelo administrador. Visa-se com ela, portanto, à reparação de dano causado diretamente a seu patrimônio. O dano reflexo ou indireto não autoriza a ação individual, mesmo que a pretensão seja dirigida por um acionista, na medida em que é um desdobramento do dano sofrido pela companhia. Em outros termos, o acionista ou o terceiro terá que demonstrar um prejuízo direto, concreto e pessoal advindo do ato do administrador. Contra o administrador, o autor da ação individual estará dirigindo um direito subjetivo seu e não titularizado pela companhia. O dano é personalizado no acionista ou no terceiro que a promove, recaindo, assim, diretamente sobre o seu patrimônio.

A ação individual tem cabimento, por exemplo, na hipótese de não pagamento de dividendos devidos ao acionista ou no caso de manipulação de informação privilegiada pelo administrador (*insider trading*) de que resultam vantagens pessoais para si ou para outrem.

Desse modo, convivem autonomamente as ações sociais e individuais. A propositura de uma não exclui a outra, por terem fundamentos jurídicos distintos.

As pretensões que embasam as ações sociais *ut universi* e *ut singuli*, bem como as ações individuais do acionista ou do terceiro prejudicado, prescrevem em três anos, contado o prazo da data da publicação da ata que aprovar o balanço referente ao exercício em que a violação tenha ocorrido (art. 287, II, *b*, n. 2). Quando a pretensão se originar de fato que deva ser apurado no juízo criminal, não correrá a prescrição antes da respectiva sentença definitiva, ou da prescrição penal (art. 288).

13.18. APROVAÇÃO DAS CONTAS E RESPONSABILIDADE DOS ADMINISTRADORES

O dano sofrido pela companhia rende ensejo à propositura da ação social, que tanto pode ser por ela própria promovida como, em determinadas situações que a lei autoriza, por acionistas, mas sempre tendo por escopo a recomposição do patrimônio da pessoa jurídica, razão pela qual o respectivo resultado sempre será para ela revertido, como se analisou no item precedente.

Mas a indagação a ser neste tópico enfrentada diz respeito a saber se a aprovação das contas da administração pela assembleia geral inibe ou não a propositura da ação social, em todas as suas modalidades.

Na assembleia geral ordinária, como visto alhures, uma das matérias a ser deliberada concerne à tomada de contas dos administradores, ao exame, à discussão e à votação das demonstrações financeiras (art. 132, I). No curso dessa votação, poderão ser aprovadas as contas dos administradores e as demonstrações, serem ambas reprovadas, ou aprovada uma e reprovada outra, justo por se tratarem de aprovações distintas. Quanto às contas dos administradores, poderão elas ser tomadas individualizadamente e, por conseguinte, podem ser aprovadas as contas de um administrador e não as de outro.

Uma vez aprovadas as contas dos administradores sem reserva, ter-se-á dessa decisão a liberação deles de eventuais responsabilidades, outorgando-lhes a assembleia geral, dessa forma, quitação de seus atos em relação ao exercício social em referência[44]. Essa

[44] Alberto Xavier, nesse sentido, sustenta: "A aprovação das contas anuais, sem reservas, além de fixar o lucro líquido do exercício, tem, pois, eficácia liberatória dos administradores, significando isto que a sociedade renuncia a exigir-lhes responsabilidade pelos prejuízos causados ao seu patrimônio" (*Administradores de sociedades*. São Paulo: Revista dos Tribunais, 1979, p. 107-108).

quitação pelo cumprimento dos deveres legais e estatutários também poderá ser obtida restritivamente em relação a um ou a alguns administradores que tiverem suas contas aprovadas, ainda que outro ou outros administradores não tenham recebido a mesma aprovação.

Esse efeito liberatório vem sustentado a partir do texto normativo do § 3º do art. 134, assim enunciado: "a aprovação, sem reserva, das demonstrações financeiras e das contas, exonera de responsabilidade os administradores e fiscais, salvo erro, dolo, fraude ou simulação (art. 286)". Portanto, somente quando ocorrente uma dessas situações capazes de viciar a vontade social, expressada por meio da deliberação assemblear, é que a aprovação das contas não teria o condão de exoneração da responsabilidade dos administradores.

Mas daí emerge outra questão: uma vez detectado o vício, é possível à própria assembleia geral dos acionistas rever e desconstituir a decisão anteriormente tomada e os efeitos dela decorrentes, ou é indispensável que essa desconstituição se faça em juízo, por meio de ação própria visando à sua anulação?

Substancial corrente doutrinária[45] articula-se no sentido de que a quitação anterior-

---

45 Alinham-se, nesse entendimento, os seguintes autores: José Luiz Bulhões Pedreira e Luiz Alberto Colonna Rosman: "A assembleia geral somente pode deliberar que a companhia promova a ação se as demonstrações financeiras do exercício em que ocorreu o ato do administrador tiverem sido aprovadas com reserva, ou seja, se a assembleia, embora tenha aprovado as demonstrações financeiras, tenha ressalvado que essa aprovação não implica a aprovação das contas dos administradores. Se a assembleia aprovou as demonstrações financeiras sem reservas, ou se, além de aprová-las, aprovou como item específico, as contas dos administradores, a companhia está vinculada a seu ato, que é irretratável, e somente pode ser modificada por decisão judicial. Para isso, a companhia deverá pedir judicialmente a anulação da deliberação de aprovar as contas dos administradores e a indenização dos prejuízos" (Aprovação das demonstrações financeiras, tomada de contas dos administradores e seus efeitos. Necessidade de prévia anulação da deliberação que aprovou as contas dos administradores para a propositura da ação de responsabilidade *in Sociedade anônima*: 30 anos da Lei 6.404/76. Coordenação de Rodrigo R. Monteiro de Castro e Leandro Santos de Aragão. São Paulo: Quartier Latin, 2007, p. 55); Nelson Eizirik, Ariádna B. Gaal, Flávia Parente e Marcus de Freitas Henriques: "Em outras palavras, a aprovação, sem reservas, das contas pressupõe que os acionistas concordaram com a atuação dos administradores, liberando-os de qualquer responsabilidade por eventuais prejuízos causados à sociedade. Portanto, não pode o acionista que votou pela aprovação, sem reservas, das contas da administração manifestar-se, na mesma Assembleia, favoravelmente à propositura de ação de responsabilidade contra os administradores. Apenas posteriormente, se ficar demonstrado que as contas foram elaboradas com erro, dolo, fraude ou simulação é que se poderia pretender anular a aprovação anterior e, caso houvesse prejuízo para a sociedade, ajuizar ação para apurar a responsabilidade dos administradores. Todavia, para tanto seria indispensável, primeiramente, anular a deliberação que aprovou as contas, após ter sido comprovado que tal aprovação ocorreu em função de algum vício (erro, dolo, fraude ou simulação). A comprovação da existência de vícios na deliberação, a seu turno,

mente obtida produziu os seus respectivos efeitos liberatórios em favor dos destinatários, e sua desconstituição deverá se fazer judicialmente. Seus partidários atentam para a remissão feita pelo indigitado § 3º do art. 134 ao art. 286 da mesma lei, o qual cuida do prazo de prescrição da pretensão anulatória das deliberações sociais, fato esse que desvelaria o curso legal que se imporia para a invalidação da decisão assemblear.

A jurisprudência do Superior Tribunal de Justiça, por seu turno, tem sido construída no mesmo fluxo de ideias[46].

Destarte, seguindo essa orientação predominante, a ação social depende de uma ação prévia de desconstituição da deliberação que aprovou as contas ou, então, o que se afigura mais útil e eficiente, de uma ação que traduza, no rol dos pedidos formulados, requerimento de anulação de deliberação e, em cumulação sucessiva, o de condenação do administrador a compor as perdas e danos havidos no patrimônio da companhia (sempre no pressuposto de uma prévia decisão assemblear orientando pela propositura da ação de anulação juntamente com a responsabilização civil do administrador).

Entretanto, temos efetiva dificuldade em conviver com a aceitação dessa tese. Em nosso sentir, a referência que o § 3º do art. 134 faz ao art. 286 tem o único objetivo de indicar qual seria o prazo prescricional para a pretensão anulatória que pode ser exercitada. Não mais do que isso. Na fonte legal não consta que a ação de anulação se constitui em condição de procedibilidade para a ação de responsabilidade civil do administrador. A alusão ao art. 286 apenas, como se disse, reporta ao prazo prescricional para a pretensão anulatória de deliberações assembleares. Para nós, é mais forte a convicção de que a própria assembleia, diante da aferição de que a sua manifestação anterior foi viciada, tomada mediante erro ou fruto de uma manobra dolosa, fraudulenta ou simulada, está apta a rever, dentro do prazo prescricional para a propositura da ação de

---

somente seria possível em razão do surgimento de elementos novos, que os acionistas não tinham conhecimento quando da realização da Assembleia Geral Ordinária" (*ob. cit.*, p. 498-499); e, sob a vigência do Decreto-Lei n. 2.627/1940, Cunha Peixoto: "A aprovação das contas dos administradores pela assembleia geral impede que o acionista promova a ação social de responsabilidade contra os diretores faltosos, a não ser que, nos termos do art. 101, anule, primeiro, o ato da assembleia, eivado de qualquer vício, erro, dolo, fraude ou simulação" (*ob. cit.*, v. IV, p. 97).

46 Confiram-se, nessa linha de entendimento, as decisões constantes do Recurso Especial n. 256.596/SP, Relatora Ministra Nancy Andrighi, Relator designado para lavrar o acórdão Ministro Antônio de Pádua Ribeiro, julgado por maioria pelos integrantes da 3ª Turma em 8-5-2001; do Recurso Especial n. 257.573/DF, Relator Ministro Waldemar Zveiter, também julgado por maioria pelos integrantes da 3ª Turma em 8-5-2001; e do Agravo Regimental no Agravo de Instrumento n. 950.104/DF, Relator Ministro Massami Uyeda, julgado à unanimidade pelos integrantes da 3ª Turma em 19-3-2009.

responsabilidade, a decisão anterior e, assim, autorizar o seu ajuizamento, sem necessidade de anulação judicial prévia. A aprovação sem reserva das demonstrações financeiras e das contas somente exonera de responsabilidade os administradores se não estiver eivada de erro, dolo, fraude ou simulação. Havendo um desses vícios, o efeito preclusivo da aprovação das contas dos administradores não pode se materializar de imediato. A estabilidade da relação jurídica entre eles e a companhia pressupõe uma aprovação de contas, e consequente quitação, realizada em um ambiente de lisura[47].

Como oportunamente leciona Miranda Valverde[48],

> a assembleia geral pode sempre rever as suas próprias decisões. Pode, assim, cancelar ou anular deliberação anterior e ratificar todos os atos que interessam à sociedade. Ressalvados, pois, os direitos de terceiros, acionistas ou não, a deliberação atacada é passível, em princípio, de revisão e retificação. E a validade desta será indiscutível se teve por fim sanar irregularidades.

Por outro lado, essa exigência de prévia anulação judicial da decisão assemblear não se coaduna com o próprio sistema legal que autoriza a substituição processual autônoma do § 4º do art. 159. Por ela, estão legitimados os acionistas minoritários (que reúnam representatividade de, pelo menos, cinco por cento do capital social) a promover a ação de responsabilidade quando a assembleia decidir contrariamente à sua propositura pela companhia. A exigência dessa anulação prévia não se compatibiliza com essa legitimação extraordinária que a lei consagra.

---

47 Nessa mesma linha de princípio, sustentam Modesto Carvalhosa [*Comentários à lei de sociedades anônimas*, v. 3 (4ª ed. – 2009), p. 399], José Waldecy Lucena (*ob. cit.*, v. II, p. 625) e Marlon Tomazette (*Curso de direito empresarial*: teoria geral e direito societário, v. 1, 5ª ed. São Paulo: Atlas, 2013, p. 562). Modesto Carvalhosa arremata: "Por tudo isso, conclui-se que não tem qualquer fundamento a interpretação de que primeiro deve-se anular judicialmente a deliberação da assembleia geral, para depois ingressar-se com ação de responsabilidade. Essa interpretação, além de contrariar a própria exegese sistemática da lei, nega a tendência acentuada do sistema jurídico, que é o de limitar, cada vez mais, os efeitos supostamente preclusivos da aprovação das contas dos administradores". José Waldecy Lucena, por sua vez, sustenta: "A nós parece que, se a própria assembleia delibera promover ação de responsabilidade contra o administrador que prestara mal as contas, tal significa que a aprovação anterior, mesmo que não se diga expressamente, restou reformada pela nova deliberação, dispensada, assim e obviamente, o recurso ao Judiciário. Quem se sentir prejudicado por essa nova decisão, que então o faça". E assim também se manifesta Tomazette: "Não concordamos com tal orientação, em especial, pela legitimidade ativa dada aos acionistas minoritários. Ora, se lhes é assegurada a possibilidade de ajuizamento dessa ação, condicioná-la à anulação prévia da deliberação é retirar o núcleo essencial desse direito e, por isso, não concordamos com essa interpretação. A nosso ver, tal exigência fere as garantias mínimas de fiscalização asseguradas aos acionistas".

48 *Sociedades por ações*, v. III, p. 113.

13.19. ADMINISTRADORES DA SOCIEDADE DE ECONOMIA MISTA

A sociedade de economia mista, que obrigatoriamente deve se constituir sob a forma de sociedade anônima, está sujeita ao regime previsto na Lei n. 6.404/76, ressalvado o disposto na Lei n. 13.303/2016 (art. 235 da Lei n. 6.404/76 e art. 5º da Lei n. 13.303/2016).

Desse modo, os administradores (membros do conselho de administração e da diretoria) ficam submetidos às disposições da Lei das S.A., que vêm suplementadas por aquelas especiais previstas na Lei n. 13.303/2016[49].

A lei que autorizar a criação da companhia de economia mista deverá dispor, entre outros assuntos, sobre a constituição do conselho de administração e da diretoria, bem como acerca do prazo de gestão de seus integrantes. Quanto ao número de membros do conselho de administração, deve ser observado o mínimo de sete e o máximo de onze; em relação à diretoria, o número mínimo de três diretores. Já no que tange ao prazo de gestão, este não pode ser superior a dois anos e deve ser unificado para os conselheiros e diretores. São permitidas, no máximo, três reconduções consecutivas (art. 13, I, II e VI, da Lei n. 13.303/2016).

É assegurada a participação no conselho de administração – órgão obrigatório na sociedade de economia mista – de representante dos acionistas minoritários (arts. 239 da Lei n. 6.404/76 e 19 da Lei n. 13.303/2016) e dos empregados (art. 19 da Lei n. 13.303/2016)[50]. À minoria acionária é garantido o direito de eleger um dos conselheiros, se maior número não lhe couber pelo processo de voto múltiplo (cf. o deduzido no item 13.2 *supra*).

É vedada a participação remunerada de membros da administração pública, direta ou indireta, em mais de dois conselhos, de administração ou fiscal (art. 20 da Lei n. 13.303/2016).

---

49 As disposições do Título I da Lei n. 13.303/2016 referentes aos administradores (arts. 13 e 16 a 23) não se aplicam à companhia de economia mista que tiver, em conjunto com suas subsidiárias, no exercício social anterior, receita operacional bruta inferior a R$ 90.000.000,00 (noventa milhões de reais). Isso porque os Poderes Executivos poderão editar atos que estabeleçam regras de governança destinadas às suas sociedades de economia mista que se enquadrem na hipótese, observadas as diretrizes gerais da prefalada lei. Entretanto, a não edição desses atos no prazo de cento e oitenta dias a partir da publicação da mencionada lei submete as sociedades de economia mista à totalidade das regras de governança previstas no seu Título I, antes referenciado (§§ 1º, 3º e 4º do art. 1º da Lei n. 13.303/2016).

50 As disposições contidas na Lei n. 12.353/2010 são aplicáveis à participação dos empregados no conselho de administração da sociedade de economia mista e de suas subsidiárias e controladas e das demais empresas em que a União, direta ou indiretamente, detenha a maioria do capital social com direito a voto.

A remuneração mensal devida ao membro do conselho de administração, nas companhias de economia mista federais, não pode exceder dez por cento da remuneração mensal média dos diretores (*caput* do art. 1º da Lei n. 9.292/96).

Sem prejuízo dos requisitos e impedimentos gerais traçados pela Lei n. 6.404/76 (item 13.6 *supra*), os membros do conselho de administração e da diretoria estão submetidos a outros especiais previstos na Lei n. 13.303/2016.

Quanto aos requisitos especiais para a investidura, devem atender a um dos seguintes, de forma alternativa, para caracterizar a experiência profissional exigida: a) mínimo de dez anos, no setor público ou privado, na área de atuação da sociedade de economia mista ou em área conexa àquela para a qual forem indicados em função de direção superior; b) mínimo de quatro anos ocupando pelo menos um dos seguintes cargos: b.1) cargo de direção ou de chefia superior em sociedade de porte ou objeto social semelhante ao da sociedade de economia mista, entendendo-se como cargo de chefia superior aquele situado nos dois níveis hierárquicos não estatutários mais altos da sociedade; b.2) cargo em comissão ou função de confiança equivalente a DAS-4 ou superior, no setor público; b.3) cargo de docente ou de pesquisador em áreas de atuação da sociedade de economia mista; c) mínimo de quatro anos de experiência como profissional liberal em atividade direta ou indiretamente vinculada à área de atuação da sociedade de economia mista (inciso I do *caput* do art. 17 da Lei n. 13.303/2016). Esses requisitos alternativos poderão ser dispensados no caso de indicação de empregado da sociedade de economia mista para o cargo, desde que atendidos os seguintes quesitos mínimos: a) o empregado tenha ingressado na sociedade de economia mista por meio de concurso público de provas ou de provas e títulos; b) o empregado tenha mais de dez anos de trabalho efetivo na sociedade de economia mista; c) o empregado tenha ocupado cargo na gestão superior da sociedade de economia mista, comprovando sua capacidade para assumir as responsabilidades inerentes ao cargo de administrador (§ 5º do art. 17 da Lei n. 13.303/2016).

Cumulativamente, devem ainda atender aos seguintes requisitos: a) ter formação acadêmica compatível com o cargo para o qual foi indicado; e b) não se enquadrar nas hipóteses de inelegibilidade previstas nas alíneas do inciso I do *caput* do art. 1º da Lei Complementar n. 64, de 18-5-1990 (incisos II e III do *caput* do art. 17 da Lei n. 13.303/2016).

É, ainda, condição para a investidura em cargo de diretoria a assunção de compromisso com metas e resultados específicos, aprovado pelo conselho de administração, a quem incumbe fiscalizar o seu cumprimento (*caput* do art. 23 da Lei n. 13.303/2016).

No âmbito dos impedimentos especiais para os administradores, tem-se como vedadas as seguintes indicações: a) de representante do órgão regulador ao qual a sociedade de economia mista está sujeita, de Ministro de Estado, de Secretário de Estado, de Secretário Municipal, de titular de cargo, sem vínculo permanente com o serviço público, de natureza especial ou de direção e assessoramento superior na administração pública, de dirigente estatutário de partido político e de titular de mandato no Poder Legislativo de qualquer ente da federação, ainda que licenciados do cargo (essa vedação se estende aos parentes consanguíneos ou afins até o terceiro grau das referidas pessoas); b) de pessoa que atuou, nos últimos trinta e seis meses, como participante de estrutura decisória de partido político ou em trabalho vinculado a organização, estruturação e realização de campanha eleitoral; c) de pessoa que exerça cargo em organização sindical; d) de pessoa que tenha firmado contrato ou parceria, como fornecedor ou comprador, demandante ou ofertante, de bens ou serviços de qualquer natureza, com a pessoa político-administrativa controladora da sociedade de economia mista ou com a própria sociedade em período inferior a três anos antes da data de nomeação; e) de pessoa que tenha ou possa ter qualquer forma de conflito de interesse com a pessoa político-administrativa controladora da sociedade de economia mista ou com a própria sociedade (§ 2º do art. 17 da Lei n. 13.303/2016).

No que pertine à competência do conselho de administração, sem prejuízo daquela prevista na Lei n. 6.404/76, a Lei n. 13.303/2016 traça certas atribuições de caráter específico, dentre as quais se destacam: a) discutir, aprovar e monitorar decisões envolvendo práticas de governança corporativa, relacionamento com partes interessadas, política de gestão de pessoas e código de conduta dos agentes; b) implementar e supervisionar os sistemas de gestão de riscos e de controle interno estabelecidos para a prevenção e mitigação dos principais riscos a que está exposta a sociedade de economia mista, inclusive os riscos relacionados à integridade das informações contábeis e financeiras e os relacionados à ocorrência de corrupção e fraude; c) estabelecer política de porta-vozes visando a eliminar risco de contradição entre informações de diversas áreas e as dos executivos; d) avaliar anualmente o desempenho dos diretores; e) promover anualmente a análise de atendimento das metas e resultados na execução do plano de negócios e da estratégia de longo prazo, devendo publicar suas conclusões e informá-las ao Congresso Nacional, às Assembleias Legislativas, à Câmara Legislativa do Distrito Federal ou às Câmaras Municipais e aos respectivos Tribunais de Contas, quando houver, excluindo-se dessa obrigação de publicação as informações de natureza estratégica cuja divulgação possa ser comprovadamente prejudicial ao interesse da sociedade de economia mista; f) aprovar e fiscalizar o compromisso de metas e resultados da diretoria (arts. 18 e 23 da Lei n. 13.303/2016).

O conselho de administração da companhia de economia mista deve ser composto, no mínimo, por vinte e cinco por cento de membros independentes ou por pelo menos um, caso seja adotado o processo de voto múltiplo pelos acionistas minoritários, conforme exige e disciplina o art. 22 da Lei n. 13.303/2016. Quando resultar em número fracionário, proceder-se-á ao arredondamento para o número inteiro imediatamente superior, se a fração for igual ou maior do que cinco décimos, ou imediatamente inferior, caso menor.

Não se consideram para o cômputo das vagas destinadas aos membros independentes as ocupadas pelos conselheiros eleitos pelos empregados; ao contrário, são contempladas aquelas preenchidas pelos conselheiros eleitos pelos acionistas minoritários.

Exige-se para a caracterização da figura de membro independente que o conselheiro: a) não tenha nenhum vínculo com a companhia, exceto participação de capital; b) não seja cônjuge ou parente consanguíneo ou afim, até o terceiro grau ou por adoção, de chefe do Poder Executivo, de Ministro de Estado, de Secretário de Estado ou Município ou de administrador da sociedade de economia mista; c) não tenha mantido, nos últimos três anos, vínculo de qualquer natureza com a sociedade ou seus controladores, que possa vir a comprometer sua independência; d) não seja ou não tenha sido, nos últimos três anos, empregado ou diretor da sociedade de economia mista ou de sociedade controlada, coligada ou subsidiária, exceto se o vínculo for exclusivamente com instituições públicas de ensino ou pesquisa; e) não seja fornecedor ou comprador, direto ou indireto, de serviços ou produtos da companhia, de modo a implicar perda de independência; f) não seja funcionário ou administrador de sociedade ou entidade que esteja oferecendo ou demandando serviços ou produtos à sociedade de economia mista, de modo a implicar perda de independência; g) não receba outra remuneração da sociedade de economia mista além daquela relativa ao cargo de conselheiro, à exceção de proventos em dinheiro oriundos de participação no capital.

Capítulo 14

CONSELHO FISCAL

14.1. PAPEL DO CONSELHO FISCAL

O conselho fiscal é um órgão da sociedade anônima que tem as funções de fiscalização dos atos dos administradores e de informação da assembleia geral. Cumpre-lhe, no desempenho de seu mister, exercer a fiscalização dos órgãos da administração social, notadamente no que se refere à regularidade de suas contas e dos atos de gestão, verificando, em especial, o cumprimento de seus deveres legais e estatutários. Sua atuação é, por assim dizer, instrumental, porquanto tem por escopo levar ao conhecimento da assembleia geral dos acionistas as informações de que necessita, para que possa, esse órgão social supremo, na coordenação da vida da companhia, exercer a fiscalização, a supervisão e o controle dos atos de gestão empresarial.

Nesse passo, o conselho fiscal será sempre adjuvante da assembleia geral nesse papel de fiscalização da gestão dos negócios sociais, emergindo, portanto, como órgão de assessoramento e informação.

14.2. FUNCIONAMENTO

O conselho fiscal, apesar de ser um órgão obrigatório na estrutura da sociedade anônima e, assim, de necessária disciplina no estatuto social, poderá ter seu funcionamento em caráter permanente ou eventual. A companhia, dessa forma, sempre terá um conselho fiscal e o estatuto disporá sobre o seu funcionamento: se de modo permanente ou nos exercícios sociais em que for instalado (*caput* do art. 161).

Esse órgão, portanto obrigatório, mas de funcionamento facultativo, poderá ter uma atuação em todo e qualquer exercício social, trabalhando permanentemente como um instrumento de fiscalização da gestão da companhia posto à disposição dos acionistas, ou ser instalado, a pedido deles, apenas em certos exercícios sociais. Nesse último caso, será ativado pela assembleia geral, ordinária ou extraordinária, a quem caberá a eleição de seus membros, não sendo necessário, inclusive, que a matéria conste da ordem do dia no anúncio de sua convocação. Essa instalação atenderá ao pedido de acionista ou acionistas que representem, no mínimo, um décimo das ações com direito a voto, ou cinco por cento das ações sem direito a voto[1]. Cada período de funcionamento necessariamente será encerrado por ocasião da primeira assembleia geral ordinária que suceder à sua instalação (§§ 2º e 3º do art. 161).

Cumpre anotar que nas sociedades de economia mista, entretanto, o conselho fiscal terá sempre funcionamento permanente (art. 240 da Lei n. 6.404/76 e art. 13, IV, da Lei n. 13.303/2016).

14.3. COMPOSIÇÃO E PRAZO DE EXERCÍCIO DO CARGO

O conselho fiscal é composto por no mínimo três e no máximo cinco membros titulares, e suplentes em igual número, acionistas ou não, eleitos pela assembleia geral (§ 1º do art. 161). Tendo o conselho funcionamento permanente, a eleição é processada por ocasião da assembleia geral ordinária. Em caso de vacância (*v.g.*, morte, renúncia, sobrevinda incapacidade), a eleição pode ser feita, no curso do exercício social, por uma assembleia geral extraordinária. Tendo o funcionamento transitório, a eleição, como se viu no item anterior, faz-se na assembleia geral ordinária ou extraordinária que, a pedido dos acionistas, ativar o conselho.

No processo de eleição de seus membros, é assegurada à minoria acionária representação no órgão. Assim é que os titulares de ações preferenciais sem direito a voto, ou com voto restrito, têm direito a eleger, em votação separada, um membro e respectivo suplente. Igual direito é assegurado aos acionistas minoritários com direito a voto, que representem ao menos dez por cento das ações votantes. Em qualquer caso, fica garantido à maioria acionária o direito de eleger um membro, e seu suplente, a mais do que o número de representantes da minoria (§ 4º do art. 161). O processo para a sua composição, desse modo, pode compreender a realização de até três eleições em apartado: a dos representantes dos preferencialistas sem voto ou com voto restrito; a dos representantes dos minoritários com direito a voto; e a dos representantes do controlador, que sempre terá a maioria na composição do conselho. Dessa feita, se todos esses grupos tiverem representação no conselho fiscal, o órgão será integrado, necessariamente, por cinco membros: um representando os preferencialistas sem voto ou com voto limitado, um dos minoritários votantes e três eleitos pelo controlador.

---

1 A Comissão de Valores Mobiliários, nos termos do art. 291, pode reduzir esses percentuais. E assim o fez por intermédio da Instrução CVM n. 324/2000. Por disposição do art. 2º do referido ato normativo, esse percentual, de acordo com o valor do capital social, varia de dois por cento a oito por cento das ações com direito a voto e entre um por cento e quatro por cento das ações sem direito a voto.

Os membros do conselho fiscal, e seus respectivos suplentes, exercerão os seus cargos até a primeira assembleia geral ordinária que se realizar após a sua eleição, sempre sendo possível a reeleição (§ 6º do art. 161). E isso se verifica tanto para as estruturas em que o conselho tiver funcionamento permanente, caso em que cada assembleia geral ordinária procederá à eleição do conselho para o próximo exercício social, como para aquelas em que for transitório.

A função do conselheiro é indelegável (§ 7º do art. 161). A pessoalidade lhe é inerente, sem o que estariam frustrados os fins da lei ao prescrever os requisitos e impedimentos dos fiscais.

14.4. REQUISITOS E IMPEDIMENTOS

O art. 162 da Lei n. 6.404/76 cuida dos requisitos e impedimentos relativos aos integrantes do conselho fiscal. Consoante os seus termos, são elegíveis para integrar o citado órgão somente as pessoas naturais, residentes no país, acionistas ou não, diplomadas em curso de nível universitário, ou que tenham exercido por prazo mínimo de três anos cargo de administrador de empresa ou de conselheiro fiscal. Entretanto, nas localidades em que não houver pessoas habilitadas em número suficiente para o exercício da função, poderá o juiz dispensar a companhia da satisfação desses requisitos, no bojo de um processo de jurisdição voluntária.

Completando esses requisitos, a lei preconiza a conjugação de dois outros atributos: a idoneidade e a imparcialidade.

Nesse curso, não podem ser eleitos para o conselho fiscal as pessoas impedidas por lei especial, ou condenadas por crime falimentar, de prevaricação, corrupção passiva ou ativa, concussão, peculato, contra a economia popular, a fé pública ou a propriedade, ou a pena criminal que vede, ainda que temporariamente, o acesso a cargos públicos.

No que se refere exclusivamente às companhias abertas, são ainda inelegíveis as pessoas declaradas inabilitadas por ato da Comissão de Valores Mobiliários.

Em todas essas situações, por não se configurar o atributo da idoneidade, surge para as pessoas incluídas em cada uma das tipificações o impedimento de integrar o órgão fiscal.

O impedimento pode ainda resultar da ausência de imparcialidade do agente. Portanto, são inelegíveis os membros de órgãos de administração (pois são eles que estarão sob fiscalização do conselho fiscal) e os empregados (pois estão hierarquicamente subordinados àqueles que serão fiscalizados, o que prejudica a independência desejável) da companhia ou de sociedade controlada ou do mesmo grupo. Igualmente não poderão se eleger o cônjuge ou parente, até terceiro grau, de administrador da companhia (pois a proximidade do vínculo vulnera a isenção reclamada para o integrante do órgão fiscal).

Do mesmo modo, não pode ser eleito, salvo dispensa da assembleia geral, aquele que ocupar cargo em sociedades que possam ser consideradas concorrentes no mercado, em especial em conselhos consultivos, de administração ou fiscal, e tiver interesse conflitante com a companhia.

14.5. COMPETÊNCIA E ATUAÇÃO

A lei, no art. 163, passa ao elenco da competência do conselho fiscal. Conforme sua disposição, compete ao referido órgão social: a) fiscalizar, por qualquer de seus membros, os atos dos administradores e verificar o cumprimento dos seus deveres legais e estatutários; b) opinar sobre o relatório anual da administração, fazendo constar do seu parecer as informações complementares que julgar necessárias ou úteis à deliberação da assembleia geral; c) opinar sobre as propostas dos órgãos da administração, a serem submetidas à assembleia geral, relativas a modificação do capital social, emissão de debêntures ou bônus de subscrição, planos de investimento ou orçamentos de capital, distribuição de dividendos, transformação, incorporação, fusão ou cisão; d) denunciar, por qualquer de seus membros, aos órgãos de administração e, se estes não tomarem as providências necessárias para a proteção dos interesses da companhia, à assembleia geral, os erros, fraudes ou crimes que descobrirem, e sugerir providências úteis à companhia; e) convocar a assembleia geral ordinária, se os órgãos da administração retardarem por mais de um mês essa convocação, e a extraordinária, sempre que ocorrerem motivos graves ou urgentes, incluindo na agenda das assembleias as matérias que considerarem necessárias; f) analisar, ao menos trimestralmente, o balancete e demais demonstrações financeiras elaboradas periodicamente pela companhia; g) examinar as demonstrações financeiras do exercício social e sobre elas opinar; h) exercer essas atribuições, durante a liquidação, tendo em vista as disposições especiais que a regulam.

A atuação do conselho fiscal é interna. Os destinatários dos seus atos são os outros órgãos sociais. Como regra de princípio, a lei confere uma competência colegiada ao órgão que decidirá, assim, por maioria de seus membros. Essa visualização de órgão colegiado pode ser inferida, por exemplo, da disposição do *caput* do art. 163, que enumera, em linhas gerais, a competência do conselho e não de seus membros, e de seu § 7º, este reafirmando o regramento de que as atribuições e os poderes conferidos por lei ao conselho não podem ser outorgados a outro órgão da companhia.

Mas justamente visando à proficiência no desempenho das funções de fiscalização e controle da gestão da sociedade, a lei consagra, em certas situações, a possibilidade de atuação individual dos membros do conselho fiscal. Nesse sentido, têm-se os incisos I e IV e os §§ 2º e 4º, todos do art. 163[2]. Pelo primeiro, consta que a fiscalização que ao conselho compete pode ser exercida por qualquer de seus integrantes. Pelo segundo, tem-se que a denúncia dirigida aos demais órgãos da sociedade acerca de erros, fraudes ou crimes que descobrirem também é da alçada individual de cada conselheiro. Pelo terceiro, deverá o conselho fiscal, por iniciativa de qualquer de seus membros, solicitar as informações ou os esclarecimentos relativos à sua função fiscalizadora aos órgãos de administração, assim como a elaboração de demonstrações financeiras ou contábeis especiais. Como corolário lógico da regra, ocorrendo inércia do conselho na implementação dessa providência, nada obsta que o conselheiro interessado solicite direta e pessoalmente as informações. Estará ele realizando, desse modo, o seu poder-dever de diligência. Pelo quarto, da mesma forma e pelas mesmas razões, permite-se a cada membro isoladamente requisitar informações aos auditores independentes da companhia, caso esta os tenha[3].

Essa atuação individual dos membros do conselho para certas providências, aliada à regra de não submissão dos conselheiros aos acionistas que os elegem, porquanto devem exercer as suas funções no interesse da companhia (§ 1º do art. 165), garantem a necessária independência do órgão de vigilância.

Registre-se, por derradeiro, que os membros do conselho fiscal, ou ao menos um deles, deverão comparecer às reuniões da assembleia geral e responder aos pedidos de informações formulados pelos acionistas (*caput* do art. 164), sem prejuízo de o colegiado fornecer ao acionista ou ao grupo de acionistas que representem, no mínimo, cinco por cento do capital social, sempre que solicitadas, informações sobre matérias de sua competência (§ 6º do art. 163)[4].

14.6. PODERES E INSTRUMENTOS DO CONSELHO FISCAL

Como meio de facilitar e conferir maior efetividade ao exercício da função fiscalizadora do conselho, a lei dotou-o de certos poderes e instrumentos para a realização de seu mister.

Assim é que os órgãos de administração são obrigados, por meio de comunicação por escrito, a colocar à disposição dos membros em exercício do conselho fiscal, dentro

---

2 Os incisos I e IV e o § 2º do art. 163 tiveram suas redações determinadas pela Lei n. 10.303/2001. O § 4º teve redação conferida pela Lei n. 9.457/97.

3 Nas companhias de capital aberto é obrigatória a auditoria independente (§ 3º do art. 177).

4 Nos termos do art. 291, a Comissão de Valores Mobiliários poderá reduzir essa porcentagem em relação às companhias abertas.

de dez dias, cópias das atas de suas reuniões e, dentro de quinze dias do seu recebimento, cópias dos balancetes e demais demonstrações financeiras elaboradas periodicamente e, quando houver, dos relatórios de execução de orçamentos. Ainda no âmbito dessa interface com os órgãos de administração, o conselho fiscal, a pedido de qualquer de seus membros, poderá solicitar esclarecimentos ou informações, desde que relativas à sua função fiscalizadora, assim como a elaboração de demonstrações financeiras ou contábeis especiais. Tudo isso sem prejuízo do exercício do poder-dever de assistirem os seus membros às reuniões do conselho de administração, quando houver na estrutura societária, ou da diretoria, em que se for deliberar acerca de assuntos dos quais devam opinar (§§ 1º, 2º e 3º do art. 163).

Tendo a companhia auditores independentes, o conselho fiscal, a pedido de qualquer de seus membros, poderá solicitar-lhes esclarecimentos ou informações e a apuração de fatos específicos. Não os tendo, entretanto, poderá o conselho fiscal, para melhor desempenho das suas funções, escolher contador ou sociedade de auditoria e fixar-lhes os honorários, dentro de níveis razoáveis, vigentes na praça e compatíveis com a dimensão econômica da companhia, os quais serão pagos por esta (§§ 4º e 5º do art. 163). Caberá, outrossim, ao colegiado, ainda com vistas à apuração de fato cujo esclarecimento seja necessário ao desempenho de suas funções, formular, com justificativa, questões a serem respondidas por perito e solicitar à diretoria que indique, para esse fim, no prazo máximo de trinta dias, três peritos, que podem ser pessoas físicas ou jurídicas, de notório conhecimento na área em questão, entre os quais o conselho fiscal escolherá um, cujos honorários serão pagos pela companhia (§ 8º do art. 163).

Por fim, é pertinente ainda aduzir que os pareceres e representações do conselho fiscal, ou de qualquer um de seus membros, poderão ser apresentados e lidos na assembleia geral, independentemente de publicação e ainda que a matéria não conste da ordem do dia (parágrafo único do art. 164).

14.7. REMUNERAÇÃO

Nos termos do § 3º do art. 162, a remuneração dos membros do conselho fiscal será fixada pela assembleia geral que os eleger e não poderá ser inferior, para cada membro em exercício, a dez por cento da que, em média, for atribuída a cada diretor, não computados os benefícios, as verbas de representação e a participação nos lucros. Seu cálculo toma por arrimo exclusivamente a remuneração dos diretores, não podendo levar em conta aquela destinada aos membros do conselho de administração.

Além da remuneração, garante-se a cada conselheiro fiscal o reembolso das despesas de locomoção e estada necessárias ao exercício da função. Considera, portanto, a lei que o conselheiro pode residir fora da localidade de situação da sede da companhia, local ordinário para a realização da assembleia geral e para as reuniões do próprio conselho fiscal, do conselho de administração e da diretoria, às quais deve comparecer, sem descurar, ainda, para o fato de que, mesmo residente no local da sede social, poderá ter que realizar diligências fora desse local, no desempenho de suas atribuições. Embora a lei não o fale, a dedução razoável é de que esse reembolso, que será feito pela diretoria – a qual, entretanto, não precisa previamente autorizar a despesa, em razão da independência do conselheiro fiscal –, o será de gastos compatíveis com os usos e costumes locais, tomando em consideração, notadamente, aqueles usualmente realizados pelos administradores.

14.8. DEVERES E RESPONSABILIDADES

Os deveres dos integrantes do conselho fiscal são regidos pelas mesmas disposições relativas aos administradores: arts. 153 a 156. Esses dispositivos são concernentes aos deveres de diligência, de realizar os fins da empresa exercida pela companhia, de lealdade, de sigilo e de não entrar em conflito com os interesses da companhia, os quais foram analisados no capítulo anterior. Essa referência resulta do *caput* do art. 165, que, em seu § 1º, reforça o dever de agirem os conselheiros no exclusivo interesse da companhia. Desse modo, tem-se por conclusão que o exercício das atribuições pelos integrantes desse órgão social somente será regular enquanto visar a realizar os fins sociais. Ainda que eleito o conselheiro por certo grupo de acionistas, tem ele, para com a companhia, os mesmos deveres de defesa dos seus interesses, não lhe sendo lícito faltar com esses deveres, ainda que para a defesa ou preservação do interesse do grupo que o conduziu ao cargo. Portanto, será abusivo o exercício da função quando imbuído de outras finalidades, como a de causar dano à companhia, ou aos seus acionistas ou administradores, ou de obter, para si ou para outrem, vantagem a que não faz jus e de que resulte, ou possa resultar, prejuízo para a sociedade, seus acionistas ou administradores.

Consoante foi abordado no item 14.5 acima, relativo à competência e à atuação do conselho fiscal, a lei confere ao conselheiro o poder de atuar individualmente na execução de seu mister de fiscalizar, podendo, assim, solicitar informações, esclarecimentos e providências, por via do próprio conselho ou pessoalmente, aos órgãos de administração e aos auditores independentes. Contudo, uma vez caracterizado o exercício abusivo dessa prerrogativa funcional, detectando-se que não vem realizada no interesse da companhia, mas no propósito particular do conselheiro ou de quem o elegeu, será válida a negativa ou recusa dos pedidos de informações, esclarecimentos ou providências pelo próprio conselho fiscal ou pelos órgãos de administração. Estarão eles aptos a rechaçar o pedido formulado com abuso de direito, na medida em que o direito à informação dos acionistas, como do conselheiro ou dos conselheiros que os representem não é absoluto. Vem ele moldado e amparado pelo princípio da boa-fé e não pode conflitar com os interesses sociais.

Ainda na seara dos deveres, o art. 165-A cria para os membros do conselho fiscal da companhia aberta um especial dever de informação sobre as modificações nas posições acionárias. Cabe-lhes, pois, imediatamente informar as alterações em suas posições acionárias na sociedade à Comissão de Valores Mobiliários e às bolsas de valores ou entidades do mercado de balcão organizado nas quais os valores mobiliários de emissão da companhia estejam admitidos à negociação, nas condições e na forma determinadas pela aludida autarquia.

No que tange às suas responsabilidades, os conselheiros respondem pelos danos causados em razão de omissão no cumprimento de seus deveres e de atos praticados com culpa ou dolo, ou com violação da lei ou do estatuto (*caput* do art. 165). Precisamente, é a mesma construção legal para definir a responsabilidade dos administradores.

A princípio, essa responsabilidade é individual, estatuindo o § 2º do art. 165 que o membro do órgão fiscal não é responsável pelos atos ilícitos de outros integrantes do conselho, salvo se com eles for conivente, ou se concorrer para a sua prática. A responsabilidade solidária pode aflorar, ainda, para os conselheiros, na situação de omissão no cumprimento de seus deveres. Dela, entretanto, ficará isento aquele dissidente que fizer consignar a sua divergência em ata de reunião do órgão e a comunicar aos órgãos de administração e à assembleia geral (§ 3º do art. 165).

A ação de responsabilidade, com vistas à responsabilização do conselheiro fiscal, deverá obedecer à regra do art. 159 e, uma vez deliberada a sua propositura pela assembleia geral, ficará o fiscal impedido de exercer as suas funções.

14.9. CONSELHO FISCAL DA SOCIEDADE DE ECONOMIA MISTA

A sociedade de economia mista, constituída sob a forma de sociedade anônima, encontra-se, consoante já se anotou em passagens anteriores, sujeita ao regime geral da Lei n. 6.404/76, observadas as ressalvas constantes da Lei n. 13.303/2016[5].

---

5 As disposições do Título I da Lei n. 13.303/2016 referentes aos membros do conselho fiscal (art. 13) não se aplicam à companhia de economia mista que tiver, em conjunto com suas subsidiárias, no exercício social anterior, receita operacional bruta inferior a R$ 90.000.000,00 (noventa milhões de reais). Isso porque os Poderes Executivos poderão editar atos que estabeleçam regras de governança destinadas às suas sociedades de economia mista que se enquadrem na hipótese, observadas as diretrizes gerais da prefalada lei. Entretanto, a não edição desses atos no prazo de cento e oitenta dias a partir da publicação da mencionada lei submete as sociedades de economia mista à totalidade das regras de governança previstas no seu Título I, antes referenciado (§§ 1º, 3º e 4º do art. 1º da Lei n. 13.303/2016).

Em relação à disciplina de seu conselho fiscal, portanto, devem ser observadas, pela lei que autorizar a sua criação, algumas regras especiais quanto às diretrizes a serem por ela fixadas para a elaboração do estatuto da companhia.

Nesse sentido, tem-se que, nas companhias de economia mista, o conselho fiscal terá sempre funcionamento permanente (primeira parte do art. 240 da Lei n. 6.404/76 e art. 13, IV, da Lei n. 13.303/2016) e o mandato dos conselheiros não poderá ser superior a dois anos, permitidas duas reconduções consecutivas (art. 13, VIII, da Lei n. 13.303/2016). Um dos seus membros – e respectivo suplente – será eleito pelos titulares das ações ordinárias minoritárias e outro pelos titulares das ações preferenciais, se houver (segunda parte do art. 240 da Lei n. 6.404/76).

É vedada a participação remunerada de membros da administração pública, direta ou indireta, em mais de dois conselhos, de administração ou fiscal (art. 20 da Lei n. 13.303/2016).

Há que se observar, ainda, que, nas companhias de economia mista federais, a remuneração mensal devida ao conselheiro fiscal não poderá exceder dez por cento da remuneração mensal média dos diretores (*caput* do art. 1º da Lei n. 9.292/96).

Capítulo 15

EXERCÍCIO SOCIAL E DEMONSTRAÇÕES FINANCEIRAS

15.1. EXERCÍCIO SOCIAL

O exercício social consiste no período de apuração dos resultados da companhia derivados da exploração de seu objeto. Sua duração deverá ser de um ano, competindo ao estatuto fixar a data de seu término e, por via de consequência, a de seu início (*caput* do art. 175). Pode ele ou não coincidir com o ano civil. O que se exige é que sua duração seja de um ano. Como a legislação do imposto de renda considera o exercício fiscal expressado no ano civil, por questões de conveniência, geralmente costuma-se adotá-lo para fins societários também. Mas, se não o fizer a companhia, terá ela que levantar dois balanços anuais: um para atender à legislação fiscal e outro para satisfazer a legislação societária[1].

Nada obsta, entretanto, que a companhia proceda ao levantamento de balanços intermediários, se o estatuto assim dispuser, em periodicidade que esse ato-regra também determinar (*v.g.*, trimestral, semestral etc.). Contudo, esses balanços não têm o condão de alterar o regime da anualidade do exercício social.

A duração do exercício social superior ou inferior ao período ânuo apenas vem admitida excepcionalmente, restringindo-se às hipóteses de constituição da companhia e aos casos de alteração estatutária desse exercício (parágrafo único do art. 175). O permissivo tem por escopo adequar o exercício normal ao período pretendido.

15.2. DEMONSTRAÇÕES FINANCEIRAS

Ao final de cada exercício social, impõe o art. 176 que a diretoria da companhia faça elaborar, com base na escrituração mercantil[2], as demonstrações financeiras que deverão

---

1 Cabe registrar que as instituições financeiras estão, por força do disposto no art. 31 da Lei n. 4.595/64, obrigadas a levantar balanços semestrais (em 30 de junho e 31 de dezembro de cada ano).

2 A escrituração da companhia deverá ser mantida em registros permanentes, com obediên-

exprimir com clareza a situação do patrimônio da companhia e as mutações ocorridas no exercício. São elas, assim, peças contábeis que, de forma resumida, apresentam informações quantificadas sobre a vida financeira da companhia, permitindo conhecer, entre outros elementos, o seu nível de liquidez, de lucratividade e de endividamento.

Considerando esse grau de concisão dos dados que integram as demonstrações financeiras e a padronização de suas disposições, exige-se que sejam elas complementadas por notas explicativas e outros quadros analíticos ou demonstrações contábeis para o melhor esclarecimento da situação patrimonial e dos resultados do exercício (§ 4º do art. 176). As demonstrações de cada exercício, inclusive, serão publicadas com a indicação dos valores correspondentes das demonstrações do exercício anterior, de modo a se poder confrontar os seus dados e aferir a sua evolução (§ 1º do art. 176).

As demonstrações financeiras são compostas, obrigatoriamente, por quatro peças: a) balanço patrimonial; b) demonstração de lucros ou prejuízos acumulados; c) demonstração do resultado do exercício; e d) demonstração dos fluxos de caixa. No caso das companhias abertas, exige-se, ainda, a demonstração do valor adicionado (*caput* do art. 176).

As companhias fechadas, portanto, não estão, de um modo geral, obrigadas à elaboração da demonstração do valor adicionado, e aquelas com patrimônio líquido, na data do balanço, inferior a dois milhões de reais ficam também dispensadas da elaboração e publicação da demonstração dos fluxos de caixa (§ 6º do art. 176).

As demonstrações financeiras, que registrarão a destinação dos lucros segundo a proposta dos órgãos da administração, passarão necessariamente pelo crivo da assembleia geral (§ 3º do art. 176). Enquanto não aprovadas, são consideradas meros projetos de deliberação. Sua eficácia apenas se realiza após a aprovação assemblear, que tem, por isso, um caráter constitutivo.

15.3. BALANÇO PATRIMONIAL

O balanço patrimonial destina-se a refletir a real situação econômico-financeira da sociedade. Essa peça formal demonstra o patrimônio da companhia em uma certa data, comparando o ativo com o passivo.

---

cia aos preceitos da legislação empresarial e aos princípios de contabilidade geralmente aceitos, devendo observar métodos ou critérios contábeis uniformes no tempo e registrar as mutações patrimoniais segundo regime de competência (art. 177). A escrituração das companhias será regida pelas regras especiais que constam da Lei n. 6.404/76 e, nos casos omissos, pelas regras do Código Civil sobre a escrituração do empresário e da sociedade empresária (Código Civil, art. 1.089).

O art. 178 cuida da estrutura formal do balanço, dispondo que as contas serão classificadas segundo os elementos do patrimônio que registrem e agrupadas de modo a facilitar o conhecimento e a análise da situação financeira da companhia.

Registra o balanço, de um lado, o ativo e, de outro, o passivo da sociedade.

No ativo, as contas são dispostas em ordem decrescente de grau de liquidez dos elementos nelas registrados, nos seguintes grupos: a) ativo circulante; e b) ativo não circulante, composto por ativo realizável a longo prazo, investimentos, imobilizado e intangível. O ativo circulante traduz as disponibilidades, os direitos realizáveis no curso do exercício social subsequente e as aplicações de recursos em despesas do exercício seguinte. O ativo realizável a longo prazo contempla os direitos realizáveis após o término do exercício seguinte, assim como os derivados de vendas, adiantamentos ou empréstimos a sociedades coligadas ou controladas (art. 243), diretores, acionistas ou participantes no lucro da companhia, que não constituírem negócios usuais na exploração do objeto da companhia. Os investimentos consistem nas participações permanentes em outras sociedades e nos direitos de qualquer natureza, não classificáveis no ativo circulante, e que não se destinem à manutenção da atividade da companhia. No ativo imobilizado, são indicados os direitos que tenham por objeto bens corpóreos destinados à manutenção das atividades da companhia ou exercidos com essa finalidade, inclusive os decorrentes de operações que transfiram à companhia os benefícios, riscos e controle desses bens. No intangível, constam os direitos que tenham por objeto bens incorpóreos destinados à manutenção da companhia ou exercidos com essa finalidade, inclusive o estabelecimento empresarial adquirido[3].

Nas contas do passivo, a classificação se faz nos seguintes grupos: a) passivo circulante, representado pelas obrigações da companhia vencíveis até o final do exercício seguinte; b) passivo não circulante, representado pelas dívidas vencíveis em prazo maior, ou seja, após o término do exercício seguinte; e c) patrimônio líquido, dividido em capital social, reservas de capital, ajustes de avaliação patrimonial, reservas de lucros, ações em tesouraria e prejuízos acumulados[4].

Como se percebe, o balanço traduz um passivo real ou exigível, concernente aos débitos efetivos da companhia, e um passivo meramente nominal ou não exigível, que se revela no patrimônio líquido. Este vem registrado no passivo, porquanto diz respeito a um débito da sociedade em favor dos seus acionistas em caso de sua liquidação. Mas, na realidade, o patrimônio líquido traduz a diferença entre o ativo e o passivo exigível que se registra, para efeitos simplesmente contábeis, no passivo.

---

3 Os critérios de avaliação do ativo constam do art. 183 da Lei n. 6.404/76.

4 Os critérios de avaliação do passivo constam do art. 184 da Lei n. 6.404/76.

15.4. DEMONSTRAÇÃO DOS LUCROS OU PREJUÍZOS ACUMULADOS

A demonstração dos lucros ou prejuízos acumulados correlaciona os balanços da companhia, discriminando as despesas e as receitas verificadas no último exercício e naquele que o antecede. Apresenta, a partir da discriminação das mutações que registra durante o exercício social, o saldo da conta lucros ou prejuízos acumulados.

A demonstração em referência, nos termos do art. 186, deverá indicar: a) o saldo do início do período, os ajustes de exercícios anteriores e a correção monetária do saldo inicial; b) as reversões de reservas e o lucro líquido do exercício; e c) as transferências para reservas, os dividendos, a parcela dos lucros incorporada ao capital e o saldo ao fim do período.

Serão considerados ajustes de exercícios anteriores apenas os decorrentes de efeitos da mudança de critério contábil, ou da retificação de erro imputável a determinado exercício anterior, e que não possam ser atribuídos a fatos subsequentes.

A demonstração de lucros ou prejuízos acumulados deverá indicar o montante do dividendo por ação do capital social e poderá ser incluída na demonstração das mutações do patrimônio líquido, se elaborada e publicada pela companhia.

15.5. DEMONSTRAÇÃO DO RESULTADO DO EXERCÍCIO

A demonstração em comento retrata o processo para a formação do resultado do exercício, a partir da receita bruta até o lucro líquido final[5]. Deverá ela, nos termos do art. 187, discriminar: a) a receita bruta das vendas e dos serviços, as deduções das vendas, os abatimentos e os impostos; b) a receita líquida das vendas e dos serviços, o custo das mercadorias e dos serviços vendidos e o lucro bruto; c) as despesas com as vendas, as despesas financeiras, deduzidas das receitas, as despesas gerais e administrativas e outras despesas operacionais; d) o lucro ou o prejuízo operacional, as outras receitas e as outras despesas; e) o resultado do exercício antes do Imposto sobre a Renda e a provisão para o imposto; f) as participações de debêntures, empregados, administradores e partes beneficiárias, mesmo na forma de instrumentos financeiros, e de instituições ou fundos de assistência ou previdência de empregados, que não se caracterizem como despesa; e g) o lucro ou o prejuízo líquido do exercício e o seu montante por ação do capital social.

Na determinação do resultado do exercício serão computados: a) as receitas e os rendimentos ganhos no período, independentemente da sua realização em moeda; e b) os custos, despesas, encargos e perdas, pagos ou incorridos, correspondentes a essas receitas e rendimentos.

---

[5] Tavares Borba, *ob. cit.*, p. 449.

15.6. DEMONSTRAÇÕES DOS FLUXOS DE CAIXA E DO VALOR ADICIONADO

A demonstração dos fluxos de caixa apresentará as alterações no caixa da companhia ocorridas durante o exercício. Essas alterações serão segregadas em, ao menos, três fluxos: das operações, dos financiamentos e dos investimentos (art. 188, I).

A demonstração do valor adicionado revelará o valor da riqueza gerada pela companhia, a sua distribuição entre os elementos que contribuíram para a geração dessa riqueza, tais como empregados, financiadores, acionistas, governo e outros, bem como a parcela da riqueza não distribuída (art. 188, II).

CAPÍTULO 16

LUCROS, RESERVAS E DIVIDENDOS

16.1. RESULTADO SOCIAL

A companhia, como qualquer sociedade, tem por escopo a exploração de uma atividade com fim lucrativo. A perseguição do lucro traduz, assim, o seu objeto mediato. Mas não é suficiente que a realização de seu objeto imediato (a atividade econômica que concretamente a companhia realiza) se dirija à produção de lucro. É mister que os lucros auferidos sejam partilhados entre os seus acionistas. Destarte, a sua atividade lucrativa se orienta para que esses frutos remunerem o seu quadro de sócios[1].

O resultado social é determinado anualmente, após o final de cada exercício social. Retrata, após a confrontação dos ganhos e das perdas financeiras havidas no interregno, o que foi obtido pela companhia na exploração de sua empresa[2]. O seu resultado, desse modo, pode ser positivo ou negativo. No primeiro caso, diz-se que a companhia auferiu lucro no exercício social correspondente, representando um ganho financeiro que acresce ao seu patrimônio líquido; no segundo, a companhia amargou prejuízo, caracterizado por uma perda financeira que reduz o seu patrimônio líquido. Em outros termos, é a partir dos ganhos e das perdas verificados no exercício social que se apura o resultado da companhia, o qual, assim, pode ser positivo (lucro) ou negativo (prejuízo)[3].

---

1 Cf. item 2.8 do capítulo 2.

2 A principal fonte dos resultados da companhia advém da produção ou circulação de bens ou serviços que constituem a sua empresa. Mas, acessoriamente, existem outras fontes de resultados, como as receitas decorrentes da titularidade de bens e direitos materiais e imateriais, da participação no capital de outras sociedades, de aplicações financeiras etc.

3 O prejuízo do exercício será obrigatoriamente absorvido pelas reservas de lucros e pela reserva legal, nessa ordem. O parágrafo único do art. 189, em sua redação ainda não alterada, faz menção à possibilidade de absorção também pelos lucros acumulados. Contudo, essa parte restou derrogada pelo acréscimo de um § 6º ao art. 202, realizado pela Lei n. 10.303/2001, que não mais permite a acumulação de lucros. Assim, os lucros não

16.2. LUCROS SOCIAIS E SUA DESTINAÇÃO

A partir das demonstrações financeiras[4] levantadas, será apurado o lucro que a companhia tiver obtido no exercício social e decidida a sua destinação.

Verificado o resultado positivo do exercício, dele serão realizadas, por disposição legal, certas deduções. Primeiramente, incidem as provisões para pagamento do Imposto sobre a Renda (IRPJ) e da Contribuição Social sobre o Lucro Líquido (CSLL). Implementadas tais provisões, procede-se à absorção dos prejuízos acumulados dos exercícios anteriores, se houver (art. 189 da Lei n. 6.404/76 e Lei n. 7.689/88).

Sobre o saldo remanescente serão deduzidas, em ordem sucessiva, as participações das debêntures (arts. 56 e 187, VI), dos empregados[5], dos administradores e das partes beneficiárias (art. 190). Cumpre ressaltar que essas participações nos lucros do exercício são facultativas, dependendo, desse modo, de orientação adotada pela própria companhia. Isso porque a participação do debenturista no lucro é um dos direitos que a debênture pode conferir, e a participação de empregados, administradores e titulares de partes beneficiárias depende de previsão estatutária.

Após a efetivação das deduções chega-se ao lucro líquido do exercício (art. 191). Lucro líquido do exercício consiste, pois, sob a perspectiva dos acionistas da companhia, naquele resultado positivo que remanesceu depois da dedução das provisões tributárias incidentes sobre o lucro, dos prejuízos acumulados, acaso existentes, e das modalidades de participação no lucro a que façam jus os debenturistas, os empregados (aqui também incluídas as contribuições para as instituições ou fundos de assistência ou previdência de empregados), os administradores e os titulares de partes beneficiárias.

O lucro líquido do exercício comporta as seguintes destinações: a) distribuição aos acionistas sob a forma de dividendos; b) apropriação em reserva; e c) capitalização[6].

Para definir os seus possíveis destinos, os órgãos de administração da companhia, juntamente com as demonstrações financeiras do exercício, apresentarão à assembleia

---

destinados à constituição de reservas devem ser distribuídos como dividendos, nos termos deste preceito.

4 A demonstração financeira que informa o resultado de cada exercício social é intitulada de "Demonstração do Resultado do Exercício" (DRE), prevista no art. 187 e tratada no item 15.5 do capítulo 15.

5 As contribuições para as instituições ou fundos de assistência ou previdência de empregados (art. 187, VI) devem ser, em função de sua natureza, deduzidas conjuntamente com as participações de empregados, aplicando-se a elas a necessidade, igualmente, de previsão estatutária.

6 Sobre a capitalização dos lucros e o consequente aumento do capital social, confira-se o item 4.8 do capítulo 4.

geral ordinária, observadas as disposições legais e estatutárias relativas à constituição de reservas e à distribuição dos dividendos, proposta sobre o curso a ser dado ao lucro líquido do exercício (art. 192).

Compete, portanto, à assembleia geral ordinária, acatando ou não a proposta formulada pelos órgãos de administração, definir acerca do destino do lucro líquido. Mas esse poder de decisão encontra-se jungido a certos parâmetros legais, de observância obrigatória. Parcelas desse ganho devem ser necessariamente repartidas entre os acionistas, a título de dividendos obrigatórios (art. 202), e reservadas para permanecer no patrimônio da companhia, sob a rubrica da reserva legal (art. 193).

Além desses limites legais aos poderes da assembleia para definir a destinação do lucro líquido do exercício, outros parâmetros podem se impor por previsão estatutária. Seriam os casos da reserva ou das reservas criadas pelo estatuto (art. 194) e do dividendo preferencial (arts. 17 e 203).

16.3. RESERVAS

As reservas representam parcelas do patrimônio líquido da companhia que possuem destinação específica. Traduzem, portanto, valores adicionais nesse patrimônio, servindo como reforço à estrutura financeira da sociedade[7].

A lei disciplina duas espécies de reservas: de lucro e de capital. A primeira tem sua origem no lucro líquido do exercício; a segunda deriva de outros fatores que não os resultados sociais, corporificando a transferência de capital para a companhia que não representa ou consiste em contribuição para o capital social.

16.4. RESERVAS DE LUCRO

As reservas de lucro, como se disse, assentam-se em parte do lucro líquido do exercício que será, assim, destinado a uma finalidade específica. Sua fonte deriva da lei, do estatuto ou da decisão da assembleia geral. Existem sete categorias de reservas de lucro: a) legal; b) estatutária; c) para contingências; d) de incentivos fiscais; e) de lucros a realizar; f) de retenção de lucros; e g) especial. Consoante se observará pelas exposições contidas nos parágrafos seguintes, a reserva legal é de constituição obrigatória, sendo as demais de caráter facultativo, dependentes, portanto, de previsão estatutária (reserva estatutária) ou de decisão da assembleia geral (reserva para contingências, reserva de incentivos fiscais, reserva de lucros a realizar, reserva de retenção de lucros e reserva especial).

---

7 Tullio Ascarelli. *Problemas das sociedades anônimas e direito comparado*, p. 583.

A reserva legal (art. 193), de constituição impositiva, tem por função assegurar a integridade do capital social. Sua utilização somente se fará para compensar prejuízos ou aumentar o capital social. No que se refere à compensação dos prejuízos, há uma ordem legal a ser obedecida para a utilização das reservas: primeiramente se lança mão de todas as demais reservas de lucros existentes e, sendo ainda necessário, utiliza-se a reserva legal. A absorção do prejuízo do exercício por tais reservas é obrigatória, nos termos do parágrafo único do art. 189. De se notar que o texto legal faz menção aos "lucros acumulados", que teriam também essa função de compensar os prejuízos. Os "lucros acumulados" significavam aqueles lucros que se acumulavam no encerramento do exercício sem destinação específica. Contudo, com a inclusão do § 6º no art. 202, pela Lei n. 10.303/2001, que determina a distribuição como dividendo de todo o saldo remanescente do lucro – isto é, os lucros não destinados à constituição de reserva, nos termos dos arts. 193 a 197, deverão ser distribuídos como dividendos –, não tem mais sustentação legal a indigitada rubrica. O patrimônio líquido da sociedade não pode mais, assim, conter a conta de "lucros acumulados" (inciso III do § 2º do art. 178). Em síntese, somente poderá haver saldo na conta de "prejuízos acumulados" no passivo da companhia se esgotadas todas as reservas de lucros, inclusive a reserva legal.

A reserva legal é formada com cinco por cento do lucro anual, até atingir o percentual de vinte por cento do capital social. A apropriação daquele percentual se fará antes de se realizar qualquer outra destinação do lucro líquido do exercício. Uma vez alcançado o limite de vinte por cento do capital social, que não pode ser excedido, cessa a aplicação de novas parcelas do lucro anual nessa conta, entendendo a lei que a companhia já apresenta satisfatório grau de liquidez. É permitido, entretanto, que a sociedade deixe de constituir a reserva legal no exercício em que o saldo dessa reserva, acrescido do montante das reservas de capital, exceder de trinta por cento do capital social.

As reservas de lucro estatutárias (art. 194) são aquelas que se constituem por disposição estatutária específica. Exige a lei que o estatuto, para cada reserva criada, indique, de modo preciso e completo, a sua finalidade[8]; fixe os critérios para determinar a parcela anual dos lucros líquidos que serão destinados à sua formação; e estabeleça o limite máximo da reserva.

Tais reservas destinam-se a atender necessidades especiais da companhia, consistindo, portanto, em opções estratégicas do seu negócio. São exemplos dessas reservas aquelas criadas para o resgate de partes beneficiárias (art. 48) ou para o resgate ou para a amortização de ações (art. 44).

---

8 Será ilegal, portanto, a reserva criada com objetivo amplo, vago ou indeterminado. A ausência de finalidade específica lesa o direito do acionista de participar dos lucros sociais.

As reservas estatutárias desvelam um perfil de permanência em comparação com aquelas que podem advir de deliberação da assembleia geral. Para estas, a assembleia, em cada exercício social, definirá os valores a serem alocados em cada uma delas. Naquelas, de fonte estatutária, a destinação dos recursos, a cada exercício, independe de decisão assemblear, bastando observar os parâmetros estatutariamente estabelecidos para a apropriação dos recursos, sem embargo de a assembleia geral poder, a qualquer tempo, mediante alteração estatutária, extinguir as reservas e dar, assim, nova destinação à parte do patrimônio líquido a elas correspondente.

Anote-se, ainda, que a destinação de parcela do lucro líquido para a constituição de reservas estatutárias jamais poderá, em cada exercício, prejudicar o pagamento dos dividendos obrigatórios (art. 198).

A reserva para contingências (art. 195) pode ser formada por decisão da assembleia geral, mediante proposta dos órgãos da administração. Fica, portanto, a assembleia habilitada a destinar parte do lucro líquido à formação dessa reserva, com a finalidade de compensar, em exercício futuro, a diminuição do lucro decorrente de perda julgada provável, cujo valor possa ser estimado. Para esse fim, a proposta dos órgãos de administração deverá indicar a causa da perda prevista e justificar, com as razões de prudência que a recomendem, a constituição da reserva. É exemplo de fundamento a justificar sua criação a exploração de empresa sujeita a fenômenos cíclicos, como secas, geadas ou inundações. A reserva deverá ser revertida ou desconstituída no exercício em que ocorrer a perda prevista ou deixarem de existir as razões que justificaram a sua constituição.

A reserva de incentivos fiscais (art. 195-A), também de constituição facultativa pela assembleia geral mediante proposição dos órgãos da administração, consiste na apropriação de parcela do lucro líquido decorrente de doações ou subvenções governamentais para investimentos. A parcela destinada a essa reserva poderá ser excluída da base de cálculo do dividendo obrigatório.

A reserva de lucros a realizar (art. 197), também de fonte assemblear, tem por função evitar que a companhia seja obrigada a distribuir lucro ainda não transformado em dinheiro, mas já lançado na sua contabilidade em razão do regime de competência a que está obrigada a observar (*caput* do art. 177). Lucros a realizar são, pois, lucros que embora já tenham sido contabilizados pela sociedade, ainda não foram realizados em dinheiro, em moeda. No regime de competência, as mutações patrimoniais da companhia são contabilmente apropriadas quando do ato que rende ensejo à sociedade o direito ao recurso, ou da obrigação de entregá-lo, conforme o caso. Assim, por exemplo, nesse regime de competência, o valor dos serviços ou da venda de um produto para pagamento em parcelas será contabilizado não no ato do seu recebimento pela sociedade (o que se daria se o regime fosse o de caixa), mas sim no momento da sua contratação. Dessa feita, o valor de um serviço ou da venda de um produto a prazo e em prestações, contratadas no exercício, será nele contabilizado, ainda que o preço em moeda somente ingresse no caixa da companhia em exercícios futuros. O fato amplia o lucro do exercício, muito embora parte desse lucro não tenha ainda sido realizada em moeda. Isso porque uma coisa é o lucro líquido do exercício e outra coisa é a geração de caixa desse exercício. O lucro corresponde ao valor obtido pela sociedade durante o exercício social, mas que nem sempre ingressou no seu caixa como dinheiro. Parte do lucro pode, em última análise, estar contabilizada, mas ainda não realizada em moeda.

Diante desse quadro de realidade imposto pelo regime de competência, o escopo da constituição dessa reserva é o de evitar que a companhia se veja obrigada a pagar dividendo em valor superior ao lucro realizado em dinheiro no exercício. Visa, em seu âmago, compatibilizar esse regime de contabilização de despesas e receitas com a obrigação de pagar os dividendos obrigatórios. Pode apresentar, como se disse, lucro líquido no exercício sem ter a disponibilização dos recursos financeiros para distribuí-los. Pode, portanto, diferir o pagamento do dividendo obrigatório, em todo ou em parte, para o exercício em que o lucro for realizado, criando reserva de lucros a realizar. Em outras palavras, essa reserva visa a atender situação em que o montante dos dividendos obrigatórios do exercício forem superiores à parcela do lucro líquido realizado em dinheiro.

Daí o *caput* do art. 197 dispor que, no exercício em que o montante do dividendo obrigatório ultrapassar a parcela realizada do lucro líquido do exercício, a assembleia geral poderá, por proposta dos órgãos da administração, destinar o excesso à constituição de reserva de lucros a realizar. E o inciso II do art. 202 estabelece que o pagamento do dividendo obrigatório poderá ser limitado ao montante do lucro líquido do exercício que tiver sido realizado, desde que a diferença seja registrada como reserva de lucros a realizar.

Os lucros registrados nessa reserva, quando realizados em dinheiro, somente podem ser destinados para o pagamento de dividendos obrigatórios. Assim, quando não absorvidos por prejuízos em exercícios subsequentes, deverão ser acrescidos ao primeiro dividendo declarado após a realização (§ 2º do art. 197 c/c inciso III do art. 202).

A reserva de retenção de lucros (art. 196), que pode ser criada pela assembleia geral, por proposta dos órgãos da administração, como o próprio nome sugere, tem por fim reter parcela do lucro líquido do exercício, prevista em orçamento de capital por ela previamente aprovado, com o destino de financiar investimentos da sociedade. Visa a atender, em última *ratio*, às necessidades ou às conveniências relativas aos negócios sociais.

Sua constituição normalmente se alonga por mais de um exercício, devendo ordinariamente ter duração de até cinco exercícios sociais, salvo no caso de execução, por maior prazo, de projeto de investimento. O orçamento de capital poderá ser aprovado pela assembleia geral ordinária que deliberar sobre o balanço, e revisado anualmente, quando tiver duração superior a um exercício social. O referido orçamento deverá compreender todas as fontes de recursos e aplicações de capital, fixo ou circulante, e conter a justificativa da retenção de lucros proposta.

Essa retenção não poderá ser aprovada, em cada exercício social, em prejuízo da distribuição do dividendo obrigatório (art. 198).

Por derradeiro, a reserva especial concerne aos dividendos obrigatórios que, diante de risco à estabilidade financeira da companhia, deixam de ser distribuídos no exercício. Consoante já se consignou em diversas passagens e será objeto de desenvolvimento em tópico específico (item 16.7 deste capítulo), o art. 202 cuida do dividendo obrigatório. Contudo, imbuída de prudência, a lei permite a sua não distribuição no exercício social em que os órgãos da administração informarem à assembleia geral ordinária ser ele incompatível com a situação financeira da companhia. O conselho fiscal, se em funcionamento, deverá dar parecer sobre essa informação e, na companhia aberta, seus administradores encaminharão à Comissão de Valores Mobiliários, dentro de cinco dias da realização da assembleia geral, exposição justificativa da informação transmitida à assembleia. Os lucros que deixarem de ser distribuídos, por decisão assemblear, serão registrados como reserva especial e, se não absorvidos por prejuízos em exercícios subsequentes, deverão ser pagos como dividendo assim que o permitir a situação financeira da sociedade (§§ 4º e 5º do art. 202).

Como se pode inferir pela exposição já até aqui realizada, existem reservas de lucros que influenciam diretamente no direito dos acionistas de receber dividendo obrigatório, reduzindo-lhes a base de cálculo. São as hipóteses das reservas legal, para contingências, de incentivos fiscais e de lucros a realizar. As reservas estatutárias e a retenção de lucros não poderão ser estabelecidas, em cada exercício, em prejuízo da distribuição dos prefalados dividendos, consoante os claros termos do art. 198. A reserva especial não afeta a base de cálculo dos dividendos obrigatórios, mas é o resultado da apropriação de dividendo obrigatório não distribuído temporariamente. Se não absorvidos por prejuízos em exercícios subsequentes, deverão ser pagos assim que a situação financeira da sociedade o permitir.

Em relação aos dividendos preferenciais, quando estabelecidos pelo estatuto, estes se encontram incólumes às reservas de lucros facultativamente criadas pelo estatuto ou instituídas pela assembleia geral. A única que pode prejudicar o seu recebimento pelos respectivos titulares é a reserva legal, cuja constituição se impõe, determinando imperativamente a lei que o percentual de cinco por cento do lucro líquido anual seja aplicado na sua formação, até o limite estipulado, antes de qualquer outra destinação (arts. 203 e 193).

As reservas de lucros são geralmente feitas para atender ao interesse da companhia. Mas a lei se preocupa em ponderar esse interesse com o dos acionistas, que é o de participar dos lucros, através do recebimento de dividendos. Assim é que o art. 199 determina que o saldo das reservas de criação facultativa, exceto as para contingências, de incentivos fiscais e de lucros a realizar, não poderá ultrapassar o capital social. Atingido esse limite, a assembleia deverá deliberar sobre a aplicação desses recursos em excesso na integralização do capital social ou em seu aumento, ou, ainda, na distribuição de dividendos.

Não se pode olvidar que o limite da reserva legal, de criação compulsória, é outro: não excederá de vinte por cento do capital (*caput* do art. 193).

Os lucros que não forem direcionados para a constituição de reservas de lucros deverão ser distribuídos como dividendos ou, a critério da assembleia, ser destinados à capitalização da companhia (§ 6º do art. 202 c/c art. 169).

16.5. RESERVAS DE CAPITAL

As reservas de capital, que também podem figurar na contabilidade da sociedade anônima, consoante se apontou no item 16.3 *supra*, não têm como origem de seus recursos o lucro líquido do exercício. Sua formação tem como fonte o ágio no preço de emissão das ações e o produto obtido na alienação de partes beneficiárias e bônus de subscrição (§ 1º do art. 182).

Sua utilização vem restritivamente prevista em lei para as hipóteses de a) absorção de prejuízo que ultrapasse as reservas de lucros; b) resgate, reembolso ou compra de ações; c) resgate das partes beneficiárias; d) incorporação ao capital social; e e) pagamento de dividendo cumulativo a ações preferenciais, quando tal vantagem lhes for assegurada (art. 200[9]).

16.6. PARTICIPAÇÃO DOS ACIONISTAS NOS LUCROS SOCIAIS

Os acionistas têm como direito essencial o de participar dos lucros da companhia (art. 109, I). Mas essa participação tem como pressuposto básico a existência de resultados sociais positivos que possam ser distribuídos. Sem eles, não há como se pretender, em princípio, implementar essa partilha.

---

9 Conforme já foi anotado no item 6.10 do capítulo 6 desta obra, o inciso V do art. 200 ainda faz referência ao § 5º do art. 17. Entretanto, com a alteração introduzida no prefalado art. 17 pela Lei n. 10.303/2001, o antigo § 5º foi renumerado para § 6º, olvidando-se o legislador de modificar a redação do inciso V do art. 200, de modo a adaptá-lo.

Mas a mera existência do lucro (resultado positivo) é, por si só, insuficiente para amparar a sua distribuição entre os integrantes do quadro social. Há a necessidade de se apurar o lucro líquido do exercício, como se viu em passagem anterior deste capítulo (item 16.2). Por lucro líquido do exercício entende-se o resultado que remanesce após a dedução das provisões tributárias incidentes sobre o lucro, dos prejuízos acumulados, se existentes, e das participações a que eventualmente façam jus os debenturistas, os empregados, os administradores e os titulares de partes beneficiárias. Apurado o lucro líquido do exercício, a assembleia geral irá deliberar, observadas as prescrições legais e estatutárias, sobre a sua destinação: distribuição de dividendos, apropriação em reservas e capitalização.

Portanto, até que o dividendo seja declarado pelo órgão competente, o acionista tem, apenas, uma expectativa a esse crédito. Ele apenas se materializa em seu favor, incorporando-se ao seu patrimônio, quando deliberada a sua distribuição. Com a declaração, destarte, é que se lhe atribui existência jurídica, tornando-se o acionista, a partir de então, credor da companhia em relação a esse valor.

O dividendo afigura-se, pois, como a parcela do lucro líquido do exercício social que a companhia distribui a seus acionistas. Essa distribuição é, a princípio, anual e resulta da deliberação da assembleia geral ordinária (art. 132, II). Contudo, a lei prevê a figura jurídica do dividendo intermediário (dividendo intercalar e dividendo intermediário em sentido estrito) que pode ser distribuído no curso do exercício, por deliberação dos órgãos de administração, se assim autorizados pelo estatuto (art. 204).

A origem primária do dividendo, portanto, é a existência de lucro líquido verificado no exercício. A companhia, entretanto, poderá pagar dividendos à conta de reserva de lucros e à conta de reserva de capital, esta, apenas, no caso de ações preferenciais que tenham assegurada prioridade na distribuição de dividendo cumulativo (*caput* do art. 201)[10 e 11].

A distribuição de dividendos ao arrepio dessas disposições contidas no *caput* do art. 201 implica responsabilidade civil solidária dos administradores e fiscais, os quais ficam obrigados a repor ao caixa social a importância irregularmente distribuída, sem prejuí-

---

10 O texto legal do art. 201 ainda faz menção à possibilidade de pagamento de dividendos à conta de lucros acumulados. Mas, como já visto neste capítulo, essa conta de lucros acumulados não mais subsiste após a introdução do § 6º ao art. 202 pela Lei n. 10.303/2001.

11 Consoante já foi destacado em passagens anteriores, o art. 17 sofreu alterações pela Lei n. 10.303/2001, sendo o seu antigo § 5º renumerado para § 6º. Todavia, o legislador esqueceu de modificar o art. 201, para atualizar a sua remissão (onde se lê "§ 5º do art. 17" deve-se ler "§ 6º do art. 17").

zo da apuração da responsabilidade penal que o caso comportar (§ 1º do art. 201 da Lei n. 6.404/76 e art. 177 do Código Penal)[12]. Constitui a conduta, outrossim, infração grave para os fins do disposto no § 3º do art. 11 da Lei n. 6.385/76 e aplicação das sanções previstas nos incisos III a VIII do *caput* daquele mesmo artigo (art. 1º, I, *g*, da Instrução CVM n. 491/2011).

O acionista é obrigado a restituir os dividendos havidos de má-fé com infração ao disposto no prefalado preceito (*caput* do art. 201). A pretensão da companhia em face do acionista para obter a restituição prescreve em três anos, contado o prazo da data da publicação da ata da assembleia geral ordinária do exercício em que os dividendos tenham sido declarados (art. 287, II, *c*).

Isenta a lei dessa restituição o acionista que em boa-fé tenha recebido os dividendos, presumindo-se, entretanto, a má-fé quando os dividendos forem pagos sem o levantamento do balanço ou em desacordo com os seus resultados (§ 2º do art. 201). A presunção, *in casu*, é absoluta (*juris et de jure*). Portanto, salvo essas duas hipóteses, milita em prol dos acionistas a presunção relativa (*juris tantum*) de recebimento dos dividendos de boa-fé.

O pagamento das participações nos lucros asseguradas pelo estatuto aos administradores e aos titulares de partes beneficiárias está submetido a essas mesmas regras (parágrafo único do art. 190). A pretensão da companhia para receber o montante das participações indevidas prescreve nos mesmo três anos, contado o prazo da data da publicação da ata da assembleia geral ordinária do exercício em que as participações tenham sido pagas (art. 287, II, *d*).

Todos esses regramentos acerca da distribuição dos dividendos têm por finalidade preservar a intangibilidade do capital social, em sua função de garantia dos credores sociais.

Oportuno ainda anotar neste tópico que a participação de cada acionista nos lucros sociais é dirigida segundo a quantidade de ações que titulariza, suas espécies e classes.

16.7. DIVIDENDO OBRIGATÓRIO

Tendo por escopo evitar que a totalidade dos lucros sociais seja retida na sociedade, a Lei n. 6.404/76 instituiu em nosso ordenamento a figura do dividendo obrigatório (art. 202). Essa destinação forçada de parte do lucro líquido do exercício atende ao desiderato de a companhia produzir lucros para partilhá-los entre os seus acionistas,

---

12 Sobre a exoneração da responsabilidade dos administradores e fiscais, confiram-se os itens 13.16 do capítulo 13 e 14.8 do capítulo 14.

constituindo-se, assim, em efetivo instrumento de tutela dos interesses dos acionistas minoritários. No sistema anterior, quando esse dividendo mínimo obrigatório não se fazia impositivo, eram frequentes as situações em que os lucros sociais ficavam permanentemente capitalizados, sem que nada fosse distribuído aos acionistas. O mecanismo engendrado permite um profícuo equilíbrio na relação interna de poder da companhia, garantindo à minoria acionária o direito de exigir parte do lucro líquido do exercício sob a forma de dividendo.

O dividendo obrigatório consiste, pois, na parcela mínima do lucro líquido apurado em cada exercício social que a companhia está obrigada a distribuir a todos os seus acionistas, independentemente da espécie ou da classe de ações de que sejam titulares, não se admitindo a absorção de tal parcela para a constituição de reservas estatutárias e de retenção de lucros.

O dividendo obrigatório é, portanto, uma garantia à distribuição mínima do lucro líquido do exercício a que os acionistas fazem jus. Verificada, entretanto, a existência de lucro líquido no exercício que ultrapasse esse mínimo obrigatório, a assembleia geral pode, naturalmente, deliberar pela distribuição de dividendos em valores superiores.

A disciplina do dividendo obrigatório cabe, em princípio, ao estatuto social. Assim, esse ato-regra da sociedade emerge como fonte primária para estabelecer a parcela do lucro líquido de cada exercício que será distribuída aos acionistas. Sua fixação é livre, pois tem o estatuto margem para definir a política de dividendos da companhia. Dessa feita, pode ser o dividendo estabelecido, por exemplo, como porcentagem do lucro (critério mais usual) ou do capital social, ou ser apropriado qualquer outro critério, desde que seja regulado com precisão e minúcia e não subordine os acionistas minoritários ao arbítrio dos órgãos de administração ou da maioria (§ 1º do art. 202). De outra parte, o estatuto está adstrito a observar as restrições legais quanto à constituição de reservas que possam influenciar na sua base de cálculo. Assim é que as reservas estatutárias e a de retenção de lucros não poderão ser apropriadas, em cada exercício, em prejuízo da distribuição do dividendo obrigatório (art. 198)[13]. Será inválida a regra estatutária que contenha disposição contrária à referida restrição.

Sendo omisso o estatuto, a lei supre a lacuna, apresentando regramento supletivo para determinar o dividendo obrigatório que corresponderá à metade do lucro líquido do exercício, ajustado segundo um critério de deduções e acréscimos. As deduções compreendem a constituição da reserva legal, a importância destinada à formação de reservas para contingências (art. 202, I, *a* e *b*) e a reserva de incentivos fiscais (art. 195-

---

13 As reservas legal, para contingências, de incentivos fiscais e de lucros a realizar, como se viu no item 16.4 *supra*, podem reduzir a base de cálculo do dividendo obrigatório.

A). Os acréscimos, por seu turno, vinculam-se às reversões das reservas de contingências formadas em exercícios precedentes (art. 202, I, *b*). Uma vez calculado o dividendo obrigatório, segundo os critérios apontados, o seu pagamento poderá ser limitado ao montante do lucro líquido do exercício que tiver sido realizado em dinheiro, desde que a diferença seja registrada como reserva de lucros a realizar (art. 202, II). Mas quando esses lucros registrados na reserva de lucros a realizar forem realizados e se não tiverem sido absorvidos por prejuízos em exercícios subsequentes, deverão ser acrescidos ao primeiro dividendo declarado após a realização (art. 202, III). Com a providência, evita-se que a companhia seja obrigada a pagar dividendos sem que reúna recursos financeiros disponíveis. Como já se viu, o regime legal para a apuração do lucro é o de competência (*caput* do art. 177) e, portanto, lucro apurado não corresponde necessariamente a dinheiro no caixa da sociedade.

A imprecisão do estatuto na regulação do dividendo obrigatório, deixando os acionistas minoritários ao arbítrio dos órgãos de administração ou da maioria (§ 1º do art. 202), impende registrar, deve ser equiparada, para os efeitos legais, à omissão, acarretando, por via de consequência, a incidência da regra supletiva para a sua fixação.

A introdução do dividendo obrigatório em estatuto omisso poderá se realizar a qualquer tempo por deliberação da assembleia geral que irá alterá-lo para introduzir regra dispondo sobre a matéria. Mas aquela liberdade originária que se apresenta em favor dos fundadores da companhia para estabelecer o critério do seu cálculo, quando da constituição da sociedade, não mais subsiste em favor da assembleia geral dos acionistas. O § 2º do art. 202 prescreve o dividendo mínimo de vinte e cinco por cento do lucro líquido ajustado nos termos do inciso I do próprio art. 202, antes estudado, para as companhias já constituídas que tiverem estatuto omisso e a assembleia geral decidir por sua modificação para contemplar regramento expresso sobre o tema.

Essa previsão contida no § 2º do art. 202 tem a clara intenção de albergar os acionistas que, quando ingressaram na companhia, faziam jus a um dividendo obrigatório na razão de cinquenta por cento do lucro líquido ajustado nos termos do inciso I daquele mesmo preceito, em decorrência da omissão estatutária. Diante da decisão de adotar uma política de distribuição de dividendos com disciplina estatutária, fazendo para tal inserir no estatuto dispositivo normativo expresso para tratar da matéria, o legislador fixou o patamar mínimo de vinte e cinco por cento do lucro ajustado para ser observado na adoção dessa política pela companhia já constituída.

Mas é mister salientar que a introdução de regra em estatuto omisso, fixando dividendo obrigatório em percentual de vinte e cinco, trinta ou quarenta por cento do lucro líquido ajustado, por exemplo, não implica tecnicamente redução dos dividendos obrigatórios pela assembleia geral. O que se tem, na espécie, é uma atuação da assembleia geral dos acionistas para suprir omissão estatutária. A figura jurídica da redução dos dividendos obrigatórios pressupõe prévia regulação de sua determinação no estatuto e superveniente decisão assemblear que resolva reduzi-los. A assembleia geral, que em ambas as situações será extraordinária e observará o *quorum* do art. 135 para regular instalação, em razão do objetivo de reforma do estatuto, apresenta, em cada uma das hipóteses, finalidades distintas: uma visa à reforma para suprir omissão; outra para alterar a política de dividendo obrigatório estabelecida no estatuto da companhia, reduzindo o seu montante. No primeiro caso, o *quorum* de deliberação é o ordinário ou comum do art. 129, isto é, a decisão será tomada por maioria absoluta de votos, não se computando os votos em branco, e a alteração estatutária não rende ensejo ao exercício do direito de recesso ao acionista dissidente, uma vez que ao ingressar em companhia com estatuto omisso tinha a efetiva ciência das consequências e dos resultados que a própria lei estabelece: percebimento dos dividendos obrigatórios nos moldes traçados pelo *caput* do art. 202 até que a companhia decida suprir a lacuna, adotando regramento explícito para sua política de dividendos, ocasião em que passa a fazer jus ao mínimo estabelecido no § 2º do citado preceito. No segundo caso, o *quorum* de deliberação é o qualificado e a alteração da disciplina estatutária sobre o dividendo obrigatório, resolvendo por sua redução, enseja ao dissidente o direito de recesso (arts. 136, III, e 137), com o recebimento do valor de reembolso de suas ações.

Mas ainda se impõe uma relevante reflexão: pode a assembleia geral extraordinária, ulteriormente, fixar dividendo obrigatório inferior aos aludidos vinte e cinco por cento garantidos aos acionistas quando do suprimento da omissão estatutária, mediante nova alteração estatutária, agora não para suprir lacuna, mas para modificar dispositivo do estatuto?

Não há na lei, com efeito, nenhum óbice à iniciativa. A alteração de dividendo obrigatório pode se fazer a qualquer tempo, observadas as regras e princípios do ordenamento. Tanto a modificação de dividendo obrigatório originariamente previsto no estatuto, quando da constituição da companhia, por obra de seus fundadores, cenário jurídico informado pela liberdade plena para sua fixação (dez, quinze, vinte por cento do lucro ajustado, por exemplo), quanto a alteração do dividendo obrigatório introduzido posteriormente para suprir omissão estatutária (sujeita ao patamar mínimo de vinte e cinco por cento do lucro líquido ajustado) podem ser validamente realizadas, tendo em conta invariavelmente o interesse da companhia e a razoabilidade e a proporcionalidade da deliberação, de modo a não ficar evidenciado o abuso nos exercícios do direito de voto e do poder de controle. Nas aludidas hipóteses, será sempre assegurado ao dissidente da decisão assemblear o direito de retirada da sociedade, pois em ambos os cenários o estatuto contém disposição regulando expressamente o dividendo obrigatório e a companhia resolve reduzi-lo.

Em que pese o efetivo avanço implementado pela Lei n. 6.404/76 em relação ao ambiente de incertezas quanto à distribuição de dividendos vivida no sistema anterior, com a adoção em favor dos acionistas do dividendo obrigatório, esse direito não é absoluto[14]. Isso porque, nos termos do § 3º do art. 202, a assembleia geral pode, desde que não haja oposição de qualquer acionista presente, deliberar o pagamento de dividendo em valor inferior ao obrigatório ou até mesmo não realizar nenhuma distribuição, decidindo por reter todo o lucro líquido do exercício. Essa exceção à regra do dividendo obrigatório, entretanto, apenas se pode verificar nas seguintes sociedades: a) companhias abertas para a captação exclusiva de recursos por meio de emissão de debêntures não conversíveis em ações (inciso I); b) companhias fechadas, com exceção daquelas controladas por companhias abertas que não se enquadrem na condição declinada na alínea anterior (inciso II).

Anteriormente à alteração resultante da Lei n. 10.303/2001, no prefalado § 3º, essa faculdade era limitada às companhias fechadas, sem nenhuma condição. Presencia-se, com a nova redação, tanto uma restrição quanto uma ampliação.

A ampliação é para albergar as companhias abertas que desfrutam desse *status* por captar exclusivamente recursos no mercado por meio de emissão de debêntures não conversíveis em ações. Entende o legislador que a estrutura dessas companhias abertas, sob o ponto de vista da dispersão acionária, é semelhante a das companhias fechadas, não se fazendo necessária a tutela legal inflexível dos direitos dos acionistas minoritários.

A restrição atinge as companhias fechadas controladas por companhias abertas, salvo quando essa qualificação da controladora decorrer do fato de captar recursos por meio exclusivo da emissão de debêntures não conversíveis em ações. A medida tutela os acionistas daquelas companhias abertas que controlem companhias fechadas, vedando que nestas se delibere pelo pagamento a menor ou pela retenção do dividendo obrigatório que, desse modo, deve fluir para a controladora sem nenhuma restrição e dela para os seus acionistas.

Em suma, o § 3º em apreço cria uma exceção à regra do dividendo obrigatório em favor das companhias abertas exclusivamente para a captação de recursos por debêntures não conversíveis em ações e fechadas, exceto quando controladas por companhias abertas que não se destinarem exclusivamente à captação de recursos por debêntures não conversíveis em ações. Nesses casos, repita-se, a assembleia geral tem a faculdade de deliberar a distribuição de dividendo inferior ao mínimo obrigatório ou de não realizar nenhuma distribuição, decidindo por reter todo o lucro líquido,

---

[14] Rubens Requião, *ob. cit.*, v. 2, p. 322.

desde que inexista oposição de qualquer acionista presente, com ou sem direito de voto. Sustentamos que não apenas os acionistas votantes, mas também os que não desfrutam desse direito, podem se opor à proposta submetida ao crivo da decisão assemblear. A uma, porque o dividendo obrigatório é uma tutela da minoria acionária, que beneficia a todos os acionistas da companhia, independentemente da espécie ou da classe de ação que titularizam. A duas, porque o texto normativo se refere a "qualquer acionista presente", não limitando a oposição ao acionista titular de ações votantes e, portanto, quando a lei não limita, não é dado ao intérprete fazê-lo. Efetivamente, está-se diante de uma situação de excepcionalidade. Assim, basta uma dissidência formulada por qualquer acionista presente ao conclave para a proposta restar prejudicada. Não havendo oposição, pode a assembleia validamente aprová-la e, desse modo, aqueles acionistas ausentes ou aqueles que embora presentes se abstiverem ficarão sujeitos aos efeitos da decisão.

Diante do quadro legal até aqui posto e comentado, é lícito propor a seguinte reflexão: no cenário das companhias abertas não atingidas pela regra excludente do inciso I do § 3º do art. 202 e no das fechadas por elas controladas, também não tocadas pela exceção do inciso II do mesmo preceito, alguma deliberação[15] pela não distribuição de dividendos ou pela distribuição em montante inferior ao obrigatório poderia ser validamente sustentada? Ou para elas a figura do dividendo obrigatório seria incondicionalmente observada?

No âmbito da companhia aberta, partilhamos a ideia de ser válida a decisão de distribuir dividendo inferior ao obrigatório ou de retenção de todo o lucro líquido do exercício quando tomada pela unanimidade dos seus acionistas. O direito ao recebimento dos dividendos caracteriza-se por ser um direito de crédito pessoal, passível de renúncia. Destarte, desde que ocorra a decisão por parte de todo o quadro social, parece-nos válida a medida. Mas a unanimidade aqui tratada, enfatize-se, é aquela que se tira em relação a todos os acionistas e não apenas em relação aos votantes ou aos presentes à assembleia. Para sua caracterização, portanto, deve-se ter em conta todo o universo de sócios, independentemente de espécie ou classes de suas ações. Basta, assim, que apenas um expressamente não aprove a matéria, se abstenha, ou não compareça ao conclave, para que a construção da unanimidade exigida reste prejudicada.

Situação diversa seria a de companhia fechada controlada por companhia aberta que não exclusivamente para a captação de recursos por debêntures não conversíveis em

---

15 A deliberação aqui tratada é aquela em caráter definitivo. A deliberação pelo diferimento do pagamento, de cunho transitório, estará sempre permitida para qualquer espécie de companhia, observadas as condições dos §§ 4º e 5º do art. 202.

ações. Nesse caso, parece-nos não ser suficiente a caracterização de uma unanimidade tirada no âmbito interno do quadro social da companhia fechada controlada, pois estar-se-ia frustrando o sistema legal construído a partir do art. 202, notadamente pela distorção da exceção autorizada pelo inciso II do seu § 3º. A companhia controlada fechada pode, por exemplo, ser constituída pela companhia aberta controladora e por sociedade ou sociedades do mesmo grupo; ou pode ser formada pela sociedade aberta que a controla e pelo controlador dessa companhia aberta; ou até mesmo ser uma subsidiária integral. Nessas situações, o voto da controladora (companhia aberta), para ser validamente expressado na assembleia geral da sua controlada fechada, no sentido de se decidir pela retenção de todo o lucro líquido ou pela distribuição a menor do dividendo obrigatório, deve estar, em nossa visão, legitimado pela unanimidade da vontade de seus acionistas (da controladora aberta), sob pena de frustrar, como se disse, o sistema estabelecido e, com isso, pôr em risco o desejado incentivo ao investimento no mercado de capitais.

Não se pode olvidar que o escopo da introdução do inciso II, no § 3º do art. 202, pela Lei n. 10.303/2001, foi o de assegurar a fluência irrestrita do dividendo obrigatório auferido na controlada para os acionistas da companhia aberta controladora. Esse é um valor que a lei declaradamente visa a proteger. A pretensão da reforma legal, nesse ponto, foi a de assegurar que os acionistas de companhias *holdings* de capital aberto recebam os lucros produzidos pelas sociedades operacionais por elas controladas, em última *ratio*.

Prosseguindo na análise do dividendo obrigatório na sua moldura legal, o § 4º do art. 202 prevê, em prol do interesse social, a possibilidade da não distribuição de dividendo obrigatório que, assim, na dicção legal, não será obrigatório no exercício social em que os órgãos da administração informarem à assembleia geral ordinária ser ele incompatível com a situação financeira da companhia. O direito de cada acionista ao dividendo obrigatório está jungido à efetiva capacidade da sociedade para pagá-lo, sem o comprometimento da sua estabilidade financeira. Mas esse risco tem que ser real e sustentado pelo fato de que o pagamento pode vir a comprometer a própria solvência da companhia.

O relatório da administração deve ser circunstanciado, expondo à assembleia geral ordinária dos acionistas o risco que o pagamento do dividendo obrigatório poderá gerar para a sociedade, sublinhando a incompatibilidade entre o grau de liquidez da companhia e a distribuição dos dividendos naquele exercício social, justificando o diferimento do seu pagamento. Essa informação deve ser acompanhada de parecer do conselho fiscal, se em funcionamento. Na companhia aberta, os administradores encaminharão à Comissão de Valores Mobiliários, dentro de cinco dias da realização da assembleia geral, exposição justificada da informação transmitida à assembleia, a fim de que a agência reguladora possa dar azo ao exercício de seu poder de polícia[16].

Mas não se pode ter dúvidas de que a assembleia geral é soberana para decidir se distribui ou não os dividendos obrigatórios. Será sua a palavra final, a teor da competência que lhe resulta do inciso II do art. 132.

Os lucros que deixarem de ser distribuídos em razão da decisão assemblear serão obrigatoriamente registrados como reserva especial e, preceitua o § 5º do art. 202, se não absorvidos por prejuízos verificados em exercícios subsequentes, deverão ser pagos como dividendo assim que o permitir a situação financeira da companhia. Essa retenção do dividendo obrigatório que terá principiologicamente um caráter temporário ou transitório se aplica, é lícito destacar, a toda e qualquer espécie de sociedade anônima.

O lucro não destinado à constituição das reservas legal (art. 193), estatutárias (art. 194), para contingências (art. 195), de incentivos fiscais (art. 195-A), de lucros a realizar (art. 197), de retenção de lucros (art. 196) ou especial (§ 5º do art. 202) deve ser partilhado entre os acionistas (§ 6º do art. 202)[17]. Com isso, ficam obrigadas as sociedades anônimas a distribuir como dividendo todo o lucro líquido do exercício que não for absorvido pelas retenções legais permitidas.

Consideram-se infrações graves, ensejando as aplicações das penalidades previstas nos incisos III a VIII do art. 11 da Lei n. 6.835/76, o descumprimento dos comandos do *caput* e dos §§ 5º e 6º do art. 202, analisados no presente tópico (art. 1º, I, *h*, da Instrução CVM n. 491/2011).

16.8. JUROS SOBRE O CAPITAL PRÓPRIO

A Lei n. 9.249/95, no *caput* de seu art. 9º, permite às pessoas jurídicas deduzir, para efeito de apuração do lucro real, os juros pagos ou creditados individualizadamente a sócios ou acionistas, a título de remuneração do capital próprio, calculados sobre as contas do patrimônio líquido e limitados à variação, *pro rata dia*, da Taxa de Juros de Longo Prazo (TJLP). Entretanto, o efetivo pagamento ou crédito dos juros "fica condicionado à existência de lucros, computados antes da dedução dos juros, ou de lucros

---

16 Essa exposição que deve ser encaminhada à Comissão de Valores Mobiliários tem por escopo permitir que ela possa exercer a competência que lhe vem outorgada pelo inciso V do art. 8º da Lei n. 6.385/76, de fiscalizar e inspecionar as companhias abertas, prioritariamente aquelas que não apresentem lucro em balanço ou as que deixem de pagar o dividendo mínimo obrigatório. Se dessa fiscalização resultar suspeita de irregularidade, caberá a instauração de inquérito administrativo e, caso confirmada a infração, terá vez a aplicação das sanções indicadas no art. 11 (art. 9º, V e VI, da Lei n. 6.385/76).

17 O § 6º foi acrescentado ao art. 202 pela Lei n. 10.303/2001.

acumulados e reservas de lucros, em montante igual ou superior ao valor de duas vezes os juros a serem pagos ou creditados" (§ 1º, com redação dada pela Lei n. 9.430/96)[18]. Esses juros ficarão sujeitos à incidência do imposto de renda na fonte, na data do pagamento ou crédito do beneficiário (§ 2º). O valor dos juros pagos ou creditados a título de remuneração do capital próprio poderá ser imputado ao valor dos dividendos obrigatórios (§ 7º).

Vê-se, pelas disposições legais acima destacadas, que o denominado pagamento de juros sobre capital próprio deve pressupor a existência de lucros no exercício ou de reservas de lucros. Sua fonte, portanto, coincide com a dos dividendos. Sem lucros passíveis de distribuição, não há como se cogitar do pagamento dos juros sobre o capital próprio. Representam, assim, uma forma de participação nos lucros, que, para fins tributários, recebe um tratamento diverso dos dividendos. Sob o ponto de vista fiscal, essa figura jurídica, ora tratada, consiste em juros dedutíveis na base de cálculo do imposto devido pela pessoa jurídica. Constitui despesa que pode ser abatida, fato que não se verifica em relação ao dividendo. Sob o ponto de vista societário, entretanto, traduz uma forma de distribuição dos resultados positivos. Tanto que, pelo teor do § 7º do art. 9º da Lei n. 9.249/95, esse pagamento pode ser imputado, isto é, compensado para efeito do dividendo obrigatório. Se não ostentasse o pagamento de juros sobre o capital próprio a mesma natureza substancial de dividendos[19], essa imputação não se faria

---

18 O texto legal refere-se a lucros acumulados. Mas, como já foi visto, o § 6º do art. 202, introduzido pela Lei n. 10.303/2001, não mais permite a acumulação dos lucros.

19 Como bem articula Rubens Requião, os juros pagos ou creditados pela pessoa jurídica a título de remuneração de capital próprio, juros, propriamente ditos, não são. O juro, em seu clássico conceito, é tido como um fruto civil e, assim, é um pagamento que se faz pela utilização de capital alheio. Os juros compensatórios são devidos como compensação pelo uso do capital de outrem; os moratórios são devidos pela mora, pelo atraso em restituir o capital ao titular. Portanto, em função da autonomia da personalidade jurídica, que lhe garante uma plena autonomia patrimonial, quando o sócio confere ao capital social os seus cabedais, em regra procede à transferência da respectiva propriedade. Saem os valores ou bens do patrimônio do sócio para integrar o da sociedade. Assim, indaga o citado autor, como poderia se explicar como juros a figura jurídica em questão, se os bens ou valores são titularizados pela sociedade (*ob. cit.*, v. 2, p. 325-326). Fábio Ulhoa Coelho, por seu turno, sustenta que os juros sobre capital próprio não se podem considerar espécie de dividendos. Aqueles remuneram, na visão do autor, o acionista pela indisponibilidade do dinheiro, enquanto investido na companhia; os dividendos remuneram o sócio pelo particular sucesso da empresa explorada (*ob. cit.*, v. 2, p. 355). Nelson Eizirik (*A lei das S/A comentada*, v. III, p. 106), Luiz Carlos Piva (Lucros, reservas e dividendos *in Direito das companhias*, v. II. Coordenação de Alfredo Lamy Filho e José Luiz Bulhões Pedreira. Rio de Janeiro: Forense, 2009, p. 1.722) e Alberto Xavier (Natureza jurídica tributária dos "juros sobre capital próprio" face à lei interna e aos tratados internacionais *in Revista Dialética do Direito Tributário*, n. 21, julho de 1997. São Paulo: Dialética, 1997, p. 8)

possível. E, com essa convicção, o pagamento dos juros não se pode fazer antes da dedução integral dos prejuízos eventualmente acumulados (art. 189 da Lei n. 6.404/76).

16.9. DIVIDENDO INTERMEDIÁRIO

Conforme já estudado no item 15.1 do capítulo 15, a orientação que preside em nosso ordenamento jurídico é a da anualidade do exercício social (art. 175).

Nos quatro primeiros meses seguintes ao término do exercício social, deverá haver uma assembleia geral ordinária para, entre outras providências, deliberar sobre a destinação do lucro líquido do exercício e a distribuição de dividendos (art. 132, II), cujo pagamento, a princípio, será anual. Contudo, o art. 204 da Lei das S.A. permite o pagamento de dividendos em períodos menores, o que se denomina dividendos intermediários.

Os dividendos intermediários se apresentam sob duas modalidades: a) declarados à conta de lucro do exercício social em curso (*caput* do art. 204 e seu § 1º); e b) declarados à conta de reservas de lucros existentes no último balanço anual ou semestral (§ 2º do art. 204)[20]. A primeira modalidade vem denominada usualmente pela doutrina de dividendos intercalares e a segunda, de dividendos intermediários em sentido estrito.

O *caput* do art. 204 permite à companhia que por força de lei (como é a hipótese das instituições financeiras – art. 31 da Lei n. 4.595/64) ou disposição estatutária levantar balanço semestral possa declarar por deliberação dos órgãos de administração, se assim autorizado pelo estatuto, dividendo à conta do lucro apurado nesse balanço.

No evidente intuito de estimular o investimento em ações e, assim, fortalecer o mercado de capitais, o § 1º do art. 204 faculta à companhia, mediante previsão estatutária específica, levantar balanço e distribuir dividendos em períodos menores do que um semestre, mas desde que o total dos dividendos pagos em cada semestre não exceda ao montante das reservas de capital. Essa exigência, que apenas se verifica para a distribuição de dividendos em períodos inferiores a seis meses, visa a impedir a distribuição de lucros em prejuízo do capital social que, como curial, constitui uma garantia aos credores sociais.

Mas é bom que se diga que o fato de se proceder ao levantamento de balanço intermediário, em período de seis meses ou em períodos inferiores a um semestre, não alte-

---

partilham do entendimento de que os dividendos e os juros sobre capital próprio possuem a mesma natureza, qual seja a de distribuição de resultados aos acionistas.

20 O texto legal do § 2º do art. 204 faz menção, também, aos lucros acumulados. Mas, como já foi registrado em diversas passagens, essa rubrica, a partir do acréscimo do § 6º ao art. 202, pela Lei n. 10.303/2001, não mais pode ser contabilizada.

ra a duração do exercício social. Apenas estabelece o período mínimo de apuração de lucros para sua partilha, sob a forma de dividendos, entre os acionistas. São eles, assim, distribuídos com base em balanços levantados no decorrer do próprio exercício social.

Os dividendos intermediários em sentido estrito, por seu turno, têm disciplina no § 2º do art. 204. Tem-se, pelo dispositivo normativo, que o estatuto poderá autorizar os órgãos de administração a declarar dividendos intermediários à conta de reserva de lucros existentes no último balanço anual ou semestral.

Embora se possa visualizar nos institutos dos dividendos intercalares e intermediários em sentido estrito o traço comum da exigência de previsão estatutária autorizando os órgãos de administração a declará-los, eles não se confundem. Estes últimos pressupõem prévia aprovação do balanço pela assembleia geral, visto que se reportam a reservas de lucros existentes, contabilizadas no último balanço, ao passo que a declaração dos dividendos intercalares fica subordinada a prévio levantamento de balanço intermediário (semestral ou em períodos menores) dentro do próprio exercício e, portanto, antes da aprovação pela assembleia dos acionistas.

Não só os dividendos intermediários em sentido estrito, mas também os intercalares, têm caráter definitivo, não ostentando, portanto, um corpo de provisoriedade. Não se constituem, por certo, em simples antecipação do dividendo anual. Uma vez distribuídos, ingressam no patrimônio do acionista e a ele se incorporam definitivamente, ainda que se verifique no final do exercício social, quando do levantamento do balanço anual, resultado negativo da companhia. Quando distribuídos, o foram com base no lucro efetivo, real e disponível. O fato de, ao término do exercício social, a companhia registrar prejuízos, apenas implicará que, até que tais perdas sejam compensadas em exercícios futuros, estará a sociedade obstada de distribuir novos dividendos.

Os acionistas, portanto, não ficam sujeitos a restituir os dividendos percebidos, salvo se procederam de má-fé (§ 2º do art. 201).

Por derradeiro, é mister sublinhar que a declaração dos dividendos intercalares ou intermediários em sentido estrito constitui faculdade dos órgãos de administração autorizados pelo estatuto a assim proceder. É, portanto, uma decisão administrativa, que deve sopesar a oportunidade e a conveniência de efetivamente declará-los.

16.10. DIVIDENDO PREFERENCIAL

O dividendo preferencial ou prioritário é aquele, por previsão estatutária expressa, conferido a uma ou mais classes de ações preferenciais. Essa vantagem traduz, assim, um tratamento diferenciado e privilegiado para os titulares dessas ações, concernente à garantia de prioridade na distribuição de dividendo, fixo ou mínimo.

Acerca dos conceitos e reflexões emitidas sobre os dividendos fixos e mínimos, bem assim da possibilidade de cumulatividade do dividendo prioritário, remetemo-nos aos comentários expendidos no item 6.10 do capítulo 6, feitos por ocasião da análise desses institutos.

Neste tópico, cabe apenas reforçar que, uma vez apurado o lucro líquido do exercício e, quando for o caso, procedida à destinação do percentual da reserva legal (art. 193), antes de qualquer outra destinação será observado o direito dos acionistas preferenciais de receber os dividendos fixos ou mínimos a que tenham prioridade, inclusive os atrasados, se cumulativos, o que não poderá ser prejudicado, portanto, por qualquer outra reserva de lucro, nem pelo dividendo obrigatório (art. 203).

No que pertine ao concurso que se estabelece entre o dividendo preferencial e o obrigatório, tem-se que os titulares das ações preferenciais com dividendo prioritário têm o direito de exigir o dividendo fixo ou mínimo que lhes é estatutariamente assegurado antes do pagamento de qualquer outro dividendo. É obrigação da companhia promover o seu pagamento, ainda que ele consuma todo o lucro líquido do exercício e, portanto, ocorra em prejuízo de todos os demais.

16.11. PAGAMENTO DOS DIVIDENDOS

A companhia deverá pagar o dividendo à pessoa que, na data do ato de sua declaração[21], estiver inscrita no livro de registro de ações nominativas como proprietária ou usufrutuária da ação (*caput* do art. 205). Estará ela, pois, liberada da obrigação com o pagamento a quem estiver inscrito, no livro próprio, como titular desse direito.

O pagamento poderá, dispõe o § 1º do art. 205, ser realizado por cheque nominal remetido por via postal para o endereço comunicado pelo acionista ou mediante crédito em conta corrente bancária aberta em nome do acionista. Mas essas modalidades de pagamento são apenas indicativas, podendo, desse modo, ser adotado qualquer outro meio, seja por disposição estatutária, seja por decisão da diretoria.

Na hipótese de ações em custódia bancária ou em depósito, nos termos dos arts. 41 e 43, os dividendos serão pagos, consoante prevê o § 2º do art. 205, pela companhia à

---

21 A declaração dos dividendos anuais, como se viu ao longo deste capítulo, é da alçada da assembleia geral ordinária (art. 132, II). Resulta, pois, de uma deliberação desse órgão social. Contudo, tratando-se de dividendos intercalares ou intermediários em sentido estrito, viu-se, também, que a sua declaração pode advir de deliberação dos órgãos de administração (art. 204). Portanto, a declaração dos dividendos compreende tanto o dividendo anual, que decorre de deliberação da assembleia geral ordinária, como o dividendo intermediário (intercalar e intermediário em sentido estrito), fruto de deliberação dos órgãos de administração autorizados pelo estatuto social.

instituição financeira depositária, que será responsável pela sua entrega aos titulares das ações depositadas. Nessas condições, impende concluir que a sociedade estará liberada da obrigação com o pagamento realizado à instituição financeira.

Quanto ao prazo para pagamento, estabelece o § 3º do art. 205 que o dividendo deverá ser pago no interregno de sessenta dias da data em que for declarado. Entretanto, é facultado à assembleia geral deliberar por outro prazo, mas desde que se faça o pagamento dentro do exercício social.

A pretensão do acionista para haver dividendos prescreve, nos termos da alínea *a* do inciso II do art. 287, em três anos, contado o prazo "da data em que tenham sido postos à disposição do acionista". E os dividendos são "postos à disposição do acionista" na data em que eles devam ser pagos. Assim, o prazo de prescrição tem início no dia seguinte ao do encerramento do prazo legal de sessenta dias da data em que for declarado o dividendo ou do prazo fixado pela assembleia geral para pagamento. Com a declaração do dividendo, passa o acionista a ser credor da companhia, que tem um prazo para quitar a sua obrigação. Somente após a expiração desse prazo, sem que ocorra o pagamento, é que passa o acionista a ter ação em face da companhia para reclamar os dividendos declarados e não pagos. Lógico, assim, que somente a partir de tal data é que passe a fluir o prazo prescricional de sua pretensão.

Decorrido o prazo prescricional, os dividendos não reclamados pelos acionistas retornam ao patrimônio líquido da sociedade.

Configura infração grave, ensejando a aplicação das penalidades previstas nos incisos III a VIII do art. 11 da Lei n. 6.385/76, o descumprimento dos comandos traduzidos no *caput* e no § 3º do art. 205 acima comentados (art. 1º, I, *i*, da Instrução CVM n. 491/2011).

Muito se discutiu e se discute se o pagamento dos dividendos pode se fazer de outra forma que não em dinheiro[22]. Surge, nesse cenário, a figura do dividendo *in natura*, que é justamente aquele que se paga não em moeda corrente, mas em bens suscetíveis de avaliação econômica.

Parece-nos ser perfeitamente possível o pagamento do dividendo *in natura* pela companhia a seus acionistas, porquanto não há impedimento legal à sua realização e

22 Contrários ao seu pagamento *in natura*, só o admitindo em moeda corrente nacional: Miranda Valverde (*Sociedade por ações*, v. II, p. 413); Cunha Peixoto (*ob. cit.*, v. IV, p. 209); Pontes de Miranda (*ob. cit.*, tomo L, p. 439 e ss.); e Tavares Borba (*ob. cit.*, p. 458-459). Favoráveis ao pagamento *in natura*: Fabio Konder Comparato (*Novos ensaios e pareceres de direito empresarial*. Rio de Janeiro: Forense, 1981, p. 165 e ss.); Nelson Eizirik (*A lei das S/A comentada*, v. III, p. 131 e ss.); e José Waldecy Lucena (*Das sociedades anônimas*: comentários à lei, v. III. Rio de Janeiro: Renovar, 2012, p. 124-125).

não se vislumbra no sistema da Lei n. 6.404/76 nenhuma incompatibilidade com a sua prática que, portanto, amolda-se ao regime jurídico estabelecido para as sociedades anônimas.

Em princípio, esse pagamento deve vir legitimado por previsão estatutária que, desse modo, vincula a todos os acionistas. Porém, mesmo diante de sua autorização no estatuto social, é mister para a validade de sua realização que obedeça a um tratamento isonômico entre os acionistas, ou seja, todos devem receber a mesma espécie de bens, dotados do mesmo valor econômico. O exemplo típico seria o do pagamento por meio da entrega de ações de uma subsidiária.

Mas a ausência de previsão estatutária não conduz à interdição absoluta do pagamento *in natura*. Este ainda pode validamente se estabelecer por decisão da assembleia geral dos acionistas, desde que garantido aos acionistas, que assim desejarem, o direito de perceber os dividendos a que façam jus em dinheiro. Com o procedimento se está observando o regime da liberdade negocial, que vem consagrado implicitamente na legislação empresarial, em cujo elastério se inclui a lei das sociedades anônimas, preservando-se os interesses da sociedade e de seus acionistas.

Em desfecho ao tópico do pagamento de dividendos, não se pode olvidar da ocorrência de fatores externos, capazes de obstar o seu implemento. É a hipótese da existência de débitos previdenciários ou de outros decorrentes de impostos, taxas ou contribuições, não garantidos, para com a União (art. 32 da Lei n. 4.357/64 e art. 52 da Lei n. 8.212/91).

16.12. ORDEM LEGAL DA DESTINAÇÃO DO LUCRO LÍQUIDO DO EXERCÍCIO

Com o escopo de sistematizar a ordem a ser observada na destinação do lucro líquido do exercício, segundo os critérios estabelecidos a partir de todo o regramento estudado neste capítulo, abre-se, ao seu final, o presente tópico.

Destarte, apurado o lucro líquido do exercício, a sua apropriação em reservas e a sua distribuição sob a forma de dividendos deverá guardar a seguinte ordenação: 1) formação da reserva legal, com a aplicação de cinco por cento do lucro líquido do exercício, até o limite de vinte por cento do capital social (art. 193); 2) destinação para pagamento dos dividendos fixos ou mínimos a que tenham prioridade os acionistas preferenciais, inclusive os atrasados, se cumulativos (art. 203); 3) constituição de reservas para contingências, se assim deliberar a assembleia geral (art. 195); 4) destinação para a reserva de incentivos fiscais de parcela do lucro líquido decorrente de doações ou subvenções governamentais para investimentos, se assim decidir a assembleia geral (art. 195-A); 5) constituição de reserva de lucros a realizar, quando o montante do dividendo obrigatório for superior à parcela do lucro líquido realizado em dinheiro, e se assim o decidir a assembleia geral (art. 197); 6) destinação para pagamento do dividendo obrigatório (arts. 198 e 202); 7) reservas estatutárias, quando houver sua previsão no estatuto (art. 194); e 8) retenção de lucros, mediante decisão da assembleia geral, nos termos do orçamento de capital por ela previamente aprovado (art. 196).

Remanescendo saldo, após as destinações permitidas, deverá ser ele distribuído como dividendo (§ 6º do art. 202).

Capítulo 17

DISSOLUÇÃO, LIQUIDAÇÃO E EXTINÇÃO DA COMPANHIA

17.1. A DISSOLUÇÃO E SEU CONCEITO

A dissolução da sociedade consiste na verificação de uma causa que desencadeará o processo de extinção da pessoa jurídica, oportunidade em que se encerrará a personalidade jurídica, adquirida a partir do registro do seu ato constitutivo[1]. Assim, verificada a causa dissolutória, engrenar-se-á a liquidação do ativo visando ao pagamento do passivo da sociedade e, uma vez ultimada essa fase de liquidação, com a eventual partilha do acervo remanescente entre os sócios, a pessoa jurídica estará extinta[2].

Desse modo, o processo para pôr fim à existência legal das sociedades em geral, aqui incluídas as sociedades anônimas, é dotado de três etapas distintas, cada uma delas com um perfil jurídico próprio: a dissolução, a liquidação e a extinção. Por isso, no âmbito da legislação das companhias, é peremptório o art. 207, quando estabelece que a companhia dissolvida conserva a personalidade jurídica, até a extinção, com o fim de proceder à liquidação.

O conceito de dissolução ora proposto obedece ao desenho dessas três fases acima referidas. Revela, portanto, uma acepção restrita do emprego do vocábulo à sua função jurídica no direito societário: a ocorrência de uma causa de dissolução, de desfazimento do vínculo societário, colocando a sociedade em liquidação, etapa esta consequente àquele rompimento e necessária para se atingir a extinção, momento em que desaparece a personalidade jurídica, marcando o fim efetivo da pessoa jurídica[3].

---

1 Sérgio Campinho, *Falência e recuperação de empresa*: o novo regime da insolvência empresarial, p. 131.

2 A companhia poderá restar extinta, ainda, a partir de outros motivos que não o encerramento da liquidação, como se dá nas hipóteses de fusão, incorporação e cisão total. Cumpre também ressaltar que nem sempre a dissolução levará à extinção da companhia, pois é possível à assembleia geral deliberar pela cessação do estado de liquidação.

3 A palavra "dissolução" muitas vezes vem empregada em sua acepção mais ampla, tradu-

Essa causa ou motivação jurídica que conduz a sociedade à fase de liquidação pode, em algumas circunstâncias, ser removida pela assembleia geral dos acionistas ao deliberar pela cessação do estado de liquidação da companhia (art. 136, VII). Mas isso só é possível quando a vontade social puder superar, ulteriormente, aquele motivo jurídico que colocou a sociedade em liquidação, como, por exemplo, na dissolução de pleno direito verificada em função do término do prazo de duração (art. 206, I, *a*) ou decorrente de deliberação da assembleia geral (art. 136, X, e art. 206, I, *c*).

O modelo construído na Lei n. 6.404/76, seguindo a tradição legislativa antecedente, é o da dissolução total da companhia, a partir da perspectiva clássica de que os efeitos decorrentes da dissolução parcial traduzem um fenômeno estranho às sociedades de capital. Mas, como já se alertou no item 2.12 do capítulo 2, essa visão mais rígida vem sendo relativizada, sob a forte influência dos princípios da função social da empresa e de sua preservação, para admitir, em situações especiais, a dissolução parcial da companhia. Vem cada vez mais sendo consagrada a possibilidade de dissolução parcial nas sociedades anônimas fechadas constituídas *cum intuitu personae*, quando verificada a ruptura efetiva e irreversível da *affectio societatis*, pela impossibilidade de atingir o seu fim, como adiante se aprofundará (item 17.3).

As causas de dissolução são classificadas em três modalidades, segundo o modo pelo qual são operadas: a) dissolução de pleno direito; b) dissolução judicial; e c) dissolução por decisão de autoridade administrativa (art. 206).

17.2. A DISSOLUÇÃO DE PLENO DIREITO

A dissolução de pleno direito aparece disciplinada no inciso I do art. 206. Essa categoria legal quer traduzir, como causa dissolutória, a verificação de um fato que conduza a companhia à liquidação sem a necessidade de intervenção judicial.

Desse modo, na dicção legal, dissolve-se a companhia de pleno direito: a) pelo término do prazo de duração; b) nos casos previstos no estatuto; c) por deliberação da assembleia geral; d) pela existência de um único acionista, verificada em assembleia geral ordinária, se o mínimo de dois não for reconstituído até a do ano seguinte, ressal-

---

zindo o processo de finalização da existência legal da pessoa jurídica como um todo, ou seja, compreendendo aquelas três fases distintas que a compõem. É usual o emprego das expressões "dissolução regular" e "dissolução irregular". Esta é a que se realiza sem a observância do devido processo legal para o regular desaparecimento da sociedade como sujeito de direito; aquela é justo a que observa esse processo em lei estabelecido, que no caso das sociedades anônimas necessariamente deverá se amoldar às disposições do Capítulo XVII de sua lei de regência.

vada a subsidiária integral; e) pela extinção, na forma da lei, da autorização para funcionar (sociedades dependentes de autorização governamental).

A inclusão da deliberação da assembleia geral como hipótese de dissolução de pleno direito sofre constantes críticas na doutrina[4], porquanto não traduz uma dissolução *ope legis* propriamente dita, mas é resultado da vontade social, emitida segundo um *quorum* estabelecido (art. 136, X). Essa mesma ideia poderia se estender, também, à dissolução nos casos previstos no estatuto, igualmente tradutora de uma dissolução convencional. O certo, porém, é que a dissolução *pleno jure* contempla a dissolução convencional, na perspectiva de que ocorrendo qualquer das situações previstas no rol do inciso I do art. 206, ela se opera por força de lei, não sendo necessária a intervenção do Poder Judiciário[5].

As causas elencadas no inciso I sob comento o são em *numerus clausus*, traduzindo, pois, um rol taxativo que não admite ampliações, ainda que por interpretações analógicas ou extensivas. O fato de o elenco apontar "casos previstos no estatuto" não desnatura esse caráter de regra fechada, na medida em que o intérprete não poderá adicionar outra motivação além daquelas já dispostas em lei ou previstas pelos acionistas no estatuto social, lei interna da sociedade.

As hipóteses de dissolução *pleno jure* não oferecem maiores problemas em suas exatas identificações.

As sociedades podem ter prazo determinado ou indeterminado para a sua duração. Tendo prazo determinado, o que não é tão frequente na prática societária, uma vez expirado o prazo assinado no estatuto, ela estará dissolvida, devendo ingressar na fase de liquidação.

Não há que se confundir a sociedade com prazo determinado com aquela com prazo determinável. Nesta não há a definição do termo final para sua duração, mas sim a previsão de um evento futuro e incerto, como motivador de sua dissolução. Seria, por exemplo, a sociedade que se forma para a realização de um evento ou de um projeto específico, cujo fim, uma vez atingido, conduz à sua dissolução, por exaurimento do seu objeto.

Além dessa causa acima deduzida, pode o estatuto estabelecer outras situações como fator dissolutório, diante da liberdade de convenção de que desfrutam os acionistas.

---

4 Fran Martins, *ob. cit.*, v. III, p. 4; Spencer Vampré. *Tratado elementar de direito comercial*, v. II. Rio de Janeiro: F. Briguiet, 1922, p. 361; e José Waldecy Lucena, *ob. cit.*, v. III, p. 150.

5 Rubens Requião, *ob. cit.*, v. 2, p. 443.

A dissolução resultante de decisão assemblear, atrelada ao *quorum* qualificado do art. 136, realiza-se independentemente de motivação, traduzindo a vontade soberana da assembleia geral. Mas essa autonomia da vontade social encontra limite no abuso do poder de controle, que pode ser verificado quando o acionista controlador resolve promover a liquidação de companhia próspera (art. 117, § 1º, *b*), seja, por exemplo, para obter uma vantagem patrimonial específica, seja para afastar-se de um vínculo societário não mais desejado com certos acionistas minoritários, em prejuízo, pois, dos demais acionistas, dos empregados ou dos investidores de valores mobiliários emitidos pela companhia.

A unipessoalidade, ressalvada a figura da subsidiária integral (art. 251), vem temporariamente admitida para a companhia. Essa admissão resulta dos princípios da função social da empresa e da preservação da empresa. Visa-se adicionar uma sobrevida em favor da sociedade que poderá, assim, ver reconstituído o seu quadro social, com obediência do número mínimo legal de sócios, sem solução de continuidade no exercício de sua empresa. Verificada a existência de um único acionista em assembleia geral ordinária, tem-se até a assembleia do ano seguinte a possibilidade de reversão desse quadro, com a admissão de um ou mais sócios para atender à recomposição do mínimo de dois acionistas. Assim não se operando, é que a companhia estará de pleno direito dissolvida.

Algumas sociedades, para regularmente funcionar no país, necessitam de autorização governamental. São os casos das sociedades estrangeiras, qualquer que seja o objeto (art. 1.134 do Código Civil), e de certas sociedades brasileiras, que se dediquem, nos termos da Constituição Federal ou de lei especial, à exploração de determinadas atividades econômicas, como a de instituição financeira, a de seguradora, a de prestação de serviços de transportes aéreos, a de mineração, a de operação de planos de saúde, entre outras. A matéria, no plano da legislação ordinária geral, tem disciplina no Código Civil, dos arts. 1.123 a 1.141, no que pertine à competência, às condições, aos procedimentos e às formalidades a serem observados.

A extinção, na forma da lei, da autorização para funcionar caracteriza, desse modo, a sua dissolução de pleno direito, fazendo a companhia ingressar no processo de liquidação.

17.3. A DISSOLUÇÃO JUDICIAL

A dissolução judicial, como o próprio nome já evidencia, é a que deriva de decisão judicial. O art. 206, em seu inciso II, arrola as seguintes hipóteses de dissolução judicial da companhia: a) quando anulada a sua constituição, em ação proposta por qualquer acionista; b) quando provado que não pode preencher o seu fim, em ação proposta por acionistas que representem cinco por cento ou mais do capital social; c) em caso de falência.

O processo de constituição da sociedade anônima requer a observância de uma série de requisitos materiais e formais legalmente estabelecidos. A verificação de vício ou defeito insanável é capaz de conduzir à anulação de sua constituição. A pretensão, que prescreve em um ano, contado da publicação dos atos constitutivos (*caput* do art. 285), pode ser formulada por qualquer acionista, independentemente do grau de sua participação no capital social. Mas, ainda depois de proposta a ação, é lícito à companhia, por deliberação da assembleia geral, providenciar para que seja sanado o vício ou o defeito (parágrafo único do art. 285), quando, por óbvio, for ele passível de uma atuação sanatória. Justifica-se a regra na preservação da empresa, superando-se as vicissitudes de menor gravidade, que não inviabilizam o funcionamento da empresa exercida pela sociedade.

A falência, diante do sistema da Lei n. 11.101/2005, encontra-se visceralmente ligada à perspectiva de liquidação judicial do patrimônio insolvente, predominando a ideia da falência-liquidação[6]. Trata-se, assim, de hipótese de dissolução necessariamente judicial da sociedade empresária, sujeita a regras de liquidação próprias ao estado de sua insolvabilidade, instituída, por força de lei, em benefício dos credores que nela concorrem, segundo um critério legal de preferência de seus créditos. Com a sentença que decreta a falência, tem-se verificada a causa dissolutória, desencadeando a liquidação do ativo para pagamento do passivo. Durante essa fase do processo falimentar, a sociedade conserva a sua personalidade jurídica que somente se extingue com o trânsito em julgado da sentença de encerramento[7].

A dissolução judicial, quando provado que a companhia não pode preencher o seu fim, é a causa de dissolução por decisão judicial mais desafiadora. A falta de uma precisa definição legal do que seja o "fim" da companhia abastece as reflexões.

A figura legal, em verdade, já é bastante conhecida no Direito brasileiro. O velho Código Comercial de 1850, ao cuidar das sociedades anônimas, dispunha no item 3 do seu art. 295 que as companhias podiam ser dissolvidas, mostrando-se que não mais poderiam "preencher o intuito e fim social". No art. 336, ao cuidar das sociedades comerciais em geral, apontava, no item 1, como motivo de dissolução judicial, a demonstração de ser "impossível a continuação da sociedade por não poder preencher o intuito e fim social, como nos casos de perda inteira do capital social, ou deste não ser suficiente". Nesse preceito, avançava-se um pouco mais, exemplificando situações em que estaria caracterizada a impossibilidade de preenchimento do intuito e fim social.

---

6 Sérgio Campinho, *Falência e recuperação de empresa*: o novo regime da insolvência empresarial, p. 6-7.

7 Sérgio Campinho, *Falência e recuperação de empresa*: o novo regime da insolvência empresarial, p. 455.

Mas longe também de propor uma definição. As legislações subsequentes referendavam a estrutura legal anterior, como se tinha, por exemplo, no Decreto n. 8.821/1882, que em seu art. 77, item 7º, previa que as sociedades anônimas se dissolviam mostrando-se que elas não poderiam "preencher o seu fim por insuficiência de capital, ou por qualquer outro motivo". Igual redação se tinha no art. 148, item 7º, do Decreto n. 434/1891. O Decreto-Lei n. 2.627/40, na alínea *b* do art. 138, dispunha que a companhia entraria em liquidação judicial "por decisão definitiva e irrecorrível, proferida em ação proposta por acionistas que representem mais de um quinto do capital social e provem não poder ela preencher o seu fim".

Cremos, feito o relato histórico, que os elementos que devem orientar a construção da ideia de "fim" da companhia são a realização de seu objeto e o escopo de lucro. Portanto, ela não estará apta a "preencher o seu fim", quando ficar demonstrado de forma patente que a sociedade não é mais capaz de explorar o seu objeto social e de produzir os lucros, que lhe constituem a essência (*caput* do art. 2º).

A inexequibilidade do objeto pode advir de causas externas ou internas. São exemplos dessas causas: a superveniente proibição legal da atividade econômica em que ele se constitui; a não renovação de patente indispensável ao processo produtivo[8]; a perda pela companhia de uma qualificação especial exigida por lei, como, por exemplo, o controle por brasileiros[9]; a obsolescência dos bens produzidos ou dos meios necessários à produção; a perda integral do capital ou a sua insuficiência para a exploração da atividade econômica, evidenciada pela impossibilidade ou recusa de novos aportes pelos acionistas, entre outros.

De todo modo, ainda que a companhia não se veja impedida de manter em operação o seu objeto, é mister que essa operação seja apta a gerar lucros e dividendos a serem partilhados. Nesse sentido já se manifestou em clássico julgamento o Supremo Tribunal Federal, pela sua Primeira Turma, em 1952, por ocasião do Recurso Extraordinário n. 20.023, no qual o seu relator, o Ministro Nelson Hungria, atestou que se a companhia "não pode preencher tal fim precípuo, se vem a fracassar no seu objetivo de granjeio de lucros, é uma tentativa malograda e perde sua própria razão de ser"[10]. Alerte-se para o fato de que não é qualquer dificuldade passageira ou a verificação de prejuízos em alguns exercícios que irá caracterizar a impossibilidade do preenchimento do seu fim lucrativo, mas sim a impossibilidade manifesta de gerar lucros, motivada por uma causa duradoura e insuperável, a ser aferida pelas circunstâncias do caso concreto.

---

8 José Waldecy Lucena, *ob. cit.*, v. III, p. 176.

9 Egberto Lacerda Teixeira e José Alexandre Tavares Guerreiro, *ob. cit.*, v. 2, p. 626.

10 *Revista Forense*, n. 155/166.

O simples desaparecimento da *affectio societatis*, na estrutura legal das sociedades anônimas, não é, em regra, admitido como causa ou motivo dissolutório. Isso porque as companhias se enquadram, principiologicamente, entre as sociedades de capital. A sua estruturação econômica minimiza a influência da condição pessoal dos sócios para impulsionar a formação e a continuação do vínculo societário. O ponto de gravidade da sociedade não reside, destarte, na qualificação subjetiva do sócio, mas sim na sua capacidade de investimento. A importância está na contribuição do sócio para o capital social, sendo relegado a um plano secundário a sua qualidade pessoal. Nas sociedades de capital, é desinfluente quem seja o titular da condição de sócio, mas é decisivamente influente a contribuição material que ele é capaz de verter em prol dos fundos sociais[11].

Mas, como se sustentou por ocasião da abordagem feita no item 2.12 do capítulo 2, a que ora nos remetemos em complementação à presente exposição, a evolução dos fatos sociais vem conduzindo à necessidade de se admitir a visualização, em certas estruturas de sociedades anônimas com capital fechado, de um caráter personalista a fundamentar sua criação e dinâmica na exploração do objeto social. Não são raros os casos em que se identifica a figura dos sócios, nestas sociedades, como elemento fundamental e preponderante da formação societária. Elas vivem e progridem atreladas à qualidade pessoal dos sócios que integram o quadro de acionistas, sendo determinantes, entre outros fatores, o conhecimento e confiança recíprocos, a capacitação de todos os membros para o negócio, o escopo de gerar e manter a riqueza circunscrita a um grupo fechado etc. Exemplos concretos desse fenômeno são as sociedades ditas familiares, inacessíveis a estranhos, cujas ações circulam entre os poucos acionistas que a compõem. São elas, assim, formadas *cum intuitu personae*, pois o *animus* que se requer dos sócios não é apenas material, mas fundamentalmente pessoal.

Constatada essa situação, reunindo a companhia fechada a condição de sociedade *intuitu personae*, pode ela ser dissolvida, e de forma parcial, quando se verificar que a ruptura da *affectio societatis* é impeditiva para que a sociedade alcance ou preencha o seu fim. A desinteligência grave e irremediável entre seus acionistas, mormente se implicar o embaraço ou a estagnação das atividades sociais, constitui-se em causa determinante para o desfazimento do vínculo societário. E, nessas hipóteses especiais, nada impede que a dissolução pretendida se realize de forma parcial.

Em linha geral de princípio, a dissolução parcial e a consequente apuração de haveres do acionista é incompatível com o sistema da Lei n. 6.404/76. A regra é a da dissolução total. Contudo, não há óbice à adoção da dissolução parcial nessa situação

---

11 Sérgio Campinho, *Curso de direito comercial*: direito de empresa, p. 62.

peculiar e excepcional, em que a dissolução vem fundada no desaparecimento da *affectio societatis*.

Não se pode olvidar que o próprio Código Comercial, no passado, ao cuidar das sociedades comerciais nos seus arts. 335 e 336, adotou a pressuposição de que a dissolução seria sempre total. Foi nesse ambiente de rigor do referido Código que, em evolução indispensável à ciência jurídica, doutrina e jurisprudência foram sendo construídas no sentido de se consagrar a dissolução parcial nas sociedades de pessoa, movidas pelo explícito escopo de preservação da empresa, em razão de sua notória importância no desenvolvimento econômico e social do país, como fonte geradora de empregos, diretos e indiretos, tributos, bens e serviços para o mercado, o que consolida sua noção de geração de riquezas no mundo contemporâneo.

Nesse mesmo pressuposto, na situação específica de dissolução de uma sociedade anônima fechada, com conteúdo nitidamente personalista, dissolução essa fundada na irremediável quebra da *affectio societatis*, é plenamente aplicável o instituto da dissolução parcial, porquanto, em conciliação dos múltiplos interesses envolvidos na empresa, permite que o sócio dissidente do negócio se retire, mediante o justo reembolso de seus haveres, sem que a sociedade e a empresa por ela desenvolvida desapareçam, podendo permanecer com os acionistas remanescentes.

Essa linha de entendimento, que já vem por nós de há muito defendida[12], ganhou força na construção pretoriana.

Em um primeiro estágio de sua evolução jurisprudencial, o Superior Tribunal de Justiça manteve-se vacilante quanto à adoção ou não desta orientação.

No Recurso Especial n. 171.354/SP, julgado em 16-11-2000, a Terceira Turma, à unanimidade de votos, entendeu pela impossibilidade jurídica do pedido, pois a espécie societária não admitiria "o direito de recesso do sócio descontente"[13]. No mesmo sentido, o Recurso Especial n. 419.174/SP, julgado em 15-8-2002, pela mesma Terceira Turma e também por unanimidade, afirmou ser "incompatível com a natureza e o regime jurídico das sociedades anônimas o pedido de dissolução parcial, feito por acionistas minoritários, porque reguladas em lei especial que não contempla tal possibilidade"[14]. Nos dois julgados, o pano de fundo consistia em sociedades anônimas fechadas, com perfil familiar.

---

12 Cf. A dissolução da sociedade anônima por impossibilidade de preenchimento de seu fim *in Revista da Faculdade de Direito da Universidade do Estado do Rio de Janeiro – UERJ*, n. 3. Rio de Janeiro: Renovar, 1995, p. 85-90.

13 Recurso Especial n. 171.354/SP, Relator Ministro Waldemar Zveiter, julgado à unanimidade pelos integrantes da 3ª Turma em 16-11-2000.

14 Recurso Especial n. 419.174/SP, Relator Ministro Carlos Alberto Menezes Direito, julgado à unanimidade pelos integrantes da 3ª Turma em 18-8-2002.

Contudo, ulteriormente, a tese da dissolução parcial passou a prevalecer, unificando-se o entendimento na 2ª Seção daquele Tribunal. Exemplificativamente, tem-se o julgamento dos Embargos de Divergência no Recurso Especial n. 419.174/SP, pela mencionada 2ª Seção, em 28-5-2008, cuja decisão veio assim ementada:

> Comercial. Sociedade anônima familiar. Dissolução parcial. Inexistência de *affectio societatis*. Possibilidade. Matéria pacificada. I. A 2ª Seção, quando do julgamento do EREsp n. 111.294/PR (Rel. Min. Castro Filho, por maioria, *DJU* de 10-9-2007), adotou o entendimento de que é possível a dissolução de sociedade anônima familiar quando houver quebra da *affectio societatis*. II. Embargos conhecidos e providos, para julgar procedente a ação de dissolução parcial[15].

O Código de Processo Civil de 2015 passou a prever expressamente, no § 2º do art. 599, que a ação de dissolução parcial de sociedade pode ter também por objeto a sociedade anônima de capital fechado quando demonstrado, por acionista ou acionistas que representem cinco por cento ou mais do capital social, que não pode preencher o seu fim.

As regras disciplinadoras da ação de dissolução parcial[16] dispostas pelo citado Código de Processo se dirigem às sociedades contratuais. Por isso, devem merecer as devidas adaptações ao serem aplicadas às companhias na hipótese autorizada. Assim é que a chamada "data de corte", ou seja, a data em que se vai tomar como a da ruptura do vínculo social em relação ao retirante, para orientar a apuração de seus haveres e, também, para determinar o momento em que desaparece o *status socii*, será a data do trânsito em julgado da decisão que dissolver parcialmente a sociedade. E a essa conclusão se chega por simples raciocínio lógico e integrativo das normas, considerando que dentre as hipóteses contempladas no art. 605 do Código de Processo Civil de 2015, aquelas retratadas no inciso IV são as que mais se identificam com a situação da companhia, na medida em que todas elas demandarão a prolação de uma sentença para decretar a dissolução parcial e, desse modo, se ter o vínculo social parcialmente desfeito.

---

15 Embargos de Divergência em Recurso Especial n. 419.174/SP, Relator Ministro Aldir Passarinho Júnior, julgado à unanimidade pelos integrantes da 2ª Seção em 28-5-2008. Nesse mesmo sentido, confiram-se: Agravo Regimental no Recurso Especial n. 1.079.763/SP, Relator Ministro Aldir Passarinho Júnior, julgado à unanimidade pelos integrantes da 4ª Turma em 25-8-2009; Agravo Regimental no Agravo de Instrumento n. 1.013.095/RJ, Relator Ministro Raul Araújo Filho, julgado à unanimidade pelos integrantes da 4ª Turma em 22-6-2010; e Recurso Especial n. 917.531/RS, Relator Ministro Luís Felipe Salomão, julgado à unanimidade pelos integrantes da 4ª Turma em 17-11-2011.

16 Sobre a ação de dissolução parcial, confira-se o que escrevemos nos itens 7.11.1, 7.11.2, 7.11.3 e 7.12 do capítulo 7 do nosso *Curso de direito comercial*: direito de empresa.

17.4. A DISSOLUÇÃO POR DECISÃO ADMINISTRATIVA

Derradeiramente, o art. 206, em seu inciso III, cuida da dissolução resultante de decisão de autoridade administrativa competente, nos casos e formas previstos em lei especial. A hipótese fica jungida à denominada liquidação extrajudicial, a que se encontram subordinados os executores de determinadas atividades econômicas para as quais a lei reservou um regime especial de tratamento de suas situações de crise econômica e financeira, apartado, destarte, do regime da falência e da recuperação judicial.

Emerge, neste tópico, como exemplo clássico o da liquidação extrajudicial das instituições financeiras por ato, por decisão administrativa (causa dissolutória), do Banco Central, cuja disciplina se estabelece na Lei n. 6.024/74. A ele se somam os tratamentos reservados às sociedades seguradoras (Decreto-Lei n. 73/66), às sociedades operadoras de planos de assistência à saúde (Lei n. 9.656/98), às cooperativas de crédito (art. 1º da Lei n. 6.204/74), às sociedades que integram o sistema de distribuição de títulos ou valores mobiliários no mercado de capitais, assim como às corretoras de câmbio (arts. 52 e 53 da Lei n. 6.024/74).

Em todas essas situações, as pessoas jurídicas referenciadas ficam submetidas a um regime de liquidação forçada, sendo a causa dissolutória a decisão, na forma da lei, de autoridade administrativa competente. Esse tratamento, oriundo de lei especial, justifica-se em função do interesse público que reveste o objeto desenvolvido por tais sociedades.

17.5. A LIQUIDAÇÃO PELOS ÓRGÃOS DA COMPANHIA

A liquidação pelos órgãos da companhia, com disciplina no art. 208, é o modelo reservado para as hipóteses de dissolução de pleno direito. A Lei n. 6.404/76 refere-se, ainda, à modalidade de liquidação judicial (art. 209), procedimento que, em princípio, mas não exclusivamente, destina-se às dissoluções judiciais, como se verá no item subsequente. Silencia, entretanto, em relação à liquidação decorrente da dissolução por decisão administrativa, porquanto, como já foi destacado no item anterior, essa figura jurídica obedece à forma e ao procedimento previstos em lei especial, que cuidará, assim, do esquema de sua liquidação.

Ocorrendo a dissolução de pleno direito da sociedade anônima, cumpre ao órgão social competente proceder à sua liquidação. Esta se realizará, em princípio, no plano interno da companhia, sem a necessidade de intervenção judicial. Portanto, o conjunto de atos tendentes à apuração do ativo, a aplicação de seu produto no pagamento do passivo e a partilha do acervo remanescente entre os acionistas se realizará no âmbito extrajudicial, sob a orientação do órgão social competente.

Estabelece o art. 208, em seu *caput*, que, sendo silente o estatuto, compete à assembleia geral dos acionistas determinar o modo de liquidação e nomear o liquidante e o conselho fiscal que devem funcionar durante o período de liquidação.

Costumeiramente, os estatutos não se dedicam à disciplina do modo de liquidação, razão pela qual, usualmente, esse poder é exercitado no âmbito da assembleia geral. Contudo, o seu exercício não é de todo discricionário. Tem ele que se amoldar às regras que a própria lei já pagina para a orientação da liquidação, as quais são de ordem pública. Mas observados esses comandos normativos básicos, a assembleia pode e deve atuar para imprimir aos atos que compõem o processo de liquidação maior celeridade a um menor custo para a massa liquidanda, atendendo aos interesses dos acionistas e respeitando os direitos dos credores.

Em relação à nomeação do liquidante, para se ter fechado o quadro legal, há que se combinar a regra do *caput* do art. 208, antes explicitada, com a do seu § 1º, a qual estabelece que se a companhia tiver conselho de administração este poderá ser mantido pela assembleia geral na fase de liquidação, competindo-lhe, nesse caso, nomear o liquidante.

Portanto, em princípio, cabe ao estatuto a nomeação do liquidante. Sendo ele omisso, se a companhia tiver conselho de administração e resolver mantê-lo, a este órgão caberá a nomeação. Não o tendo, ou não resolvendo pela sua manutenção, a alçada de decisão se deslocará para a assembleia geral.

A função do liquidante pode ser exercida por uma ou mais pessoas, atuando em conjunto ou isoladamente. Não impede seja eleita para o cargo uma pessoa jurídica. O regime de liquidação imprime à companhia um esquema organizacional especial. Embora o liquidante seja um órgão da companhia, com funções de gestão e de representação que deverão ser exercidas durante todo o período de liquidação, não vemos como aplicar-lhe o impedimento legal para que uma pessoa jurídica seja administrador. Os regimes jurídicos são diversos, porquanto diversa é a situação jurídica da companhia. Há que se aduzir, em reforço, que o administrador judicial na falência, que exerce poderes de liquidante na liquidação falencial, pode ser pessoal jurídica, posição essa consagrada expressamente no *caput* do art. 21 da Lei n. 11.101/2005.

O liquidante, dispõe o § 2º do art. 208, é destituível, a qualquer tempo, pelo órgão que o tiver nomeado. Assim, quem está habilitado a fazer a nomeação também estará para a destituição. Mas e se a nomeação provém do estatuto? Cremos que, nesse caso, a destituição caberá à assembleia geral, como órgão máximo de deliberação, dotada dos poderes para tomar as resoluções necessárias à preservação dos interesses da companhia. Se não houver conselho de administração em funcionamento, a assembleia geral, ao destituir o liquidante, nomeará, desde logo, o seu substituto. Mas, em havendo conselho de administração, a este caberá a nomeação daquele que deverá substituir o antigo liquidante, demitido pela assembleia geral. Uma nova destituição, nesse cenário, já ficaria a cargo do conselho.

A destituição arrimada no § 2º do art. 208 não depende de motivação, podendo ser discricionariamente exercitada pelo órgão social competente.

Mas esse regime da disciplina legal não obsta que a minoria dos acionistas possa postular a destituição do liquidante. Desse direito, com efeito, não podem os minoritários ser privados. Mas a destituição somente poderá se realizar de forma judicial, impondo-se, nesse caso, a motivação do pedido. A destituição judicial demanda, portanto, justa causa.

Como órgão que irá presentar a sociedade nessa derradeira fase de sua existência, de modo a viabilizar a sua regular extinção, a lei traça para o liquidante um rol de deveres. O art. 210 se dedica a esse arranjo, traduzindo, contudo, uma listagem meramente exemplificativa, pois na própria lei outros deveres a eles se juntarão, sem prejuízo de o estatuto também dispor subsidiariamente sobre o tema. São, na dicção do prefalado preceito, deveres do liquidante: a) arquivar e publicar a ata da assembleia geral, ou certidão de sentença, que tiver deliberado ou decidido a liquidação; b) arrecadar os bens, livros e documentos da companhia, onde quer que estejam; c) fazer levantar de imediato, em prazo não superior ao fixado pela assembleia geral ou pelo juiz, o balanço patrimonial da companhia; d) ultimar os negócios da companhia, realizar o ativo, pagar o passivo, e partilhar o remanescente entre os acionistas; e) exigir dos acionistas, quando o ativo não bastar para a solução do passivo, a integralização de suas ações; f) convocar a assembleia geral, nos casos previstos em lei ou quando julgar necessário; g) confessar a falência da companhia, nos casos previstos em lei; h) finda a liquidação, submeter à assembleia geral relatório dos atos e operações da liquidação e suas contas finais; i) arquivar e publicar a ata da assembleia geral que houver encerrado a liquidação.

Em todos os atos ou operações, o liquidante deverá utilizar a denominação social seguida das palavras "em liquidação" (art. 212). Com essa exigência, almeja a lei dar conhecimento a todos que mantenham relação jurídica com a companhia de que ela se encontra em estágio de liquidação.

Ao liquidante, em suma, compete presentar a companhia em liquidação. A sociedade dissolvida, como visto, conserva a sua personalidade jurídica enquanto se processa a liquidação. A sua representação ficará a cargo do liquidante que está habilitado a praticar todos os atos necessários à liquidação, inclusive alienar bens móveis ou imóveis, transigir, receber e dar quitação (*caput* do art. 211). Não irá ele, insta esclarecer, administrar a companhia, como fazem os seus diretores em condições normais de operação. Sua atuação não é propriamente a de um administrador. Ela se justifica para a liquidação das operações ainda pendentes na atividade da companhia e, fundamentalmente, para realizar os atos que compõem o processo de liquidação. Por isso que seus poderes se mostram, por vezes, mais amplos do que os de mera administração. Sua atuação se opera em um estado especial, que imprime à sociedade um regime organizacional especial.

Nesse contexto, ao liquidante é vedado dar prosseguimento às atividades sociais, ainda que para facilitar a liquidação. Não pode, ainda, sem expressa autorização da assembleia geral, gravar bens da companhia e contrair empréstimos, salvo quando tais atos se mostrarem indispensáveis ao pagamento de obrigações inadiáveis (parágrafo único do art. 211).

Apesar dessa especificidade que pauta a sua atuação, o liquidante incorre nas mesmas responsabilidades do administrador (art. 217).

Embora a lei silencie a respeito, parece-nos razoável que os serviços prestados pelo liquidante sejam remunerados, cabendo à assembleia geral a fixação dessa verba.

O escopo da fase de liquidação, como já se assentou, é o de proceder ao levantamento do ativo, ao pagamento do passivo e à partilha do que remanescer entre os acionistas. A lei, nos arts. 214 e 215, dedica-se a dispor sobre os critérios a orientar o pagamento e sobre a disciplina que se pode adotar na partilha do ativo, respectivamente.

No que se refere ao pagamento do passivo social, o liquidante quitará as dívidas proporcionalmente e sem distinção entre vencidas e vincendas, sempre respeitando os direitos dos credores munidos de títulos de preferência. Em relação às vincendas, o pagamento se fará com desconto, com a mesma margem do praticado no mercado bancário para dívidas de igual ou semelhante natureza. De se ressaltar que o credor não poderá se recusar a receber a dívida ainda não vencida. O art. 214 dota o liquidante do poder de promover o pagamento de todas as dívidas sociais, vencidas e a vencer[17].

Sendo o ativo superior ao passivo, a lei faculta ao liquidante o pagamento integral das dívidas já vencidas, não necessitando observar o critério dos pagamentos proporcionais à medida que o ativo se liquida. A providência pode se justificar como uma forma de se evitar demandas judiciais e até mesmo requerimentos de falência da sociedade liquidanda, por parte dos credores por dívidas já exigíveis. Mas esse pagamento é feito sob exclusiva e pessoal responsabilidade do liquidante que ficará obrigado a responder

[17] O Código Civil de 2002, ao cuidar da liquidação das sociedades contratuais, no seu art. 1.106, adotou esse mesmo curso do art. 214 da Lei n. 6.404/76, consagrando, assim, em toda legislação societária, que ao credor não é dado recusar o pagamento de dívida não vencida, quando em liquidação a sociedade.

junto aos credores de dívidas vincendas se, ao final, o ativo se mostrar insuficiente para o seu pagamento (parágrafo único do art. 214).

Levantado o balanço patrimonial da companhia (art. 210, III), se for constatada a insuficiência do ativo para o pagamento do passivo, incumbe ao liquidante confessar a falência da sociedade, para que todos os atos sejam realizados segundo a disciplina própria do processo falimentar.

No que pertine à partilha do ativo, a lei permite que ela se realize de forma antecipada (*caput* do art. 215). A assembleia geral pode, assim, decidir que antes de ultimada a liquidação, mas depois de pagos todos os credores, se façam rateios entre os acionistas, à proporção em que se forem apurando os haveres sociais. Não há, portanto, a necessidade de se esperar a integral realização do ativo para que o seu produto seja distribuído entre os sócios.

É, ainda, facultado à assembleia geral aprovar a partilha *in natura*. A regra geral é a de se realizar o ativo em dinheiro para se pagar a todos credores sociais e o saldo, se houver, ser partilhado entre os acionistas. Contudo, a assembleia geral poderá aprovar, mediante o *quorum* de noventa por cento de todas as ações emitidas pela companhia, isto é, com ou sem direito de voto, e depois de pagos ou garantidos todos os credores, condições especiais para a partilha do acervo remanescente, com a atribuição de bens aos sócios, pelo valor contábil ou outro por ela fixado (§ 1º do art. 215).

O acionista dissidente, provando em ação judicial própria que a partilha *in natura* visou a favorecer a maioria, em detrimento de seu quinhão, poderá obter a suspensão da partilha, se ainda não consumada; se já consumada, a pretensão se resumirá à obtenção de indenização pelos prejuízos experimentados (§ 2º do art. 215). O prazo, de natureza decadencial, para propor essa medida judicial é o mesmo previsto no § 2º do art. 216, ou seja, trinta dias contados da publicação da ata da assembleia geral que aprovar as contas do liquidante e encerrar a liquidação, por força de expressa remissão contida no corpo do referido § 2º do art. 215.

Uma vez pago o passivo e rateado o ativo remanescente, o liquidante convocará a assembleia geral para a prestação final de contas (*caput* do art. 216). Em verdade, o liquidante convocará a assembleia geral a cada seis meses para prestar-lhe contas dos atos e operações praticados no semestre e apresentar-lhe o relatório e o balanço do estado de liquidação. A assembleia geral pode, todavia, fixar, para essas prestações intermediárias de contas, períodos menores ou maiores que, em qualquer caso, não serão inferiores a três meses nem superiores a doze meses (*caput* do art. 213).

Ressalte-se que, nas assembleias gerais da companhia em liquidação, todas as ações gozam de igual direito de voto, tornando-se ineficaz qualquer supressão ou limitação desse direito porventura estabelecidas no estatuto social (§ 1º do art. 213).

Aprovada a prestação final de contas pela assembleia geral, encerra-se a liquidação e a companhia caminha para a extinção, cumprindo ao liquidante arquivar e publicar a respectiva ata de encerramento para que o processo material e formal de sua extinção se aperfeiçoe e produza os seus plenos efeitos (§ 1º do art. 216 e inciso IX do art. 210 da Lei n. 6.404/76 e alínea *a* do inciso II do art. 32 da Lei n. 8.934/94).

O acionista dissidente terá o prazo decadencial de trinta dias, a contar da publicação da ata correspondente, para promover a ação que lhe couber (§ 2º do art. 216). Essa ação aqui tratada é aquela que se dirige a impugnar a prestação final de contas e que, desse modo, não se confunde com aquela que se destina a obter do liquidante a reparação civil por atos culposos ou dolosos, no caso de violação da lei ou do estatuto. Essa última pretensão prescreve em três anos, contados da data da publicação da ata da primeira assembleia geral posterior à violação (art. 287, II, *b*).

Encerrada a liquidação e extinta a companhia, se for constatada a falta de pagamento a algum credor, esse credor não satisfeito somente terá direito de exigir dos acionistas, individualmente, o pagamento do seu crédito, até o limite da soma por eles recebida. A ação, para esse fim, pode ser proposta em face de um ou de todos os acionistas. O acionista que houver pago o credor, sempre no limite do quinhão percebido, terá ação de regresso contra os demais, para deles haver a parcela que lhes couber no crédito pago, de modo a não ocorrer o enriquecimento sem causa. O credor não satisfeito tem, ainda, se for o caso, ação de perdas e danos em face do liquidante (art. 218). Essa pretensão do credor não pago, tanto em face dos acionistas quanto em face do liquidante, prescreve em um ano, contado o prazo da publicação da ata de encerramento da liquidação da companhia (art. 287, I, *b*).

O conselho de administração, como já se viu anteriormente, pode ser mantido na fase de liquidação pela assembleia geral (§ 1º do art. 208). Contudo, considerando a sua função principal de fixação da política geral de negócios da companhia, não vislumbramos pertinência na sua manutenção, visto que não haverá nenhuma política futura de negócios a ser planejada. Diversa é a posição do conselho fiscal. Sendo ele, por força de disposição estatutária, de funcionamento permanente, sua manutenção se impõe, independentemente de pronunciamento da assembleia geral, que apenas nomeará os membros que o integrarão durante o período de liquidação. Mas se for de funcionamento a pedido de acionistas, a qualquer momento poderá ser ele instalado pela assembleia geral, que nomeará, no mesmo ato, os seus membros (*caput* e § 1º do art. 208). Parece-nos profícuo o funcionamento do conselho fiscal no curso do processo de liquidação, atuando como órgão de efetiva fiscalização dos atos do liquidante e conferindo maior segurança para os acionistas de um bom deslinde dos procedimentos afetos a esse processo.

Os deveres e as responsabilidades dos administradores, fiscais e acionistas subsistirão até a extinção da companhia (art. 217).

17.6. A LIQUIDAÇÃO JUDICIAL

As hipóteses de dissolução por decisão judicial da companhia, alinhadas no inciso II do art. 206, são seguidas por uma fase de liquidação que também em juízo deve se processar. Como já visto em passagens anteriores desta obra, ao ser dissolvida a sociedade anônima, ingressa ela no estado de liquidação, que se processa conforme a natureza do ato ou do fato que a motivou. Sendo, portanto, a sociedade dissolvida de pleno direito, a sua liquidação se fará no plano extrajudicial, pelos órgãos da companhia; se a causa dissolutória for uma decisão judicial, a sua liquidação será judicial.

Mas, em situações especiais, a liquidação judicial pode ser promovida quando a companhia tenha sido dissolvida de pleno direito, em substituição à liquidação extrajudicial que seria o seu caminho ordinário.

A primeira situação, preconizada no inciso I do art. 209, é a liquidação judicial que se instaura a pedido de qualquer acionista (independentemente do número de ações que titularizar e de sua espécie ou de sua classe), se os administradores ou a maioria dos acionistas deixarem de promover a liquidação pelos órgãos da companhia, ou a ela se opuserem, em qualquer dos casos do inciso I do art. 206. A outra, disposta no inciso II do art. 209, concerne ao requerimento da liquidação judicial formulado pelo Ministério Público, à vista de comunicação da autoridade competente, se a companhia, nos trintas dias subsequentes à dissolução, não iniciar a liquidação extrajudicial ou se, após iniciá-la, interrompê-la por mais de quinze dias, no caso particular da dissolução decorrente da extinção da autorização para o seu funcionamento, prevista na alínea *e* do inciso I do art. 206.

Na liquidação judicial, preceitua o parágrafo único do art. 209, será observado o disposto na legislação processual civil, devendo o liquidante ser nomeado pelo juiz.

O dispositivo normativo é peremptório: deve o liquidante ser nomeado pelo juiz. O magistrado, desse modo, tem plena autonomia decisória para a nomeação. Mas nada impede que observe eventual regra estatutária que disponha sobre o tema, escolhendo aquela pessoa já declinada pelos próprios acionistas. Também poderá o magistrado ouvir os acionistas reunidos em assembleia, por ele convocada e presidida, na medida do efetivo interesse que têm os sócios no eficiente deslinde da liquidação. Mas como se disse, a decisão é do juiz, que não estará vinculado nem ao estatuto nem à eventual decisão da assembleia.

Quanto ao mandamento de observância do disposto na lei processual civil, interessante questão há de ser enfrentada diante das disposições finais e transitórias do Código de Processo Civil de 2015 que, a partir de sua vigência, tem por expressamente revogada a Lei n. 5.869/73, o Código de Processo Civil de 1973 (*caput* do art. 1.046). No §

2º do art. 1.046, prevê a permanência da vigência das disposições especiais dos procedimentos regulados em outras leis, aos quais se aplicará supletivamente. E, no § 3º do mesmo artigo, dispõe que os processos mencionados no art. 1.218 do Código de 1973, cujo procedimento ainda não tenha sido incorporado por lei, ficam submetidos ao procedimento comum nele disciplinado.

O Código de 2015, com efeito, apenas cuidou da ação de dissolução parcial (arts. 599 a 609). Assim, considerando que o procedimento do processo de dissolução e liquidação total de sociedade (referido no inciso VII do art. 1.218 do Código de Processo Civil de 1973) ainda não foi incorporado em outra lei; e considerando que suas regras traduzem disposições especiais de procedimento regulado no Decreto-Lei n. 1.608/39 (Código de Processo Civil de 1939), pensamos, salvo melhor e ulterior juízo, que o processo de dissolução e liquidação total de sociedade obedecerá, no que couber, ao previsto nos arts. 655 a 674 do citado Decreto-Lei n. 1.608/39, ou seja, quando compatível e com as devidas adaptações à nova ordem instaurada pelo Código de Processo Civil de 2015, submetendo-se, no mais, ao procedimento comum nele preconizado. Do contrário, teríamos um hiato em relação a temas importantes que não são respondidos pelas regras do procedimento comum.

Em termos mais claros, cremos que o procedimento comum é o que regerá o processo de dissolução total das sociedades, pinçando-se, diante do vácuo legislativo, as regras do Decreto-Lei n. 1.608/1939 compatíveis e necessárias ao ordenamento e direção do processo. Assim é que no procedimento se aproveitam as disposições sobre as causas motivadoras da destituição do liquidante judicial, as regras sobre os seus deveres e os critérios para definir a sua remuneração, as quais não se traduzem estritamente procedimentais e servem, assim, de orientação ao curso do pronunciamento judicial.

A destituição do liquidante, portanto, será privativa de decisão do juízo que o nomeou, que poderá agir *ex officio*, ou a requerimento de qualquer interessado, quando o liquidante faltar ao cumprimento de seus deveres legais; retardar injustificadamente o andamento do processo; proceder com dolo ou má-fé; ou, ainda, quando tiver interesse contrário ao da liquidação.

Sem prejuízo dos deveres já alinhados no âmbito da liquidação extrajudicial, vistos no item anterior deste capítulo, o liquidante deverá: a) levantar o inventário dos bens e fazer o balanço da sociedade, nos quinze dias seguintes à nomeação, prazo que o juiz poderá prorrogar por motivo justo; b) promover a cobrança das dívidas ativas e pagar as passivas, certas e exigíveis; c) vender, com autorização do juiz, os bens de fácil deterioração ou de guarda dispendiosa, e os indispensáveis para os encargos da liquidação; d) praticar os atos indispensáveis para assegurar os direitos da sociedade e representá-la ativa e passivamente nas ações que interessarem à liquidação, podendo contratar advogados e empregados com autorização do juiz e ouvidos os acionistas; e) apresentar, mensalmente, ou sempre que o juiz o determinar, balancete da liquidação; f) propor a forma da divisão, ou da partilha, ou do pagamento dos acionistas, quando ultimada a liquidação, apresentando relatório dos atos e das operações que houver praticado; g) prestar contas de sua gestão, quando terminados os trabalhos, ou destituído das funções.

Ao liquidante o juiz fixará retribuição variável entre um e cinco por cento do ativo líquido, atendendo à importância do acervo social e ao trabalho na liquidação.

No curso da liquidação judicial, as assembleias gerais que se fizerem necessárias para deliberar sobre os interesses da liquidação serão convocadas por ordem judicial, competindo ao juiz presidi-las e resolver, sumariamente, as dúvidas e os litígios que forem suscitados. As atas correspondentes serão, por cópias autênticas, apensadas aos autos do processo judicial (§ 2º do art. 213) e, quando se destinarem a produzir efeitos perante terceiros, serão publicadas e arquivadas na Junta Comercial.

Como é o juiz quem irá presidir e dirigir todo o processo de liquidação, não há nenhuma margem à manutenção do conselho de administração, acaso existente na estrutura da companhia. Quanto ao conselho fiscal, este, em princípio, ainda que de funcionamento permanente, também não será mantido. Mas nada impede, em relação a esse conselho, que o juiz resolva por preservá-lo, se assim julgar conveniente, para funcionar como um órgão adjuvante à sua fiscalização dos atos do liquidante.

17.7. A EXTINÇÃO DA COMPANHIA

A companhia se extingue pelo encerramento da liquidação, preceitua o art. 219, em seu inciso I. Mas essa extinção não prescinde do "cancelamento"[18] do registro da companhia no Registro Público de Empresas Mercantis. Assim é que se mostra, na liquidação extrajudicial, como providência indispensável para a regularidade material e formal da extinção um último ato: o arquivamento e a publicação da ata da assembleia geral que houver encerrado a liquidação, providência essa que, em princípio, cabe ao liquidante (art. 210, IX), mas que pode ter sua eventual falta suprida por qualquer interessado. Na liquidação judicial, esse ato se materializa por ofício do juízo dirigido à Junta Comercial, incumbida do prefalado registro. A partir de sua realização, o processo de extinção da companhia estará aperfeiçoado e dotado de eficácia plena, desaparecendo a personalidade jurídica da sociedade.

[18] Art. 32, II, *a*, da Lei n. 8.934/94 e § 3º do art. 51 do Código Civil.

A sociedade anônima também restará extinta em razão de certas operações nas quais venha a se envolver, sem que para tal tenha que passar por um processo de liquidação. Extingue-se a companhia, desse modo, pela fusão, pela sua incorporação e pela cisão com versão de todo o seu patrimônio em outras sociedades (art. 219, II). Destas operações trataremos no capítulo seguinte.

Capítulo 18

REORGANIZAÇÃO SOCIETÁRIA: TRANSFORMAÇÃO, INCORPORAÇÃO, FUSÃO E CISÃO

18.1. A REORGANIZAÇÃO SOCIETÁRIA E SUA DISCIPLINA

A expressão "reorganização societária", muito frequente no Direito das sociedades, quer traduzir os negócios jurídicos típicos, próprios desse campo do Direito Comercial, que têm por escopo reorganizar sociedades. Traduzem-se tais operações na modificação do tipo ou da própria estrutura da pessoa jurídica. Resumem-se elas na transformação, na incorporação, na fusão e na cisão.

As referidas operações vinham, até o advento do Código Civil de 2002, reguladas exclusivamente na Lei n. 6.404/76. Mas, apesar disso, serviam como institutos genéricos, aplicáveis a todo o universo das sociedades, não se reservando às sociedades por ações. Com a orientação que o Código Civil veio dispensar à matéria, temos a leitura de que, em relação às sociedades anônimas e em comandita por ações, a disciplina continuará a ser a da Lei n. 6.404/76, em razão da expressa ressalva dos arts. 1.089 e 1.090 do Código Civil; já se a operação se estabelecer no âmbito das sociedades contratuais disciplinadas no Código Civil, a regência correspondente far-se-á com apoio nas regras do próprio Código, salvo em relação à cisão, visto que por ele a operação não foi regulada, limitando-se a dispor, quanto a ela, tão somente acerca de seu impacto frente ao direito dos credores. Portanto, o regramento dos demais pontos ficará submetido ao regime normativo da Lei das Sociedades Anônimas[1].

Atenção especial se deve guardar em relação à transformação. Tanto o parágrafo único do art. 220 da Lei n. 6.404/76 quanto o art. 1.113 do Código Civil estatuem que ela obedecerá aos preceitos que regulam a constituição e o registro do tipo a ser adotado pela sociedade. Portanto, será a regra do tipo societário em que vai se converter a sociedade que irá disciplinar a constituição e o registro, mas a

---

1 Sérgio Campinho, *Curso de direito comercial*: direito de empresa, p. 285.

deliberação da sociedade a se transformar deverá obedecer às regras pertinentes ao seu tipo ainda ostentado.

Em relação à incorporação, à fusão e à cisão, que podem ser realizadas entre sociedades de tipos iguais ou diferentes, a deliberação social sobre a sua implementação obedecerá às correspondentes disposições pertinentes à alteração do estatuto ou do contrato social, conforme o caso, e se da operação resultar sociedade nova, serão observadas, acerca de sua criação, as regras reguladoras da constituição próprias do tipo a ser adotado (*caput* e § 1º do art. 223).

18.2. TRANSFORMAÇÃO

A transformação consiste na operação pela qual uma sociedade altera o seu tipo, sem implicar a sua dissolução ou liquidação. Representa simples mutação na sua roupagem, na sua forma, sem lhe afetar a personalidade jurídica. A sociedade mantém a sua personalidade jurídica, mas sob outro tipo societário.

Consoante se deduziu no penúltimo parágrafo do item 18.1 *supra*, a transformação deverá observar os preceitos que disciplinam a constituição e o registro do tipo a ser adotado pela sociedade. Assim, a transformação de uma sociedade anônima em limitada, por exemplo, será deliberada pela companhia nos termos das regras dispostas na Lei das S.A. e o ato de transformação propriamente dito obedecerá aos preceitos aplicáveis à constituição e ao registro da limitada; se a operação for inversa, isto é, a transformação de uma limitada em companhia, a deliberação da transformação obedecerá ao regime jurídico da limitada e, o ato de transformação em si, às regras da Lei n. 6.404/76 sobre a constituição e o registro da companhia.

A transformação é um negócio jurídico unilateral, pois para sua realização exige-se apenas a declaração unilateral de vontade da sociedade, que migrará para outro sistema normativo de organização societária. Mas a vontade social deve ser, em princípio, unanimemente declarada pelos acionistas. A alteração de um tipo para outro exige o consentimento unânime dos integrantes da sociedade a ser transformada, salvo se já prevista no estatuto, caso em que o dissidente terá o direito de retirar-se da sociedade (*caput* do art. 221)[2].

Essa unanimidade dos acionistas (com ou sem direito de voto) exigida por lei se justifica em razão das profundas alterações que poderão resultar nas suas relações, notadamente nas suas responsabilidades pelas dívidas sociais. A unanimidade só é dispensada se originariamente prevista no estatuto a possibilidade de sua implementação, com a adoção, em sua substituição, da vontade majoritária votante, segundo o *quorum* que

---

2 O art. 1.114 do Código Civil assim também preconiza para as sociedades por ele disciplinadas.

o prefalado ato-regra venha a estatuir. Sendo ele silente acerca do *quorum*, limitando-se a dispor que a transformação pode ser deliberada não à unanimidade, mas pela maioria, pensamos que a disposição se mostre ainda assim válida, devendo-se observar o *quorum* legal ordinário de deliberação (art. 129).

Ressaltamos que a previsão de dispensa da unanimidade pelo estatuto social deve ser originária, como já vínhamos defendendo expressamente em doutrina formulada para a operação no âmbito das sociedades disciplinadas no Código Civil[3]. Assim é que, omisso o estatuto, vigora a regra da unanimidade que somente pode ser alterada diante de uma reforma estatutária, para contemplar o critério majoritário de deliberação, se a decisão se tirar também de modo unânime. Em outros termos, apenas mediante deliberação unânime dos acionistas pode-se proceder à alteração do estatuto para nele prever a dispensa da unanimidade com vistas a ulteriormente se decidir pela transformação. Do contrário, estar-se-ia esvaziando toda a proteção legal da minoria, permitindo que a maioria, diante de um expediente de reforma do estatuto, pudesse consagrar a dispensa de unanimidade para a transformação que originariamente não estava dispensada.

Sendo descartada a unanimidade, como se registrou, ao dissidente da deliberação majoritária assiste o direito de retirar-se da companhia, mediante o reembolso de suas ações.

O parágrafo único do art. 221 prevê que "os sócios podem renunciar, no contrato social, ao direito de retirada no caso de transformação em companhia". A regra veio fundada, segundo expressa confissão que se extrai da exposição de motivos da Lei do Anonimato, no desiderato de "dar segurança jurídica às obrigações contraídas por pessoas que se associam para a execução de projetos de investimento através de sociedade-piloto, cujo contrato social já prevê a futura transformação em companhia".

Em que pese a pertinência do esquema que se estabeleceu, somos levados a entender que o parágrafo único em questão encontra-se revogado pelo art. 1.114 do Código Civil, por ser incompatível com a orientação nele estabelecida. Com efeito, o dispositivo da Lei das S.A. se dirigia às sociedades contratuais no caso de transformação em companhia. Regulava um direito dos sócios no âmbito da sociedade a ser eventual e futuramente transformada em companhia. Mas essa regulação passou a ser da alçada exclusiva do Código Civil, que no seu art. 1.114 não excepciona. Ao revés, é peremptório ao estabelecer que "a transformação depende do consentimento de todos os sócios, salvo se prevista no ato constitutivo, caso em que o dissidente poderá retirar-se da sociedade, aplicando-se, no silêncio do estatuto ou do contrato social, o disposto no art.

---

3 Sérgio Campinho, *Curso de direito comercial*: direito de empresa, p. 285.

1.031". Portanto, sendo o Código Civil o estatuto jurídico das sociedades contratuais, a sua disciplina deve estar a ele afetada, não mais subsistindo o preceito da Lei n. 6.404/76 que se destinava àquelas sociedades. As regras da Lei das S.A. somente se aplicarão à constituição e ao registro, pois a forma de sociedade anônima é o tipo a ser adotado pela sociedade ao se transformar. Mas, antes da conversão, a sua disciplina, enquanto sociedade contratual, é a do Código Civil e, portanto, a ele estão jungidas a sua estruturação e a sua regulação.

Na transformação, o patrimônio social não sofre alteração, não se verificando sucessão em direitos ou obrigações, na medida em que a pessoa jurídica continua a mesma, como já asseverado. Mas o sistema jurídico da responsabilidade dos sócios, esse sim, é que sofre modificação. Daí o art. 222, em seu *caput*, estabelecer que a operação não prejudicará, em nenhuma hipótese, os direitos dos credores sociais, os quais continuarão, até o pagamento integral de seus créditos, com as mesmas garantias que o tipo anterior lhes assegurava. Portanto, somente os créditos surgidos após a transformação é que irão obedecer à disciplina do novo tipo.

Ocorrendo a falência da sociedade transformada, os seus respectivos efeitos só serão produzidos em relação aos sócios que, no tipo anterior, a eles estivessem eventualmente subordinados. Mas para que a providência se verifique, devem os titulares de créditos anteriores à transformação requerê-la e, assim acontecendo, apenas estes se beneficiarão (parágrafo único do art. 222). Importante consignar que como a lei não fixa prazo para o aludido requerimento, este pode ser formulado pelo credor interessado enquanto não proferida a sentença de encerramento da falência. Mas se deixe claro: o benefício só aproveita ao credor que expressamente o requerer.

Consoante pode ser observado pela explanação acerca dos dispositivos legais que cuidam da operação, a transformação ora tratada é a de tipo societário, de que também cuida o Código Civil nos arts. 1.113 a 1.115 para as sociedades contratuais. Mas não se pode deixar de registrar que a Lei Complementar n. 128/2008, ao introduzir um § 3º ao art. 968 e um parágrafo único ao art. 1.033, ambos do Código Civil (esse último com redação já alterada pela Lei n. 12.441/2011), admitiu uma nova figura de transformação: a transformação registral. Passamos também a denominá-la de imprópria, com vista a distingui-la daquela própria do tipo societário[4].

---

[4] O art. 2.500 do Código Civil italiano, com a reforma de 2003, passou a admitir a transformação heterogênea para as operações em que não há apenas uma alteração de tipo (transformação homogênea), mas uma modificação na própria natureza da pessoa jurídica, quando uma sociedade, por exemplo, passa a ser uma associação, ou mesmo uma fundação.

Existem, nesse cenário da transformação registral, três situações expressamente contempladas em lei, como já tivemos oportunidade de desenvolver em nosso *Curso de direito comercial*: direito de empresa[5], que ora transportamos para esta obra.

O primeiro caso se verifica na hipótese de o empresário individual resolver admitir sócios, de forma que o exercício da empresa venha a ser realizado por sociedade empresária. Faculta-se-lhe, pois, requerer ao Registro Público de Empresas Mercantis a transformação de seu registro de empresário para registro de sociedade empresária, a qual, entretanto, deverá obedecer, para sua formação, aos preceitos reguladores de constituição de seu tipo.

O segundo reside na transformação do registro de sociedade empresária para o de empresário individual, com o escopo de evitar a dissolução de pleno direito da sociedade, ante a falta de pluralidade de sócios. O respectivo requerimento deverá ser formulado pelo sócio remanescente no prazo de cento e oitenta dias, contado da constatação do fato, e dirigido ao Registro Público de Empresas Mercantis. Nessa situação, ocorrerá uma efetiva sucessão da sociedade pelo empresário individual, restando ela, assim, extinta. A empresa passa, dessa forma, a ser explorada pelo empresário individual, em lugar da sociedade. Verifica-se essa mudança de titularidade da empresa, independentemente de dissolução ou liquidação da sociedade. Esta é uma hipótese em que, excepcionalmente, a transformação acarreta a extinção da pessoa jurídica, o que, por si só, já lhe atribui um caráter anômalo.

O terceiro consiste na transformação do registro de sociedade empresária para o de empresa individual de responsabilidade limitada. Assim, ter-se-á, na prática, uma transformação do registro de uma sociedade que em sua formação originária apresentava-se com pluralidade de sócios para o de uma sociedade unipessoal, formada em caráter não transitório. A medida veio na lei idealizada como forma de se evitar a dissolução da sociedade que passou a contar em seu quadro social com um único sócio, permitindo, assim, que a empresa por ela explorada passe a ser realizada por uma sociedade unipessoal permanente e não temporária. Nessa hipótese, o requerimento correspondente deverá ser feito ao Registro Público de Empresas Mercantis, no prazo de cento e oitenta dias, computado da verificação do fato.

Apesar da omissão legal, nada impede que o inverso ocorra, isto é, a transformação registral de empresa individual de responsabilidade limitada em sociedade empresária pluripessoal, diante da admissão, pelo sócio único, de novo ou de novos sócios. Essa quarta possibilidade, assim, deve ser agregada àquelas três, antes descritas, apropriadas de modo expresso na lei.

---

5 *Curso de direito comercial*: direito de empresa, p. 287.

Mas é importante que se diga que essa nova figura de transformação vem no ensejo de realizar, em toda sua plenitude, o princípio da preservação da empresa, garantindo a permanência da empresa e o seu regular exercício, sem solução de continuidade, diante da alteração de seu titular.

18.3. INCORPORAÇÃO

Na incorporação, uma ou mais sociedades (incorporadas), de tipos iguais ou diferentes, são absorvidas por outra (incorporadora), que lhes sucede em todos os direitos e obrigações, devendo todas as envolvidas aprová-la, consoante as regras próprias dos seus respectivos tipos.

Da incorporação não surgirá nova sociedade, porquanto a incorporadora irá suceder as suas incorporadas, permanecendo ela, incorporadora, com sua personalidade jurídica intacta. As incorporadas é que pela ultimação do processo estarão extintas.

A operação, no âmbito das companhias, merece específica regulação no art. 227. Tem-se, pois, pelo preceito, que a assembleia geral da companhia incorporadora, aprovando o protocolo da incorporação, autorizará o aumento do capital social a ser subscrito e realizado pela incorporada mediante versão do seu patrimônio líquido, e nomeará os peritos que o avaliarão. A companhia que houver de ser incorporada, por seu turno, aprovando o protocolo da operação, autorizará seus administradores a praticarem os atos necessários à incorporação, inclusive a subscrição do aumento de capital da incorporadora. Aprovados pela assembleia geral da incorporadora o laudo de avaliação e a incorporação, com a consequente extinção da incorporada, competirá à primeira promover o arquivamento e a publicação dos atos da incorporação.

A incorporada, como se vê, tem seu patrimônio por inteiro integrado à incorporadora, que a sucede a título universal. Os acionistas da incorporada, salvo os que exercerem o direito de recesso, têm passagem forçada para a incorporadora, recebendo as novas ações de emissão da incorporadora, correspondentes ao aumento do capital verificado pela absorção do patrimônio líquido da incorporada.

O direito de recesso acima aduzido, entretanto, não tocará aos titulares de ações da incorporada de espécie ou classe que tenham liquidez e dispersão no mercado (art. 137, II)[6]. Os acionistas da incorporadora, por falta de previsão legal, não fazem jus à retirada.

O prazo de trinta dias para o exercício do direito de recesso será contado a partir da publicação da ata que aprovar o protocolo ou a justificação, mas o pagamento do preço do reembolso somente será devido se a operação vier a efetivar-se (art. 230).

---

6 *Vide*, a propósito, as considerações feitas no item 9.11 do capítulo 9.

18.4. FUSÃO

A fusão consiste na operação em que duas ou mais sociedades, de tipos iguais ou diferentes, unem-se para formar sociedade nova que lhes sucederá em todos os direitos e obrigações, determinando, assim, a extinção das sociedades objeto do negócio jurídico.

No universo das companhias, a fusão ganha especial regramento no art. 228 da Lei do Anonimato para dispor que a assembleia geral de cada companhia, aprovando o protocolo de fusão, deverá nomear os peritos que avaliarão os patrimônios líquidos das demais sociedades envolvidas no processo. Apresentados os laudos, os administradores convocarão os sócios ou acionistas das sociedades para uma assembleia geral comum, que deles tomará conhecimento e resolverá sobre a constituição definitiva da nova sociedade, vedado aos sócios ou acionistas votar o laudo de avaliação do patrimônio líquido da sociedade de que fazem parte.

Uma vez constituída a nova sociedade, aos primeiros administradores incumbirá promover o arquivamento e a publicação dos atos da fusão, para regularizar a nova sociedade – cuja criação deverá observar as formalidades e regras disciplinadoras de seu tipo – e a extinção das fundidas ou fusionadas.

Tem-se na fusão mais uma hipótese de sucessão a título universal, correspondendo o capital da sociedade nova ao somatório dos patrimônios líquidos das que se fundiram, sendo aos seus sócios ou acionistas entregues as quotas ou ações em que se divide esse capital, observadas as proporções de contribuição de cada um na operação.

Os acionistas dissidentes, entretanto, poderão exercer o direito de recesso, à exceção dos titulares das ações dotadas de liquidez e dispersão no mercado (art. 137, II)[7]. O prazo de trinta dias para o exercício desse direito, à semelhança do que se anotou para a incorporação, será computado a partir da publicação da ata que aprovar o protocolo ou a justificação, mas o pagamento do valor do reembolso apenas será devido se a operação vier a efetivar-se (art. 230).

18.5. CISÃO

A cisão é a operação pela qual uma sociedade transfere, para uma ou mais sociedades, constituídas para esse fim ou já existentes, parcelas do seu patrimônio. Verificando-se a versão de todo o patrimônio, a sociedade cindida restará extinta, qualificando-se a cisão como total; sendo a versão do patrimônio parcial, a sociedade não se extinguirá, ocorrendo a divisão de seu capital, nominando-se o evento, nesse caso, de cisão parcial.

7 Confiram-se os comentários traçados no item 9.11 do capítulo 9.

A disciplina da cisão, adotada no art. 229 da Lei das S.A., apresenta um nítido propósito de conferir bastante flexibilidade à operação, de modo a possibilitá-la servir, dentro dessa amplitude pragmática de seu esquema legal, a várias finalidades.

Em princípio, mostra-se como um mecanismo de desconcentração empresarial, diversamente da fusão e da incorporação, tradutoras de um confessado fenômeno de aglutinação. A reorganização empresarial almejada por meio da cisão, em diversas hipóteses, visa à racionalização da estrutura negocial existente, conferindo-lhe maior dinamismo na busca da realização do seu fim lucrativo. Reorganiza-se a atividade da sociedade, que reparte o seu patrimônio entre outras sociedades, para que cada pessoa jurídica possa autonomamente explorar um segmento específico do mercado, com melhor especialização administrativa, técnica e de investimentos. Destina-se, ainda, a possibilitar a composição entre grupos dissidentes que integram o quadro social, que se utilizam da fórmula legal da cisão para obter uma separação patrimonial e de negócios, sem ter que recorrer à dissolução da sociedade. Observa-se, também, a operação servindo como um veículo de viabilização da alienação de controle, com o aporte, por exemplo, de capital na sociedade por parte do adquirente para, em seguida, proceder-se à sua cisão, com a versão do patrimônio correspondente aos recursos aportados em prol de outra sociedade que o vendedor irá integrar (constituída para esse fim) ou que já integra (já existente).

Não obstante essa feição de desconcentração que lhe é marcante, pode a cisão ser usada como instrumento de concentração[8], através da combinação de operações em que o patrimônio da sociedade é cindido como etapa preparatória à incorporação da sucessora de parte desse patrimônio por outra sociedade.

Essas características de flexibilidade e amplitude registradas atribuem ao instituto uma duplicidade ótica. Sob a perspectiva da sociedade cindida, ocorrerá a transferência de parcela, ou de parcelas, ou de todo o seu patrimônio. Nos dois primeiros casos, a sociedade cindida continua a existir; no último caso, ela se extingue (cisão extinção). No plano da sociedade ou das sociedades que vão absorver a parcela ou as parcelas do patrimônio cindido, podem elas ser constituídas para esse fim ou já existirem. Nesse último caso, a cisão com versão de parcela do patrimônio em sociedade preexistente obedecerá às disposições sobre incorporação (§ 3º do art. 229).

Em relação à sucessão nos direitos e obrigações, preceitua o § 1º do art. 229 que a sociedade que absorver parcela do patrimônio da companhia cindida sucede a esta nos direitos e obrigações relacionados no ato de cisão. Na hipótese de cisão total, em que ocorrerá a extinção da companhia cindida, as sociedades que absorverem parcelas do

---

8 Nelson Eizirik, *A lei das S/A comentada*, v. III, p. 256.

seu patrimônio sucederão a esta, na proporção dos patrimônios líquidos transferidos, nos direitos e obrigações não relacionados no correspondente ato de cisão.

Dessa feita, na cisão parcial, a sociedade ou as sociedades, novas ou preexistentes, que receberem parcelas do patrimônio da companhia cindida, apenas a sucederão nos direitos e obrigações expressamente relacionados no ato de cisão. Aqueles direitos e obrigações não relacionados permanecem com a cindida. Na cisão total, também as sociedades novas ou já existentes a sucederão nos direitos e obrigações relacionados. Mas, como haverá a extinção da companhia cindida, as sociedades que receberem parcelas de seu patrimônio a sucederão, nos direitos e obrigações não relacionados, na proporção dos patrimônios líquidos transferidos.

As ações ou quotas integralizadas com parcelas de patrimônio da companhia cindida serão atribuídas a seus titulares, em substituição às ações extintas, na proporção das que possuíam (§ 5º do art. 229, 1ª parte). Aprovada a operação, seguem-se, assim, a subscrição e a integralização das ações ou das quotas na sociedade ou nas sociedades que absorverem o patrimônio cindido, integralização essa que se fará com a parcela patrimonial correspondente à absorção, com a atribuição a seus titulares, em substituição de suas ações anteriores, de novas ações ou quotas da sociedade sucessora, na mesma proporção das ações que titularizavam. Impede-se, com essa sub-rogação legal, tratamento discriminatório em relação aos acionistas minoritários.

A atribuição em proporção diferente, entretanto, é permitida, mas requer aprovação de todos os titulares, inclusive das ações sem direito a voto (2ª parte do § 5º do art. 229, acrescida pela Lei n. 9.457/97). Essa possibilidade se estabelece fundamentalmente para atender aos interesses dos acionistas, quando a cisão for utilizada como instrumento de segregação de patrimônio para a composição de conflito entre sócios, que seriam realocados em sociedades distintas. Nessa situação, não haverá a manutenção do mesmo quadro social da cindida em sua sucessora ou em suas sucessoras e, sendo assim, a mesma proporção de participação não se justifica.

Efetivada a cisão com extinção da companhia cindida, caberá aos administradores das sociedades que tiverem absorvido parcelas do seu patrimônio promover o arquivamento e a publicação dos atos da operação; na cisão parcial, esse dever legal caberá aos administradores da companhia cindida e aos da que absorver parcela do seu patrimônio (§ 4º do art. 229).

Em princípio, a operação de cisão não enseja o recesso do acionista. Mas ele será excepcionalmente possível se a cisão implicar: a) mudança do objeto social, salvo quando o patrimônio cindido for vertido para sociedade cuja atividade preponderante coincida com a decorrente do objeto social da cindida; b) redução do dividendo obrigatório; ou c) participação em grupo de sociedades (art. 137, III).

18.6. PROCEDIMENTO DAS OPERAÇÕES

A Lei das Sociedades Anônimas estabeleceu rito a ser observado nas operações de incorporação, fusão e cisão. Embora se apresentem com distintas naturezas, esses institutos seguem, em essência, uma norma comum de procedimento para alcançar de forma regular o fim colimado[9].

Nesse rito procedimental por lei traçado, identificam-se, necessariamente, três fases ou etapas a serem percorridas: a) etapa preparatória; b) fase de deliberação e execução; e c) etapa de publicidade.

A primeira fase, a preparatória, consiste na etapa do procedimento em que se elabora o protocolo e sua justificação. O protocolo traduz-se na planificação, em projeto, das condições em que se vão realizar as operações de incorporação, fusão ou cisão[10]. Do protocolo, que será firmado pelos órgãos de administração ou sócios das sociedades interessadas, deverá constar: a) o número, espécie e classe das ações que serão atribuídas em substituição dos direitos de sócios que se extinguirão e os critérios utilizados para determinar as relações de substituição; b) os elementos ativos e passivos que formarão cada parcela do patrimônio, no caso de cisão; c) os critérios de avaliação do patrimônio líquido, a data a que será referida a avaliação e o tratamento das variações patrimoniais posteriores; d) a solução a ser adotada quanto às ações ou quotas do capital de uma das sociedades possuídas por outra; e) o valor do capital das sociedades a serem criadas ou do aumento ou redução do capital das sociedades que forem parte na operação; f) o projeto ou projetos de estatuto, ou de alterações estatutárias, que deverão ser aprovados para efetivar a operação; e g) todas as demais condições a que estiver sujeita a operação. Os valores sujeitos à determinação serão indicados por estimativa (art. 224).

Além do protocolo, a etapa preparatória envolve a elaboração da justificação da operação que vai ser submetida à deliberação da assembleia geral das sociedades interessadas, na qual serão expostos: a) os motivos ou fins da operação e o interesse da companhia na sua realização; b) as ações que os acionistas preferenciais receberão e as razões para a modificação dos seus direitos, se prevista; c) a composição, após a operação, segundo espécies e classes das ações, do capital das companhias que deverão emitir ações em substituição às que se deverão extinguir; e d) o valor de reembolso das ações a que terão direito os acionistas dissidentes (art. 225).

Encerrada a etapa preparatória, passa-se à fase de deliberação e execução. O protocolo e a justificação são apresentados e submetidos ao crivo da assembleia geral. A

[9] Rubens Requião, *ob. cit.*, v. 2, p. 339.

[10] Rubens Requião, *ob. cit.*, v. 2, p. 340.

aprovação do protocolo no âmbito de cada sociedade traduz-se, a partir de então, em uma verdadeira proposta de contrato, que estará efetivamente formado ou concluído diante da aprovação por todas as sociedades envolvidas com a operação. Se alguma das partes não aprova o protocolo, a proposta tem-se por recusada e o contrato não se conclui. Pode acontecer que o protocolo seja, em uma das sociedades participantes da operação, aprovado com modificações em relação ao projeto inicial. Nesse caso, o ato implicará nova proposta e o contrato somente estará concluído se for aceita pelas demais envolvidas[11].

Os negócios jurídicos de incorporação, fusão e cisão com incorporação em sociedade existente (§ 3º do art. 229) formam-se, pois, pela aprovação do protocolo por todas as sociedades que são partes no negócio; já o negócio jurídico de cisão com versão de parcela do patrimônio em sociedade nova decorre apenas da deliberação da assembleia geral da companhia cindida, que também funcionará como assembleia de constituição da nova sociedade (§ 2º do art. 229).

As operações de incorporação, fusão e cisão somente poderão ser efetivadas nas condições aprovadas se os peritos nomeados determinarem que o valor do patrimônio ou patrimônios líquidos a serem vertidos para a formação de capital social é, ao menos, igual ao montante do capital a realizar. As ações ou quotas do capital da sociedade a ser incorporada que forem de propriedade da companhia incorporadora poderão, conforme dispuser o protocolo de incorporação, ser extintas, ou substituídas por ações em tesouraria da incorporadora, até o limite dos lucros acumulados e reservas, exceto a legal. Isso se aplica aos casos de fusão, quando uma das sociedades fundidas for proprietária de ações ou quotas de outra, e de cisão com incorporação, quando a companhia que incorporar parcela do patrimônio da cindida for proprietária de ações ou quotas do capital desta (art. 226).

Procedida à deliberação, passa-se à sua execução, cujos atos irão variar conforme a natureza da operação, o que, inclusive, já foi abordado no campo em que se analisou cada uma delas (itens 18.3, 18.4 e 18.5).

Na incorporação, a incorporada, por seus administradores, procede à subscrição do aumento do capital da incorporadora, realizando-o mediante versão de seu patrimônio líquido (§§ 1º e 2º do art. 227). A incorporadora promove a distribuição das ações decorrentes do aumento do capital aos acionistas da incorporada (§ 2º do art. 223).

---

[11] José Luiz Bulhões Pedreira. Incorporação, fusão e cisão *in Direito das companhias*, v. II. Coordenação de Alfredo Lamy Filho e José Luiz Bulhões Pedreira. Rio de Janeiro: Forense, 2009, p. 1.758.

Na fusão, em execução da deliberação, uma vez realizada a subscrição de capital pelos antigos acionistas das sociedades fundidas, promove-se a distribuição das ações, correspondentes a esse capital subscrito, àqueles que o subscreveram (§ 2º do art. 223).

Na cisão, procedida à subscrição do capital pelos antigos acionistas, ou por parte deles se houver divisão do quadro social, faz-se a distribuição das ações relativas ao capital subscrito àqueles que efetivamente o subscreveram, em substituição às extintas (§ 5º do art. 229 e § 2º do art. 223).

A terceira e última fase das operações de incorporação, fusão e cisão, a da publicidade, encerra o procedimento. Na incorporação, à incorporadora compete promover o arquivamento e a publicação dos atos a ela relativos (§ 3º do art. 227); na fusão, constituída a nova companhia, incumbirá aos seus primeiros administradores promover o arquivamento e a publicação dos atos a ela concernentes (§ 3º do art. 228); na cisão, quando for ela total, caberá aos administradores das que tiverem absorvido parcelas do seu patrimônio promover o arquivamento e a publicação dos atos da operação e, sendo ela parcial, esse dever incumbirá aos administradores da cindida e da que absorver parcela do seu patrimônio (§ 4º do art. 229).

A certidão passada pelo Registro Público de Empresas Mercantis, operado pelas Juntas Comerciais, acerca da incorporação, da fusão ou da cisão, constitui-se documento hábil para a averbação, nos registros públicos competentes, da sucessão, decorrente da operação, em bens, direitos e obrigações (art. 234).

Se a incorporação, fusão ou cisão envolverem companhia aberta, as sociedades que a sucederem serão também abertas, devendo obter o respectivo registro e, se for o caso, promover a admissão de negociação das novas ações no mercado secundário, no prazo máximo de cento e vinte dias, contados da data da assembleia geral que aprovou a operação, observando as normas pertinentes baixadas pela Comissão de Valores Mobiliários. O descumprimento dessa regra dará ao acionista o direito de retirar-se da companhia, mediante reembolso das suas ações, nos trinta dias seguintes ao término do prazo antes referido (§§ 3º e 4º do art. 223).

18.7. REFLEXO EM RELAÇÃO AOS DEBENTURISTAS

A incorporação, fusão ou cisão da companhia emissora de debêntures em circulação no mercado dependerá, diz o art. 231, em seu *caput*, da "prévia aprovação" dos debenturistas, reunidos em assembleia[12] especialmente convocada para esse fim.

12 A assembleia dos debenturistas obedecerá ao disposto no art. 71 da Lei das S.A. Sobre o tema, confiram-se os comentários tecidos no item 7.13 do capítulo 7.

Da inteligência do preceito resulta que a operação será submetida à comunhão dos debenturistas, por tratar-se de matéria de interesse dessa comunhão. Mas, tecnicamente, esses credores da companhia não têm competência para meritoriamente aprovar ou desaprovar a incorporação, a fusão ou a cisão em si, visto que esse poder encontra-se exclusivamente disposto à alçada dos acionistas. O intento da lei foi o de submeter ao crivo da comunhão a aprovação ou não da sucessão que da operação resulta, com a substituição do devedor originário por seu sucessor. O efeito concreto, contudo, será o mesmo: a companhia que não lograr a aprovação dos debenturistas em relação à sucessão não levará a cabo a operação. Podem eles, assim, em verdade, impedir a sua realização.

Essa aprovação, no entanto, será dispensada se for assegurado, no protocolo da operação, aos debenturistas que o desejarem, durante o prazo mínimo de seis meses a contar da data da publicação das atas das assembleias relativas à operação, o resgate das debêntures de que forem titulares. A sociedade cindida e as que absorverem parcela do seu patrimônio, nesse caso, responderão solidariamente pelo correspondente resgate.

18.8. REFLEXO EM RELAÇÃO AOS DEMAIS CREDORES

Os demais credores da companhia também gozam de proteção frente à incorporação, à fusão ou à cisão.

Quando se cuidar de crédito de natureza trabalhista ou tributária, o regime correspondente de sua tutela já confere ao seu titular garantias para que as indigitadas operações não o prejudiquem[13]. A tutela, portanto, disposta nos arts. 232 e 233 da Lei n. 6.404/76, dirige-se fundamentalmente aos créditos de natureza comercial e civil.

Os credores das companhias fusionadas, incorporada ou incorporadora poderão se opor à operação. Nos termos do art. 232, até sessenta dias depois de publicados os atos relativos à incorporação ou à fusão, o credor anterior por ela prejudicado poderá pleitear judicialmente a sua anulação. Findo o prazo, decairá do direito o credor que não o tiver exercido. Por se tratar de prazo decadencial, relembre-se, o seu curso não é suspenso nem interrompido.

Para o sucesso da demanda, é mister que o credor demonstre o prejuízo advindo da operação que se pretende anular, focando a redução, ainda que potencial, da capacidade da sucessora para cumprir a obrigação.

A fim de evitar a consequência de uma eventual procedência do pedido anulatório, faculta-se à sociedade interessada, sendo líquido o crédito, realizar a consignação da

---

13 Fábio Ulhoa Coelho, *ob. cit.*, v. 2, p. 497.

importância em pagamento, o que, por certo, prejudicará a anulação pleiteada. A consignação tem vez não só no curso da ação de anulação, mas também anteriormente à propositura, funcionando, assim, como uma medida preventiva.

Sendo, todavia, ilíquida a dívida, a sociedade poderá garantir a sua execução, suspendendo-se, nesse caso, o processo de anulação.

Ocorrendo, no prazo referenciado, a falência da sociedade incorporadora ou da sociedade nova, qualquer credor anterior, e aqui não há a necessidade de alegação de prejuízo, terá o direito de pedir a separação dos patrimônios, para o fim de serem os créditos pagos pelos bens das respectivas massas.

O reflexo da cisão em relação aos credores é tratado de forma distinta, adotando-se o regime da solidariedade como referência de proteção.

Na cisão total, em que ocorre a extinção da companhia cindida, as sociedades que absorverem parcelas do seu patrimônio responderão solidariamente pelas obrigações da companhia extinta.

Na cisão parcial, a companhia cindida que subsistir e as que absorverem parcelas do seu patrimônio responderão solidariamente pelas obrigações da primeira anteriores à cisão. Porém, admite-se que o ato de cisão parcial estipule expressamente que as sociedades que absorverem parcelas do patrimônio da cindida sejam responsáveis apenas pelas obrigações que lhes forem transferidas, sem solidariedade entre si ou com a companhia cindida. Nessa hipótese, todavia, qualquer credor anterior poderá se opor à estipulação, com relação ao seu crédito, notificando a companhia, no prazo decadencial de noventa dias, a contar da data de publicação dos atos relativos à cisão. No silêncio, presume-se, de modo absoluto, que o credor anuiu tacitamente com a inexistência da solidariedade. Essa oposição, quando realizada, faz retornar em favor do credor manifestante a regra geral da solidariedade, sem prejudicar, por certo, a validade e a eficácia da operação.

18.9. INCORPORAÇÃO DE COMPANHIA CONTROLADA

Viu-se, neste capítulo (itens 18.3 e 18.6), o procedimento de incorporação que envolve sociedades, as quais não mantêm entre si um vínculo societário de dominação. As operações entre partes relacionadas, isto é, entre sociedades que têm um mesmo acionista controlador final[14], recebem do legislador um especial tratamento.

Nos termos do § 2º do art. 243, considera-se controlada a sociedade na qual a controladora, diretamente ou por meio de outras controladas, é titular de direitos de

[14] Nelson Eizirik, *A lei das S/A comentada*, v. III, p. 500.

sócio que lhe assegurem, de modo permanente, preponderância nas deliberações sociais e o poder de eleger a maioria dos administradores[15]. Assim, a incorporação, pela controladora, de companhia controlada desafia regramento especial para a proteção dos acionistas minoritários desta, pois não existem na operação duas maiorias acionárias distintas a sobre ela deliberar e a atuar na defesa dos interesses de cada companhia[16], visando a obter as melhores condições de negócio. Quem decide ou orienta o sentido do voto nas assembleias das sociedades envolvidas é o mesmo acionista controlador final[17].

Portanto, em virtude dessa dominação de ambas as sociedades pelo mesmo controlador final, além das informações exigidas nos arts. 224 e 225 para o protocolo e para a justificação, deverá ser apresentado à assembleia geral da controlada a ser incorporada o cálculo das relações de substituição das ações dos acionistas não controladores, com base no valor do patrimônio líquido das ações da controladora e da controlada, avaliados os dois patrimônios segundo os mesmos critérios e na mesma data, a preços de mercado. Na hipótese de companhia aberta, essa mensuração pode ser feita a partir de outros critérios, desde que aceitos pela Comissão de Valores Mobiliários (*caput* do art. 264).

Consoante foi visto no item 18.6 deste capítulo, o protocolo de incorporação deverá retratar o número, a espécie e a classe das ações que serão atribuídas em substituição dos direitos de sócios que se extinguirão e os critérios utilizados para determinar as relações de substituição (art. 224, I). O que a regra especial do *caput* do art. 264 visa é fornecer aos acionistas minoritários da controlada-incorporanda uma informação adicional, com o escopo de poderem eles compará-la com a relação de troca prevista no protocolo[18], para aferir a equidade do critério eleito e, a partir daí, poderem posicionar-se diante da operação: receber as ações da incorporadora, segundo as relações de substituição das ações adotadas no protocolo, ou rejeitá-las e exercer o direito de recesso. Permite-se, dessa forma, enfatize-se, aos minoritários, a comparação, caso distintos, do critério indicado no protocolo para o cálculo das relações de substituição com a avaliação dos dois patrimônios a preço de mercado ou, tratando-se de companhia aberta, com outro critério aceito pela Comissão de Valores Mobiliários.

A avaliação dos dois patrimônios será feita por três peritos pessoas naturais ou por pessoa jurídica especializada, sendo que nas companhias abertas necessariamente deverá ser realizada por pessoa jurídica especializada (§ 1º do art. 264).

---

15 Sobre o tema, confiram-se as exposições constantes do item 19.2 do capítulo 19.

16 Nesse sentido é a exposição de motivos.

17 Nelson Eizirik, *A lei das S/A comentada*, v. III, p. 500.

18 Nelson Eizirik, *A lei das S/A comentada*, v. III, p. 506.

As ações do capital da controlada de propriedade da controladora serão avaliadas, no patrimônio desta, para efeito de comparação, a preço de mercado, observados os mesmos critérios de avaliação do patrimônio da controladora e da controlada, ou com base em outro critério aceito pela Comissão de Valores Mobiliários, na hipótese de companhias abertas (§ 2º do art. 264).

Caso resulte da comparação que as relações de substituição das ações titularizadas pelos acionistas minoritários, previstas no protocolo de incorporação, são menos vantajosas que aquelas decorrentes da avaliação realizada, os acionistas dissidentes da deliberação da assembleia geral da controlada que aprovar a operação podem optar, ao exercerem o direito de recesso, pela utilização dessa avaliação, em substituição ao valor do reembolso fixado nos termos do art. 45. Mas não caberá o recesso quando as ações dos dissidentes tiverem liquidez e dispersão no mercado (§ 3º do art. 264).

Mas todo esse regramento, previsto no art. 264, não se aplica na situação de as ações do capital da controlada terem sido adquiridas em Bolsa de Valores ou mediante oferta pública para a aquisição do controle acionário. A excludente legal, *in casu*, é peremptória (§ 5º do art. 264).

Em desfecho, impõe-se o registro de que a disciplina normativa aqui tratada se estende, por explícita disposição legal, à incorporação de controladora por sua controlada, à fusão de companhia controladora com a controlada, à incorporação de ações de companhia controlada ou controladora, à incorporação, fusão e incorporação de ações de sociedades sob controle comum (§ 4º do art. 264). Em todas essas operações, que se perfazem entre partes relacionadas, a lei demonstra o mesmo cuidado na tutela da minoria, ampliando o espectro do mecanismo engendrado no art. 264: avaliação dos patrimônios com a utilização de critério adicional e direito de recesso em condições mais benéficas para os dissidentes.

Não se pode olvidar que, na hipótese de incorporação de ações, apenas aquelas a serem objeto da incorporação estarão sujeitas à avaliação, consoante o procedimento estabelecido no art. 252[19], e não os patrimônios líquidos das sociedades que participem da operação. Dessarte, a avaliação deverá se realizar pelo critério do patrimônio líquido a preço de mercado, ou, tratando-se de companhia aberta, por outro critério reconhecido pela Comissão de Valores Mobiliários, a qual será comparada com a avaliação das ações procedida conforme o critério estabelecido no protocolo de incorporação[20].

---

19 Confira-se o estudo formulado no item 19.6 do capítulo 19.

20 José Waldecy Lucena, *ob. cit.*, v. III, p. 987.

Capítulo 19

CONCENTRAÇÃO EMPRESARIAL

19.1. OS GRUPOS DE SOCIEDADES

Os grupos econômicos são uma realidade no mundo contemporâneo. Apresentam-se como uma técnica de exploração racional da atividade empresarial, na busca do atingimento de um processo de investimentos, pesquisa, produção e comercialização mais eficientes. A aglutinação empresarial é uma forma de encarar eficazmente os desafios da economia de escala[1].

Fábio Konder Comparato[2] testemunha o fenômeno:

> Não há negar entretanto que os grupos econômicos foram criados, exatamente, para racionalizar a exploração empresarial, harmonizando e mesmo unificando as atividades das várias empresas que os compõem. É graças a essa racionalização administrativa que o lucro marginal é elevado, com a baixa do custo unitário de produção. Eles propiciam a criação de "economias internas de escala", já assinaladas pelos economistas desde fins do século XIX. Todos os sistemas econômicos, qualquer que seja o regime político que os acompanha, tendem a esse mesmo objetivo de agrupamento e coordenação empresarial. A empresa isolada é, atualmente, uma realidade condenada, em todos os setores, máxime naqueles em que o progresso está intimamente ligado à pesquisa tecnológica. A chamada empresa multinacional nada mais é do que uma constelação de empresas, operando em vários países, sob legislações diversas, mas perseguindo, sempre, uma única política global.

Essa percepção se faz presente na Lei n. 6.404/76, que, inspirada na lei alemã das sociedades anônimas de 1965, disciplina duas espécies de grupo econômico: o de fato (*faktische konzerne*) e o de direito, esse último se estabelecendo por meio de "contrato de empresas" (*unternehmensvertraege*), cujo instrumento deve ser levado ao registro de empresas para a produção de seus efeitos[3].

---

1 Sérgio Campinho, *Curso de direito comercial*: direito de empresa, p. 279.

2 *O poder de controle na sociedade anônima*, p. 355-356.

3 Sérgio Campinho, *Curso de direito comercial*: direito de empresa, p. 279.

Rubens Requião[4] apresenta bem elaborado conceito sobre as duas modalidades, a partir da lei brasileira, que passamos a adotar e reproduzir. Para o citado autor, são grupos de fato as sociedades que mantêm, entre si, laços empresariais por meio de participação societária, sem necessidade de se organizarem juridicamente. Relacionam-se segundo o regime legal de sociedades isoladas, sob a forma de coligadas, controladoras e controladas, no sentido de não terem necessidade de maior estrutura organizacional.

Diversamente são os grupos de direito que importam em uma convenção, formalizada no Registro Público de Empresas Mercantis, tendo por objeto uma organização composta de sociedades, mas com disciplina própria. São, por isso, grupos de direito.

19.2. SOCIEDADES COLIGADAS, CONTROLADORAS E CONTROLADAS

No grupo de fato, o elo que se estabelece entre as sociedades forma-se a partir de uma relação de controle ou de coligação, como se destacou no item anterior, não havendo uma convenção formalmente estabelecida e registrada na Junta Comercial para regrar as suas relações.

A Lei n. 6.404/76 se dedica à disciplina das sociedades coligadas, controladoras e controladas, editando regras específicas, no âmbito do grupo de fato que se estabelece, dirigidas aos direitos das minorias, aos interesses dos credores, à responsabilidade civil dos administradores e às demonstrações contábeis.

Os conceitos de sociedades coligadas e de sociedades controladora e controlada são formulados a partir da existência ou não de relação de controle. Havendo relação de controle entre uma sociedade e outra, temos sociedades controladora e controlada; inexistindo essa subordinação de comando, estabelecendo-se a relação não em um plano de verticalidade, mas sim de horizontalidade, caracteriza-se a coligação de sociedades. Entre sociedades coligadas não há comando, mas sim uma relação de coordenação.

O § 1º do art. 243 define as sociedades coligadas. No seu texto original, consideravam-se coligadas as sociedades quando uma participava, com dez por cento ou mais, do capital da outra, sem controlá-la[5]. Mas a Lei n. 11.941/2009, ao conferir nova redação ao prefalado § 1º, passa a adotar um novo critério para o estabelecimento da coligação: a influência significativa. Abdica-se, a partir de então, de um critério objetivo para se aferir a ligação de coligação diante da avaliação da existência ou não de influência significativa em cada situação concreta.

---

4 *Ob. cit.*, v. 2, p. 349.

5 O conceito adotado no Código Civil e no âmbito das sociedades contratuais que regula, para coligada ou filiada (expressões sinônimas na dicção do Código), também repousa nesse percentual de participação, sem que, entretanto, haja controle (art. 1.099).

Portanto, no modelo positivado em vigor, são coligadas as sociedades nas quais a sociedade investidora tenha influência significativa na sociedade investida, que assim se considera quando aquela detém ou exerce o poder de participar nas decisões das políticas financeira ou operacional desta, sem, contudo, controlá-la. Presume-se, entretanto, haver influência significativa quando a investidora for titular de vinte por cento ou mais do capital votante da investida, mas, também, sem controlá-la (§§ 1º, 4º e 5º do art. 243 da Lei n. 6.404/76, sendo o primeiro com redação determinada e os dois últimos acrescentados pela Lei n. 11.941/2009). Essa alteração visou a adequar o conceito de coligada à definição constante de normas internacionais de contabilidade.

A lei brasileira, tanto antes como depois da modificação do conceito de sociedades coligadas, apenas admite a coligação direta, isto é, aquela que se estabelece mediante a relação direta de investimento de uma sociedade em outra. Sem essa relação direta, não se forma o conceito de coligação. Assim, se uma companhia X investe no capital da companhia Y, tendo sobre ela influência significativa, e a companhia Y investe no capital da companhia Z, também tendo sobre a investida influência significativa, haverá coligação entre as companhias X e Y e as companhias Y e Z. As companhias X e Z não serão coligadas, pois no nosso Direito não se admite a coligação indireta. Para haver coligação, a participação acionária de uma sociedade em outra há de ser direta, cabe reiterar.

Insta salientar que, nos termos do art. 46 da Lei n. 11.941/2009, o conceito de sociedade coligada previsto pela conjugação dos §§ 1º, 4º e 5º do art. 243 da Lei das S.A. somente será utilizado para os propósitos previstos na própria Lei n. 6.404/76 (relatório anual de administração, demonstrações financeiras, responsabilidade civil dos administradores e participação recíproca, por exemplo). Para os fins constantes em outras legislações, o conceito de coligação se estabelece nos moldes do art. 1.099 do Código Civil, segundo o qual coligada é a sociedade de cujo capital outra sociedade participa com dez por cento ou mais, sem controlá-la.

Pelo § 2º do art. 243, define-se a sociedade controlada como aquela na qual a controladora, diretamente ou por meio de outras controladas, é titular de direitos de sócio que lhe assegurem, de modo permanente, preponderância nas deliberações sociais e o poder de eleger a maioria dos administradores[6].

Do conceito extrai-se flagrante similaridade com a definição de acionista controlador, talhada no art. 116 da Lei do Anonimato. A noção de sociedade controlada ajusta-se, assim, ao conceito de controle e ao conceito legal de acionista controlador, com

[6] O art. 1.098 do Código Civil propõe semelhante conceito, não havendo, no seu cerne, nenhuma variação.

certas adaptações para trazê-lo a um universo de maior amplitude, compreendendo, por exemplo, quaisquer tipos ou formas de sociedades controladas, e não apenas a forma de companhia. Daí o legislador ter empregado, na redação do § 2º do art. 243, a expressão "preponderância nas deliberações sociais" em substituição a "maioria dos votos nas deliberações da assembleia geral". Essa adaptação passa, também, pela consagração do controle indireto, por meio de cadeia ou pirâmide de sociedades. Destarte, direto é o controle exercido por sociedade que se apresenta como titular dos direitos de sócios que lhe assegurem, de modo permanente, preponderância nas deliberações sociais e o poder de eleger a maioria dos administradores; indireto, por seu turno, é aquele que se realiza por intermediação, isto é, mediante uma cadeia ou pirâmide de sociedades, por isso também chamado de controle piramidal.

Sente-se falta, na enunciação do § 2º do art. 243, de uma referência ao uso efetivo do poder para dirigir as atividades sociais e orientar o funcionamento dos seus órgãos, tal qual se tem na alínea *b* do art. 116. Essa omissão intencional parte do pressuposto de que haveria uma presunção da efetividade do exercício do controle nas relações intersocietárias. Mas essa presunção não é absoluta, sendo apenas relativa. O exercício efetivo do poder de controle é essencial para caracterizar a relação de controle. Tem-se que ele comumente vai se identificar nas relações intersocietárias, por certo. Mas não se verificando, a suposta relação de controladora e controlada não se estabelece, havendo tão somente uma relação de investimento, passível de configurar uma coligação societária. Não se abre mão, portanto, da aferição, diante do caso concreto, de quem efetivamente exerce o poder de controle, que deriva, pois, de uma situação de fato.

19.3. PARTICIPAÇÃO RECÍPROCA

A participação recíproca entre a companhia e suas coligadas ou controladas vem, como regra, peremptoriamente vedada no Direito brasileiro (*caput* do art. 244). Somente a controladora pode participar do capital da controlada e apenas a coligada investidora pode participar do capital da coligada investida. A participação cruzada ou recíproca não se permite em atenção ao princípio da integridade ou da intangibilidade do capital social, em seu papel de servir de garantia aos credores sociais. A participação recíproca propicia a formação de capitais artificiais, rendendo ensejo à anulação dos respectivos capitais, na proporção em que se sobrepõem[7]. Levando-se a participação cruzada a extremo, em que o capital da companhia X fosse integrado exclusivamente pelas ações da companhia Z que, por seu turno, também tivesse o seu capital integrado,

[7] Tavares Borba, *ob. cit.*, p. 518.

com exclusividade, pelas ações da companhia X, ter-se-ia situação na qual não há nenhum patrimônio real. Caso se procedesse à liquidação simultânea de tais companhias, o patrimônio seria nulo.

Ressalte-se que a vedação em apreço se refere à coligação direta, na medida em que o Direito positivo nacional não admite a coligação indireta, como visto no item 19.2 acima. Desse modo, a interdição quanto à participação cruzada apenas se pode cogitar nas hipóteses em que resta configurada uma relação de controle (direto ou indireto) ou em que as sociedades estejam diretamente coligadas, isto é, em que haja participação direta no capital de uma por outra.

Excepcionalmente, porém, o § 1º do art. 244 admite a participação recíproca entre coligadas e entre controladora e controladas, no caso em que ao menos uma das sociedades participe de outra com observância das condições em que a lei autoriza a aquisição das próprias ações, isto é: i) a aquisição, para permanência em tesouraria, desde que até o valor do saldo de lucros ou reservas, exceto a legal, e sem diminuição do capital social; ou ii) por doação (alínea *b* do § 1º do art. 30). Mas a sociedade deverá alienar, dentro de seis meses, as ações ou quotas que excederem do valor dos lucros ou reservas, sempre que esses sofrerem redução (§ 4º do art. 244).

Embora na alínea *b* do § 1º do art. 30 se contemple também a aquisição para cancelamento, essa hipótese não se conforma com a participação recíproca, pois, diante da autonomia da personalidade jurídica, não se pode conceber possa uma sociedade cancelar ações de outra. O cancelamento de ações, com efeito, apenas se pode verificar no âmbito da própria companhia emissora.

O § 2º do art. 244 preceitua que as ações do capital da controladora, de propriedade da controlada, nessa hipótese excepcional em que se permite a participação recíproca, terão suspenso o direito de voto. Essa interdição do voto evidencia-se pelo fato de a controladora poder determinar o conteúdo do voto da controlada. Somente quando tais ações forem alienadas pela controlada é que irão readquirir o direito de voto.

A regra não impõe igual restrição para o direito de voto no caso de coligação. E a razão também nos parece simples: para haver coligação não pode haver relação de controle[8], estando, pois, a influência diluída.

Exige o § 3º do artigo em comento que, na aquisição de ações da companhia aberta por suas coligadas ou controladas, se observa o disposto no § 2º do art. 30.

---

8 Nesse mesmo sentido leciona Nelson Eizirik (*A lei das S/A comentada*, v. III, p. 350). Em sentido contrário, sustenta José Waldecy Lucena, para quem a vedação também alcança as coligadas (*ob. cit.*, v. III, p. 726).

Assim, essa aquisição deve obedecer, sob pena de nulidade, às normas expedidas pela Comissão de Valores Mobiliários que, por meio da Instrução CVM n. 567/2015, regulamenta a matéria.

É possível que a participação recíproca venha se verificar em virtude de incorporação, fusão ou cisão, ou da aquisição, pela companhia, do controle de sociedade. Mas ocorrente o fato, além de dever ele ser mencionado nos relatórios e demonstrações financeiras de ambas as sociedades, deverá a participação cruzada ser eliminada no prazo máximo de um ano (§ 5º do art. 244).

Por fim, estabelece o § 6º do art. 244 que a aquisição de ações ou quotas de que resulta a participação recíproca vedada importa responsabilidade civil solidária dos administradores, equiparando-se o fato, para efeitos penais, à compra ilegal das próprias ações, tipificada no inciso IV do § 1º do art. 177 do Código Penal.

19.4. RESPONSABILIDADE DOS ADMINISTRADORES E DAS SOCIEDADES CONTROLADORAS

A Lei n. 6.404/76, nos arts. 245 e 246, traça regramento especial para moldar os deveres fiduciários dos administradores e delinear a correspondente responsabilidade civil pelo seu descumprimento, além de reafirmar a responsabilidade da controladora pela reparação dos danos derivados da infração dos deveres inerentes à sua condição de controle e da sua atuação com abuso de poder, capitulados nos arts. 116 e 117, respectivamente. E assim o faz, sob a motivação de que o grupamento de sociedades pode, em certa medida, facilitar o favorecimento de uma sociedade integrante desse sistema, em desfavor dos direitos e interesses dos acionistas minoritários e dos credores das demais pessoas jurídicas que acabam por compor o grupo de fato.

No art. 245, fica estabelecido que os administradores não podem, em prejuízo da companhia, favorecer sociedade coligada, controlada ou controladora, cumprindo-lhes zelar para que as operações e os negócios realizados entre as sociedades observem condições estritamente comutativas, ou com pagamento compensatório adequado. Assim não agindo, os administradores responderão perante a companhia pelos danos derivados dessa conduta infracional.

O preceito, sob o pretexto de definir deveres e vincular responsabilidade dos administradores, acaba por traçar regra de relacionamento entre as sociedades coligadas e entre as controladas com sua controladora. Os administradores devem zelar, como órgão, para que se realizem relações empresariais estritamente comutativas, ou com pagamento compensatório adequado. Apesar de se reconhecer no grupo de sociedades um interesse comum, o interesse do grupo, o legislador não descura para a tutela dos interesses individuais dos acionistas minoritários e dos credores das sociedades que o integram, traçando que a atuação do órgão de administração da sociedade deve sempre velar pela realização dos interesses da sua administrada. Nesse sentido, a aferição de sua conduta se estabelece em um ambiente individualizado: a sua responsabilidade decorre da ação ou da omissão verificada em relação à defesa do interesse da sua sociedade e não da do grupo em si considerado.

Impõe-se aos administradores zelar, portanto, para que as relações de sua companhia com as demais integrantes do grupo sejam comutativas ou para que se receba um pagamento compensatório, quando houver desequilíbrio entre as prestações. Com efeito, a comutatividade exige um equilíbrio entre as prestações de uma e de outra parte envolvidas no negócio jurídico. Haverá negócio comutativo quando houver equivalência entre as prestações. Verificado o desequilíbrio, impõe-se exigir pagamento compensatório adequado. A infração a uma dessas normas de conduta faz emergir o dever do administrador de reparar o dano sofrido pela companhia, por caracterizar um negócio celebrado em condições desfavoráveis ou não equitativas.

A apuração da prática não equitativa se fará sempre diante da análise do caso concreto e *a posteriori*, a partir de fórmulas de comparação com negócios similares praticados ou com a projeção de condições usualmente apropriadas no mercado para aquele tipo de operação. A responsabilidade civil, *in casu*, é a subjetiva do tipo clássico: ao demandante incumbe o ônus de provar o procedimento culposo do demandado e o prejuízo dali resultante.

Os deveres tratados neste artigo sob comento, como se pode facilmente perceber, são derivações específicas daqueles genericamente ordenados nos arts. 153, 154 e 155, já estudados no campo próprio, ou seja, dos deveres de diligência, de realizar os fins da empresa exercida pela companhia e de lealdade, respectivamente.

No que pertine à responsabilidade civil da sociedade controladora, tem-se pelo *caput* do art. 246 que ela será obrigada a reparar os danos provocados à companhia por atos praticados com a infração ao disposto nos arts. 116 e 117.

De logo se deve esclarecer que a regra se dirige tanto à modalidade de controle direto quanto à modalidade de controle indireto. A conduta do controlador deve ser apreciada, para a aferição de sua responsabilidade, à luz dos seus deveres legais previstos no art. 116 e das modalidades de comportamento abusivo, exemplificativamente enunciadas no art. 117. Para as companhias abertas, não se pode olvidar que a Comissão de Valores Mobiliários também edita instrumento normativo destinado a adicionar, igualmente de modo exemplificativo, outras modalidades de conduta abusiva. Na Instrução CVM n. 323/2000 podem ser identificadas hipóteses de exercício abusivo do poder de controle e de definição de infração grave.

Portanto, caracterizada a conduta abusiva, a sociedade controladora fica obrigada à reparação do dano correspondente. Insta salientar que para haver reparação deve existir dano. Assim, não basta o demandante indicar e comprovar a conduta abusiva, sendo mister para o sucesso da pretensão que se comprove também o dano sofrido pela companhia controlada, na medida em que não se indeniza dano hipotético, tendo ele que ser real e atual.

Em princípio, a ação de reparação de danos deverá ser proposta pela companhia diretamente lesada. Mas a lei, em disposição especificamente contemplada para a espécie, legitima concorrente e extraordinariamente os acionistas da companhia, nas seguintes condições: a) acionistas que representem cinco por cento ou mais do capital social, podendo a Comissão de Valores Mobiliários reduzir esse percentual para as companhias abertas[9]; b) qualquer acionista, desde que preste caução pelas custas e honorários advocatícios devidos para a hipótese de vir o pedido formulado na ação ser julgado improcedente.

Os acionistas minoritários, dessa forma, ficam livres para atuar como substitutos processuais da companhia nessas ações reparatórias de dano, não sendo a iniciativa submetida, é bom que se ressalte, a qualquer deliberação prévia da assembleia geral. E mais: a própria lei, no § 2º do art. 246 sob foco, incentiva essa ação minoritária, estabelecendo que a sociedade controladora, se condenada, além de reparar o dano e arcar com as custas processuais, pagará honorários de advogado de vinte por cento e prêmio de cinco por cento ao autor, calculados sobre o valor da indenização.

19.5. INVESTIMENTOS RELEVANTES E DEMONSTRAÇÕES FINANCEIRAS

Consoante já estudado alhures, o art. 133, em seu inciso I, impõe seja comunicado aos acionistas, até um mês antes da data da assembleia geral ordinária, que se acha à sua disposição o relatório da administração sobre os negócios sociais e os principais fatos administrativos do exercício findo. De forma complementar, diante do impacto que o investimento da companhia em coligadas e controladas pode provocar, o *caput* do art. 243, em afirmação da política do *full disclosure*, exige que o relatório anual da administração relacione esses investimentos e mencione as modificações eventualmente ocorridas durante o exercício, sendo certo, ainda, que no universo das companhias abertas, a Comissão de Valores Mobiliários poderá exigir a divulgação de informações adicionais (§ 3º do art. 243).

A Lei das S.A. reserva os arts. 247 a 250 para cuidar das demonstrações financeiras, de modo específico entre sociedades coligadas e entre controladas e controladora.

---

9 Cf. art. 291.

Assim é que no balanço patrimonial da companhia, os investimentos em coligadas ou em controladas e em outras sociedades que façam parte de um mesmo grupo ou estejam sob controle comum deverão ser avaliados pelo método da equivalência patrimonial, de acordo com as seguintes regras: a) o valor do patrimônio líquido da coligada ou da controlada será determinado com base em balanço patrimonial ou balancete de verificação levantado, na mesma data, ou até sessenta dias, no máximo, antes da data do balanço da companhia; no valor de patrimônio líquido não serão computados os resultados não realizados decorrentes de negócios com a companhia, ou com outras sociedades coligadas à companhia, ou por ela controladas; b) o valor do investimento será determinado mediante a aplicação, sobre o valor de patrimônio líquido acima referido, da porcentagem de participação no capital da coligada ou controlada; c) a diferença entre o valor do investimento e o custo de aquisição corrigido monetariamente; somente será registrada como resultado do exercício: 1) se decorrer de lucro ou prejuízo apurado na coligada ou controlada; 2) se corresponder, comprovadamente, a ganhos ou perdas efetivos; 3) no caso de companhia aberta, com observância das normas expedidas pela Comissão de Valores Mobiliários.

Para efeito de determinar a relevância do investimento serão computados como parte do custo de aquisição os saldos de créditos da companhia contra as coligadas e controladas.

As notas explicativas dos investimentos devem conter informações precisas sobre as sociedades coligadas e controladas e suas relações com a companhia, indicando: a) a denominação da sociedade, seu capital social e patrimônio líquido; b) o número, espécies e classes das ações ou quotas de propriedade da companhia, e o preço de mercado das ações, se houver; c) o lucro líquido do exercício; d) os créditos e obrigações entre a companhia e as sociedades coligadas e controladas; e) o montante das receitas e despesas em operações entre a companhia e as sociedades coligadas e controladas.

Considera-se relevante o investimento: a) em cada sociedade coligada ou controlada, se o valor contábil é igual ou superior a dez por cento do valor do patrimônio líquido da companhia; b) no conjunto das sociedades coligadas e controladas, se o valor contábil é igual ou superior a quinze por cento do valor do patrimônio líquido da companhia.

A companhia aberta que tiver mais de trinta por cento do valor do seu patrimônio líquido representado por investimentos em sociedades controladas deverá elaborar e divulgar, juntamente com suas demonstrações financeiras, as demonstrações consolidadas.

A Comissão de Valores Mobiliários poderá expedir normas sobre as sociedades cujas demonstrações devam ser abrangidas na consolidação, e: a) determinar a inclusão de sociedades que, embora não controladas, sejam financeira ou administrativamente dependentes da companhia; b) autorizar, em casos especiais, a exclusão de uma ou mais sociedades controladas.

Das demonstrações financeiras consolidadas serão excluídas: a) as participações de uma sociedade em outra; b) os saldos de quaisquer contas entre as sociedades; c) as parcelas dos resultados do exercício, dos lucros ou prejuízos acumulados e do custo de estoques ou do ativo não circulante que corresponderem a resultados, ainda não realizados, de negócios entre as sociedades.

A participação dos acionistas não controladores no patrimônio líquido e no lucro do exercício será destacada, respectivamente, no balanço patrimonial e na demonstração do resultado do exercício.

A parcela do custo de aquisição do investimento em controlada, que não for absorvida na consolidação, deverá ser mantida no ativo não circulante, com dedução da provisão adequada para perdas já comprovadas, e será objeto de nota explicativa.

O valor da participação que exceder do custo de aquisição constituirá parcela destacada dos resultados de exercícios futuros até que fique comprovada a existência de ganho efetivo.

As sociedades controladas, cujo exercício social termine mais de sessenta dias antes da data do encerramento do exercício da companhia, elaborarão demonstrações financeiras extraordinárias em data compreendida nesse prazo.

19.6. SUBSIDIÁRIA INTEGRAL

O princípio que por muito tempo presidiu o ordenamento jurídico societário nacional foi o da pluralidade de sócios, pelo que a sociedade deveria ser integrada por, ao menos, dois membros.

A Lei n. 6.404/76 veio propor uma nova leitura dessa versão clássica de sociedade, admitindo a unipessoalidade, seja temporária, seja permanente.

A unipessoalidade temporária consagrou-se pelo art. 206, I, *d*. Pelo dispositivo, a presença de um único acionista vem temporariamente admitida para adicionar à companhia uma sobrevida e, desse modo, propiciar a reconstrução do quadro social, com a obediência da pluralidade de sócios, sem solução de continuidade da exploração regular de sua empresa. Assim é que verificada a existência de um único acionista em assembleia geral ordinária, ter-se-á até a assembleia do ano seguinte para a admissão de um ou mais sócios com o fito de atender à recomposição do mínimo de dois acionistas. Se a pluralidade não for dessa forma reconstituída, a companhia estará dissolvida de pleno direito.

Ao contemplar e regular nos arts. 251 a 253 a figura da subsidiária integral, o mesmo diploma legal, de outra banda, adotou, de forma explícita, a unipessoalidade permanente.

O Código Civil espraiou a ideia da unipessoalidade temporária para as sociedades contratuais por ele reguladas (art. 1.033, IV) e acabou, com a alteração sofrida pela Lei n. 12.441/2011, por permitir a instituição da Empresa Individual de Responsabilidade Limitada (EIRELI)[10], verdadeira sociedade unipessoal de caráter permanente ou não temporário.

---

[10] Sobre a natureza da EIRELI escrevemos: "A Lei n. 12.441/2011 introduziu no Código Civil como Título I-A do Livro II, o que denominou Empresa Individual de Responsabilidade Limitada – EIRELI. Inicialmente, cumpre registrar a inadequação do *nomen juris* eleito para denominar essa nova e profícua figura inserida em nosso direito positivado. Com efeito, empresa não é sujeito de direito, mas sim objeto de direito. Essa separação dogmática foi um dos marcos reafirmados pelo Código Civil de 2002. Portanto, a partir dessa realidade declarada, não se deve aplicar o vocábulo empresa senão no sentido originário do próprio Código: como atividade econômica organizada, exercida pelo empresário individual ou pela sociedade empresária, através do estabelecimento. A empresa, portanto, não é detentora de personalidade jurídica, enquanto objeto de direito. O empresário (individual ou a sociedade) é quem ostenta a condição de sujeito de direito e se afigura como o titular da empresa. Feito esse apontamento, cumpre indagar qual a natureza jurídica desse novo ente jurídico. A Lei n. 12.441/2011 altera o art. 44 do Código Civil para acrescer-lhe um inciso VI, com o escopo de inserir no seu rol, como pessoa jurídica de direito privado, a EIRELI. Portanto, fica ela cabalmente afastada do regime jurídico do empresário individual, na medida em que aquele ente personalizado é uma modalidade do gênero pessoa jurídica. Mas seria ela uma nova categoria de pessoa jurídica? Pensamos que não. Pela racionalidade que se pode extrair dos preceitos da Lei n. 12.441/2011, a EIRELI é, em verdade, uma sociedade, mas uma sociedade unipessoal. Essa unipessoalidade permanente que caracteriza a sua constituição é o seu marco distintivo. Assim é que o legislador preferiu grifá-la com um título próprio (Título I-A) e não incluí-la no Título II, que manteve reservado para as sociedades com pluralidade de sócios, as quais se formam, destarte, a partir de um contrato plurilateral. A EIRELI tem seu perfil claramente institucional. É ela constituída por uma única pessoa, titular da totalidade do capital. Nasce, desse modo, da manifestação volitiva dessa única pessoa que, assim, a institui. À EIRELI são aplicáveis, no que couber, as regras das sociedades limitadas. Nesse passo, sua regulação legal se faz a partir do art. 980-A, que a categoriza, e se complementa pelas disposições relativas às sociedades limitadas. A ressalva legal "no que couber" (§ 6º, do art. 980-A) quer significar que o feixe positivo da sociedade limitada disciplinará complementarmente a EIRELI, salvo em relação àquelas regras que pressuponham a pluralidade de sócios. É a EIRELI, em nosso sentir, uma modalidade de sociedade limitada, com o traço característico, que lhe imprime particularidade, de ser formada por um único sócio. Não nos soa estranho afirmar, portanto, que a EIRELI, de um certo modo, guardadas as necessárias distinções e proporções, está para a sociedade limitada, assim como a subsidiária integral está para a sociedade anônima (a ela também são aplicáveis as regras de tipo das sociedades anônimas no que for compatível com a sua estrutura unipessoal). O marco distintivo, pois, que categoriza a modalidade societária (EIRELI e subsidiária integral) é a unipessoalidade que se contrapõe à pluralidade social, necessária à constituição da sociedade limitada e da sociedade anônima (sociedades pluripessoais)" (*Curso de direito comercial*: direito de empresa, p. 249-250).

Diante dessa evolução legislativa, atendendo aos apelos da doutrina nacional, a sociedade unipessoal, resultado do ato de vontade de uma só pessoa, passou a ser uma realidade no Direito brasileiro, deixando a pluralidade de sócios de ser essência para a formação de uma sociedade.

A sociedade manifesta-se, portanto, como uma técnica de exploração da atividade econômica, adaptável tanto à pluralidade (sociedade pluripessoal) como à unicidade (sociedade unipessoal) de sócios.

A subsidiária integral pode surgir a partir de três fórmulas legais: a) constituição; b) aquisição de ações; ou c) incorporação de ações.

A primeira modalidade, a constituição, retrata um modelo de instituição originária, porquanto a companhia desde a origem vem instituída como subsidiária integral. A unipessoalidade nasce com a companhia (*caput* do art. 251).

As duas outras modalidades são derivadas, visto que a subsidiária integral é criada por conversão de companhia existente, situação em que o acionista irá adquirir todas as suas ações (§ 2º do art. 251) ou irá incorporá-las (art. 252).

Em quaisquer das hipóteses de sua criação, a subsidiária integral vai revelar-se como uma sociedade anônima unipessoal não temporária ou permanente, cujo único acionista é uma sociedade brasileira, isto é, organizada em conformidade com a lei brasileira e que tenha no país a sede de sua administração. As sociedades estrangeiras, portanto, ainda que autorizadas, na forma da lei, a funcionar no Brasil não podem instituir subsidiária integral.

Em função dessa unipessoalidade que a caracteriza, a subsidiária integral, apesar de revestir, obrigatoriamente, a forma de sociedade anônima, não estará sujeita à integralidade dos institutos formadores do regime jurídico das companhias, que será a ela aplicável no que couber.

O exemplo típico é o da assembleia geral. Dada a inexistência de pluralidade de acionistas, não se justifica a adoção de um modelo de deliberação por conclave de sócios. As decisões da alçada desse órgão social serão tomadas por um único acionista e a instalação de um foro de deliberação assemblear não se justifica. Dessa feita, as decisões do acionista podem ser validamente instrumentalizadas em um termo de resolução (instrumento público ou particular) que, por ele subscrito, tem os mesmos efeitos das deliberações da assembleia geral, seja ela ordinária ou extraordinária. Mas, na prática, tem-se algumas vezes encontrado estatutos de subsidiárias integrais mantendo a figura da assembleia geral. Em assim o sendo, por representar uma assembleia com um só integrante, não estará ela submetida às regras sobre convocação, instalação e deliberação, por exemplo, que pressupõem a pluralidade social. Nesse caso, lavra-se a ata da assembleia com a assinatura do acionista único, formalizando a deliberação.

Mas cumpre ressaltar que, em apreço aos interesses e direitos de terceiros, a publicação e o registro das atas da assembleia são indispensáveis. O mesmo deve ser verificado quando a deliberação se realizar no prefalado termo de resolução, que as substitui para os efeitos legais, como sustentado.

Igualmente, as disposições legais destinadas à tutela da minoria acionária se esvaziam. Estando todas as ações concentradas em um único acionista, inexiste direito ou interesse minoritário a tutelar. Quanto à responsabilidade do acionista controlador (controle totalitário), não se pode olvidar que ela permanece em relação à comunidade em que atua a companhia e em relação aos trabalhadores.

No que tange ao Conselho de Administração, restou superada, com a edição da Lei n. 12.431/2011, a discussão sobre a possibilidade jurídica de a subsidiária integral ter ou não esse conselho. Com a nova redação atribuída ao art. 146, não mais se exige a condição de acionista para integrar o Conselho de Administração. Assim, diante desse novo quadro legal, a subsidiária integral deverá ter Conselho de Administração se for de capital autorizado, companhia aberta ou de economia mista[11].

Na criação originária, a subsidiária integral é constituída mediante escritura pública, tendo como único acionista sociedade brasileira. Não se exige do instituidor, portanto, a forma de companhia, sendo bastante apresentar-se como sociedade nacional. Na hipótese de conversão da companhia em subsidiária integral, mediante aquisição de todas as suas ações, a adquirente, que será sua única acionista, também deverá ser sociedade brasileira, não se requisitando seja essa adquirente uma sociedade anônima. Mas no caso de conversão da companhia em decorrência da incorporação de todas as suas ações ao patrimônio de outra, exige-se que a única acionista seja uma companhia brasileira. Isso porque a incorporação em tela somente se pode realizar entre companhias.

A incorporação de ações não se confunde com a incorporação de sociedade, estudada no capítulo 18, item 18.3. A incorporação de ações consiste em operação por meio da qual uma companhia brasileira incorpora ao seu patrimônio todas as ações de outra companhia, para convertê-la em subsidiária integral. A companhia cujas ações são incorporadas não se extingue, mantendo sua personalidade jurídica. Os seus antigos acionistas passam a ser acionistas da companhia incorporadora das ações, que sofre um aumento em seu capital social com a conferência de todas as ações da companhia que se convola em subsidiária integral.

A operação deverá ser submetida à deliberação da assembleia geral das duas companhias envolvidas, mediante protocolo e justificação, que deverão seguir os mesmos termos dos arts. 224 e 225 da Lei do Anonimato.

---

11 Sobre o tema, reportamo-nos ao item 13.2 do capítulo 13.

Aprovada pela assembleia geral da companhia incorporadora, a esta incumbe, desde logo, autorizar o aumento do capital, a ser realizado com as ações a serem incorporadas, e nomear os peritos para avaliá-las, observados os termos do art. 8º, por se tratar de integralização em bens. Os acionistas não terão direito de preferência para subscrever o aumento de capital, que é todo tomado pela companhia incorporadora. Mas aos dissidentes fica assegurado o exercício do direito de recesso, mediante o reembolso do valor de suas ações, exceto se forem titulares de ações que tenham liquidez e dispersão no mercado, nos termos do art. 137, II. O pagamento do valor do reembolso depende da efetivação da operação e do pedido de retirada formulado dentro dos trinta dias da publicação da ata que aprovar o protocolo ou justificação (art. 230).

A assembleia geral da companhia cujas ações houverem de ser incorporadas somente poderá aprovar a operação pelo voto da metade, no mínimo, das ações com direito a voto. Exige-se, assim, diferentemente da aprovação da matéria no âmbito da incorporadora, que observará o *quorum* geral do art. 129 (maioria absoluta dos votos presentes, não se computando os votos em branco), um *quorum* qualificado, o qual se justifica em função dos reflexos da operação no patrimônio dos acionistas. Aprovada a incorporação, a assembleia autorizará a diretoria a subscrever o aumento do capital da incorporadora, por conta de seus acionistas. Os dissidentes da deliberação assemblear terão direito de retirar-se da companhia, nas mesmas condições vistas acima, ou seja, com a observância do disposto nos arts. 137, II, e 230 da Lei n. 6.404/76.

Aprovado o laudo de avaliação pela assembleia geral da incorporadora, efetivar-se-á a incorporação e os titulares das ações incorporadas receberão diretamente da incorporadora as ações que lhe couberem, em substituição das que titularizavam. Passam, pois, a ser acionistas da incorporadora que se transforma em uma única acionista da companhia convertida em subsidiária integral. Interessante anotar que a operação não envolve nenhum pagamento em dinheiro, uma vez que este se realiza com ações da incorporadora. Há, assim, uma sub-rogação real, operando-se a substituição das ações antes titularizadas por ações da incorporadora, com equivalência de valores[12].

A admissão de acionista ou de acionistas na subsidiária integral significa o término da unipessoalidade, passando a companhia ao plano das sociedades pluripessoais e à disciplina comum traçada em lei para as sociedades anônimas em geral.

Essa migração da unipessoalidade para a pluripessoalidade pode se realizar mediante a aquisição de ações do capital da subsidiária integral, se a controladora e acionista única decidir aliená-las, no todo ou em parte, ou por subscrição de ações decorrente de

---

12 Nelson Eizirik, *A lei das S/A comentada*, v. III, p. 401.

aumento de capital da subsidiária integral, se a controladora e sócia única resolver admitir outros acionistas, que assim procederiam à subscrição.

Dispõe o art. 253 que, na proporção das ações que possuírem no capital da companhia controladora, os seus acionistas terão direito de preferência para a aquisição das ações do capital da subsidiária integral ou para subscrever aumento de capital desta, se a controladora decidir migrar o *status* da controlada da unipessoalidade para a pluralidade de sócios, com a admissão de novos acionistas. As ações ou o aumento do capital da subsidiária integral serão oferecidos aos acionistas da companhia controladora em assembleia geral convocada para esse fim, devendo-se observar o estatuído no art. 171, que regula o direito de preferência.

De logo se percebe cuidar de um direito de preferência de natureza específica, na medida em que será exercido no âmbito da subsidiária integral por acionistas de sua controladora e na proporção de sua participação no capital social desta última.

Embora a regra gramaticalmente se dirija à companhia controladora e aos seus acionistas, o certo é que o direito de preferência também poderá ser exercido pelos sócios da sociedade controladora, quando esta se tratar de sociedade contratual (limitada, por exemplo), na medida em que a única acionista pode ser qualquer sociedade brasileira. Esse direito de preferência tem origem na subsidiária integral e vai obedecer aos ditames do art. 171, porque a subsidiária integral só pode ser uma companhia, cumprindo apenas proceder às adaptações cabíveis ao tipo da sociedade controladora, quanto à materialização do seu exercício.

Em desfecho a este tópico, impende explicitar que inexiste qualquer espécie de óbice legal, direto ou reflexo, à possibilidade da existência jurídica de subsidiária integral de subsidiária integral. Basta atender ao requisito para sua formação.

19.7. GRUPO DE DIREITO

Consoante registramos no item 19.1 deste capítulo, os grupos de sociedades, tais quais reconhecidos pelo ordenamento societário, são classificados em grupos de fato e de direito.

No grupo de fato, como visto, o vínculo resulta de participações recíprocas, sem reclamar uma convenção formal para sua disciplina. Relacionam-se sob a forma de sociedades coligadas, controladora e controladas, mantendo, entre si, relações societárias dirigidas segundo o regime legal próprio das sociedades isoladas.

Por isso, o relacionamento entre as sociedades que compõem o grupo de fato deve ser orientado pela equivalência das prestações, exigindo-se a comutatividade em suas relações ou pagamento compensatório adequado. A atuação dos administradores e as deliberações dos controladores devem necessariamente procurar realizar os fins e interesses particulares da sociedade administrada e controlada, respectivamente.

No grupo de direito, de modo distinto, as sociedades que o constituem estarão ligadas por uma convenção, formalizada no Registro Público de Empresas Mercantis, tendo por escopo manter um grupamento com disciplina própria, formando uma efetiva unidade econômica, reconhecida pelo direito. Em assim o sendo, as ações são coordenadas para a realização de um interesse de grupo, abrindo mão os seus integrantes de sua individualidade estratégica e administrativa, em prol desse fim comum. Haverá uma direção centralizada do grupo que ordenará todas as relações.

Em razão dessa feição organizativa que o direito reconhece, é que o grupo de direito, constituído por sociedade controladora (sociedade de comando) e suas controladas (sociedades filiadas), funciona como uma "sociedade de sociedades". A convenção de grupo tem similar natureza da do contrato plurilateral de sociedade, porquanto se destina a coordenar vontades dirigidas para a consecução de um fim comum. Por ela, os convenentes signatários se obrigam a conjugar esforços ou recursos em colaboração para a obtenção desse escopo comum.

Mas é fundamental atentar para o fato de que o grupo de direito é despido de personalidade jurídica. O arquivamento da convenção de grupo na Junta Comercial não é atributivo de personalidade jurídica. Ele se destina a caracterizar a constituição do grupo e a conferir-lhe publicidade. Cada sociedade signatária da convenção conserva sua personalidade jurídica, mantendo, desse modo, patrimônios distintos. A convenção disciplina a relação entre as sociedades, definindo fundamentalmente a estrutura administrativa do grupo e a coordenação ou o grau de subordinação dos administradores das sociedades filiadas.

A Lei n. 6.404/76, conforme se extrai do seu capítulo XXI, reservou a expressão "grupo de sociedades" ou o vocábulo "grupo" apenas para designar o grupo de direito.

A partir dos arts. 265 e 266 pode-se definir o perfil característico do grupo de sociedades (grupo de direito). É ele, assim, o resultado de uma convenção, celebrada entre a sociedade controladora e suas controladas, pela qual se obrigam a conjugar recursos e/ou esforços para a realização dos seus respectivos objetivos sociais, ou para a participação em atividades ou empreendimentos comuns. A sociedade controladora do grupo, também denominada sociedade de comando, deve ser brasileira e exercer, direta ou indiretamente, e de modo permanente, o controle das sociedades filiadas, como titular de direitos de sócio ou acionista, ou mediante acordo com outros sócios ou acionistas. Entretanto, é da essência do grupo de sociedades, a independência das personalidades jurídicas de suas componentes, conservando, assim, patrimônios distintos.

A nacionalidade brasileira é indissociável da sociedade de comando. Tem ela, portanto, que estar organizada segundo a lei brasileira e manter no País a sede de sua administração (Código Civil, *caput* do art. 1.126). É defeso à sociedade estrangeira exercer o controle do grupo, atuando, assim, como sociedade de comando.

Dúvidas podem surgir do confronto do disposto no § 1º do art. 265, que exige a nacionalidade brasileira para a sociedade controladora, e do estatuído no inciso VII e no parágrafo único do art. 269.

No inciso referenciado, exige-se que a convenção do grupo contenha "a declaração da nacionalidade do controle do grupo" e o parágrafo único considera, para esse efeito, o grupo de sociedades sob controle brasileiro "se a sua sociedade de comando está sob o controle de: a) pessoas naturais residentes ou domiciliadas no Brasil; b) pessoas jurídicas de direito público interno; ou c) sociedade ou sociedades brasileiras que, direta ou indiretamente, estejam sob o controle das pessoas referidas nas alíneas *a* e *b*".

As disposições devem ser entendidas em seus reais sentidos e harmonizadas. Com efeito, não se está criando um predicado para o conceito de sociedade brasileira de comando do grupo. A sociedade de comando, além de ser brasileira, nos moldes da definição que deflui do art. 1.126 do Código Civil, não tem que adicionalmente ter controle brasileiro, segundo a enunciação do parágrafo único do art. 269 (que não caracteriza a nacionalidade do controle em razão da nacionalidade dos sócios, mas sim em função de sua residência ou domicílio, cumpre destacar).

Como apontam com propriedade Egberto Lacerda Teixeira e Tavares Guerreiro[13], a declaração exigida pelo inciso VII do art. 269 tem finalidade meramente informativa, preocupando-se com a procedência do capital da sociedade de comando. Note-se que o prefalado inciso se refere a "declaração da nacionalidade do controle do grupo", com o fim de classificar quando o grupo de sociedade se considera sob controle brasileiro ou estrangeiro. Tem-se aí o escopo de classificar as sociedades brasileiras em controladas por capital nacional ou por capital estrangeiro.

A norma que resulta dos preceitos é a de que a sociedade de comando deve ser brasileira, atendendo aos requisitos do art. 1.126 do Código Civil para tal. Mas pode ela, a sociedade de comando ou controladora do grupo, estar sob o controle brasileiro ou estrangeiro, o que deve ser declarado no ato do registro.

Em outros termos, a Lei n. 6.404/76 exige apenas que a sociedade de comando ou controladora seja de nacionalidade brasileira, não impondo igual exigência de nacionalidade brasileira em relação ao seu controle, que poderá estar, assim, domici-

13 *Ob. cit.*, v. 2, p. 778.

liado ou não no Brasil (critério adotado no parágrafo único do art. 269), fato este que tem que ser declarado.

Da convenção de grupo vai resultar uma relação de subordinação entre as sociedades integrantes, as quais estarão submetidas a uma direção única que a sociedade controladora deve exercer, e de modo permanente. O que vai orientar a relação, reitere-se, é o interesse comum do grupo, que pode, inclusive, ser atendido com o sacrifício do interesse particular de uma ou mais sociedades filiadas. É inaplicável, pois, no grupo de direito, a regra do art. 245, a qual exige que as relações sejam estritamente comutativas. Ela se dirige, com exclusividade, às relações mantidas no grupo de fato; no de direito, as operações podem se realizar de maneira não comutativa e sem o pagamento compensatório adequado.

As sociedades do grupo, por conservarem suas personalidades jurídicas independentes, são titulares de direitos próprios e responsáveis pelas obrigações que individualmente contraírem. Como regra, portanto, não há solidariedade entre as sociedades integrantes, quer ativa, quer passiva. Em relação a esta última, em princípio, cada sociedade responderá pelas obrigações contraídas em seu nome, salvo convenção ou disposição legal especial, como no caso das obrigações de natureza previdenciária (Lei n. 8.212/91, art. 30, IX), trabalhista (CLT, § 2º do art. 2º), ou por sanção decorrente de infração a preceitos da ordem econômica (Lei n. 12.529/2011, art. 33).

Mas essa autonomia de personalidade jurídica e, consequentemente patrimonial, não é absoluta, podendo ser superada sempre que verificado nas relações com terceiros o abuso da personalidade jurídica. Com efeito, sempre que a pessoa jurídica for um instrumento de fraude, a personalidade jurídica pode e deve ser desconsiderada. Assim, verificado o desvio de finalidade ou a confusão patrimonial, pode o juiz decidir que os efeitos de certas obrigações sejam estendidos às demais sociedades integrantes do grupo.

Essa relação intersocietária pode se estabelecer entre sociedades de tipos iguais ou diferentes, não limitando a lei a constituição do grupo às sociedades anônimas. Nem é indispensável para sua formação que pelo menos uma das sociedades seja anônima.

A participação recíproca das sociedades do grupo obedecerá à mesma disciplina do art. 244, estudada no item 19.3 acima, ao qual nos reportamos.

19.8. CONSTITUIÇÃO DO GRUPO

O grupo de sociedades será constituído mediante convenção escrita, devidamente aprovada pelas sociedades que o componham. Do respectivo instrumento, devem, dentre outras disposições, obrigatoriamente constar: a) a designação do grupo; b) a indicação da sociedade de comando e das filiadas; c) as condições de participação das diversas sociedades; d) o prazo de duração, se houver, e as condições de extinção; e) as condições para admissão de outras sociedades e para a retirada das que o componham; f) os órgãos e cargos da administração do grupo, suas atribuições e as relações entre a estrutura administrativa do grupo e as das sociedades que o componham; g) a declaração da nacionalidade do controle do grupo; e h) as condições para alteração da convenção. Essas cláusulas são, pois, essenciais à convenção de grupo e indispensáveis, desse modo, para sua validade e eficácia.

A convenção de grupo deve ser aprovada pelas sociedades integrantes observando-se as mesmas regras concernentes à alteração do contrato social ou do estatuto social do tipo societário envolvido.

Os sócios ou acionistas dissidentes da deliberação de associar-se a grupo têm o direito de retirada. No caso dos acionistas, o exercício do recesso vai observar os ditames do art. 137 e o reembolso se fará nos moldes do art. 45. Não se pode olvidar que a restrição ao recesso, consubstanciada no art. 137, II, aplica-se à espécie. Assim, excluído estará o seu exercício nos casos em que as ações da companhia sejam dotadas de liquidez e dispersão no mercado[14].

E justamente a garantia do recesso aos sócios e acionistas dissidentes, tanto no âmbito da sociedade de comando quanto no das filiadas, é que vislumbramos como principal motivo para a não constituição dos grupos de direito no mercado societário nacional.

O grupo de sociedades terá designação de que constarão as palavras "grupo de sociedades" ou "grupo", sendo a sua utilização privativa dos grupos de direito. As sociedades que o compõem permanecem com os seus nomes empresariais próprios, atributo indispensável à autonomia de personalidade jurídica de cada uma delas, pois será sob eles que exercerão direitos e contrairão obrigações. Mas, a partir do arquivamento da convenção de grupo, tanto a sociedade de comando como as filiadas deverão fazer uso de suas respectivas denominações ou razões sociais acrescidas da denominação do grupo. Essa obrigatoriedade, que resulta de forma expressa do § 3º do art. 271, tem o claro propósito de reforçar a publicidade junto a terceiros desse regime jurídico especial em que operam as sociedades integrantes.

O grupo será considerado constituído a partir da data do arquivamento na Junta Comercial da sede da sociedade de comando, dos seguintes documentos: a) convenção

---

14 Tratando-se de sociedade limitada, a retirada observará a regra especial do art. 1.077 do Código Civil, com o pagamento dos haveres obedecendo ao disposto no art. 1.031 do mesmo Código. Isso porque, como reflete a própria exposição de motivos, a integração de sociedades em grupo equivale à mudança de seu objeto social.

de constituição do grupo; b) atas das assembleias gerais ou instrumentos de alteração contratual de todas as sociedades que tiverem aprovado a constituição do grupo; c) declaração autenticada do número das ações ou quotas de que a sociedade de comando e as demais sociedades integrantes do grupo são titulares em cada sociedade filiada, ou exemplar de acordo de sócios que assegure o controle de sociedade filiada.

Quando as sociedades filiadas tiverem sedes em locais distintos, deverão também ser arquivadas nas Juntas Comerciais das respectivas sedes as atas de assembleia ou alterações contratuais que tiverem aprovado a convenção.

As certidões de arquivamento serão publicadas tanto na sede da sociedade de comando quanto nas sedes das filiadas, se em localidades diversas.

Havendo alterações na convenção, os mesmos procedimentos quanto ao arquivamento e à publicação deverão ser observados. A partir do cumprimento dessas formalidades é que valerão contra terceiros. Não se legitima, todavia, que a falta do seu cumprimento seja oposta a terceiros de boa-fé pelas sociedades integrantes.

Apesar do silêncio legal, também se impõem o arquivamento e a publicação da certidão do distrato da convenção de grupo ou de qualquer outro ato que leve à sua dissolução.

As publicações referidas se farão com observância, insta anotar, das regras do art. 289.

Especificamente em relação à sociedade que, em razão da natureza do seu objeto, depender de autorização para funcionar, esta somente poderá participar do grupamento de sociedades após a aprovação da convenção pela autoridade administrativa competente para aprovar as suas alterações estatutárias ou contratuais.

19.9. ADMINISTRAÇÃO DO GRUPO

Os arts. 272 e 273 da Lei das S.A. dispõem acerca dos administradores do grupo e dos administradores das sociedades filiadas. São complementados pelo art. 274, que traça a disciplina da remuneração dos administradores do grupo ou dos que estejam investidos em cargos de administração em duas ou mais sociedades.

A convenção de grupo é que deve definir a estrutura administrativa do grupo de sociedades, estabelecendo as condições de participação das diversas sociedades, os órgãos e cargos da administração do grupo, suas atribuições e as relações entre a estrutura administrativa do grupo e as das sociedades que o compõem. Permite-se, portanto, a criação de "órgãos de deliberação colegiada" e "cargos de direção geral". Parte o legislador da mesma concepção de bipartir a administração do grupo – como o fez em relação ao órgão de administração da companhia – para o qual adotou um sistema dualista. Assim, o órgão de deliberação colegiada corresponderia ao conselho de administração e os cargos de direção geral, à diretoria. No que se refere aos deveres (arts. 153 a 157) e responsabilidades (arts. 158 e 159), as regras que os disciplinam em relação aos administradores da companhia são aplicáveis, com as devidas adaptações e conformações, aos administradores do grupo.

Justifica-se, portanto, a criação desses órgãos de administração grupal em função do interesse comum que vai nortear as relações intersocietárias dos respectivos integrantes, que transcende aos interesses particulares de cada um. Precipuamente, cabe a eles a coordenação das atividades das sociedades integrantes, de modo a se assegurar a consecução do interesse do grupo[15]. Assim, aos administradores das sociedades filiadas, sem prejuízo de suas correspondentes atribuições, poderes e responsabilidades, compete observar a orientação geral estabelecida e as instruções expedidas pelos administradores do grupo que não importem violação da lei ou da convenção do grupo, assegurando a desejada uniformidade política e administrativa, própria dos grupos de direito.

A representação de cada participante em relação a terceiros compete, em princípio, exclusivamente aos administradores de cada sociedade, que a exercerão de acordo com os respectivos estatutos ou contratos sociais. Mas é facultado que a convenção do grupo disponha em sentido contrário, permitindo a outorga dessa representação aos administradores do grupo. Portanto, abrem-se dois cenários possíveis: em um primeiro, cada sociedade será presentada pelo seu próprio órgão de administração, que atuará sob a orientação da administração do grupo, se criada, ou sob as diretrizes traçadas na convenção; em um segundo, as sociedades do grupo serão representadas, por outorga expressa da convenção, pelos administradores do grupo com cargos de direção geral. Nesse último caso, a representação é convencional, fruto de um mandato constante da convenção do grupo e não orgânica, pois esses exercentes de cargos de direção geral não atuam como órgão nem de cada sociedade integrante nem do grupo, que é despido de personalidade jurídica.

Os administradores do grupo e os investidos em cargos de administração em mais de uma sociedade poderão ter sua remuneração rateada entre as diversas sociedades, conforme o que for regulado na convenção, e a gratificação, se houver, poderá ser fixada dentro dos limites do § 1º do art. 152, com base nos resultados apurados nas demonstrações financeiras consolidadas do grupo.

Com efeito, a lei, no art. 275, determina que o grupo de sociedades publique, além das demonstrações financeiras de cada companhia integrante, demonstrações consolidadas compreendendo todas as sociedades do grupo, a serem elaboradas de acordo com as regras de consolidação estatuídas no art. 250[16].

---

15 Nelson Eizirik, *A lei das S/A comentada*, v. III, p. 542.

16 A publicação em tela se fará em obediência aos termos do art. 289.

A sociedade de comando, ainda que não tenha forma de companhia, estará sujeita à obrigação legal de elaborar e publicar suas demonstrações financeiras de acordo com a Lei n. 6.404/76, e as demonstrações consolidadas do grupo serão publicadas juntamente com elas.

As companhias filiadas indicarão, em nota às suas demonstrações publicadas, o órgão que publicou a última demonstração consolidada do grupo.

As demonstrações consolidadas de grupo de sociedades que inclua companhia aberta serão obrigatoriamente auditadas por auditores independentes registrados na Comissão de Valores Mobiliários.

19.10. CONSELHO FISCAL DAS FILIADAS

O funcionamento do conselho fiscal da companhia filiada a grupo, quando não for permanente, poderá ser instalado a pedido de acionista ou acionistas não controladores que representem, no mínimo, cinco por cento das ações ordinárias, ou das ações preferenciais sem direito a voto.

Na sua constituição, serão observadas as seguintes regras: a) os acionistas não controladores votarão em separado, cabendo às ações com direito a voto o direito de eleger um membro e respectivo suplente e às ações sem direito a voto, ou com restrição a esse direito, o de eleger outro; b) a sociedade de comando e as filiadas poderão eleger número de membros, e respectivos suplentes, igual ao dos eleitos nos termos expostos na alínea anterior, mais um.

Destarte, pela operação da regra, tem-se que no conselho fiscal da filiada poderá haver dois conselheiros eleitos pelos acionistas não controladores e três eleitos pela sociedade de comando e pelas filiadas, perfazendo um conselho composto por cinco membros. Nessa eleição realizada pela sociedade de comando, em conjunto com as sociedades filiadas, ter-se-á, na escolha comum, a supremacia decisória da sociedade de comando, a qual estarão subordinadas as filiadas (§ 1º do art. 265)[17].

Todo esse regramento especial, disposto no art. 277, conforme confessado na própria exposição de motivos, consiste em instrumento posto à disposição dos acionistas minoritários para realizarem a fiscalização específica da observância dos termos da convenção de grupo. Daí o § 2º do art. 277 preconizar, em reforço, que o conselho fiscal da sociedade filiada possa solicitar aos órgãos da administração da sociedade de comando, ou de outras filiadas, esclarecimentos ou informações que julgar necessários para fiscalizar o cumprimento das cláusulas que perfazem a convenção de grupo. Ha-

---

17 Egberto Lacerda Teixeira e José Alexandre Tavares Guerreiro, *ob. cit.*, v. 2, p. 792.

verá, por via de consequência, o acesso às informações da sociedade de comando, bem assim de outras filiadas que integram o grupo. Em realidade, todas as sociedades nutrem o direito de fiscalizar as demais no que pertine à observância da convenção do grupo, sejam as controladas ou a controladora do grupo.

Dessa feita, a regra especial sobre conselho fiscal insculpida no art. 277, ora tratada, deve ser harmonizada com aquelas constantes dos arts. 161 a 165-A, as quais representam o feixe normativo geral referente ao conselho fiscal nas companhias. Serão elas observadas nas sociedades anônimas filiadas a grupo naquilo em que não for conflitante com a disposição especial referenciada. Em outros termos, as regras que compõem o regime normativo geral dos conselhos fiscais das sociedades anônimas de grupo se aplicam em tudo o que não estiver sob a disciplina do regime especial do art. 277.

19.11. PREJUÍZOS RESULTANTES DE ATOS CONTRÁRIOS À CONVENÇÃO

Consoante se estudou no item 19.7 *supra*, no grupo de direito, de forma distinta do que se tem em relação ao grupo de fato, as sociedades que o compõem encontram-se ligadas por uma convenção, formalizada no Registro Público de Empresas Mercantis, com o claro propósito de se manter um grupamento societário com disciplina própria, traduzindo efetiva unidade econômica que, por isso mesmo, coordena ações para a obtenção de um interesse comum. Da convenção de grupo vai derivar uma relação de subordinação entre os integrantes, os quais estarão submetidos a um regime de direção única exercido pela sociedade de comando, orientada pelo interesse de grupo. Seu atingimento, inclusive, pode ser implementado por ações que sacrifiquem interesses particulares de uma ou mais sociedades filiadas.

Pauta-se, pois, como legítima a adoção pela direção do grupo de medidas que contrariem os interesses específicos de certas sociedades integrantes, favorecendo, em prol da consecução do interesse comum, determinadas sociedades em detrimento de outras, por exemplo. Mas todas essas medidas deverão estar arrimadas em expressa previsão na convenção para terem força vinculante.

Com a finalidade de proteger os direitos e os interesses dos minoritários das sociedades filiadas, impõe o art. 276, especificamente em seu *caput*, que se façam efetivamente dependentes de definição na convenção de grupo as condições em que as sociedades possam combinar recursos e esforços, ter os seus interesses subordinados aos de outra sociedade, ou aos do grupo, e a participação em custos, receitas ou resultados de atividades ou empreendimentos. A convenção, portanto, deve, minuciosa e exaustivamente, definir as relações intersocietárias, sem o que aquelas normas de procedimento não poderão ser opostas aos sócios minoritários das sociedades integrantes.

Para esse fim, consideram-se minoritários todos os sócios da filiada, com exceção da sociedade de comando e das demais filiadas do grupo, diz o § 1º do art. 276. Apesar de obscura a redação do indigitado preceito, tem-se como assente que os sócios da sociedade controladora também desfrutam de legitimidade para deduzir o abuso ou a violação de cláusulas da convenção praticado pelos seus próprios administradores ou pelas demais sociedades pactuantes[18]. Verdadeiramente, esse direito é assegurado aos minoritários de todas as sociedades do grupo, não importando se de comando ou se simples filiada[19]. Essa é a melhor exegese, pois apenas o que vem determinado na convenção é que pode ser oposto ao acionista minoritário de qualquer sociedade integrante do grupo (sociedade de comando e sociedades filiadas)[20].

O § 3º do art. 276, em complementação, preceitua que os sócios minoritários da filiada terão ação contra os seus administradores e contra a sociedade de comando do grupo para haver reparação dos prejuízos causados por atos praticados com infração à convenção. Contudo, parece lógico que essa pretensão também se volte em face da sociedade filiada que se beneficiou do ato, bem assim em face dos administradores desta, sem olvidar, como antes sustentado, que no conceito de minoritário das sociedades participantes se incluem tanto os das filiadas, tal qual sugerido pelo texto legal, como os da sociedade de comando.

Para essa ação dos minoritários, manda a lei que se observe o disposto nos parágrafos do art. 246, por nós abordados no item 19.4 *supra*, a cujos termos nos remetemos.

A pretensão, nos moldes do item 2 da alínea *b* do inciso II do art. 287, prescreve em três anos, contados da data da publicação da ata que aprovar o balanço referente ao exercício em que a violação à convenção tenha ocorrido.

Anote-se, por derradeiro, que a distribuição de custos, receitas e resultados e as compensações entre as sociedades, previstas na convenção de grupo, deverão ser determinadas e registradas no balanço de cada exercício social das sociedades interessadas (§ 2º do art. 276).

---

18 Nelson Eizirik, *A lei das S/A comentada*, v. III, p. 550.

19 José Waldecy Lucena, *ob. cit.*, v. III, p. 1.065.

20 Como precisamente observado por Modesto Carvalhosa, a referência que o art. 276 faz, em seu *caput*, a "sócios minoritários das sociedades filiadas" deve ser entendida como sócios filiados ao grupo de sociedades e não a filiadas da controladora propriamente, sob pena de retirar-se dos sócios da controladora a legitimação para agir contra os seus administradores e contra as demais sociedades do grupo, na hipótese de abuso ou infringência da convenção (*Comentários à lei de sociedades anônimas*, v. 4, tomo II (3ª ed. – 2009), p. 385).

19.12. CONSÓRCIO

O consórcio, disciplinado pela Lei n. 6.404/76, em seus arts. 278 e 279, também se revela como um ajuste intersocietário. Mas a ligação de sociedades que dele provém tem sentido mais restrito do que aquele perseguido na formação do grupo de direito. Esse grupamento é marcado por uma relação de subordinação entre as sociedades controladas e a sociedade controladora para o atingimento dos fins colimados. No consórcio, que se estabelece entre sociedades que estejam ou não sob o mesmo controle, a relação é de coordenação, colaboração ou cooperação. As consorciadas atuam, pois, coordenadamente para a consecução do fim pretendido, constituindo essa ligação uma forma específica de concentração.

O consórcio caracteriza-se, à luz de sua moldura legal, como um contrato entre sociedades, de tipos iguais ou diferentes, sob o mesmo controle ou não, visando à conjugação de esforços e recursos para a execução de determinado empreendimento, mantendo cada consorciada a sua autonomia jurídica e empresarial[21].

O consórcio não tem personalidade jurídica sendo, portanto, desprovido de patrimônio. As consorciadas – que, enfatize-se, podem ser companhias ou quaisquer outras sociedades e que não necessitam estar ligadas por relações de participação – somente se obrigam nas condições previstas no respectivo contrato, respondendo, assim, cada uma por suas obrigações, sem presunção de solidariedade. Nada impede, entretanto, que o contrato disponha sobre a solidariedade entre as consorciadas ou apenas entre algumas delas, seja assim para todas as obrigações ou apenas para algumas expressamente determinadas.

Sua feição é, destarte, a de um contrato do tipo associativo[22], visando à colaboração, à cooperação entre sociedades na gestão comum de um empreendimento específico, o qual cada uma delas, isoladamente, não estaria apta a realizar.

---

21 Rubens Requião define o consórcio como "uma modalidade técnica de concentração de empresas. Através dele podem diversas empresas, associando-se mutuamente, assumir atividades e encargos que isoladamente não teriam força econômica e financeira, nem capacidade técnica para executar" (*ob. cit.*, v. 2, p. 382).

22 Apesar dessa natureza de contrato associativo, o consórcio não se confunde com a sociedade em conta de participação, embora possua com ela afinidade. A sociedade em conta de participação, a despeito de ter sido incluída pelo Código Civil no rol das sociedades não personificadas, não é, tecnicamente falando, uma sociedade, mas sim um contrato associativo ou de participação (cf. nossa posição aprofundada sobre o assunto em *Curso de direito comercial*: direito de empresa, p. 85-86). Mas, na conta de participação, as atividades objeto do contrato, ao contrário do contrato de consórcio, serão exercidas unicamente pelo sócio ostensivo, em seu nome individual e sob a sua própria e exclusiva responsabilidade. O sócio oculto ou participante, geralmente prestador de capital, tem por escopo a participação nos resultados da exploração do objeto, sem, contudo, assumir riscos pelo insucesso do empreendimento junto a terceiros.

O contrato pode classificar-se como típico, escrito (materializado em instrumento público ou particular), plurilateral e de cooperação, sendo necessário o registro do respectivo instrumento, bem como de suas alterações, na Junta Comercial do local em que for apontado como sendo o seu endereço[23], bem assim, em prestígio ao regime de publicidade que torna o contrato eficaz junto a terceiros, nas Juntas Comerciais das sedes das sociedades consorciadas, se distintas.

O registro, além de ser necessário para tornar o contrato eficaz perante terceiros (já que entre as consorciadas os seus efeitos são produzidos desde a sua assinatura), tem o condão de atribuir regularidade ao consórcio, afastando a sua caracterização como uma sociedade de fato e a consequente solidariedade entre seus signatários. Reveste-se, portanto, o arquivamento como condição formal e necessária à regularidade jurídica do consórcio tipificado nos arts. 278 e 279 da Lei das S.A., para que produza, assim, os efeitos que a lei lhe atribui.

Complementando o regime de publicidade legal, impõe-se, adicionalmente, que a certidão do arquivamento seja publicada, publicação que obedecerá aos termos do art. 289 e se fará no local de sua administração (endereço do consórcio).

O contrato de consórcio, de outra banda, deve ser, no plano interno das sociedades consorciadas, aprovado pelo órgão da sociedade competente para autorizar a alienação de bens que integrem o ativo não circulante. Nas companhias, essa competência toca, salvo disposição diversa do estatuto, ao conselho de administração (art. 142, VIII). Não tendo em sua estrutura orgânica conselho de administração, a competência é deferida para a assembleia geral. Nas demais sociedades, no silêncio do contrato social, a deliberação tocará à assembleia ou à reunião de sócios.

Do contrato de consórcio devem constar certos requisitos exigidos por lei. São eles, pois, requisitos mínimos, aos quais outros podem ser adicionados, fruto de convenção das partes. Eis a listagem mínima de requisitos: a) a designação do consórcio, se houver; b) o empreendimento que constitua o objeto do consórcio; c) a duração, o endereço de sua administração[24] e o foro para as consorciadas solucionarem as suas divergências; d) a definição das obrigações e responsabilidades de cada sociedade consorciada e das prestações específicas; e) regras sobre recebimento de receitas e partilha de resultados; f) regras sobre administração do consórcio, contabilização, representação das sociedades

---

[23] E não sede, como pronuncia, em evidente equívoco, o parágrafo único do art. 279. O contrato deve declinar o seu endereço (local em que se concentra a sua administração) e não a sede propriamente dita, pois não se tem a constituição de uma pessoa jurídica.

[24] Na prática, esse endereço costuma ser o da sociedade líder que representa e administra o consórcio ou o endereço da administração autônoma do consórcio.

consorciadas e taxa de administração, se houver; g) forma de deliberação sobre assuntos de interesse comum, com o número de votos que cabe a cada sociedade consorciada; h) contribuição de cada sociedade consorciada para as despesas comuns, se houver.

Como contrato de coordenação, colaboração ou cooperação, é frequente no consórcio se designar, dentre as sociedades consorciadas, uma sociedade líder, a quem caberá, nos termos do contrato, representar as contratantes, funcionando como um agente de administração e coordenação dos interesses comuns. Ressalte-se que a entidade líder não é um órgão do consórcio, pois é ele desprovido de personalidade jurídica. Ela não o presenta, mas representa as sociedades consorciadas. A relação jurídica é de mandato. A sociedade líder representa as consorciadas, nos termos do contrato.

Apesar de o consórcio não traduzir uma pessoa jurídica, quanto à capacidade processual, tem-se entendido que o consórcio possui capacidade para ser parte ativa ou passiva em juízo (personalidade judiciária)[25].

Impende anotar em arremate que a falência de uma sociedade consorciada não se estende às demais, subsistindo o consórcio com as outras contratantes. Os créditos que porventura tiver a falida serão apurados e pagos na forma estabelecida no contrato de consórcio.

25 Confira-se, a respeito, o Recurso Especial n. 147.997/RJ, Relator Ministro Edson Vidigal, julgado à unanimidade pelos integrantes da 5ª Turma em 15-4-1999.

Referências

ALVIM, Thereza. *O direito processual de estar em juízo*. São Paulo: Revista dos Tribunais, 1996.

ASCARELLI, Tullio. *Problemas das sociedades anônimas e direito comparado*. Campinas: Bookseller, 1999.

_____. *Teoria geral dos títulos de crédito*. Tradução de Nicolau Nazo. São Paulo: Saraiva, 1943.

ASSIS, Araken de. Substituição processual. *Revista AJURIS*, n. 93, março de 2004. Porto Alegre: AJURIS, p. 61-80.

ÁVILA, Humberto. *Teoria dos princípios*. 4. ed. São Paulo: Malheiros, 2005.

BARRETO, Júlio. *O conflito de interesses entre a companhia e seus administradores*. Rio de Janeiro: Renovar, 2009.

BERLE, Adolf Augustus; MEANS, Gardiner C. *A moderna sociedade anônima e a propriedade privada*. Tradução de Dinah de Abreu Azevedo. São Paulo: Abril Cultural, 1984.

BORBA, José Edwaldo Tavares. *Direito societário*. 12. ed. Rio de Janeiro: Renovar, 2010.

BORGES, João Eunápio. *Curso de direito comercial terrestre*. 5. ed. Rio de Janeiro: Forense, 1991.

BRETÓN, Samuel F. Linares. *Operaciones de bolsa*. Buenos Aires: Depalma, 1980.

BULGARELLI, Waldirio. *Manual das sociedades anônimas*. 8. ed. São Paulo: Atlas, 1996.

CÂMARA, Alexandre Freitas. *Lições de direito processual civil*. v. 1, 9. ed. Rio de Janeiro: Lumen Juris, 2003.

CAMPINHO, Amaury. *Manual dos títulos de crédito*. 4. ed. Rio de Janeiro: Lumen Juris, 2001.

CAMPINHO, Sérgio. A dissolução da sociedade anônima por impossibilidade de preenchimento de seu fim. *Revista da Faculdade de Direito da Universidade do Estado do Rio de Janeiro – UERJ*, n. 3. Rio de Janeiro: Renovar, 1995, p. 85-90.

_____. *Curso de direito comercial*: direito de empresa. 14. ed. São Paulo: Saraiva, 2016.

_____. *Falência e recuperação de empresa*: o novo regime da insolvência empresarial. 7. ed. Rio de Janeiro: Renovar, 2015.

CAMPINHO, Sérgio; PINTO, Mariana. O recesso na sociedade limitada. In: AZEVEDO, Luís André N. de Moura e CASTRO, Rodrigo R. Monteiro de (coord.). *Sociedade limitada contemporânea*. São Paulo: Quartier Latin, 2013, p. 115-153.

_____; _____. Diretor estatutário x diretor empregado: o regime jurídico do diretor da sociedade anônima. *Revista Semestral de Direito Empresarial (RSDE)*, n. 4, janeiro/junho 2009. Rio de Janeiro: Renovar, 2009, p. 3-28.

CAMPOS, João Vicente. A vocação dos acionistas de uma sociedade anônima aos dividendos, pela regra da igualdade de tratamento. *Revista Forense*, n. 141, maio/junho 1952. Rio de Janeiro: Forense, p. 56-58.

CARVALHOSA, Modesto. *Comentários à lei de sociedades anônimas*, v. 1, edição de 1997 e 5. ed. São Paulo: Saraiva, 1997 e 2009.

_____. *Comentários à lei de sociedades anônimas*, v. 2, edição de 1997 e 4. ed. São Paulo: Saraiva, 1997 e 2009.

_____. *Comentários à lei de sociedades anônimas*, v. 3, 2. ed. e 4. ed. São Paulo: Saraiva, 1998 e 2009.

_____. *Comentários à lei de sociedades anônimas*, v. 4, tomo I, 2. ed. e 4. ed. São Paulo: Saraiva, 1999 e 2009.

_____. *Comentários à lei de sociedades anônimas*, v. 4, tomo II, edição de 1998 e 3. ed. São Paulo: Saraiva, 1998 e 2009.

CARVALHOSA, Modesto; EIZIRIK, Nelson. *A nova lei das S/A*. São Paulo: Saraiva, 2002.

COELHO, Fábio Ulhoa. *Curso de direito comercial*, v. 2, 14. ed. São Paulo: Saraiva, 2010.

COMPARATO, Fábio Konder. A fixação do preço de emissão das ações no aumento de capital da sociedade anônima. *Revista de Direito Mercantil, Industrial, Econômico e Financeiro (RDM)*, n. 81, janeiro a março de 1991. São Paulo: Revista dos Tribunais.

_____. *Direito empresarial – Estudos e pareceres*. São Paulo: Saraiva, 1990.

_____. *Novos ensaios e pareceres de direito empresarial*. Rio de Janeiro: Forense, 1981.

_____. *O poder de controle na sociedade anônima*. 3. ed. Rio de Janeiro: Forense, 1983.

CORDEIRO, António Menezes. *Direito europeu das sociedades*. Coimbra: Almedina, 2005.

_____. *Manual de direito das sociedades*, v. I. Coimbra: Almedina, 2004.

_____. *Manual de direito das sociedades*, v. II. Coimbra: Almedina, 2006.

DUBEUX, Julio Ramalho. *A Comissão de Valores Mobiliários e os principais instrumentos regulatórios do mercado de capitais brasileiro.* Porto Alegre: Sérgio Antônio Fabris, 2006.

EIZIRIK, Nelson. *A lei das S/A comentada*, v. I, II e III. São Paulo: Quartier Latin, 2011.

_____. Emissão de debêntures. *Revista dos Tribunais (RT)*, n. 721, novembro de 1995. São Paulo: Revista dos Tribunais, p. 52-61.

_____. *O papel do Estado na regulação do mercado de capitais.* Rio de Janeiro: IBMEC, 1977.

_____. *Reforma das S.A. e do mercado de capitais.* Rio de Janeiro: Renovar, 1997.

_____. *Temas de direito societário.* Rio de Janeiro: Renovar, 2005.

EIZIRIK, Nelson; GAAL, Ariádna B.; PARENTE, Flávia; HENRIQUES, Marcus de Freitas. *Mercado de capitais*: regime jurídico. 3. ed. Rio de Janeiro: Renovar, 2011.

FERRARI, Franchi Feroci. *I quattro codici per le udienze civili e penali.* Milano: Ulrico Hoepli Milano, 1996.

FERREIRA, Waldemar. *Tratado das debêntures*, v. I. Rio de Janeiro: Freitas Bastos, 1944.

_____. *Tratado de sociedades mercantis*, v. II, 4. ed. Rio de Janeiro: Freitas Bastos, 1952.

_____. *Tratado de sociedades mercantis*, v. IV, 5. ed. Rio de Janeiro: Editora Nacional de Direito Ltda., 1958.

FRANÇA, Erasmo Valladão Azevedo e Novaes. *Invalidade das deliberações de assembleia das S/A.* São Paulo: Malheiros, 1999.

FUX, Luiz. *Curso de direito processual civil*, v. I, 4. ed. Rio de Janeiro: Forense, 2008.

_____. *Curso de direito processual civil*, v. II, 4. ed. Rio de Janeiro: Forense, 2009.

GALGANO, Francesco. *Trattato di diritto commerciale e di diritto pubblico dell'economia.* 2. ed. Pandora: CEDAN, 1988.

GRAU, Eros Roberto. *A ordem econômica na Constituição de 1988.* 9. ed. São Paulo: Malheiros, 2004.

GUERREIRO, José Alexandre Tavares. *O regime jurídico do capital autorizado.* São Paulo: Saraiva, 1984.

GUIMARÃES, Márcio de Souza. *O controle difuso das sociedades anônimas pelo Ministério Público.* Rio de Janeiro: Lumen Juris, 2005.

GUIMARÃES, Ruy Carneiro. *Sociedades por ações*, v. I a III. Rio de Janeiro: Forense, 1960.

HALPERIN, Isaac e OTAEGUI, Julio C. *Sociedades anónimas.* 2. ed. Buenos Aires: Depalma, 1998.

HAMILTON, Robert W. *The law of corporations in a nutshell.* 4. ed. St. Paul, Minnesota: Westpublishing Co., 1996.

HÜFFER, Uwe. *Aktiengesetz*. 6. ed. Munique: Beck, 2004.

LACERDA, J. C. Sampaio de. *Comentários à lei das sociedades anônimas*, v. 3. São Paulo: Saraiva, 1978.

LAMY FILHO, Alfredo. A reforma da lei das sociedades anônimas. *Revista de Direito Mercantil, Industrial, Econômico e Financeiro (RDM)*, n. 5, 1972. São Paulo: Revista dos Tribunais, p. 123-158.

LAMY FILHO, Alfredo; BULHÕES PEDREIRA, José Luiz. *A lei das S.A.*, v. I, 3. ed. Rio de Janeiro: Renovar, 1997.

LOBO, Jorge Joaquim. *Direitos dos acionistas*. Rio de Janeiro: Elsevier, 2011.

_____. Emissão de ações preferenciais sem direito de voto *in Reforma da lei das sociedades anônimas*. 2. ed. Coordenação de Jorge Lobo. Rio de Janeiro: Forense, 2002, p. 141-182.

LUCENA, José Waldecy. *Das sociedades anônimas*: comentários à lei, v. I. Rio de Janeiro: Renovar, 2009.

_____. *Das sociedades anônimas*: comentários à lei, v. II. Rio de Janeiro: Renovar, 2009.

_____. *Das sociedades anônimas*: comentários à lei, v. III. Rio de Janeiro: Renovar, 2012.

MARTINS, Fran. *Comentários à lei das sociedades anônimas*, v. I, 2. ed. Rio de Janeiro: Forense, 1982.

_____. *Comentários à lei das sociedades anônimas*, v. II, tomo 1, 2. ed. Rio de Janeiro: Forense, 1984.

_____. *Comentários à lei das sociedades anônimas*, v. II, tomo 2, 2. ed. Rio de Janeiro: Forense, 1984.

_____. *Comentários à lei das sociedades anônimas*, v. III, 2. ed. Rio de Janeiro: Forense, 1984.

MENDONÇA, Fernando. *Debênture*. São Paulo: Saraiva, 1988.

MENDONÇA, José Xavier Carvalho de. *Tratado de direito comercial brasileiro*, v. III, 5. ed. Rio de Janeiro: Freitas Bastos, 1954.

_____. *Tratado de direito comercial brasileiro*, v. IV, 4. ed. Rio de Janeiro: Freitas Bastos, 1946.

MIRANDA, Pontes de. *Tratado de direito privado*, tomo L, 3. ed. Rio de Janeiro: Borsoi, 1972.

MOREIRA, José Carlos Barbosa. Apontamentos para um estudo sistemático da legitimação extraordinária *in Direito processual civil (ensaios e pareceres)*. Rio de Janeiro: Borsoi, 1971.

NAVARRINI, Umberto. *Trattato teorico-pratico di diritto commerciale*, v. V. Torino: Fratelli Bocca Editori, 1921.

NEGRÃO, Ricardo. *Manual de direito comercial e de empresa*, v. 1, 3. ed. São Paulo: Saraiva, 2003.

OLIVEIRA, J. M. Leoni Lopes de. *Novo Código Civil anotado – Direito das obrigações*, v. II. Rio de Janeiro: Lumen Juris, 2002.

PARENTE, Norma. Principais inovações introduzidas pela Lei n. 10.303, de 31 de outubro de 2001, à lei das sociedades por ações *in Reforma da lei das sociedades anônimas*, 2. ed. Coordenação de Jorge Lobo. Rio de Janeiro: Forense, 2002, p. 11-49.

PEDREIRA, José Luiz Bulhões. Incorporação, fusão e cisão *in Direito das companhias*, v. II. Coordenação de Alfredo Lamy Filho e José Luiz Bulhões Pedreira. Rio de Janeiro: Forense, 2009, p. 1.745-1.811.

PEDREIRA, José Luiz Bulhões; ROSMAN, Luiz Alberto Colonna. Aprovação das demonstrações financeiras, tomada de contas dos administradores e seus efeitos. Necessidade de prévia anulação da deliberação que aprovou as contas dos administradores para a propositura da ação de responsabilidade *in Sociedade anônima*: 30 anos da Lei 6.404/76. Coordenação de Rodrigo R. Monteiro de Castro e Leandro Santos de Aragão. São Paulo: Quartier Latin, 2007, p. 41-63.

PEIXOTO, Carlos Fulgêncio da Cunha. *Sociedades por ações*, v. I a IV. São Paulo: Saraiva, 1972.

PENTEADO, Mauro Rodrigues. *Aumentos de capital das sociedades anônimas*. 2. ed. São Paulo: Quartier Latin, 2012.

PIVA, Luiz Carlos. Lucros, reservas e dividendos *in Direito das companhias*, v. II. Coordenação de Alfredo Lamy Filho e José Luiz Bulhões Pedreira. Rio de Janeiro: Forense, 2009, p. 1.663-1.733.

PONTES, Aloysio Lopes. *Sociedades anônimas*, v. I, 4. ed. Rio de Janeiro: Forense, 1957.

RATNER, David. *Securities regulation in a nutshell*, 4. ed. St. Paul, Minnesota: Westpublishing Co., 1992.

REQUIÃO, Rubens. *Curso de direito comercial*, v. 2, 29. ed. São Paulo: Saraiva, 2012.

RIPERT, George; ROBLOT, René. *Traité élémentaire de droit commercial*. 8. ed. Paris: LGDJ, 1974.

SALOMÃO FILHO, Calixto. Interesse social: concepção clássica e moderna *in O novo direito societário*. São Paulo: Malheiros, 1998, p. 388 e ss.

SÁNCHEZ ANDRÉS, Aníbal. La acción y los derechos de los accionistas *in Comentario al régimen legal de las sociedades mercantiles*, Tomo IV: Las acciones, v. 1. Coordenação de Rodrigo Uría, Aurelio Menéndez e Manuel Olivencia. Madrid: Cívitas, 1992.

SCHMIDT, Karsten. *Gesellschaftsrecht*. 4. ed. Munique, 2002.

SHARFMAN, Bernard S. Being informed does matter: fine tuning gross negligence twenty plus years after Van Gorkom. *The Business Lawyer*. Chicago: Section of Business Law of the American Bar Association, v. 62, nov. 2006.

SOUTO, Marcos Juruena Villela. *Direito administrativo regulatório*. 2. ed. Rio de Janeiro: Lumen Juris, 2005.

TEIXEIRA, Egberto Lacerda; GUERREIRO, José Alexandre Tavares. *Das sociedades anônimas no direito brasileiro*, v. 1 e 2. São Paulo: Livraria e Editora Jurídica José Bushatsky Ltda., 1979.

TEPEDINO, Gustavo; BARBOZA, Heloisa Helena; MORAES, Maria Celina Bodin de. *Código Civil interpretado conforme a Constituição da República*, v. 1. Rio de Janeiro: Renovar, 2004.

THEODORO JÚNIOR, Humberto. *Curso de direito processual civil*, v. I, 43. ed. Rio de Janeiro: Forense, 2005.

TOLEDO, Paulo Fernando Campos Salles de. *O conselho de administração na sociedade anônima*. São Paulo: Atlas, 1997.

TRINDADE, Marcelo. *O papel da CVM e o mercado de capitais no Brasil*. São Paulo: IOB, 2002.

VALVERDE, Trajano de Miranda. *Sociedades por ações*, v. I a III, 2. ed. Rio de Janeiro: Forense, 1953.

VAMPRÉ, Spencer. *Tratado elementar de direito comercial*, v. II. Rio de Janeiro: F. Briguiet, 1922.

VEIGA, Vasco Soares da. *Direito bancário*. 2. ed. Coimbra: Almedina, 1997.

VIVANTE, Cesare. *Trattato di diritto commerciale*, v. I a IV, 3. ed. Milano: Francesco Vallardi.

XAVIER, Alberto. *Administradores de sociedades*. São Paulo: Revista dos Tribunais, 1979.

_____. Natureza jurídica tributária dos "juros sobre capital próprio" face à lei interna e aos tratados internacionais. *Revista Dialética do Direito Tributário*, n. 21, julho de 1997. São Paulo: Dialética, 1997.